1041 *Laboratorio Sociologico* (fondata nel 1992)

Direttore Scientifico: Costantino Cipolla

Laboratorio Sociologico approfondisce e discute criticamente tematiche epistemologiche, questioni metodologiche e fenomeni sociali attraverso le lenti della sociologia. Particolare attenzione è posta agli strumenti di analisi, che vengono utilizzati secondo i canoni della scientificità delle scienze sociali. Partendo dall'assunto della tolleranza epistemologica di ogni posizione scientifica argomentata, Laboratorio Sociologico si fonda su alcuni principi interconnessi. Tra questi vanno menzionati: la combinazione creativa, ma rigorosa, di induzione, deduzione e adduzione; la referenzialità storico-geografica; l'integrazione dei vari contesti osservativi; l'attenzione alle diverse forme di conoscenze, con particolare attenzione ai prodotti delle nuove tecnologie di rete; la valorizzazione dei nessi e dei fili che legano fra loro le persone, senza che queste ne vengano assorbite e – ultimo ma primo – la capacità di cogliere l'alterità a partire dalle sue categorie "altre". Coerentemente con tale impostazione, Laboratorio Sociologico articola la sua pubblicistica in sei sezioni: *Teoria, Epistemologia, Metodo; Ricerca empirica ed Intervento sociale; Manualistica, Didattica, Divulgazione; Sociologia e Storia; Diritto, Sicurezza e Processi di vittimizzazione; Sociologia e storia della Croce Rossa.*

Ogni sezione della Collana nel suo complesso prevede per ciascun testo la valutazione anticipata di due referee anonimi, esperti nel campo tematico affrontato dal volume.
Alcuni testi di questa collana sono disponibili in commercio nella versione e-book. Tali volumi sono sottoposti allo stesso controllo scientifico (doppio cieco) di quelli presentati in versione a stampa e, pertanto, ne posseggono lo stesso livello di qualità scientifica.

Sotto l'onda di eventi epocali

Storia iconico-sociale di Guidizzolo dalla fine dell'Ottocento a metà Novecento

a cura di Costantino Cipolla

LABORATORIO SOCIOLOGICO

FRANCOANGELI

Sociologia e Storia

FONDAZIONE
BANCA AGRICOLA MANTOVANA

Fondazione Comunità Mantovana Onlus

In copertina: Alessandro Dal Prato, *Primavera*, 1947. Olio su compensato, cm 54×69.
Collezione privata.

Nella nostra pianura padana, a Guidizzolo, le stagioni sono ben demarcate e diverse tra loro nella temperatura, nella durata del giorno, nel paesaggio circostante, nell'atmosfera che si respira nell'aria. La Primavera, in questo ciclo vitale, rappresenta il trionfo della vita, dopo la morte invernale della stessa vita. Questo quadro ne segna il trionfo per pennellate eleganti e nette, attraverso colori vivi, chiari, sfumati, carichi di luce. Il viottolo, il fosso, le colline sullo sfondo, il rosa proiettato verso il cielo, il verde della ri-nascita ci portano, per impressioni emotive, dentro la natura che sta esplodendo oltre se stessa, *da noi*. (Costantino Cipolla)

La foto della quarta di copertina è di Andrea Dal Prato

Ristampa	Anno
0 1 2 3 4 5 6 7 8 9	2021 2022 2023 2024 2025 2026 2027 2028 2029 2030

Stampa: Geca Industrie Grafiche, Via Monferrato 54, 20098 San Giuliano Milanese

Indice

Premessa

Ho sempre avuto un legame molto forte con la storia e sopratutto con il mio territorio. Ho sempre vissuto pensando e ragionando in sintonia con il mondo che mi circonda, rispettandolo e cercando di capire come e perché siano accadute delle cose e ci si ritrovi in una determinata situazione.

Questo libro ha provato a coinvolgere tutte le famiglie del paese partecipando attivamente con la propria storia e con i propri ricordi fotografici nella stesura di questi capitoli. In modo discreto siamo entrati in ogni casa e abbiamo fatto aprire quei cassetti chiusi da molto tempo in cui spesso si nascondevano ricordi ormai dimenticati. Per questo motivo questo libro è di tutti i guidizzolesi.

Ringrazio di cuore tutte le famiglie che si sono rese disponibili a partecipare attivamente alla ricerca mettendo a disposizione di tutta la Comunità guidizzolese le proprie memorie famigliari e collettive.

Oggi più che mai dopo questo tragico evento epocale causato da questa pandemia impensabile (sconosciuta dai tempi del "crudo morbo" e cioè della Spagnola, nel testo incredibilmente narrata e documentata) la Comunità di Guidizzolo ha capito l'importanza di sentirsi Comunità: conoscersi per aiutarsi.

Guidizzolo, 26/10/2020

Stefano Meneghelli
Il Sindaco

Proemio al proemio

di Costantino Cipolla

01/09/2020, Guidizzolo

Era la fine di gennaio di quest'anno quando noi quattro, io con gli altri ricercatori ed estensori del presente volume, facemmo una riunione a casa mia a Guidizzolo al fine di avviare la consegna del presente volume all'Editore per la stampa. Programmammo anche gli incontri successivi. Tutti sanno quello che nel frattempo è accaduto. La pandemia o l'epidemia da corona virus a diffuso contagio o a infettività estesa ha invaso le nostre terre ed anche quelle di Guidizzolo, come non poteva non essere. L'esito di tutto questo è stato un blocco quasi totale del nostro lavoro di ricerca, visto, oltre tutto, che eravamo giunti nella fase di raccolta finale e di riproduzione delle antiche fotografie, base fondativa del presente testo. Abbiamo potuto riprendere il nostro percorso, seppur con somma prudenza, a luglio ed ora lo abbiamo concluso. Ho scritto, appena più sopra, di un arresto quasi completo del processo di ricerca, perché in effetti un tema lo abbiamo cercato, perseguito e faticosamente documentato senza che prima l'avessimo previsto, anche per la sua latitanza rispetto alla vita iconica di un secolo fa del nostro paese.

Mi riferisco a quella che è passata alla storia, impropriamente, come *Spagnola*, una pandemia che attraversò l'Italia e il mondo tra il 1918 e il 1919. Per nostro merito investigativo, con un po' di fortuna e tramite collaborazioni preziose (per tutto questo rimando al lavoro di Paola Sposetti nel volume), siamo riusciti a fornire un breve quadro, anche fotografico, di come questa "peste" interessò drammaticamente il nostro piccolo paese al tempo detto. I morti furono circa o poco meno della trentina, cioè più o meno come per il corona virus, ma allora la popolazione era la metà di quella odierna ed i più colpiti furono soprattutto i bambini, le femmine ed i giovani (militari) compresi tra i 20 e i 40 anni. Esauritasi improvvisamen-

Foto n. 1. San Lorenzo sotto la neve... e una lepre. La piccola chiesetta di San Lorenzo di origini medioevali è forse l'emblema storico del nostro paese, come si vedrà nel testo. Qui, la osserviamo romanticamente e con grande fascino sotto la neve cadente, in una classica configurazione paesaggistica del nostro inverno più autentico e distintivo. Ma vi è e si può notare una sorpresa: una lepre che sfida le intemperie e si affaccia nella natura. La storia, come questo "proemio al proemio" insegna, non è mai solo classicità che riprende sempre se stessa, essa è anche creatività, innovazione, imprevedibilità come la nostra graziosa lepre ci mostra. Foto di Andrea Dal Prato

te o rapidamente questa pandemia, nessuno ne parlò o se ne occupò più, né abbiamo ricerche almeno decorose a base locale sul tema, restando quindi soli cognitivamente sull'argomento. Come si dice dalle nostre parti non tutto il male viene per nuocere. Senza l'attuale pandemia, con i suoi tanti lutti, non ci saremo girati indietro a studiare quella altrettanto tragica (o di più) di oltre cento anni addietro.

Ho chiamato queste poche righe come proemio al proemio, perché in un contesto di troppi *incipit* e introduzioni non vorrei che questi prevalessero sul resto dell'ampio e complesso lavoro che ci ha visto impegnati per oltre due anni. Preamboli, esordi o prologhi non potranno mai sovrastare i veri risultati dell'indagine storico-sociale compiuta. Questo proemio non l'ho potuto evitare per la forza dei processi storici, come è facilmente comprensibile, oltre tutto, assolutamente non previsti e che hanno bloccato la nostra vita in casa per più di un mese, almeno. Si tratta di un evento che nelle nostre campagne non ha avuto precedenti nella storia.

Chiudo queste poche righe con l'ultimo dovere che mi rimane da assolvere (diciamo così). Alla fine dello scorso anno, proprio il 31/12/2019 alle 22 circa della notte, è venuta su questa terra la mia nipotina Matilde, figlia di mio figlio Giovanni Battista e di Alessia. È nata a Bologna, ma ritengo che la sua identità culturale sarà la fusione fra l'identità calabrese della mamma e quella molto guidizzolese del papà, legato ai suoi nonni paterni da un profondo amore e da sentita riconoscenza. I miei vecchi erano molto religiosi e fin troppo irreprensibili nella loro etica sacrificale della prestazione lavorativa, avvolta in una moralità senza cedimento alcuno. Lungo questa traccia dedico il presente libro di tutto cuore, per loro e per la mia amata terra, a Matilde, augurandomi e augurandole che dentro di sé e nella pratica della sua futura vita essa intenda e interpreti al meglio i valori (visti) che mi hanno dato la vita e che mi hanno fatto crescere nel loro segno e nella configurazione del loro orizzonte culturale, senza che io neppure me ne sia reso ben conto. Quando Matilde leggerà e capirà queste righe, io sarò con tutto me stesso al suo fianco, anche se non sarò più su questa terra.

P.S.: Non posso a conclusione di questo lavoro durato anni che ringraziare ad abbracciare contro le ferree regole imposteci dal Covid i tre giovani e bravi studiosi che mi hanno accompagnato e spesso trascinato in questa inedita avventura. Ovviamente, si tratta di tre figli del mio stesso paese ed ancorati, pur essendo aperti al mondo, alla loro terra. In particolare ringrazio Paola Sposetti che con diligenza e intelligenza ha coperto buona parte del lavoro di ricerca; Francesco Gandellini che pur partendo da un taglio filosofico, si è tuffato con impegno e dedizione qualificata in questo tipo di ricerca e Alberto Vignali che, pur distolto da contemporanei impegni di lavoro, ha fornito un apporto preciso e insostituibile su alcuni aspetti della nostra analisi storico-sociale.

Un proemio per tanti incipit possibili

di Costantino Cipolla

10/06/2019, Bologna ore 10.00

Normalmente, non si attribuisce grande importanza nelle ricerche storico-sociali all'incipit, che, invece, assume tutt'altro spessore nella letteratura antica o corrente. Preso dall'amore per la mia terra e data l'unicità di questo mio lavoro, ho pensato di anteporgli delle parole iniziali o di accesso al volume di un certo spessore ed impegno. La rilevanza dell'avvio non può essere trascurata, mai, anche per una quasi inconscia vocazione a stabilire una sorta di complicità con i lettori che, in questo caso, credo che saranno soprattutto alcuni dei pochissimi abitanti del mio paese.

Senonché, mano a mano che riflettevo sulla stesura di questa parte introduttiva mi sono venute in mente idee diverse di ingresso nel nostro lavoro di scavo investigativo, di questa sorta di *exordium* che mano a mano mi sono reso conto di non riuscire più a ricondurre ad una sola dimensione interpretativa. Insomma, per pormi in *medias res* non mi è parsa bastevole una sola porta di entrata e, quindi, sono quasi stato costretto ad avanzare una pluralità di vie di accostamento al nostro lavoro di indagine storico-sociale che sono quelle proposte qui di seguito.

Ognuna parte da prospettive difformi e vede il nostro mondo da un buco della serratura o con occhiali diversi per quanto tutti portati a far luce sullo stesso mondo.

Foto n. 1. Con alle spalle il viale Passeggio, si vede tutta la via del Municipio fino alla torre mozza dopo il suo crollo. Siamo prima del 1901. Si notino i paracarri (?), i tanti camini sui tetti ed un lampione a gas sulla sinistra (cartolina)

Insomma, alla fine ne è emerso un proemio non voluto, dal quale chiunque (me compreso) potrà estrarre quelle immagini prospettiche che gli parranno più veritiere o più attraenti o meno consuete.

Resta inteso, però, che uno o più incipit restano pur sempre tali. La prova di quanto suggerito si trova sempre e comunque dopo e/o oltre.

Guidizzolo, come omaggio

02/06/2019, Guidizzolo ore 17.30

Questo, che andiamo a raccontare per immagini fotografiche, nella sua storia sociale dalla fine dell'800 all'inizio del boom economico a cavallo degli anni '60, è il mio paese. È la realtà geografica e culturale nella quale sono cresciuto, sono stato socializzato, ho vissuto la comprensione del mondo. Nato in un ospedale di collina a Volta Mantovana il mattino presto del 1946, era il 18 febbraio, fra la nebbia, il sole e la calabrosa, non ho più abbandonato il mio comune fino ai 19 anni, quando l'Università mi ha portato nella grande Roma, lontano da ogni mio pregresso riferimento sociale, a cominciare dai miei genitori.

Per oltre diciotto anni questa (e cioè quella di Guidizzolo) è stata l'aria che ho respirato, l'orizzonte che ho inseguito, il clima che ho vissuto, l'amore che mi ha avvolto. Poi, me ne sono andato e sono veramente tornato solo ora, con questa ricerca, concentrata in questo libro storico-sociologico a base iconica.

Un omaggio al mio paese o un omaggio del mio paese a me stesso? A volte, mi viene da pensare istintivamente che le due dimensioni del nostro vivere necessariamente associato si intersechino in modo inestricabile e, forse, anche piuttosto inutile e superfluo da dipanare.

Gli "omaggi" non si muovono mai da soli e non procedono quasi mai in una sola direzione, come dimostra la foto 2 qui di seguito allegata.

Foto n. 2. Questa foto, ripresa dai tetti della Chiesa, rappresenta un bel panorama della parte a Nord di Guidizzolo, verso le colline. A mia interpretazione, siamo dopo la Grande Guerra. Si colgono la torre, la stazione del tram, la scuola di disegno, le scuole elementari, i tanti orti presenti in mezzo all'abitato. Verso la brughiera si intravede qualche arbusto (cartolina)

Perché scrivere sulla propria "terra natia"

05/06/2019, Framura ore 9.30

Dopo tanti volumi ed innumerevoli saggi cosa mi ha spinto a scrivere questo testo sulla mia terra di origine?

La prima risposta immediata è che "non lo so". Una parte di noi non ci appartiene e non ci apparterrà mai. Altri diranno, se vorranno, la loro. Ora, il "loro" che connotati assume?

Forse, quelli del primo amore che non scompare mai dall'orizzonte.

Forse, quelli dei tuoi genitori che hanno dato la loro vita per la tua.

Forse, quelli della geografia che ti è entrata negli occhi e nei polmoni.

Forse, quelli della lingua madre (dialetto) che ha denominato in tua vece il mondo.

Forse, quelli della visione dell'altro che ti è entrata nella mente.

Forse, quelli delle prime cose percepite che hanno anticipato e anticiperanno sempre le seconde.

Forse, quelli che non so quali siano, ma sono dentro di me, oltre me.

Resta il fatto che la prima aria che si respira, il primo sole che ti scalda, la prima pioggia che ti bagna, la prima nebbia che ti vela il paesaggio non sono scelte, ma destini che non si possono espellere da loro stessi, né tanto meno ignorare. Essi, nella loro impalpabilità, decidono gran parte di noi (più del valutato comunemente) e del nostro futuro.

Ho vissuto mentalmente il mondo. L'ho girato in buona parte. La "terra natia", però, mi appartiene e io le appartengo come nessun'altra cosa terrena, a cominciare dalla chiesa del mio paese (foto 3).

Per questo, ho deciso di progettare, coordinare e scrivere questo libro?

Foto n. 3. La Chiesa parrocchiale è sempre stata uno dei perni della vita sociale (e religiosa) del nostro paese. In questa cartolina antecedente il 1922, si coglie la sua facciata, poliedrica, con righe ottocentesche e la casetta del sagrestano con la tomba, sulla destra del pronao, del "grande" Ilario Fortunati, nonché l'accesso al convento storico degli Olivetani. La gente in posa è qualificata dalle gonnelline femminili, radenti il terreno

In quest'ottica, la presente indagine rimane dentro le sue stesse premesse e scava in ciò che era già noto, dentro un risultato già conosciuto.

Eppure, anch'essa è un'investigazione ricca di scoperte, come andremo a vedere.

La formula della ricerca sociale in quale senso va letta?

L'inversione della formula

05/06/2019, Framura ore 11.00

Essendomi laureato in statistica, ho imparato o mi è stato insegnato che una determinata formula matematica serve per raggiungere uno scopo specifico e procede in una data direzione. L'esito di un calcolo è quello, senza ulteriori riflessioni o dubbi.

Col passare degli anni, questo determinismo prospettico mi si è andato dissolvendo dentro e fuori me stesso secondo una logica per la quale ogni formula, di qualsiasi tipo essa sia, ammette il suo inverso o può essere invertita, almeno sul piano metodologico o ipotetico.

La presente indagine storico-sociologico-fotografica, dedicata al mio paese di origine e cioè a Guidizzolo, mi pare di poter dire che segua questo criterio di base, se non altro perché:

- da oggi, si svolge all'indietro nel tempo e lo vede da lontano;
- torna su ciò che è stato abbandonato per 50 anni, al fine di intenderlo attualmente;
- studia in prospettiva il mio passato;
- ritorna, dopo il mondo, nel "mio" piccolo mondo;
- sconta oltre 150 volumi e 700 lavori, per un ripensamento posto all'inizio o prima di loro;
- dopo il percorso dal locale al generale, riporta questo a quello;
- salita la montagna, la ri-sale all'inverso.

Foto n. 4. Il viale della Barriera, cosiddetto per la "cancellata" fatta costruire dai Rizzini intorno al 1840 onde segnare le loro proprietà, è qui ripreso (cartolina degli anni '10 del '900) da monte con un buon concorso di gente, soprattutto maschi, sempre col cappello, e bambini. Si colga l'arrivo della cooperazione, una gallina vagante, una bicicletta e la pompa, sulla destra, che forniva acqua potabile ai paesani (un classico nelle nostre zone)

In quest'ottica, la presente indagine rimane dentro le sue stesse premesse e scava in ciò che era già noto, dentro un risultato già conosciuto.

Eppure, anch'essa è un'investigazione ricca di scoperte, come andremo a vedere.

La formula della ricerca sociale in quale senso va letta?

La vita procede con te e senza di te

05/06/2019, Framura ore 12.30

Una delle ragioni principali, pur in un contesto di con-fusione e di incertezza, che mi ha spinto a ri-tornare sui passi trascorsi della mia vita sta appunto nell'interpretazione del senso della vita stessa.

Lo so bene che il discorso è oltremodo complesso e del tutto irriconducibile alle ambizioni circoscritte del presente volume. Ma almeno un aspetto del nostro tema può essere portato alla luce del sole.

Come procede la vita in noi, con noi, intorno a noi, lontano da noi? Premesso che la vita comunque procede, può essere esplicitato quanto segue:

- quella che si evolve in noi si compenetra con la nostra biologia;
- quella che si co-sviluppa con noi appartiene alla nostra sfera di prossimità, al nostro mondo della vita;
- quella che osserviamo intorno a noi è il nostro contesto di rimando, oggi molto ampliato dal digitale;
- quella, infine, distante da noi (a parte il digitale) è quella che non abbiamo vissuto, che ignoriamo, che non sappiamo aver potuto andare per la sua strada.

Ebbene, nel pensare di poter scrivere questa ricerca la sensazione netta è stata quella secondo la quale la vita procede in te, con te, intorno a te, ma soprattutto senza di te.

Studiare il tuo paese vuol dire, dopo cinquant'anni, capire, oltre la tua rete relazionale, che la vita fa quello che vuole anche nei luoghi a te più noti e cari (vedi foto 5).

La vita è, in qualche modo, sempre e anche oltre te e senza di te. Questa l'attrazione per me di questo scavare oltre e senza di me?

Foto n. 5. La piazza del Mercato o, precedentemente, piazza Vecchia o dei Buoi si poneva (e si pone) perpendicolarmente rispetto alla via principale (Via Municipio) del paese. Anch'essa era acciottolata, ciottoli che qui vediamo calpestati da tanti bambini (con cappello) in posa, dalle solite donne (con la scopa), da un signore con camicia bianca e cravatta (borghese). Cartolina anni '10

Essere per la vita come essere per la morte

09/06/2019, Framura ore 13.30

Ieri, 08/06/2019, ho saputo che è morto Piero Gualtierotti, noto avvocato e, per me, amico e appassionato studioso di storia del suo paese e cioè Castel Goffredo, che (poi) è il paese di mia moglie. L'ho conosciuto tardi, valutando difformemente lo spessore storico di Giovanni Acerbi, pur grande ma filo-austriaco, e del nipote Giuseppe, patriota e filo-garibaldino. Per decenni editò *Il Tartarello*, impasto di cronaca e di storia locale e con lui tentammo la pubblicazione di un volume dedotto da una ricerca dedicata agli Acerbi, ma non trovammo i finanziamenti. Presidente dell'Accademia Virgiliana di Mantova, ho visto nel suo studio Gualtierotti alla fine dello scorso anno per gli auguri natalizi. Andava verso gli 85 anni e lavorava sempre, quasi fosse divorato da un demone interiore che anteponeva il sacrificio dell'etica lavorativa, anche storiografica, a tutto il resto.

Mi diede un libro, la sua ultima opera, sulla storia della "sua" amata Castel Goffredo fino alla fine dell'800, e mi disse: vado avanti nella ricerca, ma intanto fissiamo e rendiamo pubblico questo. Non si sa mai… L'essere per la vita implica sempre, soprattutto con l'avanzare dell'età, l'essere anche per la morte. Si vive sapendo di morire. Questa finitezza in che modo ci condiziona? Gualtierotti ha scritto tanto, per l'una o per l'altra?

Se giro su me stesso questo ragionamento, dentro questo *exordium*, dovrei pormi la domanda se ho redatto quest'opera per il presente della mia vita o per il suo futuro dopo la morte. I libri sopravvivono ai loro autori e li fanno vivere, nel tempo, nel loro cimitero, cioè nel tempio senza tempo della cultura.

Essendo questa una ricerca sulla mia "terra natia" ed anche sul suo cimitero, l'ho compiuta nell'ottica dell'essere per la vita o dell'essere per la morte? Onestamente non lo so: forse per la finitezza di entrambe, come dimostra la foto n. 6 qui allegata con dei militari in una delle loro espressioni marziali, ma sempre soggetti al rischio della propria vita.

Foto n. 6. Il giuramento del 114° fanteria della Div. Mantova il 29 giugno del 1942, in piena guerra, ci permette di vedere la ex piazza del Tram, senza più questo mezzo di trasporto sostituito dalle ruote in gomma, addobbata a festa e imbandierata, senza pre-monizione della tragedia incombente. Collez. M. Rodighiero

È la vita sociale che ci circonda, ci produce e ci agisce?

09/06/2019, Bologna ore 16.00

Studiare la terra dove si è nati o si è stati socializzati per tanto tempo non è come analizzare un qualsiasi altro luogo. Mentre questo, infatti, può essere visto da fuori, con distacco ed empatia, quello, il proprio ambiente di origine lo abbiamo già dentro, ci ha invaso fin dalla nascita, ci possiede per il suo stesso statuto costitutivo. E allora? Cosa significa fare ricerca in una cultura che è già da sempre la tua, che sei tu, pur con tutti gli influssi esterni concretizzatesi nel corso degli anni che, nel mio caso biografico, sono ben più di 50?

Il tema mi sembra quello classico del nesso fra soggetto o studioso e oggetto o contesto sociale da approfondire? Nel caso che ci riguarda, si può sostenere che l'auto-etnografia anticipa e configura l'etero-etnografia, nel senso che il mondo circostante si vede con i suoi stessi occhi che sono poi quelli della cultura, intesa in tutti i suoi vari aspetti, che ci ha socializzato e che ci fa intendere il mondo circostante in quel determinato modo.

Insomma, noi cercheremo, abbiamo tentato di osservare la storia-iconico sociale del nostro paese in modo neutrale, legato ai fatti, secondo canoni scientifico-sociologici imponendo il nostro sapere universale, ma, del pari, sappiamo bene che la visione delle cose derivata dall'ambiente che ci circonda, ci ha preceduto, ha comunque agito in noi, non può che averci condizionato. Con questo non voglio dire che da essa siamo dipesi e che essa ci ha indirizzato, ma piuttosto che noi, nella nostra vocazione analitica, abbiamo condotto un lavoro-investigativo *co-prodotto*, figlio cioè della nostra libertà di giudizio e, nel contempo, del nostro bagaglio storico-intellettuale, ineliminabile dalla nostra prospettiva culturale.

Foto n. 7. Sui gradini di un'osteria da Birbesi nel 1926, si assembla della gente comune, tirata a lucido, per farsi fotografare. Una cinquantina di giovani maschi (eleganti) e femmine (dimesse) con dei bambini un po' ingrugniti (come tutti del resto) quale popolo che si presenta come tale. Collez. B. Guidetti

Un co-metodologico che, dunque, ci ha fornito tanti vantaggi differenziali, ma che, nel contempo, non può che averci fatto correre qualche rischio. Al lettore…

Una storia "vista" dal basso e circoscritta

10/06/2019, Bologna ore 8.00

Cosa significa scrivere la storia di un piccolo paese della pianura del Po, secondo una prospettiva iconica, durante poco più di 50 anni e restando rigorosamente dentro i suoi confini territoriali e i suoi avvenimenti quasi necessariamente locali? Comporta vedere un mondo capovolto su se stesso? Equivale ad anteporre la vita quotidiana a quella istituzionale? Vuol dire far prevalere il limitato palpabile all'indeterminato teorico, il vicino al lontano, il concreto all'astratto possibile? Il nesso fra il generale ed il particolare o tra il basso e l'alto non è così facile da dimostrare e tanto meno da far vedere. Ma questa è stata e sarà la nostra meta sostantiva e metodologica con tutti i limiti ed il valore aggiunto del caso. Vedere una figura umana o descriverla: quale la verità più vera in essa contenuta o da essa trasmessa? Forse, come è facile arguire, la somma-integrazione di questi due aspetti conoscitivi?

In ogni caso, delimitare nel tempo, anteporre metodologicamente l'inconico-fotografico, rinchiudere dentro confini territoriali, inseguire gli affanni e le gioie di ogni giorno ci manifestano un processo storico normalmente poco battuto dagli studiosi che, però, se inserito nel suo intreccio contestuale, si illumina di per sé e rende più chiara e conseguente la storia nelle sue espressioni più ampie e, a loro modo, fondative.

Questa è, sarà, è stata la nostra intenzione in un periodo storico compreso fra due guerre mondiali, un regime dittatoriale e l'avvio della rivoluzione industriale, nonché il successivo passaggio alla repubblica.

Io (di contro) sono nato nel 1946 e per me la storia è stata quasi tutta un percorso abbastanza diritto e piano (forse il comunismo sovietico?).

Di buona parte di questo speriamo di aver reso conto in questo volume in modo semplice e proficuamente visibile, al di là dell'amore per "el me paes", di cui il quadro della foto 8 è una riproduzione esemplare per quanto figlio d'arte.

Foto n. 8, questo quadro di Alessandro Dal Prato degli anni '40 ci ri-propone la campagna di Guidizzolo, tra platani e pioppi, in una versione estiva quasi tendente al placido autunno. Un'immagine che è più dentro che di fronte a me. Collez. privata

Introduzione

di Costantino Cipolla

Alla fine di una ricerca sociale come questa, molto condizionata dal suo contesto di riferimento per ovvie ragioni di raccolta fotografica, tentiamo di tirare qualche fila dei risultati ottenuti attraverso il nostro scavo collettivo dentro e fuori il gruppo di supporto e coordinamento metodologico dell'indagine effettuata[1]. Dando per scontato ed acquisito tutto quanto abbiamo documentato in maniera dettagliata entro ed oltre i vincoli metodologici connessi con la priorità attribuita nella ricognizione storico-sociale alle immagini di tipo fotografico[2], tentiamo qui di seguito un riassunto sicuramente non esaustivo di quanto emerso, senza rinunciare anche in questo caso a rimandi iconici, comunque da collocare nei fatti concettualmente ben oltre il nostro piccolo paese. La presente ricerca, infatti, aspira nella sua peculiarità ad essere emblematica rispetto a tante altre, a rovesciare le normali prospettive della storia, a farci capire che un albero, come del resto la vita sociale, si capisce solo se si osserva dalle sue cime svettanti nella invisibilità consistente del vento e, nel contempo, dal profondo delle sue radici interrate nella profondità occulta del suolo. Quale l'ottica più rilevante? L'una può sussistere senza l'altra? Micro e macro come si incrociano? Guidizzolo può valere, a suo modo, la Lombardia, l'Italia, l'Europa? La "terra natia" può essere addirittura più importante della terra[3]?

1. Rimando al mio, *Il ciclo metodologico della ricerca sociale*, FrancoAngeli, Milano 1998 e varie edizioni successive.

2. Per quanto attiene alla sociologia visuale, vedi Cipolla C., Faccioli P. (a cura di), *Introduzione alla sociologia visuale*, FrancoAngeli, Milano 1993.

3. È questa una tesi di forte ascendenza heideggeriana: dalla "sua" baita al mondo senza tempo e spazio. Cfr. Cipolla C., *Heidegger. Un'interpretazione sociologica*, FrancoAngeli, Milano 2018, pp. 829.

Foto n. 1. Sullo sfondo, ci sono gli imponenti alberi della Villa Rizzini. Sotto, si colgono le case dei contadini e in primo piano una donna ed un antico pozzo in legno molto artigianale (vedi anche Foto 25, Capo 5) che serviva per sollevare l'acqua in un secchio in modo da innaffiare così gli orti circostanti. Collez. E. Zaccagni (a. 1944)

Foto n. 2. "Torrino campanario" eretto in mattoni in cotto dell'Oratorio di S. Lorenzo durante i restauri di una ventina di anni addietro. Quanta gente questa piccola campana avrà richiamato dal paese vicino nel corso del tempo alle "sue" cerimonie religiose e alle "sue" orazioni? Vedi A. Dal Prato (coord. e real.), Oratorio di San Lorenzo, Centro Culturale San Lorenzo ed., Guidizzolo 1999, p. 129

Tentiamo ora brevemente o, meglio, sinteticamente di dar conto di questo nei paragrafi che seguono dopo il mio *Proemio* e non affrontando alcun tema propriamente di impianto metodologico[4], oltre che ripetere che il presente è un lavoro corale che va ben al di là degli autori che hanno steso i capi di questo volume[5].

Oltre ogni riduzionismo

Il periodo storico che abbiamo coperto, seguendo le orme della fotografia, copre due guerre mondiali ed un ventennio di totalitarismo fascista con ai margini due potenti sviluppi economici, anche locali[6]: e cioè quello a cavallo fra '800 e '900 connesso alla *Belle Ėpoque*[7] e quello degli anni '50 e '60 del secolo scorso, ormai noto come *boom* economico italiano, ben più visibile e palpabile del precedente. Dunque, una fase storica percorsa da accadimenti epocali al di sotto dei quali e dentro i quali Guidizzolo ha proceduto con la sua storia circoscritta, ma battuta da queste ondate furiose.

Come etichettare tale fase storica? Come "era atomica", come "secolo breve", come "età dei totalitarismi", come "globalizzazione"? Non so perché al sodo tutte queste interpretazioni suonano come riduttive[8], come un fondamentalismo che implica l'abdicazione dalla categoria della complessità, che semplifica per sgravarsi ontologicamente dal molteplice, dal contorto, dall'eclettico[9], pur potendo esso anche essere inteso come una sottrazione rispetto al pensiero che nel suo tutto inglobare si consegna alla pesantezza (Heidegger?).

Incrociando tra loro sociologia e filosofia, possiamo comunque individuare alcune linee socio-economiche di fondo che hanno connotato i nostri cinquant'anni. Cominciano dall'accelerazione della vita che si auto esalta per feedback a catena (effetto Matteo[10]) e si autoconsuma nel-

4. Per questo rimando al capo apposito da me redatto. Vedi l'*Appendice*.

5. Si vada a quanto riportato, elenco e biografie, alla fine del presente testo.

6. Cfr. Giardiello M., *Cultura e sviluppo locale nelle piccole comunità*, Rubbettino, Soveria Mannelli (Cz) 2006.

7. Siamo nell'*Art Nouveau* che in Italia si trasforma in *liberty*. Ma siamo anche all'apparire dell'ecletticità, delle macchine a benzina, alla radio (un po' dopo), alle manifestazioni pubbliche di massa ed a tanto altro.

8. Così Sloterdijk P., *Che cosa è successo nel XX secolo?*, Bollati Boringhieri, Torino 2017.

9. Riprendo da Cipolla C., *Perché non possiamo non essere eclettici*, FrancoAngeli, Milano 2013. Questo è comunque il destino del sapere sociale nella *web-society*.

10. Vedi Sloterdijk P., *op. cit.*, p. 15, dove dall'idea evangelica di Merton si sottolineano gli effetti positivi a catena del fare con successo su successo.

la sua velocizzazione. Passiamo all'avvento massiccio della tecnica nei suoi vari aspetti[11] che cambia molte delle carte in tavola di tipo sociopolitico.

Foto n. 3. Noi oggi siamo affascinati dalla tecnologia digitale, leggera, veloce, un po' vacua e quasi onnipotente. E questo enorme incrocio fisico-metallico che scandiva infallibilmente il tempo, oltre cento anni fa, dell'intero nostro paese? Osservandolo, mi sembra quasi un'impresa impossibile. Foto di Gino Giubelli

Entriamo nel regno del reale o del realismo sotto qualsivoglia veste esso si presenti (economicistico, vitalistico, genetico, ...), laddove le leggi del mondo (scienza) tendono a governare la società. Così facendo, però, l'esoterico viene sopraffatto dall'essoterico[12] e la filosofia cessa di essere hegeliamente "il proprio tempo appreso col pensiero" per andare nel senso di una sorta di fuga dal suo tempo storico, lasciando forse spazio ad altro da sé (Socio-

11. Ivi, p. 33. Vedi anche dello stesso Autore, *Non siamo ancora stati salvati. Saggi dopo Heidegger*, Bompiani, Milano 2004. In realtà, noi accediamo più all'ipotesi che il nostro sia stato un secolo drammatico, "sterminatore", a suo modo interminabile alla stregua della morte che non si esaurisce mai ed è ognora tra di noi. In tal senso, vedi Ocone C., *La chiave del secolo*, Rubbettino, Soveria Mannelli 2019.

12. Löwith K., *Da Hegel a Nietzsche. La frattura rivoluzionaria nel pensiero del secolo XIX*, Einaudi, Torino 1971.

logia, Antropologia, Storia, Psicologia, ecc.) e "beffando" la stessa natura[13]. In altre parole, pur in un'epoca post-liberale, si accendono letture sociali che rinviano "all'essere agiti"[14] che intendono la storia come colei che ci circonda e ci produce[15]. E, si badi, una storia che col progresso in testa e nelle mani non si volge più indietro ed abbandona il concetto di nostalgia a se stesso.

Pur nella minuzia e nella differenziazione delle nostre analisi, tutto questo sembra emergere o aleggiare sopra i risultati della nostra ricerca. Non si tratta di ricezioni passive e standardizzate della popolazione, ma, per quanto a modo loro, esse sembrano il frutto originario di e da altro da sé, di un accadimento che sovrasta e che tende a portare via con sé e con le proprie inarrestabili forze motrici. Ma come, quando, perché?

In un'ottica plurale e disponibile, è quello che cercheremo di tratteggiare per sommi capi nel paragrafo che segue ed anche, in modo difforme, in quelli che lo accompagneranno.

Nel solco del cattolicesimo sociale lombardo

Guidizzolo si colloca sulla statale Mantova-Brescia (a poco meno di 30 dalla prima e di 40 dalla seconda) ed ha sempre oscillato nei suoi rapporti socio-economici e nelle sue dipendenze religiose[16] e politiche fra queste due città. Dopo il 1866, però, la sua appartenenza alla Provincia di Mantova non è più cambiata e Guidizzolo è o dovrebbe essere mantovano. La situazione appare in realtà sociologicamente più complessa al punto che la nostra ricerca dimostra che l'Alto Mantovano, superato il Mincio verso Ovest, ha guardato e guarda molto più che a Nord (e, tanto meno) a Sud verso il cuore della Lombardia e per esso a Milano e Brescia. E questo non è stato, non è e non può essere considerato un fattore di scarsa importanza societaria. Vediamo succintamente perché e per come, traendone le conseguenze del caso.

Guidizzolo è sempre stata terra di profonda religione cattolica (si veda il capo a ciò dedicato) e non si è mai concessa più di tanto all'imperante socialismo mantovano, né al "comunismo" del dopoguerra che, quando governò localmente, lo fece in modo morigerato e senza creare particolari allar-

13. Sloterdijk P., *op. cit.*, p. 265.

14. Schopenhauer A., *Supplementi al «Mondo come volontà e rappresentazione»*, Laterza, Roma-Bari 1986.

15. Cfr. Cipolla C., *Heidegger*, cit., in particolare il cap. 5.

16. Caprioli A., Rimoldi A., Vaccaro L. (a cura di), *Diocesi di Mantova*, La Scuola, Brescia 1986.

mismi ideologici propri dell'epoca. Ma che cattolicesimo è stato quello di cui stiamo parlando? Esso fonda le sue radici nella sua socialità che trova in don Enrico Tazzoli[17] e in Mons. Martini[18] le sue massime espressioni celesti e terrene. Sappiamo i drammi risorgimentali connessi a queste figure emblematiche e lo scontro feroce (e successivo) fra la Chiesa e il Socialismo mantovani che mai si intesero, per quanto abbiano stabilito nel tempo varie forme di tregua. Il vescovo Sarto andò in questa direzione, pur non avendo mai avuto la socialità nel suo sangue veneto[19], mentre, di contro, il cattolicesimo dell'Alto Mantovano soprattutto si impegnò fortemente per far nascere istituzioni di solidarietà sociale, come le Casse rurali[20], e varie Società di mutuo soccorso, ivi compresa quella con Don Barzizza[21] e quelle spontanee sorte dopo la battaglia di Solferino e San Martino. Questa, però, è un'altra storia che ci sposta a Brescia, dove Dunant vide, come a Castiglione delle Stiviere, il cattolicesimo sociale in azione e ne trasse, lui e solo lui, l'idea senza tempo e spazio della Croce Rossa Internazionale[22].

Guidizzolo visse dunque in sé questa realtà aggregativa e religiosa nel contempo. Non conobbe *la boje*[23]. Non sviluppò nessun tipo significativo di organizzazione sindacale o di Camera del lavoro[24], per quanto il Comune sai stato governato da un sindaco socialista di orientamento turatiano, cioè Ulderico Bignotti, dal 1910 al 1920, anni non proprio di facile amministrazione locale. Come analogamente per i paesi vicini[25], il modello di riferimento veniva da lontano nel tempo con delle capitali storiche che è facile individuare nella cattolicità milanese[26] e nel governo civile di quel-

17. Cipolla C., Siliberti S. (a cura di), *Don Enrico Tazzoli e il cattolicesimo sociale lombardo. I. Studi*, FrancoAngeli, Milano 2012 e Cipolla C., Benedusi R., Fabbri A. (a cura di), *Don Enrico Tazzoli e il cattolicesimo sociale lombardo. II. Documenti*, FrancoAngeli, Milano 2012. I due volumi sono complessivamente di circa 2.000 pp. La famiglia Tazzoli era di Guidizzolo.

18. Vedi quanto contenuto in Cipolla C. (a cura di), *Dopo Belfiore*, FrancoAngeli, Milano 2010.

19. Come ampiamente documentato in Cipolla C. (a cura di), *Giuseppe Sarto. Vescovo di Mantova*, FrancoAngeli, Milano 2014.

20. Cfr. Cattafesta M., *Mantova storia*, Coriolano Danesi, Mantova 1984, pp. 446 ss..

21. Vedi Cipolla C., Siliberti S. (a cura di), *Don Lorenzo Barzizza. Cattolicesimo sociale e radici della Croce Rossa*, FrancoAngeli, Milano 2007.

22. Cipolla C., Corsini P. (a cura di), *La genesi della Croce Rossa sul modello del Cattolicesimo sociale bresciano*, FrancoAngeli, Milano 2017.

23. Cfr. Cavazzoli L., Salvadori R., *Civiltà contadina e lotte operaie. Sessant'anni di sindacalismo nel Mantovano (1900-1960)*, FrancoAngeli, Milano 1993, p. 18.

24. Ivi, p. 164.

25. Gualtierotti P., *Castel Goffredo dalla civiltà contadina all'era industriale (1848-1900)*, Acc. Naz. Virgiliana, Mantova 2017.

26. Cfr. Rebora S., Sideri C. (a cura di), *Milano benefica. I ritratti dei benefattori e delle carte della carità* e Fasoli S. (a cura di), *Milano benefica. Memoria e tradizione storica*, Nexo, Milano 2007.

la città[27], oltre che in Brescia e nel suo straordinario cattolicesimo vocato agli altri[28], sia sul versante maschile che, soprattutto, su quello femminile, il quale durante l'800 esplose in sé e fuori di sé, come da noi ampiamente documentato in altre sedi.

Guidizzolo, dunque, ha da sempre privilegiato l'Orientamento ad Ovest della sua identità culturale, pur essendo costretto negli ultimi 150 anni a sottostare a molti vincoli provenienti da Est. In realtà, nella terra delle colline e pre-colline moreniche che accompagnano a Sud il lago di Garda la società civile ha quasi sempre prevalso e fatto aggio su quella politica per una "preminenza del «privato» e dell'economia" che rende le istituzioni politiche «strumentali rispetto alle esigenze dei ceti economicamente attivi»[29] e che fa emergere spontaneamente (Cattaneo) «il gran tessuto delle fondazioni sanitarie e assistenziali, le cosiddette "opere pie", erette dalle carità e dall'attenzione per il prossimo da parte dei cittadini»[30].

Questa, dunque, la Lombardia nella sua ambivalenza (competizione-solidarietà) e questo il mio paese (Guidizzolo) stretto a cavallo fra attenzione all'altro e, insieme, vocazione lavorativa.

Ma è l'intero territorio lombardo, a forte propensione europea, a vivere in sé e fuori di sé una cattolicità "democratica" e, a suo modo, tollerante a partire dal cibo[31] o dalla sua "alta cucina popolare"[32] per finire alla tranquillità, pur diseguale, della vita quotidiana interrotta con frequenza, però (nei molti anni), da malattie e morti[33], rendendo il senso della ritualità religiosa quasi onnipresente. Su queste forme di civismo torneremo comunque in un paragrafo successivo.

27. Colombo E., *Come si governava Milano. Politiche pubbliche nel secondo '800*, FrancoAngeli, Milano 2005.

28. Mi limito a Cipolla C., Fappani A. (a cura di), *Don Pietro Boifava. Un patriota nel cattolicesimo sociale bresciano*, FrancoAngeli, Milano 2012.

29. Miglio G., *Vocazione e destino dei Lombardi*, Regione Lombardia, Milano 2018, p. 115.

30. Ivi, p. 128. In, ivi, p. 7, Galli S.B. nel suo *Omaggio a Gianfranco Miglio* riporta l'essenza dell'identità del "grande popolo lombardo" allo spirito calvinista per la sua "probità", "dedizione al lavoro", "spirito di sacrificio", "forte senso del rischio individuale", "indubbio spirito d'intrapresa". Tutto vero, ma calvinista? Tutto vero, ma senza una collaterale e co-istitutiva solidarietà? In fondo, nonostante i tanti sforzi fatti (ad es., nell'800) Calvino, a Milano, non è mai riuscito a mettere su casa. Il cattolicesimo ha molti volti e possiede anche quello appena accennato.

31. Rimando al mio *Lo stile della cultura gastronomica italiana declinato attraverso le sue regioni* in *Guida 2016* de *Le Soste*, Mediavalue, Milano 2016, dove a p. 31 definivo la cucina lombarda come "opulenta e variopinta, ma soprattutto democratico-borghese".

32. Cfr. Cipolla C., Segalini P. (a cura di), *L'alta cucina popolare*, FrancoAngeli, Milano 2018.

33. Vedi Mondadori F., *Quasi un romanzo*, Centro Culturale San Lorenzo ed., Guidizzolo 2013.

Foto n. 4. Due gemelle, con al centro un'amica. Siamo negli anni '50, alla loro fine. L'eleganza ricercata delle amiche è evidente e voluta. Nuovi stili, altre donne. Il fondo, da lager nordico, è quanto meno orrendo e improponibile, ma vero. Collez. S. Fezzardi

Foto n. 5. La fotografia ritrae quattro ragazzini di Guidizzolo con abiti da chierichetto o quotidiani. Siamo alla fine degli anni '30/inizio anni '40 e si noti il luogo scelto per il "ritratto": un muro scrostato, una porta sgangherata e quattro "fiori" felici e soavi che si affacciano alla vita, piena di senso religioso. I sandali pestano un terreno erboso e senza un suo senso preciso. Fondo Caritas-Mondadori

Foto n. 6. Si tratta di una foto collettiva di una Scuola di lavoro gestita dalle suore locali (Sacra famiglia). Siamo all'inizio degli anni '20. Le donne sono piuttosto giovani, vestite di scuro in prevalenza, tutte more, con qualche bambino un po' imbronciato. La suora "troneggia" irrigidita in mezzo al "suo" popolo popolare. Da Perani E., Mondadori F., Le piccole suore della sacra famiglia di Guidizzolo (1901-1986), *Centro S. Lorenzo, Guidizzolo 2003, p. 79*

La centralità "amministrativa" del Municipio

Se ci volgiamo indietro e cerchiamo di riannodare il percorso compiuto, ci rendiamo ben presto conto che noi abbiamo studiato la storia di un piccolo Comune padano durante circa cinquant'anni, per altro del tutto irripetibili e cruciali, subendone tutte le conseguenze esterne (drammatiche) del caso e cercando di intenderle insieme ai nostri cittadini. Nel far questo, il ruolo amministrativo del Municipio si è imposto quasi da solo. Ma di quale ruolo stiamo parlando? Cosa facevano ai nostri tempi le giunte comunali, i sindaci di nomina regia e i podestà di nomina fascista?

Premesso che i due periodi detti, come ben si sa, divergono per questioni (ineludibili) di rappresentanza democratica e che a Guidizzolo il ventennio fu molto attivo e decisionale[34], le principali iniziative del nostro Comu-

34. Valga per tutti la figura dell'avv. Francesco Mutti (1884-1948) che fu podestà di Guidizzolo dal 1935 al 1944 e Presidente dell'Ospedale-ricovero dal 1937 al 1944, che era stato fondato dalla fam. Pezzati e dai Conti Rizzini. Mutti fu attivo anche in ambito agricolo, imprenditoriale e formativo, come appare in diversi momenti del presente volume.

ne possono riassumersi lungo alcune linee di fondo, avendo ben chiaro che la sua presenza socio-politica si pone ben al di sotto di quanto la possiamo immaginare ai nostri giorni. Procediamo per ordine e per temi.

Dopo il trionfo municipalista del 1848 e la regimentazione dei Savoia, i Comuni della nostra zona (Guidizzolo non è un'eccezione) intervenivano soprattutto per quanto attiene alla salute collettiva, alla viabilità, alla convivenza civile (furti, ad es.), alla regolamentazione di eventi di interesse sovra-individuale (il mercato e simili). L'ottica procedurale corrispondeva alla visione della vita che avevano i notabili del tempo, laici, patriottici, e interessati ai problemi della miseria in un'ottica di "Congregazione della Carità"[35]. In anni in cui arriva il telefono (il telegrafo c'è da tempo), si diffonde l'illuminazione pubblica con l'energia elettrica, appare qualche rara e prima pompa di benzina[36], si presenta la radio, è la scuola che sembra interessare e coinvolgere di più le Amministrazioni Comunali[37]. Non a caso, a Guidizzolo, come si vedrà, A. Dal Prato riuscirà a porre a carico del Comune, retto dal Podestà avv. Francesco Mutti, l'antica Scuola (festiva) di disegno applicato. Per il vero, Mutti, podestà dal 1935 al 1944, resse anche (ripeto) come Presidente il locale Ricovero (risalente ai rami femminili dei Pezzati, e dei Rizzini, nomi a noi ben noti) dal 1937 al 1944. A lui sono anche da attribuire la costruzione di una avveniristica "Casa del Contadino" (cfr. capo sull'urbanistica), l'avvio dell'industrializzazione del nostro paese (scatolificio) ed altre iniziative di genere diverso. Oggi, il suo palazzo, in originale ed aggraziato stile eclettico, presenta ancora la lapide del suo avo Vincenzo (a noi noto attraverso la storia risorgimentale), inaugurata il 24/09/1910 insieme a quella, posta davanti al Comune, dedicata a Garibaldi fra la folla festante[38].

35. Cfr. Muzzi G.B., Porta G., *Un lembo estremo della bassa. Condizioni di vita e rapporti sociali a Fiesse dall'Unità al fascismo*, Grafo, Brescia 1995 e Agostini R., *Vita amministrativa di Ceresara*, Il Cartiglio Mantovano, Mantova 2003, pp. 24/25. A Medole, una "Congregazione di carità" esisteva dal 1546.

36. Ivi, p. 76. L'anno è il 1926. Ricordo che, a cavallo del secolo, si struttura il "pedone postale", il quale è un impiegato comunale che, una volta o due al giorno, si reca a Guidizzolo alla fermata del tram o della corriera per ricevere la posta da smistare a Ceresara (ivi, p. 49). In merito all'energia elettrica, si veda l'*addendum* alla fine del capo 2.

37. Ivi, pp. 62/63.

38. Cfr. Mondadori F., *Quasi un romanzo*, cit., p. 49. È questo volumetto una sorta di biografia di una famiglia a cavallo fra ricerca storica e creazione letteraria. Colgo l'occasione per segnalare su *la Lettura* di domenica 8 dicembre 2019, un interessante confronto, a cura di Annachiara Sacchi (pp. 8 ss.) fra Falcones, Lemaitre e Scurati dal titolo: *Te lo do io il '900. Il romanzo batte la storia*, nel quale Scurati sostiene "la superiorità conoscitiva della narrativa" perché il romanzo attinge alle emozioni e rappresenta una "orizzontalità culturale". Per lui, le scienze storiche "permettono di capire il mondo, ma non di farlo capire agli altri". Falcones obietta che lo scopo di un romanzo non

Foto n. 7. In questa nostra scuola di campagna (Castelgrimaldo?) una maestra, con un'inserviente, distribuisce il cibo. Le classi sono plurime. I maschi si confondono con le femmine nei loro grembiulini neri con i colletti bianchi. I banchi e le seggiole sono in legno, con nell'angolo l'immancabile Tricolore. Anni '30, Fondo Caritas-Mondadori

I Comuni, però, paiono piuttosto impotenti di fronte alle gravissime crisi che attraversano periodicamente le campagne[39] e, soprattutto, di fronte al crollo dei salari dovuto all'introduzione e all'inasprimento della quota '90[40]. D'altro canto, ad essi viene assegnata nel 1937 l'assistenza erogata

va oltre "l'intrattenimento" e non può essere uno "strumento di conoscenza del mondo". Vicino a questa posizione mi pare collocarsi anche Lemaitre. Scurati si appella alla sua "esattezza" storica quale per lui "criterio assoluto, quasi dispotico". Nella sua prospettiva, il romanzo, che pur si nutre necessariamente di verità scientifica, è "una delle forme più alte di conoscenza del mondo", accanto ad altre verità. Non proseguo, non posso. Per me, il romanzo è arte letteraria, non scienza e quello "storico" non muta lo scenario e può offrire le "interpretazioni" (Lemaitre) che vuole (non quelle verificate) e sorrette da onere della prova. Non parliamo, dunque, di "superiorità" in nessun senso essa voglia essere proiettata.

39. Zanardi L., *Cent'anni di conquiste civili 1861-1948*, Sometti, Mantova 2000, p. 126. Rammento che, dopo lo sviluppo economico dei primi anni del '900, la drammatica e lunga depressione del '29, con le sue code, vi fu l'altro sviluppo partito nel dopoguerra. Di questa depressione, non abbiamo colto molto durante il nostro scavo. Perché? Attutimento dal basso? Controtendenza per iniziative locali? Mancanza di fonti? Ruolo basico del settore primario? In merito, cfr. comunque Frascani P., *Storia dell'economia mondiale. Dall'800 ad oggi*, Laterza, Roma-Bari 2019, pp. 69/103/121/148 e 155.

40. Zanardi L., *op. cit.*, p. 127.

a favore di tutti coloro che si trovino nella condizione di vera e propria necessità[41]. Di fatto, l'ECA viene a sostituire le vecchie e gloriose Congregazioni di Carità.

Si badi che quanto accennato si verifica in un contesto sociale che dall'inizio del secolo alla Seconda guerra mondiale cambia pelle come mai prima era avvenuto. Il tragico tasso di mortalità infantile tende decisamente a calare[42]. Si estende l'assistenza medica gratuita. La natalità subisce un forte declino, per le ragioni più diverse[43]. Gli alfabetizzati vengono a toccare tra i giovani punte del 100 per 100. L'emigrazione palesa una non marginale riduzione nel suo complesso. Si tratta di eventi che attraversano ovviamente il nostro paese, ma rispetto ai quali le nostre Amministrazioni Comunali non possono opporre alcuna, se non flebile, resistenza, o all'opposto non paiono all'origine (positiva) del mutamento, vincolate come sono dalla loro dimensione ridotta e dall'inderogabile equilibrio di bilancio.

Il Municipio, dunque, resta senza ombra di dubbio il perno e il rimando identitario della comunità locale.

E Guidizzolo non si esonera da questa prospettiva storico-sociale. Nello stesso tempo, comunque, come la nostra indagine mostra con ampiezza, esso vive quasi di altro da sé, della società civile, agricola o proto-industriale che lo circonda e compone. Il suo peso politico è molto ridotto, a favore di quello puramente amministrativo. Per paradosso, la sua stessa presenza nella vita quotidiana del Comune è più civica e spontanea o derivata da altro intorno a sé che prodotta politicamente di per sé.

Questo a Guidizzolo e non certo solamente a Guidizzolo.

41. Agostini R., *op. cit.*, p. 85.

42. Cfr. in merito De Mause L. (a cura di), *The history of childhood*, Psychohistory Press, New York 1974.

43. Vedi Kertzer D.I., Hogan D.P., Marcolin M., *Famiglia, economia e società. Cambiamenti demografici e trasformazioni della vita a Casalecchio di Reno (1961-1921)*, Il Mulino, Bologna 1991. A pp. 236 ss., si può intendere come la caduta delle nascite fu probabilmente dovuta a più concause, valide anche per noi, come una migliore e più consapevole condizione sociale, un aumento dei costi dell'allevamento dei figli, un ruolo più attivo e di contenimento delle nascite da parte delle donne, la diffusione di metodi contraccettivi a buon mercato, l'arrivo di una cultura generale sfavorevole alle famiglie troppo numerose.

Foto n. 8 (a, b). Le foto sono vicine negli anni, anche se una, quella con gli impiegati (a destra mio padre) e la nuova macchina da scrivere Olivetti è del 1947 e l'altra di poco precedente. Nel suo lindore composto, con la separazione in legno fra luogo di lavoro e luogo di ricevimento della cittadinanza, l'interno della sede municipale si presenta spontaneamente e senza parole com'era al tempo. Fonte: collez. G. Cagioni e Archivio Storico Comunale di Guidizzolo

Una cultura civica pacata e mediatrice

Quando studiamo la cultura civica di un determinato luogo di fatto veniamo ad occuparci dei suoi criteri di cittadinanza, dei suoi valori di civiltà, delle modalità attraverso le quali viene portata avanti ogni giorno la convivenza sociale tra soggetti diversi. Nel nostro paese, questo ambito pubblico e collettivo è stato strutturato e riempito nei secoli dalla religione cattolica che da noi, come detto, ha assunto nel tempo una connotazione di forte e identitaria presenza pubblica. Si sarebbe tentati di sostenere che è così sempre e per forza di cose e che se la religione esiste essa non può che assolvere a questo compito culturale e sovra-individuale, piuttosto stringente. Invece, non è così. Se prendiamo quale esempio non effimero il Giappone, con la sua religione politeista e animistico-sciamanica, ci renderemo rapidamente conto come le strutture sacre giapponesi non premano sui comportamenti sociali e non li riempiano di contenuti. In Giappone, appunto, al posto di qualcosa viene concepito il nulla[44], le relazioni sono intese quale loro statuto costitutivo come vaghe, indefinite, indistinte, ambigue[45], schiacchiate, oltre il singolo, sulle dirimenti istanze della società e del suo ordine. Il paradigma culturale che ne consegue è ottenuto per sottrazione[46], fondandosi alla fine sull'assenza o sul vuoto, anche di provenienza religiosa.

Nel caso che noi abbiamo studiato, invece, il "merito" esiste ed è manifesto ed ora cercheremo brevemente di riassumerlo nelle sue valenze essenziali, ben consapevoli che in questa schematizzazione faremo torto o ometteremo qualche componente che avrebbe dovuto ottenere una maggior considerazione. Ma è chiaro che ricercare per via fotografica ci riempie il senso e la vista, ma contemporaneamente ci toglie alcuni aspetti, non raffigurabili ma solo dicibili o traducibili per iscritto, della profondità dell'uomo.

Senza attribuire alcun valore specifico alla sequenza che ipotizzeremo, cominciamo con l'osservare come l'*orientamento politico* dei nostri cittadini è risultato nel tempo sostanzialmente equilibrato, lontano dagli estremismi di volta in volta proposti dalla storia e, comunque, piuttosto contenuto anche nel loro ambito. Sia l'arrivo del sindacato (per altro debole[47]) sia la nascita del Partito Popolare, quasi insignificante, sia la presenza virulenta dei Fascisti[48] contro i cattolici o alcuni "reduci di guerra"[49], non avendo mai superato certe soglie, non possono smentire questa nostra interpretazione.

Accanto a ciò, possiamo ribadire come l'*assistenza sociale* (solidarietà) sia stata nel periodo che ci compete una costante del nostro paese nelle sue varie forme. Il Fascismo, in fondo, copiò e si limitò a ciò che già c'era, trasformandone nel suo insieme il fine da "formazione cristiana" in propensione militare[50].

44. Pagano U., *Il posto del nulla. Religione e morfodinamica sociale in Giappone*, FrancoAngeli, Milano 2013.

45. Ivi, p. 28.

46. Ivi, p. 47.

47. Vedi Cavazzoli L., Salvadori R., *op. cit.*, p. 167.

48. Ivi, a p. 421, si legge con riferimento alla data del 7 maggio del 1921, "*Guidizzolo*. Fascisti si recano al Municipio, issano la bandiera nazionale asportando quella rossa".

49. Vedi Telò G., *Chiesa e Fascismo in una provincia rossa*, Publi-Paolini, Mantova 1997, pp. 115 e 199. A p. 206, si può leggere che a Guidizzolo il 14 aprile del 1924 a Don Gino, il nostro Don Gino, allora curato a Cavriana, fu "proibito di predicare". Non doveva essere un gran fascista!

50. Cfr. Lonardo L., *Duecento grammi di pane al giorno*, FrancoAngeli, Milano 2005, p. 201.

Foto n. 9a. L'ingegner Bortolo Pedrotti fu un professionista o un notabile del suo tempo di sicura rilevanza poliedrica. Egli progettò la rivoluzionaria tranvia da Ostiglia a Desenzano (vedi capo 7), nonché l'innalzamento della torre di Guidizzolo dopo il suo crollo e nella ancora sua attuale conformazione merlata. Fece ascendere la sua famiglia nel contesto delle più rilevanti del paese. Collez. Fam. Pedrotti

Foto n. 9b. Le foto dei Podestà fascisti sono evidentemente state quasi tutte distrutte vista l'estrema difficoltà nel reperirle. Qui proponiamo una foto del Sindaco Luigi Pedrotti (Sindaco 1923-26 nonché Podestà dal 1928 al 1930). L'immagine, successiva al ritorno della democrazia, lo vede insieme alla moglie e al figlio in un monumento chiaramente dedicato alla grande guerra. Collez. Fam. Pedrotti

Pur in presenza di notabili e possidenti terrieri, la vita quotidiana a Guidizzolo può essere ritenuta nel nostro periodo sufficientemente *democratica*. Mi limito ad un accenno ai costumi alimentari. Questi, infatti, possono essere definiti nella nostra realtà come tendenzialmente "opulenti" e comunque a base democratica[51]. Con questo voglio sostenere la tesi che anche i piatti locali più raffinati e complessi, come le paste ripiene (agnolini), potevano arrivare, almeno nei giorni festivi, sulle tavole di tutti, dai più

51. Così in Cipolla C., Segalini P. (a cura di), *L'Alta Cucina Popolare. Pro-Loco e cultura gastronomica nella Lombardia Orientale*, FrancoAngeli, Milano 2018, pp. 233 ss.

ricchi ai più poveri, ma gli esempi potrebbero essere molti altri, pur dentro una diseguaglianza sociale mai sopita.

Un altro aspetto della cultura locale è quello che la colloca a cavallo fra *empatia* o attenzione all'altro senza pregiudizi particolari[52] e *fiducia individualistica* in sé e, dopo, nell'altro o, comunque, senza porre una particolare attenzione alla sua identità difforme.

Ancora, non può non essere posta in evidenza un'intima e diffusa etica concernente una *concezione sacrificale della prestazione lavorativa* quasi componente necessaria e complementare della preghiera e della fede in Gesù, nel Dio cristiano, nell'al di là, luogo finale, e da meritarsi nell'al di qua, di ogni beatitudine.

Un'ulteriore componente nel modo di convivere a Guidizzolo può essere individuato nel *civismo sociale*, nell'osservanza delle regole comuni, nel senso del dovere e del rispetto che tende a contraddistinguere il rapporto con il bene pubblico. Ciò non significa, ovviamente, che nel periodo da noi studiato sia venuta meno ogni tipo di devianza, ma questa appare, a confronto con altre realtà municipali, piuttosto compressa e, in ogni caso, ridotta.

Del pari, come per altri comuni di dimensioni contenute, è risultato forte il *controllo sociale* esercitato a livello istituzionale (a partire dalla Chiesa) sui singoli cittadini. Emblematica in tal senso è la forte censura, la marcata sorveglianza esercitata su tutte le espressioni della sessualità della popolazione locale. Se non ci fossero state le nascite illegittime o quelle concepite prima del matrimonio, essa sembrerebbe limitarsi ai normali rapporti matrimoniali, senza alcun tipo di devianza, per altro fortemente repressa[53] e, non di rado, terminologicamente assente dal dialetto locale[54].

Nel complesso, da tutto ciò deriva una concezione della vita che, nella sua laboriosità intrinseca, si svolge in maniera pacata, mediatrice, capace di tolleranza e di civiltà prima ancora di affacciarsi sulla scena

52. Si veda Bressan E., Le *ragioni della solidarietà: la società milanese nel primo '800* in *Storia in Lombardia*, 1/2, 2017, pp. 21 ss.. Sono anche da studiare, oltre a Bressan E., *Carità e riforme sociali nella Lombardia moderna e contemporanea. Storia e problemi*, NED, Milano 1998, Rumi G., *Lombardia Guelfa 1780-1980*, Morcelliana, Brescia 1988 e Betri M.L., *Dalla beneficenza all'assistenza: la risposta al bisogno a Milano dall'Unità al secondo dopoguerra*, in *Storia di Milano*, XVIII, *Il '900*, Enciclopedia Treccani, Roma 1996, pp. 538/554.

53. Non abbiamo trovato nulla, ad es., sulla sessualità, sennonché negli anni '50 un vicolo al centro del paese veniva ironicamente definito "delle vergini", perché in esso erano venute ad abitare una ex-prostituta, una zitella "allegra", una ragazza-madre con due figli di due padri diversi e così via.

54. Ad es., per l'omosessualità maschile esisteva solo il termine "culatu", che non contempla sicuramente il "femminiello", mentre per quella femminile non esisteva alcun sostantivo specifico equivalente a lesbica.

politica e municipale. E ciò emerge ancor prima dei suoi vari "difetti" come abbiamo già più volte accennato[55].

Al di sotto, dentro o oltre la Storia?

Ci siamo mossi, durante il nostro scavo, dentro la storia lombarda considerandola a tutti gli effetti storia nazionale[56], ma cosa significa muoversi dentro una storia locale che in ultima istanza viene applicata a se stessi e al proprio passato più strettamente personale? Le vie di fuga interpretative di una tale domanda possono essere molteplici e, con ogni probabilità, esse non si escludono neppure a vicenda. Vediamo di ruotarci un po' intorno nel portare a termine questa nostra introduzione.

La vita vera si ritrova solo nella nostra quotidianità? Nella circoscrizione spazio-temporale della nostra esistenza si ritrova la sua più autentica autenticità? La nostra vita corrente e normale è la misura più profonda di ciò che è degno di fede, è più diffuso e credibile, al fondo più iniziale e genuino? La vita consueta, e abituale, usuale per così dire, si manifesta solo nel suo senso più profondo dentro un orizzonte definito dal grande al piccolo (e viceversa) per dei confini comunque di impossibile delimitazione significativa? La vita vista da vicino, colta nella sua storia spicciola è quella che corrisponde più compiutamente al suo sviluppo reale? L'intimità appartiene solo alla dimensione modesta, all'approfondimento mirato e limitato, a quella piccola botte nella quale la vita è più vita che altrove[57]? La scintilla che fa incendiare un'intera foresta è quel ridotto e minimo luogo originario che bene rende conto di tutto ciò che è accaduto dopo?

Credo di poter tranquillamente sostenere che le domande che ci siamo appena posti potrebbero essere facilmente ed adeguatamente rovesciate su loro stesse lasciandoci, allo stesso modo, nell'incertezza e nell'insufficienza. Resta comunque il fatto che dalla microstoria si possono ricavare delle evidenze che difficilmente si potrebbero ottenere da un storia condotta solo secondo criteri metodologici di natura macro-dimensionale, per una riflessione che può essere portata avanti anche in senso inverso. Tutto ciò va-

55. È chiaro che in queste condizioni culturali la destra si colora sempre un po' di sinistra e la sinistra, viceversa, sempre un po' di destra.

56. Cfr. Bigazzi D., Meriggi M. (a cura di), *Storia d'Italia dall'Unità a oggi. Le Regioni. La Lombardia*, Einaudi, Torino 2009 e Antonielli C., Chittolini G. (a cura di), *Storia della Lombardia. 2.Dal '600 ad oggi*, Laterza, Roma-Bari 2003.

57. Forse l'amore, forse il sesso? Cfr. comunque Cipolla C. (a cura di), *Sul letto di Procuste. Introduzione alla sociologia della sessualità*, FrancoAngeli, Milano 1996 e Cipolla C. (a cura di), *La sessualità come obbligo all'alterità*, FrancoAngeli, Milano 2005.

le ancora di più se si considera l'impostazione di taglio visuale della nostra ricerca socio-storica. In ogni caso e non vado oltre, la nostra indagine ci ha fatto letteralmente vedere e ci ha trapassato sensazioni di verità non raggiungibili con nessun altro metodo o percorso di ricognizione storica.

Foto n. 10. Siamo intorno o poco prima degli anni '40. Il parroco di Birbesi, don Sergio, è col suo popolo, maschi e femmine, ricchi e poveri, per un presumibile pellegrinaggio religioso. Si noti la composta serietà del gruppo e la difforme eleganza delle donne ritratte. Calendario Birbesi 2002

E questo, mi pare, sia di per sé più che sufficiente per fornire un senso ed un'utilità collettiva al nostro scavo analitico.

Muovendoci, dunque, al di sotto, ma ben dentro la storia, fino al punto di trascenderla per alcuni aspetti, lungo quale ottica interpretativa siamo andati a porci? Non voglio andare a fondo in questa direzione[58], limitandomi a osservare che noi non abbiamo battuto alcuna strada filosofica tendente a partire da nessun luogo o dal nulla, alla Spinoza per intenderci[59], secondo l'arguta interpretazione di T. Nagel[60]. Né, all'opposto, abbia-

58. Vedi comunque il capo a ciò dedicato (Appendice).

59. Cfr. Spinoza B., *Etica*, Laterza, Roma-Bari 2009.

60. Vedi Nagel T., *Lo sguardo da nessun luogo*, Mimesis, Udine-Milano 2018 e *Mente e cosmo. Perché la concezione neo-darwiniana della natura è quasi sicuramente falsa*, Raffaello Cortina, Milano 2015.

mo legittimato una sorta di mentalità futurista impastata solo di eclletticità e di creatività che, per quanto imposta oggi quasi necessariamente dall'era digitale che forse ci porta via con sé[61], non è stata la visione metodologica che abbiamo volutamente privilegiato. Altre sono state con ogni probabilità e soprattutto per quanto ci o, meglio, mi riguarda[62], le emozioni che ci hanno in vario modo indirizzato durante il nostro tortuoso e ondulato sentiero di ricerca.

Può essere che la chiave di volta che mi ha mosso sia stata inconsciamente una sorta di empatia applicata a me stesso o *auto-empatia*. Cosa significa un tale orientamento? Quando non ci si pone nei panni dell'altro per intendere le dinamiche sociali, ma si applica questo criterio concettuale[63] al proprio passato, al proprio percorso di vita visto da fuori, cosa diventa un tale modo di procedere? Non una biografia, né un'auto-biografia, né una riflessione su di sé. Esso sembra assumere le vesti contraddittorie di un altro che è sé stesso, pur non essendolo, oppure di un sé stesso che però è un altro. In realtà, credo che dentro queste modalità di approccio si annidi del rimpianto per il tempo inesorabilmente passato oppure si veda una malinconia dovuta allo sradicamento del non sentirsi più a casa, lontano da un ambiente sicuro ed accogliente che non può più proteggere dallo spaesamento e dall'indifferenza[64].

La *nostalgia metodologica* è, nel mio caso, lo smarrimento dovuto all'impossibilità del ritorno, temperato però dalla *gioia cognitiva* di essere riuscito a cogliere ciò, tutto ciò[65], che mi ha dato la vita.

61. Cfr. Cipolla C., *Dalla relazione alla connessione nella web-society*, FrancoAngeli, Milano 2015.

62. Ricordo e sottolineo che quasi tutti gli autori e i protagonisti di questo volume sono di Guidizzolo.

63. In generale, vedi Cipolla C., *Epistemologia della tolleranza*, FrancoAngeli, Milano 1997. Si tratta di un glossario in 5 volumi per altre 3.200 pp.

64. Per capire un po' meglio questo mondo intricatissimo eppur così co-involgente si veda Watt Smith T., *Atlante delle emozioni umane*, la Repubblica, Roma 2018, dove le voci che ci toccano in modo diretto sono almeno una decina a partire da *Nostalgia di cosa* (p. 205), dove si prendono le mosse addirittura da Omero: «Questo il desio che mi tormenta sempre...», *Odissea*, Canto V.

65. Cioè amore materno e paterno, cibo, aria, luce, clima, linguaggio, cultura e tanto altro ancora e tutto questo, come è ben chiaro, non scelto, ma imposto dalla vita alla stessa vita.

Capo 1. Ai piedi delle colline, in pianura

di Costantino Cipolla

I poco più dei 22 km^2 che costituiscono e su cui si estende il comune di Guidizzolo possono essere rappresentati da un puntino sulla carta geografica posto ai piedi delle colline moreniche che contornano e quasi abbracciano da Sud il Lago di Garda. Siamo in Lombardia, nella sua provincia più ad Est, quella di Mantova, non lontano però né dal Veneto (a una decina di km), né dalla provincia di Brescia (a poco meno di 15), con cui il nostro paese ha avuto molti intrecci storici. Basti dire che fino al 1786 o 1787 (una volta i passaggi burocratici non erano mai immediati) la parrocchia faceva parte della Diocesi bresciana, pur dipendendo politicamente da Mantova. Il territorio comunale, invariato nei secoli, è a forma ovoidale e si estende per una decina di km sull'asse Nord-Sud e per circa 5 su quello Ovest-Est. I comuni confinanti sono, verso le colline, quello di Cavriana; verso la bassa quello di Ceresara, mentre sul lato occidentale appare Medole e su quello orientale, verso Sud, vi sono i territori della frazione di Vasto (una volta, Guasto) del comune di Goito. Guidizzolo, a sua volta, si presenta sul piano urbanistico articolato in tre frazioni di cui una, la più grande e cioè Birbesi, è anche parrocchia, mentre Rebecco possiede una sua chiesa non però parrocchiale e Selvarizzo è proprio un piccolo agglomerato di abitazioni strette fra di loro. Del resto, in tutto il territorio comunale esistono tante case coloniche sparse nella campagna, da sempre dedite familiarmente al lavoro dei campi. Ma entriamo più nel merito, associando l'evoluzione demografica del nostro paese a quella della sua conformazione abitativa.

Un immobilismo durato nei secoli e scosso solo dalla "rivoluzione industriale"

Come si può ben capire, i dati statistici in nostro possesso sui residenti nei tempi passati a Guidizzolo sono scarsi, lacunosi e molto approssimati. D'altra parte, è la stessa statistica che, come scienza, entra propriamente sulla scena sociale nell'800 e trova nei censimenti della popolazione una delle sue manifestazioni più preziose ed ancora oggi utili. Sommando e confrontando, senza alcuna aspirazione all'esaustività, alcuni dati che siamo riusciti a reperire, per altro di origine o di fonti molti diverse al loro interno (Tab. 1), possiamo renderci conto come la popolazione di Guidizzolo (oggi di circa 6.000 ab.) si sia modificata molto lentamente e marginalmente (salvo eccezioni) nel corso dei secoli, portando con sé, quasi necessariamente, una sostanziale stabilità abitativa.

Tab. 1 - Stima degli abitanti della Comunità, poi Comune, di Guidizzolo

Anno	Stima abitanti	Indicazione della fonte
1414/15	1.276 (circa)	Archivio di Stato di Mantova[1]
1565	1.300 (Guid.) + 445 (Birb.)	Ruffoni[2], Pelati[3]
1784	1.477 (parrocchia)	Mondadori[4]
1824	1.691 (parrocchia)	Mondadori[5]

1. Riprendo da G. Ruffoni, *Guidizzolo. Nella Sua Storia*, Litocolor, Guidizzolo 1994, p. 48. Può sorgere il dubbio che gli "uomini di Guidizzolo" citati non comprendano quelli di Birbesi, forse già parrocchia a sé. In ogni caso, è il primo documento a me noto che riporta una stima degli abitanti del paese.

2. Ivi, p. 100. Qui il riferimento è alla parrocchia, che mostrava di avere una popolazione molto giovane.

3. Per i dati su Birbesi, definita "ormai parrocchia" nel 1540, vedi P. Pelati, *Birbesi*, Graf. Ceschi, Quistello 1975, p. 33. Anche in questo caso la popolazione risulta essere molto giovane. In totale, il "comune di Guidizzolo" avrebbe avuto nel suo complesso 1745 abitanti circa. Il testo di Pelati, introvabile, è di straordinaria precisione, nonché documentatissimo: un vero e proprio scrigno conoscitivo.

4. F. Mondadori, *La lunga vita di Don Antonio Ilario Fortunati (1738-1830)*, Centro Culturale San Lorenzo ed., Guidizzolo 2010, p. 47. La dimensione media della famiglia era di 4 persone. I maschi superavano di poco le femmine. I preti erano 11.

5. Ivi. La fonte è chiaramente l'Archivio Parrocchiale. Questa apparente continuità sconta e contiene veri e propri drammi sociali. P. Pelati, nell'*op. cit.*, a p. 35, rammenta la "peste manzoniana" ed evidenzia come a Birbesi dal 1628 al 1840 non si abbiano più avuti "curati effettivi", ma solo "vicari economi". La "tragedia immane" avrebbe ridotto gli abitanti a 63. Da oltre 400? Stento a credere e non ho reperito alcuna altra documentazione in merito. Più dell'80% di morti? Di solito la peste si accontentava del 30/40%.

Tab. 1 - segue

Anno	Stima abitanti	Indicazione della fonte
1853	2.155	Archivio Storico Comunale di Guidizzolo[6]
1861	2.185	Censimento[7]
1871	2.436	"
1881	2.529	"
1901	2.723	"
1911	3.155	"
1921	3.559	"
1931	3.873	"
1940	3.848	Archivio Storico Comunale di Guidizzolo
1951	4.058	Censimento
1961	3.806	"
1971	4.252	"

Dalle prime informazioni in nostro possesso, gli abitanti del nostro paese (senza i dintorni?) paiono essere più di mille per poi assestarsi verso i 2.000 nei secoli successivi. Solo nell'800 viene superata stabilmente la soglia detta per una popolazione molto giovane e con una mortalità infantile sempre elevata. Dai dati censitari, finalmente ben strutturati (cfr. Tab. 1), si vede con continuità un aumento graduale degli abitanti che all'inizio del '900, con accrescimenti decennali del 15% circa, si spingono verso i 4.000 residenti. Non è facile dar conto di queste dinamiche dovute probabilmente a cause diverse e cioè alla riduzione della mortalità infantile, ad un allungamento medio della vita (Foto 1), ad un miglioramento delle condizioni economiche generali del periodo giolittiano con conseguente contenimento della disoccupazione[8], per quanto i dati in questione restino problematici.

6. Il lavoro di investigazione è stato condotto da P. Sposetti, che ringrazio per l'attenzione e la fatica prestate. Vanno ringraziati, però, anche C. Antonioni e G. Cobelli, oltre a R. Agostini (che, per altro, appare ripetutamente nel nostro volume) per la disponibilità e la gentilezza dimostrate.

7. Questo è il primo dato ufficiale dello Stato Italiano, ancora privo, per altro, del Veneto e di buona parte della provincia di Mantova.

8. Cfr. M. Alberti, *Senza lavoro. La disoccupazione in Italia dall'Unità a oggi*, Laterza, Bari-Roma 2016, pp. 54 ss. Si noti che verso la fine dell'800 anche Guidizzolo fu soggetta a fenomeni migratori che però non sembrano essere stati rilevanti.

Foto n. 1. Questa foto-cartolina, antecedente al 1906, è la prima da noi conosciuta che ci presenta la popolazione di Guidizzolo per quello che era. Dati i vestiti, gli addobbi e lo sfondo potrebbe trattarsi della sagra di ottobre (?). Non vedo eleganza, né ricchezza, mentre ci sono molti ragazzini di entrambi i sessi. In una foto (a cartolina) ancora più vecchia che riguarda la piazza del tram nel nostro paese (Capo 2, n. 10), si vedono la torre, i vestiti delle persone, le rotaie lasciate a loro stesse, l'edificio a monte della piazza, gli alberi e la loro età, gli animali, la bassa resa della foto, la povertà dell'insieme. E tutto ciò converge per una ripresa iconica antecedente al 1900. Cartolina

Il periodo fascista[9] con la prima vera industrializzazione del nostro paese consolida queste tendenze (cfr. Capo 6). Si noti, infine, il calo demografico di Guidizzolo negli anni '50, dovuto senza ombra di dubbio all'emigrazione dei nostri genitori per questioni di lavoro verso la vicina ed attrattiva Milano e il recupero degli anni '60 con l'avviarsi del *boom* economico anche su base locale.

Di fronte a questa lenta evoluzione demografica che ne è dell'assetto abitativo del nostro piccolo comune? Fino all'arrivo del Catasto Teresiano nella seconda metà del '700, le carte geografiche del Ducato di Mantova ci presentano un vuoto rettangolare a Nord di Guidizzolo denominato

9. È palese che stiamo per necessità semplificando. Si pensi solo all'epidemia cosiddetta Spagnola che fece nei nostri comuni fra il 1918 e il 1919 decine di morti (anche per ricordo e tradizione mia familiare) e di cui noi, nella nostra ottica, abbiamo trovato con estrema fatica e senza confronti tracce. Cfr. Capo 15.

"Campagna"[10]. Altro di più preciso non è dato sapere o, almeno, non ho avuto modo di reperire.

Dalla prima mappa topografica del 1775 (circa) di natura catastale ci si presenta, per la prima volta, un paese quasi concentrato fra la Piazza e la Piazza Vecchia a Sud lungo l'asse verticale dell'attuale Via Veneto. A Nord, in senso orizzontale, scorre la grande strada della "Corriera che va a Mantova". Si intuisce la torre, ma non c'è la piazza che sarà quella del tram. Ci sono i Disciplini nella Via di Mezzo e la parrocchia nella Via della Chiesa, la quale, scendendo a Sud, diventa Via della Fontana, con questa indicata come edificio a sé stante, denominato appunto "La Fontana", caso unico in tutta la mappa. Al di sotto di questa estremità del paese è segnata la sola chiesa di San Lorenzo, col suo nome. Verso Ovest, è indicato il "Viale della Terra", che dovrebbe corrispondere all'attuale Vicolo Volto (da viale a vicolo?) e la strada comune detta "Valborghetto", che si sovrappone all'attuale via che conduce a Rebecco e a Medole. Non vi è alcun rimando alle frazioni, le case (escluse le corti) sono poche e possono ricondursi al centinaio o poco più[11], con una decina poste a monte, ma attaccate, alla via della Corriera. Pare esistere un solo palazzo. Molti sembrano essere i terreni ben coltivati (a orto?). Null'altro è scritto sulla pianta catastale. Sappiamo, d'altronde, che solo dal 1786 "a ogni cantonata del paese viene dato il nome della via e alle case vengono assegnati i numeri civici"[12], per un percorso toponomastico che proseguirà sempre in questa direzione nel corso degli anni seguendo lo stesso modello.

In un "Disegno delle terre di ragione del Sign. Federico Danieli poste nel territorio di Guidizzolo", fatto nel 1790[13], le proprietà e i terreni agricoli sono indicati con precisione anche con le loro destinazioni d'uso che vanno dalle "terre aratine", a quelle "vignate", da quelle "pratine" a quelle "arborine", dove spesso il campo aratino viene associato a quello "morino", che ho interpretato come un terreno con una buona componente di sassi. Il tutto, dopo 15 anni, appare piuttosto immobile, ma non sono tali le scritte sul disegno. La strada principale è denominata "Strada comune pubblica mantovana". La piazza "nuova" è contrapposta a quella "vecchia". Si presentano strade minori che vanno ai Fienili e al Brolaz-

10. Cfr. in G. Ruffoni, *op. cit.*, a p. 40 una mappetta del 1620 del Ducato di Mantova, dove si vede come la "Campagna" si estenda da Castiglione delle Stiviere al Mincio, cioè per una lunghezza di una ventina di chilometri.

11. Si può stimare, per larga approssimazione, una media di 7/8 persone per casa?

12. Così in F. Mondadori, *op. cit.*, p. 47.

13. Lo abbiamo reperito nel Fondo Caritas-Mondadori. La mappetta, chiaramente ad uso privato, è vezzosa, con vari disegni bucolici rappresentanti fiori e uccelletti.

zo. Sulla strada comune di Rebecco si palesa Sant'Andrea in parallelo a quella comune detta "San Martino" che s'incrocia con quella "così detta" Via Predosa. Verso Nord, questa si trasforma in "strada che va a Solferino" con una "stradela" laterale che punta diritto verso il "Campagnone". Si noti che in questa direzione le proprietà private vengono dette confinare con "le Raggioni della Comunità con la Campagna". Cosa significa una tale dizione? Innanzitutto, credo, che qui si arrestino le proprietà site propriamente nella "comunità" di Guidizzolo e che più oltre si abbia una giurisdizione diversa e cioè quella della "Campagna". Tale zona consisteva in una sorta di terreno incolto, ghiaioso e sterile, il quale non permetteva altro che il pascolo[14] e la caccia alle allodole e alle quaglie. Queste terre furono nel tempo di proprietà comunale, ma con vicissitudini complesse che portarono a vari conflitti fra la popolazione e la stessa amministrazione pubblica. Il comune di Guidizzolo non pare aver seguito questa via e, forse, il Campagnone serviva come luogo di servizio collettivo per il pascolo e per la caccia. Solo l'avvento dei gelsi e del canale Arnò modificò la situazione detta, proposta per ipotesi? Tornando al nostro disegno, in esso, verso il basso, si può leggere in grande "Sarioletta che schore al mulino di San Lorenzo", dove l'importanza socio-economica di acqua e farina si mescolano fra di loro e trasformano un modesto ruscello (il Birbesi) in un grande fiume.

Se saltiamo altre cartine intermedie, che non spostano il nostro quadro analitico, e ci poniamo su una mappa[15] molto precisa del nostro comune, per un quadro d'unione di 24 fogli, redatta, con aggiornamenti vari, a partire dal 1922, possiamo farci una visione completa dello stato abitativo del nostro territorio nel cuore del periodo che ci interessa in maniera specifica. I confini del Comune non paiono mutare e caso mai si precisano. A Nord della strada maestra, ora statale, appare qualche corte, successiva anche al '22. Le case del centro del paese si infittiscono. Rebecco ruota intorno al suo Oratorio e alle Baite e converge verso le colline in una strada comunale "degli Squadri della Campagna", nome che non può essere ritenuto casuale e che denota almeno, nel tempo, una suddivisione a fini lavorativi di quei terreni. Si delinea Piazza Marconi. A parte il tram, viene indicato lo spazio dedicato al Cimitero e si han-

14. Vedi F. Brigoni, *Medole attraverso i tempi*, Medole (senza stamp.) 1978, p. 157, ma anche G. Ruffoni, *op. cit.*, p. 83, da dove risulta che nel 1840 ben 183 biolche della Campagna erano di proprietà comunale.

15. Reperibile e messa gentilmente a disposizione dall'Ufficio Tecnico del Comune di Guidizzolo nella persona dell'Arch. Nicola Torazzi, che ringraziamo per la gentilezza e l'apporto fornitoci.

no denominazioni di strade (Campagnola) e corti (Campagnina) di antica ascendenza, sempre verso la zona più elevata del comune. Verso Sud, osserviamo la seriola Marchionale, che però non segna confini comunali di sorta ed un abitato di Birbesi che appare sostanzialmente quasi immobile, salvo la costruzione della "Casa Rurale" del periodo fascista. I mulini sono sempre tre e cioè il Molinello (San Lorenzo), il "Molino Birbesi" e il "Molino Rezzato" sulla Marchionale. Selvarizzo resta com'era. Altro non saprei dire, se non che un vero mutamento si avrà solo nel 1928 con lo sventramento in direzione Pedrosa-Circonvallazione della via principale quasi di fronte al Municipio (cfr. Capo 2).

Questa, dunque, una breve rassegna e panoramica della presenza degli uomini del nostro territorio soprattutto per quanto attiene al periodo che qui ci compete. Ma accenniamo ora brevemente ai presupposti ecologico-naturalistici che hanno influenzato la vita umana su questo piccolo aerale.

Foto n. 2. Si tratta di una foto del nostro paese ripresa da una prospettiva piuttosto rara, con a destra uno (il minore) dei palazzi Pezzati e sullo sfondo, nascosta, la piazza del mercato e le imponenti chiome degli alberi di Villa Rizzini. Tardi anni '20, con i fiori senza età. Cartolina

Foto n. 3. La foto in oggetto riprende la via del Municipio verso Sud, prospettiva piuttosto inconsueta all'epoca. Possiamo porci intorno al 1910. Si noti l'accesso a Via di mezzo sulla sinistra e la mancanza di quella che sarà, vent'anni dopo, la via nuova sulla destra. In un giorno senza pioggia, si nota la strada a ciottoli di pietra tonda convergente verso il centro a mo' di scolatoio. Altre foto, riprese da Viale Passeggio verso la Torre, confermano questa stagnazione di acqua, con le persone collocate sui bordi della strada. Espos. fotografica, Comune di Guidizzolo, Galleria Mondadori

Foto n. 4 (a, b). Questa doppia immagine ripresa dal Monte Alto di Solferino nel 1862 verso la brughiera di Medole e Guidizzolo è sicuramente la più vecchia esistente sul nostro panorama, piuttosto vuoto e arido. Tratta da L. Artioli (a cura di), Una cultura alimentare di collina, *FrancoAngeli, Milano 2018, p. 91*

Un ambiente naturale accessibile ed accogliente con una "sua" storia

Da quanto abbiamo già scritto si sarà ben capito che Guidizzolo nasce e cresce laddove le prime risorgive naturali schiacciate nella falda acquifera sottostante trovano modo o naturalmente o per effetto di piccoli fori operati dall'uomo nel terreno di zampillare in superficie. Le fontane (vedi Foto 7) sono l'espressione più palpabile ed evidente di questo. A monte del paese, oltre la Torre, comincia di contro quel terreno arido e sassoso, incolto per secoli, denominato, come già detto, "Campagna". Il nostro comune si colloca, infatti, in pianura, ma il suo territorio pende leggermente verso la valle del Po, passando dai circa 80 metri di altezza sul mare nel suo punto più elevato ai poco più di 45 in quello più basso. Non si hanno colline di alcun tipo, mentre il territorio, come visto, è attraversato da due seriole (Birbesi e Marchionale[16]) che, procedendo verso Est-Sud, finiscono col tuffarsi nel Mincio. Il clima è di tipo continentale e cioè caldo torrido d'estate con le temperature massime oltre i 30 gradi e con significativi e una volta molto temuti periodi di siccità e con freddo intenso, accompagnato da gelate frequenti, durante l'inverno. Piovose e gentili si porgono le stagioni intermedie con la Primavera che quasi improvvisamente si mostra in tutta la sua bellezza fiorita e con l'Autunno che lentamente si addormenta fra le braccia silenziose della nebbia. A Nord, l'impatto panoramico è, oltre le colline, con il Monte Baldo e con le nevose Alpi in generale, mentre a Sud la vista, data l'inclinazione, scorre lontano e, a volte, scorge sullo sfondo le cime dell'Appenino. Gli eventi naturali avversi sono piuttosto rari e normalmente riguardano la grandine che rovina i raccolti[17], la neve che ostacola la viabilità ma che non supera mai (storicamente) i 60/80 cm, i temporali, a volte di forte intensità, accompagnati a qualche rara, molto rara, tromba d'aria. Le calamità più frequenti sono le alluvioni a scorrimento con l'acqua che scende vertiginosamente dalla collina e trasforma la via principale del paese in un torrente o in uno scolatoio che, una volta, lasciava dietro di sé un fondo ghiaioso e piano, nel tempo trasformato in una strada. Tra tutte le foto esistenti per il periodo che ci riguarda e che abbiamo reperito, esclusi ovviamente gli ultimi 50 anni[18], ve ne è un solo blocco che riguarda un'inondazione nel paese avvenuta il 29

16. Vedi P. Pelati, *op. cit.*, p. 104. L'etimo rinvia a rivolo, canale. Il Birbesi è naturale (al maschile in dialetto). La Marchionale è artificiale, come molti canali non cementificati del mantovano.

17. Oggi, ci sono i cannoni anti-grandine che sparati in modo opportuno dissolvono le nubi minacciose.

18. L'ultima grande nevicata è di metà degli anni '80, mentre l'unico vero fortunale che io ricordi è degli anni 2000. Altro non abbiamo trovato.

Foto n. 5 (a, b, c). Le foto che abbiamo selezionato, tra le tante disponibili, si riferiscono ad un temporale che il 29 giugno 1934 inondò il paese, come fenomeno (non così raro) di scolo collinare delle acque piovane. Si noti la via Municipio ridotta a torrente (5a), il tram deragliato (5b), nonché delle giovani madri sorridenti (5c), con la loro "ciurma" vicino alla via nuova. Espos. fotografica, Comune di Guidizzolo, Galleria Mondadori (5a) e Collez. P. Ramazzotti (5b, c)

Foto n. 6. In località Lame, a Guidizzolo, nasce la Seriola Birbesi che poi si dirigerà verso il Vasto. Qui si vede la fonte con le "lame", erbe lacustri che producono un fiore conico marrone che, maturo, si polverizza nel vento. Da P. Pelati, Birbesi, *Graf. Ceschi, Quistello 1978*

Foto n. 7. Il lavatoio pubblico si perde nel tempo, come accennato. La cartolina qui riportata dalla Collez. Fam. F. Pelizzaro ci presenta la sua strutturazione come risultava nel 1922, in realtà costruita nel 1911 su di una preesistente. Il lavatoio coincideva con le Fontane, *viste già in mappali ben più antichi ed ora coperte da una vasta tettoia, impegno ed orgoglio municipale. Oggi, chi manderebbe ad un parente, quale simbolo del suo paese, un "lavatoio" popolare?*

giugno del 1934, a seguito evidentemente di un violento e classico temporale estivo. Dalle foto, già pubblicate in più luoghi e qui riprese, possiamo ricavare le considerazioni di valenza generale riportate.

In ogni caso, una documentazione così modesta e concentrata rende bene l'idea di una natura che nel corso dei secoli è stata sicuramente benigna e disponibile verso i suoi abitanti.

Ciò vale anche se ci spostiamo nell'ambito dell'agricoltura, che negli ultimi anni si è andata specializzando (orticoltura) rispetto ad un passato caratterizzato soprattutto dalla coltivazione di cereali e dall'allevamento bovino. Ma quello che conta è che nel periodo storico che ci riguarda, come vedremo, l'occupazione agricola rappresentava la stragrande maggioranza del lavoro disponibile su di un terreno fertile e generoso, con una densità abitativa contenuta ed un reddito pro-capite che possiamo stimare più che decoroso[19]. Comunque il paesaggio agrario permette di vedere come tutti i fazzoletti di terreno siano coltivati fin dentro i fossi e come i campi siano tutti geometricamente disegnati ora come allora, almeno per il periodo storico che noi siamo riusciti a controllare rivolto al passato. Ma cosa ha inciso nel tempo che ci compete su questo contesto ecologico, quali "grandi opere" l'hanno modificato e migliorato?

Se escludiamo il tram, che sarà commentato e rappresentato nel Capo 7, mi pare di poter affermare con molta convinzione che gli interventi strutturali e fisici decisivi che hanno mutato significativamente il nostro territorio sono stati due, provenienti uno da Nord-Ovest, cioè la costruzione del canale Arnò, conclusasi nel 1930, e l'altro dal lato opposto, cioè da Nord-Est con l'allungamento-prosecuzione del canale Virgilio alla fine degli anni '40 del '900 fino all'inizio degli anni '50.

Abbiamo già accennato alla siccità che colpiva non di rado durante l'estate le nostre terre e soprattutto la parte Nord del paese. Ebbene, dopo molte diatribe e accuse reciproche fra bresciani e mantovani, finalmente nel 1927 si costituì una specie di Consorzio di bonifica dell'Alto Mantovano fra i comuni di Castiglione, Solferino, Medole, Cavriana e Guidizzolo destinato allo scavo di un canale, che sarà chiamato Arnò (come detto), in grado di traferire con arditi passaggi idraulici[20] l'acqua del Chiese da Be-

19. Se analizziamo il volumetto, edito dall'Anci Lombardia, *I comuni della Lombardia 2018*, ci rendiamo conto che Guidizzolo è un comune di medie dimensioni e, come tale, pare collocarsi anche negli altri confronti regionali. È sempre stato così?

20. Sulle acque che nascono e/o scorrono sulla nostra terra ci sono numerose pubblicazioni. Mi limito a segnalare R. Sarzi, *Le acque nelle terre del Consorzio di Bonifica Alta e Media Pianura Mantovana*, Sometti, Mantova 1999. Guidizzolo vi appare per la "Seriola Marchionale" (pp. 83 ss.) e per i canali Arnò e Virgilio, descritti quale "definitivo sviluppo della irrigazione" (pp. 161 ss.). In una prospettiva guidizzolese, si veda la raccolta di materiali (non a stampa) a cura di G. Ruffoni, *Ricerca storica sul canale Arnò* (2010), da cui

dizzole fino alla nostra Campagna, solcandola ai piedi delle colline e spegnendosi nella valle dell'Orso sulla strada che da Cavriana scende a Guidizzolo. Attraverso canalette diramate in varie direzioni, oltre 3.000 ettari di terreno furono resi di fatto coltivabili mutando la geografia e l'economia dell'intera zona. Inutile dire che tutti i lavori di movimento-terra furono effettuati a mano con l'apporto precipuo dei famosi scariolanti, come si può evincere dalla Foto 8, scattata a Nord di Guidizzolo e in cui si vede anche il sopraintendente dei lavori (un ingegnere?)[21].

Foto n. 8. Gli scavi erano fatti a mano con badili e carriole e tanta fatica fisica, a parte qualche sovrintendente. Da M. Marocchi, Storia di Solferino, *cit., p. 240*

Dopo circa un quarto di secolo, il Consorzio di Bonifica del Medio Mantovano decise di prolungare il preesistente canale Virgilio che si arrestava nel territorio di Volta. Entrando nel nostro comune da S. Giacomo, attraversando il nostro abitato da Sud e proseguendo per Rebecco e poi per Medole e Castel Goffredo, questo canale servì con la sua acqua proveniente dal Mincio tutto il territorio comunale non coperto dal precedente ma-

segnalo i documenti relativi alle delibere dell'Amministrazione Comunale di Guidizzolo. Ricordo che il nostro Comune fu beneficiato dall'irrigazione per 732 biolche, più o meno come Castiglione e circa la metà di Medole. Ringrazio di cuore Maurizio Bottoli per avermi gentilmente fornito questi materiali di fatto irreperibili.

21. Ripresa da M. Marocchi, *Storia di Solferino*, Litograph, Castiglione delle Stiviere 1993, p. 240.

nufatto. I lavori durarono per più anni e lo scavo fu ben più vasto e profondo di quello dell'Arnò con un impiego di manodopera assai più numeroso di quello precedente, come si può chiaramente comprendere dalla Foto 9.

Foto n. 9. Si colga la profondità dello scavo del Virgilio e la sua ampiezza, circa venti anni dopo, rispetto al canale Arnò. Siamo verso S. Giacomo. Espos. fotografica, Comune di Guidizzolo, Galleria Mondadori

L'arrivo dell'irrigazione a getto, accanto a quella a scorrimento, tradizionale, completò un percorso evolutivo che ha reso nel tempo non più così pericolosa e opprimente la tanto temuta siccità estiva, rendendo l'acqua in circa 120.000 biolche una delle normali disponibilità nel lavoro dei campi, oggi sempre più specializzato, come già sottolineato più volte.

Questo, dunque, è il quadro eco-geografico del nostro piccolo paese, delineato per sommi capi a sfondo storiografico e iconico. Tale panorama si può intendere dalle tre foto, tra le tante, che abbiamo scelto per illustrare dall'alto la sua conformazione[22].

22. Ovviamente, per quello che si può. Ad esempio, non siamo riusciti a reperire neppure una foto di una "quagliara" che pure, come documentato nei volumi da noi dedicati alla battaglia di Solferino e San Martino, già citati (ma vedi anche P. Pelati, *op. cit.*, p. 100), popolavano sommessamente la nostra Campagna. Troppo poco significative?

Foto n. 10. La veduta panoramica del "Mercato Buoi" è probabilmente della fine dell'800. È inverno e forse c'è foschia (?). I pochi uomini sono intabarrati. Le donne portano i soliti vestiti neri a campata unica. Gente? Cartolina

Foto n. 11. La foto, da Palazzo Rizzini dell'inizio degli anni '10, si orienta verso S. Giacomo e le colline e ci mostra un borgo di case collaterale rispetto al centro del paese. Collez. G. Valbusa

Foto n. 12. Siamo sulla Torre di Guidizzolo alla fine degli anni '30 o poco dopo. Qui la pianura e i campi alberati a vigna o a gelso o ad altri frutti la fanno da padroni in un paesaggio che appare per altro poco vissuto. Collez. G. Valbusa

Ma la vita dell'uomo non è mai solo pura geografia. Essa è anche e, forse, soprattutto, sedimentazione storica che appartiene alla vita anche quando riguarda la morte e che lascia i suoi resti o i suoi indicatori dove vuole, senza chiedere alcun permesso a nessuno.

Segni e senso fisico-estetico della morte

La vita di tutti noi è essenzialmente sociale, con gli altri, nel noi. E il nostro noi è anche senza alcun dubbio quello delle nostre strade, case, monumenti per quanto dimessi e contenuti questi possano essere. Ed è su questi muri, su queste vie, su queste costruzioni architettoniche che la nostra vita si sedimenta e ci fa comprendere a suo modo la nostra stessa storia e non solo locale e non solo sganciata o esonerata dalla morte. Perché questa è parte di quella e viceversa.

Nel presente paragrafo, ci dedicheremo in modo necessariamente succinto ai segni, dotati di un loro significato culturale e collettivo, presenti nel nostro comune nella loro fisicità visibile e palpabile sul piano estetico. Le aree che abbiamo deciso di selezionare sono sostanzialmente cinque e cioè la Chiesa Madre, la chiesetta di San Lorenzo (per cenni), la Torre oggi posta nella piazza dove sorge il Municipio, nonché il Cimitero come inno alla storia corale della vita della comunità. In un'ottica più trasversale, ci occuperemo anche delle epigrafi e delle iscrizioni sparse nelle nostre terre[23].

In un comune come il nostro cosa ci possiamo aspettare quale prodotto fisico-simbolico che la storia ci ha trasmesso, sempre nella prospettiva delle nostre scansioni temporali? Come è facile arguire e come accertato, le costruzioni religiose emergono su tutte e prima di tutte le altre. A parte le due chiese settecentesche delle frazioni, a Guidizzolo si ha la Chiesa parrocchiale, l'Oratorio di San Lorenzo, mentre è stata demolita nel 1976 la Chiesa o l'Oratorio dei Disciplini, una Confraternita approvata dal Vescovo di Brescia nel 1597 e dedita ad elevare la salute del prossimo attraverso

Foto n. 13. Inizio anni '50. L'ex-oratorio dei Disciplini fu, prima di essere abbattuto, un teatrino parrocchiale dove si rappresentavano commedie "popolari" con "attrici" del popolo, come in questo caso con due signore guidizzolesi e mia madre (a sin). Espos. fotografica, Comune di Guidizzolo, Galleria Mondadori

23. Cfr. F. Mondadori, *Guidizzolo: epigrafi ed iscrizioni*, Centro Culturale San Lorenzo ed., Guidizzolo 2006. Sotto il nome dell'Autore si trova scritto "Sumptibus Suis" che non può che suonare come "a sue spese".

l'attuazione di opere di pietà cristiana. Dopo meno di 15 anni dal suo riconoscimento, la Confraternita aprì al culto il proprio Oratorio dedicato a San Giacomo Apostolo e continuò nel tempo la sua attività solidaristica e pia nell'ottica della Controriforma, senza che però si abbiano documentazioni adeguate in merito. Resta il fatto che, con miei dubbi sulla sua consistenza viste le sue finalità pubbliche, la Riforma voluta dall'Imperatore Austriaco Giuseppe II la soppresse nel 1788 girando alla fabbriceria della Parrocchia i beni di sua ragione. In ogni caso, nulla di particolare rilevanza artistica e non, come si può ben dedurre, è giunto fino a noi. Sino agli anni '50/'60, l'Oratorio fu gestito come teatrino dalla Chiesa locale con rappresentazioni popolari varie rivolte ai giovani e ai meno giovani. Dopo, il suo abbattimento e cioè il nulla. La storia si mangia quello che vuole ed a volte anche tutto.

La Chiesa Parrocchiale sorge da sempre, cioè da quando ne sappiamo qualcosa, su un piccolo dislivello ad Est del paese in una Contrada col suo stesso nome e con la facciata rivolta ad Ovest avendo delle case di fronte (oltre la via), ma non alle spalle. La Chiesa si propone con una facciata piuttosto geometrica tendente al triangolare verso l'alto, con vari pennacchi e il campanile proteso verso il cielo per circa 35 metri. Il portico anteposto all'ingresso o pronao presenta degli archi che collegano le due colonne portanti e che sono ripresi su entrambi i lati della facciata stessa. Nel corso dei secoli la struttura ha subito vari rifacimenti senza però brillare per la sua bellezza. Oltre tutto, per circa trecento anni essa fu retta dai Monaci Olivetani (benedettini) del Gradaro di Mantova in costante contrasto con la popolazione del posto. Nel 1804, i guidizzolesi e Don Fortunati recuperarono i diritti della Chiesa e la restituirono con grande gioia al clero secolare: "Quanto la discordia rapì, ricompose la concordia"[24]. Ricordo che dal 1796 al 1814, salvo il 1799 (e metà 1800), la Lombardia fu governata da Napoleone che soppresse (e distrusse?) molti monasteri, tra cui quello olivetano di nostro interesse[25]. Il periodo storico a cavallo fra '700 e '800 fu sicuramente di grande turbolenza politica per le nostre popolazioni. Comunque, la Chiesa del nostro paese proseguì la sua vita piuttosto stancamente, pur con restauri vari, durante gli anni successivi. Ancora nel 1940, parroco era don Gino

24. *Ivi*, pp. 23-24.

25. F. Mondadori, *La lunga vita di Don Antonio Ilario Fortunati (1738-1830)*, cit., pp. 13, 17 e 26, al fine di comprendere la rimozione degli Olivetani nel 1772, la conseguente consegna della parrocchia al parroco secolare don Fortunati, la soppressione delle cappellanie nel 1786 (evento decisivo), la soppressione degli Olivetani nel 1797 e, quindi, l'assunzione del ruolo di Arciprete da parte di don Antonio. Come si capisce, sono serviti una trentina di anni per questo "trasloco".

Sarti (lo fu dal 1925 al 1971), il Tempio poteva essere definito "povero e squallido per logorio del tempo"[26].

La Chiesa, consacrata ai SS. Pietro e Paolo, è stata comunque pesantemente restaurata e ri-composta, oltre che ampliata, fra la fine degli anni '60 e gli anni '80. In essa, il culto cattolico si modifica, ma non si estingue[27].

Sempre rimanendo nell'ambito della fede religiosa, non possiamo non accennare a quello che ancora oggi può essere reputato lo scorcio storico-romantico più suggestivo del nostro paese. Mi riferisco alla Chiesetta di San Lorenzo di fondazione romanico-gotica, demaniata alla fine del '700, e acquistata dai Conti Rizzini subito dopo, per poi essere ceduta recentemente al Comune. Essa si trova, come già visto, in una zona umida al di sotto di Guidizzolo e sorge probabilmente sui resti di un'antica fortificazione medievale. In sé, la Chiesetta appare piuttosto semplice e agreste, soprattutto all'esterno e nella povera e severa facciata (un rosone, due finestre e una porta), con una sorta di campanile sospeso sul tetto. L'interno contiene delle tombe dei Rizzini, qualche apporto barocco (altare laterale, ad esempio) e dei sorprendenti e suggestivi affreschi votivi della fine del XV secolo[28], dedicati alla Madonna e a vari santi. Il ciclo pittorico di impostazione popolare e rappresentativa contempla probabilmente apporti artistici diversi e, forse, qualche causa socio-religiosa alle spalle (un ringraziamento per la fine della peste?)[29]. In ogni caso, dopo il restauro degli anni '90, oggi questi affreschi si possono vedere in tutta la loro improbabile bellezza, per di più appartata e coinvolgente anche dopo oltre 500 anni.

Altre costruzioni di una certa rilevanza che connotano il nostro paesaggio storico concernono il palazzo Rizzini (Foto 14), della famiglia più ricca e nobile del paese[30], oggi in attesa di destinazione; il palazzo Pezzati, prima reso tale dalla dinastia dei Ceresara, oggi sede di una banca e, forse,

26. G. Ruffoni, *Guidizzolo. Nella Sua Storia*, cit., p. 102.

27. Si veda F. Mondadori, *Storia e fede nei secoli*, Centro Culturale San Lorenzo ed., Guidizzolo 1996. Nelle frazioni di Birbesi e Rebecco l'espressione della religiosità popolare appare ancora più marcata.

28. Altrove, nel presente volume, sono inseriti vari riferimenti bibliografici con relative foto.

29. F. Mondadori, *Guidizzolo: epigrafi ed iscrizioni*, cit., p. 38, ove si legge: "... del 1506 è la breve scritta nella fascia in calce all'affresco nell'Oratorio di San Lorenzo rappresentante la Sacra Famiglia" del quale la famiglia Zappettini (di origini agricole e proprietaria terriera) fu committente. Quindi, furono molteplici i finanziatori di quelle pitture e diluiti negli anni? E, forse, lo fecero per loro devozione (e gloria?) e non per eventi tragici (siccità, alluvioni, ecc.)?

30. A cui F. Mondadori ha dedicato un ricercato volume più volte citato in questo nostro lavoro collettivo.

Foto n. 14. In una cartolina del 1912 (spedita) si vede la facciata della villa Rizzini con degli alberi e una cancellata che si affaccia sulle proprietà della famiglia, come al giorno d'oggi. Collez. G. Cagioni

qualche altro simbolo (il palazzo Mutti o quello del vecchio Municipio?), tutti però sovrastati dalla Torre Civica, posta nella piazza del Tram e oggi incombente sulla sede attuale del Comune.

La storia di questa torre si perde, come per quasi tutti i nostri monumenti, nella sua stessa storia, comunque antica. In ogni caso, la sua funzione, oltre che essere simbolica, era anche di utilità sociale, servendo per l'avvistamento di eventuali nemici e richiamando la popolazione nel caso di necessità (pericolo) col suono delle sue campane. Per quanto ci riguarda, si sa che la nostra torre crollò nel 1870 nella sua parte più elevata. Qualche anno dopo fu riscostruita secondo un aspetto che le prime fotografie della (nuova) piazza, detta popolarmente del tram, finalmente ci fanno vedere verso la fine del secolo, come documentato ampiamente nel testo.

L'altezza è piuttosto contenuta (meno di 20 metri) ed il tetto appare quello di una casa comune o di un porticato con la tettoia sporgente. Nel 1911, la Torre venne rialzata secondo uno stile che, di fatto, è ancora quello che possiamo vedere al giorno d'oggi.

Dalle tante foto disponibili e presenti anche in questo nostro volume, è possibile notare (siamo dopo il 1912) come la torre svetti verso il cielo, ergendosi sulle case circostanti e mostrando due poderosi orologi ed un pennone che si rizza nel vuoto. Si possono osservare il tram ad una rotaia e l'illuminazione pubblica, nonché la presenza del Telegrafo e della Pesa, sempre pubblici. Il nome, scritto in grande, del paese è contornato da persone comuni che paiono in posa. Le donne portano i soliti camicioni annodati in vita, mentre gli uomini hanno tutti il cappello, piuttosto popolare. Non si vedono biciclette, mentre sulla destra appaiono degli animali. Si osservi il fondo-strada apparentemente ghiaioso. Da allora poco è mutato esteticamente nel nostro monumento. Solo nel 1955 è stato posto sulla sua facciata un mosaico, rappresentante la Madonna col Bambino, opera dei docenti e degli allievi della locale Scuola d'Arte. Mi è difficile pensare che la Torre, pur nella sua eccentricità merlata, non rappresenti, più che la Chiesa parrocchiale, il simbolo di Guidizzolo, anche se dentro di me, come fatto strettamente personale, io quando penso da lontano al mio paese, vado a San Lorenzo, ai suoi affreschi popolari, ma attrattivi e colorati, messi in una capanna fatta in muratura, ma abbandonati in un boschetto che li protegge dal fluire senza sosta della vita e delle sue non definibili ed incessanti intemperie. Il gelo penetrante dell'inverno, le piogge invasive e ripetute della primavera, i vortici temporaleschi dell'estate, l'umidità insistita dell'autunno hanno attaccato in tutti i modi le nostre devozioni, colpite anche da tanti vandali ed abbandonate per troppo tempo a loro stesse. Ora, ce ne siamo riappropriati e, dentro di me (ripeto), questa è anche la riappropriazione da parte mia della storia allegorica ed emblematica della mia indisponibile, in altro modo, "terra natìa".

I cimiteri non rappresentano il culto della morte, ma quello della vita dopo la sua morte. Essi sono, a modo loro, un luogo di civiltà. Nel contesto europeo, le sepolture avvenivano nel passato dentro o intorno alle chiese, rispettando i diversi ceti sociali ed anche nella nuda terra, separando fra loro gli adulti, i fanciulli, i soldati, i forestieri, i poveri e così via. Questa tradizione fu interrotta, come ben si sa, per ragioni igienico-sanitarie dalle leggi austriache di Giuseppe II nel 1786 e dell'editto napoleonico di Saint Claud del 1804. A Guidizzolo, il nuovo cimitero, collocato in un campo ad Est del paese nella Campagna fu inaugurato o, meglio, benedetto nel 1837[31]. L'altro cimitero del Comune, quello di Birbesi, fu soppresso nel 1932[32] e le ossa traslocate nel Cimitero di Guidizzolo. Questo consiste oggi in più campi, aperti nel corso del tempo. Quello d'ingresso, il più antico, è a forma quadrata, con un vialetto centrale contornato da tombe. I lati de-

31. F. Mondadori, *Guidizzolo: epigrafi ed iscrizioni*, cit., p. 53. Ricordo che siamo di fronte ad un semplice campo recintato che si sviluppa lentamente negli anni con costruzioni in muratura.

32. P. Pelati, *op. cit.*, p. 42.

stro e sinistro sono delimitati da loculi su più file senza copertura. Il lato a Nord è composto da tombe (signorili) protette da un porticato come quello a Sud, più recente e con i loculi posti in una sorta di catacomba funebre. Nel prato o nel terreno ci sono tante sepolture nella nuda terra. Da questa piazza mortuaria si accede, per passaggi piuttosto contenuti, negli altri campi ben più recenti. Si ha ovviamente la cappella e un viale di ingresso solo decorativo, che, dalla strada Mantova-Brescia, conduce all'ingresso principale del Camposanto.

Foto n. 15. Il Cimitero, oggi, nel suo campo originario di metà '800. Sole, luce, prospettive lontane, lindore, geometrie accurate: luogo di vita o di morte? Foto A. Dal Prato

Il cimitero del nostro paese è ampio, solatio, pieno di fiori e di vita. Le tombe hanno quasi tutte scritto il nome e cognome del defunto, con la data di nascita e di morte, oltre che con una sua immagine, salvo le più antiche ovviamente. Come già detto, solo nel primo dopoguerra la foto cominciò ad entrare nei nostri cimiteri, naturalmente secondo la solita scala gerarchica[33]. Data la sua esposizione declinante ed aperta verso Sud, vista la pervasiva presenza di fiori veri e recisi, constatati l'ordine e la pulizia

33. La cultura della morte è molto difforme nelle varie tradizioni del mondo. Ad esempio, nella luterana e ricca Norvegia, i cimiteri hanno al centro una Cappella votiva. Le sepolture avvengono tutte in terra e sono praticamente uguali, senza foto alcuna, tra un pullulare di fiori. In Brasile, i cimiteri sono in luoghi ameni e solatii, con poca attenzione, però, ai singoli morti e alla loro identità.

che lo governano, assodata la presenza di foto umane in ogni dove, lette le tante iscrizioni poste su quasi tutte le lapidi, il nostro Cimitero è da sempre (o, meglio, da oltre un centinaio di anni) uno luogo di vita o di morte? Esso è il prolungamento della vita in un'altra dimensione o la sua finitezza personale, ma non collettiva? Esso è vita dopo la vita? È un altro paese che esprime la sua storia o una rete simbolica di rimandi che fissa per sempre ciò che è stato?

Il campo dei morti, lo abbiamo già scritto, è però anche un campo dove si trovano tante dediche, iscrizioni, ricordi, epigrafi. Data la finalità del nostro lavoro ricognitivo, non possiamo e non potremo andare a fondo in questa direzione. Ci limiteremo, dunque, ad inserire in un contesto più generale, quello complessivo del nostro territorio[34], qualche traccia di quanto appena accennato per rimando precipuo a ciò che storicamente ci compete.

Partendo dal presupposto che le scritte murarie, anche nell'era impalpabile dell'*online*, ci rendono aspetti fondamentali del senso della nostra storia e della nostra identità non solo locale, prendiamo le mosse da qualche testo di provenienza cimiteriale, escludendo, ovviamente, quelli troppo lontani o troppo vicini a noi e, quindi, anche tutta l'area, per così dire, dei cippi o delle tombe derivate dalla grande battaglia del 24 giugno 1859, combattuta nel suo versante a Sud quasi tutta nel territorio di Rebecco[35].

Scegliere fra centinaia di loculi non è facile, né, probabilmente, corretto, ma quando la costrizione si impone si è condannati a qualche scelta drastica. Quelle che noi abbiamo compiuto sono di spessore storico-politico e riguardano le tombe di Odoardo Fantolini e di Ulderico Bignotti. Il primo mi è ben noto perché rientra, marginalmente, nelle vicende politiche che portarono alle impiccagioni di Belfiore[36]. Odoardo era di famiglia possidente e ricca e, nato nel 1833, morì nel 1908, senza che sulla sua tomba appaia una

34. Al solito, il riferimento-censimento delle scritte è quello compiuto da F. Mondadori, uno dei miei maestri di vita.

35. Ho curato, con altri collaboratori, quattro volumi, raccolti in cofanetto, dedicati alla grande battaglia di Solferino e San Martino, editi nel 2009 da FrancoAngeli. Nel primo di questi, a cura di Costantino Cipolla, *Il crinale dei crinali*, è contenuto un saggio di P. Sposetti: *Lo scontro sull'asse Medole-Guidizzolo visto dalle "fosse"*, pp. 289-321, dal quale si deduce puntualmente che tutti i morti dello scontro furono sepolti ad Ovest dell'inizio del paese di Guidizzolo ad una distanza superiore almeno al chilometro. Le fosse scavate furono 23 per oltre 1000 morti (1068) e la concentrazione maggiore di cadaveri fu rinvenuta a San Martino (137), a Casa Nuova (Corte Danielli) (119) e agli Ambrosini (123) sulla "grande strada" non lontano da Crocevia. Ricordo, di passaggio, che i morti dissepolti in Comune di Medole furono 326, di cui solo circa 75 riconducibili allo scontro maestro sull'asse per Guidizzolo.

36. Mi contengo in C. Cipolla, *Belfiore*, FrancoAngeli, Milano 2006 con un altro volume per un altro migliaio di pagine circa di documentazione.

sua foto. Sfiorato da Belfiore, fu amnistiato nel marzo del 1853. Sulla sua lapide, il Cav. Odoardo risulta Maggiore Medico, "buono e generoso" d'animo, dotato di una mente "libera ed erudita" e di una "integrità adamantina". Inoltre, fu un "patriota e cospiratore ardente scampato per amor di madre alla forca di Belfiore". Dove la "mente libera" allude sicuramente alla sua opzione massonica e irreligiosa, mentre non mi risultano particolari ruoli avuti dalla madre per la salvezza processuale. Nel 1922, la figlia aggiunse sulla lapide, "a caro ricordo", la scritta relativa alla mamma e "adorata moglie" Augusta Ianer, definendola "buona, caritatevole, esempio di virtù e di modestia", che pare un tributo ben più venato di cattolicità.

Un sindaco non troppo rammemorato nelle cronache del nostro paese corrisponde al nome di Ulderico Bignotti (1860-1924) sulla cui lapide scultorea spicca la sua fotografia.

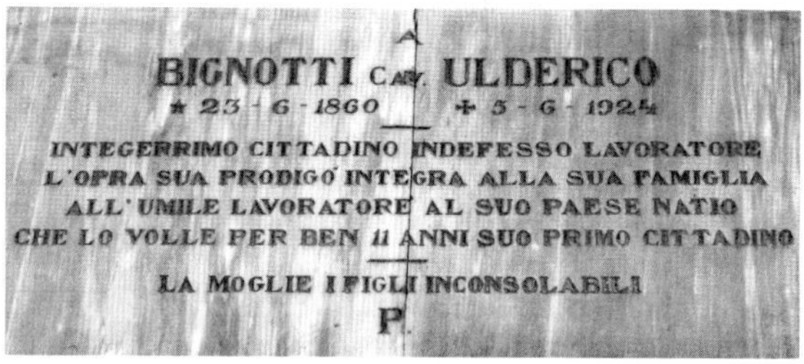

Foto n. 16 (a, b). Sindaco socialista (turatiano) del nostro paese, dopo il notabilato e prima del Fascismo. Piuttosto trascurato dalla storia, forse per la sua conversione verso l'"umile lavoratore". Foto A. Dal Prato

Vediamo così un uomo benestante con camicia, cravatta e giacca e coi classici baffi ed i capelli adeguatamente acconciati. Lo definirei un tipico "borghese" dell'epoca. Il Cav. Ulderico fu Sindaco di Guidizzolo per due mandati dal 1910 al 1920. Al di là di Sindaci a loro modo occasionali o fuggevoli fu l'unico Sindaco di Guidizzolo fino alla Liberazione non proveniente o non prodotto del notabilato locale. Egli fu un riformatore di stampo turatiano che sopportò con la sua popolazione le sofferenze imposte dalla Grande Guerra. La lapide che lo commemora, posta dalla moglie e dai figli[37], ne ricorda la vocazione integerrima e indefessa al lavoro, il pro-

37. F. Mondadori, *Guidizzolo: epigrafi ed iscrizioni*, cit., p. 56.

digarsi a favore della sua famiglia, del paese natìo e dell'"umile lavoratore", oltre al suo ruolo di primo cittadino. Siamo nel periodo dell'avvio del fascismo, per quanto vi fosse ancora un Sindaco e cioè il Cav. Luigi Pedrotti, il quale, per altro, nel 1928 divenne anche Podestà, ma sulla tomba la vena socialista di Ulderico non viene dimenticata e, forse, la lapide pubblica posta sulla facciata del Municipio (del 1911) e dedicata al "socialista Garibaldi" ne è un'ulteriore dimostrazione, per quanto l'iscrizione sia strettamente risorgimentale. Non vado oltre questa panoramica semplicemente accennata, che potrebbe essere ben più ampia[38], per menzionare invece una lapide che non esiste più, perché le vicende della storia l'hanno distrutta.

Sappiamo che a seguito delle Sanzioni economiche decise nel 1935 a carico dell'Italia da parte della Società delle Nazioni per la sua aggressione all'Etiopia, cioè come reazione a questo affronto, Mussolini dispose che in tutti i comuni fossero apposte delle lapidi in "marmo bianco di Carrara" da murare sulla facciata dei Palazzi Comunali. Opera che, Podestà Mutti Avv. Francesco, fu eseguita anche nel nostro Comune. La iscrizione recitava esattamente[39]:

A RICORDO DELL'ASSEDIO
PERCHÉ RESTI DOCUMENTATA NEI SECOLI
L'ENORME INGIUSTIZIA
CONSUMATA CONTRO L'ITALIA
ALLA QUALE
TANTO DEVE LA CIVILTÀ
DI TUTTI I CONTINENTI.

Sull'onda dell'atmosfera di euforia incontrollata portata dalla Liberazione dopo il 25 aprile del 1945, alcuni "gerarchi" fascisti del paese furono fatti salire su delle scale appoggiate al Palazzo Comunale allo scopo di frantumare e divellere la lapide fascista nello scherno e nella derisione generali. Fu questa la stessa ondata popolare che portò l'anno successivo ad eleggere (in seconda battuta) a Guidizzolo un sindaco "comunista" e cioè Silvio Marchini. Quello in questione fu comunque un gesto politico sbagliato? La storia si cambia nelle sue vie e nelle sue piazze[40]? La lapide era così provocatoria, letta col senno di oggi?

38. Rimando, quale esempio esemplare, a A. Dusi, *Le parole sulle pietre chiare*, Grafo, Brescia 2007.

39. F. Mondadori, *op. cit.*, p. 114.

40. Il mite ed equilibrato Mondadori (*ivi*) reputa "deplorevole e antistorica" la distruzione in oggetto.

Anche nelle nostre terre la Resistenza si accompagnò a diversi morti che nel nostro caso furono soldati tedeschi e giovani italiani. Lasciando ad un capo apposito la descrizione più puntuale di tali tragici avvenimenti, mi limito a riprodurre la Foto 17 dei tre giovani che, andando in borghese da Guidizzolo verso San Giacomo, all'incrocio con la statale Mantova-Brescia, la sera del 25 aprile si imbatterono in un posto di blocco tedesco e furono senza meno uccisi.

Foto n. 17. Sul luogo dove furono trapassati dalla mitraglia nazista. Tre giovani che persero la loro gioventù sospesi fra guerra partigiana e vita corrente nella Repubblica di Salò. Tratta da F. Mondadori, Guidizzolo: Epigrafi ed iscrizioni, *cit., p. 121*

In fregio alla Statale, dal lato Sud, nei pressi del detto incrocio, esiste la lapide con le tre foto che ricorda il loro ingiusto sacrificio. Mario Covallero di 23 anni era cuoco in una mensa della Repubblica Sociale[41], dove, per altro, Almerico Grandelli di anni 22 era militare. Il più giovane Lucio Sarti di anni 19 faceva il meccanico col padre. La lapide ricorda succintamente che "immolarono la loro giovinezza per la libertà della Patria" e ciò valga come "monito alle generazioni presenti e future". I giochi della storia sono non di rado imperscrutabili e sovente conducono ad esiti che poco hanno a che vedere con le intenzioni personali. Anche le lapidi ci segnalano, senza per altro saperlo, il realizzarsi di questi accadimenti preterintenzionali.

Chiudiamo questa breve rassegna emblematica rifacendoci al grande e imperituro don Enrico Tazzoli, a cui nel corso degli anni abbiamo dedicato qualche migliaio di pagine di ricerca socio-storica[42]. La sua famiglia, originaria di Ala di Trento, si era trasferita alla fine del '600 a Guidizzolo[43]. Piero, padre di Enrico, nacque nel nostro paese. Dopo la morte e le drammatiche vicende politico-giudiziarie, gli Urangia Tazzoli[44] chiesero ed ebbero una cappella (siamo a fine '800) presso il Cimitero di Guidizzolo, dove ancor oggi riposano la sorella Eloisa ed il nipote Enrichetto, defunti rispettivamente nel 1911 e nel 1913. Ebbene, in occasione del centenario dei "Martiri di Belfiore", il 7 dicembre 1952, Sindaco Perani Cav. Giuseppe (di orientamento democristiano), fu collocata sulla facciata del palazzo comunale una lapide dedicata a don Enrico, con effige scultorea, "capo spirituale dei Martiri di Belfiore", appunto. Guidizzolo, dove la famiglia di don Enrico "ebbe i natali", pose "a perenne ricordo nel centenario del glorioso martirio". All'inaugurazione della lapide commemorativa vi fu un buon concorso di popolo, tra cui il precedente Sindaco Marchini. Ormai, trascorsi cento anni dal loro sacrificio, i Martiri rappresentavano un segno di libertà, di autonomia, di unione[45] e potevano essere ricordati per sempre come tali contro ogni dominio straniero.

41. Ivi, p. 122.

42. I volumi specificatamente su Don Enrico Tazzoli sono due, curati da chi scrive con altri, editi sempre da FrancoAngeli di Milano e già citati in precedenza.

43. F. Mondadori, *op. cit.*, p. 125.

44. Il nome deriva da una richiesta esplicita degli Urangia, imparentati per via matrimoniale (femminile) con i Tazzoli, di unire questo cognome al loro, a ricordo, onore, continuità.

45. Sulla *Gazzetta di Mantova* di sabato 29 novembre 1952 viene riportato un trafiletto (con foto) che ricorda che domenica sarà inaugurata la lapide (ritratto) di Don Enrico, opera degli allievi della Scuola d'Arte, sotto la direzione di A. Dal Prato che ha materialmente e personalmente effettuato il rilievo in bronzo. Il tutto, naturalmente, alla presenza di varie autorità, tra cui il Vescovo.

Foto n. 18 (a, b. c). Il grande "martire" don Enrico Tazzoli era delle nostre parti e, a cinquant'anni dalla morte, Guidizzolo gli dedicò una lapide "stampata" sulla facciata del municipio. Tutte le autorità civili e religiose (Vescovo compreso) erano presenti all'inaugurazione. Dal Prato progettò e scolpì il ricordo immemore. Collez. Andrea Dal Prato

Siamo in pianura. La storia si dipana per le vie e per le piazze del nostro paese in maniera quasi orizzontale, accessibile sia alla vita che alla morte, sia alla gloria che all'abbandono. Non so se sono riuscito con questi squarci di precipitati o depositi storici, fisicamente consistenti, a dar conto di ciò che la nostra comunità, umile e laboriosa, ha lasciato nel tempo e nel suo ambito quale simbolo, a più piste, della sua identità. E gli anni che ci riguardano, ben diversamente dagli sconquassi napoleonici e dall'unità nazionale, sono accaduti per nostre opzioni e volontà collettive, fascismo compreso. Da sotto, al basso, nella vita quotidiana, cosa è rimasto di tutto questo nella nostra memoria collettiva? Spero di aver lasciato, almeno per sommi capi, la prova, almeno ipotetica, che dai piedi delle colline, in pianura, si colgono bene le stesse colline ed anche, sullo sfondo, le grandi montagne della nostra storia nazionale.

Capo 2. Evoluzione dell'assetto urbanistico

di Alberto Vignali e Cesare Paltrinieri[1]

Introduzione

In un secolo di storia, un Comune e la collettività, che ne è il motore, possono essere teatro di grandi mutamenti sociali, economici e politici.

Per molti secoli Guidizzolo è stato terra di confine, all'interno di un territorio oggetto di disputa tra Brescia e Mantova, Visconti e Gonzaga, nonché tra Vienna, Parigi e il Regno d'Italia per via della particolare posizione.

Non bisogna dimenticare che le grandi vicende geopolitiche che caratterizzano la storia s'intersecano con trasformazioni della geografia locale e, in particolare, dell'assetto urbanistico del modesto centro abitato oggetto di questo volume.

Sebbene la gente di Guidizzolo abbia assistito a limitati cambiamenti da questo punto di vista, essi meritano di essere mostrati poiché fanno parte della sua storia sociale e ne hanno influenzato, in maniera più o meno rilevante, lo sviluppo socio-economico.

Da un piccolo borgo fortificato sul confine non scritto tra florida Pianura Padana e le colline moreniche del Garda, il municipio si è sviluppato in un centro abitato moderno, che ha preservato buona parte della sua struttura originaria.

Le pagine seguenti riportano un'analisi iconica e testuale delle trasformazioni urbanistiche del territorio di Guidizzolo, tenendo conto dei punti di maggior interesse e degli edifici che sono parte integrante della storia di

1. I paragrafi *Introduzione, Cento anni di... quasi tutto uguale, La rivoluzione urbanistica fascista* e *Conclusioni* sono ad opera di Alberto Vignali mentre *La Strada Nuova e le sue ville, L'unicità della "Casa rurale"* e *Una corte chiamata Speranza* sono ad opera di Cesare Paltrinieri. I commenti alle fotografie sono ad opera di Alberto Vignali, salvo la collaborazione di Cesare Paltrinieri quando relativi a descrizioni di caratteristiche architettoniche.

questo comune, approfondendo la loro storia e il loro ruolo all'interno dello sviluppo locale.

Si dedica un approfondimento alla trasformazione che spicca nell'ambito dell'assetto locale, figlia di un preciso periodo storico, quello fascista, e delle sue inconfondibili caratteristiche urbanistiche, replicate in numerosi contesti nazionali.

Cento anni di... quasi tutto uguale

Un primo documento che fornisce una rappresentazione del lontano assetto del comune è la "Mappetta del capeggiato del territorio di Guidizzolo", cartina risalente al 1776 ed inserita all'interno del catasto teresiano[2]. Ad un primo esame si nota che la struttura del paese non differisce in maniera rilevante da quella attuale, se non per l'evidente sviluppo urbano limitato, dal punto di vista dell'estensione del comune, quasi esclusivamente all'odierno centro storico.

Su queste aree edificate, e poco altro, si sviluppa la comunità locale fino ai primi decenni del '900. Da notare solo che i fabbricati sono spesso separati da campi coltivati con estensioni che ad oggi sarebbero impensabili nel centro storico di un comune, per quanto esso possa essere limitato nelle dimensioni.

Procedendo verso un intervallo temporale più recente, il confronto tra le mappe catastali[3] degli anni '20 e quelle degli anni '60-'70 evidenzia come mezzo secolo di mutamenti urbani non abbiano alterato particolarmente l'assetto urbanistico del Comune di Guidizzolo.

L'Antico Borgo poteva essere suddiviso in quattro zone abitate[4]: la prima a Nord della Strada corriera che va a Mantova; la seconda, centrale, corrisponde al Borgo Medio e comprende la Piazza e la via di Mezzo; la terza detta Borgo Inferiore, a Sud-Ovest, che ha come riferimento la Piazza Vecchia e via Malborghetto; e infine l'area a Sud-Est sviluppatasi nelle vicinanze della fontana e dei lavatoi.

A distanza di circa 150 anni, il territorio di Guidizzolo sembra aver goduto di un certo sviluppo urbanistico: molti lotti una volta dedicati all'agricoltura sono diventati edificabili e il centro si presenta più strutturato. Tuttavia, questo sviluppo non si è allontanato dalle stesse aree più edificate

2. Copia della mappa fornita dall'Ufficio Tecnico del Comune di Guidizzolo.

3. Mappe catastali di proprietà del Comune di Guidizzolo.

4. Suddivisione ad opera del prof. Franco Mondadori in *L'Antico Borgo*, in Aa.Vv., *Quaderni guidizzolesi III*, Centro Culturale San Lorenzo ed., Guidizzolo (Mn) 2004.

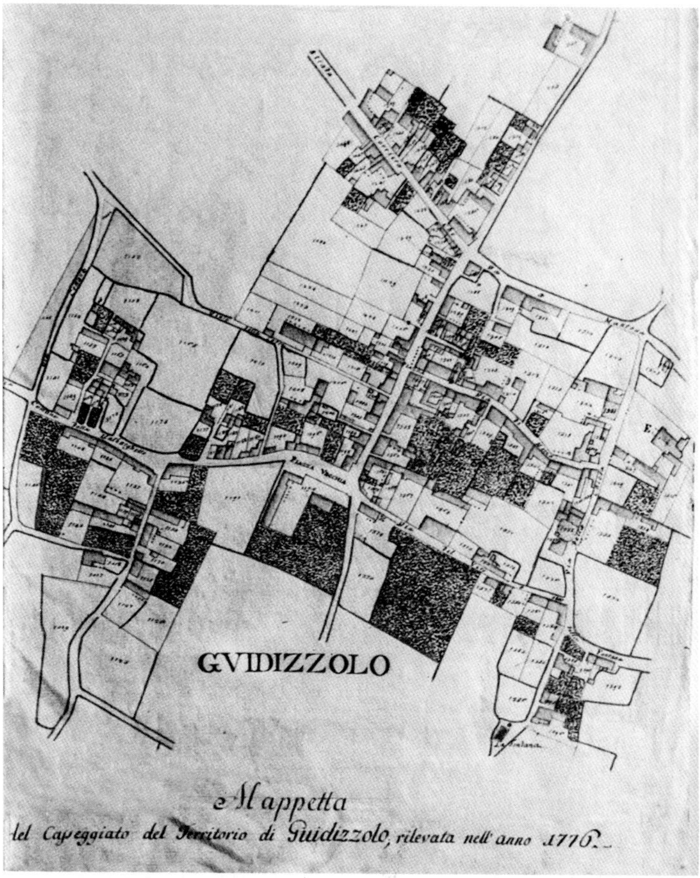

Foto n. 0. Mappa catasto teresiano, anno 1776

della rappresentazione mappale del tardo ’700, dando prova di un modesto allargamento del territorio urbano comunale.

Il fulcro dell’agglomerato urbano resta il cosiddetto Borgo Medio, l’area che comprende la Piazza (via Vittorio Veneto), la *via de mès* (oggi via Chiassi) e si estende fino a via della Chiesa (odierna via Roma).

Da notare che la citata Piazza non era un vero e proprio spazio urbano come comunemente viene inteso, essendo tecnicamente una via, ma più in senso del valore sociale della stessa. Chiamata anche Piazza Nova o via Municipio, si tratta del principale luogo di incontro, centro politico e amministrativo della comunità. Questa è la via dei negozi, delle osterie e dove ha sede il palazzo del Comune; qui si svolge il mercato settimanale.

Foto n. 1a. Gente per strada in via Municipio, odierna via Vittorio Veneto, prima dell'apertura della "Via Nuova". Gli unici mezzi di trasporto sono 4 biciclette. I soggetti della foto, per la maggior parte uomini, adulti e bambini, posano per la foto, mentre alcuni passano incuranti. 1926. Cartolina

Foto n. 1b. Immagine degli anni '40 che rappresenta il mercato settimanale che si tiene nella via Municipio, attuale via Vittorio Veneto. In una delle strade più importanti del comune, dove si concentra la vita sociale dei guidizzolesi, il mercato ha luogo il mercoledì, fissato in tale giorno della settimana sin dal 1640, per volere di Carlo Gonzaga. Si nota una prevalenza di donne che passeggiano tra i venditori, i quali espongono la loro mercanzia per terra, sopra casse o tavoli di fortuna. Si nota che solo alcuni venditori, anche in lontananza, hanno teli che proteggono la mercanzia dal sole o intemperie. Collez. G. Bottoli

L'attuale intitolazione a Vittorio Veneto, datata 1923, trae origine dalla località dove per l'Italia si conclude la "Grande Guerra", ed è proprio sotto la loggia del palazzo comunale, all'angolo con la via di Mezzo, che si trovano due epigrafi in marmo che riportano, la prima, posata negli anni '30, il Bollettino del Generale Diaz a conclusione della battaglia che a Vittorio Veneto segnò la vittoria sull'esercito austro-ungarico, mentre la seconda i nomi dei caduti guidizzolesi nella guerra di Libia e nel primo conflitto mondiale.

L'edificio che ospita il Municipio viene costruito nel XVI secolo a uso privato ed acquistato nel 1740 dal Comune per farne la sede amministrativa. Nel 1830 è l'architetto bergamasco Gianbattista Vergani che lo restaura ridisegnandolo in stile neoclassico.

Una particolarità è che l'edificio è stato a lungo sede del Teatro Comunale, chiamato "Teatro Sociale", nato anche grazie alla passione di Francesco Rizzini e un gruppo di signori locali, che nel 1840 vedono concessa una stanza al primo piano ad uso di teatro. A seguito della decorazione e della costruzione di 13 palchetti a spese di una costituita società per azioni, domenica 1° ottobre 1842 va in scena la prima rappresentazione del nuovo teatro, il dramma in musica "La Beatrice di Tenda". Le rappresentazioni teatrali in questa sede hanno luogo sino al 1914.

Foto n. 2. Ritratto di un momento di vita quotidiana nella via principale del paese. In questa immagine, ritratta dalla strada provinciale 236 verso piazza Pezzati, si nota in primo piano sulla sinistra un edificio che stilisticamente si discosta dagli altri, a parte il Municipio, per le decorazioni neoclassiche. Nell'immagine sono presenti diversi mezzi di trasporto: 4 ciclomotori senza carena parcheggiati in primo piano sulla sinistra, uno in movimento, 2 vespe Piaggio lungo la strada (in direzioni opposte), almeno 5 biciclette, un furgone per il trasporto merce e un'automobile in lontananza. Non è più l'epoca dove via Veneto era prettamente pedonale, ora la concentrazione di mezzi di trasporto la rende un'arteria trafficata del centro storico. Fine anni '50. Cartolina

All'altezza della sede del Municipio si trova l'imbocco della via di Mezzo, che congiunge due arterie fondamentali del Borgo Antico di Guidizzolo: via del Municipio e la parallela via della Chiesa.

Lungo questa via, tra gli odierni numeri civici 5 e 7, ha avuto sede l'oratorio dei Disciplini, costruito a cavallo dell'anno 1600 dalla Confraternita della SS. Trinità. Quando alla fine del '700 l'associazione religiosa di fedeli viene soppressa, l'edificio religioso viene sconsacrato e relegato ad altri scopi[5]. La via è oggetto di un cambio di nome nel 1895 quando il Consiglio Comunale decide di intitolarla, come tributo allo spirito risorgimentale dell'epoca, a Giovanni Chiassi (1827-1866)[6].

Foto n. 3. All'imbocco di via di Mezzo da via Municipio. Sulla destra il negozio del fotografo Nardelli, che espone una serie di immagini a testimoniare il suo lavoro. Per lo più ritratti singoli o di famiglia quando la fotografia è ancora un bene che le famiglie si possono permettere solo per le occasioni speciali. Anni '30. Fotografia Collez. G. Valbusa

5. Edificio demolito nel 1976.

6. Ingegnere, mazziniano e patriota mantovano, partecipa alla cospirazione anti-asburgica del 1852, sottraendosi alla condanna a morte che non risparmia i compagni "Martiri di Belfiore". Fa propri gli ideali di libertà e unità nazionale del Risorgimento e combatte a lungo a fianco di Garibaldi fino alla morte avvenuta durante la battaglia di Bezzecca nel 1866. Cfr. Cipolla C., *Belfiore vol. 1. I comitati insurrezionali del Lombardo-Veneto ed il loro processo a Mantova del 1852-53*, FrancoAngeli, Milano 2006.

Foto n. 4. All'altezza della via di Mezzo si osserva la villa della famiglia Mutti, residenza che mostra chiari ornamenti plastici di tipo neo floreale, di modesta fattura tipica della provincia Italiana, pur con una relativa ricerca attinente ai modelli consolidati di questo periodo (anni venti) da cui, in genere, si traeva spunto per l'arricchimento delle facciate dell'epoca. Semplice e decorosa e di certo ascrivibile ai primi anni '20, epoca in cui è stato realizzata l'abitazione e la fabbrica adiacente. Anni '20. Foto A. Dal Prato

Al termine della via di Mezzo si trova via della Chiesa, su cui si affaccia l'edificio di culto più caro ai guidizzolesi: la Chiesa dedicata ai Santi Pietro e Paolo apostoli e l'adiacente monastero degli Olivetani (vedi la foto 3 ne Un proemio per tanti incipit possibili).

Antica pieve medievale, la Chiesa sembra trovare le sue origini nella metà del XIV secolo e, a partire dal XVI, secolo ha subito diversi rifacimenti, sino agli ultimi avvenuti nella seconda metà del '900. A lungo gestita dai monaci Olivetani, dipendenti dall'Abbazia di Santa Maria del Gradaro in Mantova, dal 1773 don Ilario Fortunati ne diventa il primo parroco dalla dipartita dei religiosi. Qualche anno più tardi (1787) avviene il passaggio definitivo di giurisdizione dalla Diocesi di Brescia a quella di Mantova, che resta ad oggi il riferimento per la parrocchia guidizzolese.

Tornando su via Municipio e proseguendo verso Sud dalla vecchia sede comunale si può accedere alla perpendicolare via della Torre, odierno vicolo Volto. I toponimi, entrambi l'antico e l'attuale, si riferiscono al volto che da su via del Municipio, la cui solida struttura muraria fa pensare alla presenza di un precedente torrione di difesa[7]. Conosciuta in passato anche come strada delle Fornaci, si può ipotizzare che sia stata sede di una o più fabbriche dedite alla produzione di prodotti per la costruzione, anche se non vi sono riferimenti ufficiali a riguardo.

Su questa strada ha sede l'Istituto di Congregazione di Carità, ente consacrato al soccorso dei poveri e dei bisognosi. Alla fine dell'800 l'Istituto si fonde con un piccolo ospedale locale, nato nella prima metà dello stesso secolo, e danno vita ad un'unica istituzione dedicata alla cura di anziani, malati e poveri, chiamata anche il "ricovero vecchi"[8], che viene gestita dalle piccole suore della Sacra Famiglia. Nel 1937 diventa Ente Comunale Assistenza (Casa di Riposo), predecessore dell'odierna RSA Fondazione Contessa Rizzini Onlus.

Procedendo verso ponente, si raggiunge l'odierna via Circonvallazione, direttrice stradale di più recente costruzione. È agli inizi del '900 che emerge la necessità di costruire una strada di collegamento tra la strada corriera che va a Mantova e la strada per Medole che scorre parallelamente alla centrale via Municipio. Sul lato di ponente sorgono due ville padronali, tutt'oggi in buono stato, a testimonianza dello stile architettonico che caratterizzava le ville di Guidizzolo dell'epoca. La prima che si incontra percorrendo l'odierna strada comunale verso Sud, può essere collocata negli anni '30, mentre la seconda è costruita a cavallo tra la fine degli anni '10 e l'inizio degli anni '20 del '900.

7. Cfr. Ruffoni G., *Guidizzolo nella sua storia*, Litocolor R&S, Guidizzolo (Mn) 1994 e Aa.Vv., *Andar per vie, strade, piazze, Quaderni guidizzolesi III*, Centro Culturale San Lorenzo ed., Guidizzolo (Mn) 2004.

8. Ibidem.

Foto n. 5. Villa del secondo decennio del '900 con impianto in stile neo floreale (liberty) e finiture neoclassiche. Anni '20. Collez. G. Cagioni

Foto n. 6. Villa della famiglia Cerini. A differenza della precedente, questa villa dovrebbe essere successiva, risalendo agli anni '30 del '900. La struttura riprende lo stile neo floreale (liberty), con l'aggiunta di finiture neoclassiche. Anni '30. Collez. G. Cagioni

La nuova via di comunicazione permetteva un secondo collegamento, sull'asse Nord-Sud, per un'altra importante zona abitativa: il Borgo Inferiore. Questa zona abitata è anch'essa tra le più antiche del comune e urbanisticamente non ha subito modifiche rilevanti. Provenendo da via Circonvallazione, da un lato la strada porta verso Medole, mentre dall'altro s'imbocca la via della Comune detta Malborghetto, che nel 1923 prende il nome di via Cesare Battisti (1875-1916)[9]. Il catasto del 1922 riporta ancora il toponimo di via Ospedale o Borgo ospedale per la presenza di una sorta di ambulatorio, antecedentemente menzionato, fondato per aiutare i poveri.

Sull'angolo tra via Ospedale e la strada che porta verso le campagne e la frazione di Birbesi, dove la strada forma uno spiazzo, la ricca famiglia Pezzati possedeva un palazzo, probabilmente ad uso abitativo e in parte, come magazzino agricolo, a poche centinaia di metri dal palazzo padronale.

Foto n. 7. L'immagine degli inizi del '900 è un esempio di fotografia ritoccata: partendo da una base fotografica, i professionisti dell'epoca usavano tecniche pittoriche per modificare le immagini, creando particolari effetti. In questo caso la foto ritrae un gruppo di adulti e bambini all'ingresso del viale del passeggio, come cita il titolo della cartolina. Dall'abbigliamento potrebbe trattarsi di un giorno di festa. I soggetti sono in posa e da notare un uomo sulla destra che tiene in mano un vassoio, come a mostrare alcuni prodotti non chiaramente riconoscibili. Primi del '900. Cartolina

9. Cittadino austriaco per nascita, è stato patriota, giornalista politico e irredentista italiano. Come deputato al parlamento di Vienna si batte per ottenere l'autonomia del trentino e la sua annessione all'Italia. Volontario nell'esercito italiano, combatte l'esercito austro-ungarico e, fatto prigioniero, viene giustiziato a Trento nel 1916.

Al termine di via Ospedale si apre la Piazza Vecchia, che è stata a lungo uno dei luoghi più importanti per la comunità di Guidizzolo. Questa piazza ha rappresentato per i guidizzolesi uno spazio d'incontro, ma soprattutto di negozio. Dal 1901 denominata Piazza del Mercato buoi, durante i giorni di mercato e di fiere diventa il centro del commercio locale, luogo di svolgimento del mercato del bestiame.

Nel Café Commercio, sull'angolo tra le vicine via del Verro e il Viale Passeggio, mercanti e allevatori dell'area si trovano per trattare la compravendita dei loro capi e per brindare agli affari conclusi. Dagli anni '50 del secolo scorso questo appuntamento ha perso di importanza a favore del crescente mercato di Montichiari, che è diventato punto di riferimento.

La piazza viene rinominata in ricordo di Anna Bonfiglio Pezzati (1841-1899) nella prima metà del '900[10]. La donna, appartenente a una notabile guidizzolese, si dedica alla cura di malati e bisognosi della comunità locale, e alla sua morta destina un lascito fondiario alla fondazione del "ricovero dei vecchi".

Sull'angolo tra piazza Mercato e il viale del Passeggio, di fronte dal Café Commercio, si trova il Palazzo Pezzati. In origine della famiglia Ceresara, proprietari terrieri che si insediano alla fine del XII secolo, viene edificato a partire dal 1500, sulla base di un edificio fortificato precedente. Verso la fine del XVII secolo, nel momento di declino della famiglia possidente, viene acquistato dai Pezzati, che lo innalzano di 2 piani nel 1830. All'interno si trovano ampie sale con decorazioni che risalgono al XIX secolo, in stile neoclassico. Adiacente al palazzo c'è un cortile, anch'esso cintato da alte mura, con un secondo portone in legno, meno pregiato rispetto quello principale realizzato con pilastri in marmo bianco che sorreggono un arco a tutto sesto, che è l'accesso per gli edifici di servizio, oltre ai quali si estendono i vicini possedimenti agricoli familiari. La struttura del palazzo e della corte sono rimaste quelle dell'epoca e, dopo un restauro in un periodo successivo a quello preso in considerazione nel presente volume, l'edificio sembra aver acquisito nuovamente parte del suo aspetto passato.

Costeggiando il palazzo, a Sud, verso la campagna, si percorre la via del Passeggio, un piacevole viale dove si trova ristoro sotto i suoi vigorosi alberi. La strada conduce alla Barriera, un portale in stile neoclassico commissionato all'architetto Giambattista Vergani dal Conte Francesco Rizzini, che viene costruito nel 1832 per demarcare i prati della facoltosa famiglia guidizzolese.

10. Fonti locali indicano il 1910 come anno l'anno in cui la piazza viene intitolata a nome della signora Pezzati Bonfiglio mentre nelle mappe catastali del comune di Guidizzolo dell'anno 1922, foglio X allegato B, la piazza è ancora denominata Piazza Mercato. Nelle mappe del 1977 viene invece riportato l'odierno toponimo.

Foto n. 8. Nascosta in mezzo alla vegetazione, la cosiddetta Barriera delimita i possedimenti della famiglia Rizzini. Il portale è in stile neoclassico e domina il viale del Passeggio o della Barriera. Anno 1840. Foto tratta dal volume Aa.Vv., Quaderni Guidizzolesi I, *Centro Culturale San Lorenzo ed., Guidizzolo (Mn) 2004*

Piazza Mercato è il crocevia di quattro strade, tra cui le già menzionate via Ospedale, che conduce verso la campagna, in direzione Rebecco, via Municipio, il centro pulsante del paese e via del Passeggio. Vi è un'ultima direttrice che sul catasto Teresiano è riportata come via del Vero, o Verro, probabilmente in tributo all'animale tanto importante nell'economia domestica dei mantovani, il cui allevamento permetteva alle famiglie contadine di soddisfare parte delle loro necessità alimentari.

Alla fine dell'800 acquisisce la denominazione attuale, prendendo il nome dalla Contessa Virginia Pignatelli Rizzini (1846-1886), nobildonna che entrata a far parte della famiglia Rizzini, tra le più ricche e conosciute di della storia di Guidizzolo.

Famiglia di grandi proprietari terrieri con possedimenti in vari comuni del territorio mantovano, i Rizzini s'insediano a Guidizzolo dal 1600 circa. Qui hanno un palazzo ad uso villeggiatura con annesso terreno per le attività agricole. Famiglia dal grande peso politico locale e sensibile alle necessità della comunità, comprano l'Oratorio di San Lorenzo, lo restaurano e ne fanno il sacrario di famiglia, contribuiscono alla costruzione della Chiesa di Birbesi e, dato il forte legame con un ente benefico locale, l'Istituto di Congregazione di Carità, attraverso il lascito della Contessa Contessa Virginia Pignatelli Rizzini al "ricovero vecchi", contribuiscono alla fondazione di un ente morale a lei successivamente dedicato. Il marito, il Conte Italo (1838-1898), è due volte sindaco di Guidizzolo tra il 1872 e il 1895; alla sua morte l'amministrazione decide di inserire il riccio, simbolo di famiglia, nello stemma comunale.

Foto n. 9. Il Palazzo Rizzini immortalato dall'ortaglia di proprietà della famiglia Ramazzotti. Decenni addietro questo terreno faceva parte del patrimonio dei Rizzini. Ad oggi è un parco comunale. Anno 1958. Fotografia di A. Dal Prato, Espos. fotografica Comune di Guidizzolo, Galleria Mondadori

Affacciato sulla via dedicata alla Contessa Virginia sorge il Palazzo Rizzini, dimora ad uso villeggiatura costruita ex novo, su un edificio preesistente. Già presente sulla mappa del Catasto Teresiano del 1776, non vi sono documenti che possano certificare la data di costruzione. Sebbene stilisticamente il palazzo possa essere facilmente collocato nel tardo '700, si presume risalga alla seconda metà del '700. Costruzione che sembra si sia protratta nel tempo poiché dai documenti[11] citati da Mondadori riguardanti il sequestro dei beni dei sudditi compromessi politicamente (1853), tra cui Francesco Rizzini, ordinato dal governatore del Regno Lombardo-Veneto, l'edificio sembra ancora in corso d'opera a metà dell'800. Anche per quanto riguarda il nome dell'architetto non vi sono documenti che aiutino a far chiarezza.

11. Mondadori F., *La famiglia Rizzini dal XVII al XX secolo*, Centro Culturale San Lorenzo ed., Guidizzolo (Mn) 2003.

Il palazzo viene costruito con l'intento di esibire un certo rango, ma senza lo sfarzo o particolari decorazioni, scegliendo invece il gusto misurato dell'architettura del tardo '700. Si sviluppa su 3 piani, una sala da bigliardo al pian terreno, al primo un salone ed un locale probabilmente destinato ad oratorio e 11 stanze al secondo, presumibilmente riservate alla servitù, dal quale si accede ad una torretta decentrata con il fine di avere un controllo sulla corte rustica.

Questa costruzione sembra seguire il modello chiuso delle corti mantovane, con edifici con funzioni distinte, ma in armonia tra loro. Infatti, sul lato di ponente dell'edificio si trova la corte rustica, adiacente all'edificio padronale. La corte agricola è varia negli stili e ciò presuppone una realizzazione in epoche diverse, a partire dalle case contadine del XVII secolo fino alla barchessa per le macchine agricole e lo stoccaggio del fieno, collocabile nel del tardo '800. Il portico a cinque campi ad archi gotici delimita ad Ovest l'aia per la maturazione del grano, mentre all'estremità della corte, delimitata dalla cinta muraria che dà sulla via di Mezzo, vi è un ampio giardino con aiuole e fiori. Si trova anche una parte dedicata ad ortaglia, con alberi da frutto e un pozzo, nonché un'area piantata a bosco.

Foto n. 10. Scorcio di Palazzo Rizzini dal giardino interno, area destinata all'uso esclusivo della famiglia Rizzini durante i loro soggiorni estivi. Parte del parco interno alla proprietà è piantumato a bosco. Dall'immagine si nota la torretta ubicata nella sezione di ponente della villa, posizione strategica per avere sotto controllo sia il parco, che la corte rustica al di là del muro di cinta. Anno 1908. Cartolina

I signori passano nella residenza di campagna il periodo della raccolta, a cavallo tra l'estate e l'autunno, probabilmente per supervisionare all'attività agricola, che era compresa all'interno della proprietà. Nonostante la separazione tra gli ambienti, non vi era una netta divisione architettonica tra la casa padronale e i locali in cui popolani e contadini svolgevano le loro attività legate alla produzione agricola e al mantenimento della tenuta.

Vicino alla villa vi sono diverse case di proprietà della famiglia Rizzini, affittate alla caserma della gendarmeria, una ad uso osteria e una che ospita una stalla. Si tratta di tipiche case rustiche a schiera, comune esempio dell'edilizia rurale.

Ad oggi, la proprietà conserva la struttura originale, non vi sono state particolari modifiche organiche, così come la corte rustica e il parco che mantengono ancora i confini originali. Discorso simile per le case attorno alla proprietà che conservano la loro struttura, sebbene siano state oggetto di ristrutturazione.

Proseguendo verso Est, oltre la Villa, vi è una terza area abitata: un caseggiato di modeste dimensioni nato nei pressi della fontana e del lavatoio pubblico (vedi foto n. 7 al Capo 1). Costruito presumibilmente nel XVII secolo[12], è ubicato in una zona scelta per l'appunto per la ricchezza d'acqua, non lontano da campi paludosi. Chiamato informalmente "Fontanazzo", diventa un luogo di incontro e lavoro per le massaie, che spendono diverse ore della giornata lavando i panni o ritrovandosi per fare *filòs*. Nel 1911 è tempo di modernizzazione e viene costruito un nuovo lavatoio coperto, con più vasche e dotato di un meccanismo per il ricambio dell'acqua.

Con il passare degli anni, il lavatoio perde la sua funzione originale e, poco a poco, quella sociale, conducendolo alla demolizione nella seconda metà del '900.

Volgendo verso Nord, la strada Corriera che va a Mantova, che oggi è la direttrice che divide a metà il comune di Guidizzolo, fino al secondo dopoguerra è stata una sorta di linea del confine settentrionale del paese.

Se non fosse per una serie di costruzioni a ridosso delle odierne via Solferino, piazza Marconi e via Goito, nonché alcune corti agricole ubicate man mano che si percorre il territorio comunale verso le colline, lo sviluppo urbanistico dell'ultima area edificata presa in considerazione è assai scarso rispetto a quanto descritto a Sud della strada provinciale n. 236.

All'estremità settentrionale di via Municipio è ubicata piazza Marconi. L'arrivo della linea tramviaria Brescia-Mantova-Ostiglia tra il 1880 e il 1887 causa lo spostamento del baricentro comunale nel nuovo centro so-

12. Cfr. Ruffoni G., *Guidizzolo nella sua storia*, Litocolor R&S, Guidizzolo (Mn) 1994.

cio-economico del paese, a discapito di piazza Mercato e di via Municipio. Grazie a questo evento Guidizzolo entra a far parte dei comuni mantovani che possono beneficiare del primo mezzo di trasporto democratico della storia e la piazza ne è la sede della stazione locale.

Foto n. 11. Immagine di Piazza Marconi con le rotaie del tramvia in primo piano che corrono a fianco di uno spazio verde, che si sviluppa nel cuore della piazza. In secondo piano uomini posano per la foto, con loro alcune capre brucano l'erba. Sullo sfondo la torre civica prima dell'innalzamento datato 1911; da notare che a destra dell'edificio vi è un portale che scompare qualche decennio più tardi. Sulla parte destra dell'immagine le scuole, odierna sede del Comune, si limitano ad un piano. Fine '800. Cartolina

Nel periodo di attività della tramvia, fino al 1937, la piazza fa esperienza di un forte di sviluppo di attività commerciali e di modifiche paesaggistiche, come la creazione di uno spazio verde, nonché della trasformazione di alcuni edifici che vi si affacciano, come la torre civica.

Si ipotizza che in epoca medievale a Guidizzolo sorgesse un castello o una fortificazione per la difesa dalle invasioni, probabilmente degli Ungari. Tracce di questo sistema di difesa vengono identificate nella struttura del torrione al principio di vicolo Volto, nella presenza di un solido muro accanto all'Oratorio di San Lorenzo nonché dei resti di un altro torrione all'interno del Palazzo Pezzati[13]. Per posizione, in linea con le altre due

13. Cfr. Zangobbi G., *La torre civica*, in Aa.Vv., *Tracce di storia, Quaderni guidizzolesi II*, Centro Culturale San Lorenzo ed., Guidizzolo (Mn) 2004, pp. 25-28.

torri, e tipologia di costruzione, è probabile che la torre civica sia stata costruita sui resti di un'antica torre da difesa.

Diventata simbolo di Guidizzolo, la torre è di antica costruzione, probabilmente prima dell'anno 1000. In seguito alla ricostruzione del 1874, su decisione dell'amministrazione del sindaco conte Italo Rizzini, l'edificio è soggetto ad altre modifiche fino a quando assume le attuali forme nel 1911, su progetto dell'ingegnere Bortolo Pedrotti, venendo anche dotata di un nuovo orologio pubblico, fornito dalla fabbrica di grossa orologeria Frassoni Giovanni di Rovato, oltre che dello storico "campanone"[14].

Un altro elemento a decorare la torre è un mosaico della Madonna con bambino, opera di alunni ed insegnanti dell'Istituto d'Arte di Guidizzolo, che viene benedetta dal Vescovo di Mantova Mons. Antonio Poma lo stesso anno della sua posa, il 1955.

Foto n. 12. Immagine di piazza Marconi. Sulla sinistra una serie di attività commerciali, tra le quali la prima è presumibilmente un'osteria, sulla cui facciata sono esposte le insegne di Acqua Nocera Umbra, nota fonte perugina, e Ferro-china Bisleri, liquore inventato nel 1881 da Felice Bisleri e consumato all'epoca come digestivo o ricostituente. I lavori di innalzamento della torre sono già conclusi e al suo fianco le insegne indicano la sede di pesa e telegrafo. La piazza è solcata dai due binari del tram, al fianco dei quali si intravede un albero. In primo piano vi sono tre uomini in posa, mentre sullo sfondo altre persone camminano ignare dello scatto. Anni '10. Cartolina

14. Ibidem.

Al lato della torre è ubicato l'albergo della torre, di proprietà del Comune, messo all'asta nel 1846 insieme ad altre proprietà comunali; mentre innanzi al simbolo più caro ai guidizzolesi si trova la pesa pubblica, anch'essa rimodernata nel 1874.

Quindi il '900 vede fiorire quello che è diventato lo spazio pubblico per eccellenza del paese, sede del suo simbolo, la torre civica, le scuole e numerose attività commerciali.

Foto n. 13. In piazza Marconi si sviluppano edifici e attività commerciali. Nell'immagine un edificio costruito dalla famiglia Lui in stile eclettico. In fianco l'attività di famiglia, "Lui Coloniali", che si occupa della vendita di generi alimentari e non solo. Sullo sfondo a sinistra una corte in lontananza; dalle mappe degli anni '20 potrebbe essere Ca Pezzati. Anni '10-20. Collez. V. Galvani

È negli anni '30 che il regime fascista inserisce un nuovo elemento architettonico nell'immagine di piazza Marconi: la Casa del Fascio. Chiamata anche "Casa Littoria", viene costruita a pochi passi dalla torre civica ed è sede del Partito Nazionale Fascista sino alla caduta del regime. In seguito è temporaneamente sede scolastica, prestando i locali per le lezioni dei frequentanti della scuola media inferiore locale. Caduta in pessime condizioni per inutilizzo, viene demolita alla fine del '900.

Foto n. 14. La torre civica dopo i lavori di ampliamento della strada che la vedono ridotta sul lato sinistro, ma sfoggiare una nuova simmetria architettonica. Eliminato il portale sulla destra, ora vi è uno spazio libero che la separa dalla Casa del Fascio, chiaro esempio di architettura littoria. Da notare il riferimento alla piazza "Bruno Rodella" segnato sulla cartolina, quando il nome della piazza è G. Marconi, mentre al martire della Resistenza è intestata la via in direzione Mantova. In secondo piano, davanti alla torre, alcuni guidizzolesi posano per la foto, altri continuano indifferenti le loro faccende. Anni '30. Cartolina

Affacciato sulla stessa via, un tempo chiamata via della Torre e poi intitolata a Fiabio Filzi[15] (1884-1916), si trova il teatro comunale (vedi foto n. 25 al Capo 13). Costruito nel 1920, è la sede delle rappresentazioni teatrali che animano la comunità guidizzolese fino ai giorni nostri.

15. Ufficiale austriaco di origine istriana, diserta l'esercito austro-ungarico perseguendo l'ideale irredentista di liberazione delle terre sotto il dominio asburgico. Combatte come volontario con l'esercito italiano durante la Prima guerra mondiale. Fatto prigioniero, viene giustiziato a Trento nel 1916.

Foto n. 15. Immagine della Corte Ballarino, al termine di via Filzi, oltre la quale lo sviluppo urbano è ancora limitato. Appartenuta alla famiglia Mussa, viene demolita negli anni '70. In primo piano un'automobile parcheggiata, mentre sullo sfondo sorgono le prime abitazioni in direzione di Cavriana. Anni '60. Fotografia Collez. N. Mussa

Proseguendo verso le colline, negli anni '20 le mappe catastali[16] mostrano che quell'area di Guidizzolo resta ancora scarsamente popolata. Procedendo verso Nord si incontra la Corte Tomasi, lungo la via denominata "Strada comunale dei Tomasi", odierna via Tomasina, che poi si perde nelle campagne al confine con il Comune di Cavriana.

Analizzando l'area di via Solferino[17], si nota l'esistenza di diversi edifici nelle vicinanze di piazza Marconi ma, proseguendo verso Brescia, quanto edificato si limita ad alcuni fabbricati in corrispondenza di quello che i guidizzolesi chiamano "il Ghetto"; qui, come nel segmento di strada provinciale in direzione Mantova (via Goito), lo sviluppo urbanistico è una questione rimandata qualche decennio più tardi.

16. Cfr. Mappe catastali del Comune di Guidizzolo, foglio IV, anno 1922.
17. Cfr. Mappe catastali del Comune di Guidizzolo, foglio III e X, anno 1922.

Infatti, analizzando le mappe catastali[18] degli anni '70 si può constatare come Guidizzolo sia caratterizzato da una crescita non indifferente che trasforma radicalmente l'area a Nord della strada provinciale, avvicinandosi alla struttura urbana che ad oggi caratterizza il comune mantovano.

Muovendosi verso la campagna, in direzione dei territori di Medole e Ceresara, le mappe catastali[19] degli anni '20 mostrano che la frazione di Rebecco nel 1922 presenta un assetto urbano simile all'attuale e a quello delle mappe[20] del 1978.

Analogamente, anche la frazione di Selvarizzo non assiste a rilevanti trasformazioni nel corso di mezzo secolo[21].

Foto n. 16. Veduta dell'incrocio tra via S. Giorgio, strada Zanina e via Sajore dal campanile della chiesa di Birbesi. In primo piano sulla sinistra l'ubicazione della pesa. Da notare che vi è un'unica corte che si affaccia sulla strada che conduce a Guidizzolo, all'epoca circondata da lotti agricoli. Attorno agli anni '20. Collez. G. Gandini

18. Cfr. Mappe catastali del Comune di Guidizzolo, foglio n. 10, anno 1977.
19. Cfr. Mappe catastali del Comune di Guidizzolo, foglio XII e XV, anno 1922.
20. Cfr. Mappe catastali del Comune di Guidizzolo, foglio n. 6, anno 1978.
21. Cfr. Mappe catastali del Comune di Guidizzolo, foglio XIX, anno 1922, e foglio n. 17, anno 1978.

Foto n. 17. Immagine di Birbesi ripresa dall'imbocco di via San Giorgio. In primo piano alcuni giovani in posa, due di loro con biciclette. Sullo sfondo l'edificio della pesa e la chiesa di Birbesi, costruita nel 1738. Anni '20. Collez. G. Gandini

Foto n. 18. Immagine di due ville stile tardo neo floreale con elementi neoclassici. Le due strutture mostrano numerose analogie con le 2 ville in paese che si affacciano su via Circonvallazione. Non è ardito ipotizzare che siano state progettate dallo stesso professionista. Anno 1925. Immagine n. 84 pubblicata in AVIS, Guidizzolo Ieri e Oggi, *Bonazzi Litografica, Guidizzolo (Mn) 1986*

Per quanto riguarda la frazione di Birbesi, essa segue un processo di urbanizzazione che si sviluppa su tre direttrici: via S. Giorgio, strada Zanina e via Sajore. Anche qui l'intervallo temporale tra le fonti mappali a nostra disposizione, dagli anni '20 agli anni '70, non fa emergere particolari trasformazioni dal punto di vista urbanistico.

Per le tre frazioni facenti parte del Comune di Guidizzolo lo sviluppo è più che mai recente, sicuramente successivo al periodo oggetto di analisi, ma anche agli ultimi documenti mappali a disposizione.

La rivoluzione urbanistica fascista

La vera grande trasformazione nell'assetto urbanistico sul territorio del comune di Guidizzolo avviene all'interno del suo nucleo pulsante, il Borgo Medio. Sebbene via Municipio non sia oggetto di particolari trasformazioni, assiste da vicino all'intervento più rilevante che caratterizza la storia di Guidizzolo, dopo l'arrivo della tramvia: l'apertura di un nuovo collegamento stradale nel centro del paese.

Foto n. 19. Immagine della Strada Nuova con le ville Mutti in secondo piano e un'altra contemporanea al principio della via. Il toponimo del viale impresso sulla cartolina, "viale 28 ottobre", potrebbe far riferimento alla data della Marcia su Roma, il 28 ottobre 1922. Foto n. 54 pubblicata in AVIS, Guidizzolo Ieri e Oggi, *Bonazzi Litografica, Guidizzolo (Mn) 1986*

Il giorno 28/01/1928 il podestà Pietro Villagrossi approva il progetto di apertura di una nuova strada[22], dando disposizione di immediata esecuzione. Con l'abbattimento di un edificio di fronte alla sede del Comune, si procede con la realizzazione di un collegamento tra la via centrale del paese e l'odierna via Circonvallazione. I lavori sono ad opera del geometra Mario Rodella e dell'ingegnere Carlo Grassi e cominciano il 10 febbraio del 1928.

Terminato a distanza di pochi mesi, questo passaggio è denominato "Via Nuova". A seguito della sua creazione, lo sviluppo consiste in primis nella piantumazione di alberi sui lati della strada e vede la costruzione di quattro ville signorili, anch'esse ad opera del geometra Rodella, sui due lati della via. Questi fabbricati sono commissionati dall'avvocato Mutti.

Foto n. 20. Immagine di via IV novembre rivolta in direzione di via Municipio, mentre 3 uomini in bicicletta la percorrono in senso opposto. Altre due figure, sul lato della strada, si fermano a chiacchierare. Sullo sfondo il campanile della chiesa parrocchiale e, appena sopra la figura del Municipio, quello dell'oratorio dei disciplini, demolito negli anni '70. Anni '30. Cartolina

22. Verbale di deliberazione del podestà del 28/01/1928, vista la propria delibera di massima n. 366 del 16/07/1927 con la quale si delibera la sistemazione del mercato bestiame, l'apertura della nuova strada e la costruzione di case popolari.

Il giorno 4 novembre 1928, l'allora podestà Luigi Pedrotti presiede all'inaugurazione della strada, che è ufficialmente denominata "via IV novembre" in memoria dell'anniversario della resa dell'Impero austro-ungarico all'Italia, evento che sancisce la vittoria della Prima guerra mondiale[23]. Al centro di questa nuova strada si apre uno spiazzo a lungo chiamato semplicemente "rotonda", che in seguito viene denominata piazza Francesco Mutti (1884-1948)[24].

La Strada Nuova e le sue ville

I villini che affacciano su via IV novembre in Guidizzolo, progettati e realizzati dal geometra Rodella nei primi anni del '900 ci rimandano ad architetture fortemente influenzate dalle "fabbriche" realizzate i quei tempi, o pochi anni prima, che possono essere ascrivibili al "modo" neo floreale e neo classico. Il progettista di certo era tutt'altro che poco informato ed altresì molto attento a ciò che si realizzava nei grandi centri urbani di quell'epoca e di quelle di pochi decenni prima.

Il geometra Rodella, assimilati e digeriti questi insegnamenti, comunque è riuscito a realizzare questi edifici con una sua personale idea, in un modo originale tutto suo che ritroviamo in altri villini da lui realizzati in abitati vicino a Guidizzolo (alcuni esempi si possono trovare a Castel Goffredo o a Medole e così via). Pur seguendo con una certa coerenza gli ornamenti del neo floreale e del neo classico, qui non disdegna, ed anzi spesso enfatizza, l'inserimento plastico-ornamentale di altri stili, quasi realizzando così opere dal risultato finito che si avvicina più ad un personale stile ecclettico, che le rendono dignitosamente piacevoli alla vista se solo si indugia in una attenta passeggiata lungo il viale alberato di via IV novembre.

23. Oggi è celebrata come giornata dell'Unità Nazionale e delle Forze Armate.

24. Avvocato, industriale e primo cittadino di Guidizzolo, fonda lo scatolificio astuccificio SAM, primo tappa del percorso di industrializzazione del comune mantovano.

Foto n. 21. Durante la costruzione di una delle ville Mutti, commissionata dall'avvocato Francesco per la figlia Antonina. Nell'immagine operai al lavoro. Da notare la povertà delle impalcature, che rendevano il lavoro più rischioso, e la presenza di un bambino, al primo piano in centro. Il lavoro minorile è una componente comune fino alla fine degli anni '60 (l. 977/1967). Anno 1929. Collez. Fam. Mutti

Lo stato attuale delle facciate e dei vari particolari ornamentali, dei fregi, degli intonaci, dei lapidei, fino ai lavori realizzati in ferro, ci dicono che l'impiego di questi materiali è stato fatto con notevole capacità artigianale ed ottima scelta delle varie materie prime impiegate per realizzarli. Da ciò, oltre che dalle dimensioni e soprattutto da come si sviluppano e si raccordano tra di loro le zone interne delle residenze è piuttosto evidente che sono state realizzate per committenti appartenenti a classi agiate, che disponevano di una notevole ricchezza. Analisi facilmente riscontrabile mettendo in relazione questi edifici con la maggior parte del tessuto edificato di Guidizzolo fino ad allora realizzato e di quello dello stesso periodo storico. È peraltro ipotizzabile che queste residenze per famiglie facoltose siano state realizzate anche con lo scopo di "fare" apparire ai passanti e ai nativi il potere economico/politico dei loro proprietari.

Foto n. 22. Immagine delle ville Mutti presa dalla "rotonda". La prima villa sulla sinistra, in stile tardo liberty, viene costruita per la sorella dell'avvocato Mutti, Giacinta. In secondo piano due uomini e un bambino. Anni '30. Cartolina

Nel loro complesso è possibile vedere questi villini come la testimonianza di un preciso periodo storico, di una buona capacità progettuale e di un'ottima capacità realizzativa: resta di certo il più bell'esempio, pur con alcuni evidenti limiti, di architettura realizzata in Guidizzolo fino ad oggi. Vi è coerenza, studio, capacità, chiarezza di sintesi, è un "fare" dignitoso eseguito senza grossi errori grammaticali o di analisi logica, e, per questo, a mio avviso, andrebbero adeguatamente rispettati, protetti e salvaguardati, essendo storia vera, vissuta, di cui le nostre città e borghi sono pieni, rendendoli unici nel mondo. Possiamo dedurre, confrontando le varie testimonianze cartografiche dello sviluppo dell'edificato e delle strade di Guidizzolo, che appare evidente che con l'apertura di via IV novembre l'allora dirigenza politica, certamente costituita dalle famiglie che poi fanno realizzare le loro residenze ai lati di questa nuova via "in centro al paese", ha voluto affermare il proprio potere e l'idea politica da cui questo potere era generato. Un'asse rettilineo con al centro una piazza in cui collocare "il monumento" arricchito ai bordi da due filari di essenze ad alto fusto ed aiuole, altro non è se non una evidente dichiarazione di potere e di forza. Dall'analisi di questa piccola (ma non per Guidizzolo) realizzazione urbanistica, è totalmente e volutamente escluso tutto ciò che ha a che vedere con un passato ritenuto indecoroso, vecchio e da dimenticare.

Foto n. 23. Immagine delle ville cosiddette "gemelle" costruite dall'avvocato Mutti in via IV novembre. Opera del geometra Rodella, sono pensate con uno stile che volge al razionale fascista, con elementi decorativi neoclassici. Vengono costruite per le altre due figlie dell'avvocato: Ida, quella di destra, e Anna quella di sinistra. Anni '30. Cartolina

Per quanto mi riguarda, pur riconoscendo anche in questa opera urbanistica capacità progettuali e realizzative, nutro un profondo disgusto per tutto ciò che le pianificazioni urbanistiche di questo periodo storico sviluppate seguendo simmetrie assordanti e sdegnose "dell'altro" hanno significato. Simmetria ed assi rettilinei di notevoli dimensioni come armi principali che uniscono il potere politico a quello economico (il municipio e dall'altro lato della via forse il villino meglio realizzato e più ricco) sono nient'altro che chiara dimostrazione della forza del potere politico-economico che si autocelebra e che vuole passare alla storia prepotentemente come simbolo di divisione tra "loro" i ricchi e potenti e gli "altri" la gente comune.

A mio parere questa pianificazione urbanistica si inserisce con una notevole violenza assolutamente slegata dal resto del tessuto urbanistico di Guidizzolo, il quale, pur nelle sue contenute dimensioni, che si sviluppa in varie ed alterne fasi storiche, arricchendosi sempre più e restituendo ciò che conosciamo come "la ricchezza della stratificazione storica dei nostri centri urbani", belli e praticamente unici al mondo.

Riassumendo brevemente, ritengo che via IV novembre, strada rettilinea posta nel bel mezzo del centro abitato di Guidizzolo, ne risulta un evidente corpo estraneo all'insieme residenziale-urbanistico, tentativo avulso e slegato dalla storia urbanistica del paese, parentesi storica chiusa e finita su se stessa.

L'unicità della "Casa Rurale"

"*La nuova casa del contadino*" così il titolo dell'articolo del *Corriere della Sera* del 22 ottobre 1934 anno XII, che la descrive presentandola come "la nuova sintesi costruttiva per le future corti rurali". Questa costruzione è, a mio parere, se non unica nell'ambito delle case per i contadini, certamente la prima di cui sono a conoscenza.

Foto n. 24. La "Casa del contadino" a lavori quasi ultimati. Dall'aspetto elegante, quasi fosse una villa signorile, è dotata di impianti all'avanguardia (acqua e luce), abbellita da aiuole e dotata delle attrezzature agricole più moderne. Si tratta di un progetto fortemente ispirato dai dettami dell'organizzazione sindacale e del regime fascista: dare una casa ai lavoratori e alle relative famiglie, buone condizioni di vita, nonché fare in modo di consolidare il loro attaccamento alla terra. 1931-32. Collez. Fam. Gennari

Nell'articolo del *Corriere della Sera* sono evidenziati più che altro aspetti politici ed ideologici che hanno "ispirato" la realizzazione di questi edifici (di fatto la "nuova casa del contadino" è una corte poiché insieme di più edifici racchiusi in un unico spazio delimitato da muricci, cancellate e cancelli). I suddetti principi ideologico-politici erano rappresentativi della "nuova era fascista" come unica via per il futuro radioso degli italiani appartenenti a qualsiasi classe sociale.

Foto n. 25. Una folla assiste all'inaugurazione della "Casa del contadino". Momento di festa, orgoglio e propaganda per il regime fascista, rappresentato in loco dal sindacalista Alcide Aimi, segretario della Federazione nazionale dei rurali che sottolinea nel suo discorso come la collaborazione tra proprietari terrieri e contadini permetta in questo caso lo svilupparsi di opere che testimoniano l'ideologia dell'epoca e che legano indissolubilmente il colono alla terra. 22.10.1934. Collez. Fam. Gennari

Ciò premesso le riflessioni che seguono sono una analisi planimetrico-strutturale e plastico-ornamentale delle costruzioni che compongono "la corte rurale". Di fatto questa corte, come ho già anticipato, è l'unico esempio in stile littorio, post-razionalista o in stile razionalista-fascista, di cui sono a conoscenza, e già per questo è giusto ed indispensabile il vincolo di salvaguardia storico-culturale con cui è classificata.

Foto n. 26. La folla ascolta attenta le parole del segretario della Federazione nazionale dei rurali Aimi che ribadisce come la base del nuovo stato sindacale e corporativo appoggi anche su queste realizzazioni del regime fascista. Oltre che dare lavoro, la struttura costruita sul podere dell'avvocato Francesco Mutti diviene strumento di politica demografica, fermando l'emigrazione del contadino e favorendo e onorando l'istituto della famiglia. 22.10.1934. Collez. Fam. Gennari

La corte è costituita da due fabbricati distinti tra loro e separati da uno spazio intermedio conosciuto come l'aia delle corti, ovvero la zona in cui si svolgevano le varie attività lavorative dei prodotti dei campi.

L'edificio principale è composto da tre corpi distinti tra di loro (prospetto principale orientato come tutte le case contadine con la facciata a Sud e i servizi della casa a Nord). Uno centrale più alto ed altri due simmetrici a questo, identici nei profili dei volumi e nelle finiture plastico-ornamentali delle coperture, dei prospetti esterni, delle decorazioni delle finestre e porte, così come degli intonaci. Questo corpo centrale è un chiaro riferimento alle torri di guardia delle nostre zone rurali o dei piccoli centri delle campagne e poi alle colombaie delle case padronali contadine. Sul fronte ha un ampio portone centrale adatto all'entrata di carri o rimorchi agricoli, così da permettere ai contadini di lavorare in uno spazio protetto sia dalle intemperie che dalla calura estiva; ha un grande ed unico androne al piano terra e si sviluppa in altezza con un unico piano primo, che prende luce da una porta centrale e da due finestre ad esso simmetriche; questo spazio probabilmente aveva la funzione di deposito o magazzino per alimenti in stagionatura o altra funzione logistica.

Potrebbe esservi infine, un'altra ipotesi da non escludere riferendosi al piano primo del corpo centrale, poiché essendo la corte rurale un "prototipo" per le future costruzioni delle campagne, questo spazio poteva essere il luogo ove accogliere e "dialogare" con gli abitanti delle vicine case contadine. Ai lati di questo "edificio-torre" centrale sono state realizzate due costruzioni in cui trovano spazio funzioni ben distinte tra di loro ma che si rifanno ad abitudini e tradizioni contadine di antichissima genesi. Nello specifico, ponendosi di fronte alla facciata principale, a sinistra della torre è collocata la residenza della famiglia con al piano terra la zona giorno ed al piano primo la zona notte. Interessante constatare come al di sopra della zona notte non vi sia un ulteriore spazio (caratteristica fondamentale che rende unico questo edificio-prototipo di corte rurale) ovvero il sottotetto, meglio conosciuto come il solaio. Luogo fondamentale per ogni tipo di residenza, sia di campagna che di città, piccola o grande che fosse; il solaio dove si riponevano oggetti di uso saltuario, alimenti vari in stagionatura, spazio protetto da eventuali ospiti indesiderati, ladruncoli o piccoli e molesti animali, come i ratti o insetti. È peraltro doveroso ricordare che i solai spesso si trasformavano in angusti ed insalubri luoghi ove ospitare povera gente sia per ragioni economiche che per ragioni politico-religiose, di cui esiste una infinita letteratura appartenente a tutte le epoche.

Foto n. 27. Nella "Casa del contadino" l'innovazione fa da padrone, anche nell'allevamento del bestiame. Nell'immagine la stalla, una tra le poche dell'epoca con un sistema di divisori in tubi metallici, molto più funzionali e facili da pulire rispetto alle opere in muratura. 1934. Collez. Fam. Gennari

Sulla destra della torre è collocato l'edificio adibito a stalla per le vacche, al piano terra. Dalle fotografie dell'epoca risulta anche questa essere stata realizzata con le tecnologie più innovative dell'epoca, sia come strutture che come attrezzature di servizio.

Al piano primo certamente trova spazio il fienile, ciò appare evidente anche dalla porta-finestra centrale del prospetto che dà sull'aia, posta ad un livello intermedio tra il piano terra e il piano primo per agevolare il lavoro di carico del fieno.

Innovativa è la tipologia adottata per realizzare e sostituire gli infissi, in legno e vetro, delle finestre. Di fatto queste finestre sono parzialmente oscurate da frangisole realizzati in conglomerato cementizio (probabilmente con leggera armatura in ferro) composti da una sequenza ritmata in orizzontale e verticale, di piccoli fori quadrati che permettono il passaggio dell'aria indispensabile per l'areazione del fienile e per dare luce ai lavoranti che qui dovevano svolgere le loro funzioni.

Di fronte a questi tre edifici vi è l'altro corpo di fabbrica, che presenta le stesse caratteristiche estetico-ornamentali dei prospetti degli edifici sopradescritti, così come i medesimi profili volumetrici. È un edificio in cui al piano terra sono collocate ampie zone per il ricovero delle attrezzature

Foto n. 28. Sul retro del complesso una concimaia per la conservazione del letame, direttamente accessibile dalla porta della stalla. Le varie divisorie fanno supporre che ci fosse uno stoccaggio separato per i liquami. 1934. Collez. Fam. Gennari

agricole e i mezzi di locomozione e al piano primo di certo trova spazio il granaio a servizio dei prodotti della campagna (in questo edificio al piano primo le finestre hanno le medesime caratteristiche tecniche di quelle del fienile posto sopra alla stalla).

Nel loro insieme questi due corpi di fabbrica che costituiscono la corte rurale, i quali in origine avevano coperture piane, sono stati realizzati con evidente riferimento progettuale al consorzio agricolo di Guidizzolo e da quelli coevi realizzati negli altri centri rurali delle campagne vicine.

Osservando attentamente le varie caratteristiche dei prospetti e dei profili volumetrici sia del consorzio che degli edifici della corte rurale si nota come il progetto sia opera della medesima mano che segue le linee-guida tecnico-strutturali che erano state indicate per la realizzazione del consorzio. È perciò possibile ipotizzare che dall'ufficio tecnico del Consorzio, o dei Consorzi, sia nata l'idea di realizzare questa "nuova corte rurale" al fine di realizzare, anche con una continuità estetico-formale, una linea guida ovviamente politico-culturale unica, ed a cui tutti i futuri edifici delle campagne avrebbero dovuto uniformarsi (troviamo la medesima idea di pianificazione per lo sviluppo delle zone rurali sviluppata ed applicata nelle colonie del nascituro "impero" dell'era fascista).

Foto n. 29. Vista del Consorzio Agricolo Caseario in una via Solferino ancora povera di costruzioni. Durante il regime fascista il Consorzio Agrario ha ruolo e scopi specifici rispetto alle tante società cooperative operanti sul territorio nazionale. L'indirizzo corporativo fa del Consorzio "l'organo commerciale della Federazione Provinciale degli Agricoltori", che tutela gli agricoltori dalla speculazione di produttori e commercianti e li agevolava con il servizio di credito agrario per l'acquisto di concimi, antiparassitari, bestiame e macchine agricole, necessari al loro lavoro. 1939. Cartolina

In conclusione è peraltro necessario sottolineare che comunque questa "corte rurale" è stata realizzata seguendo le originali tematiche del razionalismo in architettura nato agli albori del XX secolo che ha permesso la realizzazione di opere pubbliche e private (la stazione centrale di Firenze o la "casa del fascio" di Como) che restano tra i più belli e validi esempi del razionalismo in Italia ed in Europa.

Una Corte chiamata Speranza

La Corte Speranza ha caratteristiche compositive e strutturali riferite ai canoni tradizionali dell'edilizia rurale mantovana, che spesso è fortemente caratterizzata dalla morfologia e conformazione idrogeologica delle zone su cui è stata edificata. In genere queste corti mantovane sono collocate sulla testata del fondo agricolo e probabilmente anche la corte Speranza segue questa tipologia di impianto.

La Corte Speranza, come si può supporre dall'analisi delle fotografie realizzate durante la costruzione dei porticati, nasce probabilmente nella

Foto n. 30. La Corte Speranza durante i lavori di ampliamento. La villa, razionalista, è composta da un nucleo centrale che viene sviluppato attraverso due ali simmetriche. Da notare la presenza di gerarchi militari che sovrintendono ai lavori. Vi è inoltre un soggetto tra loro, con cappello scuro, che probabilmente è l'ingegnere responsabile o il proprietario della corte. Origine anni '20, ampliamento anni '40. Collez. Fam. Nicolini

seconda metà dell'800 come "quagliara" cioè piccola costruzione che serviva da riparo in mezzo ad amplissimi campi di brugo, senza altro tipo di vegetazione, per la caccia alle quaglie.

Il successivo ampliamento in casa padronale segue le medesime caratteristiche delle dimore rurali dell'Alto Mantovano. Al piano terra, un ampio androne centrale passante dal prospetto principale a Sud fino a quello sul retro a Nord, da cui si accede a quattro grandi stanze con relativi ampi camini, come evidenziato nel nostro caso osservando i quattro camini che si staccano dalle falde di copertura (talvolta solo la stanza adibita a cucina aveva a servizio un'altra piccola camera spesso ricavata nel sottoscala). La scala per accedere ai piani superiori era in genere parallela all'androne centrale anche se talvolta veniva posizionata perpendicolarmente allo stesso.

Al primo piano, trovano spazio le stanze per la notte così come parrebbe anche per il piano secondo. Infatti questa ipotesi è suffragata dalla partitura e dalle dimensioni delle finestre di questo nostro secondo piano che paiono identiche a quelle del piano primo. È peraltro presumibile che le stanze poste a Nord del piano secondo fossero comunque in origine destinate ad uso servizi, come solai.

Foto n. 31. L'ala orientale della corte a seguito dei lavori di ampliamento. Resta un'impalcatura che fa pensare ad ulteriori modifiche o manutenzioni in programma. In primo piano sulla sinistra il soggetto individuato nella prima foto, sicuramente di una certa rilevanza, in posa. Origine anni '20, ampliamento anni '40. Collez. Fam. Nicolini

Nel loro insieme, i prospetti attuali della casa padronale sono severi, con pochissime finiture plastico-ornamentali, qualche accenno di decorazione si riscontra nei davanzali delle finestre e nell'arco della cornice della porta principale al piano terra. Originariamente vi erano anche piccoli arricchimenti ornamentali all'intorno delle finestre, cornici realizzate con intonaco al civile, e un leggero marcapiano sempre realizzato con l'impiego dell'intonaco, tra il piano terra ed il piano primo, infine vi sono semplici mensole realizzate per sostenere gli sporti di gronda.

Durante l'ultimo intervento edilizio (come si evince dalle fotografie dell'epoca) la casa padronale viene affiancata da entrambe i lati (Est ed Ovest) da porticati realizzati per ospitare le stalle per i vari animali utili alla vita delle campagne, i fienili, i granai o altri depositi, oltre che per zone destinate alle attrezzature agricole. Infine, probabilmente, alcune stanze erano destinate ai salariati (osservando la falda di copertura del porticato posto al lato Est si notano alcuni camini, segni evidenti che vi sono stanze per la residenza) e viene chiusa una porta sul fronte che probabilmente collegava direttamente la stanza della cucina con l'esterno della residenza.

Le finiture delle arcate dei porticati presentano alcuni motivi decorativi di certo più interessanti di quelli della casa padronale, probabilmente per conferire all'insieme un aspetto meno austero e più rappresentativo dello status del proprietario.

Dalle fotografie realizzate durante i lavori per l'edificazione dei due porticati si intravvede, posto sul lato destro (Est) del prospetto principale della casa padronale, ciò che doveva essere in origine una grande costruzione con porticato ove è ipotizzabile vi fosse collocata la stalla delle vacche, gli stallini per gli altri animali, indispensabili alle residenze di campagna (somari, cavalli, animali da cortile, maiali) il fienile, il granaio ed infine il deposito per le attrezzature agricole quali carri, calessi e altro. Questa costruzione, poi demolita (o, a suo modo, recuperata) potrebbe far ipotizzare che la grande casa padronale avesse fin dalle sue origini ottocentesche, edifici che erano posti ai suoi lati. Si noti anche che, con l'arrivo nel 1930 dell'acqua per l'irrigazione, dovuta alla costruzione del canale Arnò, mutò in positivo ed in modo significativo la produttività dei campi circostanti. Ciò spiega anche l'investimento e l'ampliamento della costruzione intorno agli anni '40.

Conclusioni

A prescindere dallo sviluppo più rapido e incisivo verificatosi a partire dagli anni '70, al di fuori del periodo oggetto del nostro studio, osservando Guidizzolo tra il tardo '700 e la prima metà del '900 si può affermare che l'assetto urbanistico è pressoché immutato.

Al termine di questa analisi è doveroso ribadire che il teatro dei mutamenti più rilevanti è la porzione di territorio, a Sud della strada provinciale 236, che è il cuore della vita della comunità locale sino al tardo '800, lasciando poi spazio a piazza Marconi che ne eredita funzioni sociali ed economiche a partire dall'arrivo della tramvia.

Se si tralascia l'apertura della Strada Nuova, unica eccezione degna di una certa rilevanza, la geografia di Guidizzolo si è modificata in maniera limitata, per un normale sviluppo di quelle aree già abitate nel tardo '700.

Tra gli edifici invece che lasciano un segno nel contesto guidizzolese c'è sicuramente la "Casa del contadino", un elemento più unico che raro sul territorio mantovano e non solo, con una carica politica e sociale sicuramente non trascurabile.

Capo 3. Tra radici cristiane, cattolicesimo sociale e minoranze storiche. Per una Guidizzolo religiosa

di Francesco Gandellini

La religione e la religiosità penetrano capillarmente nella storia e nei diversi aspetti della vita della comunità di Guidizzolo. Le radici cattoliche innervano, con qualche rarissima eccezione, il tessuto culturale ed esistenziale di chi calca la terra come di chi amministra gli affari pubblici. Questo accade nei modi più difformi ma via via appropriati: dal credo fideistico ai valori trasmessi negli spazi educativi, dal catechismo canonico alle forme collettive di partecipazione religiosa, attraverso gli istituti di assistenza e di mutuo soccorso e fino alle infiltrazioni più inconsce e sommesse. Nel presente capo si lascerà spazio ai modi della religiosità che sono stati documentati nel periodo che ci compete, con attenzione ai luoghi e ai tempi della loro diffusione.

La presenza fisica imperante della Chiesa cattolica

Come risulterà evidente dalle proporzioni del capo, il credo cattolico riveste un ruolo a tal punto centrale e precipuo nella fase storica di nostro interesse che esso si protende oltre l'ambito dei luoghi tradizionali, dei ministri del culto e dei riti comuni, per relegare poi altri tipi di fede – come quella valdese e quella ebraica – a presenze meramente contingenti e altamente minoritarie, per quanto degne di attenzione.

Vale la pena prendere le mosse proprio dai suddetti luoghi del culto. L'edificio simbolo della cristianità guidizzolese è la Chiesa Parrocchiale, intitolata ai Santi Pietro e Paolo, prospiciente l'attuale via Roma. La storia della sua origine è fumosa e diverse interpretazioni si sono accavallate[1].

1. Si veda, a questo proposito, il sempre accurato Franco Mondadori, nostro costante punto di riferimento per tracciare le coordinate della presenza cristiana a Guidizzolo. In F. Mondadori, *Storia e fede nei secoli*, GVM Tipolitografia, Volta Mantovana 1996, alle pp.

Avvicinandosi al periodo di nostro interesse, va segnalata un'annotazione di don Giuseppe Tramonti – arciprete a Guidizzolo dal 1880 al 1925, sul quale poi ci soffermeremo – il quale scrive che "in questo anno 1885 fu restaurata la Chiesa Parrocchiale, internamente ed esternamente"[2], e al restauro fece seguito la dedicazione della Chiesa nel 1896[3].

Foto n. 1. Cartolina. Si tratta della prima foto della Chiesa parrocchiale che possediamo, scattata nel 1902. L'edificio è qui fotografo leggermente di lato, si vedono in primo piano gli alberi spogli che attorniano il sagrato, su cui sono presenti due persone in abiti scuri. La qualità della fotografia non consente di soffermarsi su altri particolari. La scritta sulla destra ne conferma l'uso, comune al tempo, come cartolina

9-10, vengono presentate due ipotesi: da un lato, l'origine benedettina in collegamento con l'Abbazia di Leno, in un tempo imprecisato dell'epoca feudale precedente al 1353; dall'altro, quella che la fa risalire proprio al 1353, anno di fondazione secondo lo storico Cesare Cantù, che così riporta nella sua *Storia universale*. Parte dell'edificio è di origine romanica, come i ritrovamenti durante la ristrutturazione degli anni '60-'70 hanno mostrato. La forma architettonica che possiede anche oggi risale però alla seconda metà del XVIII secolo.

2. Così si può leggere nel registro dei Battesimi, consultabile presso l'Archivio Parrocchiale. A questo proposito ringraziamo per la collaborazione e la disponibilità don Luigi Milani, don Nicola Sogliani e il diacono e professore Giovanni Zangobbi.

3. La dedicazione fu opera del Monsignor Paolo Carlo Origo, vescovo di Mantova dal 1895 al 1928, durante la Visita Pastorale del 10-11 ottobre 1896. A testimonianza e perpetua memoria dell'evento, il vescovo fece collocare un'epigrafe in un luogo ben visibile della Chiesa parrocchiale (si veda F. Mondadori, *Guidizzolo: epigrafi ed iscrizioni*, Centro Culturale San Lorenzo ed., Guidizzolo 2006, p. 31). La figura di Origo tornerà più avanti, quando ci si occuperà dei legami tra Chiesa e Fascismo.

Foto n. 2. Cartolina. In questo scatto del 1905, la Chiesa parrocchiale è ritratta di fronte. Risaltano la tinteggiatura a righe bianche e nere orizzontali e alterne, le scritte sull'architrave del pronao e nella parte superiore della facciata, il sagrato di ciottoli racchiuso da sponde di cemento. Sul lato destro, infine, è possibile notare in rilievo una lapide commemorativa: si tratta del monumento, posto sul luogo della sepoltura, che ricorda don Antonio Ilario Fortunati, a cui si deve la nascita della comunità cristiana di Guidizzolo, per come la conosciamo oggi per come la conosciamo oggi. Si veda, a questo proposito, F. Mondadori, La lunga vita di Don Antonio Ilario Fortunati (1738-1830), *Centro Culturale San Lorenzo ed., Guidizzolo 2010*

Nelle Foto 1 e 2, le più antiche a noi pervenute raffiguranti l'edificio, si può vedere come la Chiesa si presentasse per l'occasione.

Lasciando da parte le considerazioni artistico-architettoniche (già avanzate, per altro, nel Capo 1), è utile però rimarcare l'impatto visivo complessivo ottenuto tramite la coloritura a bande orizzontali, alternando una banda chiara ad una scura. L'effetto così creato richiama, in una versione molto semplificata e austera, le facciate di alcune chiese fiorentine, come Santa Maria Novella o Santa Croce, accomunate da motivi geometrici bicromi (lì ottenuti grazie alla presenza del marmo bianco di Seravezza e del verde serpentino scuro di Prato. Per quanto riguarda le scritte realizzate sulla facciata, dall'alto verso il basso possiamo leggere, nell'ordine:

- "DOM", acronimo per *Deo Optimo Maximo* ("a Dio, il più buono, il più grande"), formula canonica di dedicazione delle chiese, risalente al periodo rinascimentale;

- "PETRO ET PAULO SACRUM ("sacro a Pietro e a Paolo"), con cui si richiama la specifica dedicazione della Chiesa parrocchiale ai santi in questione;
- "LA CASA MIA È CASA DI ORAZIONE", a sottolineare e l'atmosfera domestica e l'aspetto liturgico che il fedele trovava recandosi alle funzioni.

Se non è questa la sede per porre attenzione alle modifiche strutturali alla Chiesa che, per quanto rilevanti a livello sociologico e documentaristico (dipesero infatti dall'incremento demografico nonché dalle pressioni delle alte cariche ecclesiastiche), si collocano dopo il periodo storico della nostra ricerca, va invece sottolineato come si configurava allora la Chiesa al suo interno e, nello specifico, nella zona dell'altare. Si vedano a questo proposito le Foto 3 e 4, di seguito riportate.

Foto n. 3. Una messa celebrata da don Gino Sarti (?), siamo probabilmente negli anni '30. Balzano subito all'occhio gli spazi più angusti sia della navata che dell'edificio in generale, rispetto a quelli attuali. L'abside è di dimensioni ridotte, è circondata da un basso recinto marmoreo e contiene l'altare maggiore, posto contro la parete posteriore. Il tabernacolo è situato al centro dell'altare, e sovrastato da un grosso crocifisso. Due lapidi e due quadri di tema religioso sono posti ai lati dell'abside. Sulla sinistra si nota un piccolo tabernacolo in legno, che custodisce una statuetta della Madonna del Rosario, patrona del paese. Un capocielo o baldacchino è appeso al soffitto dell'altare maggiore e unito alle pareti laterali con un lungo e sontuoso drappo. Archivio Parrocchiale di Guidizzolo

Foto n. 4. La foto raffigura un matrimonio celebrato approssimativamente a metà degli anni '50 (altre foto dello stesso matrimonio rivelano la presenza di Don Giulio Incontri, vicario a Guidizzolo dal 1958). La foto consente di soffermarsi su alcuni dettagli dell'abside. Due gradini conducono alla zona dell'altare maggiore, il recinto che lo racchiude è composto da colonnine marmoree, armoniosamente organizzate per gruppi separati da blocchi adorni con marmi di diverso colore. Preziosi tappeti ornano la salita all'altare maggiore e coprono lo spazio circostante. Per l'occasione, una moltitudine di garofani decora i diversi elementi dell'abside, dal recinto all'altare maggiore, passando per i candelabri sullo sfondo e i torniti portacandele ai lati. Archivio Parrocchiale di Guidizzolo

Si tratta di raffigurazioni sicuramente emblematiche dell'interno della Chiesa parrocchiale. Esse infatti mettono in risalto l'aspetto austero, grave e raccolto delle celebrazioni così come del catechismo in senso più ampio. Nei contorni architettonici dell'edificio trova concretezza l'idea di una religione votata al senso di colpa e al pentimento da parte del fedele, pungolato continuamente dal peccato e quindi in umile prostrazione. A conferma di ciò, si possono notare due particolari. Il primo, di carattere più generale, è rappresentato dalla posizione dell'altare e dal sacerdote che celebra dando le spalle ai fedeli, secondo l'usanza preconciliare, e cioè "*ad crucem*", a rimarcare la centralità dell'inchinarsi alla croce, rispetto all'attuale "*versus populum*", che per gli artefici della riforma costituisce il nucleo della partecipazione attiva alla messa e alla vita cristiana tutta, in cui "l'eucaristia è un pasto consumato assieme al Signore"[4]. Il secondo particolare, meno evidente ma altrettanto significativo, è l'assenza di banchi o altri supporti alla seduta, a testimonianza di una partecipazione anche fisicamente provante per i fedeli. L'abside e tutta la parete posteriore della Chiesa furono abbattuti e ricreati alla fine degli anni '60. Va ricordato, a memoria e onore del gesto, il consistente lascito per l'intervento di ristrutturazione da parte del dottor Giuseppe Brazzabeni, amato medico condotto di Guidizzolo, deceduto nel 1927. Come indica Mondadori, "a suggerire il gesto generoso fu la tragica morte dei due figli, caduti ambedue durante la I guerra mondiale, dei quali il padre intendeva tramandare il ricordo"[5].

Altre due chiese sono sorte sul suolo guidizzolese. La prima, più antica e tutt'ora esistente e messa a nuovo da un recente restauro, è la Chiesetta di San Lorenzo, di cui si è già detto nel Capo 1 e su cui non ci si soffermiamo ancora, se non per mostrare, con la Foto 5, le condizioni in cui versava alla fine degli anni '50.

Foto n. 5. Cartolina. Foto viaggiata nell'ottobre del 1960. La Chiesetta o Oratorio di San Lorenzo si erge su un piccolo terrapieno, circondato da pioppi spogli. La costruzione verrà poi sepolta dalla vegetazione, fino al restauro negli anni '90

4. Così in G. Zanchi, *Lo spirito e le cose: luoghi della liturgia*, Milano, Vita e Pensiero 2003, pp. 83-85. Per un approfondimento sui cambiamenti introdotti con il Concilio Vaticano II, si veda P. Chenaux, *Il Concilio Vaticano II*, Carocci, Roma 2012.

5. F. Mondadori, *Storia e fede nei secoli*, cit., p. 13.

La seconda è invece stata demolita nel 1976 e sorgeva nell'attuale Via Chiassi, allora Via di mezzo. Si trattava della Chiesa o Oratorio dei Disciplini, la cui storia è brevemente ripresa sempre nel Capo 1. Prima di essere abbattuta, la Chiesa era stata sconsacrata e allestita nel 1945 a teatrino della Chiesa parrocchiale, dove venivano messe in scena delle piccole recite rivolte soprattutto ai più piccoli. Di questo si parlerà nel Capo 13, a cui rimandiamo.

Passiamo allora agli edifici del culto che sorgono nelle frazioni del paese. A Birbesi troviamo la Chiesa di S. Giorgio martire. L'edificio risale alla metà del XVIII secolo, e fino al 1787 appartenne alla diocesi di Brescia[6]. Con la visita del Vescovo Origo nel 1902, la parrocchia di Birbesi viene detta di "nomina dei parrocchiani" e i costumi della popolazione definiti "abbastanza buoni", poiché "frequenta la chiesa alle feste, anche private, e nelle solennità i santi sacramenti, in particolare le donne"[7]. Fino al 1932, un piccolo cimitero si estendeva a destra del tempio. Come viene riferito da don Pierino Pelati, "in forza poi delle prescrizione igienico-sanitarie invalse alla fine del secolo XVIII il Camposanto di Birbesi fu soppresso e le ossa, pietosamente raccolte in un piccolo Ossario, vennero definitivamente traslate nel Cimitero di Guidizzolo"[8]. La facciata della Chiesa, salvo la necessaria manutenzione, è rimasta pressoché immutata nel tempo, come testimonia la Foto 6.

6. Per una cronistoria dettagliata, si può consultare P. Pelati, *Birbesi*, Graf. Ceschi, Quistello 1975, p. 17 ss.

7. Citazioni tratte dagli *Atti della visita pastorale del vescovo Paolo Carlo Origo*, Archivio Storico Diocesano di Mantova, Fondo Curia vescovile, Serie Visite pastorali, Visita ep. Paolo Carlo Origo, 1901. Dal 1904 si insedia come parroco don Federico Buganza, nato nel 1874 e deceduto il 21 aprile 1930. L'elogio funebre pronunciato da don Romulo Daeder, arciprete di Rodigo, ce lo restituisce come un parroco "amatissimo da tutti i suoi parrocchiani" (testo messoci a disposizione da Giuseppe Valbusa).

8. P. Pelati, *op. cit.*, p. 42.

Foto n. 6. La Chiesa di San Giorgio Martire di Birbesi nel 1952, in occasione della Visita Pastorale del monsignor Menna. Come per la Chiesa parrocchiale di Guidizzolo, si possono vedere la dedicazione canonica a Dio ("DOM") e quella al santo cui è intitolata la Chiesa ("SANCTO GEORGIO MARTIRI"). Rispetto alla facciata attuale si nota l'assenza delle statue poste ora nelle quattro nicchie ai lati. Archivio Storico Diocesano di Mantova, Archivio mons. Poma, B. 37, fasc. 15, immagine della chiesa di Birbesi

Il Vescovo Agostino Domenico Menna visitò la parrocchia di Birbesi in due circostanze. La prima avvenne il 26 agosto 1934, in occasione di una Comunione. La visita fu accolta con così grande gaudio da indurre il Vescovo a ringraziare "tutti i parrocchiani di Birbesi i quali insieme con il loro Arciprete e le Autorità hanno onorato il Capo della Diocesi con tante manifestazioni di devota letizia da lasciargli in cuore il più dolce ricordo"[9]. L'evento è ricordato nella Foto 7.

Foto n. 7. Il trionfale corteo di chierichetti e pubblico, durante la Visita Pastorale del monsignor Menna il 26 agosto 1934 – XII dell'era fascista. I chierichetti sono disposti su due file e creano il passaggio per il Vescovo. Indossano la tipica sottotunica nera, con la cottina bianca, le scarpe bianchissime. I primi della fila, più vicini a chi scatta la foto, sorreggono dei candelabri e il bastone col crocifisso. Dietro di loro, i partecipanti alla celebrazione, in abiti da festa, sono ordinatamente disposti. Si noti il cartellone affisso sopra l'ingresso della Chiesa, in onore del Vescovo. Collez. R. Guidetti/D. Sposetti

Il Vescovo, inoltre, si complimenta per "la bella Chiesa pulita, decorosa", nota "i sacri indumenti tutti ben tenuti", "in ordine perfetto i Registri parrocchiali". Le lodi si estendono poi al gruppo del «Piccolo Clero», ai Cantori, alla Scuola della Dottrina Cristiana, fino ai fedeli, ac-

9. Ivi, p. 82, anche per le citazioni seguenti.

corsi in numero "grandissimo... nonostante la pessima mattinata". La responsabilità di questo spirito di fede e di ordine non può che ricadere, secondo il Vescovo, sul prete di Birbesi: "questa è la prova più bella dello zelo del sacerdote che governa la parrocchia". Si tratta di don Sergio Malvardi, nato a Carbonara di Po il 20 gennaio 1902, ordinato sacerdote nel 1926 e a Birbesi dal 1932. La foto di seguito lo raffigura con i confratelli di ordinazione.

Foto n. 8. La fotografia è stata scattata in occasione dell'ordinazione di don Sergio Malvardi (il primo, in piedi, a destra), e quindi il 9 maggio 1926. Al centro del gruppo di novelli parroci ordinati insieme a don Sergio si può vedere l'allora Vescovo di Mantova, monsignor Paolo Carlo Origo. Si tratta di un ritratto molto canonico che tiene traccia della nuova generazione di sacerdoti che prendeva piede in quegli anni. Tratta dal calendario "Birbesi Centenaria", Birbesi 2002, a cura di Don Dario Gelati e Giovanni Zangobbi

Le testimonianze qui e là riportate nei vari documenti ce lo restituiscono come un parroco amato dal popolo e benvoluto da tutti. Proponiamo qui una sua foto, scattata a qualche anno di distanza dalla Visita Pastorale del monsignor Menna sopra descritta.

Foto n. 9. In questa fotografia del 1942, don Sergio Malvardi è in posa in mezzo ai chierichetti nel campetto a destra della Chiesa di Birbesi. Tra gli sguardi dei bambini imbronciati o corrucciati dal sole, emerge quello severo ma rassicurante del sacerdote. Le molteplici foto che possediamo di lui in gruppetti di chierici – molte delle quali raccolte nel Calendario di Birbesi del 2002, gentilmente concesso dalla famiglia Vinciguerra, che ringraziamo – confermano l'attenzione all'ordine e la premura per la comunità religiosa tutta, a partire dai bambini, che don Sergio non si esimeva mai dal professare. Collez. Fam. B. Guidetti

La seconda Visita Pastorale del monsignor Domenico Menna si verificò nel 1952, in occasione della celebrazione di una Cresima. La Foto 10 testimonia l'accaduto. Si tratta di una delle ultime comparizioni pubbliche del Vescovo, che nel 1954 si ritirò nell'Eremo di Camaldoli dove morì nel 1957.

Foto n. 10. Il Vescovo monsignor Domenico Menna celebra una Cresima nel 1952. Ritratto nell'atto di ricevere (o consegnare) il pastorale ad un chierichetto, il Vescovo allora settantasettenne compare circondato dagli altri celebranti davanti al rigoglioso altare settecentesco della Chiesa di Birbesi, che già nella visita precedente aveva definito "bellissimo" (P. Pelati, op. cit., *p. 82). Archivio Storico Diocesano di Mantova, Archivio mons. Poma, Serie Foto, fasc. "Casteldario 1946, Birbesi 1952, Pampuro 1954 – Visite pastorali" (s.p.)*

L'ultimo edificio sacro di cui ci occupiamo è la Chiesa di Rebecco, intitolata ai Santi Filippo e Giacomo. La Chiesa venne costruita negli anni 1722-1723, su disegno dell'architetto luganese Giovanni Maria Borsotti, data l'insistenza degli abitanti della frazione per "la distanza e le difficoltà di recarsi alla Parrocchiale specialmente per le donne e per i vecchi, che rischiavano di perdere la Messa"[10]. Tra il 1849 e il 1855, con l'infuriare dell'epidemia di colera, presso la Chiesa fu improvvisato un piccolo cimitero, per ragioni di igiene. L'edificio fu inoltre adibito a luogo di soccorso dei feriti della Battaglia di Solferino e San Martino nel 1859. La popolazione si prodigò per prestare assistenza ai feriti, senza distinzione rispetto alla loro fede militare. Della parrocchia Rebecco si vuole ricordare un fatto specifico, ossia che tra l'800 e il '900 la frazione ha dato alla Chiesa 4 sacerdoti: don Angelo Gandini (a Gab-

10. F. Mondadori, *La Chiesa di Rebecco*. Consultabile presso il Fondo Caritas-Mondadori. Leggiamo anche che "la Chiesa sarebbe sorta per volontà di popolo, per soddisfare le esigenze spirituali della gente, come chiesa pubblica, soggetta esclusivamente all'Autorità ecclesiastica, non per iniziativa di feudatari o di signori".

biana), don Marcello Bellomi (a Volongo), don Romulo Daeder (a Rodigo) e don Dante Scalori (a Roverbella), su cui si è soffermata l'attenzione di Franco Mondadori[11]. Nato a Rebecco nel 1871, il nostro lo ricorda con alcune fotografie scattate in occasione del 60° anniversario di sacerdozio, nel 1954. Ne proponiamo di seguito una.

Foto n. 11. Don Dante Scalori (al centro, leggermente a destra, in abito sacerdotale nero) è ritratto con i parenti in festa per il 60° del suo sacerdozio. Essendo stato ordinato nel 1894, la foto risale precisamente al 1954. Fondo Caritas-Mondadori

Con questo si può dire concluso il breve scorcio riguardante i luoghi del cattolicesimo guidizzolese e delle frazioni. Ad esso si sono aggiunti, a seconda della possibilità, riferimenti a chi ha retto il ministero ecclesiastico

11. Tra i preti a cui invece Guidizzolo ha dato i natali va annoverato il monsignor Vincenzo Scalori, nato il 16 aprile 1842 nel nostro paese e morto il 9 febbraio 1934 a Castiglione delle Stiviere, dove era Arciprete Vicario Foraneo. Egli era stato ordinato sacerdote nel 1867 e, dopo un periodo da curato a Goito e da parroco a Solferino, aveva ricevuto la reggenza della parrocchia di Castiglione nel 1886. Nell'elogio funebre pronunciato da don Giulio Ghidoni, allora arciprete di Ceresara, si può leggere che Scalori fu un "sacerdote completo...perché ha amato Dio, ha amato il popolo ed ha amata la Patria", tra l'altro "prodigando come infermiere le sue cure ai soldati feriti (*della battaglia di Solferino*, N.d.A.), ricoverati nella Chiesa di Guidizzolo, diventata Ospedale di Guerra" (tratto dal documento menzionato, fornitoci da Giuseppe Valbusa).

nei nostri luoghi. Sono state perciò menzionate le Visite Pastorali così come le azioni di qualche sacerdote locale. Per il periodo di nostro interesse, l'elenco di vescovi e sacerdoti non è però né completo, né adeguatamente dettagliato. Si è preferito lasciare il racconto di alcuni di loro alla prossima sezione, per mostrare come la loro storia si inserisca nelle trame dei rapporti della Chiesa locale con la politica e con il mondo assistenziale. Prima di passarvi, tuttavia, alleghiamo una serie di fotografie che testimoniano in modo diretto la vocazione popolare alla fede cristiana, resa possibile dagli sforzi dei ministranti del culto che compaiono in queste pagine. Si tratta di

Foto n. 12. Siamo nel 1905, come è riportato sul retro dell'immagine. Si tratta di una foto di famiglia, scattata in occasione del matrimonio di chi siede in prima fila. Si notino due cose. Primo, l'abbigliamento dei presenti, che è sicuramente molto lontano dai fasti che avrebbero caratterizzato i matrimoni in tempi più recenti. Tutti gli uomini (adulti e piccini) indossano, quasi austeramente, il capello, la camicia bianca e un vestito scuro. Le donne variano di più: le bambine indossano abiti lunghi bianchi o a trama colorata, le donne adulte e anziane adottano abiti scuri, con scialle o sciarpa al collo. Secondo, la grande partecipazione alla fotografia, con bambini, uomini, donne e anziani che si accalcano alle spalle di marito e moglie, fin sullo sfondo dell'immagine. Un uomo, sulla destra, indica al fotografo (e a chi vedrà la foto) la coppia. Si deve pensare che siamo agli inizi del secolo e la possibilità di essere fotografati era ancora piuttosto rara in un piccolo paese come Guidizzolo. Da qui si spiega come, in occasioni simili, si affollassero davanti alla macchina fotografica tutti coloro che, entusiasti per la novità, volevano finire ritratti sulla carta stampata. Da qui si spiega anche la scarsa attenzione ai luoghi delle fotografie: sullo sfondo vediamo un muro scrostato e un tetto di tegole malandate. Collez. Fam. Nicolai

riti e celebrazioni di diverso tipo (comunione, cresime, matrimoni, feste religiose, ordinazioni, pellegrinaggi, santini e gite parrocchiali[12]) che contribuiscono a plasmare l'immagine di una religiosità vissuta secondo la ciclicità della vita comunitaria.

Foto n. 13. La data della fotografia è il 22 ottobre 1934 – XII dell'era fascista. Si tratta di un lunedì, dopo la terza domenica di ottobre e, da tradizione, questo era il giorno della festa di San Luigi Gonzaga, oggi caduta in disuso ma in passato celebrata con entusiasmo e partecipazione dall'intera comunità di Birbesi. Dopo la messa solenne, la processione con la statua del santo si snodava tra le vie del paese, guidata dal parroco locale e dai numerosi sacerdoti delle parrocchie circonvicine che accorrevano per l'occasione. In primo piano è possibile notare la presenza di molti giovani, decorati con un distintivo. Sono gli iscritti alla Compagnia di San Luigi, che radunava e continua a radunare i ragazzi e le ragazze interessati ad aiutare il prossimo, specialmente il più povero. Collez. G. Gandini

12. Come il lettore attento potrà constatare, mancano all'appello i riti funebri come le veglie e i funerali. A questi sarà dato spazio nel capo dedicato al senso della morte (Capo 16).

Foto n. 14a. Alcuni bambini di Birbesi ritratti dopo la loro Prima Comunione, nell'aprile del 1942. La foto è stata scattata davanti alle scuole del paese, visto che le scale prospicienti l'edificio erano particolarmente adatte per una foto di gruppo come questa. L'aspetto più interessante della fotografia sta nella varietà dell'abbigliamento e delle espressioni dei fanciulli. Il più basso di statura, al centro in prima fila, è l'unico ad indossare i pantaloni lunghi (lo facevano sembrare più alto?). Il suo sembra un completo, quasi da marinaretto. anche se con ogni probabilità si tratta di una veste da balilla. Tre bambini indossano brache corte con camicia bianca e giacca. All'appello mancano il primo da sinistra – con la sola camicia, ma dalla contrizione delle spalle piuttosto infreddolito –, il quarto da sinistra (il secondo dietro), anch'egli con un completo, e gli ultimi tre, sulla destra. Questi indossano, nell'ordine, una marsina dai toni chiari, un cappottino e un maglione nero. Ai piedi, tutti portano scarpe nere lucide, ma le calze sono tenute ad altezze diverse, secondo le preferenze. Vale la pena indugiare qualche momento sui visi dei bambini: in generale le facce sono serie, corrucciate, come da consuetudine (probabilmente venivano ammoniti ad assumere un'espressione posata, vista l'importanza e la solennità dell'evento, oltre che alla rarità di essere fotografati). Per questo risalta distintamente il sorrisetto del bambino più a destra, a cui oggi saremmo più abituati. Si tratta di uno dei primi esempi, rivoluzionario a suo modo, di porsi per una fotografia, o abbiamo a che fare con una piccola peste? Una ipotesi non esclude l'altra. Di certo quel viso allegro, ignaro di quanto adesso discutiamo, ruba anche a noi un sorriso. Collez. Fam. B. Guidetti

Foto n. 14b. L'immagine ritrae le bambine che ricevettero la Prima Comunione nel marzo 1942, ovvero poche settimane prima dei loro coetanei maschi, che abbiamo visto nella foto precedente. La differenza nell'abbigliamento tra bambini e bambine è eclatante, vistosa e di grandissimo interesse nella cultura dei costumi. In primo luogo, va riconosciuta l'uniformità del vestiario delle fanciulle, mentre i ragazzi erano più liberi di variare e adottare stili diversi. L'abito per la Comunione consiste in una vestaglina bianca, che copre le bambine fino ai piedi, e in cappuccetto, anch'esso bianco, che cinge loro il capo e scende sulle spalle, lungo la schiena. Guanti, calze e scarpette sono in tinta, fatta eccezione per la seconda bambina da sinistra, che indossa un paio di calzature nere. È evidente il richiamo alla purezza e al candore che questo tipo di abbigliamento voleva realizzare, sebbene in una forma quasi asfissiante: le mani o i capelli delle bambine sono coperti ed emerge solo il viso. Archivio Parrocchiale di Birbesi

Foto n. 15. Siamo nei primi anni '40. Don Sergio Malvardi, ben visibile al centro dell'immagine, accompagna un nutrito gruppo di parrocchiani al "Grande Stabilimento Bagni", durante una delle moltissime gite che egli era solito organizzare. Il gruppo è assemblato da gente di tutte le età, da bambini, a madri, padri e nonni. Gite parrocchiali e pellegrinaggi rappresentavano, infatti, iniziative per rinvigorire una fede affievolita dalla consuetudine e dalla ripetitività paesana. Non si deve poi dimenticare l'importanza anche culturale di queste occasioni: al di là del lato religioso, questi viaggi offrivano ai partecipanti la possibilità di colmare quelle lacune educative, tanto frequenti tra gli adulti del tempo. Tratta dal calendario "Birbesi Centenaria", Birbesi 2002, (op. cit.)

Foto n. 16 (a, b). Un matrimonio celebrato a Birbesi intorno alla fine degli anni '40. Nelle foto, scattate in due momenti successivi, la sposa è accompagnata dal padre e con i parenti e gli amici sfila in corteo lungo la via principale del paese, in direzione della Chiesa dove verrà ufficializzato il sacramento. Siamo all'altezza dell'edicola di Birbesi, ben visibile alle spalle del gruppo (Foto 16a). La sposa indossa un abito completamente bianco, che le copre ogni parte del corpo e non lascia intravedere la pelle. Un semplice velo bianco le adorna il capo, il modesto bouquet è sorretto dal braccio sinistro. Il padre indossa un abito tradizionale e una bombetta nera. Davanti a loro, due bambine fanno da paggette: vestite con lunghi abitini bianchi e coroncine, portano fiori, libretti e anelli all'altare. Dietro questo gruppetto, il corteo dei partecipanti si dispone lungo due file improvvisate. Due bambine seguono il gruppo tenendosi alla sulla sinistra (Foto 16b). Entrambe indossano un abitino leggero e colorato (a tinta unita o a fiori), che arriva sopra il ginocchio mostrando parte delle gambe. Una di loro sembra persino portare una borsettina. Dietro il gruppo alcuni ragazzi si attardano mentre conducono a piedi le loro biciclette. Si noti la presenza di una folta vegetazione: alberi alti e rigogliosi spuntano dai recinti, sia all'altezza del gruppo che alle loro spalle, mentre il balcone dell'edificio è abbellito da piante rampicanti e fiori, forse gerani. Collez. G. Gandini

Foto n. 17. L'appena ordinato don Gino Marchesini (al centro) viene ritratto con la famiglia e gli amici. Siamo intorno al 1950, la famiglia abitava in Via di Mezzo (oggi Via Chiassi). Si noti l'eterogeneità della composizione: uomini, donne, bambini, anziani, chi porta il cappello, chi il papillon, chi la cravatta, chi un abito lungo. A parte la fila dove compare il neo-sacerdote con la famiglia e don Gino, che prendono posto seduti, gli altri partecipanti sono in piedi, fatta eccezione per due uomini, sdraiati allegramente sul prato davanti a tutti. La foto trasmette pienamente l'atmosfera di festeggiamento e ilarità. Don Gino Marchesini avrebbe poi svolto il suo servizio a Ceresara. Collez. Fam. Nicolai

Foto n. 18. Un'altra fotografia della Cresima del 1952, celebrata da monsignor Domenico Menna. Davanti al Vescovo e al parroco, nove ragazzini che hanno appena ricevuto il Sacramento tengono le mani giunte con tono ossequioso. Oltre alla tunica bianca sopra l'onnipresente tunichetta nera, i ragazzini indossano un piccolo scialle scuro con decorazioni dorate ai bordi. Sul capo, un berretto a scodella nero con rifiniture chiare. Tratta dal calendario "1953 Messa d'Oro", Birbesi 2003

Foto n. 19. Un matrimonio celebrato da Don Gino nel 1952. Davanti al parroco vediamo i due sposi e il testimone della donna. Cattura l'attenzione il fatto che i maritati non indossino gli abiti tradizionalmente associati al matrimonio, ma abbiano preferito abiti sobri, coperti da grossi cappotti. Dall'angolo della fotografia si può intuire la dimensione ridotta e angusta della Chiesa di Guidizzolo, di cui si è detto sopra. Collez. S. Fezzardi

Foto n. 20. In questo particolare quadretto del 1954 possiamo vedere uno degli ultimi esempi di concrezione della religiosità popolare nella forma della foto ricordo (leggiamo in alto a sinistra "Ricordo Anno Santo") dell'intero nucleo familiare, sotto l'egida dei tre incontrastati valori storici dei nostri luoghi: Dio – ossia il valore sommo della religione cristiano-cattolica –, la Patria – ossia l'identità nazionale e civica – e la Famiglia – ossia il valore delle relazioni primarie. La compartecipazione di questi ideali è ripresa e analizzata nei capi successivi. Attorno ai quattro ritratti ovali dei genitori e dei figli vediamo una serie di scene dipinte con grande perizia, atte a celebrare il mondo della fede, del lavoro e dell'impegno civico. Come si può leggere in alto ("O Signore, benedici la nostra famiglia!"), il quadretto rientrava nelle forme della devozione popolare e dell'invocazione della benedizione su un gruppo famigliare. Collez. Cimarosti

Foto n. 21. Un momento della Giornata del Ringraziamento del 1959. In questa occasione i contadini si radunano sul sagrato della Chiesa con i loro mezzi agricoli per ricevere la benedizione del sacerdote e ringraziare per il raccolto dell'anno passato. Un traliccio di vite è qui issato davanti al pronao della Chiesa a simbolo di tutto il mondo agricolo e della ciclicità dell'agricoltura, in senso lato. Bandiere italiane, gagliardetti e cartelloni di associazioni spuntano tra i trattori. Collez. Gino Giubelli

Tra lotta al fascismo e cattolicesimo sociale lombardo: la Chiesa Mantovana al banco di prova del '900

Con l'enciclica *Rerum Novarum*, promulgata il 15 maggio 1891 da Papa Leone XII, si diede inizio a una nuova stagione di partecipazione politica e sociale dei movimenti cattolici. L'atto papale condannava sia il liberismo economico, centrato sull'iniziativa dell'imprenditore padrone e vincolato al solo guadagno, sia il collettivismo socialista, che accentuava l'odio tra le classi sociali e promulgava un'ingiustificata eliminazione della proprietà privata. In risposta a questi, veniva rimarcata la legittimità della Chiesa a intervenire nel campo sociale, affidando agli operai cristiani il compito di istituire associazioni operaistiche e sindacati ispirati ai dettami evangelici e gettando, quindi, le basi per una sorta di "corporativismo cristiano". L'enciclica in questione rappresentò la premessa essenziale per comprendere i meccanismi politici e assistenziali che coinvolsero la Chiesa nel periodo cui ci rivolgiamo.

Ci soffermiamo in primo luogo sulla questione politica. Alla presa di posizione espressa dal Papa fece seguito un generale risveglio delle forze cattoliche mantovane. Nel gennaio 1896 nacque il quotidiano *Il cittadino di Mantova*, il cui programma ("Con Dio, col papa, per la Chiesa e per la patria") venne positivamente accolto dal precedente Vescovo di Mantova e già patriarca di Venezia Giuseppe Sarto[13], che definì la rivista un "farmaco alle ferite impresse alla fede ed ai costumi dai fogli sovversivi e corruttori"[14]. I presunti responsabili di queste ferite sono proprio gli stessi socialisti[15] da cui prendeva le distanze il Papa, accusati di diffondere, oltre che il germe della lotta di classe, anche un tendenziale ateismo. Contemporaneamente stavano prendendo piede le prime forme di squadrismo fascista delle campagne, il cui obiettivo dichiarato era quello di bloccare qualsiasi rivendicazioni operaia di rivoluzione in senso comunista con azioni, spesso

13. Giuseppe Sarto fu Vescovo di Mantova dal 1884 al 1893 e partecipò in questo periodo al primo Congresso catechistico nazionale, dove si espresse a favore di un catechismo popolare di matrice storica, dogmatica e morale. Venne successivamente nominato patriarca di Venezia, prima di salire al soglio pontificio col nome pontificale di Pio X nel 1903. Il suo pontificato, durato fino alle soglie della Prima guerra mondiale (muore infatti il 20 agosto 1914), fu caratterizzato da un indirizzo teologico tradizionale e conservatore, in aperto contrasto col modernismo novecentesco. Per un approfondimento, si veda C. Cipolla (a cura di), *Giuseppe Sarto, Vescovo di Mantova*, FrancoAngeli, Milano 2014.

14. M. Cattafesta, *Mantovastoria*, Coriolano Danesi editore, Mantova 1974 (I ed.), p. 446.

15. Va ricordato che il 30 luglio 1893 nasceva a Mantova il Partito Socialista Mantovano. Si veda L. Zanardi, *Cent'anni di conquiste civili*, Editoriale Sometti, Mantova 1999, p. 53.

sbandate e goliardiche, di irruzione violenta contro cose e persone. Il comune nemico portò molte parrocchie mantovane a esprimere "facilmente una certa tolleranza, molto vicina alla giustificazione, per le imprese squadristiche del primo fascismo; in esse la Chiesa maggiore e minore intravide l'argine sperato contro il prorompente bolscevismo di marca straniera"[16]. Il 12 aprile 1920 venne fondato il 'Fascio' nella città di Mantova. Il documento emblematico della condotta seguito dalla Chiesa mantovana è un discorso del già menzionato monsignor Paolo Origo nel settembre 1922, davanti al papa Pio XI, in cui si legge, in riferimento ai mantovani, che "sono buona gente...di un cuore eccellente e un tempo anche più buoni cristiani; ma venne la bufera del socialismo, e menò grandi guasti. A farli insavire è sorta la verga di Assur; ma la verga male adoperata inasprisce il sangue e cambia carattere di chi l'adopera e di chi ne è vittima"[17]. Quando parla della biblica verga di Assur, Origo ha in mente proprio le squadre fasciste, in cui ripose le speranze per far rinsavire i socialisti. Ciononostante, egli manifestò i primi dubbi per la "verga male adoperata", cioè per la possibile deriva oppressiva e totalitaria del fascismo. In ogni caso, "per mons. Origo, le camicie nere avevano il merito di essere in grado di ristabilire il principio di autorità...Riverito e onorato dai gerarchi, non mancò, a sua volta, di ossequiarli e di intervenire a diverse cerimonie di marca prettamente fascista"[18].

La posizione della Chiesa fu quindi di un parziale favoreggiamento delle formazioni fasciste, la cui esigenza di ordine sembra essere favorita rispetto alle rivendicazioni socialiste[19]. Dai primi mesi del 1921, tuttavia, le violenze fasciste contro il movimento dei lavoratori nel Mantovano si erano intensificate. Furono pochi i comuni che sfuggirono alle scorribande fasciste. L'assalto fascista a Volta Mantovana nel 1922 fu un colpo quasi letale alla roccaforte del movimento cattolico della provincia, poiché nemmeno il parroco del paese, don Cesare Ferrari, venne risparmiato. E a Guidizzolo? Abbiamo tro-

16. G. Nobilini, *Chiesa e Fascismo nella Diocesi di Mantova in un manoscritto inedito (di mons. Antonio Boni)*, Tesi di Laurea in Materie Letterarie presso l'Università del Sacro Cuore di Brescia, 1979-1980, p. 47.

17. P. Pecorari, *Chiesa, Azione Cattolica e fascismo nell'Italia settentrionale durante il pontificato di Pio XI (1922-1939)*, Vita e Pensiero, Milano 1979, p. 484. Citato in G. Nobilini, *op. cit.*, p. 48.

18. G. Telò, *Chiesa e fascismo in una provincia rossa. Mantova 1919-1928*, Istituto Provinciale per la Storia del Movimento di Liberazione nel Mantovano, Publi Paolini, Mantova 1987, p. 128.

19. Si veda M. Cattafesta, *op. cit.*, p. 473. La grossa eccezione è rappresentata dal Partito Popolare Italiano (PPI), fondato nel 1919 da don Luigi Sturzo, il quale decise persino di lasciare il partito pur di non compromettersi con il partito di Mussolini; un esempio di antifascismo che non scese mai a patti.

vato notizia che Adelchi Trivini Bellini, presidente della sezione dell'Unione nazionale reduci di guerra del paese, a cui aderivano "tutti i noti reduci socialisti e comunisti"[20], venne bastonato da un gruppo di fascisti una prima volta nel settembre 1922, ed una seconda volta il 26 novembre dello stesso anno. Non abbiamo però notizia di aggressioni o violenze a membri del clero guidizzolese, di cui sappiamo però la posizione ideologica.

Nel 1925 don Gino Sarti diventò parroco di Guidizzolo. Per un breve ma esauriente ritratto della sua figura, si veda l'*Addendum* riportato alla fine di questo capo. A conclusione della sezione dedicata ai legami tra Chiesa e fascismo ci limitiamo a segnalare che lo stesso don Gino, prima di arrivare a Guidizzolo, si era provocato il veto fascista a predicare[21]. Questo a riprova dell'atteggiamento prudente e mai accondiscendente che sia lui che gli altri religiosi guidizzolesi testimoniavano[22].

La Chiesa di Guidizzolo ha sempre infatti privilegiato l'aspetto solidaristico e assistenziale, declinato secondo le esigenze e le modalità del contesto. Anche nel territorio guidizzolese prese piede e si diffuse con effetti positivi una variante del "cattolicesimo sociale" di matrice lombarda e, più specificatamente, milanese. Con questo si fa riferimento, usando le parole dell'espero Bressan, ad una forma di "«carità legale», lontana dall'idea di una gestione statale dei servizi alla persona e anche da una forma di finanziamento su base fiscale (...), ma favorevole all'esistenza di un potere normativo in grado di creare condizioni accettabili per tutti, in base alle quali una pluralità di soggetti operanti, pubblici e privati, possa sviluppare meccanismi indirizzati alla distribuzione del reddito"[23]. Nato come "cattolicesimo ambrosiano, fin dall'età napoleonica direttamente coinvolto nella vita sociale", il fenomeno del cattolicesimo sociale assunse "dimensioni di grande rilevanza in tutta l'a-

20. Secondo quanto riferito dall'allora prefetto di Mantova Giannoni in un telegramma del 2 ottobre 1922 (Archivio Centrale dello Stato, Min. Interno, Direz. gen. della Pubblica sicurezza, Divis. affari generali e riservati 1922, b. 133, G1, fasc. 22 "Guidizzolo").

21. Nel 1924 si trovava a Cavriana. Si veda G. Telò, *op. cit.*, p. 206.

22. Un'ultima precisazione rispetto al contesto generale va riportata. La posizione di don Gino rispetto al fascismo ci è nota dal discorso da lui pronunciato davanti alle autorità fasciste nell'ottobre 1936 (si rimanda qui il lettore all'*Addendum* suddetto). Dal 1928 era diventato Vescovo mons. Domenico Menna, che diversamente dal parroco guidizzolese, vedeva il fascismo di buon occhio, anzi si dice che "non abbia mai sottaciuto la sua ammirazione per il duce e per l'«ordine» fascista" (si veda M. Cattafesta, *op. cit.*, p. 490). L'animatore della resistenza mantovana fu il parroco di Bozzolo, don Primo Mazzolari.

23. E. Bressan, *Le ragioni della solidarietà: la società milanese nel primo '800*, in G. Maifreda ed E. Scarpellini (a cura di), *Storia in Lombardia*, FrancoAngeli, Milano 2017, p. 27.

rea lombarda"[24], dando origine a un "sistema misto, imperniato su un complesso rapporto fra Stato e società e fra Stato e Chiesa, in una prospettiva di welfare territoriale"[25]. Si trattava, quindi, di una forma di beneficienza sociale promossa attraverso enti quali società operaie e corporazioni di matrice cattolica, finalizzata al sostegno solidale di poveri, indigenti e bisognosi, "senza riguardo né a patria né a religione"[26].

Nonostante l'emarginazione dalla vita politica che i cattolici subirono dopo la cosiddetta "questione romana"[27] e le grosse turbolenze nei rapporti tra Chiesa e Stato a cavallo tra XIX e XX secolo, non mancarono dunque le azioni di assistenza ai malati e di sostentamento ai bisognosi. Anzi, "all'assenza o alla latitanza delle grandi Istituzioni supplirono il buon cuore e l'iniziativa popolare"[28]. Per quanto non strettamente alle dipendenze della Chiesa, gli enti di assistenza furono incoraggiati dalla pubblicazione della precedentemente menzionata *Rerum Novarum*, l'enciclica papale che affidò nelle mani dei cattolici volenterosi la cura del prossimo, e dalla quale "nacquero Congregazioni religiose di vita attiva che si occuparono di asili, scuole di lavoro, ricoveri per anziani poveri e malati, assistenza negli ospedali, società di mutuo soccorso, casse rurali, laboratori artigianali"[29]. Ad accomunare questi come tanti altri istituti di carità della provincia ci furono il desiderio e il sentimento di manifestare "la cattolicità di ogni giorno rendendola pratica, pragmatica, spendibile per gli altri, tutta rivolta al prossimo ed ai più umili nel segno di una fede rispettosa della gerarchia ecclesiastica e nel contempo immersa nelle «piaghe» del proprio popolo"[30].

24. Ivi, p. 25. Sulle origini milanesi del fenomeno del cattolicesimo sociale, si vedano S. Rebora e C. Sideri (a cura di), *Milano benefica. I ritratti dei benefattori e le carte della carità*, Istituto di Assistenza ai Minori e agli Anziani, Milano 2007 (in particolare i saggi di E. Bressan e M. Bascapè) e S. Fasoli (a cura di), *Milano benefica. Memoria e tradizione storica*, Istituto di Assistenza ai Minori e agli Anziani, Milano 2007.

25. Ivi, p. 27. Si veda anche, per il periodo successivo a quello di nostra competenza, E. Bressan, *Le vie cristiane della sicurezza sociale. I cattolici italiani e il welfare state*, in *Sociologia e politiche sociali*, FrancoAngeli, Milano, 2012, pp. 91-120.

26. Ivi, p. 23.

27. Con "questione romana" si intende generalmente il dibattito rinascimentale, sfociato in più o meno violente controversie, sul ruolo di Roma, da un lato capitale del Regno d'Italia e dall'altro sede del Papa e dello Stato Pontificio. La questione fu risolta definitivamente nel 1929, con la stipula dei Patti Lateranensi.

28. F. Mondadori, *La società operaia*, p. 1, consultabile presso il Fondo Caritas-Mondadori.

29. E. Perani, F. Mondadori, *Le piccole suore della Sacra Famiglia a Guidizzolo. Segno indelebile di una presenza*, Centro Culturale San Lorenzo ed., Guidizzolo 2003.

30. C. Cipolla, *Introduzione*, in C. Cipolla e S. Siliberti (a cura di), *Don Lorenzo Barziza. Cattolicesimo sociale e radici della Croce Rossa*, FrancoAngeli, Milano 2007, p. 13.

In questo contesto e sotto questa luce vanno inseriti e compresi anche gli istituti di solidarietà sorti nel periodo di nostro interesse a Guidizzolo, tra cui annoveriamo la Società di Mutuo Soccorso tra gli Operai, le Piccole Suore della Sacra Famiglia e la Società San Vincenzo De Paoli. Di seguito offriremo un breve resoconto della loro presenza a Guidizzolo[31].

La prima Società di Mutuo Soccorso del Mantovano nacque a Casatico di Marcaria il 27 gennaio 1861, e nei due anni successivi le società sul territorio della provincia furono ben 55, per poi salire a 169 nel 1867[32]. A Guidizzolo la Società Operaia di Mutuo Soccorso venne fondata il 1° luglio 1868[33]. Il Presidente era il conte Italo Rizzini e l'Assemblea dei Soci si svolgeva nella Sala del Teatro, allora collocata al primo piano del Palazzo Comunale. La Società distribuiva sussidi per malattie croniche, vecchiaia, e la pensione a 70 anni finiti[34], recuperando i mezzi necessari dalle quote degli iscritti, da eventuali offerte e lasciti[35]. Trasferitasi nel 1920 nella via di Mezzo (l'attuale via Chiassi), la Società continuò ad assolver il suo compito anche durante il Fascismo, in regime corporativo, e negli ultimi anni della Seconda guerra mondiale, come sindacato con uguali finalità sociali[36].

La Congregazione della carità delle Piccole Suore della Sacra Famiglia nacque ufficialmente a Guidizzolo il 23 settembre 1901, per iniziativa dell'allora sacerdote Don Giuseppe Tramonte, ritratto nella Foto 22.

31. A queste va aggiunta la Pia Società della Beata Vergine del Carmine, eretta a Guidizzolo il 19 febbraio 1894. Questa possedeva un regolamento interno, redatto e diffuso tra i suoi membri. Siamo venuti a conoscenza di tale società solidaristica e assistenziale grazie ad alcuni rari documenti forniti da Giuseppe Valbusa.

32. L. Zanardi, *op. cit.*, p. 15.

33. Ivi, p. 19. Il dato è confermato da F. Mondadori in *La società operaia*, cit., p. 2.

34. Va ricordato che il sistema previdenziale italiano nacque ufficialmente nel 1898 con la fondazione della Cassa nazionale di previdenza per l'invalidità e la vecchiaia degli operai, ma l'assicurazione che essa istituisce era volontaria, per quanto incoraggiata. Soltanto nel secondo dopoguerra cominciarono ad essere attutate riforme nella direzione del tipo di contributo pensionistico che abbiamo in mente oggi.

35. F. Mondadori, *La società operaia*, cit., p. 2.

36. Stando a quanto riporta F. Mondadori, in questi anni il segretario della Società era un certo Soldatini, ufficiale repubblicano di origine meridionale. Allontanatosi da Guidizzolo in una piovosa mattina dell'aprile 1945, fu ucciso mentre tentava la fuga in Svizzera.

Foto n. 22. Don Giuseppe Tramonte in abito sacerdotale e cappello tricorno neri. Egli fu arciprete di Guidizzolo dal 1880 al 1925. A proposito della sua dipartita, leggiamo che pieni di commozione e riverenza sono stati i discorsi pronunciati sulla tomba del sacerdote il giorno del funerale da parte dell'allora sindaco Luigi Pedrotti, dal Tenente Colonnello Cav. Urangia Tazzoli e dall'ex curato don Romeo Bottoglia. A questi va aggiunto il solenne elogio funebre, proferito dal monsignor Giuseppe Boni della Cattedrale di Mantova, che riassume le qualità di don Tramonte attraverso le parole della sua gente: "un gran buon uomo!". I discorsi e l'elogio funebre sono stati reperiti su alcuni documenti messi a disposizione da Giuseppe Valbusa, che ringraziamo ancora vivamente per tutta questa documentazione. A Don Giuseppe Tramonte si deve, inoltre e in modo particolare, l'introduzione delle Piccole Suore della Sacra Famiglia a Guidizzolo. Tratta da E. Perani, F. Mondadori, Le piccole suore della Sacra Famiglia a Guidizzolo. Segno indelebile di una presenza, *cit., Centro Culturale San Lorenzo ed., Guidizzolo 2003, p. 37*

Don Tramonte scrisse al monsignor Giuseppe Nascimbeni (1851-1922), arciprete di Castelletto del Garda e Direttore del Pio Istituto della Sacra Famiglia, per avere un paio di suore che tenessero il ruolo di infermiere nel piccolo ospedale del paese. Don Nascimbeni acconsentì alla richiesta e le due suore vennero solennemente presentate in chiesa. Solo dopo il trasloco in Via Roma, successivo al 1910, le Suore cominciarono a occuparsi anche dell'educazione cristiana delle ragazze, dell'insegnamento del cucito e del rammendo e dell'assistenza dei malati. Una delle suore fu rimandata alla Casa Madre per motivi di saluti, e fu sostituita da suor Geltrude De Beni, il cui ricordo rimase vivido negli anni nella memoria dei Guidizzolesi, tanto da essere lodata sia dal Presidente della Congregazione di Carità del periodo, Giovanni Gasapini, sia dal medico condotto del paese, il già trovato Giuseppe Brazzabeni, "per la diligenza e la capacità, per lo spirito di abnegazione e il sacrificio"[37]. Dagli anni '20 la Scuola di lavoro fu tenuta nella Sala o Scuola delle uova, sul terreno parrocchiale prospiciente via Roma. Qui le suore tenevano anche in custodia i bambini in età prescolare, svolgevano lezioni di catechismo e tenevano le adunanze delle Associazioni femminili di Azione Cattolica allora presenti[38].

Un ultimo accenno va fatto alla Società San Vincenzo De Paoli. Essa è un'associazione caritativa cattolica fondata nel 1833 a Parigi da Federico Ozanam, storico e giornalista cattolico francese, con altri laici e dedicata all'opera di San Vincent de Paul[39]. Essa promuoveva (e promuove) l'elevazione spirituale dei membri e dei malati assistiti e la carità prestata nelle visite alla casa delle famiglie povere. Nella Diocesi di Mantova, la San Vincenzo esiste dal 1854 e la sua istituzione si deve a monsignor Luigi Martini[40]. Anche a Guidizzolo la Società San Vincenzo operò per il soccorso dei malati e l'assistenza ai poveri, e fu particolarmente supportata dal clero del paese, in particolar modo dal già visto arciprete don Gino Sarti e dal vicario cooperatore, don Giulio Incontri, ultima figura legata alla Chiesa di Guidizzolo di cui facciamo parola. I due sacerdoti appaiono nella Fo-

37. E. Perani, F. Mondadori, *op. cit.*, p. 39.

38. L'Azione Cattolica nacque ufficialmente nel 1916. Si veda R. Brunelli, *Diocesi di Mantova*, La Scuola, Brescia 1986, pp. 195 ss.

39. Vincent de Paul (1581-1660), italianizzato in Vincenzo de' Paoli, fu un presbitero francese, riformatore e fautore di congregazioni religiose e caritative, santificato il 16 giugno 1737.

40. Luigi Martini (1803-1877) fu un presbitero mantovano, noto per essere stato confortatore dei Martiri di Belfiore. Si vedano, a questo proposito, C. Cipolla, *Belfiore I. I comitati insurrezionali del Lombardo-Veneto ed il loro processo a Mantova del 1852-1853*, FrancoAngeli, Milano 2009, e C. Cipolla (a cura di), *Dopo Belfiore. Le memorie di Attilio Mori e di Monsignor Luigi Martini (edizione di Albany Rezzaghi) ed altri documenti inediti*, FrancoAngeli, Milano 2010.

to 23, mentre la prova dell'attaccamento di Don Gino alla Società San Vincenzo emerge nella Foto 24, di poco successiva al periodo che ci compete ma rilevante per la sua unicità e pregnanza.

Foto n. 23. I sacerdoti di Guidizzolo, don Giulio Tramonti e don Gino Sarti, fotografati in una sala parrocchiale alla fine degli anni '50. Don Giulio è stato vicario cooperatore a Guidizzolo dal 1958 al 1971. Egli perse la vita la notte del 31 maggio 1971, in un incidente col suo motoscooter, di ritorno dalla funzione del mese mariano a Rebecco. Nell'articolo di cronaca – "Muore in un incidente il vicario di Guidizzolo", Gazzetta di Mantova, martedì 1° giugno 1971, p. 12 –, si legge che "il religioso era molto conosciuto e benvoluto" e che "di lui erano note la bontà, la generosità d'animo e la modestia". Archivio Parrocchiale di Guidizzolo

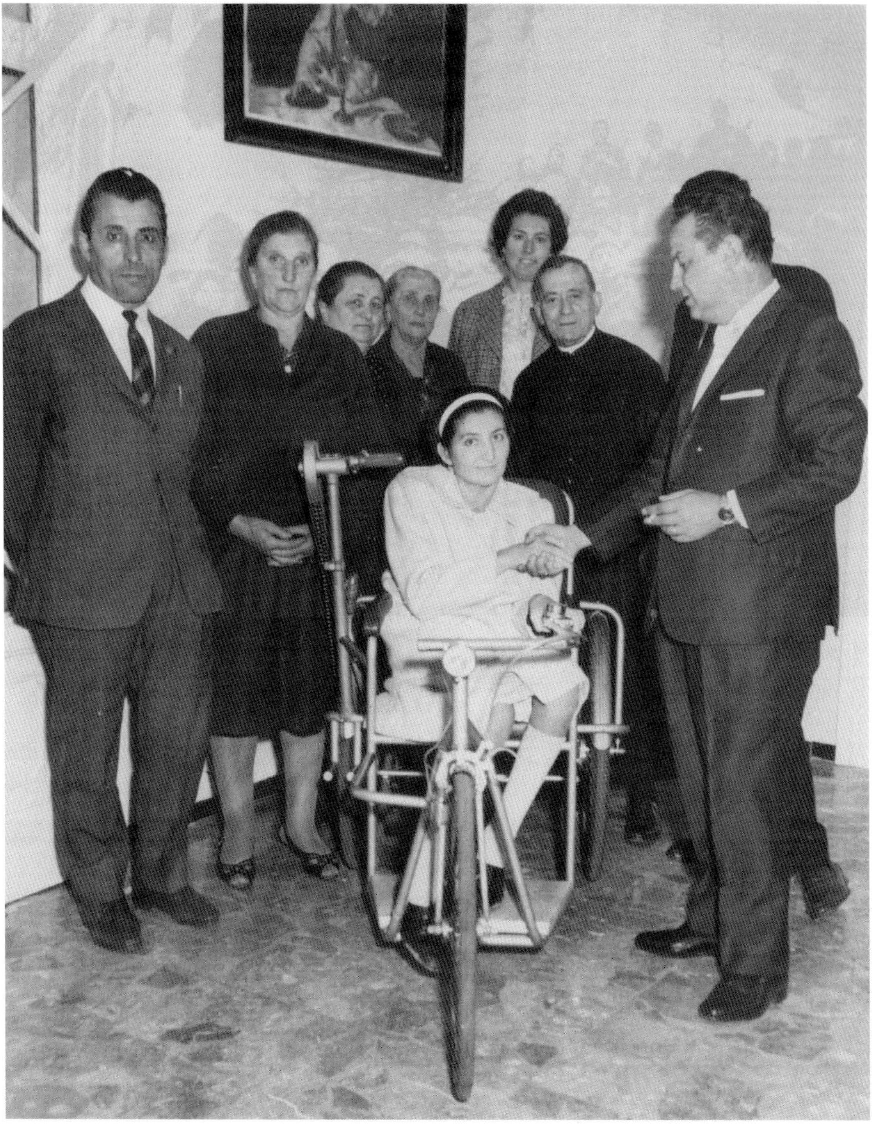

Foto n. 24. Sul retro della fotografia si legge "Carrozzella offerta il 2 ottobre 1966 alla Sig.na Covallero Speranza, col denaro della Conferenza della S. Vincenzo de' Paoli di Guidizzolo", firmato "Don Gino Sarti", che compare dietro la ragazza in carrozzina. Con un tono seccato, aggiunge che "l'ente Invalidi Civili non ha fatto che comporla (la carrozzina) alla fabbrica e portarla a Guidizzolo". Il parroco fa dunque notare come l'onere della spesa per la carrozzella ricadde sulla Società San Vincenzo del paese, invece che sull'ente più naturalmente preposto all'assistenza dei malati. Don Gino ringraziava così la Società per l'opera di carità svolta con assiduità e impegno. Archivio Parrocchiale di Guidizzolo

Con questo riteniamo conclusa la sezione dedicata ai rapporti che la Chiesa guidizzolese intrattenette col mondo della politica e con la sfera sociale nel periodo che ci preme analizzare. Passiamo ora a quelle forme di religiosità che, allontanandosi dai valori della cristianità, rappresentarono delle forti eccezioni al credo dominante. Pur non costituendo una parte cospicua della partecipazione religiosa del paese, la loro presenza sul suolo guidizzolese le rende particolarmente degne di nota.

Le minoranze religiose a Guidizzolo: protestanti valdesi ed ebrei in fuga

Come anticipato all'inizio del capo, le forme di religiosità che si discostano dal credo cattolico costituiscono delle assolute minoranze con diffusione sporadica nella storia e nel territorio guidizzolese. Se professioni religiose come quelle che menzioneremo hanno comunque un certo impatto nella storia culturale e religiosa italiana (e mantovana), lo stesso non può dirsi per quanto riguarda il nostro comune. Ciononostante, la fioca traccia documentaria di questa marginalissima presenza merita di essere seguita, proprio a ragione della sua rarità e, dunque, della sua importanza in una ricerca che mira a essere esaustiva e dettagliata.

La prima minoranza che prendiamo in considerazione è quella dei protestanti valdesi. Il valdismo come confessione protestante nacque nel Medioevo, durante i subbugli di riforma in senso pauperistico che coinvolsero il Cristianesimo nel XII secolo. Scomunicato da papa Lucio III nel 1184 con la bolla *Ad abolendam*, il movimento valdese subì scismi interni e visse nella latitanza, fino al XVI secolo, quando aderì alla Riforma protestante calvinista. In seguito, il valdismo andò incontro a nuove persecuzioni e periodi di resistenza, fino ad ottenere la libertà legale nel 1848, con l'entrata in vigore dello Statuto Albertino[41]. Verso la fine dell'800, con le suddette difficoltà nei rapporti tra Chiesa cattolica e Stato, nella provincia di Man-

41. Per un approfondimento della storia valdese, si vedano le opere del pastore Giorgio Tourn, in particolare G. Tourn, *I valdesi: identità e storia*, Claudiana Editrice, Torino 2000, e G. Tourn, *I Valdesi. La singolare vicenda di un popolo-chiesa (1170-2008)*, Claudiana Editrice, Torino 2008. Sull'attività di evangelizzazione nelle nostre zone, si veda, ad esempio, M. Fincardi, "Fonti per lo studio dell'evangelizzazione valdese nella Bassa Padana tra Otto e '900", in «Bollettino della Società di Studi Valdesi – Bulletin de la Société d'Histoire Vaudoise», 169, 1991, pp. 23-40 e A. Vetta, *La nostra evangelizzazione nel Mantovano dalle origini ai nostri tempi: Un esame storico-teologico*, Tesi presentata alla Facoltà valdese di Teologia [di Roma] per il conseguimento della Licenza Teologica, 1955.

tova "il naturale bisogno di solidarietà nelle prove motiva il relativo favore accordato alla Chiesa valdese"[42]: la predicazione valdese attecchì negli strati più umili e bisognosi della popolazione mantovana, visto l'interesse alle rivendicazioni delle classi popolari, e nacquero così alcune comunità valdesi, "tra cui le maggiori a Guidizzolo, Castiglione delle Stiviere, Revere, Ostiglia, S. Lucia di Quistello, Mantova e Felonica"[43]. Per quanto la presenza protestante valdese rimase un fenomeno molto limitato nelle dimensioni, con "aderenti in numero fluttuante ma mai superiore al migliaio", essa svolse un'importante funzione di "stimolo alla diocesi, concorrendo a far prendere coscienza dell'importanza della catechesi e della necessità di affrontare quella va sotto il nome di «questione sociale»", di cui sopra si è detto.

A Guidizzolo, la predicazione valdese fu resa possibile dal maestro evangelista valdese Giovanni Paolo Buffa, che dopo la fondazione di una piccola comunità nel 1859 grazie all'intervento di alcuni colportori (venditori ambulanti di Bibbie e trattati religiosi), si occupò di gestire sia la piccola chiesa che la scuola evangelica, ottenendo in poco tempo un ottimo successo. Un ritratto di Buffa è visibile nella Foto 25.

Da una cronistoria redatta dallo stesso Buffa il 28 giugno 1898[44], la chiesa valdese fu fondata all'inizio del 1868 e, secondo alcune attendibili testimonianze, si trovava in un vicolo a sinistra dell'attuale via Vittorio Veneto, provenendo da Piazza Pezzati. Qui furono celebrati "14 battesimi, 1 matrimonio e 11 sepolture". La scuola fu aperta lo stesso anno, "con una media di 30 iscritti" e "senza tassa scolastica". La Chiesa cattolica non vide di buon occhio la presenza valdese, tanto che per i protestanti o per chi altro non avesse avuto accesso alle funzioni cattoliche si stabilì "un luogo appartato in cui deporre i cadaveri delle persone da non seppellire in luogo sacro, distinto dal resto del Cimitero con segnali stabili e visibili"[45]. La controversia tra cattolici e valdesi per la sepoltura proseguì negli anni, date la posizione difensiva della Chiesa cattolica in quegli anni e le proteste contro la "ghettizzazione" di chi professasse idee contrarie. L'ultimo funerale valdese a Guidizzolo si tenne nel 1941, successivamente la piccola comunità rimasta si estinse del tutto[46].

42. R. Brunelli, *op. cit.*, p. 188.

43. Ivi, p. 189, anche per le citazioni che seguono. A p. 192 si legge che il cristiano parroco di Revere si fece protestante, a seguito del contatto con la predicazione valdese.

44. Consultabile presso l'Archivio Tavola Valdese. Cogliamo qui l'occasione per ringraziare i responsabili dell'Archivio per la massima disponibilità.

45. Così si legge in F. Mondadori, *op. cit.*, p. 2. Si spiegano così anche i dati di Buffa relativi alla conta delle sepolture.

46. Mondadori (in *op. cit.*, p. 3) ricorda un fatto divertente a questo proposito. Essendo ai tempi un ragazzino curioso, insieme ad altri amici aveva assistito di nascosto al funerale qui menzionato. Dopo i rimproveri delle madri ("incorrono nella scomunica maggiore tutti quelli che prendono parte alle funzioni acattoliche ovvero ascoltano il predicante..."), i

Foto n. 25. Giovanni Paolo, al secolo Jean Paul, Buffa (1847-1935) fu maestro evangelista valdese. La foto è del secondo periodo in cui fu predicatore a Guidizzolo. Egli fu mandato nel nostro paese una prima volta nel febbraio 1874 – subentrando a Paolo Charbonnier – e concluse la sua predicazione l'ottobre dello stesso anno. Si distinse allora per una lunga serie di conferenze a carattere pubblico, che attirarono un grande numero di ascoltatori. Ad esempio, leggendo in F. Mondadori, I protestanti a Guidizzolo, *p. 3 (consultabile presso il Fondo Caritas-Mondadori), troviamo che la sera del 1° marzo 1893, alle ore 19, il predicatore avrebbe tenuto una conferenza sul tema "Il matrimonio civile e i suoi oppositori". Tornò a Guidizzolo nell'agosto del 1891 e si occupò anche della piccola comunità valdese di Castiglione delle Stiviere fino alla sua ripartenza, nel novembre 1902. Archivio Tavola Valdese*

Un discorso diverso va fatto per la presenza ebraica. Contrariamente a quanto accadde in alcuni paesi della provincia e nella città di Mantova, a Guidizzolo non si instaurò alcuna comunità ebraica, con i propri riti e costumi[47]. Dalle mappe topografiche del periodo si evince che una certa area

ragazzini si affrettarono a confessarsi il sabato successivo e il parroco donò loro "serenità agli animi turbati".

47. Si vedano A. Sacerdoti e A. Tedeschi Falco (a cura di), *Lombardia. Itinerari ebraici. I luoghi, la storia, l'arte,* Marsilio Editori, Venezia 1994 e A. Sacerdoti, *Guida all'Italia ebraica*, Marsilio Editori, Venezia 2003, oltre che gli studi di Shlomo Simonsohn, tra cui S. Simonsohn, *History of the Jews in the Duchy of Mantua*, Kiryath Sepher, Tel Aviv University, Gerusalemme 1977. La comunità ebraica di Mantova è una delle più

del paese, affacciata sulla Goitese e circa all'altezza dell'ex Osteria Fior di Maggio, era stata denominata "Ghetto" (e una, adiacente, "Ghettino"), tuttavia non si hanno notizie di una più o meno massiccia presenza israelitica nel luogo.

L'ebraismo guidizzolese è in realtà fondamentalmente legato ad una sola figura, quella del dottor Amadio Coen. Medico psichiatra, Amadio Coen assunse il ruolo di medico condotto e ufficiale d'igiene a Guidizzolo di ritorno dalla Grande Guerra. Da un articolo[48] comparso su *Il Giornale Quotidiano del Partito Popolare* del 23 settembre 1921 e firmato da "un gruppo di Guidizzolesi", si legge che il dottor Coen arrivò a Guidizzolo in prova nel 1919, accolto con pareri contrastanti, ma che seppe guadagnarsi la stima degli abitanti in quanto "vero gentiluomo, affabile con tutti senza distinzione di partito o di condizione sociale, zelante, studioso, irreprensibile", mostrandosi "coi poveri (...) affabile e amico, per bontà di cuore e per temperamento; cogli ammalati prudente, assiduo, corretto". Perché allora, al momento di votare la sua permanenza dopo il biennio di prova, le polemiche non cessarono? Secondo gli autori dell'articolo, il motivo di una lotta così tenace al medico non merita di essere chiarito, perché "basta il nome di coloro che la conducono per dare la risposta". Eravamo nel 1921, Amadio Coen coltivava sentimenti filosocialisti e filosionisti ed era poco attivo nella vita politica locale. Certamente ciò lo mise in cattiva luce agli occhi di chi deteneva una posizione di potere e condivideva idee differenti. Egli riuscì tuttavia a proseguire il suo lavoro a Guidizzolo almeno per una decina d'anni[49].

Nel 1929, una serie di lettere indirizzate al Commissario Prefettizio riaccese le ostilità nei confronti del dottor Coen, di cui si chiedeva l'allontanamento. I capi d'accusa accomunavano una fazione in aperto contrasto col "gruppo di Guidizzolesi" che firmò l'articolo sopra menzionato: sistematica negligenza, ritardo nelle visite, diniego del dovere, scarsa igiene. Si rac-

antiche e importanti d'Italia. Altre piccole comunità con banchi feneratizi, sinagoghe e cimiteri ebraici sorsero a Rivarolo Mantovano, Viadana, Pomponesco, Bozzolo, Castiglione delle Stiviere e Castel Goffredo. Per un approfondimento su quest'ultima, si veda M. Perani, *Gli ebrei a Castel Goffredo*, La Giuntina, Firenze 1998. Per un approfondimento sulla storia e le dinamiche dell'oppressione fascista nella nostra provincia si veda R. Rebecchi, *La persecuzione fascista degli ebrei mantovani 1938-1945*, Mantova Ebraica, Mantova 2004.

48. "Per il medico condotto di Guidizzolo", *Il Giornale Quotidiano del Partito Popolare*, venerdì 23 settembre 1921.

49. Sappiamo con assoluta certezza che egli si trovasse a Guidizzolo nell'anno 1924, dato che il suo nome compare nell'elenco dei medici a Guidizzolo in una *Guida sanitaria italiana. Anno 1924*, stampata dalla Società Editrice "Unitas" a Milano.

colsero relazioni di esperienze personali vissute[50] e opinioni varie, tra cui quella dell'allora arciprete don Gino Sarti. Il sacerdote si esprimeva così sul comportamento di Coen: "per quella sistematica negligenza nel rispondere alle chiamate del popolo tante volte con grave danno agli infermi, per la poca pulizia che lo rende caratteristico[51], per il modo volgare con cui tratta chi rimarca la mancanza al dovere, non dovrebbe avere l'umano coraggio di rimanere al suo posto". Don Gino precisava che la sua ostilità non dipendeva da ragioni personali o dalla diversità di religione, in quando Coen si era sempre mostrato "gentilissimo" con lui, "rispettoso del sentimento cristiano del popolo, tanto da avvisare le famiglie degli infermi inguaribili di provvedere pel sacramenti".

Non è chiaro fino a che punto queste testimonianze siano attendibili o siano frutto di pettegolezzi gonfiati a dismisura. Ciò che insospettisce è un passaggio oscuro del "Rapporto Signor Arciprete", in cui si dice, rispetto alla questione del dottor Coen, che "se il popolo non fa giustizia da sé, ciò dipende da quello spirito di disciplina imposto dal Fascismo, nella serena fiducia che come il Fascismo ha risolto i più ardui problemi Nazionali, saprà risolvere anche queste piccole ma gravi situazioni locali". La menzione alla risoluzione per via degli organi istituzionali del Fascismo, non richiesta e non necessaria nel contesto del rapporto, pone più di un dubbio sull'effettiva ragione che spingeva una buona fetta dei Guidizzolesi a volere le dimissioni del dottor Coen che, sappiamo, supportava anche l'attività del DELASEM[52], la Delegazione per l'Assistenza degli Emigranti Ebrei che distribuiva risorse agli ebrei perseguitati e apriva loro vie di fuga verso l'Europa orientale. A conclusione della vicenda, il 3 ottobre 1930 il Podestà Luigi Pedrotti deliberò le dimissioni per il medico condotto[53]. Il giudizio di Franco Mondadori sull'accaduto è piuttosto netto: "come è noto, quelli erano gli anni del Fascismo e nascevano le prime idee antisemite

50. Tra queste, si vedano il "Rapporto Voltolini", che denuncia la negligenza del dottor Coen nella cura di una gamba fratturata, e il "Rapporto Salandini", che accusa il dottore di "indifferenza" e ritardo nelle visite. Entrambi sono consultabili presso il Fondo Caritas-Mondadori. Lo stesso vale per il "Rapporto Signor Arciprete", a cui si fa riferimento con le citazioni di seguito (si veda inoltre l'*Addendum* in fondo al Capo).

51. Più avanti nel rapporto don Gino rivela di aver "visto più volte il dottore entrare nelle stanze dei malati a fumare, fare iniezioni a degli infermi mantenendo la sigaretta in mano, insieme alla siringa, senza disinfettarsi né prima né poi".

52. Così si trova nella biografia di Amadio Coen fornita dall'ASPI, l'Archivio Storico della Psicologia Italiana. Alcune considerazioni che sorgono confrontando periodo storico e dati riguardo all'ente (nato nel dicembre 1939) rendono complicato verificare l'attendibilità dell'informazione.

53. Verbale di deliberazione del Podestà n. 788 del 3/10/1930, Archivio Storico Comunale di Guidizzolo.

(...) Oggi dopo 60 anni dall'accaduto, è chiaro che il Dr. Coen fu allontanato perché ebreo"[54]. Il legame con Guidizzolo e con i Guidizzolesi non si interruppe però in questa circostanza.

Dopo la cacciata dal paese, Coen iniziò la sua attività di medico di sezione all'Ospedale Neuropsichiatrico di Mantova, del quale poi assunse la direzione. Egli fu inoltre eletto Presidente della Comunità Israelitica di Mantova a partire dal 1939, ma il 19 febbraio di quell'anno venne "dispensato dal servizio di medico di sezione perché di razza e di religione ebraica", a seguito della promulgazione delle leggi razziali.

Fu a questo punto, nel 1943, che la storia locale di Guidizzolo si ricongiunse con quella privata di Amadio Coen e, così, con quella europea e mondiale che segnarono il '900. Il dottore e la famiglia, perseguitati dai nazifascisti che già avevano occupato e saccheggiato la loro abitazione, cercarono di abbandonare l'Italia per rifugiarsi in Svizzera, dove attendere speranzosamente la fine della guerra[55]. Ad aiutarli nella fuga fu proprio una donna di Guidizzolo, tale Idea Franzoni detta *Rina*, che era un'affezionata ex-cliente del dottor Coen e una buona amica della famiglia. Parte di questa fuga è raccontata nel libro di Franco Levi *I giorni dell'erba amara*, in cui si legge che Rina fu "battezzata Cappellino, sia perché portava un cappelluccio a tegamino rovesciato sempre fisso in testa, sia per il desiderio di non far nomi"[56]. L'episodio è anche ripreso da Clara Levi Coen, nuora del dottor Coen, in un passaggio che riportiamo per intero:

> Vivevamo, perciò, come sospesi, in attesa del miracolo. Ed il miracolo giunse con la visita imprevista di un messaggero di speranza che ci portò notizie di mio marito (*Giordano Coen, figlio di Amadio, N.d.A.*) e ci indicò la via per la fuga in Svizzera che egli ci aveva preparata. Quel messaggero era una coraggiosa mantovana (anzi, guidizzolese) che si prodigò per la nostra salvezza. Si trattava di Idea Franzoni (detta *Rina*), amica della famiglia...[57]

54. Così in F. Mondadori, *Dottor Coen*, consultabile presso il Fondo Caritas-Mondadori.

55. Dopo la fuga in Svizzera le abitazioni di Amadio Coen e quelle del figlio con la nuora furono largamente spogliate dei beni presenti, causando una grave perdita sia a livello materiale, che personale e per, noi, documentaristico.

56. F. Levi, *I giorni dell'erba amara*, Marietti, Torino 2000, p. 95. Nella tradizione ebraica chassidica, la "mala erba" rappresenta quelle forze storiche di opposizione che contrastano, fin dai giorni della creazione, le forze religiose (cfr. G. Scholem, *Le grandi correnti della mistica ebraica*, Einaudi, Torino 1993, pp. 103 ss.). La persecuzione nazifascista e antisemita del '900 fu una delle principali forze storiche a minacciare la fede ebraica, e quei momenti, nella millenaria storia israelitica, non possono che rappresentare i veri "giorni dell'erba amara".

57. C. Levi Coen, "Ebrei nell'occhio del ciclone: una testimonianza", in «Bollettino Storico Mantovano», 3, 2004, p. 7.

Nelle deportazioni, Amadio Coen perse la famiglia del fratello e un cognato, internati prima a Fossoli e scomparsi poi ad Auschwitz[58].

Tornato in Italia dopo la Liberazione, nel maggio 1945 Coen fu reintegrato nella posizione di medico del Manicomio provinciale di Mantova, da cui fu pensionato nel 1951. Dopo la guerra fu inoltre confermato alla presidenza della Comunità ebraica, fino a quando, nel 1961, si dimise per problemi di salute. Intercaliamo qui sotto una coppia di fotografie che raffigurano il dottor Coen in quegli anni, finalmente al riparo dalle tempeste dell'Olocausto e della guerra, tra la pace del lavoro e degli affetti familiari[59].

Foto n. 26. Il dottor Coen è qui fotografato nel giardino dell'Ospedale Neuropsichiatrico di Mantova, con la sua ultima cagnolina, mentre si gode una pausa dal lavoro e fuma una sigaretta. Siamo intorno al 1951. Collez. Fam. del Dottor A. Coen

58. I nomi di questi sono riportati sulla targa marmorea all'ingresso del Municipio di Mantova, intitolata agli "ebrei vittime della ferocia nazista perché il ricordo inciti alla bontà e alla solidarietà umana": il fratello dott. Marcello Coen, con la moglie Ines Levi e il figlio Giuseppe, e il cognato cav. Moise Cases, fratello della moglie Olga.

59. Cogliamo qui l'occasione per ringraziare sentitamente il prof. Salvatore Coen, nipote del dottor Amadio, per la disponibilità, le informazioni e le foto che ci ha concesso.

Foto n. 27. Il dottor Coen è qui ritratto con la famiglia durante il Bar mitzwah *(בר מצוה) del nipote, celebrato nella Sinagoga di Mantova il 25 maggio 1957. Amadio Coen, qui con uno sguardo rilassato e un sorriso quasi sornione, indossa sia il* talled *che il* kippah, *rispettivamente il tradizionale scialle della preghiera e il copricapo da indossare nei luoghi di culto. Fototeca Gino Baratta Mantova, fondo Archivio Fotografico Gazzetta di Mantova, servizio fotografico Comunione figlio Dr. Coen, Cartella 4, a.I.El, busta 238, foto 3*

Nel maggio del 1961, Amadio Coen ottenne di essere iscritto nel Libro d'Oro del K.K.I. (Keren Kayemeth Leisrael), l'altissimo riconoscimento su scala mondiale che il fondo nazionale ebraico riserva a coloro che si sono distinti nelle opere e nei pensieri a favore della comunità ebraica[60]. Nell'aprile del 1964 ricevette la medaglia d'oro da parte dell'Ordine dei Medici di Mantova, a riconoscimento del servizio svolto. Morì il 25 ottobre 1966.

60. "La scomparsa del dr. Amadio Coen" *Gazzetta di Mantova*, mercoledì 26 ottobre 1966.

Addendum: Don Gino Sarti

di Costantino Cipolla

Don Gino nasce nel basso mantovano (a Quistello) nel 1893 e diventa parroco di Guidizzolo nel 1925, dove morirà nel 1971 dopo 46 anni, dunque, di reggenza della Chiesa locale. È stato il prete della mia gioventù e della mia socializzazione alla religione cattolica. Di lui non ricordo molte cose, anche perché di fatto lo vissi solo per qualche anno, andando a metà degli anni '60 a studiare a Roma e, quindi, mandando sullo sfondo della mia vita il mio amato paese.

Ma i miei amatissimi genitori erano molto religiosi e in un diario tenuto da mio padre sulla mia vita fino ai quindici anni[1] posso leggere: "La preghiera di papà e mamma è questa: Fa' o Signore che il nostro angioletto cresca con i principi della Tua Santa Religione unica aurora di salvezza e di speranza in questa valle di lacrime". E alla fine di quelle brevi note diaristiche mio padre sottolineava, con le parole di S. Benedetto, "ora et labora, preghiera e lavoro. Con la preghiera e il lavoro si tengono lontani tutti i mali, tutti i vizi e si raggiunge la salvezza dell'anima".

Questa era dunque la cultura che mi ha fatto crescere e che ha alimentato la mia mente. Ma questa era, in linea di massima, anche la visione del mondo di Don Gino.

Non ho intenzione e non posso qui delineare un suo percorso biografico. Mi limito ad osservare che egli fu un prete del e col suo popolo. Buon giocatore di bocce, si recava spesso la sera nelle osterie, dove combatteva l'abitudine alla bestemmia, a sfidare i suoi fedeli, di qualsiasi "colore" essi fossero, a questa "singolar" (o a coppie) tenzone.

1. Si tratta di materiale, consultabile, presso la mia biblioteca personale ricca di oltre 20.000 volumi.

Foto n. 1. La foto della seconda metà degli anni '30 ci presenta quattro sacerdoti delle nostre terre (Don Gino di Guidizzolo, don Sergio di Birbesi, don Pio di Castelgrimaldo con un altro prete più anziano e da me non conosciuto). Siamo su di un campo da bocce non troppo rifinito (si giocava anche nei cortili ghiaiosi) e il senso "popolare" della foto parla da solo. Don Gino giocava a bocce la sera spesso con i suoi parrocchiani, combattendone i vizi. Collez. G. Cagioni

Il suo atteggiamento verso il Fascismo fu sempre piuttosto prudente e distaccato, privilegiando egli comunque la "luce smagliante della religione"[2], anche nella sua dimensione patriottica e comunque avversa al "protestantesimo inglese" e alla massoneria. In ogni caso, l'esortazione finale del suo discorso tenuto di fronte "a tutte le organizzazioni del Regime" suona in questo modo: "Siate ottimi cristiani e sarete ottimi fascisti" (e non certo l'inverso, si badi). Alcune fonti di testimonianza coeva e personale lo definiscono "zelantissimo"[3] e comunque "avverso" al fascismo, per cui ebbe "angherie" e "noie giudiziarie", per altro non meglio precisate ed a me ignote nel merito. Quello che appare comunque indubbio è la sua dedizione completa al suo umile popolo, non ai suoi abitanti più ricchi. Lo difese sempre anche contro la "sistematica negligenza" di un medico condotto locale[4], per altro di religione ebraica, poco pulito, villano, "facile a trascendere", fumatore accanito, volgare nel suo rapporto con gli ammalati. E, si badi, questo a prescindere completamente dagli aspetti religiosi, in quanto "Egli – scrive Don Gino[5] – fu sempre rispettosissimo del sentimento cristiano del popolo, tanto da avvisare talvolta le famiglie degli infermi inguaribili di provvedere pei sacramenti" Don Gino, come ovvio, sostenne sempre tutte le forme di educazione popolare a cominciare da quella che vedrà Dal Prato come assoluto protagonista.

Don Sarti non fu, comunque, solo questo. Egli fu impeccabile sul piano morale e molto ligio rispetto ai dettami della Chiesa, cui di fatto non creò mai veri e propri problemi. Nel contempo, egli fu un conservatore accanito sul piano dei costumi affettivi e sessuali. Ricordo ancora bene le sue invettive scatenate dal pulpito, durante le prediche della S. Messa della domenica, contro le donne che portavano vestiti senza maniche, considerati alla stregua di "porte del diavolo". In parallelo, Egli si opponeva e si oppose nel tempo con forza alle ragazze che andavano in macchina con i loro morosi, appartandosi lungo chissà quali "peccaminose" cavedagne.

2. Tratto da Don G. Sarti, *Brevi parole pronunciate in Chiesa, alla Messa, con l'intervento di tutte le organizzazioni del Regime*, Guidizzolo, 28 ottobre 1936 – XV. Si noti quel XV che, in realtà, è XIV: poco interesse al tema? Documento reperibile in Fondo Caritas-Mondadori. Ovviamente, scavando nell'Archivio Parrocchiale, molto altro si potrebbe rinvenire su Don Gino, ampliando congruamente queste troppo sintetiche annotazioni.

3. Cfr. A. Dal Prato, *Storie vere*, Centro Culturale San Lorenzo ed., Guidizzolo 2004, p. 53.

4. "Rapporto Signor Arciprete" (al Sig. Commissario) del 25 aprile 1929, Fondo Caritas-Mondadori.

5. Ivi. Per Don Gino, quando uno diventa "funzionario non è più per se stesso, ma per il pubblico", al quale deve prestare la sua opera in ogni caso, con uno "spirito del dovere (che) deve trascinarlo per il bene del prossimo fino al sacrificio, fino all'eroismo". Questo era e fu Don Gino Sarti, parroco, come si firmava sempre.

Questo, per chiudere, un breve e modesto schizzo della personalità di Don Gino, che in ogni caso ha retto con onore, impegno e dedizione la nostra comunità per poco meno di 50 anni, dal lato dei più deboli e comunque del suo popolo secondo una prospettiva di fede, di laboriosità, di consistenza pacifica e di tranquillità: un altro esempio palpabile di cattolicesimo sociale messo in atto senza sbandieramenti o proclami di alcun tipo[6].

6. Forse, la radice di questo modo di intendere religiosamente e socialmente la vita può essere rinvenuta in C. Cipolla, S. Siliberti (a cura di), *Don Enrico Tazzoli e il cattolicesimo sociale lombardo. I. Studi*, FrancoAngeli, Milano 2012 e C. Cipolla, R. Benedusi, A. Fabbri (a cura di), *Don Enrico Tazzoli e il cattolicesimo sociale lombardo. II. Documenti*, FrancoAngeli, Milano 2012. Vedi anche C. Cipolla, S. Siliberti (a cura di), *Don Lorenzo Barziza*, FrancoAngeli, Milano 2007, altro esempio, quale allievo di Tazzoli, di cattolicesimo sociale alla base della CRI e a Castiglione delle Stiviere.

Capo 4. Guidizzolo non-belligerante. Una politica locale fascista a cavallo di due guerre mondiali

di Francesco Gandellini e Raffaele Agostini[1]

Nel 1832 il generale e teorico militare prussiano Karl von Clausewitz enuncia i capisaldi principali della sua teoria politico-filosofica della guerra, destinata ad animare le discussioni degli storici e, così, a riecheggiare nei secoli a venire. A reggere il sistema di von Clausewitz è posta l'ormai arcinota massima secondo la quale "la guerra non è che la continuazione della politica con altri mezzi. La guerra non è dunque solamente un atto politico, ma un vero *strumento* della politica, un seguito del procedimento politico, una sua continuazione con altri mezzi"[2]. Il titolo dato a questo capo, riguardante le forme della politica e della guerra a Guidizzolo, rivela un'implicita adesione al motto del generale prussiano. Anche nel nostro paese la guerra rappresentò il proseguimento della vita politica locale nella forma dello scontro armato, secondo due tendenze dominanti, appunto enunciate nell'intitolazione. Da un lato, la storia e il modello guidizzolese rifletté la storia nazionale ed europea su piccola scala. In questo senso, i *tempi* e le *direzioni* con cui la macro-politica si adoperò per trasformarsi in conflitto bellico furono replicati a livello locale: Guidizzolo registrò un ventennio di politica fascista (con qualche bagliore di Resistenza) a cavallo di due guerre mondiali. Dall'altro lato, i *modi* della politica guidizzolese furono nettamente meno aggressivi e violenti, di certo più morigerati di quelli cui ci ha abituato la Storia. Di fatto, il nostro paese è stato poco turbato dagli eventi bellici e dai mutamenti politici del '900, seppur prendendovi parte. Nella politica, così come nella guerra, il paese assunse sostanzialmente una posizione *non-belligerante*. Scrivendo così, non si vuole assolutamente caldeggiare l'idea

1. Limitatamente alla sezione *Dopo il fascismo, una politica a sostegno dei lavoratori*.
2. C. von Clausewitz, *Della guerra*, trad. di A. Bollati ed E. Canevari, Mondadori, Milano 1970 (titolo originale: *Vom Kriege*).

che il paese e le sue frazioni non abbiano versato il loro tributo di sangue nelle due guerre, il che sarebbe assolutamente falso. Ciò che al contrario si vuole rimarcare è il fatto che, nonostante il paese abbia seguito i ritmi delle vicende nazionali ed extra-nazionali, vi fu qui una scarsa ingerenza delle grandi circostanze storiche del '900 *in proporzione* ad altri comuni e centri abitati[3].

In questo ordine di idee che si tenterà con scrupolosità di corroborare attraverso questo capo, si prenderanno in considerazione quei materiali documentali che si riferiscono alla Prima e alla Seconda guerra mondiale, nonché ad altri importanti momenti di partecipazione istituzionale e militare nel nostro paese, allo scopo di fornire uno spaccato storico e iconico della dimensione politica nel periodo storico di nostro interesse.

Prima di analizzare la reazione ai grandi conflitti mondiali e al trentennio politico da questi delimitato, vogliamo soffermarci su alcuni fatti precedenti o alle soglie del periodo in questione, eppure particolarmente interessanti alla luce della presenza di materiale iconico a riguardo. Le fotografie di cui siamo entrati in possesso, infatti, sono da considerare eccezionali vista l'antichità e la rarità di cui godono. Ci pare quindi inevitabile presentarle in questa sede, a maggiore sottolineatura dei fatti descritti.

Nel periodo tra il 25 agosto e il 3 settembre 1909, la zona compresa tra Verona, Mantova, Brescia e Cremona fu interessata dalle "grandi manovre", ossia da operazioni di addestramento ed esercitazione in cui furono mobilitati massicci quantitativi di soldati in vista di possibili scontri futuri. Anche il Re Vittorio Emanuele III partecipò alle "grandi manovre" del 1909, in veste di Comandante Supremo delle Forze Armate, e stabilì il suo quartier generale nella villa del Principe Don Ferrante Gonzaga a Volta Mantovana. I giudici di campo, incaricati di verificare il corretto svolgimento delle operazioni, si suddivisero tra Guidizzolo, Goito e Medole. Nell'ampio edificio delle scuole elementari di Guidizzolo si concentrò la stampa, impegnata a fornire resoconti delle manovre[4]. A testimonianza di quanto qui raccontato sono proposte le Foto 1, 2 e 3.

3. A questo proposito e a guisa di esempio, si veda la tendenziale staticità nell'evoluzione dell'assetto urbanistico, come si legge nel Capo 2.

4. Così in A. Rati, *Le grandi manovre del 1909 tra Mincio e Chiese. Un ritorno sul teatro delle Campagne Risorgimentali*, Editoriale Sometti, Mantova 2009, pp. 3-6.

Foto n. 1. In un vasto campo a fianco dell'edificio delle scuole elementari di Guidizzolo era allestita la stazione radiotelegrafica, tramite la quale venivano comunicate le informazioni relative alle "grandi manovre" in corso nel 1909. Si nota il palo centrale, a cui sono collegati i fili del telegrafo che scendono verso le varie cabine per la ricetrasmissione. Tratta da A. Rati, Le grandi manovre del 1909 tra Mincio e Chiese. Un ritorno sul teatro delle Campagne Risorgimentali, *Editoriale Sometti, Mantova 2009, a sua volta tratta da* La Domenica del Corriere

Foto n. 2. La piazza di Guidizzolo è qui occupata dalle varie truppe coinvolte nelle manovre. Si può intravedere, sullo sfondo, la torre del paese ancora mozza. Dove oggi si trova la piazza sorge un giardino adornato di alberi. I cavalli delle truppe sono affiancati nel giardino e davanti agli edifici sul lato sinistro, provenendo da Goito. Qui si trovavano negozi, bar e alberghi che, per l'occasione. hanno sistemato i tavolini per gli avventori contro la parete, su cui sono adagiate anche le numerose biciclette. La partecipazione di soldati e gente comune nella fotografia è sicuramente evidente e impressionante. Tratta da A. Rati, op. cit., a sua volta da Pro Familia *del 12 settembre 1909*

Foto n. 3. Ci troviamo davanti ad una rarissima immagine che raffigura il gruppo dei giudici di gara guidizzolesi, impegnati durante le operazioni delle "grandi manovre". Dalla data riportata (il 3 settembre 1909), la foto è stata scattata al termine di queste, probabilmente in un momento di aggregazione finale che richiamò l'attenzione di tutti i coinvolti. La qualità dell'immagine rende impossibile un esame attento della composizione. Si notano, ciononostante, due gruppi di persone: a sinistra un gruppo di arbitri "a piedi", disposti a semicerchio, a destra un gruppo di arbitri "motorizzati", a bordo di un'automobile. Collez. M. Segna

L'organizzazione delle "grandi manovre" alla fine del primo decennio del '900 testimoniava il senso diffuso di un'imminente chiamata alle armi, rispetto alla quale premunirsi e prepararsi diligentemente. Di lì a due anni, infatti, scoppiò la Guerra italo-turca, nota anche come Guerra di Libia, combattuta dal Regno d'Italia tra il settembre 1911 e l'ottobre 1912 con intenti strategici ed espansionistici[5]. La Guerra italo-turca o di Libia costituì un importante prodromo della Prima guerra mondiale, in quanto contribuì a riaccendere il sentimento nazionalista nei Balcani, oltre a ridestare alcune più generali pretese di allargamento territoriale in seno al Regno d'Italia. Per questioni di mancanza di documentazione iconica non ci occuperemo di tale evento bellico. Bisogna tuttavia ricordare che due nostri compaesani persero lì la vita: si tratta di Campagnari Narciso e di Degiuli Gaetano, quest'ultimo di Rebecco. I loro nomi sono ricordati con onore e orgoglio sul monumento commemorativo di Foto 7.

Prima di passare a trattare la Prima guerra mondiale e il suo impatto sul nostro comune lasciamo spazio a due immagini, di grande originalità, che ci danno notizia dell'impegno nella pubblica sicurezza da parte delle forze armate. Si tratta infatti di carabinieri in alta uniforme, l'abbigliamento dei quali segue per l'appunto i dettami che caratterizzavano il vestiario dell'Arma nel primo ventennio del '900 italiano.

5. La guerra si concluse infatti con l'annessione al Regno d'Italia della Tripolitania, della Cirenaica, del Fezzan (rispettivamente la zona costiera, orientale e sahariana della Libia moderna) e del Dodecaneso (nome con cui si identificavano le isole greche nell'Egeo passate sotto la dominazione italica). Il controllo italiano su queste aree territoriali cessò sostanzialmente con e durante la Seconda guerra mondiale.

Foto n. 4 (a, b). Nella Foto 4a è ritratto un CC RR (Carabiniere Reale) in alta uniforme, o GUS (Grande Uniforme Storica). La divisa ha radici ottocentesche ed è facilmente riconoscibile per la doppia fila di bottoni nella parte anteriore. Nell'immagine in questione, essa è accompagnata da un colletto bianco con decorazioni a stella. Da un attento esame di un simile abbigliamento si può dunque datare la fotografia intorno ai primissimi anni del '900 (ipotesi confermata anche dalla presunta età del soggetto, nato nel 1875). Rispetto alla 4a, la Foto 4b enfatizza l'aspetto associazionistico e congregativo dell'Arma dei Carabinieri con un gruppo di uomini disposti su due file per essere ritratti. Fatta eccezione per l'individuo al centro, che indossa una giubba con un'unica bottoniera, ovvero un'uniforme di servizio, gli altri esibiscono anche in questo caso una GUS. Si notino poi il berretto, che riporta un fregio del 1902, e il pantalone nero con banda laterale. Siamo qualche anno dopo la foto precedente, ma sicuramente prima della guerra. Tutte queste preziose informazioni, che ci hanno aiutato a collocare le fotografie nel tempo, sono state fornite da Stefano Spazzini, che ringraziamo sentitamente. Collez. R. Faini

La Prima guerra mondiale: Guidizzolo si avvicina alla causa

Com'è noto, col Patto di Londra del 26 aprile 1915 l'Italia entrò in guerra a fianco della Triplice Intesa, che stringeva in alleanza Gran Bretagna, Francia e Russia. Il 24 maggio lo stato italiano dichiarò guerra all'impero austro-ungarico, aprendo così il fronte meridionale. Nonostante i fasti della propaganda militante e il furore patriottico degli intellettuali interventisti[6], la guerra della gente comune si rivelò "densa di umanità (...). Le domande che gli scriventi rivolgono ai genitori sulla loro salute e quella di altri congiunti li rende persone consapevoli in qualche modo dell'importanza della vita normale e non solo abbagliata dall'illusione di un avvenire radioso"[7]. Questo fu tanto più vero dopo che la guerra, conclusasi un'inziale fase favorevole all'Italia, si trasformò in un conflitto di trinceramento, teso a consolidare le conquiste territoriali ottenute. La Prima guerra mondiale è infatti passata alla storia come una guerra di trincea, combattuta con le armi dell'attesa e del logoramento. Lo scotto di un simile atteggiamento fu, di conseguenza, molto pesante: si calcolano oltre 16 milioni di morti tra soldati e civili, per l'Italia più di 600 mila, nella sola provincia di Mantova 6.068[8].

Guidizzolo e le sue frazioni persero nel conflitto 75 valorosi soldati. La gran parte di questi perì nella livida petraia del Carso, tra Friuli-Venezia Giulia, Slovenia e Croazia, a testimonianza di una guerra che mietette vittime prevalentemente sulla corta distanza, in luoghi in prospettiva vicini a quelli da cui i soldati provenivano. Per quanto sia la Prima che la Seconda guerra mondiale siano state combattute su vari fronti, con una evidente disproporzione in termini numerici a favore della Seconda, bisogna tuttavia ricordare l'esistenza durante la Prima di un riconosciuto e decisivo "fronte italiano" (*Italienfront* o *Südwestfront* per gli austriaci), che di fatto richiamava quasi tutti i soldati delle nostre zone e li impegnava ad una comune trasferta. Diversamente dallo sparpagliamento dei nostri soldati decretato dalla Seconda guerra mondiale, la Prima li tenne relativamente in gruppo e vicino a casa.

Alcuni tra i caduti di Guidizzolo sono visibili nella Foto 5, nella quale regna tuttavia confusione e incertezza: si parla di un generico "Grup-

6. Un riferimento tra tanti è quello della rivista letteraria italiana "Lacerba", fondata nel 1913 da Giovanni Papini e Ardengo Soffici. Animata da un profondo orientamento futurista, con lo scoppio della guerra passò dal disimpegno politico all'entusiasmo interventista, con violenti attacchi al governo "vile" e ai neutralisti "piagnoni".

7. F. Canova (a cura di), *Mantovani al fronte nella Grande Guerra 1915-1918*, E. Lui Editore, Reggiolo (Re) 2010, p. 8.

8. Numeri provenienti da Ministero della Guerra, *Militari caduti nella Guerra mondiale, 1915-1918*, vol. IX, Roma 1932, p. 935.

po d'Onore di Guidizzolo", le figure ritratte sono distinte in "Combattenti" (ai due lati), "Eroi caduti" (al centro, sotto l'effige del monumento proposto nella Foto 7), "Direttorio" (sotto), "Mutilati_Invalidi" (penultima riga), "Ufficiali" (al centro, ma defilati), "Sot. Ufficiali" (in fondo). Nella foto compaiono poi i grandi irredentisti italiani: in senso orario, da sinistra, troviamo Fabio Filzi, Guglielmo Oberdan, Cesare Battisti, Damiano Chiesa, Nazario Sauro. In alto sono inseriti i profili delle alte autorità militari e istituzionali, intervallati da gagliardetti, simboli regi e citazioni didascaliche. Troviamo, da sinistra, il generale Luigi Cadorna (capo di stato maggiore dell'Esercito italiano fino alla disfatta di Caporetto), il Re d'Italia Vittorio Emanuele III, persino Benito Mussolini, protagonista nelle vesti di caporale maggiore nella Prima guerra mondiale e qui definito "Capo del Governo" (si veda il commento alla fotografia sotto), e il generale Armando Diaz, che condusse l'esercito italiano al successo bellico[9]. La dicitura "Gruppo d'Onore" è ripresa nella Foto 6, che segue il modello della precedente nel presentare gli "Ex combattenti per la Patria [del] Comune di Guidizzolo". Per una possibile interpretazione delle due immagini, si vedano i commenti inseriti nella didascalia specifica.

9. Dopo la capitolazione dell'Austria-Ungheria del 4 novembre 1918, Diaz stilò il celebre *Bollettino della Vittoria*, con cui comunicava l'esito vittorioso della guerra. Il testo integrale è leggibile sul sito del Ministero della Difesa, nonché sulla lapide commemorativa posta sotto il porticato dell'ex-sede del Comune di Guidizzolo.

Foto n. 5. Dalla dicitura che compare sotto il ritratto di Benito Mussolini, detto "Capo del Governo", il collage fotografico è sicuramente successivo al 25 novembre 1922, data dell'assegnazione di pieni poteri in ambito tributario e amministrativo a Mussolini da parte della Camera. Si deve però ricordare la legge n. 2263 del 24 dicembre 1925, in cui veniva stabilito che la dizione di "presidente del consiglio" venisse sostituita da quella di "Capo del governo primo ministro segretario di stato". Questo dato ci consente di postdatare la possibile collocazione temporale della fotografia. Sembra tuttavia poco plausibile che essa sia successiva al 1935, anno d'inizio della guerra d'Etiopia, vista l'assenza di comandanti italiani lì attivi. In basso a destra si può leggere la provenienza dell'immagine: "Foto Industria Fratelli Taddei", di Verona. Ai lati del quadro, due strisce verticali contenenti emblemi civili e vignette naturalistiche decorano l'intero pannello. La nostra ipotesi è che questo collage, prima che un intento memoriale, abbia uno scopo celebrativo nel ricordare coloro che contribuirono a rendere l'Italia una nazione unita, forte e degna d'onore. La congettura sarebbe confermata da quello stile tipicamente fascista di mescolanza tra storia nazionale, orgoglio istituzionale e prestigio militare. Da qui si potrebbe spiegare la compresenza di figure di rango e storia diversi, come le alte cariche dello stato, gli irredentisti e i combattenti guidizzolesi. Collez. Fam. Meneghelli

Foto n. 6. Ci accodiamo all'ipotesi appena formulata anche per quanto riguarda questa immagine, che presenta un mosaico di losanghe raffiguranti i combattenti guidizzolesi nella Prima guerra mondiale. Sul bordo bianco degli ovali è scritto il nome del soldato, con l'eventuale titolo, e la data di nascita. Si noti la presenza di alcuni giovanissimi, nati nel 1900, e quindi quindicenni al momento dell'ingresso nel conflitto. L'immagine proviene in modo alquanto sorprendente dal fotografo Spinazzi di Venezia. Rispetto al quadro precedente, questo appare molto meno pomposo ed enfatico, più essenziale e minimamente celebrativo. È tuttavia innegabile che l'intento rimanga quello memoriale e onorifico. Fondo Caritas-Mondadori

Sfruttiamo le immagini qui presenti per entrare nel dettaglio sui combattenti. A tal proposito, come detto, notiamo che, nel caso della Foto 5, al centro dell'insieme è ben visibile il monumento commemorativo posto sotto il porticato dell'ex-sede del Comune di Guidizzolo. Qui sono ricordati i soldati di Guidizzolo (e delle frazioni) che persero la vita tra la Guerra in Libia e la Prima guerra mondiale, "figli gloriosi caduti per la Patria". Il momento dell'inaugurazione è raffigurato nella Foto 7.

Foto n. 7. La targa commemorativa dei caduti guidizzolesi prima del 1919. Siamo con estrema probabilità nei primi anni '20. Quattro soldati in uniforme presiedono all'inaugurazione ai lati del monumento, con le armi da fuoco sollevate per il saluto. La bandiera italiana sovrasta gli uomini sulla sinistra, mentre il gagliardetto del Comune di Guidizzolo è affiancato al monumento, dietro agli uomini sulla destra. Al centro una grossa corona d'alloro con tricolore è posta ad omaggio dei caduti. Un'imponente aquila in bronzo troneggia sulla lapide e ne segnala l'importanza e la solennità. Collez. G. Cagioni

Riportiamo, con alcune foto commentate, i nomi che si possono leggere su questo monumento, lasciando al lettore il confronto con i collage delle foto Foto 5 e 6. Per maggiore precisione e completezza, apporremo un * a fianco di un caduto di Birbesi e un ° a fianco di un caduto di Rebecco.

Dopo Campagnari Narciso e Degiuli Gaetano°, morti in Libia (si veda sopra), troviamo, in ordine alfabetico: Affini Enrico, Aguzzi Dino, Antonelli Giuseppe, Ballista Luigi, Beatrisini Enrico*, Bianchera Luigi, Bignotti Guglielmo, Bonoldi Giuseppe*, Bosio Adolfo°, Bosio cav. Aldo (Foto 8), Brazzabeni dott. Angelo, Brazzabeni Cesare (fratelli, su cui torneremo in seguito), Brusini Dante, Cagioni Giacomo, Calza Ascanio*, Cazziola Antonio*, Ceni Francesco, Ceni Vincenzo, Cherubini Oreste, Cimarosti Agenore°, Covallero Emilio, Daeder Angelo, Dainesi Ermanno*, Daldosso Mamante*, Dallabuona Zaverio, Depietri Oliviero, Desiderati Battista, Desiderati Marcello°, Ettori Rinaldo*, Ferrari Enrico, Ferrari Luigi*, Galvani Francesco* (Foto 9), Garofoli Lino, Garofoli Marino, Gennari Carlo*, Giacomazzi Valentino*, Giubelli Luigi° (Foto 10a), Grazioli Alfredo°, Grazioli Cesare*, Malpetti Luigi°, Mantelli Giuseppe*, Mattinz(i)oli Giuseppe*, Mattinz(i)oli Luigi*, Mori Albino, Motta Albano, Mussa Antonio, Narcelli Giuseppe*, Nobis Ezelia, Orlandi Angelo*, Pasquali Callisto, Redini Santo, Rizzi Luigi, Santi Adriano*, Santi Attilio, Santi Ernesto*, Scaglioni Francesco*, Scalari Giuseppe°, Solera Luigi*, Spazzini Severino°, Sposetti Giacomo°[10], Stringa Primo, Trivini Giuseppe, Truzzi Angelo°, Valori Antonio, Venturelli Giuseppe, Vergna Aldo, Vergna Carlo°, Visentini Arturo[11].

10. Sulla figura di Giacomo Sposetti si veda P. Sposetti, *Lo scontro sull'asse Medole-Guidizzolo visto dalle «fosse»*, in C. Cipolla (a cura di), *Il crinale dei crinali. La battaglia di Solferino e San Martino*, FrancoAngeli, Milano 2009.

11. L'elenco non è però completo. Confrontando i monumenti commemorativi di Birbesi (Foto 3 del Capo 16) e di Rebecco, vanno aggiunti Belloni Emilio°, Crotti Giuseppe°, Desiderati Luigi°, Desiderati Pietro°, Garofoli Massimo, Santi Vittorio*, Scaglioni Luigi. Il totale raggiunge così i 75 prima accennati.

Foto n. 8. Un ritratto del Maggiore Bosio cav. Aldo, del 23° Fanteria, scattato prima del novembre 1917. Sotto questa immagine, infatti, troviamo scritto: "Maggiore Bosio cav. Aldo del 23° Fanteria, in servizio di Stato Maggiore alla 48ª Divisione, caduto gloriosamente per la Patria a 28 anni il giorno 30 ottobre 1917 a Sclaunicco di Lestizza (Udine)". Con estrema probabilità, il Maggiore trovò la morte nella ritirata successiva alla disfatta di Caporetto, nel tentativo di resistere all'avanzata austro-ungarica. Qui è ritratto in veste da ufficiale, con le mani giunte appoggiate sulla sciabola da parata che si addiceva al suo rango. Collez. G. Valbusa

Foto n. 9. Galvani Francesco (?) in posa per una foto, plausibilmente nella seconda metà degli anni Dieci. L'uomo sembra infatti trovarsi in uno studio o in una casa, quindi in una situazione precedente allo scoppio della guerra, ma altre ipotesi non sono chiaramente da escludere. Egli indossa una marsina a collo alto, con una spilla appesa all'altezza della scapola destra. Appoggiato su un plico di documenti, il giovane Francesco tiene in mano una penna o una sigaretta. Collez. V. Galvani

Foto n. 10 (a, b). Nella Foto 10a, un gruppo di giovani soldati si sistema accanto ad un cannone per una fotografia. Il primo a destra è Luigi Giubelli, artigliere morto nella Prima guerra mondiale. Siamo quindi nella seconda metà degli anni Dieci. Si noti la divisa, identica a quella del ragazzo nella foto precedente e confrontabile nel dettaglio con quella del soldato nella Foto 10b (si tratta di un mitragliere del 41° Reggimento della Brigata Modena): marsina a collo alto, brache piuttosto aderenti alla gamba strette dalle calze lunghe. Sul capo i ragazzi indossano un berretto legato sotto il mento. Potrebbe trattarsi del gruppo incaricato del trasporto e dell'utilizzo dell'arma da fuoco presente nell'immagine, che come vediamo è dotata di ruote. La posa dei soldati tradisce sicurezza e serietà, nonostante la loro giovane età. Che l'aspetto esteriore celi segretamente un sentimento interiore di tensione e paura? Collez. Fam. Giubelli (10a) e Collez. E.S. Musi (10b)

Tra i caduti nel primo conflitto mondiale sono stati nominati i due fratelli Brazzabeni, Angelo e Cesare. La vicenda che li riguarda è particolarmente toccante, nonché degna d'interesse a livello storico. Figli di Giuseppe Brazzabeni, amato e rispettato dottore nel nostro paese fino al 1927, i due partirono volontari all'inizio del conflitto e trovarono la morte sul fronte carsico a distanza di cinque mesi l'uno dall'altro (e poco dopo la morte della madre, avvenuta nel gennaio 1916). Il primo, Angelo (raffigurato nella Foto 11a), era nato a Guidizzolo nel dicembre 1887 e aveva compiuto studi di legge, che l'avevano avviato alla carriera di notaio. Lasciate la famiglia e la fidanzata Nella Madella, si arruolò come tenente a capo di un plotone sul Carso di Comeno, oggi in terra slovena. Mentre avanzava nella zona del Nad Bregom, una granata lanciata dal contingente nemico lo colpì in pieno: Angelo Brazzabeni morì così il 24 maggio 1917. Il fratello Cesare (visibile nella Foto 11b) studiava lingue alla Scuola Internazionale di Padova ed era fidanzato con Speranza Madella, sorella di Nella. Nei panni di caporale d'artiglieria delle batterie d'assedio sul fronte "giulio", cadde anch'egli preda dello scoppio di una granata e perse la vita il 24 ottobre 1917.

La morte dei figli Angelo e Cesare procurò un dolore straziante al padre Giuseppe, unico rimasto della sventurata famiglia Brazzabeni[12]. A lui si unì in lutto l'intero paese, colpito dalla perdita di due dei suoi giovani dal futuro più radioso[13]. Guidizzolo contava allora poco più di 3000 abitanti[14] e la morte dei Brazzabeni, così come quella di altri giovani del paese, non poté che scalfire la speranza nell'avvenire della comunità tutta. Il paese seppe tuttavia riprendersi e andò incontro ad un rapido incremento demografico negli anni a seguire, il quale rese necessarie alcune modifiche strutturali. Tra queste, come si è visto nel Capo 3, l'allargamento della Chiesa, incoraggiato proprio dal lascito del dottor Giuseppe Brazzabeni, che col suo generoso gesto voleva tramandare il ricordo dei figli tragicamente caduti.

12. Il dottor Brazzabeni morì il 3 luglio 1927 all'età di 68 anni. Dovette per altro assistere anche alla morte del fedele compagno di viaggio, il cavallo Cicco, cui era molto affezionato. Si veda F. Mondadori, *Guidizzolo: epigrafi e iscrizioni*, Centro Culturale San Lorenzo ed., Guidizzolo 2006, p. 138.

13. Si può notare qui una evidente similitudine con quello che accadde in un contesto più largo come quello nazionale. Il Regno d'Italia impiegò gran parte dei suoi giovani per raggiungere la vittoria nella Prima guerra mondiale. Basti pensare, a tal proposito, al coinvolgimento dei ragazzi appena maggiorenni (la famosa "Leva del '99) nelle fasi conclusive del conflitto.

14. Si veda la Tab. 1 nel Capo 1.

Foto n. 11 (a, b). Le effigi celebrative di Angelo e Cesare Brazzabeni, caduti sul Carso rispettivamente il 24 maggio e il 24 ottobre 1917. L'abbigliamento è quello proprio del rango a cui i due appartenevano, ovvero tenente e caporale d'artiglieria. Il profilo, racchiuso da un ovale, è posto al centro di una cornice finemente decorata con simboli di onore e imperituro ricordo. Fondo Caritas-Mondadori

Concludiamo la rassegna dedicata alla Prima guerra mondiale con una foto che si riferisce al periodo immediatamente successivo alla fine del conflitto e allude, in modo più o meno esplicito, ai piccoli segnali della ripresa post-bellica. Possiamo infatti vedere un Natale festeggiato sì con abiti militari, ma all'insegna della tregua e dell'aggregazione. Si tratta di un'immagine che fa da transizione e ci introduce nel periodo interbellico, di seguito affrontato.

Foto n. 12. Un gruppo di soldati e civili festeggia il Natale del 1918 davanti alla Chiesa di San Lorenzo. Al centro dell'immagine un abete natalizio spelacchiato contribuisce a creare l'atmosfera di festa. Certamente non si vuole sostenere che dalla fotografia traspaia un clima sereno e positivo: i soldati sono in uniforme, armati e pronti. Il periodo interbellico non è infatti esente da scorribande militari, basti pensare alla cosiddetta Impresa di Fiume, avvenuta solo due mesi prima, o all'incendio appiccato all'Hotel Balkan di Trieste dai fascisti di Francesco Giunta nel luglio dell'anno successivo. Detto questo, l'occasione di scattare una fotografia di gruppo durante le feste natalizie rivela il senso di tregua. In primo piano, tra i due uomini con l'uniforme più chiara, vediamo una signora: si tratta della contessa Rizzini. Nel pannello da cui è tratta l'immagine si può leggere la seguente didascalia: "I fanti del 34° in questo ridente paese di pure antiche glorie italiane in una sosta indimenticabile dopo la disfatta completa dei nemici nelle prime giornate della gloriosa nostra vittoria all'alba della pace sempre memori ricordando con questo segno le feste simpatiche del Natale e della Befana rese più amabili dalle gentili e materne carezze dell'Illustrissima Contessa Rizzini. Guidizzolo, 22 gennaio 1919". Collez. V. Madella

Fascistizzazione e fascismo: il ventennio interbellico

Due anni dopo la fine della Prima guerra mondiale, a Guidizzolo terminava anche il decennale mandato del sindaco socialista Ulderico Bignotti[15]. Dopo il brevissimo incarico del sindaco Cesare Ferrari (1920-1922) e la temporanea amministrazione del commissario prefettizio Giuseppe Carreri (1922-1923), al primo turno elettorale utile per eleggere il nuovo sindaco si impose il cav. Luigi Pedrotti, rappresentante del locale partito fascista, che dal febbraio 1923 prese le redini del paese e lo traghettò nell'appena inaugurato Ventennio fascista. Di fatto, però, la svolta fascista a Guidizzolo non avvenne in totale assenza di prove che la rendevano plausibile. Riportiamo il caso del socialista Domenico Bertagna, il quale fu ferito con veemenza dai fascisti del paese il 18 luglio 1922[16]. Questo atto di rappresaglia si accoda idealmente alla tesi di von Clausewitz espressa all'inizio del capo: l'azione politica fascista passò infatti anche attraverso la *species* delle misure punitive e della lotta violenta per farsi strada e affermarsi nel panorama istituzionale mantovano.

A livello nazionale, il 28 ottobre 1922 la "marcia su Roma" segnò il culmine della cosiddetta "rivoluzione fascista" e l'inizio di quel Ventennio che avrebbe caratterizzato la storia italiana del '900 in modo indelebile[17]. Non è questa la sede per affrontare una disamina delle condizioni che portarono all'instaurarsi del Fascismo, né per esaminare il portato della politica mussoliniana nel contesto italiano ed extra-nazionale, e nemmeno per indagare le conseguenze determinate dal crollo del regime. Ci preme, contrariamente, capire in che modo il fascismo ha segnato in senso iconico e sociale il nostro paese, portando avanti la *working hypothesis* già prospettata nell'introduzione di questo capo: per quanto Guidizzolo abbia affrontato, al pari di altri centri abitati, un processo di fascistizzazione che ha coinvolto le istituzioni, le abitudini e i costumi, questo non ha tuttavia comportato una netta e radicale trasformazione del modo di vivere della gente, salvo per qualche eccezione documentata nei vari capi di questo scritto.

Anche a Mantova il partito fascista acquistò peso politico e acclamazione in seguito e come reazione alla serie di lotte operaie e sindacali che oc-

15. Per ulteriori informazioni sulla figura di questo sindaco, si veda il Capo 1.

16. L'episodio è segnalato in G. Cavicchioli, *Nera è la morte. I mantovani e la violenza fascista 1919-1945*, Istituto Mantovano di Storia Contemporanea, Mantova 2011, p. 78. Altri casi avvenuti a Guidizzolo sono documentati alle pp. 79 e 108.

17. Si vedano: R. De Felice, *Breve storia del Fascismo*, Mondadori, Milano 2002 e P. Buchignani, *La rivoluzione in Camicia Nera. Dalle origini al 25 luglio 1943*, Mondadori, Milano 2006.

cuparono il cosiddetto "Biennio Rosso"[18]. Tra gli oppositori principali all'ascesa del fascismo ci fu il Partito Popolare Italiano, guidato da Don Sturzo, che si dimise dal suo ruolo il 9 giugno 1923, spianando la strada alla lenta ma inesorabile affermazione di Mussolini, accertata dalla vittoria del "Listone" Nazionale alle elezioni politiche dell'aprile 1924. Anche a Guidizzolo vi fu una piccola sezione del PPI, di cui abbiamo trovato la foto di seguito proposta, senza purtroppo alcuna informazione a riguardo.

Foto n. 13. Alcuni membri del Partito Popolare Italiano, durante una riunione nella sezione locale di Guidizzolo. Siamo nei primi anni '20. I tre uomini seduti in prima fila accavallano una gamba, mentre i tre in piedi alle loro spalle si appoggiano sui primi (quello a sinistra e quello a destra) o sui fianchi (quello in mezzo). Tutti indossano un vestito distinto, con camicia bianca e cravatta tradizionale, ad eccezione dell'uomo in piedi a destra, che indossa una cravatta stile Lavallière. L'abbigliamento suggerisce la provenienza borghese dei partecipanti all'incontro. Nell'angolo in alto a destra si può intravedere il drappeggio di una tenda, il quale lascia intendere che ci troviamo in un qualche salotto e non all'interno di un luogo istituzionale. Non c'è una tendenza dominante per quanto riguarda i segni maschili distintivi: tre portano i baffi, tre sono completamente rasati; i capelli pettinati indietro e laccati oppure arruffati e liberi. Non abbiamo trovato pressoché nulla a proposito di questo gruppo. Collez. V. Galvani

18. Nello specifico, a Mantova l'episodio più rilevante e cruento del Biennio Rosso fu rappresentato dai "Fatti di Mantova", detti anche "Giornate Rosse di Mantova", tra il 2 e il 4 dicembre 1919. Queste furono segnate dagli scontri tra manifestanti e forze dell'ordine, a seguito dello sciopero nazionale voluto dalla Confederazione Generale del Lavoro e dal Partito Socialista. Si confronti L. Carlo, *Le giornate rosse. 1919 a Mantova. Storia di una sollevazione popolare e storie di rivoluzionari senza rivoluzione*, Sometti, Mantova 2009.

Fin dalle prime fasi del suo incarico politico, Mussolini operò per l'edificazione di una dittatura fascista che avesse diffusione capillare, anche nei centri minori. Tra i provvedimenti più significativi nell'economia del discorso su Guidizzolo bisogna assolutamente menzionare la fondazione dell'Opera Nazionale Dopolavoro (1925)[19], finalizzata allo sviluppo delle "capacità fisiche, intellettuali e morali" dei lavoratori durante le ore di pausa o di riposo. La presenza e il ruolo dell'OND sono largamente documentate nelle fotografie pubblicate in questo volume nei vari capi.

Nel febbraio 1926 il Gran Consiglio del Fascismo fece approvare la legge[20] che eliminava dall'ordinamento municipale il consiglio comunale e il sindaco, quest'ultimo rimpiazzato dalla figura del *podestà*, che riuniva su di sé le funzioni dei diversi organi ed era nominato con decreto reale dal potere esecutivo. Il primo podestà guidizzolese fu il dott. Pietro Villagrossi, nominato il 2 maggio 1926. A costui fece seguito il già menzionato cav. Luigi Pedrotti, che dopo l'esperienza triennale di sindaco esercitò da potestà di Guidizzolo dal maggio 1928 al dicembre 1930. Dopo di lui, si insediarono il cav. Francesco Quiri (gennaio 1931-dicembre 1934), l'avv. Francesco Mutti (in carica dal gennaio 1935 all'aprile 1944) ed Ernesto Lui, il cui mandato terminò ufficialmente il 6 maggio 1945, segnando anche la fine della carica podestarile. Durante i loro incarichi venne portato avanti il processo di fascistizzazione del comune, testimoniato oltre che dalle grandi opere sul piano urbanistico ed edile[21] e dai cambiamenti nei costumi[22], anche da simboli esteriori dal forte impatto visivo e culturale, come quelli nelle foto di seguito proposte. Posti in alcuni dei luoghi più significativi della vita di paese, essi professano con innegabile perentorietà la forza propagandistica e demagogica del partito, oltre che l'obbedienza corale di un'intera comunità al regime, la quale trovava espressione anche nella formazione di squadroni di camicie nere armate di verghe e custodi dell'ordine. Si tratta senza alcun margine di dubbio di alcune tra le fotografie più emblematiche non solo del periodo fascista, ma dell'intera storia del nostro paese.

19. Regio decreto n. 582 del 1° maggio 1925.
20. Legge n. 237 del 4 febbraio 1926.
21. Si veda il Capo 2.
22. Si vedano i Capi 8, 9, 10 e 13.

Foto n. 14. Ci troviamo credibilmente negli anni '30. Sul retro del Teatro, una scritta si erge come un grido di battaglia: "Mussolini ha sempre ragione". All'inequivocabilità del messaggio viene esposto chiunque passi di fronte a quelle mura e, in particolare, chi si intrattiene presso quella che ha tutta l'aria di una pista da ballo (o da pattinaggio). Come si può leggere nella didascalia sotto l'immagine, si tratta di uno dei luoghi dopo si svolgeva il Dopolavoro fascista a Guidizzolo (si veda sopra a tal proposito). Scritto a tinta nera su sfondo bianco, l'imperativo fascista si configura come un dispositivo semplice, ma efficace di indottrinamento e creazione del consenso, tipico di quelle forme totalitarie e assolutistiche imperniate sulle strategie di controllo demagogico dell'elettorato e della società civile. Se la scritta cattura immediatamente l'attenzione dello spettatore, non bisogna però esimersi da un'analisi complessiva dell'immagine, che rivela due ulteriori aspetti d'interesse. Da un lato, l'area recintata dalle mura si presenta in perfetto ordine: la pista è perfettamente pulita e lucidata, le zone perimetrali acciottolate sono in buono stato e tutto attorno sono disposti alberi e piante. Tutto testimonia la ferrea disciplina che regolamentava le pratiche ai tempi del fascismo, anche in uno spazio dedicato all'intrattenimento e al tempo libero. Dall'altro lato, spostando lo sguardo dagli alberi allo sfondo notiamo le colline che circondano Guidizzolo: possono mutare gli ordinamenti politici e i regimi, le forme aggregative e le cariche istituzionali, i luoghi di svago e quelli di impegno politico, ma la natura che ci circonda è la silenziosa costante che tiene traccia immemore delle stagioni umane. Collez. G. Panigalli

Foto n. 15. Siamo plausibilmente negli anni '30. Ci troviamo di fronte ad una delle fotografie che ci restituisce la sintesi iconica di una stagione politica e, forse, di un'intera epoca. Sulla Torre civica, emblema centrale ed indiscusso del nostro paese, è affisso un manifesto dai toni molto chiari: "W il Duce". Non servono grosse dichiarazioni, basta uno slogan conciso per penetrare negli sguardi e nei cuori di chi volge la propria attenzione alla Torre, magari in cerca di un punto di riferimento o semplicemente dell'ora. A questo proposito, è opportuno porre in evidenza l'effetto di un simile legame tra l'affermazione di una regola (come quella fascista, in questo caso) e l'organizzazione cronologica della vita quotidiana (il riferimento obbligatorio su questo tema è G. Agamben, Altissima povertà. Regole monastiche e forma di vita, *Neri Pozza, Vicenza 2011. A partire da un'approfondita analisi del monachesimo occidentale, il filosofo sviluppa l'idea di una relazione intimissima tra regolamentazione e forma-di-vita). A scandire il ritmo della giornata, infatti, non è solo il rintocco dell'orologio, ma un monito che, associato a tale rintocco, si ripete in continuazione e si propaga nella comunità. In questo modo la regola che lo slogan impone penetra nelle coscienze dei singoli proprio tra le pieghe temporali del vissuto individuale e collettivo. Si tratta di una forma di introiezione simbolica (e di diffusione del consenso) che è resa possibile dalla dimensione temporale di tutte quelle regole e norme che plasmano la nostra forma di vita. Il manifesto del duce occupa il posto del mosaico della Madonna, creato dagli studenti della Scuola d'Arte e affisso sulla Torre nel 1955. Sulla destra vediamo, dopo un breve muretto di cinta, la Casa del Fascio, vista di fronte nella foto 17. Sotto la Torre, un uomo in bicicletta si ferma a parlare con un amico, prima di attraversare la strada, mentre altre tre persone guardano in direzione del fotografo. Osservando con attenzione, si può vedere un mezzo a motore che si allontana in direzione Castiglione. Collez. G. Valbusa*

Foto n. 16. Si tratta di un'immagine unica nel suo genere, di certo una delle più rare di cui siamo venuti in possesso. Essa ci informa della presenza di una squadra d'azione fascista, un gruppo di "camicie nere", che come corpo paramilitare assicurava l'ordine nel nostro paese e in quelli limitrofi, non esitando ad usare la violenza e il bastone. Stando ad alcune fonti, l'abbigliamento ancora leggermente eterogeneo fa pensare che si tratti di uno squadrone formato nei primi tempi del regime, quindi negli anni immediatamente successivi alla Marcia su Roma. L'abbigliamento delle "camicie nere" andò infatti uniformandosi con la progressiva consolidazione istituzionale del regime mussoliniano (ringraziamo nuovamente Stefano Spazzini per il prezioso aiuto). Non siamo tuttavia riusciti a identificare alcuna squadra a nome "La Rinaldi", come è riportato sul vessillo sorretto dall'uomo disteso sulla panca in prima fila, che riproduce anche due elementi iconografici tipicamente fascisti, quali il teschio e il mottetto "A Noi". È quindi difficile risalire alla storia e alle vicende dietro questa immagine, che potrebbe addirittura costituire l'apripista di un intero filone di ricerca sulle forme aggregative fasciste nel nostro paese. Siamo infatti certi che la maggior parte degli uomini qui ritratti siano di Guidizzolo: compaiono infatti Santi, Ghisolfi, Farinel (Biazzi), Cocconi, Donelli, Delmenico e Bianchera. Un'ipotesi esplicativa suggestiva è la seguente. Pare che ogni comune italiano o quasi conservi una fotografia dei suoi cittadini che parteciparono alla Marcia su Roma il 28 ottobre 1922. Nel caso di Guidizzolo non si hanno notizie in merito ad un'immagine di questo tipo. Che si tratti allora di questa, qui proposta? Non vi sono elementi validi per confermare o smentire una simile congettura, che rimane dunque sul tavolo. Collez. privata

Foto n. 17. Nell'immagine è raffigurata la Casa del Fascio, che era sita al posto dell'attuale sede dell'ASL, e ai balconi di questa sono appese sia bandiere tricolori italiane che bandiere rosse con svastica nera della Germania hitleriana. Non è facile stabilire la data di questo scatto e le due ipotesi che ci vengono in mente ci portano a due interpretazioni radicalmente diverse. Partiamo con la prima. Potremmo essere tra il 1939 e il 1940, in occasione di un qualche evento (un sabato fascista?) alle soglie della Seconda guerra mondiale (bisogna ricordare che l'alleanza vincolante italo-tedesca fu sancita in modo ufficiale dal Patto d'Acciaio, siglato il 22 maggio 1939). In alternativa, potremmo essere nel 1944, ai tempi della Repubblica Sociale Italiana o Repubblica di Salò, e quindi nelle fasi conclusive della Seconda guerra mondiale. Ci pare di dover lasciare aperta la questione. Nel folto gruppo raccolto davanti al portone d'ingresso della Casa del Fascio possiamo vedere bambini (al centro), uomini e donne. I primi indossano la divisa da Balilla, con completo e cappellino neri. Gli uomini indossano uniformi da "camicie nere", mentre le donne indossano camicia bianca, cravatta e una giacca secondo i casi. In alto, sul balcone, un uomo si affaccia dalla porta-finestra. Tratta da Guidizzolo ieri e oggi 1863-1985, *n. 174*

Ci limitiamo a segnalare due esempi con cui si attuava la trasformazione delle istituzioni in senso fascista. Il primo riguarda il mondo dell'istruzione. Questo aspetta verrà esaminato dettagliatamente nel Capo 10, a cui rimandiamo. In questa sede vogliamo dedicare un piccolo spazio ad un'altra forma di istruzione, che contribuì a plasmare cittadini e soldati fascisti. Si tratta dell'istruzione *premilitare*, di cui possiamo scrivere grazie ad un "Libretto Personale", stampato dal Ministero della Guerra ed appartenuto ad un giovane guidizzolese (Foto 18) nell'anno 1925-1926[23]. Tale istruzione prevedeva l'esecuzione di esercitazioni ginnico sportive, di lezioni di tiro o segno, nonché una parte di escursione o campi, in cui il ragazzo veniva valutato, per essere successivamente ammesso (o meno) all'esame finale. Questo libretto documenta l'interesse, presente fin da subito nei piani del partito fascista, alla irreggimentazione dei giovani – quindi dei futuri cittadini – nelle sue file, tramite un tipo di formazione che educasse sia al senso civico che al valore militare. Buoni cittadini, buoni militari, buoni fascisti.

Foto n. 18. Foto tratta dal Libretto Personale di Terzi Narciso, qui raffigurato nel 1924, all'età di 15 anni (era nato nel 1909). La foto di riconoscimento sul libretto dell'istruzione premilitare ci mostra un adolescente vestito sobriamente con giacca, camicia e cravatta, capelli tagliati corti, posa distinta. Il timbro d'approvazione sul lato sinistro dell'immagine segnala il suggello della prefettura provinciale e l'approvazione del partito tutto. Collez. Fam. Terzi

23. Cogliamo l'occasione per ringraziare la Famiglia Terzi, che ce lo ha gentilmente fornito.

All'appena enunciata triade – *cives*, *miles*, *"fasces"*[24], per così dire – del modello *superomistico*[25] fascista va aggiunto un quarto elemento. Accanto alla dimensione civica, al valore militare e alla convinzione politica non può che mancare l'aspetto religioso. Il perfetto fascista, oltre che ideologicamente robusto, sano nei suoi principi civili e pronto alle armi è anche un cattolico scrupoloso. O, meglio, *dovrebbe* essere tale. Questo perché aderire alla professione cattolica non è necessario, ma consigliato. In altre parole, prima fascisti e poi (meglio) cattolici. Come visto in precedenza[26], il parroco di Guidizzolo durante il Ventennio, l'amato don Gino Sarti, pensava e testimoniava proprio l'inverso: per essere buoni fascisti bisogna prima essere buoni cristiani. Siamo forse di fronte all'ennesima conferma di come anche il processo di fascistizzazione abbia assunto forme più moderate e sommesse nel nostro comune, rispetto a quanto avveniva altrove? L'idea prospettata nell'esordio di questo capo ci pare trovare qui un esempio ragionevole[27].

Il secondo elemento che segnaliamo relativamente all'infiltrazione del sistema fascista nella vita di una comunità è rappresentato dalla coesione e compartecipazione del potere politico-istituzionale, militare e religioso. In altri termini, il senso di concordia presente tra le diverse cariche del paese contribuì a facilitare il processo di fascistizzazione in atto. Diciamo questo con la solita, necessaria cautela: parlando di coesione tra le cariche non si vuole implicare un atteggiamento di favore nei confronti del partito fascista, di totale e incondizionato supporto della propaganda mussoliniana. Al contrario, si sta suggerendo che l'armonia tra i diversi rappresentanti del potere politico, militare e religioso agevolò l'affermazione dello stato fascista, come avrebbe poi agevolato un sistema alternativo nell'immediato dopoguerra. Di questo si dirà più avanti. Chiudiamo questa sezione con una fotografia (ma si veda anche la n. 8 nel Capo 14) che dà prova della rete trasversale grazie alla quale il fascismo attecchì e si mantenne nel nostro comune.

24. Da *fascis*, *-is*, letteralmente "fascio, fascina", ma al plurale (*fasces*) acquista il significato di "fasci littori", "dignità", "onori", cioè denota il simbolo del potere investito.

25. In senso dannunziano. Sui rapporti tra D'Annunzio e il fascismo si confronti il recente R. Canovi, *D'Annunzio e il fascismo. Eutanasia di un'icona*, Bibliotheka Edizioni, Roma 2019.

26. Nell'*Addendum* su don Gino Sarti nel Capo precedente.

27. Seppur con una certa cautela: nel 1924 Don Gino (ancora a Cavriana, sarebbe arrivato a Guidizzolo l'anno successivo) andò incontro alla censura fascista, a causa dei contenuti delle sue predicazioni (si veda il Capo 3, all'altezza della nota 24 nel corpo del testo). Ciononostante, il principio secondo il quale, per essere buoni fascisti, bisogna prima essere buoni cristiani, fu pronunciato proprio davanti alle alte cariche del regime, in un discorso durante una Messa del 1936 (si veda la nota 2 del già menzionato *Addendum*). Si può dunque constatare come vi fosse un margine, magari minimo, di tolleranza, che il partito manifestava verso le figure più rappresentative del nostro paese, attorno cui si creava consenso e seguito di popolo.

Foto n. 19. L'immagine raffigura una funzione celebrata da un sacerdote a Birbesi il 19 marzo 1934, XII dell'era fascista, in occasione di un qualche evento particolare. Non sappiamo dire con esattezza il motivo di una simile circostanza, ma possiamo avanzare un paio di ipotesi, aiutati dal sempre disponibilissimo e precisissimo Raffaele Agostini, nostro archivista e collaboratore nella ricerca. Nel periodo 1920-1940 a Birbesi furono infatti realizzate due opere pubbliche di grande importanza: il restauro del campanile della chiesa e l'ampliamento della cosiddetta "scuola rurale" del paese. Noi propendiamo per la seconda ipotesi, visto che nel 1926 il comune richiese fondi per l'ampliamento della scuola (come da Delibera podestarile 247 del 1926, consultabile presso l'Archivio Storico Comunale di Guidizzolo). I lavori furono assegnati alla "cooperativa muratori Michelangelo Buonarroti" di Guidizzolo dal 1927 al 1929; nel 1930, poi, il collaudo degli stessi fu assegnato all'ing. cav. Alberto Ricci (come da Delibera podestarile 724 del 1930, consultabile presso l'Archivio Storico Comunale di Guidizzolo). È dunque molto probabile che la celebrazione qui ritratta sancisse la fine dei lavori e l'inaugurazione del nuovo edificio scolastico. Come si può vedere, al servizio partecipano rappresentanti di tutte i poteri, dai sacerdoti (oltre al prete direttamente coinvolto nella lettura del messale si può notare un giovanissimo don Sergio Malvardi, sulla destra), all'autorità civile – con due figure: il podestà in carica e quello che l'avrebbe poi sostituito, ovvero rispettivamente il cav. Francesco Quiri (accanto al lettore) e l'avv. Francesco Mutti (a sinistra dell'altare allestito per l'occasione) – fino ad un ufficiale in uniforme. Non siamo tuttavia certi che si tratti del podestà Francesco Quiri, a causa dell'assenza di immagini che lo ritraggono e che ci consentirebbero di verificarne l'identità. La nostra è un'inferenza che ci pare plausibile in virtù del tipo di occasione e del momento storico. Un'alternativa altrettanto ragionevole ci conduce a credere che si tratti del progettista, l'ing. cav. Alberto Ricci, ma anche in questo caso vale la nota di riguardo fatta in precedenza. Un Balilla, infine, solleva la bandiera italiana in mezzo all'immagine. Dietro le figure appena descritte, una folla numerosa composta di bambini e adulti cerca di farsi largo per vedere meglio. Nello spazio di pochi metri sono infatti concentrate le alte cariche del paese, in un implicito sodalizio. Collez. G. Cagioni

La Seconda guerra mondiale: il contributo minimo di una Guidizzolo mai davvero scossa dal conflitto

Nel 1939 Mussolini fu chiaro sulla posizione italiana davanti all'imminente Seconda guerra mondiale: il Duce proclamò una temporanea "nonbelligeranza", annunciando sì l'ingresso in guerra dell'Italia, ma non prima di 3 anni. L'invasione tedesca della Polonia il 1° settembre 1939 e i successivi (e inaspettati) successi della Germania nazista tra l'aprile e il maggio del 1940 convinsero Mussolini a dichiarare guerra alla Francia e alla Gran Bretagna, motivato dalla possibilità di sedersi al tavolo dei vincitori a fianco di Hitler, ma anche parzialmente timoroso di un'eventuale invasione nazista in Italia, qualora quest'ultima non si fosse schierata. Ancora una volta lasciamo al lettore il ricordo dei fatti, per soffermarci invece sulla situazione guidizzolese.

Tra caduti e dispersi, Guidizzolo perse nella Seconda guerra mondiale 46 uomini, 9 di questi sul fronte russo[28]. A questi vanno aggiunti 6 civili, nati nel nostro comune e vittime della spirale di sangue che si propagava anche nelle zone franche: oltre a Covallero Mario, Grandelli Almerico e Sarti Lucio, di cui si dirà qualcosa sia nel prosieguo che nel capo sul senso della morte, il ricordo si allarga a Brusini Vittorio, Onofrio Giacomo e Valbusa Giuseppe. Questi dati consentono di effettuare alcune considerazioni preliminari. Per quanto riguarda Guidizzolo, il numero di morti nella Seconda guerra mondiale è inferiore a quello nella Prima: il rapporto è sostanzialmente di 2 a 3, alla luce dei 47 caduti (53, contando anche i civili) contro i 75 prima elencati. Da qui si spiega il titolo del paragrafo e, più in generale, il motivo ricorrente all'interno di questo capo: anche nel caso della Seconda guerra mondiale (e in modo particolare in questa), Guidizzolo fu un paese scarsamente colpito dal conflitto, mai davvero piegato dalle disgrazie della guerra se non a livello emozionale. Il paese si unì infatti al sentimento di lutto nazionale, ma proseguì con una vita pressoché normale e abitudinaria, interrotta solo dalle notizie comunicate alla radio e, come vedremo, dalla morte di alcuni giovani partigiani del paese. Di certo le famiglie che perdevano un loro caro perché chiamato alle armi vivevano in un perpetuo stato di attesa ed angoscia, che non vanno in alcun modo sottovalutate e sminuite, così come non va trascurata la paura di un'intera comunità nei confronti della minaccia di un bombardamento o,

28. Si confronti, a questo proposito, l'illuminane lavoro svolto da Clara Castagnoli nei due volumi *Caduti e dispersi mantovani in Russia*, Istituto Mantovano di Storia contemporanea, Mantova 1992, e *Caduti e dispersi mantovani nella Seconda guerra mondiale*, Istituto Mantovano di Storia contemporanea, Mantova 1995.

addirittura, della coventrizzazione[29]. A conti fatti, tuttavia, la traccia dell'evento bellico sul corpo del nostro comune fu minima.

Ciononostante, la traccia in questione ci è arrivata sbiadita, come già si è accennato in precedenza. Nonostante la vicinanza temporale della Seconda guerra mondiale rispetto alla Prima, i ricordi e le testimonianze sono a tratti scarsi e confusi. Ciò è dovuto al fatto che il conflitto del '39-'45 venne combattuto su uno scacchiere geografico più esteso, a distanze superiori e con sistemi più complessi. Abbiamo visto come, nel caso della Prima guerra mondiale, la stragrande maggioranza dei nostri soldati fu impegnata sull'Altopiano del Carso, in uno scontro di logoramento e snervo che si protrasse a lungo. Con la Seconda guerra mondiale i militari furono spediti in molteplici zone sparse nel mondo, parteciparono a diverse forme di combattimento (a terra, in mare, subacqueo, aereo) e persero fin da subito una precisa identità ancor prima della vita. Chi venne mandato in Russia? Chi trasferito su un altro fronte? Chi spirò in quell'acquitrino francese o nella steppa siberiana? In un modo ancor più chiaro che con il conflitto precedente, la Seconda guerra mondiale fu l'ennesimo prodotto di una società massificata, combattuta tra frotte anonime e senza destino. Basti pensare alle sacche di dispersi, uomini di cui si persero le notizie e, in questo senso, nemmeno meritevoli di essere proclamati morti alle famiglie di appartenenza. L'incertezza regna sovrana, annebbiando la memoria così come il resoconto documentario che stiamo tracciando, le cui lacune riflettono quindi le lacune della Storia.

Per cercare di fare parziale chiarezza, riportiamo di seguito un elenco dei nomi dei caduti, apponendo un * a fianco dei soldati morti o dispersi in Russia o un ° accanto alle vittime civili. Ci soffermeremo poi su alcuni di loro, rispetto ai quali abbia rinvenuto immagini o notizie. In ordine alfabetico: Artioli Mario, Battaglioli Aldo, Bertasi Almerico Vincenzo, Bignotti Aldo, Brusini Vittorio°, Covallero Mario°, Cerini Oreste, Cortellazzi Gino*, Crotti Gentile, Dalle Carbonare Florinto, Dalle Nogare Andrea*, Danesi Daniele*, Farinati Renato, Ferrari Aldo, Ferrari Remo, Franzoni Cirillo, Gandellini Luigi*, Garini Aligi, Garofoli Gino, Ghizzi Guido, Gitti Dario (Carlo?)*, Grandelli Almerico°, Grazioli Emilio*, Guarneri Gino, Lui Gualtiero, Madella Remo, Maragaggia Eugenio, Milani Guerrino, Onofrio Giacomo°, Ostini Armando, Parmeggiani Antenore, Parmeggiani Giacomo, Parmeggiani Gino, Pasini Bruno*, Pasini Gaetano, Pezza-

29. Il termine, dal tedesco *koventrisieren*, fu coniato con riferimento al bombardamento della città inglese di Coventry, totalmente distrutta dall'aviazione tedesca nel 1940. Esso sta appunto a significare il totale annichilimento di una città o un paese da parte di bombardamenti aerei.

ti Angelo, Pinelli Ernesto, Quiri Carlo, Ramazzotti Andrea, Rodella Bruno, Sa(n)rti Riccardo Lucio°, Segna Giovanni, Spazzini Irio, Tabai Carlo, Tedoldi Angelo, Terranza Gino*, Toffano Gino, Toffano Isacco, Treccani Luigi, Valbusa Giuseppe°, Zampolli Giuseppe, Zampolli Lino, Zanini Gino*. Di seguito proponiamo le fotografie di alcuni dei soldati qui nominati o che hanno preso parte alla guerra riuscendo però a sopravvivere. Ci concentreremo poi sui civili.

Foto n. 20. La foto ritrae Zaccagni (detto) Lino, all'età di 20 anni e quindi circa nel 1940. Egli era partito per la leva militare nel 1938 ed aveva poi assunto servizio prima in Albania e poi in Grecia. Fece ritorno a casa nel 1946, circa 8 anni dopo averla lasciata. Nell'immagine qui proposta l'uomo coccola un cane che gli si è avvicinato, curioso. Al vibrante scodinzolio dell'animale risponde la tenerezza del soldato, lieto di trovare un muso amico tra migliaia di profili ostili. Si respira un'aria di tranquillità e tregua – altri soldati, sullo sfondo, si riposano distesi sull'erba –, di certo insolita agli albori del conflitto. Collez. E. Zaccagni

Foto n. 21. Daniele Danesi, ritratto prima della partenza per il fronte russo, plausibilmente all'inizio del 1941. La divisa militare è pesante, pensata per il clima rigido della steppa. Rispetto all'uniforme tradizionale che abbiamo visto nella Prima guerra mondiale, la marsina di questa presenta almeno quattro tasconi, utili al soldato per trasportare quanti più oggetti e averli subito a disposizione in caso di necessità. Danesi Daniele non fece ritorno dalla Russia, dove trovò la morte il 12 novembre 1941. Collez. V. Galvani

Foto n. 22. La fotografia raffigura Madella Remo, appena ritornato dalla campagna di Russia (un errore nelle liste dei caduti? Forse il soldato tardava a fare ritorno e fu dato per disperso). Siamo subito dopo il 1945, come testimoniato anche dal confronto tra la data di nascita dell'uomo e la sua possibile età in questa foto. Il soldato indossa abiti molto pesanti, rivestiti di pelliccia, con cui si è difeso dal clima algido. Anche il copricapo è rivestito con uno strato di pelame. Si racconta, infatti, che i soldati impegnati in Russia soffrissero enormemente il freddo, prima e soprattutto in viso. Le orecchie si gelavano rapidamente e soltanto l'adozione di cappelli foderati poteva impedirlo. Nonostante i patimenti della guerra, il volto del soldato sembra lasciar trapelare tutta la gioia di essere tornato a casa, tra gli affetti e la calma del paese natio. Collez. Fam. Nicolai

Foto n. 23. Renato Farinati, qui sedicenne (quindi intorno al 1936), è ritratto in posa davanti ad un tram, mentre indossa l'uniforme da marinaio della Scuola Navale di Pola. Farinati aveva una grande passione per il mare e voleva fare carriera in marina, da qui l'arruolamento volontario, poi abbandonato per seguire la sua vocazione partigiana. Collez. privata

Foto n. 24. Angelo Pezzati fotografato mentre coccola affettuosamente un gatto, ignaro dell'imminente partenza per il fronte bellico. Siamo plausibilmente intorno alla fine degli anni '30. Poco più che ventenne, Pezzati andò incontro alla morte nel 1942. Collez. G. Valbusa

Foto n. 25. Il giovane Bruno Rodella, qui a 23 anni, in abiti eleganti mentre posa per una fotografia. La vicenda di Bruno Rodella sarà ampiamente trattata nel Capo 16, a cui rimandiamo. Collez. G. Rodella

Dei quattro sopra presentati, Farinati e Rodella sono ben noti per la loro appartenenza partigiana. Nonostante, come si è detto, la guerra non abbia provocato grossi disordini nel nostro comune, alcune forme di Resistenza organizzata presero ugualmente piede e operarono per sovvertire le iniziative fasciste con interventi di rappresaglia o imboscate a sorpresa. Quanto ci preme dire qui, prima di passare oltre, è che anche alcuni tra i cosiddetti civili ebbero frequentazioni partigiane[30]. Si tratta di Covallero Mario, Grandelli Almerico, Sarti Lucio[31]. Di seguito ci limitiamo a inserire alcune immagini che li ritraggono, rimandando la descrizione delle loro storie personali alla sezione in fondo a questo Capo, oltre che al Capo 16.

Foto n. 26 (a, b, c). Da sinistra verso destra, le immagini raffigurano Covallero Mario (a 23 anni), Grandelli Almerico (a 22 anni) e Sarti Lucio (morto a 22 anni, qui più giovane in compagnia della famiglia). I tre incontrarono la morte nel fuoco aperto da tre ufficiali tedeschi all'altezza di un posto di blocco che era allestito all'incrocio in direzione Goito. Era il 24 aprile 1945. Tratta da F. Mondadori, Guidizzolo: epigrafi e iscrizioni, *Centro Culturale San Lorenzo ed., Guidizzolo 2006, p. 122*

Un episodio particolarmente significativo avvenuto a Guidizzolo durante la Seconda guerra mondiale è rappresentato dalla grande parata militare in occasione del Giuramento del 114° battaglione Fanteria Divisione Mantova. Essa si verificò nel giugno 1942, nel pieno del conflitto, e fu accompagnata da festeggiamenti e giubilo da parte di tutta la popolazione. Qui di seguito ne riportiamo alcuni fotogrammi, con relativo commento.

30. Si veda, per maggiori dettagli, il capitolo finale di questo Capo, frutto delle ricerche di Raffaele Agostini.

31. A questi va aggiunto anche Treccani Luigi, originario di Rebecco e morto a Medole.

a)

b)

c)

d)

Foto n. 27 (a, b, c, d). Alcuni momenti del corteo trionfale che venne organizzato in occasione del Giuramento del 114° reggimento Fanteria Divisione Mantova il 29 giugno 1942. Nelle prime due immagini ci troviamo sulla strada Statale, all'altezza di piazza Marconi. I soldati disposti in file da 5 o 6 seguono diligentemente l'apri-strada (Foto 27a). Una folla esorbitante di civili (e altri militari) osservano la scena dal lato (Foto 27b), con le bandiere tricolore sollevate. Le bandiere sventolano anche dalle finestre spalancate sul corteo. Un piccolo altare è visibile al centro dell'immagine (Foto 27c), a significare il suggello anche religioso dell'evento nella preghiera e nella messa celebrata sul campo. Gli Ufficiali Superiori del 114° reggimento si congratulano con le autorità del paese davanti alla sede del Comune, sulla quale sono affisse delle scritte che inneggiano all'esercito (Foto 27d). L'atmosfera è di festa, e tutto il paese partecipa con entusiasmo al Giuramento in questione. Collez. privata (27a) e Collez. E. Zaccagni (27b, c, d)

Foto n. 28. Una foto di gruppo scattata durante i festeggiamenti successivi al Giuramento, di cui prima. Questo ritratto corale è particolarmente interessante perché ci mostra alcune ragazze, inginocchiate in prima fila, che ridono in modo scomposto, quasi liberatorio. Dietro di loro, ufficiali sorridenti e altri ragazzi visibilmente allegri condividono il generale momento di festa. Si tratta di una fotografia piuttosto insolita: da un alto tutti sono agghindati secondo la sobrietà imposta dal regime (abiti neri con gonna lunga per le donne, con camicia e cravatta, mentre gli uomini indossano l'uniforme militare), dall'altro la felicità sembra senza contegno, rilassata, poco o per nulla controllata. Dalla fotografia trapela forse il bisogno di serenità di un popolo impegnato in guerra e solo temporaneamente dimentico della sua sorte? Collez. G. Valbusa

Le immagini appena viste portano ennesima testimonianza di un paese sì alle prese con un conflitto traumatico e infausto, ma anche capace di concedersi il tempo per celebrare alcune circostanze di rilievo. Guardando le fotografie, infatti, non si pensa immediatamente agli orrori della guerra, anzi, si rimane stupiti dell'ilarità generale (per quanto si tratti, in ogni caso, di un giuramento militare). Che Guidizzolo vivesse con una preoccupazione non eccessiva il clima teso non è una novità a questo punto, visto quanto asserito in precedenza.

Detto questo, non bisogna però pensare che la conclusione delle ostilità non fosse agognata da ogni singolo guidizzolese. Questo perché, soprattutto nelle fasi conclusive della Seconda guerra mondiale, l'oppressione nazi-fascista – emanazione della neonata Repubblica di Salò – tese ad irrigidirsi, a trovare sfoghi disastrosi dettati dal presentimento dell'imminente *débâcle*. Dagli scontri ai posti di blocco fino alle irruzioni dei soldati nelle case dei civili, molte sono le testimonianze ancora ben vivide nelle menti di chi allora era bambino e oggi ha potuto raccontarcele. Una traccia della presenza nazista dalle nostre parti è documentata nella foto seguente. Ci affidiamo appunto ad una preziosa testimonianza personale per fare luce su alcune delle dinamiche che caratterizzavano l'interazione delle truppe tedesche con la popolazione locale[32]. Spesso i soldati nazisti dormivano nelle abitazioni dei civili, prendendo possesso di una camera da letto e approfittando dell'accoglienza forzata che era loro fornita. Nelle nostre zone, le truppe erano principalmente impiegate per la raccolta e refrigerazione dei viveri destinati al sostentamento dei compagni in armi. Tagliavano e surgelavano pezzi di maiale, che a volte vendevano anche alla gente del posto o regalavano a qualche ragazza per fare colpo. Aziende agricole e scuole erano usati come posti di comando e deposito dei mezzi di trasporto.

Per quanto la presenza nazista apparisse sempre e indubitabilmente oppressiva e indesiderata nel paese, sono rare le occasioni di violenza gratuita esercitata dai soldati sul popolo. Rare ma non assenti: capitava che qualcuno puntasse la rivoltella alla tempia di una madre malata o di una persona negligente, così da incutere timore e reverenza o da spronare al lavoro duro. Non mancavano, tuttavia, anche gesti benevoli o, almeno, accondiscendenti da parte delle truppe qui collocate. A Natale avevano l'abitudine di invitare la gente del luogo nel comando militare per condividere pasti e dolciumi (in realtà ampiamente ripagati dalle fette di salame e dai bicchieri di vino che gli uomini di Guidizzolo regalavano loro, così da incitarli alla giovialità e distendere gli animi). Capitavano anche momenti di rimorso e di pentimento tra le file dei soldati nazisti, innescati dalle tragiche notizie provenienti dal fronte o dalle infauste comunicazioni di disgrazie e lutti familiari. In queste circostanze i tedeschi si stringevano intorno ai Guidizzolesi, cercando conforto e testimoniando la brutalità di un conflitto che, in fin dei conti e come sempre, aveva tante bandiere e allo stesso tempo nessuna.

32. Ringraziamo, a questo proposito, la pazienza e la disponibilità di Gino Giubelli.

Foto n. 29. Questa immagine è stata scattata nel 1944, a Rebecco. Possiamo vedere 5 soldati tedeschi in posa davanti a due grossi camion. La data ci fa pensare alle fasi conclusive del conflitto: da settembre 1943 Mussolini è a Salò, sempre più abbandonato dai tedeschi al suo destino. Dal canto loro i nazisti resistono strenuamente, ma stanno per capitolare. In questo senso, la foto potrebbe raccontare di un momento precedente alla ritirata dei tedeschi dal territorio italiano. I soldati avrebbero preparato i camion per abbandonare la zona e ritornare in patria, vicini al loro Führer. La nostra rimane, tuttavia, un'ipotesi, per quanto con un certo margine di plausibilità. Un'altra possibile spiegazione è quella raccontata nel testo principale: i camion erano impiegati dai tedeschi nelle loro operazioni di refrigerazione degli alimenti, poi distribuiti ai compagni sparsi in tutta l'area limitrofa. La naturale e inevitabile indeterminabilità interpretativa dell'immagine rende impossibile stabilire con esattezza cosa questa foto ci mostri, ma allo stesso tempo ci consente di richiamare alla memoria le diverse vicende legate all'occupazione nazista delle nostre terre. Collez. Fam. B. Giubelli

Ricostruire a partire da se stessi: Guidizzolo nel secondo dopoguerra

Il 29 aprile 1945 la resa di Caserta, siglata dai rappresentanti delle forze militari in campo, decretò formalmente il termine effettivo della guerra sul suolo italico, con la resa definitiva e incondizionata dell'esercito nazifascista a quello alleato a partire dal successivo 3 maggio. Con la conclusione della guerra terminava anche il Ventennio fascista e si chiudeva una delle pagine più buie della nostra Storia. Guidizzolo, dal canto suo, si preparava quindi a riabbracciare i cari di ritorno dai diversi fronti, a onorare i suoi morti[33] e a ricostruire il proprio futuro.

Foto n. 30. Una rarissima immagine di una fila di carri armati americani che, all'alba della Liberazione, sfila in corteo vittorioso. Ci troviamo in zona Crocevia, appena fuori da Guidizzolo. I presenti ricordano che gli americani gettavano stecche di cioccolata a chiunque si trovava sul ciglio della strada, a segno di festa. I velivoli alleati che passavano sulle teste dei civili incutevano ancora timore, perché falsamente scambiati per nemici. Collez. Fam. Nicoletti-Alnaider Medole

33. Rispetto all'onore tributato ai morti sul campo si veda il Capo 16.

Partiamo proprio dalla questione dei reduci. Anche a tal riguardo non vi sono informazioni nitide. Nel quadro proposto di seguito con la Foto 31 possiamo vedere un gruppo di reduci dalla prigionia della Seconda guerra mondiale. Non è chiaro quale sia il criterio che li leghi, se provengano tutti dallo stesso luogo di prigionia o da diversi, non è lecito sapere con certezza se ci troviamo davanti ad un elenco esaustivo. Al contrario, se da un lato possiamo identificare e documentare la storia di uno dei reduci qui inseriti (Foto 32), dall'altra qualche altro reduce non è parte del quadro, pur provenendo dalla cattività tedesca (Foto 33). Ci limitiamo qui a commentare queste immagini, segnalando nuovamente la limitatezza della nostra ricostruzione.

Foto n. 31. Un collage di reduci della prigionia (in Russia? altrove?). Non è chiaro con che logica siano stati qui disposti nomi e fotografie: ad un rapido confronto troviamo persone non elencate nelle liste ufficiali, mentre mancano altri reduci di cui abbiamo notizia (si veda la Foto 32). Guardando con attenzione nell'angolo in basso a destra, vediamo che il quadro è stato messo insieme dal fotografo Bepi Bante di Verona, di cui non si ha più notizia. Si noti poi la cornice che si snoda attorno al tassello centrale: tra ragnatele di filo spinato compaiono, da in alto a sinistra e in senso orario, le bandiere di Regno Unito, Germania nazista, Stati Uniti d'America e URSS. Questa composizione non consente di fare davvero chiarezza sul tipo di quadro che abbiamo di fronte, anzi sembra un'accozzaglia di tipo celebrativo e memoriale senza vere pretese didascaliche. Collez. A. Delmenico

Foto n. 32. La foto ritrae Antonio Desiderati, classe 1924, uno dei reduci che troviamo nel quadro precendente, all'età di 19 anni. La foto risale quindi al 1943. Chiamato alle armi, all'indomani dell'infausto Proclama Badoglio dell'8 settembre 1943, Antonio venne catturato dai tedeschi e portato a S. Lucia di Gorizia come Internato Militare Italiano (IMI). Dopo un viaggio lungo e disumano venne trasferito al lager tedesco di Bremervörde-Sandbostel. Fu poi spostato prima ad Amburgo, poi a Itzehoe (nello Schleswig-Holstein) e di nuovo ad Amburgo. Il 20 luglio 1945, dopo la Liberazione, Antonio cominciò finalmente il suo viaggio verso casa. La sua storia da reduce è giunta a noi anche grazie al figlio Sergio. Tratta da S. Desiderati, La Resistenza oltre le montagne, GAM Editrice, Rudiano (BS) 2017, p. 5

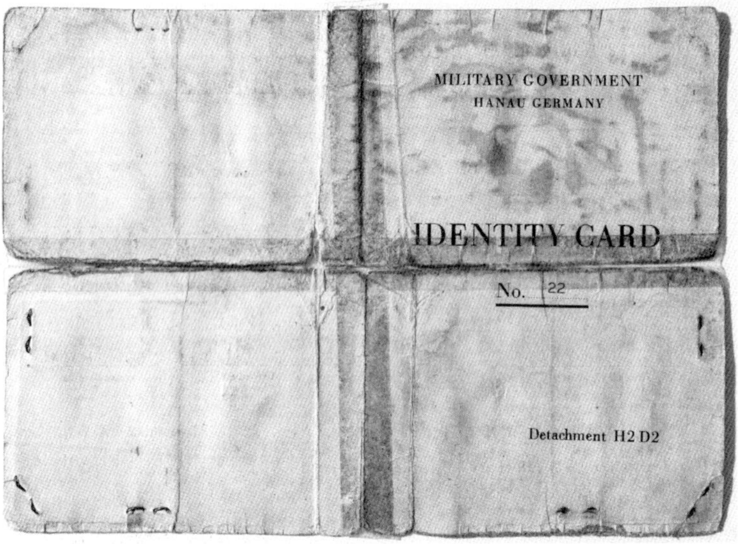

MILITARY GOVERNMENT
HANAU GERMANY

IDENTITY CARD

No. 22

Detachment H2 D2

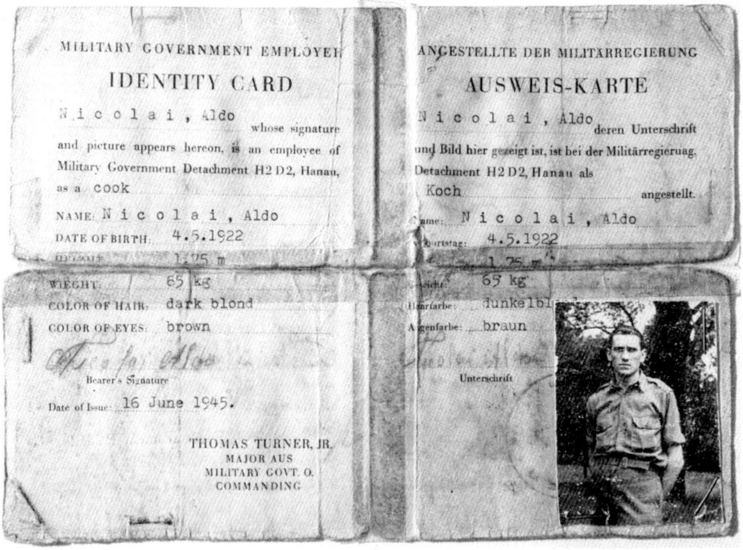

MILITARY GOVERNMENT EMPLOYEE
IDENTITY CARD
Nicolai, Aldo whose signature and picture appears hereon, is an employee of Military Government Detachment H2 D2, Hanau, as a cook
NAME: Nicolai, Aldo
DATE OF BIRTH: 4.5.1922
HEIGHT: 1,75 m
WEIGHT: 65 kg
COLOR OF HAIR: dark blond
COLOR OF EYES: brown
Bearer's Signature
Date of Issue: 16 June 1945.
THOMAS TURNER, JR.
MAJOR AUS
MILITARY GOVT. O.
COMMANDING

ANGESTELLTE DER MILITÄRREGIERUNG
AUSWEIS-KARTE
Nicolai, Aldo deren Unterschrift und Bild hier gezeigt ist, ist bei der Militärregieruag, Detachment H2 D2, Hanau als Koch angestellt.
Name: Nicolai, Aldo
Geburtstag: 4.5.1922
1,75 m
Gewicht: 65 kg
Haarfarbe: dunkelbl
Augenfarbe: braun
Unterschrift

Foto n. 33 (a, b). La carta d'identità-lasciapassare n. 22 che gli Americani diedero a Aldo Nicolai, prigioniero nel campo di lavoro tedesco di Hanau, per poter lasciare il paese in seguito alla Liberazione. Il documento è bilingue, inglese e tedesco. Nell'angolo in basso a destra (Foto 33b) vediamo una fotografia (una sorta di fototessera) di Aldo, in posa con abiti militari e mani dietro la schiena. Si noti la "date of issue", ovvero la data di rilascio, del documento: 16 giugno 1945, un mese e mezzo dopo la Liberazione. Con questa Aldo Nicolai fece finalmente ritorno dai cari al paese natio. Egli non è tuttavia inserito tra i reduci ricordati nel quadro di Foto 31, da qui l'incertezza che già abbiamo più volte espresso su quest'ultimo. Collez. Fam. Nicolai

Soffermiamoci, infine, seppur in modo brevissimo, sulla situazione di Guidizzolo nell'immediato dopoguerra. Da un lato, infatti, gli anni successivi alla caduta del regime fascista, con l'instaurazione a Guidizzolo di un governo di orientamento socialista, meritano un'attenzione peculiare che qui non possono ricevere. Lasciamo pertanto la trattazione di questo frammento di storia guidizzolese alla sezione successiva. Dall'altro lato, vogliamo però concludere tornando all'ipotesi esplicativa da cui siamo partiti. Nel caso del nostro comune, l'assenza di sostanziali turbamenti dell'ordine sociale, politico e istituzionale e, di converso e a specchio, la grande coesione tra le diverse sfere di potere che hanno ingerenza nella vita della comunità testimoniano un tendenziale atteggiamento non-belligerante, sia a livello politico sia nella guerra, che della politica è continuazione *sub alia specie*. Nello stesso senso bisogna, a nostro avviso, leggere e interpretare l'ultimo decennio che rientra nella nostra competenza per questo volume, gli anni '50 del '900. Essi si aprono (simbolicamente) con l'istituzione della Scuola d'Arte il 31 dicembre 1950, alla presenza del sindaco, dei sacerdoti, delle autorità civili e militari[34]. Si concludono (sempre simbolicamente) con l'incidente delle Mille Miglia, il 12 maggio 1957. Anche in questo caso, la partecipazione alla tragedia e al funerale fu corale ed estesa, nel senso appena descritto[35]. Concludiamo la carrellata con un episodio che si situa a metà di questo decennio. È un evento che testimonia il successo delle scelte compiute e della non-belligeranza guidizzolese. Si tratta della collocazione del mosaico della Madonna col Bambino, realizzato dagli studenti della neonata Scuola d'Arte, sulla facciata della Torre Civica (si veda la Foto 15b del Capo 12). Un'effigie religiosa, il risultato del lavoro di mani artigiane giovani, posta sull'edificio che da sempre e per sempre sarà simbolo civico di una comunità: la sintesi perfetta del '900 guidizzolese.

Dopo il fascismo, una politica a sostegno dei lavoratori[36]

Nella seduta della notte fra il 24 e il 25 luglio 1943 il Gran Consiglio del Fascismo approva l'ordine del giorno presentato dal conte Dino Grandi. Vengono ripristinate le funzioni statali antecedenti al regime e, soprattutto, il potere militare viene assunto dal re Vittorio Emanuele III; di fatto il fascismo cessa la propria esistenza e Benito Mussolini, a tarda serata del

34. Si veda, a questo proposito, la Foto 14 del Capo 11.
35. Si consulti la parte conclusiva del Capo 16.
36. Sezione a cura di Raffaele Agostini.

giorno seguente, rassegna le proprie dimissioni. Il testo è firmato da quasi tutti i membri del Gran Consiglio: Grandi, De Stefani, Gottardi, Bignardi, Federzoni (presidente dell'Accademia d'Italia), Alfieri, De Marsico, Marinelli, Acerbo, Cianetti, Balella, Albini, Bastianini, Pareschi, Bottai, Rossoni e i quadrumviri della marcia su Roma De Bono e De Vecchi, oltre a Galeazzo Ciano, genero del duce; votano contro l'ODG Farinacci, Biggini, Buffarini, Guidi, Polverelli, Galbiati, Scorza, Frattari e Tringali Casanova, unico astenuto Suardo.

A seguito della risoluzione presa dal Gran Consiglio, il re emana un proclama con cui assume il comando delle forze armate; segue quindi l'ulteriore famoso proclama del maresciallo Pietro Badoglio (*Italiani, per ordine di Sua Maestà il Re e Imperatore, assumo il Governo militare del paese, con pieni poteri. La guerra continua*).

Nei mesi antecedenti alla caduta del fascismo anche a Guidizzolo la vita prosegue normalmente nonostante la guerra, e numerosi sono i telegrammi prefettizi che vengono spediti ai comuni per mantenere viva la propaganda del regime:

- 1° febbraio (celebrazione della fondazione della Milizia Volontaria per la Sicurezza nazionale);
- 2 febbraio (nascita della principessa Beatrice, figlia di Umberto di Savoia);
- 23 marzo (anniversario della fondazione dei fasci di combattimento);
- 21 aprile (ricorrenza del Natale di Roma);
- 25 aprile (anniversario della nascita di Guglielmo Marconi);
- 9 maggio (anniversario della fondazione dell'Impero);
- 6 giugno (celebrazione dell'Unità d'Italia e dello Statuto);
- 9 giugno (terzo anniversario della dichiarazione di guerra e giornata della Marina);
- 29 luglio (anniversario morte di re Umberto I).

In tutti i casi gli edifici pubblici devono esporre la bandiera e i lavoratori occupati in giornate festive e domenicali devono percepire paga doppia per motivo della festa in corso.

Quando nei giorni dopo il 24 luglio si apprendono le notizie provenienti da Roma mediante la radio, a Guidizzolo è lecito pensare che, come altrove, regni un greve silenzio, rotto da voci provenienti dall'esterno, inneggianti la fine del ventennio e del regime. Una delle prime operazioni di "svolta e cambiamento" attuate all'indomani della caduta del fascismo appare sin dal mese di agosto, quando a Guidizzolo (e in gran parte dei paesi), si procede alla soppressione dei molti organismi ed enti collegati al disciolto PNF[37]: esempio molto chiaro è l'Opera Nazionale Dopolavoro (OND)[38].

A Guidizzolo la locale OND[39] è guidata dal presidente Giuseppe Cocconi, dal segretario amministrativo Pietro Pichi e dal cassiere Alberto Gallo; il giorno 5 agosto 1943 essi si radunano nella sede dell'ente assieme al commissario prefettizio del comune, Ernesto Lui, e all'economo comunale Costante Castagna, per procedere alla consegna dei beni all'amministrazione comunale[40]. Nell'inventario dei beni mobili trasferiti al comune figurano, oltre a tavoli, sedie, armadi e lampadari, *un tabellone per il gioco del tamburello, un canapè, un proiettore per cinema sonoro completo, una radio Telefunken a 5 valvole, un impianto per la chiusura del gioco del tamburello costituito da pali in ferro e corda, dischi e libri*[41]. A parte vengono consegnati alcuni libretti postali di risparmio per la somma complessiva di 5. 101 lire e 25 centesimi[42].

Il 25 agosto il commissario prefettizio di Mantova, a nome del Dopolavoro Provinciale, nomina commissario per la gestione straordinaria del

37. Sulla carta intestata vengono cancellate le sigle (PNF) e le scritte propagandistiche che spesso erano poste in calce ("vincere!", "saluti fascisti!").

38. In realtà gli OND non vengono soppressi, ma passano dalla gestione del partito fascista a quella diretta della provincia e, da questa, ai singoli comuni, anzi, con il sorgere della Repubblica Sociale, le attività OND vengono incrementate, come si legge in un comunicato della provincia di Mantova in data 8 luglio 1944: *l'organizzazione dopolavoristica deve, soprattutto nel momento attuale, intensificare al massimo l'attività assistenziale e ricreativa, in modo da attirare nella propria orbita la popolazione di tutte le classi e le popolazioni sfollate.* Archivio Storico Comunale di Guidizzolo (in avanti ASCG), b, 95. 6.

39. L'Opera Nazionale Dopolavoro (OND) viene istituita nel 1925 dal regime fascista e, secondo lo statuto, *cura l'elevazione morale e fisica del popolo, attraverso lo sport, l'escursionismo, il turismo, l'educazione artistica, la cultura popolare, l'assistenza sociale, igienica, sanitaria, e il perfezionamento professionale.* In pratica: gestisce il tempo libero dei lavoratori. Dopo la caduta della Repubblica Sociale nel 1945 questi enti passano allo stato e diventano ENAL (Ente Nazionale Assistenza Lavoratori).

40. Le operazioni citate vengono svolte a seguito di telegramma prefettizio n. 2396 del 31 luglio 1943, spedito ai comuni della provincia. Il testo recita così: *Autorità militare ha disposto chiusura dopolavori punto. Provvedete custodia beni patrimoniali previa compilazione verbale consegna punto. Eventuale attività finanziarie dovranno essere versate presso tesoreria comunale conto depositi terzi punto. Esemplare verbale dovrà trasmettersi Prefettura punto. Assicurate punto.* ASCG, b. 90. 2.

41. Fra i titoli dei dischi (musica popolare leggera) si notano: *Valzer della povera gente, Stella alpina, Non sei più la mia bambina, Se vuoi veder Sofia, Rumba di mezzanotte, Inno di Roma, Marcia Reale Italiana, Marcia dei Legionari, Tre minuti sul fienile, Giovinezza, Matador, Il tango delle capinere, Canzon della falange, La Baiadera.* Fra i libri, per lo più di propaganda: *L'Italia in Africa, Annuario OND, Per il traffico bananiero nazionale, I grandi condottieri romani, Roma e il fascismo, gli Stati Uniti e il pericolo rosso, Egeo fascista, Ben Hur, Mussolini e la marina, Ultime lettere di Jacopo Ortis, Educazione morale della donna italiana, Delenda Britannia, Mussolini aviatore, Storia della patria, vita di Vittorio Emanuele II.* ASCG b. 90, 3.

42. ASCG, b. 90. 2.

dopolavoro di Guidizzolo e della sezione frazionale di Birbesi, Francesco Mutti (si veda la foto che lo ritrae nel Capo 6), per riprendere, anche se in maniera alquanto ridotta, l'attività OND da poco sospesa (a leggere fra le righe sembra che ci si limiti a tenere un piccolo bar e a badare al gioco del tamburello).

Notevoli differenze si notano rispetto all'anno precedente, soprattutto laddove il regime imponeva mediante propaganda martellante, un rigido comportamento teso a mostrare come l'Italia fascista non tema nulla e nessuno, tantomeno in periodo di guerra: in pratica "noi tireremo diritto". Nel 1944 la situazione cambia radicalmente, per cui subentra un clima pesantemente improntato al sospetto, alla paura sia del nemico (in particolare aereo) sia dell'ex alleato tedesco che, ora, regge quanto rimane del passato regime, nonostante l'esistenza della Repubblica Sociale. Ogni iniziativa, anche locale, deve sempre e comunque essere comunicata e autorizzata dal comando germanico, anche le misure più elementari e quotidiane: in un comunicato, solo per fare un esempio, si legge che *si autorizza i parroci ad effettuare in occasione del prossimo Venerdì Santo le processioni religiose purché essi si muniscano del preventivo nulla osta del comando germanico locale*[43]. Particolare attenzione viene prestata all'oscuramento, per cui, dalle 24 alle 5 del mattino l'intero paese deve essere obbligatoriamente al buio totale, onde evitare di costituire obiettivo per incursioni aeree da parte del nemico. A Guidizzolo (ma anche altrove) spesso queste direttive vengono disattese, tanto da indurre il podestà Mutti a richiedere l'intervento germanico: *I cittadini sono per l'ultima volta da invitare che controllino l'oscuramento che sia perfetto e che non si veda luce dall'esterno. Se si trovano ancora posti o casi non oscurati perfettamente si spara e al colpevole verranno tagliati i fili delle energie, perché per loro indifferenza tutti i cittadini sono in pericolo*[44].

Nel mese di aprile 1944 l'Ufficio Politico Investigativo (comando 23 Legione Repubblicana, sede di Mantova) ordina l'aggiornamento costante presso tutti i comuni dell'elenco *di tutti gli elementi che fanno propaganda antitaliana ed antifascista, ammoniti e comunisti, specificando l'esatto indirizzo ove abitano*[45]. Il comando germanico comunica che *in molte case di Guidizzolo ed esercizi pubblici si ascoltano radio nemiche. Ciò è severamente proibito. Sarà colpito col sequestro dell'apparecchio e la denuncia al tribunale militare chi non terrà conto dell'avvertimento*[46]. Il giorno

43. ASCG, b. 96, 2.
44. ASCG, b. 96, 4.
45. ASCG, b. 96, 2.
46. ASCG, b. 96, 2.

22 settembre 1944 il nuovo commissario prefettizio (Ernesto Lui) comunica alla prefettura *che alle ore 13 un apparecchio nemico ha effettuato un mitragliamento in questo comune di Guidizzolo in zona cimitero. Nessun danno e nessuna vittima*[47].

A Guidizzolo è presente, come parte del Corpo Ausiliario Camicie Nere, la brigata nera "Marcello Turchetti" (comando I Brigata), retta dal capitano Giuseppe Vallini e dal maggiore Trombini (capo del battaglione); la brigata opera anche nel vicino territorio di Cavriana. La frazione confinante di San Giacomo assume particolare rilevanza negli ultimi giorni dell'aprile 1945, essendo teatro di scontri armati con bande partigiane. La documentazione al riguardo, conservata presso l'Archivio Storico Comunale di Cavriana (a cui appartiene San Giacomo) è molto dettagliata; copia dei documenti è stata redatta dalle locali stazioni dei carabinieri di Guidizzolo e Cavriana, stante l'importanza di quanto espostovi. Si tratta di alcuni verbali di interrogatorio che, con molte lacune, cercano di spiegare le modalità in cui è avvenuto l'eccidio del partigiano Renato Farinati, nato a Guidizzolo nel 1924 e appartenente agli equipaggi della marina militare (reparto CEMM, matricola 68882, furiere volontario).

Come dichiarato da Walter Bussacchetti, studente nativo di Cerlongo (classe 1927), *nella frazione di San Giacomo del comune di Cavriana avevo organizzato da parecchio un sottocomitato patriottico e la sera sovente ci si radunava ad ascoltare Radio Londra; mi ripromettevo di disarmare il distaccamento tedesco di stanza ivi. Si trattava di sette militari, comandati, credo, da un maresciallo ed accantonati in Corte Colombarone.* [...] *Il venerdì 27 aprile penetrai in detta abitazione e li disarmai. Non fu da loro opposta alcuna resistenza perché erano sette sbandati e non un presidio tedesco vero e proprio.*

Per quanto riguarda l'uccisione di Renato Farinati, le versioni documentarie riportano versioni diverse. La vicenda, ad un'analisi generale, può essere così riassunta: il Farinati, guidizzolese della classe 1924, sbandato dopo l'8 settembre 1943 e facente parte delle Fiamme Verdi con sede in Desenzano[48], il 10 aprile 1945 con due compagni si reca a San Giacomo per impadronirsi di alcune armi detenute da Guglielmo Gemmato, sfollato e appartenente alla brigata nera locale e ospitato presso la casa di

47. ASCG, b. 96, 2.

48. Il Farinati, già catturato dalla brigata nera di Guidizzolo nel dicembre 1944 presso la strada di Cavriana, viene rinchiuso nelle scuole del paese per alcuni giorni in prigionia, per poi essere trasferito a Monza per essere assegnato alla Flak (contraerea). Dopo una settimana, il Farinati fugge dal reparto e, raggiunta la zona del basso Garda, si unisce alle brigate partigiane operanti nella pianura e in collegamento con il Monte Baldo.

Foto n. 34. Renato Farinati, qui ventenne (intorno al 1940), raffigurato in un ricordino commemorativo, in cui lo si celebra come "Patriota delle 'Fiamme Verdi' deciso nella lotta, [il quale] donava la vita per la libertà della Patria". Collez. A. Delmenico

Sergio Ubertini, anch'egli di San Giacomo. Walter Bussacchetti e lo stesso Ubertini, che erano nell'osteria della frazione, vengono avvisati dalla madre di quest'ultimo della presenza di tre partigiani mascherati in casa sua. Il Gemmato, convinto che cercassero proprio lui, si reca in bicicletta a Guidizzolo, da dove torna assieme ad alcuni camerati della brigata nera per affrontare i partigiani. I fascisti, attraverso i campi, raggiungono il portico di casa Ubertini e si appostano davanti alla porta di ingresso, da cui partono colpi di arma da fuoco che colpiscono uno di loro. Gli altri fascisti, a questo punto, reagiscono sparando verso la porta e colpendo, a loro volta, i partigiani all'interno, uno dei quali è il Farinati. A partire da questo momento la ricostruzione dei fatti appare, dai documenti, confusa: alcuni testimoniano "di avere sentito per averglielo raccontato" che il Farinati era stato ucciso dal Gemmato, il quale, nello stesso tempo, sarebbe stato colpito a morte da colpi di moschetto da parte dei partigiani rimasti sulla porta di casa; secondo altri, invece, il Farinati sarebbe stato colpito da raffiche di mitra provenienti dall'esterno e sparate da membri della brigata nera[49]. Tutti i documenti, in ogni caso, terminano con una precisazione: *affermiamo puramente quanto è a conoscenza sulle origini che portarono a morte il Farinati*. Nell'ultimo documento rinvenuto (in ordine di tempo) e datato 12 aprile 1945, si legge: Il comandante del battaglione di Guidizzolo maggiore Trombini *ordina al parroco di Guidizzolo la sospensione del suono della campana funebre per il funerale del fuorilegge Farinati Renato*[50].

L'attività amministrativa del comune di Guidizzolo guidato dal podestà, Ernesto Lui, coadiuvato dal segretario rag. Arturo Cretella, termina con la deliberazione n. 25 del 22 aprile 1945, 3 giorni prima del 25, data ufficiale della Liberazione dell'Alta Italia. Per circa un mese tutto il lavoro del municipio viene svolto dall'ufficio anagrafe (nascite e morti), sino alla prima seduta dell'amministrazione provvisoria: il 28 maggio, alle ore 16, si insedia la giunta municipale, a seguito di verbale redatto dal locale Comitato di Liberazione Nazionale[51] e datato, appunto, 25 aprile 1945. La giunta è

49. Un'altra testimonianza afferma che mentre il Gemmato e il Farinati all'interno di casa stavano aggredendosi, dall'esterno i partigiani avrebbero lanciato una bomba a mano e nella confusione susseguente, il Farinati sarebbe stato rinvenuto cadavere assieme al Gemmato stesso.

50. ASCC, b.

51. Il Comitato di Liberazione Nazionale sorge a Roma all'indomani della caduta del fascismo, il giorno dell'armistizio (25 luglio 1943). Nella sua prima seduta il CLN, guidato da Ivanoe Bonomi (originario di Volta Mantovana), "chiama gli italiani antifascisti alla lotta e alla resistenza per riconquistare all'Italia il posto che le compete nel consesso delle libere nazioni". Nell stesso periodo, nei territori occupati dai tedeschi, si costituisce il Comitato di Liberazione Alta Italia (CLNAI), con sede in Milano, il quale viene investito alla fine del 1944 dal comando supremo alleato dell'autorità di esercitare azioni di governo nelle zone occupate e commendatario del governo luogotenenziale in funzione a Roma.

Foto n. 35. La targa marmorea posta a ricordo di Renato Farinati, in corrispondenza del luogo dove morì nello scontro a fuoco con la brigata nera di Guglielmo Gemmato. La foto n. 18 del Capo 16 ci mostra un momento della cerimonia di intitolazione del luogo. Per quanto riguarda l'altra vittima della sparatoria, il Capitano Gemmato, la furia popolare lo condannò alla damnatio memoriae, *con la "lapide colpita a sassate, le brevi parole rotte e illeggibili, la fotografia in ceramica ridotta a crepe e frantumi" (F. Mondadori,* Guidizzolo: epigrafi e iscrizioni, *cit., p. 120). Foto A. Dal Prato*

costituita dal sindaco, rag. Giovanni Perrucchi, indipendente, da 5 assessori effettivi: Tancredi Nodari, vicesindaco, socialista (sostituito a giugno da Castore Delmenico), dr. Antonio Cavalieri, democristiano, Sergio Bignotti, azionista, Massimiliano Bertasi, comunista, e da 5 membri supplenti: Silvio Sartori, indipendente, Augusto Restelli, socialista, Ruggero Castagna, democristiano, Giulio Fedrigo, azionista e Alberto Fantini, comunista[52].

52. Nel Corso del mese di giugno i due assessori appartenenti al Partito d'Azione (Bignotti e Fedrigo) escono dal partito stesso e vengono pertanto sostituiti da Castore Delmenico e Demo Cimarosti; cfr. ASCG, registri CC, 1943/1945.

Il sindaco, prima di iniziare la discussione degli ordini del giorno, rievoca la figura dei quattro eroici guidizzolesi, che con l'olocausto della propria giovinezza resero più facile e più celere la liberazione del paese. Rivolge un caldo ed appassionato saluto a tutti i combattenti d'Italia, agli eroici internati in terra straniera, ove le torture, le sevizie e le privazioni non valsero a mutare i sentimenti d'italianità e del diritto. E fa voto che questi possano presto raggiungere le proprie famiglie e riprendere le proprie attività per il raggiungimento della ricostruzione nazionale. Si rivolge al comandante di Piazza, tenente Scaglioni, invitandolo a rendere grazie a tutti i superstiti patrioti guidizzolesi, per l'opera feconda ed altruista operata a totale vantaggio della popolazione, suggellando con tutti i patrioti d'Italia i destini dell'ora. Si rivolge al presidente del locale Comitato di Liberazione, ringraziandolo a nome di tutti i componenti della giunta per la fiducia accordata, assicurando che la nuova giunta comunale, fedele alle vecchie tradizioni, si impegna a collaborare in comunione di intenti e di spiriti col popolo, acché Guidizzolo possa assurgere in clima democratico, a quella elevatezza civile, morale e materiale di un tempo che sempre lo ha distinto tra i comuni dell'Alto Mantovano[53].

La giunta decide di rendere omaggio agli eroici patrioti guidizzolesi *che nell'ora della Liberazione Nazionale resero olocausto della propria giovinezza alla Patria* e delibera di intitolare quattro strade del comune ai medesimi: Riccardo Sarti (già via Roma), Mario Covallero (Circonvallazione), Renato Farinati (Passeggio), Luigi Treccani (Oratorio)[54]. La richiesta di onorare la memoria dei caduti partigiani di Guidizzolo, al pari di molte altre di paesi vicini, viene formulata direttamente dal locale "comitato per le onoranze ai caduti locali dell'insurrezione" ed ottiene il plauso e l'appoggio dell'ANPI provinciale, la quale approva del tutto l'iniziativa e provvede alla raccolta di notizie sui caduti medesimi. Un documento presente in Archivio Comunale riporta una scheda della "Commissione Riconoscimento qualifica Partigiani della Lombardia", ed elenca i nominativi dei caduti per la lotta di liberazione: Covallero Mario, appartenente alla 127ª brigata Mantova, militante per 2 giorni e morto il 25 aprile 1945, medaglia d'argento; Farinati Renato, 127ª brigata Mantova, militante per 7 mesi, caduto il 10 aprile 1945; Grandelli Amerigo, 127ª brigata Mantova, militante

53. ASCG, registri CC, cit. pp. 121 sgg.

54. Con una deliberazione successiva (40 del 17 luglio 1945) su indicazione negativa della Prefettura, "ritenendo inopportuno di sostituire con altri nomi Via Roma" decide di revocare quanto discusso e riunisce i quattro patrioti sotto la comune denominazione "Piazza Martiri della Libertà", che in tempi successivi verrà chiamata Piazzetta Mutti, mentre la Piazza Martiri diverrà Via Martiri della Libertà.

per 14 giorni, caduto il 24 aprile 1945; Sarti Riccardo, 127ª brigata Mantova, militante per 7 mesi e 15 giorni, caduto il 25 aprile 1945; Treccani Luigi, 127ª brigata Mantova, militante per 2 giorni, caduto il 25 aprile 1945.

Foto n. 36. Un ritratto di Luigi Treccani, uno dei quattro giovani patrioti guidizzolesi che persero la vita per mano tedesca all'alba della Liberazione. Luigi era di Rebecco e il suo ricordo è vivo nella memoria di alcuni che allora erano bambini per l'essere stato portato in una bara nella chiesa della frazione, con il segno della fucilata ben visibile sul petto. Foto A. Dal Prato

Comitato organizzatore

Preparazione e organizzazione posa Cippi e Lapidi

Arnoldo Delmenico – Eros Pedroni – Franco Fezzardi – Giuseppe Caiola
prof. Alessandro Dal Prato – Pietro D'Isola – Gianfranco Bignotti

Foto n. 37. Come si può leggere, la foto ritrae i sette membri del cosiddetto "Comitato organizzatore [per la] Preparazione e organizzazione posa Cippi e Lapidi", il quale per l'appunto si occupava di gestire in modo materiale il lavoro necessario alla creazione delle edicole o dei cippi commemorativi. Tra i membri spicca la figura di Alessandro Dal Prato, sempre protagonista e attivamente partecipe nella vita civile e memoriale del paese (si veda il Capo 12, dedicatogli). Fine anni '40. Collez. G. Cagioni

Nel mese di maggio, all'indomani della liberazione, in tutto il Nord Italia, già soggetto alla Repubblica Sociale, vengono create le cosiddette "commissioni per l'epurazione", sorta di tribunali incaricati di verificare se i dipendenti pubblici e privati operanti in aziende pubbliche o aperte al pubblico, come ad esempio le banche, si siano più o meno resi complici delle decisioni e dei misfatti dei fascisti; Guidizzolo rientra nella sezione di Asola della "commissione per la sospensione dei funzionari e impiegati fascisti", retta dal pretore dr. Arnone; vengono quindi redatte delle schede individuali di tutti i dipendenti del comune, degli uffici pubblici periferici, dei medici condotti, dei presidi, dei direttori didattici, del personale giudiziario, del personale bancario e, naturalmente, dei segretari comunali e dei sindaci. La commissione, viste le schede, convoca i singoli dipendenti, li sottopone ad un interrogatorio (solitamente il testo delle domande è redatto in italiano e in inglese) per poi procedere ad un giudizio finale, da cui dipenderà se la persona verrà o meno confermata in servizio[55]. A Guidizzolo gli interessati all'epurazione sono: Arturo Cretella (segretario comunale), Costante Castagna (economo e capo ufficio), Giovanni Cipolla, Gino Marchi e Renzo Castagna (applicati), Iole Saviatesta e Santa Palazzini (avventizi), Pietro Picchi (ricevitore del dazio), Angelo Zanini (agente del dazio), Attilio Zaccagni (cursore), Primo Migliorini e Alcide Piadena (stradini), Secondo Migliorini (seppellitore), Angelo Affini (bidello scuole), Mario D'Arconte (ufficiale sanitario, si veda la foto succesiva), Giuseppe Giovagnoni (vigile sanitario), Giovanni Agoggeri (medico condotto), Tarquinio Garofolo (veterinario condotto), Isa Restelli (levatrice condotta), Alessandro Dal Prato (insegnante Scuola d'Arte e direttore), Rizieri Tonolini (assistente Scuola d'Arte), Carolina Girelli ed Ezia Melli (insegnanti asilo), Federico Gitti (ricevitore postale), Ida Gitti Garofoli (assistente postale), Natale Artioli (portalettere urbano), Ettore Boscaglia (portalettere rurale), Adelchi Fattori, Clelia Gitti, Caterina Grassi, Rina Bozzi, Bruna Genovesi, Alma Volpi, Maria Racheli, Lucilla Barbi, Antonio Visini, Gisella Rummler, Dora Giovagnoni Di Pietro (personale delle scuole statali). Nel 1946 (deliberazione di giunta n. 149 del 25 marzo) si decide di non adottare nessun provvedimento a carico dei dipendenti soggetti ad epurazione, in quanto estranei alle attività correlate alla Repubblica Sociale.

55. Le Commissioni Provinciali per l'epurazione e la repressione dei reati di collaborazione col nemico vengono istituite con il decreto del 24 marzo 1945 del CNL. La sede delle commissioni è presso i tribunali e nelle sezioni distaccate. La commissione emette mandati di cattura nei confronti di squadristi, gerarchi, appartenenti alle brigate nere e persone che abbiano collaborato col nemico in periodi posteriori all'8 settembre 1943. Copia di documenti sulla commissione in ASCG, b. 95, 5.

Foto n. 38. Mario D'Arconte, in una fototessera identificativa dei primi anni '40. D'Arconte svolgeva l'incarico di ufficiale sanitario per tutti i comuni dell'Alto Mantovano, dirigendo il locale Consorzio di vigilanza igienica e profilassi, trai i primi ad essere istituiti in Italia dopo l'approvazione del testo unico delle leggi sanitarie nel 1934. Egli fu pioniere della sanità pubblica in terra mantovana, dove esercitò la professione dal 1939 al 1976. Collez. M. D'Arconte

Lentamente la vita continua anche a Guidizzolo; cito alcuni episodi: il direttore della Scuola d'Arte, prof. Alessandro Dal Prato, chiede che il materiale ligneo proveniente dalle demolite opere di sbarramento tedesche[56] venga donato alla scuola *perché servirebbe alle esercitazioni pratiche di laboratorio e la costruzione di tavoli e sgabelli per la scuola, dei quali tanto abbisogna*[57].

Le condizioni alimentari della popolazione, già scarse nel periodo bellico, risultano oltremodo precarie, tanto che il comune richiese l'assegnazione straordinaria di cinquanta quintali di sale *allo scopo di distribuirlo alla popolazione del comune*[58]. I pochissimi che, all'indomani della fine del conflitto, hanno un lavoro, lamentano la mancanza, fra le altre cose, di mezzi di trasporto, come il caso dell'idraulico Angelo Lucchini, rimpatriato dalla Germania, *il quale ha urgente bisogno di copertoni e camere d'aria da bicicletta, dovendo spostarsi da un luogo all'altro. Il locale CLN trovandosi completamente sprovvisto di fondi, prega la Camera del Lavoro di Mantova di aiutare questi nostri fratelli che tanto hanno bisogno di aiuto*[59].

Alquanto pesante appare anche l'aspetto sanitario: nel corso dell'estate 1945 (mesi di giugno e luglio) molti guidizzolesi sono colpiti da un'epidemia di febbre tifoide (al tempo abbastanza frequente in gran parte dei paesi del circondario, soprattutto nelle campagne, date le condizioni igieniche precarie); inoltre il comune procede alla somministrazione gratuita di medicinali alle famiglie indigenti che, nello stesso 1945, sono 303, quasi tutte con figli piccoli (per cui si stima un numero minimo di 900/1000 persone che versano in condizioni di povertà). Nel mese di agosto, il locale CLN, di comune accordo con la giunta e la rappresentanza dell'ANPI, decide di distribuire alla popolazione il sale giacente nel deposito di Monopolio (5 quintali e mezzo) e tutte le scorte di granoturco ad uso sia del popolo sia dell'allevamento di suini per uso familiare. Vengono infine requisiti i locali al pianterreno della villa di proprietà Montalto Tea Diana *per immettervi famigli di operai ed ex internati privi di tetto.*

56. Nel febbraio 1945, su ordine del comando germanico di piazza, vengono costruite alcune trincee sulla strada provinciale per Brescia. In caso di incursioni aeree nel territorio del comune, le squadre di soccorso, al suono della campana a martello, devono trovarsi davanti al municipio munite di piccone e badile; nelle frazioni davanti alle scuole. Dette squadre sono comandate dai capimastri muratori Luigi Madella, Battista Bonoldi, Antenore Bocchio, Lorenzo Fedrigo, Vincenzo Gitti.

57. ASCG, b. 113, 3.

58. ASCG, b. 113. 4.

59. ASCG, b. 113. 4.

Nonostante le condizioni non proprio ottimali, la gente, come detto, vuole ricominciare a vivere e, in generale, a tornare alla propria vita normale: nel 1946 il sindaco avvisa il maresciallo dei carabinieri che *alcune osterie del capoluogo e della frazione Birbesi restano aperte oltre l'orario normale. In alcune osterie di Birbesi il gioco delle bocce si protrae quasi ogni sera sino alle 3 del mattino* (si veda la foto n. 21 del Capo 13). Per cui si richiede di por termine alla situazione a seguito di lamentele del vicinato (…).

Il ricordo della guerra appena terminata si tocca con mano leggendo l'avviso che il sindaco Pezzucchi recapita alla prefettura, in data 22 maggio 1945: *si comunica che in questo comune nelle località sotto segnate vi sono tuttora delle bombe inesplose. Campo Quiri, campo Ruggeri e campo Martellin nel capoluogo, campo Rezzato e campo Gelmina a Birbesi.*

Un evento sicuramente di portata è, il giorno 7 giugno 1945, la visita a Guidizzolo del commissario del governo militare alleato della provincia, tenente colonnello Fricker. In onore del commissario viene offerto un banchetto nella locale sezione ENAL[60].

Nel mese di luglio 1945 il CLN locale nomina i rappresentanti guidizzolesi dell'associazione sindacale (Unione commercianti al dettaglio): Giovanni Guaragna (panificatori), Romolo Ruggeri (alimentaristi al dettaglio), Faustino Ferrari (ortofrutticoli), Giovanni Calza (macellai), Remo Perani (tessili e abbigliamento), Giovanni Spazzini (generi di monopolio), Maria Mari (lattivendoli).

Nel 1946 si svolgono le prime elezioni amministrative libere del dopoguerra, a cui partecipano anche le donne. La consultazione, per l'elezione del consiglio comunale, ha luogo domenica 31 marzo e a Guidizzolo i seggi sono quattro, due nel capoluogo, uno a Birbesi e uno a Rebecco. Le liste dei candidati sono due: la Democrazia Cristiana (centro) e Lista del Lavoro (sinistra), e quest'ultima risulta vincente.

60. L'Ente Nazionale Assistenza Lavoratori (ENAL) sorge nel 1945 e assorbe tutte le attività della cessata OND. A Guidizzolo si occupa di assistenza (colonie e mense), sport e insegnamento e, in genere, di intrattenimento. Nel giugno 1945 il commissario locale ENAL è Pietro Pichi.

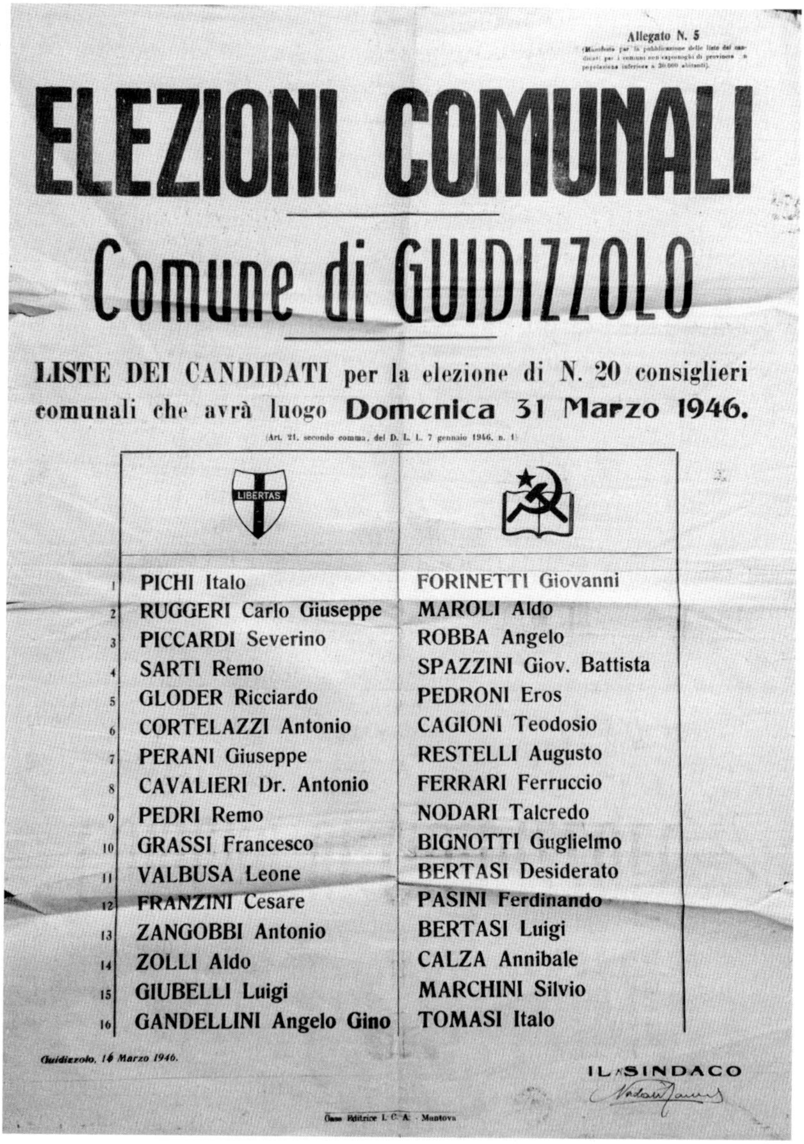

Foto n. 39. Il manifesto dei candidati alle prime elezioni amministrative comunali di Guidizzolo del dopoguerra. Come si può leggere, il popolo era chiamato a eleggere 20 consiglieri, presentandosi ai seggi nell'unica data di domenica 31 marzo 1946 (più di un mese prima delle più note elezioni politiche dell'Assemblea Costituente, tenutesi il 2 e 3 giugno). I candidati sono suddivisi tra le due liste, la DC e la Lista del Lavoro. Nonostante il diritto di voto fosse stato esteso anche alle donne (dal Decreto Legislativo Luogotenenziale n. 74 del 10 marzo 1946), si consideri come nessuna figuri ancora tra i membri delle liste in questione: i tempi stanno sì cambiando, ma con molta lentezza e gradualità. Archivio Storico Comunale di Guidizzolo

Il primo consiglio comunale di Guidizzolo è composto da: Giovanni Forinetti (sindaco), Ferruccio Ferrari, Silvio Marchini, Luigi Bertasi, Talcredo Nodari (assessori effettivi), Ferdinando Pasini, Augusto Restelli (assessori supplenti), Giovanni Battista Spazzini, Aldo Maroli, Angelo Robba, Annibale Calza, Eros Pedroni, Desiderato Bertasi, Italo Tomasi, Teodosio Cagioni, Remo Sarti, Carlo Giuseppe Ruggeri, Severino Piccardi, Italo Picchi, Guglielmo Bignotti. Nella seduta consiliare del 20 settembre 1946 il sindaco Forinetti rassegna le proprie dimissioni *in seguito alla situazione creatasi in seno all'amministrazione comunale* e, conseguentemente, si dimette anche la giunta; viene pertanto nominato sindaco Silvio Marchini e la nuova giunta comprende Ferdinando Pasini, Italo Tomasi, Giovanni Spazzini, Celso Robba (assessori effettivi), Annibale Calza, Italo Tomasi (assessori supplenti)[61]. Si tratta di un momento storico per la politica guidizzolese, come testimoniato dal quadro celebrativo qui proposto.

61. ASCG, registri, cit. p. 124.

Foto n. 40. Subito dopo l'insediamento del primo consiglio comunale "dell'Italia repubblicana" viene creato questo quadro commemorativo, raffigurante i membri che lo compongono con relativo incarico. Al centro vediamo il Sindaco Silvio Marchini, il Vicesindaco (Giovanni) Battista Spazzini e gli assessori ai lati. Subito sotto troviamo due file di consiglieri. La decorazione che inquadra i membri del consiglio è di pregevole fattura e contribuisce a dare un tono solenne al tutto, come viene poi confermato nella pagina disegnata sulla sinistra. Essa recita "Non per onorare il Consiglio, ma per ricordare la riconquistata libertà popolare": la celebrazione dei singoli è subordinata all'ideale repubblicano più grande della libertà. Archivio Storico Comunale di Guidizzolo

Una delle prime azioni intraprese dal neosindaco è il proseguimento (e l'ultimazione) di alcuni lavori pubblici che, come in quasi tutti i paesi, erano stati decisi *a sostegno della disoccupazione dilagante soprattutto nelle fasce di persone reduci dalla guerra e dalla prigionia*: a Guidizzolo si inizia con l'ampliamento del cimitero, realizzato mediante l'acquisto di un terreno adiacente al camposanto esistente e di proprietà della signora Antonietta Pedrotti. Nel mese di luglio viene approvato il progetto, che prevede un ampliamento verso Nord e la costruzione della cinta muraria; i lavori vengono assegnati alla Cooperativa dei Muratori di Guidizzolo (costituita nello stesso anno)[62]. Il comune assume un impegno di spesa "quale premio della Repubblica a favore degli operai impiegati nei lavori di cui sopra". Nel mese di agosto 1946 la giunta approva la donazione di un terreno alla locale Sottocamera del Lavoro per la costruzione di due alloggi popolari, in adiacenza alle case popolari già esistenti; anche in questo caso i lavori sono a sostegno dei disoccupati[63]. Verso la fine del 1946 vengono infine realizzati alcuni lavori di sistemazione delle strade per Cavriana e Birbesi, danneggiate nel periodo bellico e dei rispettivi ponti (uno al bivio Birbesi/Ceresara, l'altro all'incrocio di via Cavriana con l'attuale strada che reca a Volta).

Con il primo gennaio 1947 viene istituita la sesta classe elementare *per dar modo agli scolari in possesso di regolare licenza della quinta elementare di perfezionare gli studi per essere così più preparati ad affrontare quelli della Scuola d'Arte comunale esistente in luogo*[64]. I corsi vengono tenuti dalla maestra Andreina Fattori. Dopo la parentesi bellica viene inoltre ricostituita la banda musicale, la quale in questo comune ha una vera tradizione. Riprende anche l'attività del teatro, gestito dall'ENAL. Di banda musicale e attività teatrale verrà trattato ampiamente nel Capo 13, a cui rimandiamo.

Buona parte del 1947 vede l'amministrazione Marchini occupata nella riforma, anzi, della ricostituzione dell'assetto comunale, a partire dal personale; si procede all'assunzione di figure mancanti, alla conferma soprattutto di bidelli e insegnanti delle scuole e, dove occorre, alla sostituzione di personale sanitario (ostetrica e medico); viene inoltre ricostituito l'ufficio tecnico (si ricordi come spesso, anche in tempi non lontani, la figura del "geometra comunale", vera colonna portante dell'amministrazione, non sia un impiegato fisso, ma un incaricato esterno, il più delle volte con uno studio di progettazione proprio). L'ultima opera pubblica di rilevanza dell'anno 1947, primo anno dell'amministrazione Marchini, riguarda l'estensione della rete di pubblica illuminazione nella frazione di Selvarizzo, *località dove la situazione creatasi è veramente deplorevole mantenendo un tale stato di cose in tempo di civiltà come l'attuale*; i lavori vengono realizzati sempre a sostegno dei disoccupati e finanziati mediante contrazione di un mutuo.

62. Un documento del 1972, sotto l'amministrazione dell'avv. Fontanesi, riporta, a distanza di quasi 30 anni, l'apprezzamento del sindaco in merito alle opere pubbliche "dello stimato sindaco Marchini, fra le quali spicca il grandioso ampliamento del camposanto". Nel 1972 il Marchini, fra l'altro, militava nelle file dell'opposizione.

63. L'opera viene finanziata con i proventi di una lotteria organizzata a questo preciso scopo dalla Sottocamera del Lavoro.

64. ASCG, deliberazioni CC 1946/1948, n. 34/47.

Lo stesso anno 1948 vede l'attività amministrativa per lo più fissa sulla gestione del personale (pensionamenti, sostituzioni e ripetute modifiche al regolamento organico). Un capitolo a parte comprende documenti relativi alle elezioni politiche, molto sentite anche a Guidizzolo, con scambi di battute e vere accuse da parte dei due schieramenti contrapposti (DC e PCI).

Il 1949 vede l'impegno comunale dedicato alle opere di edilizia scolastica, per cui in primo luogo viene confermata l'istituzione di un corso libero post-elementare a vantaggio degli alunni da avviare al lavoro, quindi l'opera più imponente, cioè l'ampliamento della Scuola d'Arte, dopo anni in cui, a seguito della guerra, era stata trascurata e aperta a periodi alterni. Verso la fine dell'anno l'ingresso a Guidizzolo viene abbellito mediante l'impianto di ippocastani lungo la strada che conduce a Castiglione, vero biglietto di presentazione di una comunità che dimostra di essersi rialzata e di volere tornare a vivere normalmente.

Nel 1950 proseguono i lavori di impianto della pubblica illuminazione nelle frazioni e nelle zone del paese che ne sono sprovviste (dopo anni in cui vigeva l'oscuramento, ecco finalmente un vero sollievo soprattutto psicologico); vengono installati nuovi punti luce in piazza Marconi, nelle strade interne e davanti al municipio. A Rebecco inizia la raccolta dei fondi per erigere un piccolo monumento ai caduti nella frazione: il comune partecipa direttamente alle spese e alla successiva costruzione, dimostrando sincera attenzione alle realtà frazionali, vero fulcro delle attività sociali dei piccoli centri. L'attività della Scuola d'Arte, recentemente ampliata, vede l'istituzione di diverse sezioni diurne di insegnamento, anche e soprattutto grazie al concorso di molti dei comuni circonvicini.

Verso la fine dell'amministrazione Marchini si provvede a "riassettare le finanze", approvando tutti i conti consuntivi del periodo bellico dopo il 1943, e ponendo le basi per i futuri investimenti, dimostrando quasi una chiusura definitiva con un periodo nefasto e ancora troppo recente. Nel mese di giugno 1951, dopo lo svolgimento delle elezioni amministrative, viene eletto sindaco Giuseppe Perani (DC): inizia quindi anche a Guidizzolo il periodo delle alternanze politiche che spesso caratterizza gran parte dei comuni italiani, vero anche se spesso teorico, esempio di democrazia[65].

65. Silvio Marchini muore il 1° maggio 1983 e nella seduta consiliare del 30 maggio l'assessore anziano e vicesindaco Giuseppe Gandini pronuncia un discorso in memoria: *Ho ritenuto doveroso, questa sera, che ci fermassimo un attimo per ricordare la figura del nostro concittadino che fu tra i primi a dirigere questa amministrazione comunale dopo la liberazione. Non userò grandi parole né farò dei lunghi discorsi proprio perché*

Foto n. 41. Il monumento ai caduti che sorge a Rebecco, posto durante il 1950. Si noti la suddivisione tra Caduti nella Guerra di Libia, Caduti nella Guerra 1915-1918, Caduti nella Guerra 1940-1945 e Dispersi nella Guerra 1940-1945, quasi nell'intento di custodire con ordine, e quindi con attenzione, il ricordo di ognuno. Foto A. Dal Prato

la personalità di chi ricordiamo, così schiva ma così incisiva, non ce lo consente. Silvio Marchini fu, sopra ogni credo politico, una persona che seppe intessere, con chiunque lo incontrava, tutta una serie di svariati rapporti sempre improntati al reciproco rispetto; ed in questo, credetemi, ci è maestro, e tanti di noi dovrebbero trarre esempio. Oltre che come sindaco, lo voglio ricordare così come tutti lo abbiamo conosciuto in questi ultimi anni; come uomo, perché è per l'uomo che noi siamo seduti intorno a questo tavolo, è per l'uomo, qualunque sia la sua fede politica e il suo ceto sociale, che noi abbiamo accettato questo servizio; e lui era uno di questi uomini: sempre sereno, disponibile, si è sempre dato da fare per tutti coloro che si affidavano ai suoi servizi. E poi il primo maggio, in silenzio, come aveva vissuto tutta la vita, il primo maggio ci ha lasciati, semplicemente, senza dar fastidio a nessuno, in un attimo; e noi, dopo la sua morte, lo abbiamo ricordato per la sua vita, perché è un po' il destino di tutto quello di essere ricordati oltre la nostra morte che spesso è il momento che riesce a dare un senso più autentico a tutta la vita. Questo è quanto ho voluto dire nel ricordo di Silvio Marchini; brevi parole, non grandi immagini, ma con la speranza di essere riuscito, anche se per un momento, a riportarlo qui in mezzo a noi nella nostra mente. Cfr. ASCG, CC, 1983, n. 27.

Capo 5. L'agricoltura come base di sostentamento e lavoro primario per buona parte delle famiglie di Guidizzolo

di Paola Sposetti

L'organizzazione delle corti campestri

Una buona percentuale delle famiglie guidizzolesi fino, almeno, al secondo dopoguerra imperniava la propria vita sulla campagna. Le famiglie vivevano in cascine attorniate da appezzamenti di terreno, basavano la propria economia domestica sugli animali che allevavano e sulle colture che seminavano o trovavano già in natura, in maniera spontanea.

Il lavoro degli uomini era un lavoro di braccia, di gambe e di sudore[1]. Non esistevano molti macchinari in grado di aiutarli a lavorare la terra; seguivano i cicli naturali delle stagioni e pregavano perché nessuna calamità naturale portasse loro via il raccolto.

Non solo in questi ultimi anni, ma anche in passato, Guidizzolo è stato purtroppo interessato da catastrofi naturali. Ad esempio nel luglio 1908 «alle 4 pomeridiane è venuta a Guidizzolo una tempesta. Ha portato via più di metà uva e frumentone. La tempesta avrà durato più di un'ora mista all'acqua[2]». E ancora, nell'agosto 1945 sappiamo che si è abbattuto un «ciclone[3]» in paese provocando danni all'interno del cimitero. Il Comune si è offerto di riparare le tegole e la travatura di alcune tombe, come pure alcune colonne danneg-

1. Talvolta le condizioni di lavoro erano misere. Lo testimonia lo scoppio della *boje* (con conseguente processo ai contadini mantovani, 1886). Anche se questo fenomeno ha maggiormente interessato la zona mantovana verso Reggio e Modena e a destra del Mincio, era una situazione percepita, di riflesso, anche nell'Alto Mantovano, sebbene in misura minore. Cfr. Salvadori R. (1962), *La boje! Processo ai Contadini Mantovani alla Corte d'Assise di Venezia*, Avanti ed., Milano.

2. Annotazioni Memorie anno 1905, fondo Caritas-Mondadori. Diario manoscritto di Martina Coffani.

3. Viene definito addirittura in questa maniera in una lettera che il sindaco del Comune di Guidizzolo scrive nel novembre 1945 ai proprietari di alcune tombe nel cimitero del paese. Rif. Collez. G. Valbusa.

giate. Ha chiesto poi ai vari proprietari di versare all'Economo Comunale la somma anticipata. Come si può facilmente pensare sono proprio quei temporali improvvisi e inaspettati che, nel bel mezzo della calura estiva, provocano danni ingenti. Il forte vento, che talvolta si trasforma in trombe d'aria o eventi atmosferici di rilevate entità, provoca in certe circostanze gravi danni agli immobili e, in generale, alle attività soprattutto agricole.

Foto n. 1. Squadra di zappatrici al lavoro nell'ortaglia che si trovava di fronte a palazzo Rizzini. Quasi tutte indossano un vestito fatto a vestaglia, chiuso sul davanti da bottoni; qualcuna non ha nemmeno tolto il grembiule, che è ancora allacciato in vita, normalmente utilizzato per le faccende domestiche. Le ultime che chiudono la fila, verso il fondo, indossano dei pantaloni, sicuramente più comodi per zappare, distinguendosi come "le più audaci". Bisogna notare che in passato, la campagna fosse vicinissima alle vie principali del centro-paese che ancora oggi costituiscono la struttura urbana portante (piazza Pezzati, via V. Veneto, via IV Novembre e la strada Statale con piazzale Marconi). Con il tempo la campagna più prossima al paese è stata inghiottita dalle costruzioni, poiché occorrevano più case dato che la popolazione cresceva di numero. Non deve stupirci dunque il fatto di trovare delle ortaglie o dei campi vicinissimi a palazzi signorili, anzi quasi a ridosso, anni '40. Collez. M. Rodighiero

In campagna, gli uomini si facevano aiutare dai figli (maschi), di cui attendevano la nascita con trepidazione. Qui c'era sempre qualcosa da fare. La giornata pareva non avere mai fine. Al bisogno anche le bambine davano il loro apporto. Si smetteva presto di portare il grembiule di scuola per andare ad aiutare "i grandi". La vera scuola era la terra che ha sempre insegnato a capire l'arrivo del temporale dal fastidio delle bestie, a sentire nell'aria l'odore della grandine prima dell'arrivo di cumuli di nuvole minacciose, a distinguere le erbe cattive da quelle che curano, a osservare il cambiamento di stagione dal volo degli uccelli migratori; a memorizzare i nomi dei santi e il periodare dei proverbi[4].

All'occorrenza, ovviamente, anche le mogli lavoravano in campagna. Esse, oltre a governare la casa, dovevano trovare il tempo anche per un aiuto nei campi o per sistemare il raccolto o per qualsiasi altra mansione fosse necessaria (vedi Foto 1).

Il lavoro, come si è già detto, inizia nei campi per poi finire, inevitabilmente, sull'aia. Quest'area importantissima per la casa rurale veniva di solito pavimentata in pietra o in mattoni (vedi Foto 2), solo più tardi con un battuto di cemento. Era davanti all'abitazione e su di essa si eseguiva, ad esempio, la manipolazione e l'essiccazione dei prodotti agricoli.

Foto n. 2. Aia di una corte di Rebecco. È ricoperta dai canoch *per proteggere dal freddo la pavimentazione che, altrimenti, avrebbe rischiato di creparsi. Fili per stendere i panni ad asciugare sono stati fissati al muro della casa (sia sullo sfondo, che sulla destra), nelle zone più soleggiate e riparate dal vento. La donna di casa trasporta dei pezzi di legno portandoli, probabilmente in casa, per riscaldare gli ambienti attraverso la stufa. Un simpatico cagnolino bianco e nero la attende sulla porta d'entrata, anni '50. Collez. Fam. B. Giubelli*

4. Cfr. Gozzi G. (2000), *Le stagioni della donna contadina*, Sometti ed., Mantova, pp. 16-17.

Le colture

Che cosa veniva coltivato nelle campagne di Guidizzolo? Il paesaggio rurale cambia sicuramente parecchio con l'arrivo dell'acqua, per mezzo delle canalette[5]. Questa innovazione permette infatti di poter prediligere la coltivazione di mais e granoturco, ad esempio, portando dunque ad eliminare tutti quegli alberi che, da decenni, erano stati piantati (o erano cresciuti spontaneamente) nei campi. Un esempio per tutti è la pianta del *gelso*. Per tanto tempo parte integrante del luogo, anche grazie al discorso legato alla bachicoltura (di cui si parlerà in seguito più nel dettaglio). Poi, con l'arrivo dell'acqua in maniera copiosa ecco la svolta. Si preferisce coltivare la terra seminando perché si nota subito che le colture possono crescere meglio e con più vigore se vengono innaffiate regolarmente.

Sappiamo che nel 1925 si piantava: erba medica, frumento, paglia, stramaglia[6], granoturco[7]. Stiamo parlando solo ed esclusivamente di appezzamenti di terra coltivata. Poi, sicuramente, erano presenti degli alberi da frutto, tra cui i più antichi sono i mandorli ad esempio[8], e, soprattutto, i gelsi.

Nel 1950 viene realizzata un'indagine[9] che ci presenta la situazione delle colture a Guidizzolo (Tab. 1), suddivisa per zone:

5. Cfr. Capo 1 *Ai piedi delle colline, in pianura*, di C. Cipolla.

6. Cfr. www.treccani.it/vocabolario/stramaglia/ consultato il 13/02/2020. Residuo della mietitura nei campi.

7. Rif. Archivio Storico Comunale di Guidizzolo, b. 30, f. 1, come si desume dalla relazione del 1925 illustrante le caratteristiche del progetto di irrigazione con impianto di sollevamento di acqua dal fiume Mincio, interessante il comprensorio di terreni a Sud di Volta Mantovana e compresi fra il Mincio e Guidizzolo.

8. Cfr. Gualandris A. (1786), *Dialoghi Agrarj tenuti a Cavriana nell'anno 1786*, riproduzione anastatica Comune di Cavriana (a cura di) (1995), Valdonega Stamp., Verona.

9. Indagine della Repubblica Italiana, Istituto Centrale di Statistica, svolta a Guidizzolo, su alcune qualità di colture, 30 giugno 1950. Rif. collez. G. Valbusa.

Tab. 1 - Indagine sulle colture a Guidizzono – 1950

Denominazione frazioni agrarie	Superficie complessiva	Seminativo		Colture legnose specializzate	
		Semplice	Arborato	Vigneto	Frutteto
Langhe	240	165,50	70,00	3,00	1,50
Fienili	245	173,50	70,00	1,50	0
Perlina	365	248,00	80,00	15,00	22,00
Rebecco	336	183,00	150,00	3,00	0
C. Gitti	150	114,00	30,00	5,00	1,00
Birbesi	302	169,50	130,00	2,50	0
Dosso Daione	268	123,50	140,00	4,50	0
Selva-Rizzo	82	45,00	35,00	2,00	0

Quindi il comune di Guidizzolo aveva, complessivamente, una prevalenza di seminativo semplice (1.222) e arborato (705), con una marginale presenza di vigneti (36,50) e di frutteti (24,50).

Si coltivava: grano, erba medica, *upinela* (lupinella), *fasulina*[10], barbabietole, *raicì* (colza[11]).

10. Pianta della famiglia delle Papilionacee con frutto a piccolo legume, usata nell'alimentazione del bestiame. Era seminata tra una fila e l'altra del granoturco. I fagiolini ricavati erano, talvolta, utilizzati nella cucina familiare per una minestra frugale. Oggi non si fa più.

11. La si portava a Desenzano del Garda, dove c'era un frantoio e si ricavava l'olio. Non era certo pregiato come quello delle olive ma, almeno, si poteva avere un qualcosa di simile da potere utilizzare in tavola.

Foto n. 3. Agricoltore di Rebecco in mezzo alle sue colture. Alla sua destra sono cresciute rigogliose piante di granoturco; la loro altezza va ben oltre quella dell'uomo. Si ricordi che quando si seminava questa coltura occorreva fare il solco per evitare che le erbacce crescessero in maniera copiosa. Questo procedimento prendeva il nome di enculmà el furmentù. *Alla sinistra dell'agricoltore, invece, sono presenti alberi da frutto. Questa immagine pare dunque riassume ciò che la statistica del 1950 (tab. 1) rileverà qualche anno dopo, 1946. Collez. Fam. B. Giubelli*

Inizialmente, il *granoturco* (vedi Foto 3) si spannocchiava a mano; poi è arrivato l'ausilio delle macchine. I chicchi dovevano essere seccati, e per fare questo venivano distesi sull'aia. Alla sera si coprivano con un telo e la mattina seguente si scoprivano di nuovo perché il sole potesse seccarli. E così per alcuni giorni, sino a che il procedimento non rendeva l'esito sperato. Inoltre, con il granoturco, *se fäa le sime* ovvero si dava alle mucche la parte più alta della pianta, quella verde, come parte commestibile, da mangiare nell'immediato. Infine le "gambe" (*canoch*) servivano per "fare letto alle bestie" quando non c'era la possibilità di avere la paglia.

Foto n. 4. Un giovane agricoltore di Rebecco iscritto al Club 3P viene giudicato in maniera positiva per il suo raccolto di granoturco. Infatti, verso la fine del ciclo produttivo vengono valutati: l'andamento della semina, la crescita e la maturazione. Insieme ad esperti in materia, oltre al proprietario e responsabile della semina, vengono invitati anche altri colleghi agricoltori per ascoltare il verdetto ed eventualmente, procedere alla stessa tipologia di semina l'anno successivo. L'agricoltore che ha accettato di provare a coltivare questa varietà di granoturco e, di riflesso, anche la sua azienda acquistava notorietà e pregio. Sicuramente, di conseguenza, anche la ditta che aveva venduto le sementi necessarie acquisiva popolarità e poteva essere interpellata, da altri agricoltori incrementando le sue vendite, anni '50. Collez. Gino Giubelli

Piantare il granoturco diventa assai importante e nel secondo dopoguerra i giovani agricoltori vengono invitati dalle associazioni agricole di cui fanno parte, come ad esempio l'associazione 3P[12], a piantare certe varietà di granoturco (vedi Foto 4).

12. Il club 3P (provare, produrre, progredire) appare in Italia nel 1957. Sorto per volontà della Confederazione Nazionale Coltivatori Diretti, sull'esempio della fortunata esperienza dei Club 4H sorti in America. Lo scopo è quello di introdurre la tecnica agricola nelle aziende, sperimentando, educando moralmente gli aderenti che erano giovani ragazzi e ragazze i quali, una volta finiti gli studi, potevano approcciare direttamente sul campo. Un tecnico agricolo sprona i giovani soci a compiere delle prove dimostrative e fornisce le nozioni necessarie per condurre la prova. I risultati sono scritti in una relazione tecnica finale che viene divulgata fra i soci e gli operatori agricoli della zona. Cfr. www.enciclopediabresciana.it/enciclopedia/index.php?title=CLUB_3P, consultato il 20/11/2019. Queste prove innovative sulle sementi e sugli allevamenti furono molto diffuse, specie negli anni '60. Tuttavia, poi, il Club promuoveva anche altri eventi collaterali per cercare di far par-

Un'altra importante coltura era sicuramente quella del *grano*. Da sempre mietuto con la falce o il falcetto, richiedeva molta fatica e manodopera. Era, forse, uno dei lavori agricoli più pesanti dell'anno. Nei primi decenni dell'800 vengono messe a punto le prime mietitrici a trazione animale (McCormik[13], ad esempio). Nella seconda metà del secolo arrivano le mietilegatrici, sempre a trazione animale, che potevano anche legare dei covoni dando dunque un forte aiuto ai contadini.

Con l'arrivo della trebbiatrice, poi, ovvero un'ingombrante macchina[14] che veniva posta sull'aia molte cose si semplificano (vedi Foto 6).

Foto n. 5. Due bimbe vengono fotografate in via V. Veneto vicino ad uno strumento molto utilizzato nei nostri luoghi: il solforatore, anche detto impolveratore. Permette di distribuire sulle piante una polvere a base di zolfo (ramato) che funziona da antiparassitario. Molto probabilmente lo strumento, che in questo caso può essere spinto a mano perché su ruote, è nuovo, appena stato acquistato dalla famiglia e per ricordare l'avvenimento viene chiesto alle due graziose bimbe di mettersi accanto ad esso per una foto, anni '20-'30. Collez. M. Rodighiero

tecipare i giovani agricoltori ad altre iniziative e avere motivi di confronto (ad esempio gare di gimkana coi trattori, gite, benedizione dei trattori nel giorno del Ringraziamento, ...).

13. www.macchineagricoledomani.it/include/fileviewer.asp?ID=166, consultato il 16/11/2019.

14. Circa sette metri di lunghezza, per circa due di larghezza e poco più di tre in altezza.

Foto n. 6. Momento finale della trebbiatura presso una corte rurale a Selvarizzo, dove si utilizza una trebbiatrice Orsi. Questa azienda nasce come ditta individuale nel 1885, ed inizia la sua attività riparando gli attrezzi agricoli. Nel 1902 nasce da questa officina la prima imballatrice, nel 1904 la prima trebbiatrice e nel 1907 il primo locomobile a vapore. La "nuova" ditta Orsi viene fondata nel 1917, e nel 1920 conta già 120 dipendenti. Nel 1932 si assicura una commessa di prestigio nell'Opera dei combattenti e i consorzi di bonifica dell'Agro Pontino, da poco liberati dalle paludi. Nel 1939 la ditta individuale si trasforma in S.p.A. con stabilimento a Tortona, ma sede legale a Milano. (Cfr. http://trattoridepocapiacentini.it/orsi%20la%20storia%20le%20macchine.pdf, consultato il 16/11/2019).
Nonostante il macchinario semplifichi notevolmente il lavoro dell'uomo molti contadini sono presenti poiché questo è un momento rilevante per la corte agricola, anni '40. Calendario Guidizzolo 2001

La ditta Orsi fu la prima in Italia, ed una delle prime in Europa, a disporre del treno completo di macchine necessarie per la trebbiatura, cioè: locomobile-trebbiatrice-pressaforaggi. Il funzionamento di una trebbiatrice è il seguente: il battitore, che gira ad alta velocità, comprime gli steli e le spighe del grano sul contro battitore che è fisso e munito di fessure. Tutto ciò che esce dalle fessure finisce su un piano inclinato che convoglia tutto nel gran crivello. Ciò che non passa dalle fessure finisce sugli scuotipaglia: la paglia lunga viene inviata alla bocca di espulsione, mentre la paglia corta e i residui di spighe cadono su un altro piano inclinato e nel gran crivello.

Grazie ad un primo ventilatore i setacci di prima pulitura separano i chicchi dalla pula (la resca) e dalla polvere o altre impurità. I chicchi del grano sono convogliati verso l'alto dall'elevatore e cadono nel brillatore che sguscia i chicchi del frumento. Con l'aiuto di un secondo ventilatore, i setacci di seconda pulitura, posti sotto al brillatore eseguono una ulteriore ed ultima pulizia dei chicchi. Infine questi ultimi escono dalle apposite bocche e sono raccolti nei sacchi.

Le trebbiatrici fisse ebbero però vita abbastanza breve. Già a fine degli anni '50, essendo molto più richieste le mietitrebbiatrici, vengono abbandonate spostandosi verso la nuova richiesta di mercato.

Foto n. 7. Agricoltori che lavorano la terra con l'ausilio di trattori e attrezzi. Quest'immagine testimonia che, gradualmente, vengono acquistati già all'inizio degli anni '50 i primi trattori. La spesa non era però accessibile a tutti. In qualche caso occorre attendere sino agli anni '60 per procedere all'acquisto. Questi mezzi, come quello in secondo piano, montano spesso delle ruote in ferro con degli spuntoni. Essi erano necessari per fare presa sul terreno e permettevano al trattore di non avere problemi negli spostamenti e durante il lavoro nei campi. Nella foto prevale una netta presenza maschile, fra cui spicca l'unica donna, fra l'altro in dolce attesa, anni '50. Collez. Marchesini

Come è intuibile (e si vedrà più avanti), il lavoro fisico degli animali, svolto principalmente dai buoi o dai cavalli[15] da tiro pesante, nel tempo viene sostituito da quello delle macchine.

L'arrivo dei trattori e dei relativi attrezzi da montare su di essi semplifica notevolmente il lavoro nei campi riducendo la manodopera che, copiosamente, veniva richiesta nelle campagne (vedi Foto 7).

Parlando di energia meccanica e dunque di grandi innovazioni, si apre qui una breve parentesi in merito all'illuminazione in campagna, che ancora nel 1959 (non solo a Guidizzolo, ma considerando l'intera provincia di Mantova) non arrivava a coprire tutte le zone, a differenza di oggi. Nello specifico, a Guidizzolo, fortunatamente, tutte le frazioni erano raggiunte dall'illuminazione, ma 18 cascine ne erano sprovviste e occorrevano ancora 12 km di linea da stendere; tuttavia la spesa da sostenere era di 24.000.000 lire[16]. Per questo ancora nessun provvedimento in tal senso era stato preso.

Infine, non bisogna certo dimenticare che ogni famiglia agricola aveva il proprio orto[17] (vedi Foto 8). Era necessario per il sostentamento del nucleo famigliare (spesso molto nutrito, poiché più generazioni convivevano nella medesima casa) e, se le condizioni lo permettevano, poteva essere anche abbastanza ampio da potere poi pensare alla vendita. Frutta e verdura molto abbondanti nella stagione calda e fino all'autunno, erano molto ridotte nel periodo più freddo. Pertanto si cercava di conservare il più possibile, a seconda dei mezzi che si avevano a disposizione.

15. I cavalli erano veramente fondamentali, come dimostra un manifesto del 17 marzo 1852, firmato dal sindaco di Guidizzolo I. Rizzini, collez. G. Cagioni. Si pensava dunque alla loro riproduzione con uno dei migliori stalloni in circolazione. Per questo i possessori di cavalle, di qualsiasi razza, erano invitati ad approfittare della stazione di monta governativa in Guidizzolo, dal 18 marzo al 23 giugno, che offriva lo stallone King of Trumps IV morello, bimeticcio inglese, nato in Italia, da sella e da tiro, pagando L. 12 a cavalla.

16. Amministrazione Provinciale di Mantova, Camerlenghi E. (a cura di) (1960), *La elettrificazione nelle campagne*, tip. Industriale, Mantova.

17. Cfr. Artioli L. (a cura di) (2018), *Una cultura alimentare di collina. Solferino: oltre...*, FrancoAngeli ed., Milano, p. 113.

Foto n. 8. Agricoltore di Guidizzolo mette in bella mostra un'anguria di sua produzione su un modesto tavolino e, quasi, pare accarezzarla con la mano. Si tratta di una anguria detta "quarantina", così denominata perché occorrono 40 giorni per la sua maturazione. Dal caratteristico colore nero (della buccia) è solitamente molto dolce. Sullo sfondo, prima dei campi coltivati, si vede il suo orto colmo di verdure poiché siamo nella stagione estiva, fine anni '50. Collez. Fam. Sposetti

La bachicoltura

Il baco da seta è una particolare specie di falena asiatica[18] che si nutre delle foglie di gelso. La larva di questo insetto è stata importantissima per la produzione di un tessuto naturale: la seta[19]. Per questo è stato allevato in molti paesi del mondo, anche a Guidizzolo, per le sue doti di "tessitore".

Foto n. 9. Donne e ragazze, presenti in maniera massiccia in questa foto, tengono in mano delle ceste con all'interno i bozzoli. Oppure hanno fra le mani degli arilì, *ovvero delle fascine di legna che sembrano quasi decorate con dei piccoli batuffoli di cotone. In realtà si tratta dei bachi da seta, che nella loro fase finale (prima di formare l'involucro), hanno avuto la possibilità di posizionarsi su questo supporto fornito dall'uomo, ricreando il loro primitivo habitat naturale (come se fossero fra i rami di un albero) per creare il loro bozzolo, 1938. Espos. Fotografica, Comune di Guidizzolo, Galleria Mondadori*

18. Catalogata per la prima volta da Linneo nel 1758 con il nome di *Bombyx mori.*

19. Questo tessuto, merce preziosa già nell'antichità, ha dato il nome a delle rotte commerciali da e verso la Cina, passate alla storia come "vie della seta". Nel mantovano già con il marchese Ludovico II Gonzaga, nel '500, si pensa di incoraggiare l'allevamento del baco da seta. Una volta ottenuta l'autorizzazione papale per la produzione della seta, il marchese inizia a favorire la piantagione del gelso, che qui trova tutte le condizioni ottimali per crescere, e affida a Levantio (pseudonimo, probabilmente del domenicano Gervasio Gobbi) da Guidiciolo un importante compito. Egli viene incaricato di scrivere un manuale destinato ai novelli allevatori, al fine di spiegare in maniera semplice come agire. Di conseguenza, in poco tempo, a Guidizzolo ci fu il boom della produzione serica. Cfr. Ruffoni G. (1998), *Levantio da Guidiciolo. Storia e vita del baco da seta*, Litocolor R&S, Guidizzolo (Mn).

Chi decideva di allevarlo doveva acquistare, in primavera, i “piccoli bruchi”, i *caaler*, che venivano consegnati dentro una scatola. Una volta portati a casa li si riponeva dentro alla *scalera*, ovvero una struttura cubica costruita manualmente con quattro piccoli pezzi di legno all’interno della quale c’erano dei ripiani dette *arèle*. Essi avevano un ciclo vitale scandito da mute, per cui per un certo periodo mangiavano, poi si riposavano (senza più nutrirsi), facevano la muta, poi di nuovo riprendevano a mangiare, …

Il baco da seta è molto goloso di foglie di gelso, ne può mangiare in quantità impressionanti senza mai fermarsi, sia di giorno che di notte. Per cui occorreva fornirgliele. Le donne andavano a *sfuià*, cioè a raccogliere le foglie sugli alberi dei *mör* (gelsi). Prendevano il *pelaröl* che era un sacco con, all’imboccatura, un cerchio di legno perché potesse rimanere aperto (senza dovere intervenire ogni volta manualmente) e lo attaccavano ad un ramo del gelso tramite un rampino per poi riempirlo di foglie.

Foto n. 10. Lavoratori di bachi nel cortile di palazzo Pezzati. In prevalenza la manodopera era femminile e, come si nota, poteva essere anche infantile. Le donne con lunghi e accollati vestiti scuri hanno le maniche arrotolate, segno di prestazione lavorativa (come recita il detto: rimboccarsi le maniche). Il direttore lavori era un uomo (che ritroviamo nella parte sinistra della foto) e fra gli strumenti si scorge, sul fondo, un telaio in legno, inizio ’900. Calendario Guidizzolo 2001

La produzione del filo di seta avviene grazie a due ghiandole all'interno del loro minuscolo corpo. Ciò che si definisce seta è il frutto di una sintesi chimica di proteine che vengono prodotte e convogliate in queste ghiandole. Quando la quantità supera la portata l'insetto la elimina attraverso due fenditure situate ai lati della bocca. La bava sottilissima che fuoriesce, a contatto con l'aria gelifica tramite dei movimenti "a otto" che il baco compie con il capo, formando degli strati che danno vita al bozzolo di seta grezza.

Il bozzolo è costituito da un solo filo continuo la cui lunghezza va da 300 a 900 metri. Il baco impiega 3-4 giorni per prepararlo. Una volta terminato questo processo, le *galete* (bozzoli) vengono portate al mercato dei bozzoli (vedi Foto 11) o presso il palazzo Pezzati (vedi Foto 10), dove solitamente erano stati acquistati i piccoli bruchi all'inizio della primavera. Qui c'era tutto il personale preposto per valutare, pesare e poi pagare l'allevatore.

Non si dimentichi che palazzo Pezzati è un luogo molto importante per i bachi da seta. Già nel '700, grazie all'arrivo di Michele Grassi a Guidizzolo, il paese ha la sua filanda[20]. Michele aveva inventato anche delle macchine speciali per filare, ed era dunque molto conosciuto per il suo ingegno. Una filanda era situata nel cortile di palazzo Pezzati. Inoltre c'erano altre due macchine presso palazzo Rizzini e palazzo Danielli (che affiancava palazzo Pezzati). Infine il torcitoio per la filatura a mano era in contrada Valborghetto. L'acqua, molto importante per questi ambienti, veniva recuperata attraverso la Seriola di Birbesi. Per cui la tradizione serica di palazzo Pezzati viene da lontano[21].

La lavorazione della seta ha due stadi industriali: il primo è costituito da filatura e torcitura, il secondo dalla lavorazione tessile. Nelle filande si fila, per cui i bozzoli vengono immersi in acqua calda per togliere una sostanza gommosa che li caratterizza e, individuato il bandolo, si dipana. Si uniscono più fili insieme, in gergo *si torcono*, ottenendo la seta greggia che poi sarà trasferita alle industrie manifatturiere[22].

20. Cfr. Ruffoni G. (1998), *op. cit.*, pp. 19-22. Inoltre, si sa che nel 1847 tra i ben 31 filatoi attivi nella provincia di Mantova, 6 sono ubicati a Guidizzolo. Cfr. De Maddalena A. (1980), *Centocinquant'anni di vita economica mantovana (1815-1965)*, promosso da Camera di Commercio e Industria Artigianato Agricoltura, Litogr. Cannetese, Canneto s/ Oglio (Mn), p. 30.

21. Nella *Guida commerciale ed industriale della Lombardia*, Ortelli, Milano, 1901, p. 410, era già inserita la voce «bozzoli».

22. Cfr. Comune di Aquafredda, Biblioteca comunale e Fotoclub il 17 (a cura di) (1993), *Quant gh'era i caaler: immagini, documenti ed utensili per l'allevamento del baco da seta*, p. 4.

Una volta arrivati i bozzoli in questi luoghi di raccolta, occorreva agire immediatamente al fine di impedire il passaggio successivo. Infatti, quando la metamorfosi del bruco finisce, l'insetto adulto (farfalla) esce dal bozzolo praticando un foro attraverso una sostanza che rovina il filo. Per questo si immergevano immediatamente i bozzoli in acqua bollente e, successivamente, li si essiccava tramite appositi macchinari. Le crisalidi disseccate, estratte dai bozzoli, erano utilizzate come mangimi per gli animali da cortile, ad esempio. Naturalmente, alcuni bozzoli venivano conservati per intero al fine di consentire all'insetto di riprodursi[23].

Foto n. 11. Il mercato dei bozzoli si svolgeva sotto alla sede municipale, dove si vedono "montagne" di involucri accatastati. Era segnalato con un'evidente scritta sopra ad un furgone. Ogni allevatore portava al mercato, con l'ausilio delle ceste in vimini che si vedono sul marciapiede, i propri bozzoli che poi venivano controllati, giudicati, pesati e quindi venduti. Chi veniva a contrattare erano gli uomini; in questa foto sono infatti in prevalenza numerica, insieme ai bambini forse incuriositi da questo andirivieni che animava la Piazza. Probabilmente qui siamo nella fase finale del mercato e i bozzoli, di lì a poco, saranno trasportati verso la filanda, 1934. Collez. G. Valbusa

Nei secoli l'uomo ha operato sui bachi da seta una selezione talmente mirata all'ottenimento del filato, da indebolirli totalmente. Infatti, se li si lasciasse vivere, una volta divenuti farfalle, non potrebbero quasi più farlo.

23. Notizie tratte da www.tuttogreen.it/baco-da-seta, consultato il 19/11/2019. Cfr. anche Rama G. (1984), *Allevare il baco da seta*, Casa Verde ed., Verona.

Hanno subito mutazioni genetiche talmente pesanti nei secoli da non potere più nemmeno cambiare il loro colore (rimangono bianchi), e non possono più mimetizzarsi. Per cui, immobili sopra alle foglie degli alberi (perché non riescono nemmeno quasi più a volare), diventerebbero facili prede per gli uccelli.

Avere la possibilità di acquistare e allevare bachi da seta era molto impegnativo, ma anche una gran fortuna poiché poteva essere vista come un'entrata monetaria per la famiglia agricola. Addirittura qualcuna pensava di fare un'offerta alla comunità religiosa proprio tramite questi bozzoli, destinando parte di essi alla parrocchia[24].

Il primo mercato dei bozzoli, da quanto si desume rispetto alle notizie trovate presso l'Archivio Storico Comunale di Guidizzolo, viene concretizzato nell'anno 1929.

In quell'anno il commissario prefettizio Luigi Pedrotti rende noto alla cittadinanza, attraverso un manifesto[25], che «con la prossima campagna bacologica, questo mercato settimanale di Bestiame e merci del mercoledì, antico[26], importante e fiorente, si arricchirà anche del Mercato dei Bozzoli e affini». Proprio per questo chi sarà interessato potrà trovare «stadere pubbliche, locale adatto per la stipatura dei bozzoli eventualmente invenduti, con Essiccatoio moderno "SIMPLEX" capace di essiccare giornalmente 2.000 kg di bozzoli». Sempre nel medesimo anno, nel mese di marzo, il Comune di Guidizzolo fa avere al giornale "Il popolo di Brescia" un'inserzione in merito al mercato dei bozzoli o galette o affini, che si terrà a Guidizzolo insieme all'antico mercato di bestie e merci, in modo da fare un po' di pubblicità[27]. A maggio, poi, il comune delibera di acquistare n. 2 stadere per il mercato dei bozzoli, complete di secchiello sottostante, e di pagare alla ditta Bignotti il dovuto per i manifesti di propaganda.

In un altro manifesto, del 1933[28], si legge che la commissione di vigilanza stabilisce che il mercato dei bozzoli viene aperto alle ore 5 ant. e chiuso alle ore 9 pom. «La pesatura verrà fatta con stadere del Comune e da appositi incaricati comunali. Il diritto di pesatura è limitato a 5 cent. per ogni kg. La merce che dovrà affluire al mercato, s'in-

24. Archivio Parrocchiale di Birbesi, registri dove si annotano i nomi delle varie famiglie che donano un certo numero di bozzoli alla parrocchia, in segno di offerta appunto.

25. Collez. G. Valbusa. Rif. manifesto datato 4 aprile 1929 – VII.

26. Si desume dall'Archivio Storico Comunale di Guidizzolo che, già nel 1885, c'era il mercato del mercoledì.

27. Archivio Storico Comunale di Guidizzolo, b. 6, anno 1929.

28. Collez. G. Valbusa. Rif. manifesto datato 12 giugno 1933 – XI, firmato dal podestà Quiri Francesco.

tende "merce depurata". I mediatori provvisti di licenza, ed i facchini, dovranno essere preventivamente ed espressamente autorizzati da questo Comune per esercitare sul Mercato. La vigilanza dell'Ente Nazionale Serico e della speciale Commissione, sono sicura garanzia delle contrattazioni».

Quindi il mercato dei bozzoli è ben organizzato, funzionate e attivo. Come si vede dalla Foto 11 sfruttava il portico antistante la sede municipale. Esso, con il tempo, andrà scomparendo lasciando spazio solo al luogo di raccolta, sito in palazzo Pezzati, che poi convogliava i bozzoli verso altri punti più importanti (in altri paesi[29] o città). In seguito, anche quest'ultimo cesserà di assolvere a questa funzione. Negli anni '50 circa, probabilmente per la troppa concorrenza che veniva dagli altri Paesi e, forse, per l'arrivo di nuovi tessuti il baco da seta vide tramontare la sua fortuna a Guidizzolo.

Gli animali

I buoi al lavoro che vediamo in quasi tutte le fotografie qui raccolte (vedi Foto 12, ad esempio) mostrano una razza molto diffusa in questa zona che oggi, purtroppo, è scomparsa. Si tratta della razza *Pugliese del Veneto*, detta anche Poggese o Poese (in dialetto venivano denominati i *bö pues*). Con il mantello a peli corti, lisci e aderenti, con tendenza al grigio scuro sul collo, sulle cosce, sul contorno occhi e sull'orlatura dell'orecchio nel maschio; nella femmina il mantello tende più al bianco. I maschi presentano corna a mezza luna, le femmine hanno corna più somiglianti alla lira. Hanno una lunghezza media di circa 50 cm dirette in avanti ma con la punta rivolta all'indietro, di colore fra il bianco ed il nero a seconda dell'età del soggetto.

29. Per esempio c'era una filanda piuttosto importante già attiva sin dai primi dell'800 ad Acquafredda, ed era gestita dalla famiglia Di Rosa. Per essa lavoravano anche la filanda Bresciani, la filanda Tessadri di Carpenedolo, la filanda Pederzoli di Asola. La famiglia Di Rosa è molto conosciuta poiché il signor Clemente, che come da tradizione di famiglia conduceva la filanda, è il padre di Paola (1813-1855), fondatrice delle Ancelle della Carità di Brescia. Vedi il mio saggio sul ruolo delle Ancelle della Carità in Cipolla C., Corsini P. (a cura di) (2017), *La genesi della Croce Rossa sul modello del cattolicesimo sociale bresciano*, FrancoAngeli ed., Milano.

Foto n. 12. Agricoltore di Rebecco con la sua coppia di buoi di razza Pugliese si trova sull'aia della sua corte agricola, nella stagione calda (indossa infatti solo una canottiera chiara e pantaloni lunghi ma leggeri dentro agli stivali) e per scattare la foto si toglie il grande cappello di paglia che gli è utile per ripararsi dal sole, prima metà degli anni '40. Collez. Fam. B. Giubelli

Questa razza era molto diffusa nell'area del Veneto meridionale e aveva origine dal ceppo podolico[30]. L'area mantovana, prossima a quella veneta, decide di farne uso poiché questi animali avevano buone doti in ambito lavorativo. Infatti, nelle zone della pianura alluvionale dove i terreni erano molto fertili e profondi, ma anche tenaci occorreva grande forza per lavorarli. Questa razza era particolarmente robusta, rapida nei movimenti, potente e anche tanto docile. Aveva alcuni difetti però, tra cui la poca produzione di latte (non sempre sufficiente per garantire lo svezzamento del vitello) e basse rese da macello.

Durante la Prima guerra mondiale questa varietà fu molto importante anche per l'esercito (ne vennero utilizzati circa 700 mila esemplari per

30. In riferimento alla regione di origine, la Podolia (in Ucraina). Probabilmente arriva in Europa durante le invasioni barbariche nel V secolo d.C. Qualcuno, invece, contrastando questa versione fa risalire le origini della razza al Sud Italia.

scopi bellici). Nel 1940 esistevano 220.419 capi di Podolica (allora detta Pugliese) nell'Italia settentrionale, di cui 191.000 in Veneto e i restanti soprattutto in Emilia-Romagna e Lombardia. Era la seconda razza d'Italia dopo la Bruna.

Foto n. 13. Giovane agricoltore di Rebecco sull'aia dopo la mungitura tiene in mano un secchio colmo di latte. Si notino i pantaloni un poco corti rispetto alla lunghezza della gamba, poiché non era sempre possibile sostenere, ogni anno, la spesa per un nuovo paio di calzoni. Sullo sfondo una donna anziana tiene pulita l'aia con una scopa, come era buona abitudine per l'epoca, anni '20. Collez. Fam. Giubelli

Foto n. 14. Due fratelli praticano l'aratura nei campi. I buoi lavoravano sempre a coppie e portavano il giogo. Per cui potevano essere due, quattro, sei, ... mai dispari. Qui vediamo addirittura 3 coppie che si adoperano ad arare sotto i comandi dei due giovani ragazzi. Il più piccolo fra di essi tiene in mano una stropa *che da un lato è fatta a punta. In questo modo può "invitare" i buoi, pungolandoli, a seguire i suoi ordini con più facilità, anni '20. Calendario Guidizzolo 2001*

Con l'arrivo dei trattori, gradatamente, questa razza bovina è stata emarginata e, non essendo stata rivalutata nemmeno per le sue carni, è poi scomparsa in via definitiva intorno agli anni '70. Inoltre, gradatamente, la frammentazione delle proprietà fondiarie, che richiedeva animali da lavoro di taglia più piccola (come la Grigia) mise ai margini la Pugliese. Si iniziò a introdurre bestiame da latte, avendo grandi disponibilità foraggere, e arrivarono in maniera massiccia le razze Frisona, Bruna o Pezzata rossa friulana[31].

Il latte, come si può ben capire, prima dell'arrivo di queste razze appena menzionate, era prodotto in quantità ridotte. Serviva giusto per i bisogni della famiglia ed, inoltre, i capi da mungere erano pochissimi (negli anni '20 sicuramente, di media, non superavano i 5-10 per ogni realtà agricola). Come si vede dalla Foto 13 ciò che si ricava dalla mungitura è un secchio di latte, non di più.

31. Cfr. www.sulletraccedellepodoliche.it/razze/pugliese_del_veneto.htm, consultato il 18/11/2019.

Foto n. 15. Corte di Rebecco con coppia di buoi in primo piano. I buoi che lavoravano la terra avevano le ciappe *ai piedi, ovvero una soletta di ferro per permettere loro di non impantanarsi e andare, proseguire più facilmente. Poi avevano il* caägnöl, *proprio come in questa foto, che era una museruola di ferro per evitare che, durante il lavoro, si fermassero per mangiare l'erba, sicuramente una grande tentazione poiché era praticamente ovunque attorno a loro. Sullo sfondo compratori di prodotti agricoli provenienti dalla grande città di Milano che, appositamente, si recavano da questo contadino al fine di comprare i prodotti della terra, prima metà degli anni '40. Collez. Fam. B. Giubelli*

Gli animali potevano far parte della corte agricola perché il loro lavoro fisico occorreva all'uomo. Per esempio quello dei cavalli (da tiro) o quello dei buoi (rigorosamente castrati per sopprimere i loro istinti).

C'era il bue che era stato abituato a stare sempre a destra e quello che stava sempre a sinistra. Le coppie non erano fisse, si potevano cambiare a patto che ogni animale lavorasse sempre dalla parte per la quale era stato addestrato.

Come si può notare, più passano gli anni e più le mucche da latte (soprattutto di razza frisona) sostituiscono il lavoro dei buoi Pugliesi (vedi Foto 16). Per cui era richiesto, a questi animali, un doppio sforzo: produrre latte e lavorare la terra.

Nel tempo l'andamento agricolo non è sempre stato in salita o comunque lineare. Occorre pensare che a seconda dei momenti storici che hanno sconvolto la vita della gente (guerre), perfino il lavoro ha subito delle piccole crisi. Per esempio, a cavallo fra gli anni '20 e '30, anche a Guidizzolo, davanti al Municipio si recano dei disoccupati in agricoltura per chiedere lavoro. Questo perché, prima del fascismo, il Municipio era stato da sempre un valido interlocutore per la presenza di numerose amministrazioni socialiste[32].

Foto n. 16. Agricoltori concimano la terra con carretto e buoi o, più probabilmente, mucche. Grazie all'utilizzo di un carro agricolo regolarmente detenuto (come riportato sulla targhetta davanti), e sul quale si pagavano le tasse come un normalissimo mezzo di trasporto, stanno concimando il terreno. Per concimare esistevano regole ben precise. Infatti, il comune di Guidizzolo aveva redatto un Regolamento di Igiene già nel 1868, dove nel cap. 1, art. 12 si dice che «non si può fare caricare il letame nei mesi di maggio, giugno, luglio e agosto, che dopo le dieci della sera sino al più tardi alle ore 4 antimeridiane», collez. G. Valbusa. Invece, per maggiori approfondimenti sulla composizione del terreno cfr. Amministrazione Provinciale di Mantova (a cura di) (1985), Dal territorio all'azienda agricola: guida per uno studio dei suoli, l'esempio del mantovano, *Mantova. Fine anni '50. Collez. V. Paganini*

I buoi, o le mucche, sono l'unica forza lavoro nei campi, fino a che non sono arrivati sul mercato i trattori, e con essi i vari attrezzi agricoli o macchinari che potevano chiaramente sostituirli. All'inizio non tutti potevano

32. Cavazzoli L. (1984), *Agricoltura e fascismo nelle campagne del mantovano*, Publi-Paolini, Mantova, p. 67. Per esempio era stato sindaco Ulderico Bignotti (socialista) per ben due volte.

permettersene l'acquisto. Si è dovuti arrivare agli anni '50 per comprare un trattore. Naturalmente per i più fortunati, in altri casi si è dovuto attendere anche oltre gli anni '60.

Erano presenti altri animali nelle corti agricole. Venivano allevati per sfamarsi delle loro carni, come nel caso dei maiali, talvolta dei bovini (come si è già visto) e degli animali così detti da cortile (vedi Foto 17 e 18) (galline, polli, oche, anatre, faraone, ...).

Foto n. 17. Corte agricola di Guidizzolo, con in primo piano una donna dal dolce sorriso e, sullo sfondo, animali da cortile ovvero delle oche bianche. Si preferivano animali dalle pezzature grandi, poiché le loro carni erano sufficienti per potere sfamare l'intera famiglia, spesso costituita da più generazioni nella medesima casa, anni '50. Collez. R. Guidetti, D. Sposetti

Foto n. 18. È interessante notare come ogni realtà agricola, a suo modo, potesse permettersi di far scorazzare gli animali da cortile. Come nel caso della fornace Delmenico di Rebecco, appunto. Sicuramente l'attività che svolgeva era rivolta verso industria e artigianato ma, comunque, pur sempre legata alla terra. Perché della terra ha estremamente bisogno per realizzare i mattoni (che si vedono bene nella parte destra della fotografia). Allora questa commistione industria/agricoltura fa sì che possano coesistere realtà particolari, come quella degli animali da cortile anche presso questa attività produttiva. Le faraone allevate dall'uomo accorrono volentieri verso il cibo che viene dato loro da queste due ragazze in visita alla fornace, in una bella giornata estiva, inizio anni '50. Collez. U. Delmenico

Si ricordi, per esempio, che le galline venivano allevate non solo per la loro carne, ma si godeva del fatto che producessero le uova. Si potevano infatti consumare direttamente o impiegare nella realizzazione di dolci o, più frequentemente, della pasta fresca fatta in casa.

I mercati legati all'agricoltura erano molto importanti a Guidizzolo. Insieme al classico mercato (che ancora oggi si svolge il mercoledì) che occupava la via principale del paese, ovvero l'attuale via V. Veneto, ce n'erano di altri due tipi. Il primo si svolgeva nell'attuale Piazza Marconi, direzione stazione del Tram. Sotto ad una pianta molto grande, che dunque poteva fare tanta ombra, c'era il mercato del pollame. Non occorrevano molte autorizzazioni e all'epoca chiunque avesse animali da cortile da proporre poteva recarsi presso questo mercato e vendere. O acquistare, se ne aveva la necessità.

Foto n. 19. La piazza Mercato (Buoi), poi piazza Pezzati (dal 1910), era molto conosciuta a Guidizzolo e nei paesi limitrofi poiché il mercoledì si svolgeva il mercato del bestiame. Nel 1902 il consiglio Comunale decide di trasferire questo mercato dalla piazza omonima al vicino Passeggio pubblico per evitare il continuo passaggio dei ruotabili su questa piazza, considerando che gli abitanti della via che conduce alla barriera erano pochi (cfr. Quaderno guidizzolese n. III, Andar per vie, strade e piazze, *2004, Centro Culturale San Lorenzo ed., p. 13, 22.), 1903. Cartolina*

Poi c'era il mercato dedicato agli animali di grossa taglia, ovvero i buoi (principalmente), le mucche e i cavalli. Già in una cartolina di fine '800 vediamo la denominazione "mercato dei buoi" (vedi Capo 1, Foto 10). Probabilmente la scelta del luogo per lo svolgimento di questo particolare mercato è legata alla famiglia Rizzini, una delle più importanti del paese. Nel 1843, «dal 26 al 30 settembre, si tiene una fiera in apposite praterie alla quali si ha accesso per un ameno passeggio, fiancheggiato da doppie file di platani e prospettato da una barriera di cancelli di ferro assicurati a pilastri ed a porte di marmo di Virle, unico accesso ai prati di proprietà del conte Francesco Rizzini, nei quali ha luogo la fiera[33]». Dalla descrizione di questa cronaca riconosciamo con facilità i platani descritti. Si tratta dunque di piante molto antiche che caratterizzano questo luogo oggi identificato come la via che porta verso le Poste e le

33. Cfr. Mondadori F. (2003), *La famiglia Rizzini dal XVII al XX secolo*, Centro Culturale San Lorenzo ed., GVM Tip., Volta Mantovana (Mn), pp. 76-77. Si noti che il conte Francesco Rizzini aveva fatto costruire la barriera nell'anno 1832.

Scuole Elementari e Medie di Guidizzolo, in fondo alla quale ancora oggi si trova la barriera. Qui, almeno fino agli anni '50, si svolgeva la compra-vendita dei buoi. C'erano degli anelli inseriti nei muri, lungo la via, ai quali potevano essere legate le bestie per poterle mostrare ai potenziali compratori. D'altra parte quale luogo migliore, nella struttura del paese, se non una zona che portava, proseguendo per la strada, verso l'aperta campagna? Da lì, una volta che l'acquisto era stato fatto[34], si poteva agilmente condurre l'animale verso la propria cascina senza dover passare per il centro del paese. Come si vede dalla Foto 19, agli inizi del '900, questo luogo continua ad essere chiamato piazza mercato proprio per le funzioni appena sopra esplicitate.

Nel 1930[35] il Podestà Lugi Pedrotti considera che il mercato del bestiame ha acquisito nel tempo una grande importanza e notorietà, per questo il luogo dove normalmente si svolge (viale Passeggio) non pare essere più idoneo allo scopo. Il luogo è angusto, non ci sono tettoie e nemmeno stalle. Per cui propone di spostarlo in un'area in prossimità della stazione tramviaria, anche per facilitare il carico e scarico bestiame che dovrà affluire nel mercato. Si ricordi che anche la Pesa di Guidizzolo (vedi Capo 7, Foto 6) si affacciava sull'attuale piazzale Marconi, era situata vicino al Telegrafo, dove c'è la torre. Si sa che nel 1875 viene sostituita la vecchia pesa con una nuova (per cui prima di quella data esisteva già), che nel 1883 Armida Conti gestiva sia la Pesa che il Telegrafo, e che nuovamente nel 1934 viene sostituita[36]. Questi continui rimpiazzi testimoniano che ne venisse fatto un grande utilizzo, soprattutto dal punto di vista agricolo. Per cui l'idea di spostare il mercato dei buoi era motivata dal fatto che tutto potesse essere concentrato in un unico punto.

L'area che si voleva acquisire per il mercato comprendeva già un vasto caseggiato rustico e, con una spesa modesta, sarebbe potuto essere trasformato in ufficio bollette posteggio, ufficio veterinario, ufficio pesa, stalle di rimessa, tettoie, ... Per questo si delibera di acquistare l'area denominata "Ortaglia già Gallina" di proprietà di Gitti Vincenzo, attraverso un prestito di L. 130.000 presso la Cassa di Risparmio delle Province Lombarde di Milano. L'area in questione, secondo la mappa, si trovava fra via Roma e via D. Chiesa e sarebbe stata di fronte a noi qualora fossimo usciti da via Rizzini.

34. Dalla delibera n. 24 del 1925 (Archivio Storico Comunale di Guidizzolo) si sa che si svolgeva un mercato all'angolo di Via Torre e Via Passeggio per soli uomini. Sicuramente perché dedicato ad animali di grossa taglia, gestito dunque solo da uomini.

35. Archivio Storico Comunale di Guidizzolo, b. 9.

36. Notizie raccolte presso Archivio Storico Comunale di Guidizzolo.

Il mercato dei buoi, però, nonostante tutti i buoni propositi non si mosse mai da via Passeggio. Lì ebbe le sue origini e lì andò gradualmente calando la sua frequentazione, sino a scomparire.

I caseifici

Come già si è detto, un aspetto importante in agricoltura è la produzione di latte. Sin dalla notte dei tempi Guidizzolo, inserito nella Pianura Padana, è stato partecipe nella produzione del formaggio che ancora noi oggi ben conosciamo con il nome di Grana Padano.

Foto n. 20. Alcuni operai (uomini e donne) si dirigono verso il caseificio di Corte Ridello, sopra ad un carretto trainato da un cavallo. Il casaro, infatti, oltre all'aiuto di sua figlia Adele (per maggiori approfondimenti, si veda il Capo 9, Adele Ghisolfi), aveva bisogno di ulteriore forza lavoro e, quindi, necessitava di alcune persone alle sue dipendenze, anni '30. Collez. privata

Il formaggio veniva prodotto con il latte munto in eccesso, che non poteva essere consumato nell'immediato. I monaci cistercensi, nel XII secolo, avevano scoperto un metodo importantissimo[37] per impiegarlo e poterne usufruire nel tempo.

Proprio con questo intento, di trovare il giusto impiego del *surplus* di latte, nascono dei caseifici in ogni paese. Piccole realtà, se comparate ai caseifici odierni, che avevano tuttavia la capacità di soddisfare i bisogni del momento. Anche a Guidizzolo ne sorgono alcuni e abbiamo la certezza che negli anni '30, grazie ad un censimento che fu effettuato, ce ne fossero un numero discreto.

Il Comune di Guidizzolo trasmette[38] all'Unione Provinciale Fascista degli Industriali di Mantova l'elenco dei caseifici presenti nel paese e in attività per la campagna casearia 1937. Pertanto si deduce con precisione che, all'epoca, ne esistessero 4: il Caseificio Sociale, avente come Presidente

Foto n. 21. Un bel gruppo di ragazzi vestiti da balilla, dopo una gita in bicicletta, fa una sosta presso Corte Ridello. Era infatti consuetudine, in epoca fascista, curare la fisicità e dunque fare praticare sport ai giovani. Essi si allineano tutti insieme con le loro bici; qualcuno decide di coricale per terra e sedersi vicino ad esse forse approfittando del fatto di potersi riposare un po', anni '30. Collez. privata

37. Vedi www.granapadano.it/it-it/la-storia.aspx, consultato il 19/11/2019.
38. Rif. Archivio Storico Comunale di Guidizzolo, b. 57, f. 8. Si precisa che la trasmissione dei dati raccolti nel 1936 viene fatta l'anno successivo, nel 1937 appunto.

Pedrotti cav. Luigi; il Caseificio Gelmina, di Brancolini Guido; il Caseificio Ghisolfi, avente come proprietario Ghisolfi Ernesto; ed il Caseificio Sanfelici, di Sanfelici Giuseppe.

Più nel dettaglio si sa che il Caseificio Corte Ridello (di cui possiamo vedere gli esterni grazie alla Foto 21) aveva dunque una conduzione privata: il conduttore, che aveva il ruolo anche di casaro, era Ghisolfi Ernesto (detto Lino) fu Luca. Lavorava annualmente 2.000 quintali di latte circa, e produceva il formaggio *Reggiano* (vedi Foto 22).

Foto n. 22. Il casaro, si presenta (scalzo!) nel suo caseificio insieme ad un'operaia che porta una specie di divisa da lavoro scura. Lui indossa pantaloni con bretelle, le maniche sono arrotolate poiché sta lavorando per la produzione del formaggio, ed ha un berretto morbido in testa. Sulla sinistra c'è un bidone in metallo, ed in un mastello sulla destra è contenuto del latte che deve essere utilizzato per il processo di produzione. Il casaro ha un lungo bastone in legno in mano, che gli serve per mescolare nella caldaia, 1929. Collez. privata

Il numero delle vaccine di proprietà degli agricoltori fornitori di latte è pari a 80, più altre 10 di proprietà del titolare. Il riscaldamento è prodotto mediante generatore di vapore o a legna o a legna e carbone. La camera del latte ed il locale della caldaie, entrambi pavimentati in calcestruzzo, sono due locali separati. In quest'ultimo vi è anche la scrematrice che funziona ad elettricità.

Presso il caseificio Ridello vi erano anche 75 suini allevati per l'ingrasso. Il porcile è in parte unito e in parte separato al caseificio. Le condizioni igieniche e tecniche del caseificio sono giudicate mediocri.

C'è poi la corte-casello Gelmina di Birbesi. Viene identificata nel conduttore e casaro Brancolini Giulio Camillo fu Giuseppe, ma è di proprietà di Beschi Dr. Aldo. Vengono lavorati annualmente 2.000 quintali di latte, e viene prodotto il formaggio Reggiano Grana. Il numero delle vaccine di proprietà degli agricoltori fornitori di latte è pari a 100. Il riscaldamento è mediante il generatore di vapore a legna, esiste la scrematrice che funziona ad elettricità, l'acqua proviene da un pozzo tubolare, la camera del latte (che ospita la scrematrice) e le caldaie sono in due stanze separate. La camera del latte è pavimentata in marmo. C'è un porcile con 80 maiali, adiacente al caseificio. Le condizioni igieniche e tecniche sono buone.

Il caseificio corte Gambetta di Birbesi è a conduzione privata. Il conduttore e casaro è Sanfelici Giuseppe fu Nicola. Il proprietario è Veronesi F.lli.; si lavorano annualmente 900 quintali di latte producendo il formaggio Reggiano. Il numero delle vaccine di proprietà degli agricoltori fornitori di latte è pari a 50. Il riscaldamento è tramite un generatore di vapore a legna; esiste una scrematrice a scoppio, l'acqua proviene da un pozzo tubolare. La camera del latte e il locale caldaie sono separate; entrambe pavimentate in cotto. La scrematrice è nella camera del latte. Rivendono magroni (non c'è porcile). Le condizioni igieniche e tecniche sono medio-buone.

Il caseificio corte Fontana (via Fontana n. 13) è a conduzione sociale, ed il presidente è Pedrotti cav. Luigi. È di proprietà di Bacchi Olga[39] e Bruna. Si lavorano annualmente 2.900 quintali di latte, per produrre il Grana Reggiano. Il numero delle vaccine di proprietà degli agricoltori fornitori di latte è pari a 90. Il riscaldamento è eseguito mediante generatore a legna, esiste la scrematrice elettrica. L'acqua proviene da un pozzo artesiano. La camera del latte, dove si trova anche la scrematrice, ed il locale caldaie sono in due locali separati. Entrambe le camere sono pavimentate in cotto. Ci sono 120 suini allevati per l'ingrasso. Il porcile è separato dal caseificio, e dista 40 metri. Le condizioni igieniche e tecniche sono buone.

39. Bacchi Olga (1909-2005), come da lapide ritrovata nel cimitero di Guidizzolo.

Una volta realizzato il prodotto finale, ovvero principalmente il formaggio (ma anche burro), si passava alla vendita. Questa poteva avvenire anche al mercato settimanale che si svolgeva, tutti i mercoledì, a Guidizzolo (vedi Foto 23).

Foto n. 23. Mercoledì mattina, giorno di mercato a Guidizzolo. Lungo Via V. Veneto sono stati disposti i banchi e, davanti alla drogheria fuori della quale si vedono grosse casse in legno, si nota anche la vendita del formaggio prodotto presso il caseificio di Corte Ridello. Ci sono delle forme circolari ed alcuni pezzi di formaggio; inoltre c'è una bilancia per poter quantificare il prodotto, una volta porzionato, e venderlo al cliente. Il banco successivo vende, invece, scarpe. Parecchia gente è venuta al mercato, e fra di loro spicca una giovane ragazza che indossa pantaloni alla zuava (all'epoca molto diffusi nel guardaroba maschile), 1935. Collez. privata

Da delle relazioni annuali e bollettini mensili nel periodo 1922-1938[40] si desume che il prezzo medio di riferimento del latte ad uso industriale (venduto dunque ai caseifici) nell'arco di tempo compreso tra 1934 e 1937 risulta più che dimezzato. In questo particolare periodo si assiste ad uno sfoltimento di capi presenti nelle stalle nel mantovano poiché viene a scarseggiare la fienagione per problemi meteorologici. Dunque la produzione di latte non è sempre costante e, di conseguenza, anche quella dei suoi derivati subisce, in periodi di difficoltà, sbalzi di prezzo.

40. Cfr., Cavazzoli L. (1984), *op. cit.*, p. 81.

L'irrigazione

L'acqua è fondamentale per la crescita delle colture[41]. Senza acqua non si produce e con quantità esigue si produce male. Per questo è essenziale capire come nel paese di Guidizzolo gli agricoltori inizino la loro attività, per forza di cose, nell'area al di sotto della Strada Statale, in direzione Birbesi. Qui l'acqua non manca. Ci sono parecchi fossi ed è facile trovare dell'acqua perché si trova quasi a fior di terra. Al di sopra della Statale, quindi in direzione delle colline moreniche, pare invece esserci un territorio quasi ostile, somigliante ad una brughiera, che poco incoraggia l'inizio di attività agricole.

Queste le premesse. Ma l'acqua deve arrivare in maniera corretta e capillare nei campi, al fine di poter far crescere adeguatamente ciò che si pianta. Quindi non rimane che aspettare la realizzazione di una grande opera come quella relativa alla costruzione dei Canali Virgilio e Arnò e, di conseguenza, quella di canalette che possano portare in ogni campo l'acqua.

Nel 1925 nella zona morenica, nell'altipiano a Sud del Garda fra Mincio e Oglio, dove è ricompreso anche Guidizzolo l'irrigazione si attua in prevalenza con «canali di acquaviva o scaturenti dal suolo per opere manufatte. In altre zone le acque vengono deviate dai fiumi e particolarmente dal Mincio»[42]. Bisogna tenere presente che le canalette erano fatte, in prima battuta, di terra. Per cui la dispersione era molto elevata e non permetteva di irrigare in maniera corretta le colture. Poi sono state tutte cementificate aumentando dunque la portata d'acqua che poteva arrivare ad irrigare i campi.

Nel 1927, grazie ad una statistica agraria – notizie sulle irrigazioni e bonificazioni in corso a cura della Camera di Commercio – si sa che «a Guidizzolo esiste da 3 anni irrigazione di parte del fondo Ridello di proprietà Ghisolfi fratelli (vedi caseificio, sempre in questo capo) con sollevamento d'acqua a mezzo di forza elettrica e dallo scorso anno è in efficienza l'irrigazione dei terreni di proprietà Giubelli Aristide. Sono in corso lavori per una vasta zona di terreno su "Questa Gabusi" in frazione Rebecco, il cui sollevamento dell'acqua verrà effettuato pure con forza elettrica»[43].

Nel 1932 in provincia di Mantova esistono 8 consorzi irrigui, fra cui quello per l'irrigazione dell'Alto Mantovano, con un comprensorio di 3.420

41. Cfr. Della Valentina G. (a cura di), *Fonti per la storia dell'agricoltura lombarda postunitaria*, Bibliografica ed., Milano, pp. 179-247.
42. Cfr., Cavazzoli L. (1984), *op. cit.*, p. 148.
43. Ivi, p. 156.

ettari ripartiti fra i comuni di Castiglione delle Stiviere, Solferino, Medole, Cavriana e Guidizzolo[44].

Verso gli anni '50, al fine di evitare dispersione d'acqua e per cercare di raggiungere capillarmente ogni seme appena piantato (questa infatti è la fase più delicata, se il seme non germoglia tutto il lavoro è perso) si inizia ad irrigare per mezzo di tubi in metallo (vedi Foto 24). I trattori sono fondamentali per "pescare" l'acqua dalle canalette; attraverso un trasformatore la incanalano nei tubi che sono stati precedentemente posizionati nel campo. Ad una distanza studiata sono stati applicati i vari getti che devono irrorare d'acqua il terreno. Così si viene a riprodurre ciò che in natura si ha già: la pioggia.

Questo sistema incrementa il raccolto e opponendosi idealmente all'irrigazione a scorrimento, fino ad allora utilizzata, porta una grande miglioria produttiva.

Foto n. 24. Un agricoltore dal cappello con un'ampia tesa, per proteggersi dal forte sole estivo, alza un tubo pieno d'acqua, interrompendo momentaneamente l'irrigazione creata con il sistema "a tubi" in un suo campo. Lo fa per mostrare l'abbondanza di acqua che scorre in esso e la grande potenzialità, dunque, d'irrigazione per le sue colture. Davanti a lui un bambinetto con braghe corte e bretelle coglie l'occasione per farsi fotografare e combattere la calura grazie agli schizzi d'acqua che fuoriescono dal getto, 1955. Collez. Gino Giubelli

44. Ivi, pp. 148-149.

Ciò accade, specialmente, nella campagna più lontana, fisicamente, dal centro-paese. Per quanto riguarda gli appezzamenti di terreno adiacenti al centro, come ad esempio quello già menzionato vicino a palazzo Rizzini (vedi Foto 1), vediamo che, talvolta, si utilizzano dei pozzi artesiani (vedi Foto 25).

Foto n. 25. Pozzo per l'irrigazione dell'ortaglia vicino a Palazzo Rizzini. Si pompava, a mano, tramite un bastone obliquo che termina con una biforcazione, ben visibile nell'immagine, sistemato sopra quello verticale. L'acqua veniva pescata attraverso un sistema a stantuffo e andava a riempire quella parte quadrata in cemento, permettendo così di attingerla con dei secchi o delle cannule di esiguo diametro (vedi anche Foto 1, Introduzione). Un modo tutt'altro che semplice per ricavare dell'acqua, sicuramente un po' laborioso, ma queste erano le possibilità dell'epoca, 1944. Collez. E. Zaccagni

Nelle aziende agricole, poi, l'acqua non serviva solo per innaffiare le colture, ma era essenziale per gli esseri animati. Che fossero uomini o animali. Questi ultimi, in particolar modo le mucche, andavano sempre ad abbeverarsi nei pozzi o nell'*albe* (abbeveratoio, ma anche lavatoio, ecc.) presenti nelle corti agricole. Fino a che, nelle stalle, sul finire degli anni '50 non sono stati impiantati gli abbeveratoi più moderni (*bearöi*), che anche noi oggi conosciamo.

L'acqua, come fonte di vita e prosperità, così necessaria per favorire benessere alle piante, agli animali e agli uomini arriva dunque gradualmente a Guidizzolo, negli anni, rendendolo un paese florido e arricchendone l'agricoltura, primario settore d'impiego delle famiglie per parecchio tempo.

Capo 6. Dallo sviluppo del settore edilizio (fornaci) al sorgere dell'industria manifatturiera (scatolifici e lavorazione carni)

di Alberto Vignali

Premessa

L'affermazione dell'industria nel sistema economico nazionale è una delle condizioni indispensabili per la modernizzazione di un Paese: nucleo portante per l'organizzazione della produzione, sia essa razionalizzata e di grandi dimensioni che di realtà a conduzione famigliare con pochi addetti.

L'industrializzazione è un processo di trasformazione di una società da uno stadio rurale ad uno industriale, con forte inurbamento e abbandono delle campagne a favore del lavoro nelle fabbriche.

Per un contesto come quello di Guidizzolo, nel periodo storico preso in considerazione, tale processo è caratterizzato da un ritmo relativamente lento e da un numero limitato di esempi, un po' forse a ricalcare un Paese come l'Italia, profondamente agricolo, che ha avuto tempi diversi rispetto alle altre potenze europee per sviluppare la propria industria.

Ad ogni modo, alcune realtà si sono contraddistinte nel panorama industriale locale e sono entrate a fare parte della storia economica e sociale del comune di Guidizzolo.

A partire da uno sguardo d'insieme sul livello di sviluppo industriale europeo, italiano e mantovano nel periodo di riferimento, si va a scoprire un primo esempio, probabilmente più legato ad un concetto pre-industriale, che caratterizza il territorio guidizzolese nella seconda metà dell'800: la fornace.

In seguito, si presenta un'attività di cui il comune mantovano è stato importante centro di produzione, per la qualità e per la concentrazione delle aziende dedicate: lo scatolificio-astuccificio.

Infine, una breve descrizione di una piccola grande realtà artigiana locale che arriva dal settore alimentare e che rappresenta una maestranza di cui la nostra provincia vanta buone tradizioni: il salumificio.

Da fine '800 al secondo dopoguerra: lo sviluppo dell'industria italiana

La seconda metà dell'800 è caratterizzata da un'ondata di rinnovamento scientifico e tecnologico che modifica il panorama economico e sociale mondiale, coinvolgendo numerosi settori produttivi.

Industrie relativamente giovani come la chimica, la siderurgica della produzione dell'acciaio e il settore elettrico hanno ruolo trainante in quella che viene definita la seconda Rivoluzione Industriale, dopo che la meccanica e quella del cotone hanno caratterizzato quella inglese del secolo precedente. Se in Inghilterra la macchina a vapore e il carbon fossile alimentano il primo sviluppo industriale del '700, ora la spinta viene dal motore a scoppio e dal maggior utilizzo di energia elettrica.

L'ultimo ventennio del XIX secolo porta un grande sviluppo nell'industria tessile, con le fibre artificiali, in quella della gomma, con l'invenzione dello pneumatico[1] e in quella alimentare, con lo sviluppo di nuove tecniche di sterilizzazione, inscatolamento, refrigerazione e conservazione dei cibi.

La rivoluzione tecnologica migliora la qualità della vita degli abitanti dei Paesi economicamente più avanzati, causa un aumento della popolazione e allunga l'aspettativa di vita media grazie ai progressi della medicina, il miglioramento delle condizioni igieniche e le innovazioni dell'industria alimentare.

Nella seconda metà dell'800 l'Italia, finalmente unificata, si organizza lentamente come Nazione, ma il suo sviluppo è caratterizzato da un ritmo differente dalle grandi potenze economiche europee e soprattutto da condizioni di partenza particolarmente difficoltose. Le strutture economiche e sociali nel Belpaese sono ancora arretrate, ed è forte il divario rispetto, ad esempio, all'Inghilterra della prima Rivoluzione Industriale, dove il sistema artigiano è oggetto di una transizione verso la più moderna fabbrica.

In Italia la bottega artigianale resta la caratteristica essenziale della città e gli scambi commerciali sono limitati poiché restano circoscritti, penalizzando il mercato interno e il livello dei consumi. L'economia italiana è in prevalenza agricola, caratterizzata da una produttività ancora per la maggior parte legata alla sussistenza familiare o al grande latifondo[2].

Tuttavia, è dallo sviluppo dell'agricoltura e dalla relativa accumulazione di capitale che prende il via il processo di industrializzazione, complice

1. Dunlop R., 1888.
2. Cfr. De Rosa L., *La rivoluzione industriale in Italia*, Laterza, Roma-Bari 1980.

anche la costruzione di una rete ferroviaria, fondamentale per la circolazione di materie prime e merci, e il riordinamento del sistema bancario[3].

In questa fase il capitalismo industriale italiano si consolida soprattutto nel cosiddetto triangolo industriale (Piemonte, Lombardia e Liguria) dove già esistono le condizioni per lo sviluppo. Le regioni del Nord si inseriscono nel commercio europeo e il mercato interno prende forma, lentamente aumentando la domanda di beni. Si assiste ad uno sviluppo di diversi settori tra cui soprattutto quello siderurgico, della meccanica pesante, elettrico, saccarifero, chimico, e nell'industria dei laterizi, con l'introduzione dei forni Hoffmann; mentre alcuni settori restano ai margini "Rivoluzione", come ad esempio il tessile, l'abbigliamento e la fabbricazione del mobile, che faticano a trovare opportunità per economie di scala[4].

Foto n. 1. Immagine della fornace a forma ovale sita in località Baite a Rebecco di Guidizzolo. In primo piano svetta l'alto camino della fornace a forno continuo, che verrà demolito negli anni '80. È dapprima gestita e poi acquisita dalla famiglia Delmenico. Collez. U. Delmenico

Per rendere possibile il decollo della giovane industria italiana si rende necessaria l'attuazione di una politica economica di intervento e di protezione dell'industria da parte dello Stato poiché vi è scarsità di materie prime e capitali privati[5].

3. Ibidem.
4. Cfr. Amatori F. e Colli A., *Impresa e industria in Italia: dall'Unità a oggi*, Marsilio, Venezia 1999.
5. Ibidem.

Sebbene ciò non riduca in maniera rilevante il divario con i paesi più ricchi, si assiste ad un aumento del reddito e un miglioramento della qualità della vita, a partire dall'igiene urbana, le condizioni abitative e la diminuzione di mortalità infantile ed analfabetismo[6].

Tuttavia, il modo in cui avvenne lo sviluppo industriale italiano è tale da non risolvere il divario tra il Nord ed il Sud, anzi esso viene ulteriormente aggravato generando una grande divisione tra il primo industriale e artigiano e il secondo prevalentemente agricolo, caratterizzato da latifondo e mezzadria.

L'inizio del '900 viene ricordato come un periodo di crescita delle grandi potenze industriali, come Stati Uniti e Germania, ma anche di sviluppo per l'Italia.

Una timida crescita del livello dei salari e del reddito delle famiglie, induce all'allargamento del mercato, con le aziende di beni di consumo che si trovano a dover soddisfare una domanda sempre più alta.

Dall'artigianato e un'industria domestica si passa alla produzione in serie ed alla vendita attraverso reti commerciali sempre più ampie. Tale modalità di produzione va di pari passo con l'introduzione della catena di montaggio e i primi studi sull'organizzazione scientifica del lavoro (F.W. Taylor 1911)[7].

Nella trasformazione da un Paese prettamente agricolo ad una realtà industriale le aziende nascenti attirano dalle campagne la manodopera, spesso stagionale, che col passare del tempo si stabilisce nelle città, anch'esse in rapida espansione. Contro l'instabilità occupazionale e l'assenza di tutele previdenziali è sempre diffusa la pluriattività[8], estendendosi dalla campagna alla città, creando anche un legame tra agricoltura e industria, tra retroterra rurale dei lavoratori di recente inurbamento[9].

Con l'emigrazione interna in crescita, nel primo ventennio del '900 quella verso l'estero, invece che diminuire per lo sviluppo economico, raggiunge circa gli 8 milioni di italiani, creando da un lato un impoverimento di forza-lavoro ed energie intellettuali, dall'altro allentando la pressione demografica nei confronti delle risorse disponibili, con l'attenuazione delle tensioni sociali, e permettendo a diverse zone depresse di beneficiare delle rimesse dei parenti trasferitasi all'estero[10].

6. Cfr. Stentella D., *Dalla ferriera pontificia alla Zecca di Terni alla SIRI*, Università degli studi di Perugia, Terni 1995.

7. Cfr. De Rosa L., *op. cit.*

8. Il mantenimento di più attività lavorative, diverse tra loro, che concorrono al reddito personale.

9. Cfr. Musso S. (a cura di), *Storia del lavoro in Italia: Il '900, 1896-1945 Il lavoro nell'età industriale*, Castelvecchi, Roma 2015.

10. Cfr. Sabatucci G. e Vidotto V., *Il mondo contemporaneo: dal 1848 a oggi*, Laterza, Roma-Bari 2005.

Questi sono anni contrassegnati dalle lotte sociali, ma i provvedimenti promossi dallo Stato per l'assistenza, il riposo festivo, l'edilizia popolare, non sono sufficienti a contenere le manifestazioni delle organizzazioni operaie[11].

Foto n. 2. Immagine dello Scatolificio Astuccificio Mantovano negli anni '30 dallo spiazzo della "Strada Nuova. Con la sua pulizia l'edificio coniuga lo stile razionalista con elementi di quello littorio, proprio del periodo del Regime Fascista, con un recupero di forme neoclassiche e simmetriche. Anni '30. Cartolina

L'arrivo della guerra consente di affrontare lo sviluppo industriale con una nuova spinta: le ordinazioni belliche danno slancio agli investimenti e le imprese crescono esponenzialmente. In particolare, godono di un periodo profittevole sia l'industria pesante, la meccanica e siderurgica, che la grande industria di base e i suoi prodotti (tessile, vestiario e alimentare)[12]. La congiuntura bellica si rivela altrettanto benefica per l'industria elettrica, quella tessile, la chimica nonché per le infrastrutture ferroviarie[13].

11. Cfr. Stentella D., *op. cit.*
12. Cfr. Musso S. (a cura di), *op cit.*
13. In meno di 10 anni l'industria manifatturiera raddoppia il volume di produzione e gli addetti all'industria passano da 1.275.000 nel 1903 a 2.304.000 del 1911. Cfr. Stentella D., *op. cit.*

Una volta terminato il conflitto mondiale, esaurite le commesse statali, si assiste al rallentamento del ritmo di crescita rispetto al primo ventennio, e molti settori della grande industria si trovano alle prese con l'eccessiva potenzialità degli impianti e con un eccesso di manodopera; la riqualificazione industriale diventa un obiettivo fondamentale[14].

Il rincaro dei prezzi, la disoccupazione e i movimenti operai creano nuove agitazioni sociali. Sono di questo periodo conquiste come l'aumento del salario e della paga minima, e le ferie annuali.

In seguito, il fascismo gode dei frutti dello sviluppo economico degli anni venti, soprattutto nell'industria elettrica, chimica, della meccanica di precisione e nei mezzi di trasporto; tuttavia, con l'avvento del regime vengono rese illegali tutte le libere organizzazioni sindacali.

La politica economica accentrata nelle mani dello Stato[15] e di tendenza autarchica[16] avvantaggia soprattutto le imprese del settore chimico, elettrico e cantieristico, grazie al maggior sfruttamento della spesa pubblica e delle agevolazioni in materia fiscale; diversa è la situazione per le aziende meccaniche e quelle tessili, interessate a nuovi sbocchi sul mercato internazionale[17].

Il secondo conflitto mondiale lascia la sua impronta sull'economia italiana. Grave è la situazione per il settore agricolo, segnato da una produzione pressoché dimezzata rispetto alla fine degli anni '30. Per l'industria sono ingenti i danni causati dalle operazioni militari ad industrie ed infrastrutture nonché dalla mancanza di materie prime. La produzione cade al livello del 1884 e settori come quello meccanico, siderurgico e chimico sono in grande difficoltà, senza dimenticare il peso della conversione dalle produzioni di guerra[18]. Ciononostante la ripresa è rapida e nel 1950 si supera la produzione pre-bellica; industria siderurgica, meccanica, dei mezzi di trasporto, chimica, dei materiali da costruzione e tessile concorrono a rimettere in piedi il Paese[19].

14. Cfr. Musso S. (a cura di), *op. cit.*

15. Nel 1933 viene fondato l'Istituto per la Ricostruzione Industriale (IRI), ente pubblico con funzione di politica industriale che diviene il fulcro dell'intervento pubblico nell'economia italiana.

16. L'autarchia è un dirizzo di politica economica, applicato nell'Italia fascista, che persegue lo sfruttamento delle risorse proprie di uno stato, cercando di renderlo autosufficiente ed economicamente indipendente dai paesi esteri. In Italia autarchia ed esportazione vanno a caratterizzare la politica economica dell'epoca poiché la prima da sola non è in grado di rafforzare la base produttiva in una nazione dipendente dall'estero per materie prime e commesse.

17. Ibidem.

18. Cfr. De Rosa L., *op. cit.* e Amatori F. e Colli A., *op. cit.*

19. Cfr. Amatori F. e Colli A., *op. cit.*

Foto n. 3. I lavoratori del Salumificio Ruggeri sono immortalati durante il taglio delle carni. In posa con il grembiule da lavoro, qualcuno accenna un sorriso, si trovano in una stanza del laboratorio artigiano, dove lavorano su tavoli in legno e sono circondati da salamelle e prosciutti appesi a travi di legno per la stagionatura. Alle pareti gli slogan del periodo fascista come "Vincere" e "Vinceremo", molto diffusi nei locali produttivi delle aziende dell'epoca come voleva la propaganda governativa, e i cartelli con il numero di autorizzazione per lo stabilimento da parte della Società anonima importazione ed esportazione bestiame (SAIB). Al centro dell'immagine, in penombra davanti alla porta, un uomo anziano, il più elegante dei presenti, potrebbe essere della famiglia Ruggeri. Anni '30. Fotografia pubblicata su Comune di Guidizzolo, Disciplinare della pancetta steccata De.Co. tipica di Guidizzolo, *Centro Culturale San Lorenzo ed., Guidizzolo 2015*

Negli anni successivi si entra in quella fase definita *miracolo economico italiano*, o *boom economico*, caratterizzato da una forte crescita economica e sviluppo tecnologico che vede un grande inurbamento di masse di contadini dal meridione o dalle zone montuose, attirati dai maggiori compensi di industrie e attività terziarie, nonché il netto miglioramento delle condizioni di vita degli italiani.

Il predominio dell'agricoltura nell'economia mantovana[20]

Gli accadimenti che portano l'Italia alla liberazione dal giogo straniero e all'indipendenza conducono allo stremo l'economia mantovana.

Una volta effettiva la reintegrazione dei confini pressoché attuali, emergono problemi riguardanti la creazione di un mercato nazionale, soprattutto rispetto alle comunicazioni e al movimento commerciale. Mantova è caratterizzata da un'economia di transito, con una grande disponibilità di prodotti agricoli, ma una scarsa attività industriale.

Nella seconda metà dell'800 la popolazione attiva è per i due terzi rurale e il territorio provinciale è caratterizzato dalla concentrazione della proprietà terriera in grandi latifondi e da una difficile situazione economico-sociale per le masse contadine. Le condizioni delle campagne mantovane sono misere: l'istruzione elementare è insufficiente, cresce l'emigrazione dei contadini verso la città e la gravosa tassa sul macinato soffoca le classi più umili. In questo periodo gli scioperi agricoli affermano la necessità di provvedimenti risanatori, che portano a misure assistenziali ancora povere e provvisorie.

Il grande problema dell'economia mantovana si individua nella mancanza di capitali e di uno spirito imprenditoriale che spinga la crescita economica.

Le grandi opere di bonifica portate avanti fino a fine secolo sono l'inizio di un lento programma di industrializzazione dell'attività agricola, che al momento vede lo sviluppo in primis della cerealicoltura, accompagnata da bachicoltura e viticoltura. Inoltre, viene introdotta la coltivazione della barbabietola da zucchero, che a distanza di qualche decennio diventerà un pilastro della produzione agricola provinciale, nonché quella della canapa, limitata dagli scarsi investimenti.

I progressi nel campo dell'irrigazione, l'utilizzo dei concimi chimici e delle macchine agricole nonché l'incremento di patrimonio zootecnico, soprattutto bovini e suini, e la nuova industria casearia determinano una sensibile crescita del settore.

L'industria manifatturiera è ancora inconsistente e si assiste ad un timido sviluppo dei settori della lavorazione di pelli e cuoio, di cordami e teli di canapa, quello cartario e quello dei laterizi.

A fine dell'800, e per diverse decadi ancora, l'industria più rilevante rimane di tipo agricolo o comunque dipendente dal primo settore – case-

20. Cfr. De Maddalena A., *Centocinquant'anni di vita economica mantovana (1815-1965)*, Camera di commercio industria artigianato agricoltura, Mantova 1980.

aria, fabbricazione di concimi chimici ed estrazione dello zucchero – così come il commercio, ancora limitato dalla distanza dai centri economici più sviluppati.

Durante il primo ventennio del '900 si assiste ad un crescente sviluppo ed un debole aumento del tenore di vita sino alla Grande Guerra, che causa un ridimensionamento delle attività produttive. Il settore agricolo è caratterizzato da un aumento dei salari ed una prima fase di industrializzazione rurale. Tuttavia, il conflitto mondiale è causa di una forte diminuzione della manodopera, accompagnata da una più stretta collaborazione tra i proprietari terrieri, categoria che vive un importante processo di frazionamento dei grandi latifondi.

Seppure ancora di modeste dimensioni, l'industria mantovana è oggetto di un incremento del numero di imprese manifatturiere fino a che la Prima guerra mondiale non causa uno sviluppo forzato dei settori metallurgico, meccanico e dell'abbigliamento, sollecitati dalle commesse dell'esercito.

Questo periodo vede anche la crescita dell'industria laterizia, uno dei settori che più rispecchia la connessione tra mondo rurale e manifatturiero provinciale. Progressi che, fino al 1915, si accompagnano ad un miglioramento del tenore di vita conseguito nelle campagne.

Il commercio resta legato soprattutto all'attività agricola, in particolare si sviluppano i mercati provinciali di bestiame, bachi e frutti della terra. Tuttavia, l'avvicinarsi e lo sviluppo della guerra causano un momento di crisi dovuto alle restrizioni a importazioni ed esportazioni, sia internazionali sia relative al mercato interno.

La difficile conversione post-bellica viene in parte mitigata dal fabbisogno del sempreverde settore agricolo, in particolare di macchine ed attrezzi per la coltivazione estensiva dei campi.

Negli anni '20 l'economia mantovana vede ancora l'agricoltura e le attività a essa correlate come il fulcro dell'economia provinciale. Il settore agricolo è aiutato dalle politiche del ventennio fascista: programmi di matrice pseudo-liberistica portano ad esperienze autarchiche e corporative, lavorando sul rafforzamento delle strutture agricole del paese per garantire la soddisfazione dei bisogni essenziali della popolazione. Oltre alla rilevante produzione cerealicola e della barbabietola, dà risultati positivi la coltura intensiva applicata al settore risicolo, mentre la bachicoltura è oggetto di una rovinosa caduta, poiché il mercato della seta subisce lo sviluppo delle fibre artificiali.

Si assiste ad un periodo di intensa meccanizzazione delle operazioni agricole: si pensi che nel 1940 un terzo dei trattori lombardi sono impiegati in provincia di Mantova. A questo si aggiungono grandi bonifiche integrali accompagnate da provvedimenti volti a dotare la provincia di nuovi fabbricati rurali e migliori condizioni abitative per i contadini. Ciò stimola l'iniziativa delle famiglie coloniche, grazie anche a progressi nell'abitabilità delle case rurali, in particolare per quanto riguarda igiene, apparati di scolo e fognatura, e viabilità di accesso.

Bovini e suini rimangono l'ossatura del patrimonio zootecnico mantovano e i secondi sono sempre più legati alle lavorazioni delle carni insaccate: il territorio mantovano vanta una buona tradizione nella norcineria e rilevanti esportazioni.

L'attività industriale resta compromessa dalla mancanza di materie prime e mantiene il suo carattere essenzialmente artigianale.

Durante gli anni '20 e '30 l'industria manifatturiera trae alcuni vantaggi dall'adozione di patti collettivi per categorie produttive, gli uffici di collocamento della manodopera e il perfezionamento delle assicurazioni sociali.

Rilevante è anche la nascita dei magazzini generali, dove avviene il deposito del formaggio grana mantovano del tipo reggiano-parmigiano; in questo periodo il magazzino diventa elemento essenziale nel processo produttivo e distributivo dei prodotti caseari.

Nonostante la crescita vista nel periodo 1920-1940, il secondo conflitto mondiale segna il territorio provinciale: viene sconvolto il ritmo della regolare attività agricola, ridimensionato il commercio, ridotta l'industria manifatturiera, sospesi trasporti e comunicazioni, salgono i prezzi e le finanze pubbliche sono allo stremo.

Tuttavia, agli inizi degli anni '50 le condizioni dell'economia agraria provinciale sono ottime, ai livelli pre-bellici. Numerose le variabili che incidono, come ad esempio la consistenza del patrimonio zootecnico – in particolare per la produzione lattiero-casearia – i copiosi raccolti di foraggi e cereali, la meccanizzazione del lavoro, i progressi nella frutticoltura, l'estesa fertilizzazione, lo sviluppo colture industriali e il perfezionamento dell'organizzazione cooperativa per trasformazione, conservazione e distribuzione dei prodotti.

Il problema fondamentale resta quello dell'esodo di forza lavoro dalle campagne verso le vicine aree caratterizzare da forte industrializzazione, come Brescia e Verona. Infatti, si assiste ai primi grandi mutamenti del settore con l'installazione di numerosi opifici industriali: rilevante è lo sforzo per trasformare l'apparato economico industriale in un tipo misto, non solamente legato all'economia rurale. L'industrializzazione costituisce un incentivo all'inurbamento soprattutto per i giovani, alla ricerca di lavori continuativi, più remunerativi nell'arco dell'anno, con orari regolari e vantaggi come ferie, assistenza mutualistica e pensione. Anche nel mantovano si assiste all'invecchiamento e femminilizzazione della popolazione dedita all'agricoltura nonché al contributo di donne e giovani non ancora in età propriamente lavorativa. È proprio la differenza nel modo e stile di vita che si trova alla base del flusso migratorio. La situazione è vista come arginabile solo con un deciso risanamento economico-sociale, a partire dalle abitazioni rurali, nonché da una migliore formazione culturale e professionale.

Tra la metà e la fine degli anni 50 si aprono nuove aziende e vi è l'ammodernamento e ampliamento di vecchi impianti. Si sviluppa un'economia composita che corre su due binari: agricolo e industriale.

Il periodo 1953-1963 è caratterizzato da una "piccola rivoluzione industriale mantovana" che porta ad una struttura economica provinciale più equilibrata, spalancando le porte verso il "boom industriale" degli anni '60.

L'industria edilizia locale: una storia di fornaciai

Sin dall'epoca romana, la Pianura Padana è terra dell'argilla[21] e il mattone in terracotta il materiale edile per eccellenza. Nel 1925 Pellacini la descrive come «mirabile argilla della vicinissima alluvione Padana, che in quelle zone si presenta quasi pura, leggera, morbida plastica, facilissima all'uso, senza aiuto di potenti macchine, e che rende la miglior produzione, per robustezza, precisione, colore e leggerezza»[22]. L'abbondanza di sedimenti argillosi è fondamentale per la ricchezza dei terreni locali e il suo utilizzo è antecedente a quello di materiali duri, come la pietra, a causa della sua plasticità.

Il laterizio è l'elemento base nella costruzione edile in genere e, prima dell'avvento del ferro, delle grandi infrastrutture come ponti, serbatoi per l'acqua e ciminiere. Con il passare dei secoli, vi è uno sviluppo tecnologico dal punto di vista dei procedimenti di lavorazione e della varietà dei prodotti in un'area che ha visto il nascere di decine di fornaci industriali, raggiungendo nel primo decennio del '900 una produzione di prodotti in terracotta pari a circa 5 milioni di tonnellate[23].

A partire dai semplici laterizi per la costruzione, i coppi e le tavelle per le coperture, si è gradualmente ampliato il catalogo di elementi derivati con cui si realizzano ornamenti e decorazioni (colonne, fregi, ecc.).

21. Roccia sedimentaria formata dal consolidamento di fanghiglie marine o lacustri. Di consistenza tenera, se inumidita, può essere modellata e conserva la forma acquisita; con l'essicazione diminuisce di volume e perde in malleabilità. Può essere di diverse qualità, grassa o magra, in base alla plasticità, e dal colore che varia dal crema al verdastro.

22. Pellacini A., *Manuale pratico della industria laterizia*, Editore Ulrico Hoepli, Milano 1925, p. 4.

23. Cfr. Tamagno E., *Fornaci. Terre e pietre per l'ars aedificandi*, Umberto Allemandi, Torino 1987.

Le fornaci industriali entrano in uso a partire dal XIX secolo e per il mantovano, regione da sempre caratterizzata in prevalenza dalle attività agricole, sono uno dei primi segni dell'industrializzazione.

Le fornaci si differenziano basicamente per la tipologia di fuoco: *intermittente*, dove a seguito di cottura i prodotti si lasciano raffreddare, si svuotano del materiale cotto e si ricaricano, oppure *continuo* quando la calcinazione e la cottura avvengono senza interruzione[24].

Foto 4. Immagini della fornace a pianta rotonda con forno continuo Hoffmann sita in località Baite di Rebecco. Attorno al camino si nota la struttura del tetto scoperto e alcuni uomini in posa in cima. Si presume l'immagine si riferisca al periodo di costruzione della fornace, la quale viene demolita nel 1931. Primi anni '900. Fotografia Calendario Guidizzolo 2001

24. Pellacini A., *op. cit.*

Si tratta di edifici con varie forme (quadrate, esagonali, cilindriche, ecc.) dove le pareti sono costituite da diversi strati o anelli concentrici di materiali con funzioni specifiche: una "camicia" di mattoni refrattari, un muro interno separato da essa mediante uno spazio pieno di cenere, per impedire la dispersione del calore, e un muro esterno separato dal primo da numerose celle[25]. Nuove tecnologie permettono di accelerare la produzione, così si diffondono i forni rotativi, fra i quali il più celebre è quello brevettato da Friedrich Eduard Hoffmann (1818-1900)[26].

L'ubicazione di una fornace è fortemente legata al tipo di terreno nei suoi dintorni. I luoghi di estrazione dell'argilla sono situati nelle vicinanze della struttura dove viene lavorata, questo per ridurre i costi del trasporto, tenendo conto dell'opportunità di reperire la materia prima di miglior qualità. La bassa pianura padana possiede terreni impermeabili, dove grandi quantità di argille si sono sedimentate nei secoli; per tale ragione nella seconda metà dell'800 nell'area il settore della produzione di materiale edile cresce velocemente.

Per Guidizzolo, un paese fondamentalmente agricolo, le fornaci sono il primo segno di un contesto industriale che si appresta a crescere. Il comune mantovano ha visto il sorgere di diverse fornaci. Come già riportato nel capo sull'evoluzione dell'assetto urbanistico, in passato nel Borgo antico vi è una via intitolata ad esse, via delle Fornaci, l'attuale vicolo Volto. Di per certo sappiamo che all'inizio del secolo XX vi sono fornaci a Guidizzolo come viene riportato dall'Indicatore postale-telegrafico del Regno d'Italia del 1903-04[27].

La storia dei fornaciai presenti sul territorio guidizzolese può essere in parte ricondotta a un piccolo centro abitato del Canton Ticino svizzero, più precisamente il comune di Novaggio. Situato nel cosiddetto "Malcantone", un'area posta all'estremità occidentale della regione di Lugano, Novaggio si affaccia sul confine con italiano, stretta tra due grandi laghi: il Maggiore e quello di Lugano.

Territorio in buona parte boschivo, il Malcantone è caratterizzato da un paesaggio collinare e montuoso, con piccoli villaggi che nel XVIII secolo vedono la propria povera economia caratterizzata dall'agricoltura di sussistenza e l'emigrazione stagionale.

La popolazione è composta principalmente da contadini, ma le terre a disposizione sono limitate, data al conformazione scoscesa del territorio. Chi non resta ad aiutare la famiglia nei lavori agricoli parte alla ricer-

25. Ibidem.
26. Inventore tedesco.
27. Indicatore postale-telegrafico (1903).

ca di lavoro. L'emigrazione interessa uomini di tutte le età, che lasciano la terra natia, dalla primavera sino al principio dell'autunno, alla ricerca di un lavoro, non solo nel resto della Svizzera, ma anche nelle vicine Italia, Francia, Germania e altri paesi, fino a Russia e Turchia. Tra le attività più comuni per gli uomini del Malcantone vi sono i mestieri della costruzione: numerosi sono i muratori, stuccatori, fornaciai e pittori-decoratori[28].

Alla fine dell'800 decine di fornaciai del Malcantone si trasferiscono nel Nord Italia, portando con sé conoscenze e competenze nell'arte della costruzione dei mattoni, un prodotto tanto semplice e d'uso comune, quanto fondamentale per lo sviluppo economico[29].

All'epoca quella del fornaciaio è un'occupazione stagionale perché i mattoni sono seccati al sole, quindi durante l'inverno gli operai tornano a casa vivendo di piccolo artigianato e quello che i famigliari rimasti al paese avevano ricavato dalla terra.

A partire dal XIX secolo, le emigrazioni stagionali dei fornaciai malcantonesi diminuiscono a favore di un aumento delle famiglie che dal Canton Ticino si trasferiscono stabilmente in Italia. Il denaro risparmiato negli anni precedenti o la costituzione di piccole società con i conterranei emigrati permette di affittare o acquistare terreni ricchi in argilla e piccole fornaci. Alla fine dell'800 sembra si contino più di 100 fornaci di proprietà di famiglie del Malcantone nella sola Italia del Nord[30].

Originaria del Malcantone è la famiglia Delmenico, che dalla metà dell'800 è presente sul territorio comunale. Un primo membro della famiglia, Giuseppe, emigra a Guidizzolo in cerca di lavoro indicativamente verso il 1860; di lui non si hanno notizie certe, ma il figlio, Arnoldo, è per certo il primo di tre generazioni di fornaciai che si sono dedicati alla produzione di mattoni e prodotti affini sul territorio del comune mantovano. Dapprima come operai stagionali, i Delmenico si stabiliscono definitivamente a Guidizzolo verso la fine del XIX secolo.

Le prime notizie riguardo ad una fornace sul territorio di Guidizzolo si riferiscono ad un'attività sita in località Baite di Rebecco di proprietà del-

28. Cfr. Grossi P., *Il Malcantone*, Fontana Edizioni, Pregassona 1984.

29. Le origini della diffusione del mestiere del fornaciaio nel Malcantone potrebbero essere dovute alla vicinanza di questo territorio a Milano, dove in epoca romana i laterizi erano i principali materiali utilizzati nei cantieri per la costruzione. È probabile che la manodopera per la costruzione della famosa città imperiale venisse reclutata anche nelle aree collinari e questa tecnologia, che permetteva di produrre materiali leggeri e durevoli, fosse poi stata riprodotta e diffusa nella regione di appartenenza (Zerbi, 2005).

30. Cfr. Zerbi S., *I fornaciai Malcantonesi nel Nord Italia tra XVIII e XX secolo*, Mémoire STS, Sezione Architettura, Facoltà ENAC, Losanna 2005.

la famiglia Guarnieri: la produzione di mattoni è completamente manuale, dall'estrazione, alla miscelatura fino alla modellazione[31].

All'inizio del XX secolo i Delmenico, che probabilmente avevano prestato lavoro nella prima fornace, sono associati ad una seconda fornace a forma rotonda, costruita sulla strada comunale che da Guidizzolo porta a Rebecco[32]: lì almeno 50 operai preparano mattoni e coppi grazie ad uno dei famosi forni Hoffman.

Foto n. 5. Particolare delle strutture in legno e paglia utilizzare per il processo di asciugatura dei laterizi, che durava fino a 20 giorni. I laterizi erano sistemati seguendo precisi schemi in modo tale che l'aria fosse libera di compiere la sua funzione. Le "gambette" di laterizi potevano essere riparate mediante lo srotolamento delle arelle sui due lati che proteggevano dalle intemperie. Questo metodo per l'asciugatura è utilizzato sino agli anni '70. Fotografia pubblicata su Dal Prato A., Passeggiando nel tempo, Edizioni La notizia, Guidizzolo (Mn) 2002

31. Cfr. Ruffoni G., *Guidizzolo nella sua storia*, Litocolor R&S, Guidizzolo (Mn) 1994.
32. Cfr. Mappe catastali del Comune di Guidizzolo, foglio XIII, anno 1922, lotto 54.

Per il reperimento della materia prima, i Delmenico scavano nei pressi della fornace, ma spesso ai fornaciai è richiesto anche di spostarsi per avere a disposizione diversi tipi di argilla o quantitativi maggiori; ad attestare ciò un atto di compravendita del 1904 riferito ad un terreno in località Lonato Garda[33].

Nella fornace la preparazione dei mattoni segue serie di fasi ben distinte. In primo luogo l'argilla viene tagliata in blocchi, con zappe e picconi, e trasportata faticosamente dai terrazzieri nei pressi della fornace per mezzo di carriole, oppure con carri o a dorso di animali se più distanti. Il taglio viene fatto tra l'autunno e l'inverno e il materiale è disposto in mucchi per una sorta di fermentazione che ne disgrega le parti più dure. In seguito l'argilla viene selezionata, macinata e miscelata con altri componenti: ora è pronta per la modellatura. I mattoni e i coppi ricevono la loro forma mediante un lavoro manuale, che avviene utilizzando una forma in legno, diversa per i due prodotti, e dipende esclusivamente dalla qualità del materiale e dalla competenza dell'operaio. Nella produzione meccanizzata invece vi sono macchine specifiche dove inserire la miscela per la produzione di mattoni, pieni o forati, e anche per il loro taglio. In seguito, vi è la cottura all'interno del forno, che può essere alimentato con diversi combustibili a partire dal carbone, sino alla torba o al legno, tutti con caratteristiche, potere calorico e, ovviamente, prezzi differenti[34]. Il forno continuo permette che la produzione non si fermi, aumentando così la quantità di prodotto.

Successivamente i mattoni e i coppi sono lasciati sull'aia della fornace per l'asciugatura, che dura circa 24 ore, e l'essicazione, che può avvenire all'aria aperta o in capannoni chiusi. I mattoni sono disposti a "picciuolo", allineati uno accanto all'altro, a "coltello" ovvero disposti sul lato più sottile, a lisca di pesce, mentre i coppi impilati l'uno sull'altro: l'importante è favorire la circolazione dell'aria per il tempo necessario, solitamente tra i 10 e i 20 giorni, al completamento dell'essicazione[35]. Questo è il metodo utilizzato prima del prima del passaggio all'essicazione ad aria calda nella seconda metà del '900, quando quest'ultima fase di produzione può essere portata a termine in ogni periodo dell'anno grazie agli essiccatoi artificiali.

Una terza fornace viene costruita qualche centinaio di metri più a Ovest[36], indicativamente prima dell'inizio degli anni '20, ed è dota-

33. Atto di compra-vendita n. 6030/9070.

34. Il forno dei Delmenico viene alimentato prevalentemente con la torba, prezioso combustibile organico, proveniente dalle vicine colline moreniche.

35. Cfr. Zerbi S., *op. cit.*

36. Cfr. Mappe catastali del Comune di Guidizzolo, foglio XIII, anno 1922, lotto 51.

ta di un forno ovale dalle dimensioni più rilevanti. Si tratta sempre di un Hoffmann con una capacità produttiva ben più alta della precedente fornace.

Qualche anno dopo la costruzione, più precisamente nel 1924, viene a mancare il sig. Arnoldo, che lascia in eredità l'attività ai figli Alessandro, Italo e Umberto[37].

Nel frattempo sembra che le due fornaci funzionino contemporaneamente per un certo periodo, sino a quando la più piccola viene dismessa e demolita nel 1931.

Nello stesso anno i fratelli Delmenico stipulano un contratto di conduzione della nuova fornace, con annessa abitazione, e affittano il vicino fondo Rovere per l'approvvigionamento dell'argilla[38].

Foto n. 6. I dipendenti della fornace posano insieme per una foto il 9 settembre 1935. In tenuta da lavoro, diversi brandiscono attrezzi del mestiere, in particolare la "forma" in legno per modellare i laterizi prima della cottura. Da notare la presenza di alcune donne impegnate all'interno della ditta e di bambini forse troppo giovani per partecipare ai lavori più duri ma sicuramente un aiuto saltuario per le mansioni più semplici. Collez. U. Delmenico

37. Testamento pubblico di Delmenico Arnoldo Augusto fu Giuseppe del 09.06.1924.
38. Contratto di affitto della durata di 3 anni, prorogabile, tra la sig.ra Barozzi Iole e Delmenico Alessandro del 20.11.1931.

Le condizioni di lavoro in fornace sono molto dure a causa della predominanza del lavoro manuale e la sua concentrazione nel tempo. Fino a quando non avviene la meccanizzazione di numerose attività nella seconda metà del '900, e quindi la possibilità di produrre anche nei mesi più freddi, la stagione dura circa 150 giorni, con giornate di lavoro che durano da 10 fino a 14 ore. I contratti collettivi sono introdotti nel 1930 e fino ad allora il salario è a cottimo[39]. Le condizioni si basano sui patti stipulati tra il proprietario e i lavoratori[40].

Foto n. 7. Piero Capoferri raccoglie l'argilla per la produzione dei mattoni presso la fornace Delmenico. La pala meccanica in foto serve a caricare il materiale e portarlo all'interno della fornace per le prime fasi di lavorazione. È il primo segno di meccanizzazione dei processi produttivi che caratterizzano le fornaci nella seconda metà del '900. Anni '50. Collez. P. Capoferri

39. Retribuzione proporzionale alla quantità di prodotto lavorato.
40. Cfr. Zerbi S., *op. cit.*

Foto n. 8. La pala meccanica viene caricata con l'argilla e si richiude per il trasporto del materiale in fornace per il primo trattamento. Anni '50. Collez. P. Capoferri

Nel secondo dopoguerra l'Italia è impegnata nella ricostruzione e il settore dell'edilizia è in costante crescita. I documenti attestano che in questo periodo la fornace, qui di proprietà di Alessandro Delmenico, conta 22 operai, tutti uomini sopra i 15 anni, di cui i due terzi prestano opera manuale all'aperto e i restanti svolgono il loro lavoro all'interno della fornace[41]. A differenza di quanto si è visto in foto 3, non vi sono donne tra i dipendenti della fornace e non sono segnalati i minori di 15 anni che prestavano servizio, probabilmente saltuario o non dichiarato. La produzione è continua, con due turni diurni (8-12 e 14-18) e due notturni (18-24 e 24-6), tranne la domenica, giorno di festa per tutti i dipendenti.

Nel 1949 i fratelli Alessandro e Italo, proprietari dell'attività, costituiscono con altri lavoratori[42] residenti a Guidizzolo, presumibilmente già loro dipendenti, una società che prende il nome di "Unione

41. Denuncia d'esercizio al Ministero delle Corporazioni del 25.05.1945.

42. Bellini Aristide, Bellini Giovanni, Verzeni Guido, Farinati Natale, Crotti Angelo, Crotti Antonio, Terzadini Leopoldo, Lombardi Giovanni, Lombardi Bruno, Lombardi Gina, Bellini Ermete, Bellini Zelindo, Zomini Giovanni, Parmeggiani Angelo, Parmeggiani Luigi, Moroni Guglielmo, Riviera Marcello, Azzini Antonio, Azzali Carlo, Ferrari Luigi, Maifredi Ferdinando, Spazzini Amerigo, Parmeggiani Celso, Bignotti Virgilio.

fornaciai" e che ha come scopo la produzione a mano e la vendita di laterizi[43]. Il contratto prevede che i Delmenico apportino la fornace di cui sono affittuari e tutti gli attrezzi necessari alla lavorazione, nonché argilla e combustibile per il forno, mentre gli altri offrano la loro opera manuale. La direzione ed organizzazione del lavoro è assegnata ai fratelli Delmenico, ma gli altri soci eleggono un rappresentante, il primo dei quali è Crotti Angelo[44]. Il contratto, di durata di un anno e prorogabile, sancisce che i Delmenico hanno diritto ai profitti e sono in dovere di versare un pagamento di lire 2.950 per ogni mille mattoni, da dividere tra i restanti soci. Lo stipendio è settimanale in rapporto alla produzione e ai soci è richiesta l'esclusività, ovvero di non partecipare ad altre società concorrenti.

Alla fine degli anni '50 il processo di meccanizzazione del lavoro arriva anche nel settore edile e, dopo le prime macchine per scavare la terra, anche la produzione a mano dei mattoni è caratterizzata da un costante declino, dovuto al ridotto numero di addetti necessari a svolgere le nuove mansioni.

Con una storia lunga circa un secolo, la storia di questa famiglia di fornaciai originari del Malcantone termina nella seconda metà del '900.

Sebbene ci si sia concentrati sulla storia della famiglia Delmenico, non va dimenticato che vi sono altre fornaci nella storia di Guidizzolo. Consultando l'Annuario generale d'Italia del 1935[45] si trova citata un'altra ditta che si dedica alla produzione di laterizi intestata a Cerini Italo, mentre nei numerosi documenti visionati[46] s'incontrano altre società dedite allo stesso lavoro, delle quali non si è trovato materiale documentale o fotografico, come la Danielli & C., la G.B. Pastori e la F.lli Reggiani di Antonio. Tutte queste aziende fanno parte della tradizione dei fornaciai guidizzolesi, un attività ormai perduta ma che ha in parte caratterizzato il comune mantovano per più di un secolo.

43. Scrittura privata tra Delmenico Alessandro, Delmenico Italo e altri lavoratori per la costituzione della società "Unione fornaciai", 10.05.1949.

44. Dichiarazione di nomina di Crotti Angelo a Presidente della Società, 10.05.1949.

45. Società anonima editrice (1935) *Annuario generale d'Italia. Volume primo. Amministrazioni centrali del regno. Comuni del regno dal n. 1 al n. 3439 (Piemonte, Liguria, Lombardia, Venezia euganea)*, G.B. Marsano S.A.E., Genova. Visitato il 14/01/2020. Link: https://books.google.it/books?id=9_Wr9Ci_8N0C&pg=PA1575&lpg=PA1575&dq=barilani+guidizzol+distilleria&source=bl&ots=1HlWq30HPO&sig=ACfU3U2iAPMTfrdzbFjv22uEw7gCZac-3g&hl=it&sa=X&ved=2ahUKEwiahIK5gIPnAhWwyqYKHWwAC3IQ6AEwDXoECAcQAQ#v=onepage&q=barilani%20guidizzol%20distilleria&f=false.

46. Fatture e documenti di tipo commerciale dalla collezione di Valbusa Giuseppe.

L'arrivo dell'industria a Guidizzolo con lo "scatolificio" della famiglia Mutti

La seconda rivoluzione industriale segna l'inizio di un periodo di crescita del commercio e l'aumento della domanda di beni di consumo. Fino agli anni '30, uno dei metodi più diffusi per la distribuzione di beni sono i sacchetti per il materiale sfuso: i negozi, come ad esempio le drogherie, distribuiscono il prodotto generico e lo razionano in base alla richiesta del cliente consegnandolo in un piccolo sacchetto, a sua volta riposto in borse di tessuto, sacchi di juta, cesti in vimini o altri contenitori, non usa e getta, adibiti al trasporto di tutti i prodotti della spesa.

Il costo dei materiali è ancora alto e le confezioni sono destinate soprattutto ai beni di lusso. Un esempio sono le cappelliere da donna di fine '800 oppure i porta abiti confezionati in boutique negli anni '10. Necessita di una scatola ciò che è delicato, ciò che deve essere protetto, ovvero il prodotto di grande valore, di lusso. Inoltre va ricordato che, a parte il valore dei materiali pregiati utilizzati, si tratta soprattutto di produzioni artigianali, ottenute senza l'utilizzo di macchine per la produzione in serie, il che giustifica un costo decisamente rilevante.

Tuttavia, dal dopoguerra, con la ripresa economica si comincia a rilevare l'esigenza delle aziende di dotare un bene di un contenitore destinato al trasporto, ma anche funzionale alla sua vendita, in modo tale da differenziarsi dai propri concorrenti proponendo il prodotto in una veste diversa e riconoscibile: da qui l'emergere del nuovo settore dell'imballaggio. Vetro, cartone, legno e latta sono alcuni dei materiali utilizzati dalle prime industrie specializzate che, oltre alla originaria funzione di trasporto, associano ai loro prodotti le indissolubili componenti comunicativa e promozionale[47].

47. Cfr. Bertani S., *Il packaging*, Università di Parma. Visitato il 09/01/2020. Link http://www2.unipr.it/~arte/Docenti/bianccibo/Stefania%20Bertani/Bertani.htm.

Foto n. 9. L'avvocato Francesco Mutti (1884-1945) è una figura importante nella storia di Guidizzolo del '900. Laureato in Giurisprudenza a Pavia, civilista, è titolare di uno studio legale con circa 30 dipendenti a Milano. Uomo dalla grande cultura imprenditoriale fonda lo Scatolificio Astuccificio Mantovano, primo segno dell'industrializzazione nel comune mantovano. È podestà tra il 1935 e il 1944 e fa costruire dla "Casa del contadino". Impegnato nel sociale nel contesto milanese, a Guidizzolo è presidente dell'Istituto di Congregazione di Carità dal 1937 al 1944. Anni '30. Collez. F. Mutti

L'industria dell'imballaggio porta a Guidizzolo un assaggio dello sviluppo industriale degli anni '20. Guidizzolese di nascita, trasferitosi poi a Milano, l'avvocato Francesco Mutti (1884-1948) è il fondatore di quella che viene considerata la prima fabbrica sul territorio comunale: lo Scatolificio Astuccificio Mantovano – SAM.

L'attività viene costituita il 28.08.1921[48] e ha sede legale a Milano, mentre la produzione si trova vicino alla abitazione della famiglia Mutti, all'interno di un grande stabilimento in stile razionalista sito tra vicolo Volto e la futura Strada Nuova.

Foto n. 10. Operai al lavoro nella falegnameria interna all'azienda, posano per la fotografia. Il laboratorio è dotato di banchi da lavoro, 3 dei quali con quelle che sembrano essere seghe circolari a scomparsa per il taglio del materiale ligneo. Tali attrezzature sono azionate mediante cinghie collegate a 2 pali fissati a circa un metro dal soffitto ed azionati da un motore. L'uomo in primo piano, che dalla cravatta indossata sotto la divisa di lavoro si potrebbe ipotizzare abbia un ruolo diverso dal semplice operaio, utilizza una pialla a mano in legno per regolare lo spessore del pezzo che sta lavorando. Dietro di lui un altro operaio sembra aver terminato di tagliare a misura alcuni pezzetti di legno più piccoli, probabilmente utilizzati per separare gli spazi all'interno degli astucci. Da notare la presenza di 3 operaie all'interno di un reparto dove difficilmente ci si aspetterebbe la loro presenza data la tipologia del lavoro. Gli uomini indossano tutti un camice a maniche lunghe, mentre le donne portano delle sorte di grembiuli smanicati e scollati con diverse fantasie. Anni '30. Collez. F. Mutti

48. Certificato del registro delle ditte della Camera di Commercio, Industria e Agricoltura di Milano del 22.10.1964.

In principio l'azienda si occupa prevalentemente della costruzione di astucci: struttura in legno, foderata con carta o tessuti pregiati e assemblata a mano. I prodotti del SAM sono destinati ad una fascia di pubblico che cerca il lusso ed esemplari di artigianato di valore. Si tratta soprattutto di astucci per posateria di alta qualità, che vengono esportati anche all'estero.

La creazione dei prodotti parte dalla falegnameria, dove vengono costruite le anime lignee degli astucci: un laboratorio fornito di macchine e attrezzature per la lavorazione e il trattamento del legno, che è il cuore della produzione.

Foto n. 11. Operaie in posa durante il lavoro in una sala al secondo piano dello scatolificio. Le dipendenti foderano astucci o parti di essi su banconi che ospitano 2 o 3 lavoratori, illuminati da una rete elettrica che assicura due lampade a soffitto per ciascun tavolo. In primo piano sulla destra si nota un attrezzo simile ad un mattarello utilizzato per rifinire un pezzo dopo l'applicazione del materiale coprente e un contenitore metallico per la colla dentro il quale si trovano alcuni pennelli; da notare il cilindro metallico forato su cui è posato il contenitore che contiene la fonte di calore per mantenere caldo il liquido adesivo. Nella stanza vi è un solo uomo, in piedi nel corridoio centrale, con un lungo camice. Le operaie, varie nell'età dimostrata, indossano tutte un grembiule, di diversi modelli. Al centro della stanza una stufa a cassettoni in cotto con un tubo che esce dal soffitto con travi in legno a vista, in una stanza illuminata dalla luce che entra da grandi finestre. In primo piano sulla destra si nota un cartello informativo che avvisa i dipendenti che "questo montacarichi serve per trasporto di merce". Anni '30. Collez. F. Mutti

Nei locali interrati ci si occupa della preparazione della colla, elemento fondamentale per foderare i prodotti dell'azienda, che viene scaldata ad alte temperature e conservata in ampi recipienti in metallo. Da qui viene trasportata a mano, mediante grossi secchi, da più di 30 persone che riforniscono continuamente gli operai posti nei numerosi ampi spazi dell'azienda.

Gli addetti alla foderatura ricevono la sostanza adesiva direttamente sul proprio banco di lavoro e con pennelli, spatole ed altri strumenti foderano e confezionano i modelli creati dai falegnami. Si tratta di un lavoro di pazienza e precisione, ma che va fatto velocemente, perché il ritmo di produzione nella fabbrica è veloce, il tempo è profitto.

Foto n. 12. Operaie posano durante il turno di lavoro nella stessa stanza della fotografia n. 10, ma da opposto punto di vista. In questa immagine alcune donne, nel secondo banco a sinistra e nel secondo a destra, accennano ad un timido sorriso, fatto non comune in immagini ritraenti il lavoro in fabbrica in quegli anni, ma nemmeno in fotografie dell'epoca in generale. Anni '30. Collez. F. Mutti

Foto n. 13. Due operai posano durante il lavoro su macchine taglierine a lama singola. Entrambi gli uomini non indossano un camice, ma un panciotto. Nella stanza al primo piano, ben illuminata grazie alle grandi finestre su due lati, si notano 3 taglierine e alcuni macchinari, presumibilmente da taglio, sullo sfondo. Sulla destra una stufa a cassettoni in cotto, con canna fumaria collegata mediante un lungo tubo, scalda l'ambiente. Da notare un cartello di raccomandazioni per i dipendenti, di cui si legge una sola parte, che recita "Raccomandazione d'ordine! Un posto per ogni cosa [...]", che ricorda loro l'importanza e l'esigenza di riordinare il posto di lavoro. Anche in questa stanza l'illuminazione artificiale è garantita da una rete di lampade a energia elettrica. Anni '30. Collez. F. Mutti

Attraverso alcuni documenti[49] risalenti al periodo che va dal 1937 al 1944, l'unico di cui vi sono statistiche disponibili, è possibile farsi un'idea sul personale impiegato all'interno della fabbrica[50]. Il numero dei dipendenti va da un massimo di 177 (dicembre 1937) a un minimo di 94 (agosto 1939). L'andamento del numero di persone impiegate è abbastanza altalenante, ma con alcune costanti: le estati sono più calme rispetto agli autunni/inverni,

49. Statistiche mensili interne – riportanti giorni e ore di lavoro, numero operai impiegati e salari totali – prospetti del personale dell'Opera nazionale assistenza invalidi guerra e Denunce annuali d'esercizio dell'azienda.

50. Non sono disponibili statistiche relative ad altri periodi compresi all'interno dell'intervallo temporale di cui si occupa questo volume.

periodi che invece sembrano essere i più intensi dell'anno, soprattutto in virtù delle feste natalizie, quando aumenta la richiesta di scatole e astucci per il confezionamento di articoli da regalo e così il numero di dipendenti.

Il lavoro allo scatolificio SAM è una questione prettamente femminile. Operaie, mezzane e apprendiste (le ultime categorie definite in base all'esperienza) sono impiegate sempre in gran numero, mentre gli uomini si riducono a poco più di uno ogni 10 dipendenti; da sottolineare come vengano rispettate anche le norme per l'accesso al lavoro delle categorie svantaggiate, con un invalido di guerra assunto ogni 20 dipendenti[51].

Foto n. 14. L'immagine rappresenta una visita ufficiale del Prefetto della provincia di Mantova allo stabilimento SAM nel 1934. In posa per lo scatto, a partire da sinistra, il Prefetto Raffaele Montuori (in carica 1933 – 1940) – eletto anche presidente della Camera di Commercio provinciale – il comandante della Guardia di Finanza, Italo Cerini, Antonio Quiri, il Cav. Francesco Quiri – podestà dal 1931 al 1934 – Don Gino Sarti, il segretario comunale Rebonato e De Francesco, direttore dell'stabilimento. 21 luglio 1934. Cartolina

La giornata lavorativa è di 8-9 ore, spezzate da una pausa per il pranzo. Si lavora dal lunedì al venerdì, più la mattina del sabato, per un totale di 40 ore settimanali[52]. Le ore straordinarie sono pagate ai dipendenti con una

51. Obbligo valido solo se tra i 20 dipendenti si hanno più di 10 uomini.

52. L'orario settimanale è incrementabile in base alle esigenze di produzione fino a 48 o 54 ore, con particolari autorizzazioni, come quelle rilasciate dall'Ispettorato corporativo, circolo di Cremona o Brescia.

maggiorazione del 10%[53] e nei periodi di massima produzione anche il sabato pomeriggio ci si dà da fare in azienda, questo vale per tutti ad esclusione dei giovani minori di 21 anni, per i quali partecipare alle attività del "sabato fascista" è essenzialmente obbligatorio[54].

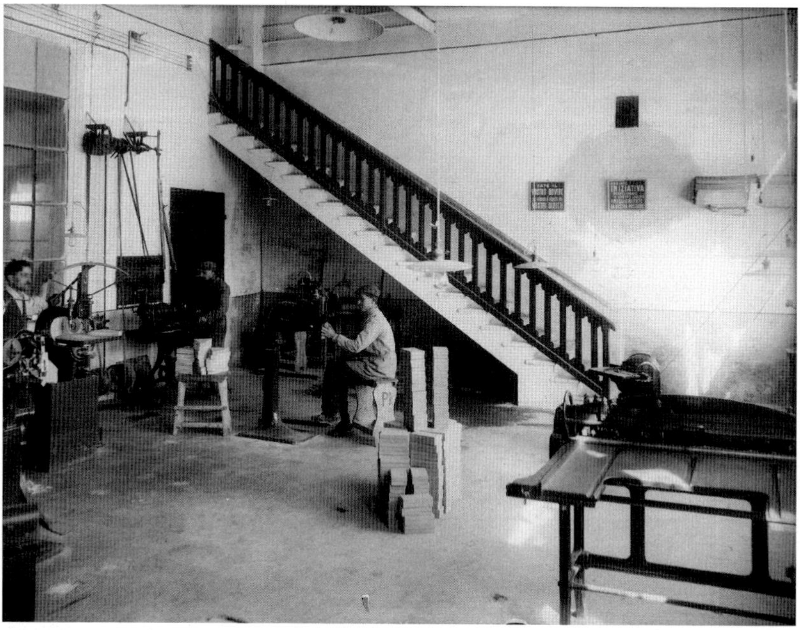

Foto n. 15. Operai al lavoro su macchine dedicate, presumibilmente, al taglio o all'incollatura dei materiali per la produzione di astucci. L'attrezzo utilizzato dall'uomo sullo sfondo, che dalle lame attaccate al muro in prossimità sembra essere una sega circolare, è azionato da una cinghia legata ad un meccanismo azionato a motore. Attaccati al muro, poco al di sopra delle scale, due cartelli motivano i dipendenti a mantenere della buone condotte e ad impegnarsi per ottenere dei miglioramenti nella loro condizione ed il rispetto dei propri diritti. Il cartello a sinistra recita "Fate il vostro dovere per ottenere il rispetto dei vostri diritti", quello a destra "Abbiate iniziativa, perfezionate il vostro lavoro e migliorerete la vostra posizione". A differenza dei cartelli che indicano dei divieti o degli obblighi, che ci si aspetterebbe di vedere nei locali di un'azienda, questi motivano i dipendenti, annunciando loro una sorta di giustizia futura per chi lavora con impegno. Dei 3 dipendenti, 2 indossano un camice da lavoro mentre il terzo un panciotto. Anni '30. Collez. F. Mutti

53. L'azienda è tenuta a versare un 10% del totale delle ore straordinarie anche al Fondo speciale per la disoccupazione.

54. A partire dal 1935, sino alla fine del regime fascista, la giornata lavorativa del sabato termina entro le ore 13 per permettere ai giovani di potersi dedicare ad attività a carattere addestrativo, culturali, sportive, paramilitari, politiche e professionali.

Durante la Seconda guerra mondiale l'astuccificio non ferma la sua normale produzione, astucci e scatole continuano ad essere confezionati a mano dalle mani esperte dei dipendenti del SAM. Tuttavia, per brevi periodi, ci si dedica anche ad alcune forniture per l'esercito, in particolare scatole per bossoli e munizioni di grosso calibro[55]. Questo è un momento in cui il governo chiede alle aziende di assumere ingenti numeri di dipendenti, di mantenere bassa la disoccupazione, ma non sempre è possibile, se non a ritmo molto lento, poiché per imparare il mestiere è necessaria esperienza e lavoratori che dedichino tempo agli apprendisti che «turbano il regolare andamento della produzione»[56], rallentandola nei numeri. Ieri come oggi formare un giovane è un investimento che richiede tempo e viene bilanciato con le esigenze dell'azienda.

Foto n. 16. Nell'immagine l'ufficio amministrativo dello Scatolificio Astuccificio Mantovano. I dipendenti hanno a disposizione 3 scrivanie, alcune ad uso doppio, con lampade da tavolo, macchine da scrivere Olivetti, Remington ed AEG e quelli che sembrano essere dei calcolatori. Negli anni '40 l'azienda dell'avvocato Mutti conta un numero di impiegati per gli adempimenti amministrativi e commerciali che oscilla dai 3 ai 5. Anni '40. Collez. F. Mutti

55. Autorizzazione del Ministero delle corporazioni, ispettorato corporativo di Cremona, del 17.02.1942.

56. Richiesta di deroga all'ispettorato corporativo di Brescia per lavorare 48 ore settimanali per 3 mesi del 22.01.1940.

Al termine della guerra, nel 1946, lo scatolificio passa da essere una società in accomandita semplice intestata all'avvocato Francesco Mutti ad una società a responsabilità limitata di nome Xilocarto, dove altri soci, tra cui diversi membri della famiglia, entrano a far parte della proprietà.

Nel corso degli anni l'azienda sigla anche alcune collaborazioni con realtà artigiane locali e non solo. Nel 1942 le operazioni interne di lavorazione del legno «a perfetta regola d'arte»[57] sono affidate alla ditta guidizzolese Cagioni Marchini & C.[58] che si impegna a lavorare esclusivamente per lo scatolificio sino al 1944.

Foto n. 17. Giovani balilla e piccole italiane in visita allo stabilimento della famiglia Mutti. Lo scatolificio è fiore all'occhiello dell'industria non solo guidizzolese, ma del territorio mantovano. I giovani in divisa osservano le operaie ed alcuni ne imitano i movimenti. Sullo sfondo una frase tipica del periodo fascista "Sempre più, sempre meglio", che invita all'impegno ed al miglioramento costante, in questo caso nella produzione. Anno 1938. Fotografia espos. fotografica Comune di Guidizzolo, Galleria Mondadori

57. Accordo fra Ditta SAM e Ditta Cagioni Marchini & C. del 1942.
58. Ditta composta dai sigg. Marchini Giuseppe, Cagioni Teodosio, Anversa Arturo e Tommasi Italo.

La stessa ditta si impegna nella creazione dell'associazione "Cooperativa Falegnami di Guidizzolo", dove i 4 fondatori concorrono in parti uguali al capitale e regolano l'ente, tra i vari punti, rispetto alla divisione degli utili (quindicinale), le modalità di associazione, di eventuale recesso o esclusione, la creazione di un fondo di riserva per l'acquisto di attrezzature e un'indennità per malattia[59].

Alcuni documenti comprovano inoltre la presenza a Guidizzolo, sicuramente antecedente al 1925, di un altro scatolificio denominato "Fabbrica Astucci A. Rossetti & C."[60]. Tale ditta ha la stessa sede legale (corso di Porta Vittoria n. 4, Milano) e numero telefonico (51-365) del SAM, ed è quindi lecito presumere che, sebbene con altro intestatario, sia legata allo scatolificio dei Mutti, probabilmente anche usufruendo di alcuni locali di proprietà dell'azienda guidizzolese per la produzione di astucci.

Guidizzolo ha visto svilupparsi sul suo territorio una rilevante concentrazione di aziende dedicate alla produzione di astucci e scatole. Sebbene lo Scatolificio Astuccificio Mantovano della famiglia Mutti resti il primo esempio, ancora in vita, di industrializzazione, attraverso alcuni documenti si è risalito ad altre aziende, alcune delle quali attive nel periodo preso in esame, che rispondono al nome di: "Lavorazione Artistica Soprammobili e Astucci (LASA)" o "Artistica Soprammobili Astucci (ASA)" di Andreoli Carlo[61], "Scatolificio Marchini Francesco" e "Scatolificio Astuccificio G. Perani & C."[62].

Un centro produttivo dell'astuccio e della scatola Guidizzolo che nel '900 a saputo specializzarsi creando un polo riconosciuto e rinomato in una piccola ma operosa realtà industriale.

Maestranze artigiane e allevamento dei suini: l'insaccato mantovano

Nella storia recente dell'economia mantovana il settore agricolo ha un ruolo fondamentale. I prodotti della terra e i derivati dall'allevamento del bestiame sono al centro dei commerci per il mercato interno e delle esportazioni al di là dei confini nazionali sin dalla fine dell'800[63].

59. Documento di costituzione dell'associazione "Cooperativa Falegnami di Guidizzolo", datato successivamente alla creazione dell'azienda Cagioni Marchini & C., presumibilmente nella seconda metà degli anni '40.

60. Libretto personale contenente lo Statuto della cassa mutua interna e il Regolamento interno dello stabilimento, a nome di Tomasi Armida. Rilasciato il giorno 03.08.1925.

61. Alcune lettere buste viaggiate con loghi datano l'azienda almeno al 1950.

62. Delle aziende citate non sono state reperite ne immagini ne informazioni specifiche.

63. Cfr. De Maddalena A., *op. cit.*

Oltre alla coltivazione della terra, l'allevamento rappresenta una fetta rilevante dell'economia agricola mantovana: lavorazione delle carni e industria casearia hanno un grande sviluppo all'interno del fiorente mercato agricolo.

Dai primi del '900 in provincia di Mantova vi è una forte crescita nell'allevamento del maiale, animale tra i più rappresentativi della tradizione culinaria locale. Del maiale ne consumano la carne già gli Etruschi e ne narra i benefici Ippocrate nel V sec. a.C., ne tesse le lodi Plinio il Vecchio nel I sec.), a scorrere fino ai Gonzaga, che nel Rinascimento hanno a corte grandi artigiani chiamati *masalìn* (norcini) che si dedicano con grande maestria alla lavorazioni della carne suina[64].

La florida economia agricola dell'Alto Mantovano è indubbiamente legata al maiale, che da secoli rappresenta per la famiglia contadina un'indispensabile fonte di sopravvivenza. Ogni famiglia contadina alleva con cura il proprio maiale, dal quale si ottengono carni, condimenti, ad esempio lardo e strutto, e ingredienti come sangue e cotenna per altre ricette locali. In ogni corte contadina si custodisce la tradizione del *far su il maiale*, un rito che avviene secondo tecniche tramandate di generazione in generazione e numerose ricette simili ma non uguali a seconda dei sapori apprezzati dalla famiglia[65].

Eppure, la lavorazione delle carni suine, in particolare per la preparazione degli insaccati mantovani, non è solo una questione di tradizione familiare, ma anche una maestranza artigiana che produce per assecondare le abitudini alimentari della gente mantovana, così come dei guidizzolesi.

È il 1853 quando Luigi Ruggeri decide di fondare un salumificio a Guidizzolo intitolato alla propria famiglia.

64. Cfr. Comune di Guidizzolo, *op. cit.*

65. Cfr. Costantino C. e Segalini P. (a cura di), *L'alta cucina popolare. Pro loco e cultura gastronomica della Lombardia orientale*, FrancoAngeli, Milano 2018.

Foto n. 18. Immagine scattata durante il processo di macellazione, in particolare al momento della mezzenatura della carcassa dei suini, seguita dalla divisione in quarti, due anteriori e due posteriori. I lavoratori sono in posa, con il grembiule da lavoro, ma solo due di loro sono alle prese con il taglio dell'animale. Le carcasse dei suini pronte per la lavorazione sono appese a travi in legno su l'intero perimetro della stanza. Tutti gli uomini in foto tranne uno portano un cappello. Anni '40. Fotografia pubblicata su Comune di Guidizzolo, op. cit.

Il laboratorio dove lavorano i Ruggeri si prende cura di tutto il processo di lavorazione dell'animale, a partire dalla macellazione, sino alla stagionatura ed al confezionamento degli insaccati. L'azienda è a conduzione familiare e con un numero limitato di dipendenti, che con la famiglia Ruggeri, il più delle volte, passano la loro intera carriera lavorativa.

Foto n. 19. Carlo Ruggeri rappresenta la terza generazione a servizio dell'attività di famiglia. Nell'immagine il giovane Carlo sfoggia una camicia a righe tipica dell'epoca e un foulard bianco, un accostamento che ricorda l'abbigliamento alla marinara. Lo stile è casual, alla moda, anche per la mescola di fantasie: i pantaloni sono con stampa a motivo pied de poule largo sul fondo, a coprire le scarpe. La camicia a tre quarti, molto larga, sembra fatta apposta per chi non si deve sporcare le mani, magari tagliando un buon salame. Anni '30. Fotografia pubblicata su Comune di Guidizzolo, op. cit.

Il salumificio Ruggeri è una piccola realtà rinomata da sempre per la qualità dei suoi prodotti. La genuinità delle materie prime, l'abilità nell'arte norcina e la passione per il lavoro permettono all'azienda di crescere sino ad aprire negli anni '30 un punto vendita a Guidizzolo e tre in città a Mantova, mentre solo nel 1936 il laboratorio trova la sua sede definitiva in via Filzi[66].

Foto n. 20. I dipendenti del salumificio Ruggeri si accingono ad eviscerare la carcassa di un maiale appeso ad un gancio. Gli uomini sono in posa vestiti con tenuta da lavoro. Altre carcasse sono appese in primo piano e una dietro al gruppo di dipendenti. In cima alla porta si nota l'autorizzazione SAIB all'attività dei fratelli Ruggeri. Anni '40. Fotografia pubblicata su Comune di Guidizzolo, op. cit.

66. Cfr. Pelizzaro G., *Ruggeri: salumi... da favola*, in «La Notizia», n. 46, 2003, pp. 6-7.

A testimonianza del valore internazionale, l'azienda ottiene riconoscimenti durante le esposizioni universali di Parigi (1900) e Roma (1911)[67], mentre in tempo di guerra riceve la certificazione SAIB dal Ministero dell'Agricoltura, simbolo di qualità del prodotto.

Tra i vari insaccati prodotti dall'azienda, è Ruggero, pronipote di Luigi, che ha l'intuizione di utilizzare due tronchetti di legno per legare la classica pancetta, in modo tale da renderla più compatta e migliorarne la stagionatura, evitando infiltrazioni d'aria. Nasce così la pancetta steccata, particolarità del salumificio Ruggeri, che grazie al grande apprezzamento e alla distribuzione a livello nazionale sin dagli anni '50 diventa un simbolo di una delle attività artigiane più antiche della provincia di Mantova[68].

67. Cfr. Ibidem.
68. Cfr. Ibidem.

Addendum: l'energia elettrica

di Paola Sposetti e Gino Giubelli[1]

La storia della corrente elettrica a Guidizzolo inizia i primi anni del '900, intorno al 1907-1908. Da questo momento in poi è come se cominciasse una "nuova vita" per *quasi* tutti i guidizzolesi. Abbandonata dunque l'illuminazione a gas, che sino ad allora era l'unica possibilità per prolungare le ore di luce, in particolar modo nel centro dei paesi, si accoglie benevolmente questa innovazione tecnologica che arrivava capillarmente nelle case.

Tuttavia, per qualche abitazione non era possibile usufruire di questo grande servizio. Si trattava molto spesso di cascine o aziende agricole immerse nella campagna e distanti dalle principali linee elettriche. Includerle in questo circuito fu possibile, ma solo intorno agli anni '60 del secolo scorso. Questo è capitato, ad esempio, alle abitazioni che si trovano lungo la strada degli Squadri, come Ca' Nova che, per altro, fu un punto nevralgico durante la battaglia di Solferino e San Martino; insieme a Baite e Rebecco viene definito il «triangolo della morte[2]», tanti furono i morti e i feriti in quel punto.

Quindi venne costruita la Centrale Elettrica a Guidizzolo, dove ancora oggi è sita, e gestita inizialmente dalla Società Elettrica Bresciana in qualità di azienda distributrice di energia elettrica. Chi la dirigeva in loco era la famiglia di Bersanini Pietro, il quale abitava sull'angolo, proprio di fronte alla Centrale. Si può capire dove sorgesse la sua abitazione poiché, ancora oggi, è visibile in quel punto un cancello in ferro sulla cui sommità si leggono le iniziali "B.P.", Bersanini Pietro appunto.

1. Gino Giubelli ha un'ampia conoscenza della materia poiché ha potuto sperimentare in prima persona, per più di tre quarti di secolo, la trasformazione del mondo elettrico, dei materiali e delle tecniche utilizzate essendo stato elettricista a Guidizzolo dal 1959.

2. Cipolla C. (a cura di), *Il Crinale dei Crinali*, FrancoAngeli, Milano 2009, p. 141.

Agli inizi del '900 il lavoro impiegato per costruire i primi impianti elettrici era abbastanza impegnativo se confrontato con i tempi odierni. Inoltre, come si può bene immaginare, anche i materiali utilizzati differivano parecchio. Ad esempio, per costruire un impianto elettrico, fosse esso civile o aziendale, si usavano i conduttori rivestiti di tessuto con gomma isolante all'interno. Successivamente, la stesura avveniva mediante supporti di ceramica oppure di legno fissati con un chiodo a colpi di martello, sia sul muro che sul legno. Spesso le connessioni si eseguivano direttamente sul conduttore mediante "spelatura" e nastro isolante di tela, normalmente in commercio sin agli anni '60.

Foto n. 1, nel tempo Gino Giubelli è riuscito a comporre questa sorta di "quadro" nel quale sono stati applicati vari pezzi elettrici che ha avuto la cura di smontare nelle case di Guidizzolo, e sostituire (soprattutto dagli anni '60 e oltre) con altri più moderni. Nella parte destra si vedono protezioni ed interruttori di colore bianco (per cui il materiale principale è la ceramica); sono i più antichi di questa composizione, poiché risalgono agli anni '10 del secolo scorso. Si prosegue poi con protezioni e interruttori di colore scuro (in bakelite), risalenti agli anni '20-'30. Le prese in basso a sinistra sono sempre in ceramica e risalgono agli anni '30-'40. Nella parte alta vediamo invece due campanelli apri porta e, a seguire, un citofono risalenti agli anni '40-'50, foto di Gino Giubelli

In quegli anni, la protezione per il corto circuito era garantita da fusibili a filo di rame calibrato. Tuttavia, poteva capitare che si verificasse proprio un corto circuito. In quel caso occorreva inevitabilmente l'intervento dell'elettricista che dapprima in bicicletta (magari con la scala sulle spalle) e, successivamente, in moto arrivasse per riparare il guasto.

L'arrivo della corrente elettrica segna dunque un cambiamento radicale della vita quotidiana che i guidizzolesi dei primi del '900 hanno saputo accogliere, contribuendo a costruire l'avvenire del paese con maestria, e dando alle generazioni future la possibilità di progredire.

Capo 7. La "rivoluzione" del tram a Guidizzolo (per cinquant'anni)[1]

di Giancarlo Ganzerla

Saluti a grande velocità da Guidizzolo

Sarà capitato a molti, soprattutto se collezionisti di cartoline o filatelici, di aver visto foto di tram o di ferrovie su cartoline postali di fine '800 o del primo '900, con la scritta, ben in evidenza, "*saluti a grande velocità*" seguito dal nome del paese. Anche tra le vecchie cartoline di Guidizzolo ce n'è una riportante questo saluto, contornata da ben sei immagini fotografiche del paese, di piccolo formato, ma con un grande treno a vapore disegnato sullo sfondo.

Ecco, quel convoglio ferroviario raffigurato, piuttosto improprio essendo un treno, non rappresentava la vera essenza del mezzo tranviario che in quegli anni era arrivato a portare il progresso nelle comunicazioni anche a Guidizzolo. Solo in due immagini della cartolina si distinguono con difficoltà i binari del tram che attraversavano il paese (Foto 1a).

La dicitura poi, "a grande velocità" oppure "a tutto vapore", che si ripeteva su molte cartoline dei paesi e delle città italiane toccate all'epoca da binari tranviari o da ferrovie, non aveva proprio il significato che al giorno d'oggi le viene attribuito, perché la velocità massima dei tram a vapore, consentita dai Decreti Governativi dell'epoca (dal 1892), era di 18 chilometri all'ora, escluse le fermate e i rallentamenti. Negli attraversamenti degli abitati la velocità doveva essere poi ridotta a passo d'uomo[2].

1. Tutti i documenti originali e inediti citati nel capo sono della collezione di G. Valbusa.

2. Vedasi *Ordinanza Prefettizia sull'Esercizio delle Tramvie a vapore*, n. 1136 – Div. IV – Circ. n. 00 – Art. 15, Brescia, 27 febbraio 1892 a firma del Prefetto Conte.

Foto n. 1a. Cartolina del primo '900, con la scritta "Saluti a grande velocità da Guidizzolo". Le sei piccole immagini (o meglio cartoline) che fanno da corona all'immagine centrale ritraggono angoli di Guidizzolo. Nella prima in alto a destra si intravede l'arrivo di un convoglio tranviario con la torre civica ricostruita. Nella seconda si vedono i binari di incrocio della stazione. La grossa locomotiva raffigurata al centro non ha nulla a che fare con le locomotive da tram. Trattasi di una locomotiva da treni appartenente al Gruppo 470 delle F.S. per treni pesanti e ferrovie di valico. Anno di costruzione 1907; velocità massima 50 km/h. Il tipo di locomotiva più in uso sulla TBMO (Tranvia Brescia-Mantova-Ostiglia) dagli inizi del '900 è quella tipo Tubize a tre assi carenata raffigurata nell'immagine seguente (Foto 1b)

Foto n. 1b. Locomotiva "Tubize" type 95 – T Brescia-Mantova 10 – Photographie d'usine (Coll. Musée 'de la porte' à Tubize) – www.museedelaporte.be/patrimoine/?p=6377. Locomotiva-tender da tram a 3 assi. Dal 1906 al 1909 furono consegnate alla Tranvia Brescia-Mantova-Ostiglia 8 esemplari di questa locomotiva. Pressione della caldaia = 12 atm. Diametro ruote motrici = 830 mm. Scartamento = 1.445mm. Peso locomotiva a vuoto = 15.800 kg. Peso locomotiva in ordine di marcia = 18.800 kg. Lunghezza totale = 5,815 m. Larghezza massima = 2,45 m. Altezza sulla rotaia = 3,4 m. Velocità massima = 30 km/h

Quella frase stava a significare semplicemente che gli abitanti mandavano i saluti da una località dove il tram era arrivato, e con esso, nelle comunicazioni e nei trasporti di persone e merci, si apriva una nuova epoca. Erano fondate e sentite le speranze per gli innumerevoli benefici che il collegamento con altri paesi e città avrebbe portato ad ogni località, ancora lontana dal benessere e dalla tranquillità economica. A quei tempi dunque si passò direttamente dal dorso di cavallo o mulo, o da un traballante carretto su strade polverose, ai sedili di una carrozza tranviaria. Era una rivoluzione, se vogliamo, anche di carattere sociale. Il tram era per tutti, per i ricchi e per i poveri. Anche se nelle carrozze tranviarie, inizialmente, si volle mantenere la differenza di ceto per i viaggiatori, con compartimenti di 1ª e di 2ª classe, come già in uso sulle ferrovie. Ma la differenza era pur sempre minima: qualche sedile imbottito per i "signori" e panche in legno per gli altri. L'affumicatura, specie d'estate con i finestrini aperti, era garantita democraticamente e in ugual misura per tutti. A differenza del treno, costava proporzionalmente molto meno, tenendo presente la minor lunghezza dei percorsi e la durata del viaggio.

Il tram, poi, attraversava i paesi, a differenza del treno le cui stazioni erano spesso lontane dall'abitato. Condivideva promiscuamente la sede stradale di cui occupava circa 2,50 m, lasciando al traffico privato dai 4 ai 6 m. Questo permise di ridurre i costi costruttivi, ma peserà come una spada di Damocle quando, dopo i primi 50 anni a cavallo tra '800 e '900, il traffico automobilistico privato prenderà sempre più importanza e reclamerà spazio. Anche il servizio merci risultò di molto semplificato rispetto a quello delle ferrovie, essendo generalmente i convogli tranviari composti da carrozze e carri merci. Probabilmente costituì il primo strumento di avvicinamento e di allargamento delle diverse realtà territoriali e produttive delle province, contribuendo, in discreta misura, ad una loro lenta quanto progressiva compenetrazione[3].

3. Cfr. Mafrici C. (1997), *I binari promiscui,* Quaderni di Sintesi, A.S.M. Brescia, p. XV.

1883 – Il tram arriva a Guidizzolo

Guidizzolo fu raggiunto dai binari della lunga tranvia a vapore Brescia-Castiglione delle Stiviere-Mantova-Ostiglia nei primi mesi del 1883. Solo nel 1886, però, risolti i problemi di attraversamento dell'incrocio con la ferrovia Mantova-Legnago e l'ingresso in Mantova fino alla nuova stazione tranviaria di Palazzo Te, fu possibile percorrere l'intera linea di ben 109,830 km. Era una tranvia di lunghezza inusitata per l'epoca, e certo non con un percorso rettilineo come avrebbe voluto la Deputazione bresciana. Ma era senz'altro funzionale agli interessi mantovani. Da Brescia a Mantova Te correvano 74,130 km. Per raggiungere Ostiglia vi erano ancora 35,700 km. Su tutto il percorso erano previste 52 fermate e 5 incroci con linee ferroviarie. Una delle prime immagini del tram in arrivo a Guidizzolo parrebbe essere quella raffigurata in una cartolina del 1895 (Foto 2).

Foto n. 2. Cartolina del 1895. Viene ripreso l'arrivo di un convoglio tranviario di carri merci, caratterizzati da fasce bianche sulle porte scorrevoli centrali. La piccola locomotiva al traino parrebbe essere una Krauss-Maffei a due assi. Dal 1883 fino al 1889, la tranvia Brescia-Mantova-Ostiglia ne acquistò diverse, numerate inizialmente dal numero 11 al 18. Si noti come a lato del binario, sulla piazza, già esisteva il piccolo serbatoio per il rifornimento dell'acqua per le macchine a vapore. La macchina ritratta nella cartolina era già dotata di carenatura delle ruote, resasi necessaria perché il biellismo in vista, quando era in movimento, spaventava terribilmente i cavalli lungo le strade affiancate dai binari, provocando spesso incidenti anche gravi

Non è per caso che molte cartoline, agli inizi del '900, specialmente quelle dei piccoli borghi, riprendessero da diverse angolature il tram in sosta al centro della piazza del paese, con attorno figure e personaggi del posto. I fotografi allora, con l'ingombrante attrezzatura di cui disponevano, compreso il cavalletto, non passavano inosservati. La gente lo sapeva e si schierava di buon grado. Questo comportamento, per fortuna, permette a noi posteri di osservare e capire meglio l'importanza che aveva a quel tempo il nuovo mezzo di trasporto nell'immaginario collettivo. Nella foto seguente, utilizzata per cartoline anche colorate a mano, spedite in anni diversi, tutto ciò si nota benissimo (Foto 3).

Foto n. 3. Cartolina dei primi del 1900. Un convoglio tranviario composto di vetture a due assi sosta nella piazza di Guidizzolo, indicata però come via Solferino e non via Goito come in cartoline precedenti. Dall'immagine si nota la locomotiva ferma all'altezza del serbatoio per una probabile necessità di rifornimento dell'acqua. Le persone in posa, forse viaggiatori scesi dal convoglio, occupano tutta la sede stradale, all'epoca senza traffico automobilistico. I sacchi tra i binari, oggetto di una movimentazione a mezzo tram, aspettano di essere rimossi. La torre sullo sfondo, crollata nel 1870, non era stata ancora ricostruita. In una immagine della stessa epoca (vedi Foto 11 al Capo 2), ripresa però all'inizio della piazza e senza tram è visibile lo scambio per il binario di incrocio. Era il personale stesso del tram che provvedeva alla manovra degli scambi a mano per gli eventuali incroci programmati da orario. Nelle tranvie non esisteva quasi personale di stazione, se non in quelle più importanti

1911 – La tranvia arriva sul lago di Garda

In cambio della modifica del tracciato richiesto dalla Provincia di Brescia per far giungere il tram a Carpenedolo da Castiglione (anziché andare direttamente a Montichiari come era stato inizialmente costruito), la deputazione Mantovana, intorno al 1900, chiese la costruzione di una linea tranviaria che collegasse Castiglione delle Stiviere a Desenzano del Garda.

Era un vecchio sogno di Mantova quello di portare i binari sulle rive del Garda. Il collegamento diretto tra Mantova e Peschiera arriverà, ma non prima del 1934, con la Ferrovia Mantova-Peschiera.

La deviazione tranviaria per Carpenedolo fu costruita nel 1911 e il 5 novembre dello stesso anno fu aperto all'esercizio il tratto Castiglione-Desenzano Porto. A Desenzano la tranvia, a cui non fu permesso di avere un doppio binario nella piazza in cui già era funzionante dal 1909 la stazione ferroviaria Desenzano Porto, venne obbligata ad attraversare l'imboccatura del porto vecchio con un ponte levatoio, per accedere alla vasta area a lago messa a disposizione di fronte all'albergo Trento. Il ponte levatoio si rese necessario per permettere ai grossi barconi a vela, che ancora costituivano il mezzo di trasporto prevalente sul Garda, l'agibilità del porto.

Partendo da Desenzano col primo tram delle 7,31 si poteva giungere direttamente a Mantova alle 9,53. L'ultima corsa in senso inverso partiva da Mantova alle 16,41 con arrivo a Desenzano alle 19,09. Insomma, ci volevano circa 2 ore e 20 minuti per un percorso di poco più di 50 km. Una bella immagine ripresa dall'alto del faro posto sulla diga foranea del porto di Desenzano ritrae il terminale della diramazione Castiglione-Desenzano della tranvia. I binari occupavano interamente uno spiazzo recuperato al lago, oggi ancora maggiormente ampliato per la costruzione di giardini e della passeggiata a lago (Foto 4).

Se si guarda su una cartina dell'epoca il percorso della tranvia[4] nel territorio dell'Alto Mantovano, si rileva immediatamente la tortuosità del tracciato. D'altra parte era caratteristica della tranvia, dati i ridotti costi di costruzione e gestione, la peculiarità di andarsi a cercare i paesi, anche i più piccoli, per dare a questi la possibilità di avere una comunicazione con il capoluogo. Una linea ferroviaria, invece, ha come concezione prioritaria quella di congiungere nel minor tempo possibile e per la via più corta le grandi città regionali e nazionali.

4. Uso la forma *tranvia* in quanto l'Accademia della Crusca ha sentenziato essere più coerente con la scrittura e con la pronuncia del gruppo consonantico italiano *nv*; e che essa sia stata ormai accettata anche dall'uso scritto lo dimostra il fatto che i dizionari italiani registrano in esponente le forme *tranvai*, *tranvia*, *tranviario*, *tranviere*, indicando per talune, come forme secondarie, le anglicizzanti (*tramvia* e *tramvai*). N.d.R.

Foto n. 4. Primi anni '20 del 900. La stazione terminale al porto della diramazione Castiglione-Desenzano della tranvia a vapore Ostiglia-Mantova-Castiglione-Brescia, attivata nel 1911. Notevole all'epoca era il servizio merci da Mantova e Brescia verso il lago, evidenziato dai numerosi carri merci in sosta sul binario tronco presso la banchina del porto

La storia della nascita della tranvia

Tra le Deputazioni di Mantova e Brescia, desiderose di unirsi con il mezzo di trasporto più veloce allora esistente, il treno a vapore, si discusse a lungo se fosse preferibile chiedere una vera ferrovia con costi a carico dello Stato o una più agile tranvia che stendesse i suoi binari a fianco delle strade esistenti. Dopo aver preso atto che lo Stato ben difficilmente avrebbe finanziato un nuovo tracciato ferroviario, si ripiegò giocoforza sulla tranvia con i suoi "binari promiscui" con la strada, come li definì Claudio Mafrici nel suo libro *I binari promiscui* edito a cura dell'Azienda Servizi Municipalizzati di Brescia nel 1997.

Dopo la scelta obbligata, Brescia ruppe gli indugi e si affidò per la realizzazione del progetto alla cosiddetta "Società Belga" ovvero *Société Anonyme d'Enterprise Generale de Travaux*, con sede a Telleur presso Liegi (Belgio), già costruttrice di altre linee tranviarie in Italia. Mantova, un paio d'anni dopo, a seguito di trattative infruttuose con altre proposte, decise di affidarsi a questa società. Trascorsi alcuni anni di esercizio, nel 1907 avvenne il passaggio di gestione dalla "Società Belga" ad una impresa italiana denominata Tramvia Brescia-Mantova-Ostiglia (T.b.m.o.). La Società Belga mantenne comunque un buon rapporto con questa azienda, tanto che ottenne l'allungamento della concessione di tutta la linea dal 1912 (tramite la controllata Satlr – Società Anonima Tramvie di Lombardia e Romagna – con sede sempre in Liegi) fino alla chiusura definitiva del 1952.

L'apertura della diramazione per Desenzano diede comunque un nuovo impulso al traffico giornaliero dei convogli sulla intera tranvia, soprattutto verso il mantovano. Brescia risultava più comodo e veloce raggiungerla con il treno della linea Milano-Venezia, soprattutto per i viaggiatori. Il territorio mantovano che si estendeva ai piedi verso Sud delle colline moreniche gardesane, ai confini col territorio di Desenzano, era per il grosso borgo lacustre fonte di approvvigionamenti agricoli importanti. Il mercato storico del martedì di Desenzano, da secoli era uno dei più grossi mercati di cereali del Nord Italia. E col tram, il martedì, arrivavano da Goito, Guidizzolo, Medole, Castiglione e dai paesi limitrofi in gran numero commercianti e compratori (Foto 5).

Foto n. 5. Cartolina inizi del '900. Un convoglio tranviario abbastanza eterogeneo, con carrozze di tipologia diversa, sosta in via Goito. La piazza, ancora in terra battuta, risulta occupata dai baracconi e dalle giostre di una fiera. La linea sembrerebbe a binario unico, ma lo scambio per il secondo binario di incrocio è forse nascosto dal treno, dal momento che il serbatoio dell'acqua risulterebbe troppo distante dal convoglio ripreso. Vien quasi da percepire, sul binario di sinistra non visibile, all'altezza del serbatoio, un altro convoglio con una locomotiva in senso contrario, in sosta per l'incrocio

La lunga linea tranviaria extraurbana in provincia di Mantova, escludendo il tratto dalla città virgiliana a Ostiglia, toccava le seguenti località, sedi di stazioni o fermate: Mantova Te, Mantova stazione FS, Mantova S. Maddalena (incrocio con tranvia extraurbana per Asola e Viadana), Cittadella, Gambarara, Bosco Fontana, Marmirolo, Bertone, Goito, Valle Burato, Cerlongo, Trivio Cereta, Volta Mantovana, Foresto, S. Giacomo, Guidizzolo, Crocevia

Solferino, Medole, S. Vigilio, Gozzolina, Castiglione delle Stiviere (collegamento tranviario per Desenzano), Carpenedolo. Non in tutti i paesi il tram entrava nel centro abitato, perché la conformazione altimetrica del territorio dell'Alto Mantovano non lo permetteva. Volta Mantovana, ad esempio, aveva la fermata posta sul piano a Sud, ai piedi delle colline, mentre la fermata di Solferino era posta sul crocevia lungo la strada Castiglione-Mantova.

A Guidizzolo il fabbricato di stazione in mattoni rossi, tutt'ora esistente, era stato edificato all'ingresso della piazza dal lato di Mantova, mentre i convogli si fermavano proprio al centro della piazza stessa, dove vi era anche il binario di incrocio per le precedenze. Qualche tronchetto di binario nell'area di stazione serviva per il ricovero e la sosta dei carri merci. Essendo la tranvia funzionante solo con locomotive a vapore, come si può individuare in alcune fotografie di Guidizzolo, il piccolo serbatoio per il rifornimento dell'acqua indispensabile per il funzionamento delle vaporiere veniva a trovarsi proprio al centro della piazza (Foto 6).

Foto n. 6. Cartolina datata 1913. Un convoglio tranviario proveniente da Castiglione è in arrivo nella piazza-stazione di Guidizzolo, indicata anche dalla scritta posta in alto tra le finestre della casa accanto alla torre, che è appena stata ricostruita. La stessa casa ospitava l'ufficio postale col telegrafo e l'ufficio della pesa comunale. In basso, il binario si biforca con uno scambio a mano, di cui è ben visibile la leva con contrappeso di manovra. Lo scambio risulta predisposto perché il convoglio prosegua diritto sul binario di sinistra. Dalla sagoma frontale si potrebbe dedurre che la locomotiva sia ancora una due assi Krauss. Archivio di Stato di Mantova (d'ora in poi ASMn), Archivio Giovetti, album n. 39, foto n. 1295 – E

In alcune stazioni era conservata anche una certa quantità di carbone di scorta, contenuto in grosse ceste e spesso racchiuso in un recinto per impedire gli immancabili furti perpetrati nottetempo, specie nei mesi freddi, da chi non aveva nulla da mettere nel focolare. Le locomotive a vapore della tranvia non erano dotate di tender con la scorta di carbone e acqua come quelle dei treni, ma avevano a bordo necessariamente scorte limitate. La Tubize a tre assi, ad esempio, per rimboccare la caldaia, aveva un serbatoio di scorta contenente 1,3 mq di acqua e una cassa con 0,5 mq di combustibile (carbone). Ecco la necessità di predisporre lungo il percorso scorte di carbone e possibilità di rifornirsi di acqua.

Il fatto che la stazione di Guidizzolo sia tuttora utilizzata a scopo abitativo (lo stesso vale per Castiglione, Goito e Ostiglia) testimonia che i fabbricati di servizio più importanti della tranvia furono edificati in modo solido, quasi in concorrenza funzionale e stilistica con quelli delle Ferrovie dello Stato (Foto 7a).

Foto n. 7a. Cartolina 1917. La foto ritrae interamente il fabbricato di stazione di Guidizzolo. Sembra costruito da poco, anche perché nel recinto oltre il tipico cancello in ferro si nota solo pietrisco ma non rotaie e binari. Anche l'assembramento di persone in posa, con personaggi autorevoli con tanto di cappotto e cappello, dovrebbe indicare un avvenimento ufficiale, come una inaugurazione. Sullo sfondo, da una locomotiva in sosta, si innalza un pennacchio di fumo nero, a significare che il macchinista stava gettando carbone nel focolare. Ben distinta sulla facciata si legge la parola "STAZIONE", mentre sul fianco si legge chiaramente "GUIDIZZOLO". Si confronti, nella foto seguente (7b), la stazione di Castiglione, all'estrema sinistra, praticamente uguale a quella di Guidizzolo. Entrambe sono ancora esistenti ed utilizzate come palazzine abitative. La macchina al traino di un convoglio merci è una Tubize a tre assi

Foto n. 7b. Cartolina. 1930 – Un convoglio merci in sosta alla stazione di Castiglione. Al traino la Tubize n. 14

I Guidizzolesi, e in genere tutti gli abitanti dei paesi raggiunti dal tram, si mostrarono orgogliosi di quello che per loro era il "trenino", e via Goito, come si può rilevare dalle immagini dell'epoca, si riempiva di curiosi quando arrivava un convoglio. Scendevano e salivano dalle vetturette corte a due assi con terrazzini di color verde scuro viaggiatori forestieri o paesani di tutte le categorie sociali. I vagoni avevano la distinzione in prima e seconda classe, con tanto di numero posto sulla fiancata. Ad ogni fermata di stazione alcuni facchini provvedevano a scaricare sacchi, merci varie, damigiane di vino o di olio. A volte un carro merci veniva staccato e trasferito su un tronchetto di binario per essere scaricato o caricato con più comodo, senza far perdere tempo al convoglio. Altre volte sacchi o merce non deperibile venivano semplicemente scaricati sul selciato, in attesa di qualcuno che arrivasse con un carretto a caricarli (Foto 8).

Foto n. 8. Cartolina del 1917. Quanta gente in piazza a farsi fotografare! E quante biciclette addossate al muro delle case di sinistra. Il tram potrebbe essere appena partito, magari dopo aver scaricato la botte e i sacchi; oppure si è in attesa del suo arrivo. Il signore in giacca chiara a destra tasta col piede il contenuto di un sacco: carbone, patate, legna? Comunque il contenuto non era certo merce deperibile. Il fatto che la merce sia a cavallo del binario di sinistra sta solo a significare che lo stesso non veniva usato, ma i convogli transitavano su quello a destra e gli incroci avvenivano magari in un'altra stazione. Siamo in tempo di guerra, e cominciava a scarseggiare il combustibile, cioè il carbone. Al suo posto si poteva usare anche legna e fascine, ma il rendimento della locomotiva si abbassava di molto

La Prima guerra mondiale, nuovi progetti e l'inizio della decadenza

Di questo via vai quotidiano nelle cronache del tempo non si trovano fatti rilevanti. Poche storie raggiungevano l'importanza meritevole di essere raccontate da un cronista. Si sa con certezza che Giuseppe Sarto, futuro San Pio X, nei 9 anni in cui fu vescovo di Mantova (1884-1893) si servì di treni e tram per i suoi spostamenti nella provincia mantovana[5]. Nei suoi scritti egli stesso racconta che per raggiungere Castiglione delle Stiviere, nel periodo (1891) in cui promosse i festeggiamenti per il III centenario della morte di S. Luigi Gonzaga, prendeva abitualmente il tram. Si serviva anche della tranvia per raggiungere Ostiglia o Asola, con l'altra tranvia extraurbana provinciale.

5. Cfr. Cipolla C. (a cura di) (2014), *Giuseppe Sarto, Vescovo di Mantova*, FrancoAngeli, Milano.

Resta emblematico un contenzioso, durato alcuni mesi tra il 1912 e il 1913, tra la ditta Restelli di Guidizzolo e la Società delle tranvie interprovinciali per una damigiana rotta durante il trasporto con il tram. Un collezionista di documenti relativi a Guidizzolo possiede due lettere manoscritte nelle quali si fanno deduzioni e controdeduzioni legali in merito a chi sarebbe toccata la responsabilità dell'accaduto. Par di capire che il reclamo della ditta di Guidizzolo fosse stato presentato in ritardo rispetto ai sei mesi prescritti, oltre i quali scattava il decadimento. Non si hanno elementi per capire come poi il caso sia stato risolto. Risulta invece interessante notare come una delle lettere fosse indirizzata al Signor Noiset di Forlì. Evidentemente era il responsabile belga della *Società Anonima Tramvie di Lombardia e Romagna*, da cui dipendeva in quegli anni anche la tranvia Mantova-Brescia.

Negli anni che precedettero lo scoppio della I guerra mondiale, dopo la costruzione della deviazione Castiglione-Carpenedolo-Montichiari e l'entrata in funzione della diramazione Castiglione-Desenzano, la tranvia raggiunse forse l'apice della sua importanza. Questo è testimoniato anche dal fatto che furono potenziate alcune stazioni con l'aggiunta di binari di sosta. Lo si può rilevare nella cartolina del 1913 relativa alla stazione di Guidizzolo (Foto 9).

Foto n. 9. Cartolina anno 1913. Immagine significativa dove si vedono addirittura tre binari in curva affiancati, ad indicare una certa importanza della stazione tranviaria di Guidizzolo in quegli anni dell'anteguerra e della guerra. Si può ipotizzare che il binario così detto di corretto tracciato, o di corsa, sia quello più a sinistra, dove ci sono più persone in posa. Il binario centrale e quello di destra, con molto pietrisco nuovo tra le rotaie, dovrebbero condurre ai tronchetti di sosta accanto al fabbricato di stazione. La torre risulta già integralmente ricostruita. Sulla destra, appoggiati sul terreno, si vedono spezzoni di binario, traverse e controrotaie. Erano ancora in corso varianti di tracciato e di stazione, oppure la sostituzione delle rotaie con altre di tipo pesante

Nei primi anni del '900, l'entusiasmo per i treni e per le tranvie era tale, nei paesi toccati dal comodo mezzo di trasporto, che nascevano richieste e petizioni ufficiali per avere altre linee e collegamenti con località limitrofe. Lonato, ad esempio, chiedeva una linea che attraverso la Valtenesi raggiungesse Salò. Altrettanto voleva Desenzano come prolungamento della Castiglione-Desenzano.

Guidizzolo non fu da meno e, assieme ad altri comuni dell'Alto Mantovano, si fece promotore di una iniziativa particolare, fondando un "Comitato Provvisorio pro Tramvia Guidizzolo-Sirmione". In data 21 maggio 1914, partì infatti una lettera, con l'intestazione del predetto Comitato, indirizzata al Presidente della Deputazione Provinciale, nella quale il Cav. Rosa Luigi, dopo aver premesso che «*nella seduta del Consiglio Provinciale del 14 andante [...] si era dichiarato favorevole alla proposta affinché la stazione di Mantova fosse considerata come punto obbligato di transito [...] nella progettata linea Genova-Piacenza-Cremona-Verona-Brennero [...] raccomandava, quale sindaco di un comune dell'Alto Mantovano, di non dimenticare però quei paesi, che specialmente nel centro dell'Anfiteatro Morenico del Garda non hanno comunicazioni dirette con tramvie o ferrovie, e far quindi solleciti studi per un progetto di una linea elettrica che unisse Guidizzolo, Cavriana, Solferino, Pozzolengo, Sirmione [...] Invita pertanto la S.V. ad un convegno a Cavriana il giorno 31 maggio p.v. per addivenire alla nomina di un comitato definitivo e mettere le basi concrete allo studio di una impresa, che è di somma importanza per l'avvenire dei nostri paesi, che possedendo forti energie, non possono liberamente ed efficacemente esplicarle causa le manchevoli comunicazioni*». Insomma, si voleva fare sul serio, cioè costruire una linea tranviaria elettrificata che collegasse Guidizzolo a Sirmione. La lettera continuava decantando la meraviglia delle colline moreniche mantovane, dallo scrivente definite «*Brianza mantovana per la salubrità dell'aria*» e augurandosi che sarebbero sorte in seguito «*sopra queste vaghe colline ville per i mantovani*». Aggiungeva che la linea si rendeva indispensabile per gli innumerevoli turisti «*che desiderano visitare i luoghi sacri alla Patria [...] ad ammirare l'ampia distesa dove avvenne la fatal giornata*». I membri del comitato provvisorio, che si firmarono in calce, oltre a Luigi Rosa, erano Caiola dott. Antonio, Ferretti Luigi, Siliprandi Cav. Italo, Gazzoli Don Tullo, Carlotti Gaudenzio, Casnici Giuseppe e Botturi Policarpo.

Di tutte queste proposte purtroppo non se ne fece niente. Incombeva la Prima guerra mondiale e le finanze statali erano tutte rivolte a preparare un esercito in armi. Anzi, il servizio nel frattempo diventò sempre più scadente e negli anni di guerra più volte le corse furono sospese per mancanza di combustibile. Al posto del carbone si usò anche la legna, ma con scarso rendimento.

Al termine della Prima guerra mondiale furono avanzate ancora da più parti petizioni perché la linea venisse elettrificata. Ovviamente la Società Belga fece le sue proposte per l'elettrificazione, chiedendo in cambio forti somme di sussidio, ma le deputazioni provinciali non erano in grado di garantirle. Mancava in realtà la volontà di investire, da parte della Società, le cospicue somme necessarie per elettrificare la linea. L'investimento senza la garanzia di un concorso provinciale né tantomeno statale, si sarebbe rivelato un onere eccessivo. Fu proprio la mancata elettrificazione, probabilmente, la causa principale della progressiva chiusura delle linee tranviarie a vapore. A questa occorre associare, dagli anni '20 in poi, la necessità, sostenuta pienamente dal regime, di allargare le carreggiate stradali per far posto alle rombanti automobili, ai camion e alle corriere. Via allora i "binari promiscui" dalle strade, dettava il Movimento Futurista spalleggiato dal governo (Foto 10 e 11).

Foto n. 10. Cartolina del 1933. Ultimi tempi per la tranvia. Il piazzale di Guidizzolo è vuoto e livellato. Gli edifici sullo sfondo sono cambiati e non ci sono più le scritte sulla casa ricostruita attorno alla torre. L'immagine sembra mostrare che ormai c'è un solo binario per il transito e la sosta dei convogli tranviari. Ci avviamo al tramonto di un'epoca. Presto gli automezzi si approprieranno del piazzale e della strada provinciale che attraversa il paese

Foto n. 11, 1934 – Il 29 giugno, nella ricorrenza di S. Pietro, un violento temporale allagò le strade di Guidizzolo. Sembra che la violenza dell'acqua discesa dalle alture abbia fatto deragliare un convoglio tranviario. Roba di poco conto perché succedeva abbastanza spesso che qualche carro o carrozza sviasse dal binario le cui rotaie correvano a raso del selciato stradale. In breve, con qualche binda, leve e forza di braccia si rimettevano le ruote sul binario. Se si trattava della locomotiva era un po' più difficoltoso. Di solito non c'erano danni alle persone, data la bassa velocità. La signorina ad ampie falcate attraversa nell'acqua, il cavallo sembra procedere anch'esso al traino del suo carretto senza difficoltà. Siamo verso la sospensione del servizio, ma in qualche modo il tram serviva ancora. Collez. I. D'Isola

1935 – La fine della tranvia Ostiglia-Mantova-Castiglione (con diramazione per Desenzano)

Nel 1932 l'Amministrazione provinciale di Brescia avviò un progetto di elettrificazione a proprio carico del tratto Brescia-Castenedolo, prolungato nel 1934 fino a Carpenedolo.

Nel Mantovano nessun progetto fu messo in cantiere.

Il decreto ministeriale del 12 novembre 1937, consentendo alle concessionarie delle linee tranviarie di poter passare ai servizi di autobus fino alla fine delle concessioni, tagliò definitivamente ogni speranza alla loro sopravvivenza.

Il 3 marzo 1934 era stata chiusa la Ostiglia-Mantova. Il 24 aprile 1935 fu sospeso il traffico sulla Mantova-Desenzano e sulla Mantova-Carpenedolo. Rimase attiva la Carpenedolo-Brescia elettrificata. Solo il traffico merci proseguì fino all'anno successivo. Nel 1936 furono tolti definitivamente i binari dalle strade. La Seconda guerra mondiale passò e nel 1952 anche la Carpenedolo-Brescia mandò le sue elettromotrici definitivamente in deposito. Si chiudeva così per sempre l'epoca delle tranvie extraurbane tra Mantova e Brescia (Foto 12).

Foto n. 12. Cartolina del 1938, via Solferino. La piazza è vuota, i binari della tranvia Brescia-Mantova-Ostiglia con diramazione Castiglione-Desenzano Porto sono stati tolti. Rimane solo il segno scuro del sedime smosso. L'epoca delle tranvie extraurbane mantovane volge al termine. Il cancello in ferro della stazione chiuso resta l'ultimo testimone di quella che è stata la stazione di Guidizzolo

Il giornalista Francesco Brigoni, in un articolo pubblicato sulla *Gazzetta di Mantova* il 15 luglio 1976, scriveva: «Quando l'orologio non era alla portata di tutti, il *fischio* del tram serviva da segnale orario. Il passaggio del mattino infatti serviva come sveglia per gran parte della popolazione attiva, occupata in proprio o alle dipendenze di terzi. Il tram delle undici e mezza o anche quello del *sot basura* (sotto sera), avvertivano i lavoratori per il rientro in famiglia, mentre a casa le massaie preparavano il desco».

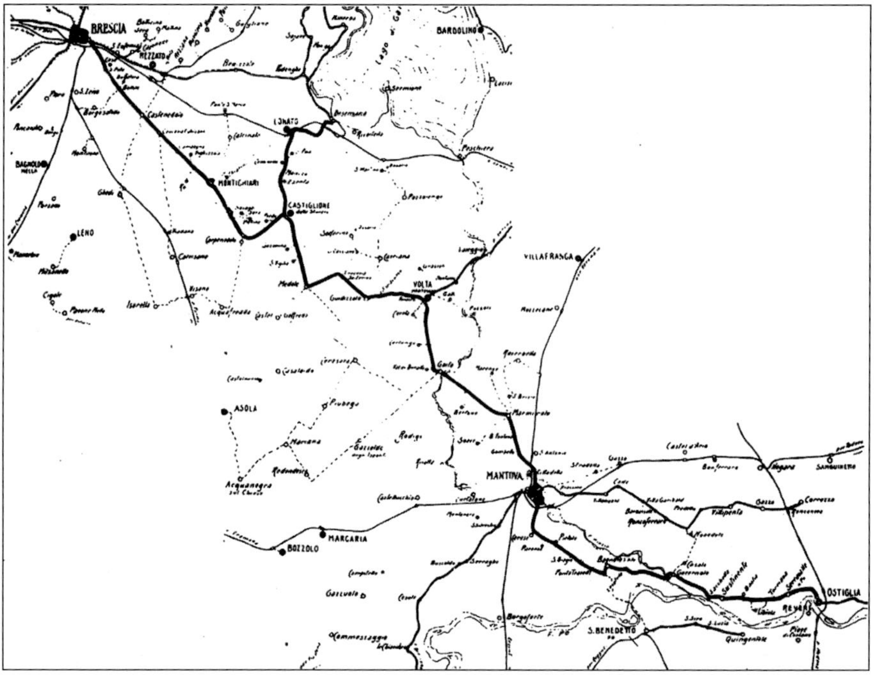
BRESCIA
REZZATO
BARDOLINO
MONTICHIARI
CASTIGLIONE
VILLAFRANCA
VOLTA
ASOLA
MANTOVA
MARCARIA
BOZZOLO
S. BENEDETTO
OSTIGLIA
LENO

Foto n. 13

Capo 8. Nella cultura maschile vale di più l'essere che l'apparire

di Paola Sposetti

Le fogge maschili: dall'infanzia all'adolescenza

La differenza numerica di capi presenti fra l'abbigliamento femminile e quello maschile è stata, ed è tutt'ora, notevole. Si potrebbe quasi dire che il vestiario degli uomini, proprio per la scarsa varietà di capi, non ha subito, tra la fine dell'800 e la metà del '900, evidenti o notevoli cambiamenti formali.

Seguendo dunque un ordine cronologico, ovvero dalla nascita di un bimbo, un maschietto, sino alla sua età adulta, si vuole qui proporre un esempio di vestito utilizzato nei primi anni di vita (vedi Foto 2 e 3). Già si parla di questa usanza nel capo che riguarda l'infanzia (vedi Capo 10). Si vuole rimarcare il fatto che bimbi e bimbe, in tenera età, erano abbigliati pressoché nella medesima maniera. Ai nostri occhi i maschi vengono dunque uniformati alle femmine, dato che i loro vestiti somigliano molto a quelli delle madri (colletti ampi ed elaborati, Foto 2), e la loro virilità praticamente si annulla.

Qualche anno in più e ci si ritrova quasi ragazzi o, almeno, ragazzini. I loro vestiti rassomigliano sempre più a quelli dei loro padri e paiono proprio volerli imitare. Talvolta, grazie ad uno scatto fotografico, dove indossano il vestito migliore, quello per "le occasioni particolari", provano a nascondere l'evidente difficoltà economica, nelle quali molte famiglie guidizzolesi tergiversavano, e con la quale ogni giorno dovevano interfacciarsi, sperando in un migliore futuro prossimo (Foto 4). La bella fotografia scattata, una volta sviluppata, può poi essere posata sopra ad un comò o una vetrinetta; guardandola sarà fonte di ispirazione per concretizzare, forse un domani, qualche sogno.

Foto n. 1. Angelo Pezzati, ultimo esponente della famiglia Pezzati (una fra le più agiate e importanti del paese), si suppone abbia qui 8-9 anni. Indossa un completo scuro con pantaloncini corti, calzettoni appena sotto il ginocchio e grandi scarpe nere. Nella mano sinistra tiene ben saldo un bastone (del comando?), emulando l'abitudine che gli uomini già adulti avevano fatto propria. Dal "certificato di morte" emesso dal Comune di Guidizzolo il 29 febbraio 1952 si apprende che Angelo nasce da Pilade e Guidetti Elisabetta nel 1911; è celibe, ed è divenuto Tenente di Vascello. Imbarcatosi sul sommergibile Morosini è partito per la missione di guerra, dalla quale non ha fatto ritorno, e quindi deve considerarsi deceduto il 10 settembre 1942, in seguito all'affondamento del sommergibile stesso.
Fine anni '10. Collez. G. Valbusa

Foto n. 2. Fra i tre bambini il più piccolo (al centro) subisce l'influsso della moda della madre, per cui totalmente rivolto al mondo femminile. Questo ampio colletto bianco e pesantemente ricamato scende addirittura oltre le sue piccole spalle, ricoprendolo come se fosse la corolla di un fiore sbocciato. Il resto del suo vestito (intero), scuro, viene dunque intravisto; una cintura gli cinge la vita e, pare, sia formato da dei calzoncini corti che lo rendono "fortunato" poiché all'epoca era in uso la gonna anche per i maschietti. Le sue gambe sono ricoperte da una spessa calzamaglia bianca, la medesima che indossano anche gli altri due bambini (senza distinzioni, maschi e femmine). Le scarpe sono identiche a quelle del fratello, chiuse in punta e dotate di un cinturino, utilizzabili sia d'inverno (con le calze) che d'estate (col piede nudo). Gli altri due bambini, data la loro età, sembrano abbigliati già da piccolo ometto e da piccola donnina, 1926. Collez. Fam. Nicolai

Foto n. 3. Le estremità dei due bambini sono molto simili: le scarpe paino essere lo stesso modello, vengono differenziate solo dal cinturino (il bambino, a sinistra, ha il cinturino che passa sul collo del piede, la bambina, a destra, ha il cinturino alla caviglia e abbellito da un piccolo bottone), le calze sono molto simili (la differenza è che la bimba ha delle righe inserite verso la fine della calza, sulla gamba); i capelli sono tagliati allo stesso modo, "a scodella" con una cortissima frangetta sulla fronte. Lui indossa un vestito intero leggero senza maniche e con un accenno di pantaloncini corti, lei un vestito (pare di cotone) bianco fatto a camiciola e abbellito da un fiocco che le chiude il collo, ed un piccolo ricamo sul bordo della gonna. I visi puliti, le mani che si intrecciano, fanno trasparire un amore fraterno. Tali elementi celano volutamente, come era consuetudine per l'epoca, il maschile dal femminile, in questa età così tenera e innocente, 1933. Collez. Fam. Nicolai

Foto n. 4. Questi bambini, alcuni dei quali quasi ragazzini, rappresentano il popolo vestito a festa. Un ampio e scuro tessuto alle loro spalle si presta a fare da fondale, ma il selciato e la terra battuta sotto i loro piedini ed una casa fin troppo semplice avente una finestra dotata di inferriata fanno trasparire una situazione popolare. Il ragazzo più grande porta un cappello di feltro morbido con un nastro alla base della cupola, una camicia bianca con colletto fermato da bottoni ed una cravatta del medesimo colore; gilet e giacca sono presenti, lasciandoci immaginare dei pantaloni che completino il tutto. Immaginare perché davanti a lui sta un simpatico bimbo, più piccino, con un vestito intero a salopette, pantaloni sotto al ginocchio, gambe coperte da una calzamaglia bianca e capello alla marinaretta. Le due ragazzine portano l'una un abito chiaro ed l'altra uno scuro, con le borsette volutamente scambiate (non coordinano dunque il vestito di ognuna, scardinando le regole della classicità), tra 1910 e 1920. Collez. G. Cagioni

Ad esempio il cappello del ragazzo più grande (Foto 4), di feltro, è adatto sia per le occasioni informali che per la campagna[1]. Ha un nastro alla base della cupola che viene molto utilizzato negli anni '20 e '30 e mantiene una sua popolarità, anche durante i momenti bellici più ostili. Il ragazzo, poi, porta la camicia bianca il cui colletto è fermato da due bottoni[2], per uno stile che oggi definiremmo *casual*. Ci si aspetterebbe di trovare annodata al suo collo una cravatta di colore scuro, che possa legarsi al colore della giacca che indossa. Tuttavia, avere una cravatta di colore bianco, proprio come lui, non è totalmente una nota di demerito, in questo contesto. La cravatta bianca era simbolo di eleganza classica assoluta e, solo nei decenni, viene poi abbianata unicamente ad un frac nero. Ma, prima di questo passaggio, indossare una cravatta bianca è sinonimo di grande raffinatezza e, comunque, dopo la Prima guerra mondiale si predilige senz'altro questo colore, rispetto alle cravatte nere[3]. Il gilet rende poi questo ragazzino più elegante, oltre ad offrirgli protezione al torace in caso di freddo. Volendo gli permetterebbe di indossare delle bretelle (accessorio molto apprezzato quando ci si rende conto che in questo modo i pantaloni cadono meglio e, inoltre, ci si libera della fastidiosa costrizione della cintura sullo stomaco). La giacca, che oramai ha orientato il gusto della massa, viene portata aperta e dunque prevede proprio di adottare il gilet, come vediamo in tale fotografia. In questo modo la struttura della figura maschile è più ordinata[4].

Laciandoci alle spalle gli anni in cui i ragazzini imitavano, quasi rigidamente (attraverso i completi giacca-pantaloni), i loro padri, si giunge al secondo dopoguerra. Avvicinandosi via via agli anni '60, i piccoli uomini inziano ad essere lasciati un poco più liberi, anche dal punto di vista dell'abbigliamento, e non solo perché si è nella stagione estiva. Le gambe scoperte (vedi Foto 5), pantaloncini corti, ... niente più calzamaglie di colore bianco che sembravano fasciare o quasi ingessare i movimenti di un fanciullo attivo e scattante, sempre pronto al movimento. Rimane comun-

1. Mendicini G. (1996), *L'eleganza maschile. Guida pratica al guardaroba perfetto*, Arnoldo Mondadori, Milano, p. 140. Questo tipo di cappello può essere definito "trilby", una variante americana dei feltri morbidi, designati in vario modo a seconda delle varianti.

2. Ivi, p. 81. Il colletto "button-down collar" è stato lanciato poco più di un secolo fa da una casa americana, ispirato ai giocatori di polo inglesi i quali necessitavano di un accorgimento (i bottoni) per non fare svolazzare le punte del colletto della camicia contro al loro viso, durante il gioco.

3. Sicuramente al fine di contrastare, anche visivamente, i colori cupi legati alle disgrazie mortali della guerra. Un colore chiaro, puro, che potesse dare positività a chi lo indossava e a chi lo vedeva indossato era dunque la soluzione perfetta.

4. Mendicini G. (1996), *op. cit.*, pp. 57-58.

que la camicia ed un gilet, sengno di compostezza, ma il ragazzo della foto è visibilmente svincolato dai canoni che forzatamente occorreva imitare per non essere considerati di un basso ceto sociale. Questo le famiglie desideravano per i loro figli: che non apparissero per quello che, purtroppo, erano e, a maggior ragione, nelle fotografie (immagini statiche che rimanevano fissate nel tempo).

Foto n. 5. La mamma, in secondo piano, guarda compiaciuta i bimbi che stanno dolcemente accompagnando un vitellino di razza frisona, attraversando l'aia, presso il suo ricovero. I bambini rinunciano persino ai loro giochi, come il triciclo sullo sfondo, per accudire l'animale. Siamo a corte Ferrandina, ed il bimbo più grande ha lunghe gambe magre, indossa un paio di pantaloni corti a vita alta, un gilet sotto al quale c'è una camicia ed ha in testa un baschetto, anche detto driving cap (berretto con visiera) fatto di stoffa morbida. Quest'ultimo compare all'inizio del secolo scorso ed è utilizzato dai primi guidatori di automobili (per lo più decapottabili) poiché, a differenza degli altri copricapi, rimaneva ben saldo sulla testa. Oggi viene visto più come cappello sportivo o casual.
Si noti sempre e comunque la vocazione agricola delle famiglie guidizzolesi che traspare anche da questa immagine, 1956. Collez. Fam. Nicolai

Le fogge maschili: la maturità

Non più ragazzi, ma oramai quasi uomini che guardano al proprio futuro, i maschi iniziano ad abbigliarsi come conviene secondo le epoche che attraversano e... secondo le loro possibilità economiche.

Fra il 1850 e il 1870 c'è un periodo di benessere senza precedenti, per una grande quantità di persone. Lo sviluppo industriale, in tutta Europa, porta con sé anche un incremento economico importante. Come conseguenza vediamo crescere le fila della *borghesia*, creando così una particolare *élite* che in poco tempo pare prendere il sopravvento della scena collettiva. Da questo momento in avanti la moda sarà legata proprio a questa nuova classe sociale[5].

L'ingresso sulla scena dei borghesi (i nuovi ricchi) produce confusione, perché mette in discussione i criteri tradizionali che confermano la rispettabilità. Attraverso il denaro che acquisiscono, usurpano le apparenze che sino ad allora erano appartenute ad altri gruppi sociali[6].

Fra gli esponenti della borghesia guidizzolese può essere annoverato anche un membro della famiglia Grassi (Foto 6). Senza particolari problemi finanziari, dato che aveva un negozio tutto suo in via della Piazza[7]. Può senz'altro permettersi di indossare un completo così detto a tre pezzi, dov'è presente il gilet a sei bottoni, ovvero la versione classica. Quest'ultimo viene introdotto alla corte del Re Sole, e nei corso dei secoli successivi subisce parecchi cambiamenti, sostanzialmente accorciandosi e perdendo le maniche (di cui era dotato all'inizio).

Nel completo sono presenti anche i pantaloni che hanno origini ancora più antiche. I calzoni, che sono quasi sicuramente di provenienza orientale, compaiono in Europa con i Galli. I Romani, infatti, li vedono per la prima volta indossati da questa popolazione. Dal XII secolo si diffondono le *calzebrache* maschili, nelle loro varie versioni (corta o lunga) e arrivano, via via sino all'800[8]. Qui (Foto 6), in modo particolare, non c'è ancora la presenza della piega centrale.

Fa parte del vestito anche la camicia. Abbandonato il lino, inizialmente utilizzato in maniera totalitaria, le camicie venivano confezionate in cotone. Bianco prevalentemente, ma anche timide tinte pastello (celeste, verde,

5. Cfr. Contini M. (a cura di) (1984), *Storia della moda*, I.G.D.A. Officine Grafiche, Novara, p. 263.

6. Bovone L., Ruggerone L. (a cura di) (2013), *Che genere di moda?*, FrancoAngeli, Milano, p. 106.

7. Cfr. Mondadori F. (2013), *Quasi un romanzo*, Centro Culturale San Lorenzo ed., GVM, Volta Mantovana, pp. 14-16.

8. Mendicini G. (1996), *op. cit.*, p. 50.

Foto n. 6. Giovane ragazzo borghese, indossa un completo giacca, pantaloni e gilet realizzati con la stessa stoffa. I pantaloni non hanno pince anteriori, seguendo la moda del momento, e l'orlo è obliquo al pavimento, cioè inclinato verso la parte posteriore della scarpa permettendo al pantalone di appoggiare bene sul collo della calzatura, come era consuetudine a fine '800. La bombetta, prodotta inizialmente solo nel colore nero, è appoggiata su un tavolino dalle gambe tortili. Evitando di indossarla questo ragazzo fa scorgere i suoi capelli appiattiti all'indietro, sinonimo di controllo, distinzione, maturità, fermezza e distanza rispetto alle situazioni, cfr. Baldini M. (2003), Capelli. Moda seduzione simbologia, *Tipar Poligr. Ed., Roma, p. 44.*
La sua giovane età si identifica anche nella rasatura: è completamente glabro. Il bastone da passeggio è un accessorio di bellezza, comunica aria di festa, e conferisce una certa formalità all'aspetto, vedi Roetzel B. (1999), Il gentleman. Il manuale dell'eleganza maschile, *Konemman, Koln, p. 260. Qui potrebbe essere definito giannetta, ovvero un bastone sottile in voga per l'epoca, preferito dai giovanotti, per maggiori approfondimenti si veda Levi Pisetzky R. (1995),* Il costume e la moda nella società italiana, *Milanostampa s.p.a. per conto di Casa ed. Einaudi, Farigliano (CN), p. 328. Forma una "X" incrociandosi con il cordone del tendaggio a fianco, producendo un curioso gioco di forme. Dagherrotipo, 1870 circa. Fondo Caritas-Mondadori*

rosa o giallo). Anche in Italia, fra il 1860 e il 1870, si diffonde l'espressione "colletti bianchi" per designiare gli impiegati[9]. Il colletto ideale della camicia classica deve formare un perfetto triangolo nel quale inserire, secondo le giuste proporzioni, il nodo della cravatta.

Nell'800 erano molto amate le inamidature e le pieghettature. Il colletto dunque era alto e rigido. Talvolta staccabile[10], fissato alla camicia con due bottoni davanti e uno dietro, al centro[11]. Una volta abbottonato doveva lasciare, rispetto al collo, lo spazio sufficiente per infilarvi il dito mignolo. Solo dopo la Prima guerra mondiale essi si ammorbidiranno.

Occorre ricordare che in quest'epoca, come nei decenni successivi, tutti gli abiti erano fatti sartorialmente, su misura, quindi erano abbastanza costosi e dovevano davvero essere cuciti su ciascun cliente, a seconda delle sue misure.

Fra i vari accessori che gli uomini potevano portare vi era anche il bastone (vedi Foto 6 e anche Foto 1), detto comunemente *canna*, di solito realizzato con un legno pregiato. Alcune volte nel pomo veniva inserito il necessario per fumare[12].

La Foto 6 può essere confrontata con la Foto 2, Capo 16 (infatti si tratta della stessa persona, ma si passa dall'età giovanile all'età adulta). Crescendo, dunque, si è fatto crescere anche i baffi, segno di maturità. Inoltre è ben visibile un orologio da tasca, il quale verrà soppiantanto negli anni '20 da quello a polso. Lo porta sulla sinistra del gilet, fissando la catena in un'asola con la stanghetta che vi è appesa[13]. Nonostante le differenze riscontrate tra le due foto (anche dal punto di vista fisico), rimane, però, come segno distintivo della sua classe di appartenenza il completo a tre pezzi.

Il *dandy* è un uomo che si abbiglia non tanto seguendo la società borghese, ma mantenendo con il proprio corpo e abbigliamento un legame con l'aristocrazia pre-moderna (un esempio potrebbe essere visto nella Foto 7). È in netto contrasto con il borghese "della grande rinuncia", che si accontenta di indossare un completo a tre pezzi monocromatico. Attribuisce all'apparenza grande importanza, ha un linguaggio corporale raffinato, aderisce a valori aristocratici anche quando la sua origine non lo è! Lo stile è ambivalente dunque: da un lato uno stile sobrio, che valorizza la neutralità del corpo maschile, dall'altro viene dedicato molto tempo alla cura

9. Ivi, p. 74.

10. Usato in questa versione, per la prima volta, nel 1820; raggiunge la sua massima popolarità a fine secolo

11. Ffoulkies F. (2011), *Leggere la moda*, Logos, Modena, p. 178.

12. Levi Pisetzky R. (1995), *op. cit.*, p. 306.

13. Ivi, p. 350.

Foto n. 7. Quest'uomo indossa pantaloni con la riga e il taglio dell'orlo è parallelo al pavimento. Il colletto della sua camicia è il classico che si usa su camicie bianche, abbinate ad abiti da cerimonia, detto colletto ad alette. Le sue scarpe sembrano essere delle derby, dal carattere sportivo ma sempre classiche. Ha in mano una paglietta leggera, ornata da un nastro scuro grosso e pronunciato. Baffi a mustacchio, cespugliosi. Ricordano i baffi alla umberta (derivano appunto dai baffi portati da Umberto I di Savoia 1844-1900, re d'Italia dal 1878 al 1900), mentre i capelli presentano una scriminatura laterale, con una lunghezza media, ed un ciuffo sul davanti, che gli dona un'aria un po' romantica, cfr. Lamantia G. (1987), Barba e baffi, *Vallardi industrie grafiche, Lainate (Mi), pp. 30-31. Anni 1920. Collez. G. Valbusa*

dell'aspetto esteriore, con gran dispendio di risorse economiche. Uno stile di vita esclusivo e per questo praticabile solo dagli aristocratici[14].

Spesso i *dandy* si avvalevano di accessori, come il cappello. La naturale funzione del cappello è di riparare la testa dalla pioggia o dal sole. Passato nei secoli sotto le fogge di elmi (in casi bellici), corone (in caso di re), berrete feltrate, zucchetti, cilindri, ... arriva ad essere nei primi anni del '900 uno strumento di gestualità elaborata e ricca di significati. Elemento virile, per incutere rispetto, diventa distinzione sociale, politica o corporativa e, talvolta, solo un elemento dal quale si faticava a staccarsi persino in un'osteria[15]. Il cappello può conferire un grado, mettere in rilievo l'autorità, distinguere i capi dalla gente comune, identificare fasce sociali. Esso si toglie in segno di rispetto, per esempio davanti ad una signora.

In questo caso particolare la paglietta[16] (Foto 7), qui mostrata e tenuta in mano, scandisce il cambio delle stagioni: segna l'arrivo della primavera e sparisce assolutamente alla vendemmia. Per cui siamo sicuramente in una stagione dalle temperature gradevoli, quando questa foto viene scattata.

Una grande novità che possiamo notare nei pantaloni degli uomini (Foto 7) è data dalla piega (introdotta nell'anno 1895). Sino ad allora i calzoni erano stati abbastanza stretti; negli anni '90 la gamba si era allargata ma aveva provocato un certo inconveniente a camminare, poiché la stoffa fluttuava parecchio. Con l'introduzione della piega e, talvolta, del risvolto in fondo, il pantalone non perdeva la sua forma[17].

Un altro elemento particolare che può presenziare sul viso di un uomo sono i baffi (vedi ad es. Foto 7). Essi possono essere considerati, fra le tante maniere, anche come un'arma di seduzione. Alcune donne di fine '800-inizio '900, infatti, li amano particolarmente. Se a baciarle sono uomini baffuti pare venga provocato un piacevole solletico e siano avvertiti dei brividi piacevolissimi lungo tutto il corpo[18].

14. Bovone L., Ruggerone L. (a cura di) (2013), *op. cit.*, p. 110.

15. Felledore G. (1988), *Il cappello da uomo*, Zanfi ed., Brugherio (Mi), pp. 7-25.

16. Ivi, p. 30. La paglietta ha origini italiane, più precisamente toscane (fin dal '700 a Signa); con il filo sottile della paglia di frumento si formavano trecce cucite a mano, tipiche di questi copricapi.

17. Mormorio D., *Lo stile degli italiani in un secolo di fotografie*, Laterza, Roma-Bari, p. 60.

18. Lamantia G. (1987), *op. cit.*, p. 82.

Foto n. 8. Si suppone che la famiglia Rizzini abbia deciso di organizzare una gita uscendo da Guidizzolo, magari per andare a trovare degli amici, con la propria automobile, che pare essere una Alfa Romeo mod. G1. Qualcuno sta simulando la guida dell'auto (da ferma) mentre dialoga con un uomo. Quest'ultimo è impettito, ritto in piedi sopra alla pedana laterale dell'auto, con il suo completo scuro elegante e osserva, quasi giudicando, i movimenti e le parole del guidatore. Sullo sfondo lo chauffeur, con la tipica divisa corredata da cappellino, che ha accompagnato sino a qui la vedova del conte Italo Rizzini. Per maggiori approfondimenti cfr. Mondadori F. (2003), La famiglia Rizzini dal XVII al XX secolo, *Centro Culturale San Lorenzo ed., GVM Tipolitogr., Volta Mantovana (Mn), p. 143. Anni 1920. Collez. M. Segna*

Già nell'anno 1883 veniva pagata al comune di Guidizzolo la tassa comunale sulle vetture e sui domestici[19]. Per cui si sa con certezza che qualche famiglia agiata di Guidizzolo, all'epoca, possedesse un'automobile. Naturalmente più passano i decenni e più questo mezzo diventa popolare.

Nel 1899 sorge Fiat e nel 1914 si contanto in Italia quasi 22.000 automobili. Tuttavia le strade sono quasi completamente non ancora asfaltate e le auto sono quasi sempre aperte (vedi Foto 8), per cui occorreva un abbigliamento consono contro la polvere. Sopra ai normali abiti, spesso, si mettevano mantelli o cappucci[20].

19. Documento collez. G. Cagioni.
20. Mormorio D., *op. cit.*, p. 132.

Va sottolineato che le automobili, nella cultura fascista, sono sinonimo di modernità e vitalità e per questo vengono viste in maniera positiva.

Foto n. 9. Famiglia al servizio dei conti Rizzini presso corte Finilaccio a Birbesi. Il ragazzo più grande, al centro della scena, ha un colletto a punte dritte entro il quale è posta una cravatta, emulando il padre. Gli stivaletti, indossati nello stesso modello sia dal capofamiglia che dai figli maschi, sono in pelle, hanno delle asole sul collo e ganci attorno alla caviglia per le stringhe, punte smussate, bucatura sulle mascherine, tacchi in cuoio. Il capofamiglia porta dei baffi a tricheco (tricheco significa proprio "cha ha i baffi". Cfr. Lamantia G. 1987, op. cit., *p. 47), cespugliosi, curvati sotto le labbra: spesso questa tipologia di baffi copre interamente la bocca. Egli ostenta il bastone (del comando) quasi a volere sottolineare il prestigio che, nel tempo, ha acquisito intrecciandosi (seppure servilmente) con la nobile famiglia Rizzini. Curiosamente, qui manca sua moglie e, quindi, madre dei suoi figli, anni '20. Collez. Fam. Sposetti*

A Guidizzolo esistevano famiglie (modeste) che potevano lavorare "al servizio" di altre famiglie (benestanti), come quella dei conti Rizzini. Grazie alla loro buona disponibilità economica potevano permettersi di assumere diverso personale che lavorasse non solo a servizio del loro palazzo sito in Guidizzolo come cameriere o educatrici, ma anche all'interno delle loro proprietà terriere. Potevano assumere formalmente il capofamiglia (*el famèi*[21]) ma, poi, l'intera sua famiglia sarebbe stata coinvolta nella conduzione del fondo, come avveniva ad esempio a corte Finilaccio (Birbesi). Questo fatto era il frutto di una povertà diffusa, che scambiava delle prestazioni con vitto e alloggio. Il fenomeno è continuato ad esistere, in forme sempre più discrete, fino al primo dopoguerra.

Tuttavia, come si evince dalla Foto 9, non era un fenomeno così negativo. Spesso, come in questo caso, si creava fra le due famiglie non solo un legame di sudditanza ma anche di reciproca stima e benevolenza. Tant'è che *el famèi* (e la sua famiglia) non sembra affatto sofferente nella sua condizione, ma pare abbia raggiunto un buon livello economico di entrate per permettersi di sfamare una famiglia numerosa, che indossa abiti così dignitosi e possa anche farsi scattare una fotografia.

Inizia dunque a diffondersi la fotografia, anche presso la gente comune. Certamente i quantitativi degli scatti non sono enormi, ma la differenza è già notevole. Ad esempio il fatto che un ragazzo voglia farsi scattare una foto da regalare alla propria fidanzata può già esserne un segnale (Foto 11). Un sentimento, l'amore, si può trasmettere anche attraverso un'immagine di sé da donare. Questo permette all'amata di poter vedere costantemente l'innamorato anche quando fisicamente non è lì con lei.

21. *Famèi* è un termine dialettale che sta per "famiglio", cioè servo di casa, di famiglia. È stata un figura molto diffusa nella società contadina della Val Padana che dal cremasco si estende fino alle terra bresciane e bergamasche, arrivando fino a quelle mantovane.

Foto n. 10. Padre e figlio, appartenenti ad una famiglia borghese, fotografati insieme. Il figlio ha un colletto a punte arrotondante, tipico della Belle époque, legato al modo di vestire degli studenti universitari inglesi o americani che ne fecero grande uso negli anni '20 del secolo scorso. Suo padre ha invece un coletto ad alette utilizzato con abiti eleganti. A completare il collo il cravattino ad ala di pipistrello (con le estremità dritte, non arrotondate ad ali di farfalla); accuratamente di colore chiaro, dato che il gilet è scuro, per non simulare il tipico look «da cameriere». Il giovane con una mano sulla coscia sembra volersi alzare da un momento all'altro per fare qualcosa, al contrario il padre pare più statico e quasi dimesso. Da qui emerge la differenza fra il figlio (nei suoi anni di intraprendenza) ed il genitore (verso il tramonto dei suoi anni), anni '20. Fondo Caritas-Mondadori

Foto n. 11. Quest'uomo si fa fotografare per la sua fidanzata, al fine di poterle donare la fotografia stessa. L'aspetto è distinto. Porta un cappello di feltro (fedora), in tinta pastellata (chiara) e bordo rivoltato, con nastro di gros-grain in alto. Indossa un cappotto a doppio petto, che si diffonde a partire dal primo conflitto mondiale. Il cappotto chesterfield, a un petto, era rimasto in auge sino alla Prima guerra mondiale, 1929. Collez. G. Terzi

Durante le guerre mondiali molti uomini, spesso non per scelta, indossano la divisa che diviene il loro abito quotidiano. Le divise sono le più differenti e, spesso, non sono facili da interpretare se non da conoscitori esperti del settore. Qui se ne vuole mostrare una, puramente a titolo esemplificativo (vedi Foto 12), senza pretendere di essere esaustivi, proprio per sottolineare questa tendenza.

Foto n. 12. La divisa di questo soldato viene identificata come divisa di truppa di fanteria in auge dal 1923 al 1933. Dalla riforma del copricapo si può ridurre ulteriormente il periodo considerato dal 1928 al 1933. Con la riforma Baistrocchi, infatti, dal 1933 cambiano i copricapi e le giubbe divengono con il collo aperto, fine anni '20-inizio anni '30 dello scorso secolo. La descrizione della divisa e suoi accessori ci è stata minuziosamente fornita da Stefano Spazzini.
I pantaloni cosiddetti alla zuava verranno utilizzati, oltre che in campo militare, anche in ambito civile, soprattutto sportivo. Con l'arrivo delle grandi guerre mondiali i militari devono essere sempre impeccabili: viso e capigliatura curati al meglio, per cui barba e baffi scompaiono. Anche se, in realtà, non tutti i militari avevano l'obbligo di sbarbarsi: i graduati, per esempio, amavano lasciare il pizzetto o i baffi, cfr. Ciacci G. (2017), Barba e baffi, *Stamp. Artistica Nazionale, Trofarello (To), p. 30.*
A cavallo anni '20 e '30. Collez. G. Cagioni

Pur essendo nel periodo bellico, tuttavia, gli uomini non chiamati a combattere al fronte riescono a scattare, con la propria famiglia, delle fotografie che possono sembrare quasi normali in un momento dove nulla lo è. Sempre in ambito agricolo (vedi Foto 13) abbiamo gli uomini, accanto alle donne, ripresi nella corte rurale della famiglia Mutti (vedi Capo 6). Si vuole porre qui l'attenzione sul fazzolettino che spunta dal taschino degli uomini (Foto 13). La sua funzione estetica è importante al fine di dare un tono in più al proprio abbigliamento; può aggiungere luminosità, senza sconvolgere l'armonia generale dell'abito (cosa che farebbe una cravatta dai colori troppo vistosi)[22]. L'uso del fazzolettino è slegato rispetto alla cravatta, contrariamente a quanto si possa pensare. La sua funzione è quella di porlo ad una signora, in caso di necessità[23].

La giacca a doppio petto (Foto 13) è stata, negli anni fra le due guerre mondiali, molto considerata e si è diffusa parecchio perché vista come più elegante e sofisticata rispetto alla giacca monopetto[24].

Foto n. 13. Famiglia della corte rurale dei Mutti. L'uomo in seconda fila, al centro, riempie il taschino sinistro esterno della giacca, per una questione di stile, non da penne né da occhiali, ma solo da un fazzolettino bianco, che in genere era di seta. Egli indossa una giacca a doppio petto, molto elegante. L'uomo alla sua destra porta una cravatta a righe, slegandosi dal concetto monocromatico. Diametralmente opposto l'altro signore segue più strettamente i canoni scegliendo una cravatta di colore nero. L'uomo seduto in prima fila è una commistione fra lo stile moderno (spezza lo spezzato, attraverso gilet e pantaloni in tessuto gessato ed una giacca nera) ed il classico (mantenendo il completo a tre pezzi, con cravatta), 1936. Collez. B. Guidetti

22. Mendicini G. (1996), *op. cit.*, p. 43.
23. Roetzel B. (1999), *op. cit.*, p. 271.
24. Mendicini G. (1996), *op. cit.*, p. 48.

I baffi sono, da sempre, il segno inequivocabile dello sviluppo maschile. Per cui possono diventare molto importanti per un uomo, così come la barba, se mai si decidesse di farli crescere secondo le mode del momento.

Nei secoli passati, i baffi e la barba potevano essere uno stendardo rivoluzionario (1848: Garibaldi, Mazzini, ...). Verso il 1860 sono d'obbligo i baffi, in genere portati all'insù (vengono detti all'ungherese), tenuti a posto con il *fixateur* cosmetico[25].

Il grande secolo del barbiere fu l'800 sino agli anni '30 del '900, quando iniziò a comparire il rasoio elettrico. Quest'ultimo portò via alla sua bottega moltissimi clienti che, quasi quotidianamente, andavano a radersi[26]. Mentre i ricchi avevano il barbiere a domicilio, la classe media lo andava a trovare nel "salone"; per i poveri c'erano una sedia e una bacinella in mezzo alla strada[27].

Arriva poi il momento in cui ci si rade da sé: prima con la lametta[28], poi come già accennato con il rasoio elettrico.

Alcuni uomini possono anche decidere di seguire la chiamata del Signore, ascoltando dunque la propria vocazione. È dunque probabile non solo trovare il lavoro giusto, che più si confà alle abilità dell'uomo in questione, ma anche seguire la strada ecclesiastica. A differenza delle donne, che si fanno suore e rimangono più nell'ombra del convento o comunque a servizio della comunità ma non in modo evidente, i preti possono emergere poiché predicano la messa, sono a contatto con la gente quotidianamente, ... vengono considerati (insieme al medico) un punto di riferimento importante per un parere o un consiglio da tutta la gente del paese. Fin da giovani vengono mandati in seminario per potere approfondire i propri studi proprio indirizzandoli, poi, a percorrere la strada verso il sacerdozio. Come capita, ad esempio, al ragazzo della Foto 15. Anche se, in questo caso, deciderà di lasciare questa via, poiché imboccata più per volere della madre che sua. Ecco dunque una nuova opportunità che si prospetta ad un uomo: anche in questo caso sceglie, ha la possibilità di farlo. Cosa che quasi mai poteva essere fatta da una postulante; una volta imboccata la strada sarebbe dovuta diventare suora ad ogni costo per non disonorare sé stessa o la propria famiglia.

25. Lamantia G. (1987), *op. cit.*, p. 19.
26. Ivi, p. 30.
27. Ivi, p. 42.
28. Nel 1914 si crea un grosso business attorno alle lamette, quando si trova il sistema per affilarle automaticamente. Nel 1921 scade il brevetto di *Gilette*, che fino ad allora era stato il padrone delle lamette, per cui altri concorrenti iniziano ad emergere sul mercato. Cfr. ivi, p. 4.

Foto n. 14. Quest'uomo distinto e ordinato, co-titolare di un'attività pre-industriale (fornace), porta i baffi a spazzola, spessi, ma rasati ai lati di circa un pollice. I baffi più famosi, portati alla medesima maniera, sono quelli buffi ed improbabili di Charlot (Charlie Chaplin) e, successivamente, quelli minacciosi e grotteschi di Adolf Hitler. Stessa tipologia, ma con valenze fortemente differenti a seconda di chi decise di adottarli, 1930 circa. Collez. U. Delmenico

Foto n. 15. Ragazzo entrato in seminario, forse più per volere della madre che suo, ha un'aria quasi intimorita in questa immagine, o forse solo impacciata. Come se quella tonaca nera abbottonata sul davanti non gli si addicesse, con quelle scarpe stringate, di pelle nera, le punte smussate, cordoncino e tacchi in cuoio. Le sembianze di un pretino ci sono, peccato che non lo diventerà mai perché la sua vocazione era tutt'altra, inizio anni '40. Fondo Caritas-Mondadori

Il benessere, l'igiene e la vanità sono tappe di un percorso sociale consolidato, per migliorare la qualità e la durata della vita. Le varie pubblicità iniziano ad entrare nelle case della gente già a inizio '900, anche attraverso i giornali o la radio, ... e gli uomini non possono non avere in casa una schiuma da barba, un dopobarba e la brillantina spesso dal nome americaneggiante[29]. Pomate, unguenti per capelli, ... sono molto utilizzati dai maschi per potere assomigliare a qualche personaggio famoso del momento (vedi Foto 16) o, forse, proprio al divo che pubblicizza il prodotto sulla rivista.

Foto n. 16. Alcuni amici si mettono in posa per una foto dal tono quasi scherzoso o provocatorio. Fra di essi ci sembra possibile ipotizzare di identificare un giovane Renato Farinati (il secondo da sinistra), non solo dai tratti fisionomici ma anche dal fatto che sia vicino ad uno de suoi migliori amici. Infatti il primo da sinistra è Arnoldo Delmenico, che fu proprietario della fornace (vedi Capo 6). È noto che i due fossero inseparabili, poiché accomunati da un forte legame di amicizia.
Nessuno di loro guarda l'obiettivo, perché sono tutti impegnati nella lettura di una rivista che potrebbe proporre interessati parole o una qualche immagine particolare, non ci è concesso sapere. Tutti bei ragazzi che indossano un cappotto, in ordine, sbarbati, brillantinati, capelli pettinati all'indietro. Solo uno di loro porta il cappello che è un feltro leggero di forma arrotondata (a torta) versatile e portabile in ogni occasione; molto diffuso negli anni '30 (importato dall'America con il nome di Trilby).
1943. Collez. I. D'Isola

29. Ivi, pp. 50-51.

Se si parla di capelli è facile pensare ad un taglio corto per l'uomo. Piuttosto difficile trovare, negli anni di nostro interesse, uomini con i capelli lunghi tranne, forse, per quanto concerne il ciuffo. Tuttavia se pensiamo a chi non ha capelli lisci per natura, bensì ricci o tendenti al crespo allora le cose si complicano. Già Buffa (vedi Foto 25 Capo 3) a fine '800 aveva cercato, senza molto successo, di risolvere il problema con una riga al centro. Occorre domare questi capelli con prodotti specifici e, forse, meglio non esagerare in lunghezza per non incorrere poi in problemi quotidiani con la propria testa (come invece fa il secondo ragazzo di sinistra, in seconda fila della Foto 17).

Foto n. 17. Giovani uomini, con tutta probabilità amici, si fanno fotografare davanti alla facciata della chiesa di Birbesi con, al centro, la loro guida spirituale (e non solo), ovvero don Sergio Malvardi. Il primo ragazzo in prima fila, da sinistra, ha il fazzolettino, probabilmente di lino o cotone, piegato a triangolo, segno di grande eleganza. Cravatte nere o bianche si susseguono, tranne per il primo ragazzo in seconda fila da sinistra che porta un lupetto nero sotto alla giacca. Spicca per la sua capigliatura ribelle, che ha provato a domare, il secondo ragazzo da sinistra in seconda fila. Seppure la lunghezza dei capelli fosse notevole, ha cercato di appiattirli riproducendo una sorta di scriminatura centrale, ottenendo però solo un effetto fortemente schiacciato, fine anni 1940. Collez. R. Guidetti, D. Sposetti

La grande differenza fra uomini e donne, nel campo dell'abbigliamento, è dunque questa: mentre i primi avevano tempi di accettazione in merito alle proposte di cambiamento di stile alquanto lunghi, le donne accolgono immediatamente ed evolvono. Gli uomini sono piuttosto conservatori.

A fine '800 l'uomo veste sobrio e i colori sono scuri, posa in maniera rigida; con il primo conflitto mondiale l'abito civile viene sostituito dall'uniforme militare. Solo i Futuristi, durante la guerra, iniziano a puntare il dito contro la banalità dell'abito che avrebbero voluto invece colorato, dinamico, fantasioso, aggressivo, ...[30]. E solo nei decenni successivi questo cambiamento verrà accettato.

Foto n. 18. Classe 1913 o 1914 con il maestro Fattori Adelchi, in piedi sulla sinistra. Lo troviamo ben rasato, dall'aspetto ordinato. Lui sarà maestro a Guidizzolo anche durante il periodo fascista e seguirà con scrupolo le regole dettate dal regime. Infatti Mussolini glorifica i volti dei Cesari (senza barbe o baffi), cfr. Lamantia G. (1987), op. cit., *p. 69. Ordine e disciplina erano regole da osservare in prima battuta dall'insegnate, anche a livello fisico, e dovevano essere riflesse sugli alunni. I suoi scolari sono misti e, soprattutto i maschi, sembrano quasi voler sfidare il fotografo con le loro braccia conserte e letteralmente coi loro "musi duri", anno 1920. Collez. Fam. Nicolai*

30. Bigazzi I. (2004), *Tessendo la storia*, Pacini Ed., Ospedaletto (Pi), pp. 43-54.

Come si è visto, negli anni presi in esame tutti gli abiti maschili si assomingliano non solo a livello di modello, ma anche di colori, alquanto scuri: nero, grigio e qualche tonalità di marrone. Creano dunque una sorta di arte austera e sobria del vestire, mettendo l'uomo in condizioni di rinunciare a essere bello, ma piuttosto a essere pratico[31]. Egli deve semplicemente essere vestito "correttamente", cioè secondo le regole dei suoi contemporanei, questo è l'unico lavoro estetico che deve fare su di sé. Non un grande sforzo, come si è detto. Le attenzioni degli uomini, quindi, non sono tanto puntate su cosa indossare, quanto su cosa scegliere di essere nella vita.

Volere è potere

Fondamentalmente l'uomo, inteso come genere maschile, ha da sempre avuto un ventaglio di scelte per il proprio futuro molto molto ampio. Questo a differenza delle donne che, come si nota dal capo relativo ad esse (n. 9), hanno sempre avuto un campo di scelta limitato. Ci si riferisce qui all'ambito lavorativo, dove la possibilità di intraprendere una professione piuttosto che un'altra era un potenziale maschile. Per cui bastava *volere*, desiderare intraprendere una certa attività e questa *poteva* essere realizzata. A differenza degli uomini, le donne erano onnipresenti nella casa, per la famiglia, ma difficilmente riuscivano ad avere una propria indipendenza economica almeno sino all'arrivo delle fabbriche, dove le operaie erano richiestissime. Per cui esse volevano sicuramente essere *altro* rispetto a mogli, madri o casalinghe ma, fondamentalmente, non potevano.

Si sottolinea, però, che spesso gli uomini continuavano un'attività di famiglia, come quella agricola o di gestione di una bottega. Anche se le eccezioni non mancavano.

Ecco allora che gli uomini posso scegliere di essere maestri, per esempio (vedi Foto 18). Anche laddove la predisposizione per questo tipo di lavoro è propria del gentil sesso, arriva la presenza maschile. Non solo, quindi, teoricamente togliendo lavoro alle donne, naturalmente più inclini alla pazienza con i fanciulli ma anche dimostrando che è possibile, per loro, eseguire lavori di intelletto.

31. Riello G. (2012), *La moda. Una storia dal Medioevo a oggi*, Laterza & Figli, Roma-Bari, pp. 54-55.

Foto n. 19. Sistemazione della strada per Rebecco. A testimonianza di questo, in un documento del 20 agosto 1920, collez. G. Valbusa, si legge che fra le spese sostenute dal comune di Guidizzolo e approvate dal geom. Mario Rodella sono state date 381,90 L. a Leali Pietro per la fornitura di ghiaia destinata alla strada di Rebecco.
Alcuni operai vestiti con abiti leggeri, per cui probabilmente siamo in una stagione primaverile-tendente all'estate, stanno procedendo a sistemare questa strada. Quasi tutti indossano dei grandi cappelli per ripararsi dal sole. La squadra di lavoro è cospicua e viene aiutata dalla forza degli animali (cavalli e muli) che vediamo sulla parte destra della foto. Nella parte alta dell'immagine alcuni operai si sono alzati in piedi, quasi con spirito goliardico, forse su di un carretto per emergere rispetto ai compagni. Il direttore lavori è al centro della foto e indossa una sahariana, che ricorda quella dei tenenti e capitani meharisti negli anni '20 in Libia, molto leggera e comoda poiché al bisogno le sue tasche potevano essere riempite con gli strumenti da lavoro. Vicino a lui un uomo, scalzo, sopra una bicicletta si abbassa adagiandosi sul manubrio per non coprire gli altri uomini, anni 1920. Calendario Guidizzolo 2001

E poi si passa ai lavori così detti pratici, di manualità, di forza, dove solo il genere maschile può riuscire a mostrare le proprie capacità. Si creano delle squadre di lavoro (Foto 19) quando i progetti da eseguire sono importanti e impegnativi, oppure dei *team* formati da due (Foto 20a e Foto 20b) o più persone (Foto 21). Prima dell'arrivo dell'automazione era dunque normale creare dei gruppi di lavoro, perché la forza di tanti uomini messa insieme era necessaria per dare buoni risultati. Questa potrebbe essere vista come una modalità di aggregazione; infatti, spesso, sul lavoro si trovavano anche degli amici. In ogni caso, questa è una sfaccettatura della socialità con la quale il mondo maschile poteva avere contatti quotidianamente, che mancava però alle donne.

*Foto n. 20a. Fabbri (*frér*) al lavoro in piazza Pezzati. Deduciamo da Società anonima editrice (1935),* Annuario generale d'Italia, anno decimo terzo epoca fascista, vol. I, amministrazioni centrali del Regno (Piemonte, Liguria, Lombardia, Venezia Euganea)*, G.B. Marsano S.A.E., Genova, p. 1575 che a Guidizzolo c'erano, poco prima rispetto a quando è stata scattata questa foto, ben 5 fabbri (Fabbri: Bordanzi Paolo, Bondioli Emilio, Bondioli Gius., Gabusi Alessandro, Franzini E.). Questo conferma che la professione era abbastanza richiesta, dato il fatto che fosse correlata al mondo agricolo (che allora era il settore produttivo di gran lunga prevalente).*
*I due fabbri ritratti nella foto stanno utilizzando un incudine posto sopra a un treppiedi di legno. Uno tiene in mano un ferro che sta porgendo all'altro, il quale lo batte sopra all'incudine appunto. Portano il cappello e il loro abbigliamento (a livello di tipologia e modello) non si discosta per niente da quello utilizzato nei giorni di festa (abbiamo sempre braghe, camicia e gilet). Solitamente, chi lavorava la terra chiedeva loro di "*bater le scartade*", ovvero venivano portati dei pezzi di zappe o aratri (la parte in ferro) che di solito si deformava durante il lavoro nei campi. I fabbri dovevano farli ritornare come in origine per poterli utilizzare nuovamente, anni 1940. Calendario Guidizzolo 2001*

Foto n. 20b. Si vedono qui due giovani fornai con la loro aiutante (con molta probabilità anche commessa al banco) parecchio accaldati. Siamo infatti in piena estate (agosto, come scritto sul retro della foto) e la cottura del pane non era di certo favorita dalla stagione. In mezzo a loro si nota una cesta colma di pane appena sfornato. Questo è il risultato di un lungo procedimento: sveglia la mattina presto per impastare, poi l'attesa (l'impasto deve riposare), spezzatura e creazione delle forme desiderate, lievitazione ed infine cottura. Alle loro spalle il forno ricoperto di piastrelle chiare lavabili cuoce dunque ogni mattina il pane quotidiano per molte famiglie del paese. I fornai sono vestiti, com'era ed è usanza, con pantaloni e grembiuli a righe ed una magliettina leggera (proprio per fare fronte al caldo). Il copricapo a bustina completa la loro divisa, caratterizzandone la professione legata all'ambito alimentare, 1938. Collez. E. Zaccagni

Si decide di soffermarsi qui su un mestiere, quello del calzolaio o *scarpulì*, che faceva comodo a tutti, ma proprio tutti. Perché, infatti, un paio di scarpe occorreva ad ognuno: dai giovani ai meno giovani.

Per fabbricare a mano un paio di scarpe occorrevano, all'incirca, 4 intere giornate di lavoro, senza contare il tempo per far modellare le tomaie sulle forme di legno. Si iniziava misurando i punti chiave di entrambi i piedi, che poi vengono fatti appoggiare su un foglio di carta per segnare il contorno. Poi si realizzavano le forme di legno (destra e sinistra) su cui dovevano modellarsi le due tomaie, cioè le parti superiori delle scarpe. A volte, al cliente, veniva anche chiesta una prova con un prototipo di stoffa o pelle scadente, prima di mettersi al lavoro sulle tomaie.

Foto n. 21. Un gruppo di calzolai si fa fotografare mentre lavora. Sembrano essere fuori all'aperto, forse sotto ad una tettoia, mentre stanno pazientemente producendo delle scarpe o, magari, le stanno riparando. Potrebbero essere anche fuori dalla porta di casa di un cliente, non necessariamente fuori dalla loro bottega (se mai ne avessero avuta una). Qualcuno seduto sulla sedia, qualcuno sopra ad una cassa in legno, attorno ad un banchetto da lavoro in legno. Quest'ultimo doveva essere basso così che il calzolaio avesse le cosce orizzontali, protette da un grembiule di cuoio (come si vede nella foto), dove appoggiare i vari e numerosi oggetti da lavoro (martello, incudine, pinze, tenaglie, ...). Deduciamo da Società anonima editrice (1935), op. cit., *vol. I, p. 1575 che i calzolai a Guidizzolo nel 1935 sono 5 (Malagutti M., Grassi f.lli, Cappa Teresa, Grassi Luici, Alimonti Filippo). Fra di loro troviamo anche una presenza femminile, forse l'eccezione che conferma la regola.*
Anni 1940. Calendario Guidizzolo 2001

Una volta ultimato il lavoro, rifinendo nei particolari le scarpe complete di fodera, queste dovevano stare in forma per alcuni giorni. Poi si procedeva con il cucire il sottopiede e, successivamente, la suola. Tutto ciò richiedeva parecchie ore ed era preferibile non interrompere il lavoro di cucitura. Infine si ultimava la scarpa (rifilatura, smerigliatura e tintura del fondo, lucidatura).

Questo avveniva per le scarpe che noi vediamo fotografate (vedi Foto 9) e che rassomigliano molto a quelle odierne, non certo per le *sgalmare*[32]. Il procedimento per realizzarle, come si è visto, è molto lungo e laborioso. Le ore di lavoro sono parecchie. Questa è la ragione per la quale i calzolai lavoravano raramente da soli (vedi Foto 21).

Sono stati fatti, sino ad ora, degli esempi di mestieri scelti in ambito maschile. Operaio, manovale, calzolaio, insegnante, ... la lista potrebbe essere molto lunga perché, potenzialmente, il genere maschile poteva scegliere il lavoro che desiderava. Tuttavia, comunque, il lavoro più diffuso e più scelto rimane quello legato alla terra intesa in senso proprio: coltivatore, agricoltore, allevatore, famedio, ... il popolo maschile guidizzolese è da sempre rimasto molto legato a questa scelta professionale (vedi Foto 22).

Foto n. 22. Quest'uomo si trova in un campo di cipollotti; ne ha qualcuno anche in mano. Poco dietro di lui la coltura pare cambiare, le foglie sono più fitte, sembra un'altra tipologia di verdura. Probabilmente ci si trova in un grande orto o ortaglia. Sulla sinistra c'è un recinto forse per animali. Oltre a non farli scappare protegge anche le verdure dai loro appetiti. L'uomo porta una camicia chiara leggera e un paio di pantaloni scuri, siamo in primavera, sembra orgoglioso della sua produzione e forse il consumo non si limita solo a quello della sua famiglia. Parrebbe essere un prodromo della vocazione ortolana di Guidizzolo che si svilupperà più avanti, 1940-50. Collez. G. Valbusa

32. Calzature molto diffuse fra la gente poiché particolarmente durature. Avevano la suola di legno (veniva scelto un legno duro) e tomaia in pelle (ottenuta, spesso, dal riutilizzo di vecchi scarponi) inchiodata al legno.

Svago

Non per tutti esistono momenti di svago, di tempo libero. Di sicuro, in passato, non erano certo possibili per le donne. Ma gli uomini sì, qualche momento potevano concederselo.

Foto n. 23. Ragazzo diciassettenne in tenuta da ciclista. La scarpa pare essere una derby, indossa delle calze Argyle. I pantaloni alla zuava hanno un largo motivo a pied-de-poule (tradotto letteralmente dal francese come "piede di gallina" è un motivo ampiamente utilizzato nell'800 soprattutto dalle classi povere in Scozia, specialmente nei maglioni. Nel 1934 utilizzato per la prima volta da Re Edoardo VIII, principe di Galles, inizia ad essere considerato nell'ambito stilistico. Egli era infatti considerato un esempio da seguire o, come diremo noi oggi, un influencer. Cfr: www.cucireonline.com/blog/post/perche-la- trama-pied-de-poule-si-chiama-cosi/ consultato il 24/01/2020. Ed inoltre Di Benedetto T. 2013, A proposito di eleganza. Una guida allo stile maschile, *Mondadori pressi Elcograf, Verona, p. 119), molto comodi in ambito sportivo. Infatti, ancora, non sono stati pensati dei pantaloncini aderenti per l'atleta, i volumi sono ancora irregolari e poco asciutti. Il maglione a collo alto, più aderente del normale, ha un motivo disegnato sul petto e sulla spalla ci sono dei bottoni bianchi non solo funzionali ma anche decorativi. Questa tipologia di maglia è detta "sport". Indossa un berretto morbido, 1930. Collez. privata*

C'è chi sceglieva, ad esempio, la bicicletta. Negli anni '30 diventa fenomeno di massa, che va oltre la sfera sportiva o la considerazione che fosse solo un mezzo di trasporto, ma esprime nell'immaginario sociale collettivo un diffuso senso di modernità[33].

Già negli anni '20 (vedi Foto 23) un ragazzo ne fa la sua passione per il tempo libero. Indossa i pantaloni alla zuava, risalenti al periodo vittoriano, poi adottati anche dai giocatori di golf. Si ricordi che questo modello viene utilizzato non solo in ambito sportivo, ma anche nella quotidianità e poi in ambito militare (vedi Foto 12). Veste poi un maglione che, sino ad allora, veniva indossato solo da atleti (o dai fantini, soprattutto con il collo alto[34]) e bambini; in seguito venne utilizzato anche in ambito militare. La scarpa, una *derby*, ha il gambetto cucito sopra la mascherina e dunque vi si sovrappone. I lembi del gambetto, allacciandosi, avvolgono il collo del piede e possono separarsi per la loro intera lunghezza aprendosi a libro. Questa scarpa è adatta alla montagna, alla campagna e allo sport, si apre agevolmente per potervi introdurre il piede[35].

Naturalmente c'è chi, poi, non è ciclista solo per svago ma ne vorrebbe fare la propria professione, o almeno ci prova. Ecco allora che anche a Guidizzolo qualcuno decide di sognare un poco, gareggiando con personaggi importanti del calibro di Gino Bartali (1914-2000). Molto probabilmente senza mai raggiungere i grandi risultati dei campioni per eccellenza, ma almeno senza lasciare intentato l'intentabile (Foto 24).

Talvolta, però, la bicicletta poteva essere utilizzata anche per puro piacere, per farsi un giretto nei dintorni e approfittare così del tempo libero da trascorrere, ad esempio, con un amico. Un privilegio che i giovani (maschi) potevano godersi, soprattutto se non avevano ancora messo su famiglia, magari inventandosi un modo diverso di divertirsi e passare una giornata via da casa, ma nemmeno troppo lontano (Foto 25).

33. Calanca D. (2014), *Storia sociale della moda contemporanea*, Editografica, Rastignano (Bo), p. 87.

34. Blackman C. (2009), *Questione di stile. 100 anni di abbigliamento maschile*, Mondadori.

35. Di Benedetto T. (2013), *op. cit.*, pp. 52-53.

Foto n. 24. Questo ciclista guidizzolese ha corso a fianco di Gino Bartali. Veniva incitato in questo modo durante la corsa, tutti gli dicevano: "Forza Ulà!". Sebbene l'originale della fotografia non sia di buona qualità e, conseguentemente, nemmeno la sua riproduzione nel volume si è comunque optato per la pubblicazione, data l'originalità dello scatto. Confrontando l'abbigliamento del ciclista nella Foto 23 con questo vediamo un notevole cambiamento: niente più maglioni ma una maglietta a manica corta, probabilmente con il collo a camicia, che può assomigliare ad una moderna maglietta polo, e calzoncini corti; scarpette da corridore ed occhiali alla aviatore sistemati sulla testa. Se l'abbigliamento cambia in questo modo in un decennio, nel dopoguerra si perfezionerà e negli anni '50 si arriverà all'archetipo dell'abbigliamento ciclistico da noi oggi conosciuto. Il corridore è su una bici da corsa, forse una Bianchi, e viene guardato con ammirazione ed eccitazione da un bimbo dietro di lui, anni 1930. Collez. V. Galvani

Foto n. 25. Due amici di Guidizzolo vanno in gita alle Cascate del Varone (Tenno, provincia di Trento), che si notano appunto sullo sfondo. Scelgono un mezzo curioso: il tandem. Si tratta di una bici a due posti dove il passeggero anteriore è il guidatore e comanda la direzione, ma anche i freni e il cambio. I due amici devono coordinarsi e, riuscendo nell'intento, possono economizzare gli sforzi fisici. Come abbigliamento hanno scelto i pantaloni alla zuava, molto comodi quando si praticava sport o una passeggiata del genere, e non hanno potuto rinunciare all'immancabile giacca. Questi pantaloni, che finivano appena sotto il ginocchio, venivano dalla moda americana degli anni '20, secolo scorso. Ebbero il loro momento di gloria fra i due conflitti mondiali, cfr. Mendicini G. (1996), op. cit., *p. 57.*
Fine 1930. Collez. V. Galvani

Foto n. 26. Giovane uomo che suona la fisarmonica. Il suo nome è scritto sullo strumento, poiché si amava personalizzarlo in questa maniera. Si tratta del modello "Savoia Luigi" (come si legge impresso su di esso), fabbricato a San Giovanni in Croce (CR) e comparso nel Nord Italia nel primo e secondo decennio del '900. La prima fisarmonica italiana è stata costruita nel 1860 proprio dalla famiglia Savoia (Giorgio). La loro produzione terminò definitivamente nel 1969. Molto utilizzata nella musica popolare. La fisarmonica si compone di tre parti distinte: la tastiera per la mano destra che dà melodia, il mantice e la tastiera (o bottoniera) per la mano sinistra che serve per l'accompagnamento.
Le sue scarpe sono in realtà dei sandali in pelle scamosciata di colore scuro, cinturino e fibbia aperte sui lati, tagli laterali suole e tacchi in gomma. Naturalmente vanno portati, in questa stagione, con un paio di calze. Stanno sul classico completo giacca-pantaloni (e probabilmente gilet), e notiamo il risvolto in fondo alle braghe. I suoi capelli sono orientati verso la parte anteriore del capo, con un volume curato, segno di raffinatezza, creatività e conservatorismo. Cfr. Baldini M. (2003), op. cit., *p. 44.*
Anni '40. Collez. Fam. Milani

C'è chi si dà allo sport e chi sceglie di orientarsi verso la musica. Come ad esempio questo giovane uomo (Foto 26), che non occupava le sue ore solo lavorando. Di professione mugnaio, visto che la sua famiglia era inserita nell'ambito molitorio[36] da molto tempo. Avendo la passione per la musica, decise all'età di 18 anni di imparare a suonare la fisarmonica grazie all'aiuto di un Maestro (probabilmente legato alla banda musicale del paese). Tant'è che, poi, era persino riuscito ad acquistarsi lo strumento. Amava molto suonare per sé e la sua famiglia, in casa. Inoltre, insieme ad un amico, talvolta venivano chiamati a rallegrare, con la loro musica, le feste in occasione dei matrimoni percependo anche un piccolo compenso.

Le origini della fisarmonica sono antiche[37]. Diventa uno strumento molto diffuso fra il popolo negli anni 1900-25 perché maneggevole, e consente sia la possibilità di accompagnare musicalmente sia di suonare in tutte le tonalità come solista. La diffusione che conobbe allora è paragonabile a quella ottenuta negli ultimi decenni dalla chitarra[38].

Proprio negli anni '20 è usata nelle orchestrine e dai complessi campagnoli. In Italia, durante il fascismo, diventa uno dei simboli dell'italianità e il regime vede nello strumento un'occasione di propaganda. Un esempio (mantovano e poi internazionale) per tutti: si pensi a Francesco Gorni (padre di Kramer Gorni[39]). Negli anni '20 girava con il suo complesso nelle *balere* del mantovano, del cremonese, del bresciano, … voleva insegnare al figlio il mestiere del fisarmonicista, in un'epoca in cui Rivarolo mantovano, proprio come Guidizzolo, era un paese di contadini con possibili sbocchi lavorativi solo nell'agricoltura o, al massimo, nell'artigianato[40].

36. Presso il Mulino di Rezzato si macinavano le granaglie; poi la famiglia Milani (a cui questo giovane apparteneva) aveva delle rivendite di farine, una a Guidizzolo (all'incirca a metà dell'attuale via C. Battisti), una a Rebecco, …

37. Il primo esempio di fisarmonica diatonica fu brevettato da un viennese all'inizio dell'800. In Italia lo strumento pare arrivare nel 1836, grazie alla famiglia Soprani (nelle Marche). Nel 1871 Giuseppe Verdi, in qualità di presidente della commissione per la riforma degli istituti musicali italiani, propone l'inserimento della fisarmonica come strumento nei conservatori accrescendone così il prestigio.

38. Cfr. Bertuzzi A. (2004), *Orchestre e musicisti Asolani*, Associazione Culturale Asolana Bei tempi.

39. www.fondazionesanguanini.it/images/lanterna/lanterna_80.pdf consultato il 11/01/2020.

40. Cino O. (tesi di) Milani M. (relatore) (2013), *La fisarmonica di Gorni Kramer*, Conservatorio di musica Lucio Campiani, Mantova.

Foto n. 27 In basso a sinistra si vede la rotaia della tramvia, che è stata chiusa nel 1935. Poiché i binari furono tolti definitivamente nel 1936 possiamo datare questa foto entro la prima metà degli anni '30. Per questa interpretazione si ringrazia G. Ganzerla, attento ed esperto conoscitore della storia del tram nella zona di nostro interesse (per ulteriori approfondimenti vedi Capo 7).
Il soggetto fotografato in primo piano è "Gemi", con il suo tamburo. Questa informazione è emersa grazie a G. Valbusa, tramite la sua fornita collezione documentaria e fotografica locale. Non si sa con precisione l'identità del soggetto, se ne conosce solo il soprannome. Egli suonava nella banda, ma qui lo vediamo ricoprire le vesti di banditore al mercato. Questa figura è totalmente scomparsa poiché i manifesti (insieme alla crescente alfabetizzazione, per essere in grado di leggerli) e la pubblicità in generale l'hanno annullata. Il banditore non era solo presente nei mercati, ma poteva annunciare anche avvisi comunali informando i cittadini.
Con l'ausilio del suo strumento richiamava l'attenzione della gente, per poi proclamare l'arrivo dei vari commercianti e dei loro prodotti. Spesso utilizzava delle cantilene musicali per decantare le merci. Era una sorta di pubblicità. Sovente il banditore assumeva un portamento marziale, a gambe divaricate, e sceglieva il luogo più consono per proclamare, come ad esempio in mezzo ad un crocevia. Egli era poi ricompensato dal commerciante, per il servizio reso. In secondo piano si vede il mercato sul piazzale antistante la Torre. Essendo all'aperto i venditori utilizzano pesanti tendoni chiari per riparare la loro merce, in questo caso dal sole. Molto probabilmente si tratta di animali da cortile (di piccola taglia) che venivano proposti alla clientela, primi anni '30. Archivio Storico Comunale di Guidizzolo

Lo svago non corrispondeva necessariamente a scegliere un qualcosa da fare, ma poteva benissimo essere un qualcosa da *non* fare. Ovvero oziare, trovare tranquillità nelle osterie, fare due chiacchiere con gli amici bevendo qualcosa insieme o giocando alle carte. E proprio in questi ambienti, sinonimo di punto di aggregazione, si ritrovavano parecchi uomini e giovani. Per cui era facile scattare una foto ricordo senza doversi preoccupare di raccogliere tutti quanti bussando alle loro case (vedi Foto 7 in *Un proemio per tanti incipit possibili*).

Come si nota, nella foto appena citata, parecchi uomini indossano la cravatta. La cravatta, come noi oggi la concepiamo, nasce nel '600. Prima di arrivare alle forme attuali passa per diversi stadi. Alcuni esperti della moda la giudicano un accessorio puramente decorativo e frivolo e si stupiscono che sia riuscita, nonostante tutto, a sopravvivere. Tuttavia non è proprio così. La cravatta, oltre a dare un senso di ordine, obbliga a chiudere il colletto della camicia dell'uomo ed ha la funzione di protegge dal freddo il collo, la trachea e i bronchi. In questa foto non tutti ne indossano una. Anzi la maggior parte indossa una sciarpetta, sempre decorativa, che ci riporta alla mente i legionari romani, all'epoca di Tiberio, i quali portavano proprio una sciarpa o striscia di stoffa (focale) annodata intorno al collo per ripararsi dal freddo e dallo sfregamento della corazza[41].

Inizialmente, le cravatte venivano confezionate con un unico grande pezzo di stoffa[42] ma, successivamente, per diminuirne i costi si cercò il modo di utilizzare meno tessuto possibile. Si realizzavano in seta prevalentemente; negli anni '30 erano di lana ma venivano adoperate più che altro in campagna o per lo sport. Vediamo un esempio di utilizzo di cravatte e sciarpe, come già sottolineato, nella Foto 7 in *Un proemio per tanti incipit possibili.* Questa foto viene scattata davanti all'osteria Scaglioni, nella via principale di Birbesi, che all'entrata aveva pochi scalini, quel poco che bastava per poter sfalsare le persone e creare così visibilità per tutti. Oltre agli uomini troviamo anche la presenza femminile, chiamata in occasione dello scatto fotografico. Al collo dei giovani e meno giovani vediamo cravatte, o sciarpe come quella nera al collo di un ragazzino in seconda fila che ha gli occhi spalancati (forse perché era stato raccomandato dal fotografo, oltre che l'immobilità, il fatto che nessuno dovesse venire con gli occhi chiusi).

41. Mendicini G. (1996), *op. cit.*, p. 86. Comprendiamo bene che la funzionalità fra la sciarpa e la cravatta è la medesima, anche se l'aspetto estetico cambia totalmente scegliendo di indossare l'una o l'altra.

42. Il pezzo di stoffa veniva piegato più volte diagonalmente, dai lati verso il centro per ottenere la necessaria consistenza. Le cravatte richiedevano dunque parecchio tessuto. In seguito, si preferì dunque usare tre pezzi di tessuto cuciti fra di loro diagonalmente (in sbieco) per ottenere una lunga striscia che veniva poi ripiegata all'interno una sola volta.

Con gli amici ci si poteva distrarre, come mostra ad esempio la Foto 28. Ci si poteva ritrovare anche a casa di qualcuno, magari in un giorno di festa, e il divertimento era assicurato.

Foto n. 28. La cornice è quella di una corte agricola di Selvarizzo, con la legna accatastata sulla sinistra, dove alcuni amici si sono ritrovati. Essendo Selvarizzo una frazione abbastanza distante dal centro del paese di Guidizzolo ma, nel contempo, prossima ai confini con i paesi di Volta Mantovana e Cavriana, questi amici provengono dunque da differenti paesi. Tre di loro, oltre ad essere accomunati dall'amicizia, saranno anche segnati, qualche anno dopo, da un dolore profondo per la perdita dei loro famigliari durante l'incidente delle Mille Miglia. Nell'ultima fila, il terzo a partire da sinistra (Boscaini Giuseppe) ed il ragazzo a seguire (Boscaini Antonio) perderanno una nipote (Tarchini Carmen, figlia della loro sorella); quest'ultimo, inoltre, perderà anche la figlia (Anita). Il secondo a partire da destra, sempre nell'ultima fila, (Conzato Angelo) perderà il figlio (Giovanni).
Sono tutti eleganti, per lo più con giacche o gilet. Spicca quello con i pantaloni bianchi che provengono da una tradizione sportiva della moda (li indossavano tennisti, giocatori di cricket, ...) e che poi sono molto utilizzati nella stagione estiva, per esaltare i colori tenui in voga nel periodo più caldo. In questo caso quest'uomo ha osato spezzare (con i colori) in maniera decisa lo spezzato (giacca-pantaloni).
Anni '40. Collez. G. Artioli

Tuttavia il modo più semplice per stare insieme rimane l'osteria (vedi Capo 13). Ve n'era un grande concentrato in paese, ma anche nelle frazioni[43]. Era un punto fisso di incontro al quale gli uomini difficilmente rinunciavano. Luogo che le donne non si sarebbero mai sognate di frequentare così assiduamente, se non meritando l'etichetta di "poco di buono".

Nel corso degli anni da noi considerati sino ad ora all'uomo, dunque, pare imporsi una morale dove viene privilegiato il lavoro sul consumo (prima di tutto il proprio compito, il proprio dovere e, se rimane tempo, un salto all'osteria).

Di conseguenza, il *fare* prevale sulla propria estetica, sul fatto di mettersi in mostra. Visione diametralmente opposta a quella femminile, che spicca maggiormente – da sempre – nelle classi sociali più abbienti. Inseguire la moda è un'abitudine che si uniforma successivamente, dopo il fascismo, in tutte le fasce sociali[44].

Per l'uomo prevale dunque il concetto di *essere*, in qualità ad esempio di commerciante, industriale, medico, religioso, contadino, ..., piuttosto che apparire. Quest'ultimo modo di vedere la vita lo lascia alla donna, regalandole tutti i vincoli estetici possibili e immaginabili (vestiario, trucco, capelli, accessori, calzature, ...) con i quali mettersi in gioco e, soprattutto, mettersi in mostra. Lui decide di tenere per sé stesso i vincoli sociali espressi soprattutto dalla scelta lavorativa, come già sottolineato.

Ecco dunque la ragione per cui il vestiario degli uomini non muta nel tempo, almeno non a livelli sensazionali. Ecco perché il genere maschile si concentra sul fatto di esserci, produrre e lavorare[45].

Forse, dunque, il fatto di concentrarsi sull'abbigliamento, per la donna, è una scelta obbligata che gli uomini le lasciano, insieme alla gestione familiare e della casa. Qui la breve lista di possibilità per il mondo femminile si esaurisce. Mentre gli uomini *possono* scegliere di *fare* tutto il resto: lavorare, fare sport, fare musica, ... La lista del mondo maschile, al contrario, potrebbe continuare all'infinito.

43. Ad esempio, ad un certo punto, a Rebecco si è arrivati ad averne ben 3 (alle Baite, in via Oratorio ed in via Bottega).

44. Con il fascismo nasce la concezione di divisa anche per le donne, obbligandole a uscire dai canoni che per decenni le avevano accompagnate (lunghi abiti scuri accollati). Questo sarà il trampolino di lancio, per il mondo femminile, verso una tipologia di vestiario ben differente da quello visto sino ad allora e alla portata di tutte.

45. Bovone L., Ruggerone L. (a cura di) (2013), *op. cit.*, pp. 104-105.

Capo 9. L'estetica e i ruoli della donna nel tempo

di Paola Sposetti

Le fogge femminili nel tempo

L'abbigliamento femminile ha subito, nel tempo, dei cambiamenti importanti soprattutto in concomitanza con grandi eventi che hanno sconvolto la quotidianità della gente, ovvero le guerre mondiali. Non che il vestiario maschile non abbia risentito degli stessi influssi. Se, però, dovessimo riflettere a livello di varietà del vestiario, delle stoffe, degli accessori, ... la scelta, e quindi i cambiamenti, è evidentemene più ampia fra le donne rispetto agli uomini. A questo punto si può affermare che la donna ami queste variazioni di stile, legate al vestiario. Lo testimoniano le numerose fotografie che sono state reperite, dove la presenza femminile deborda, facendo emergere una valenza estetica di grande rilevanza che sposa il concetto di vanità. Per questo si darà una rapida scorsa all'evoluzione del vestiario femminile partendo dunque dalle prime immagini fotografiche rilevate a Guidizzolo[1] (vedi Foto 1).

1. Per la stesura di questo capo, in modo particolare, vorrei ringraziare mia madre, Angela Spazzini, che tramite le sue conoscenze ben radicate nel paese di Guidizzolo mi ha permesso di raggiungere molte persone che hanno prestato le loro foto per realizzare questo volume.

Foto n. 1. Donna sulla destra in via V. Veneto, all'inizio dello scorso secolo lastricata con i ciottoli, sotto all'insegna di un negozio di "Calzature – Pellami e Corami". Ha una gonna scura sino ai piedi, sovrastata da un grembiule bianco, con camicia chiara chiusa da bottoni sino ai polsi e poi su sino a chiudere la base del collo. Primi anni del '900. ASMn, Archivio Giovetti, album n. 40, foto n. 1294 – E

A fine '800 la donna è completamente coperta (da stoffa) dal collo ai piedi (vedi Foto 1). Nessun centimetro della sua pelle, soprattutto quelle parti che potevano essere più compromettenti (vicino ai seni o le gambe) dovevano essere mostrate. Questo riguardava tanto le donne nobili o aristocratiche, quanto quelle dei ceti medio-bassi.

I tessuti usati in questo periodo sono lana, cotone, lino e seta, quest'ultima lavorata soprattuto a raso e broccato. La seta provoca quel caratteristico fruscio che accompagna i movimenti delle donnne, sinonimo di sensualità femminile. Particolare fortuna, in questo periodo, hanno anche le stoffe cangianti; verso fine secolo si prediligono le tinte chiare. Qui la fase dei cerchi (sotto la gonna) e del sellino (grande quantità di crinolina posta all'altezza del sedere) è oramai tramotanta e si predilige il verticalismo, dove le crinoline si inziano ad appiattire e ad attenuare (vedi Foto 2).

Foto n. 2. Donna di una famiglia di Guidizzolo in posa in uno studio fotografico. Ha la stessa modalità di "chiusura" (dell'abbigliamento) della Foto 1 sebbene appartenga ad un ceto sociale più elevato della precedente. L'abito ha inserti di stoffa (probabilmente in velluto o in seta) nella parte bassa della gonna ed un giacchino corto o bolero, assai particolare, con maniche elaborate. Si tratta di un vestito formato da due pezzi. I due capi appartengono, chiaramente, a due levature sociali differenti ma, di base, osservano le medesime regole. La gonna di questa signora è confezionata con un po' di crinolina, che la rende leggermente ampia. La crinolina, inizialmente, designa una gonna fatta in stoffa realizzata con crini animali intessuti con il lino o la seta. È un sottogonna pesante che ha la fortuna di non sgualcire, nemmeno quando ci si siede. Sotto di essa occorreva mettere una sottoveste morbida di flanella e, se il vestito era leggero o trasparente, si aggiungeva una sottoveste in mussolina. Il risultato, almeno inizialmente, era quello di avere delle gonne voluminose o addirittura monumentali. Cfr. Mormorio D., Lo stile degli italiani in un secolo di fotografie, *Laterza, Roma-Bari, pp. 5-6. Al contrario, la parte superiore del vestito suggerisce leggerezza anche grazie ad un busto, detto corsetto, che probabilmente viene indossato in questa occasione. Il risultato è dunque il famoso «vitino di vespa».*
Fine '800. Collez. G. Valbusa

Foto n. 3 (a, b). Entrambe le fotografie sono state scattate nello studio di un fotografo dell'epoca, riconoscibile dal fondale appositamente preparato e da accessori vari resi disponibili per lo scatto, come il tavolino con il vaso di fiori, la sedia o la pianta nel vaso. Quindi, queste due ragazze avevano il desiderio di farsi fotografare ma, purtroppo, non possedevano tutte le carte in regola per poterlo fare. O meglio, nel loro armadio non esisteva l'abito adatto per eseguire questo scatto, così stra-ordinario per loro. Così, previo accordo con il fotografo, hanno indossato un vestito (infatti notiamo essere il medesimo sia per l'una che per l'altra) messo a disposizione dal professionista in questione. L'abito è di gran classe, di stoffa lucida (forse raso). Viene impreziosito da una cintura morbida che non segna la vita e da un pendente infilato in una lunga catenella. Questa usanza (di farsi prestare il vestito) era tipica delle classi meno abbienti, aventi il desiderio di farsi fotografare negando le loro modeste origini. Forse, si può leggere qui la voglia di essere eleganti, alla moda, quasi come faranno le modelle molto più avanti nel tempo, anni '20. Collez. E.S. Musi

Le calzature non hanno nessun ruolo rilevante, in questo caso specifico, perché non sono visibili data la lunghezza delle gonne. All'altra estremità del corpo troviamo i capelli. I primi *coiffeurs pour dames*, già diffusi da tempo a Parigi, sono considerati eccentrici e un po' equivoci. Per cui le donne si fanno realizzare le acconciature a casa, da pettinatrici a domicilio. Le capigliature sono voluminose. Con l'ausilio di un rotolo di crine sopra la fronte si avvolgono i capelli che poi vengono composti, quasi sempre, in uno *chignon*. Si fa uso di pettini e lunghi spilloni di medie dimensioni, per tenere fermi i capelli.

Foto n. 4. La nipote di Italo Rizzini è su un cavallo dalla coda mozzata, probabilmente secondo le usanze. Le code dei cavalli, che conferivano loro eleganza, venivano talvolta tagliate per motivi pratici (non impedivano i finimenti, se si trattava di cavalli da tiro) o per moda (se si tratta di cavalli da sella, come questo). Lei, seduta sulla sella del cavallo come conviene ad una dama, porta un abito con gonna lunga, che possa coprirle le gambe, senza dimenticare una nota di eleganza e raffinatezza, tramite l'ampio foulard bianco che le scende su una spalla, anni '20. Collez. M. Segna

C'è poi una categoria di donne che, avendone le possibilità anche economiche, sa osare. Si tratta delle donne che cavalcano. Hanno l'obbligo di indossare gli stivaletti, con un vestito che deve essere, ovviamente, adatto. Di solito è costituto da una gonna floscia, abbastanza ampia e molto lunga, per potere coprire totalmente le gambe mentre si è a cavallo. Nel periodo Risorgimentale la gonna era talmente lunga da dovere essere sollevata quando si camminava, per evitare di pestarci sopra. L'abbigliamento all'*amazzone* prevede una camicetta sopra alla quale sta un completo giacca-gonna realizzato con la medesima stoffa, nonché una cravatta (in questo caso, Foto 4, un elaborato e pregiato foulard chiaro), guanti in pelle, frustino e cappello.

In questa foto (Foto 4) vediamo una nipote di Italo Rizzini, figlia di sua sorella, che nasce nel 1888, lo stesso anno nel quale Italo Rizzini si risposa dopo essere rimasto vedovo[2].

Le donne non cavalcavano come gli uomini prima di tutto per non mostrare le loro gambe o i pizzi delle loro gonne. Il che le avrebbe rese donne compromesse. Inoltre cavalcare, per una donna, con le gambe aperte era uno scandalo per la buona società, poiché veniva giudicata dissoluta e di facili costumi. Quindi le donne avevano dovuto accettare di cavalcare in un nuovo modo, diverso da quello degli uomini, giudicandolo – alla fine – abbastanza comodo. Certamente si era in bilico più che cavalcare in arcione; ma se si pensa alle crinoline, alle scarpette, agli accessori, … e a quanto era difficile salire in carrozza figuriamoci montare a cavallo così abbigliate e, per giunta, cavalcare!

Foto n. 5. La mamma di Bruno Rodella porta i suoi scuri capelli raccolti ed ha la riga da un lato. Si caratterizza per questa camicetta bianca dal collo assai particolare, che viene allacciata con un nastro scuro passante sulla gola. Quest'ultimo richiama il colore del vestito avente un profondo scollo che, ovviamente, non lascia intravedere nulla poiché la camicia cela il décolleté, 1920 circa. Collez. G. Valbusa

2. Cfr. Mondadori F. (2003), *La famiglia Rizzini dal XVII al XX secolo*, Centro Culturale San Lorenzo ed., GVM Tip., Volta Mantovana (Mn), pp. 131-153.

La sella per le amazzoni non era come quella degli uomini: la seduta era più ampia e piatta, in modo che la signora potesse accomodarsi. Era inoltre "storta" da una parte, sulla sinistra. Il pomo della sella, caratterizzato dalla classica forma a coda di rondine, era leggermente spostato a sinistra e in questo modo, sedendosi, la signora aveva la piegatura della gamba destra esattamente in concomitanza con esso, sfruttandolo come appiglio per rimanere in equilibrio. La gamba sinistra passa sul fianco del cavallo, morbidamente, come nella cavalcata ad arcione. Con la gamba sinistra si impartiscono i comandi al cavallo "di tacco" o "di sperone" per spronarlo al trotto o al galoppo. A differenza di ciò che si crede il costume dell'epoca non prevedeva l'uso di speroni sulle calzature, per evitare di ferire l'animale, generando azioni di panico nel cavallo e successivamente nel fantino.

Come è facile intuire montare all'amazzone è più difficile perché il baricentro è spostato su un lato. Il che rischia di sbilanciare l'amazzone da un lato o dall'altro. Se cadesse di schiena le sue gambe rimarrebbero impigliate nella sella laterale, provocando, oltre alle fratture, anche un disorientamento del cavallo che la disarcionerebbe. Se lo sbilanciamento avvenisse in avanti (svenimento o cedimento delle cinghie) la donna cadrebbe in avanti rischiando fratture di vario genere ma, soprattutto, di finire sotto gli zoccoli della propria cavalcatura[3].

Non si dimentichi che per condurre un cavallo la donna doveva avere carattere. E, nonostante tutto paresse essere a suo sfavore – abbigliamento compreso –, molte donne accettano di cavalcare in questa maniera tanto elegante quanto rischiosa.

Il vestiario delle donne che gravitano vicino all'area industriale (Foto 5; si ricordi la segheria Bignotti e Gloder) o di quelle che vivono in ambiente contadino (Foto 6) non si discosta molto. L'abito scuro con profonda scollatura "a grembiule", con tutta probabilità lungo sino infondo ai piedi o alle caviglie, che valorizza una camicetta bianca più o meno elaborata, ed un pendente o una collana lunga al collo (in un caso ci sono anche gli orecchini). Se non fosse per qualche particolare aggiunto (Foto 5), come il doppio colletto fermato da un particolare inserto scuro con dei piccoli bottoncini somiglianti a delle borchie, non ci sarebbe la possibilità di distinguere il ceto di appartenenza delle due donne.

3. Cfr. http://georgianagarden.blogspot.com/2010/01/cavalcare-allamazzone.html, consultato il 14/11/2019.

Foto n. 6. Giovane ragazza di Rebecco, dai tratti molto delicati, si fa fotografare con il suo vestito scuro sotto al quale porta una camiciola chiara dalla stoffa leggera. Indossa orecchini ed una lunga collana per aumentare la sua innata eleganza, 1920 circa. Collez. Fam. B. Giubelli

Foto n. 7. Ragazze della "Guidizzolo bene" seguono la moda del primo dopoguerra. Indossano vestiti che arrivano appena sotto al ginocchio (per cui più corti rispetto al periodo precedente). Finalmente le scarpe, per lo più a décolleté, sono visibili e, dunque, iniziano ad essere importanti. Anche l'utilizzo delle calze (collant) diventa dunque fondamentale. Sottili, lisce, nere, grigie, bianche o color carne, senza nessun ornamento se non la cucitura marcata disposta verticalmente nel centro della parte posteriore, danno slancio alla gamba. Fatte di seta, sino al secondo dopoguerra, quando verranno poi prodotte in nylon. La ragazza a destra porta delle calze di colore bianco poiché adatte alla sua costituzione magra. Chi, invece, ha un corpo non così snello preferisce passare ai colori più scuri, prediligendo sicuramente il nero. Cfr. Mormorio D. (1999), op. cit., *pp. 145-146. 1920 circa. Collez. G. Cagioni*

L'abito ha sicuramente subito l'influsso della Prima guerra mondiale. Come tante altre cose durante il conflitto, anche la moda si adegua. Le donne, durante i combattimenti, dovevano supplire al lavoro maschile improvvisamente venuto a mancare poiché essi venivano chiamati alle armi. Per questo molte stiratrici, guardarobiere e cameriere si trasformano in operaie. Dunque le signore di buona società devono pensare da sole al proprio vestiario che, talvolta, era molto complicato da gestire. Inoltre, queste ultime si sentono di dovere agire concretamente facendo opere di bene, diventando infermiere negli ospedali, prendendo il posto dei mariti nei negozi, … quindi, per la prima volta, le donne di una certa levatura sociale si mescolano con quelle dei ceti più popolari. Subito questi cambiamenti si riflettono sull'abbigliamento: i tacchi si abbassano, le gonne si accorciano alla caviglia (1915) e poi sotto al ginocchio (1916). Sui luoghi di lavoro le donne indossano abiti influenzati dall'abbigliamento militare, niente ornamenti. Occorreva essere pratiche e si adottano delle tinte sobrie, con prevalenza del nero.

La novità più importante nata durante la guerra è il *vestito-camicia* (vedi Foto 7): estremamente semplice, ispirato ai grembiuli delle infermiere e delle operaie. Tagliato dritto, a sacco, modestamente scollato. Una striscia di stoffa mollemente annodata in vita fungeva da cintura[4]. Le acconciature prevedono ancora la presenza dello chignon, ma questo si abbasserà sulla nuca[5] (vedi Foto 7).

Negli anni '20 la figura femminile continua a caratterizzarsi per l'assenza di curve. Si tende alla piattezza (anche con l'aiuto di fasce elastiche sul seno), nascondendo ciò che avrebbe potuto modificare la geometria degli abiti. Le vesti non segnano la vita oppure il punto vita è collocato sotto i fianchi (vedi ragazza in primo piano a sinistra, Foto 7). Infatti, secondo la moda che aveva lacianto Chanel, la forma degli abiti ci fa pensare ad un rettangolo[6].

Questa moda, ideata per i corpi magri (vedi Foto 8), risulta essere del tutto inadeguata per i corpi floridi. Comincia così l'era delle diete dimagranti, dello sport, del movimento. Anche le riviste femminili, qualche anno più tardi, dedicano al proprio interno una rubrica basata su questi argomenti, che ricorre ad ogni numero. Come ad esempio "Grazia" (anno 1939): "Lezione di ginnastica – perché non c'è bellezza senza salute". Una modella viene fotografata mostrando gli esercizi da eseguire, brevemente spiegati.

4. Cfr. Mormorio D. (1999), *op. cit.*, pp. 136-145.
5. Ivi, p. 106.
6. Ivi, p. 154.

Foto n. 8. Tipico esempio di donna minuta e snella, appartenente alla borghesia, non ha nessun problema ad indossare soprabiti con un taglio sfiancato e quasi aderente. Il suo fisico le permette dunque, in maniera naturale e per nulla forzata, di seguire le mode del momento, anni '20. Fondo Caritas-Mondadori

Occorre vedere le cose da un nuovo punto di vista. La donna non si era mai preoccupata, sino ad allora, della sua fisicità. Ora è un dovere farlo. Pena l'essere vista come totalmente fuori luogo anche se vestita secondo la moda del momento.

Foto n. 9. Ragazza di Guidizzolo che vuole emulare un'aria angelicata indossando questo vestito bianco lavorato con pizzi e merletti soprattutto verso l'estremità della gonna. Poiché l'abito prevede una cintura in stoffa appena sopra il punto vita, il suo seno può essere visto, e non viene più nascosto, anzi è messo in risalto, anni '30. Collez. G. Cagioni

Le ragazze più prosperose, invece, possono mostrare le proprie forme, finalmente, solo attorno agli anni '30 (vedi Foto 9).

La moda degli anni '30 è priva di stravaganze e con graduali mutamenti. Dopo il 1933 la gonna si allunga nuovamente sino alla caviglia, per poi accorciarsi di nuovo intorno al 1938. La scollatura è poco pronunciata e talvolta guarnita da un fiocco o una sciarpetta (vedi Foto 12). I cappelli, piano piano, vengono abbandonati ed ulizzati sempre più frequentemente solo durante il periodo estivo (vedi Foto 11).

Foto n. 10. Signorina di Guidizzolo sulla scalinata della sua casa guarnita con moltissime piante in vaso, tutte fiorite, che danno un senso di colore e gioia all'immagine. I fiori chiari che la circondano paiono far risaltare il suo vestito scuro e, contemporaneamente, dialogano con il colletto bianco e gli inserti chiari dell'abito. Al collo pende una catenella con una crocetta, prova visibile della fede di questa donna, anni '30-'40. Collez. privata

La moda autarchica[7], che nasce durante il periodo fascista, è una conseguenza del momento storico che si sta vivendo. Si impone di non acquistare le materie prime al di fuori della propria nazione e di confenzionare gli abiti con ciò che si ha a disposizione. Risulta dunque limitativo e difficile realizzare dei vestiti. Tuttavia, piano piano, si iniziano a trovare delle soluzioni.

Durante questo particolare periodo, si va talvolta ad imitare anche la divisa delle impiegate, caratterizzata dal colletto bianco (staccabile, così da potere essere lavato più velocemente al bisogno) come nel caso della ragazza sulla scalinata (Foto 10). Le riviste di moda non parlano mai di questa tipologia di modello, se non per proporne un uso non ordinario, come in questo caso. I colli alla collegiale, comunque, presentavano in linea generale un senso di giovinezza e freschezza che qui viene ben evidenziato.

7. Cfr. www.officinadellastoria.eu/it/2013/03/30/limmagine-della-donna-italiana-nelle-riviste-femminili-durante-gli-anni-del-fascismo/ consultato il 14/11/2019.

Foto n. 11. Ragazza di buona famiglia indossa dei sandali chiari ai piedi, che richiamano il colore della camicetta a maniche corte. Un vestito scuro, appena sotto al ginocchio, segna la sua vita ed esalta la decorazione a zig-zag fatta tramite un cordoncino proprio in mezzo al petto. Borsa e cappello in paglia dialogano creando un legame fra loro, sottolineando il periodo caldo nel quale è stata scattata questa fotografia, anni '30. Collez. privata

Foto n. 12. Ragazza di Guidizzolo, con il foulard al collo, sul sidecar, insieme ad un'amica. Le due giovani si divertono a simulare la guida della motocicletta con passeggero a bordo. Ovviamente la ragazza che sta emulando la guida non si può certo mettere a cavalcioni della moto, poiché indossa una gonna. Ritorna quanto giù detto in precedenza per la monta a cavallo, che vale dunque anche per la moto. Inoltre non sarebbe sicuramente consigliabile per lei che deve mantenere, pur nella situazione rilassata e scherzosa, una certa compostezza che si addice alle signore di un certo ceto sociale, anni '35-'40. Collez. privata

Durante il periodo bellico si scattano, anche, foto scherzose per distendere un poco il clima che, quotidianamente, si respira. Come fanno, ad esempio, due ragazze sopra ad un sidecar (vedi Foto 12). Si tratta di una motocicletta della marca MAS[8]. Dal 1920 vengono costruite a Milano da Alberico Seiling. Le prime versioni montavano motori da 123 cc con valvole in testa su telai da bicicletta; alla fine degli anni '30 disponevano di sospensione posteriore. Nel 1937 Seiling lascia la MAS per fondare la propria marca. Durante la guerra la MAS rifornisce l'esercito italiano di motociclette. Dopo la guerra non riuscì a tornare ai livelli di produzione precedenti e, nel 1956, chiuse definitivamente i battenti[9]. In questa foto abbiamo la possibilità di vederla dotata di sidecar. Esso nasce a cavallo

8. Acronimo di Motociclette Alberico Seiling, altrimenti tradotto con Motociclette Assolutamente Sicure.

9. Cfr. Wilson H. (1996), *Enciclopedia della motocicletta*, Mondadori ed., Verona, p. 260 e p. 265; ed inoltre www.rpw.it/Moto%20d%27epoca/MAS350VL.htm, consultato il 09/11/2019.

fra XIX e XX secolo, abbinato ad una bicicletta, per favorire il trasporto di merci e persone. All'epoca le automobili esistevano già, ma non erano accessibili a tutti dati i costi elevati. L'evoluzione del sidecar lo porta poi ad essere abbinato alla struttura portante delle moto. Molto utilizzato durante la Seconda guerra mondiale per il trasporto di persone, munizioni e armi, le case produttrici iniziano a distinguere i modelli militari da quelli civili. La sua fortuna continua anche dopo il secondo conflitto mondiale ma va, via via, rallentando. Infatti negli anni '50 acquistare un'automobile era molto più facile economicamente parlando e i bisogni della gente si identificano nell'acquisto di macchine lasciando ai margini le motocarrozzette.

La moda degli anni '40 ci porta, poi, a vedere abiti che danno un senso di profonda eleganza (vedi Foto 13).

Foto n. 13. Questa signora indossa un abito scuro in crepella nera, stretto in vita da una fascia elastica inserita nel vestito stesso. Presenta un piccolo scollo a "V" aperto in un ampio colletto che contribuisce a segnare e valorizzare le forme femminili. La gonna non oltrepassa ancora il ginocchio, ma le scarpe décolleté con il tacco già iniziano a slanciare la figura verso l'alto, fine anni '40. Collez. S. Fezzardi

Foto n. 14. Questa ragazza veste abiti moderni (gonna nera a tubino appena sotto al ginocchio e una maglietta a fantasia zebrata, molto particolare, che richiama i colori della sottana) e rappresenta il simbolo della modernità in tutte le sue forme. Sta a cavalcioni (cosa proibita negli anni precedenti per una signora) di un Aquilotto, mostrando sicurezza e serenità, cercando dunque di raggiungere pian piano l'indipendenza tipica (sino ad allora) del mondo maschile.
Durante il periodo fascista la ditta Edoardo Bianchi conosce il suo splendore grazie alle numerose commesse statali. Nel dopo guerra, invece, deve cercare la ripresa (gli stabilimenti furono bombardati durante il conflitto mondiale) e, quindi, lancia un velomotore, cioè una bicicletta dotata di un micromotore che viene chiamato Aquilotto, il quale elimina la fatica muscolare al guidatore. Cfr. www.museonicolis.com
Fine anni '40-inizio anni '50. Collez. S. Fezzardi

Foto n. 15a. Gita di famiglia al Mulino di San Lorenzo. Questa foto ci riassume, con un unico colpo d'occhio, i cambiamenti (molto importanti) della moda femminile avvenuti in poco meno di quarant'anni. La seconda donna sulla sinistra, vestita di nero da capo a piedi senza far vedere un centimetro di pelle più del consentito, appartiene alla generazione più vicina del secolo appena trascorso ('800). Le due ragazze più giovani appartengono alla generazione successiva e pur mantenendo i colori scuri e l'assenza di scollature, denunciano su sé stesse l'accorciamento delle gonne, la visibilità delle scarpe, l'esistenza del punto vita e la possibilità di acconciare i capelli non solo ed unicamente attraverso uno chignon. Il cambiamento fra una generazione e l'altra, in questo caso, è molto evidente dal punto di vista estetico.
Il Mulino di San Lorenzo si trovava appena al di sotto del paese e prendeva l'acqua che nasceva alle Lame, tra Guidizzolo e Rebecco. Era meta vicina alla chiesa di San Lorenzo di varie gite nelle campagne circostanti per molte famiglie guidizzolesi.
1940. Collez. A. Delmenico

Foto n. 15b. Come nella foto n. 15a anche qui appare chiaramente il passaggio temporale fra le diverse generazioni. Addirittura in questo scatto ne sono rappresentate ben quattro. La foto pare quasi spaccata a metà a livello cromatico: le generazioni più vecchie (la bisnonna seduta e la nonna in piedi) sono caratterizzate da colori scuri. Dall'altro lato la mamma con la piccola in braccio sembrano portare la gioia e il sorriso con i loro colori chiari, quasi volendosi lasciare alle spalle il passato e guardando verso un futuro molto differente rispetto a quello vissuto dalle generazioni precedenti, 1936. Collez. E. Zaccagni

Foto n. 16. L'elegante pelliccia della signora quasi fa da contrasto con il cappottino della bimba che tiene per mano. Era consuetudine, infatti, dato che i bambini crescono molto in fretta, fare delle "aggiunte" sul fondo del cappotto e delle maniche (spesso con un altro tipo di stoffa, perché quella uguale al cappottino era praticamente impossibile da trovare!) affinché potesse durare più a lungo e non occorresse, ogni anno, acquistarne uno nuovo, 1954. Collez. I. D'Isola

Un ultimo capo, non certo per tutti (dato il suo costo elevato), sul quale soffermarsi è la pelliccia. Di moda nel 1944[10] dove, solitamente, è rovesciabile. Infatti da un lato si può usare come mantello in tessuto a tinta chiara con fodera, ed eventuale cappuccio, mentre dall'altro può essere portato come mantello in pelliccia. Qualche volta, per contribuire alla giusta tenuta del calore, ci può essere una parte in pelliccia anche all'interno. Solitamente fatta di gatto soriano o coniglio uso castorino per ottenere un pellame soffice e di giusto spessore. Si può usare anche la talpa (più fragile, ma

10. Cfr. *Bellezza. Mensile dell'alta moda e di vita italiana*, anno IV, n. 37, gennaio 1944, p. 6.

resistente all'attrito continuo con l'abito). Nella Foto 16 vediamo che la moda della pelliccia continua e, anzi, diviene un simbolo sociale importante, molto ambito dalle donne anche se, come si è detto, è parecchio costoso…

L'evoluzione dei ruoli femminili

Attraverso le fotografie si può ricostruire un andamento quasi monocorde rispetto al ruolo ricoperto dalle donne. Questo ruolo viene loro attribuito da secoli e secoli, e identifica le donne come: mogli, madri, donne di casa, … Compiti, sicuramente, dati spesso per scontati eppure tanto utili quanto indispensabili per il buon andamento di una famiglia.

Foto n. 17. La piccola, al centro, con i genitori; scatto di una famiglia borghese. Madre e figlia indossano un abito di buona fattura molto simile. La bimba ha un ampio colletto bianco a differenza della madre che, invece, è abbottonata fin sotto al mento, 1893. Fondo Caritas-Mondadori

Foto n. 18. In questa famiglia di Guidizzolo spiccano ai lati le due donne di casa. Quella di destra indossa il classico vestito nero lungo ed accollato, mentre sul lato opposto abbiamo un tocco di colore dato dalla camicetta bianca dell'altra donna. Si noti il tessuto alle spalle della famiglia, che cerca di nascondere un modesto muro di mattoni, 1917. Collez. G. Cagioni

Foto n. 19. In questa coppia borghese, la signora è interamente vestita di nero. La morbida camiciola che porta pare essere di un tessuto simile alla seta, chiusa da un fiocco sul petto (forse in raso), che le dona eleganza e distinzione accanto al marito altrettanto raffinato, 1920 circa. Collez. G. Valbusa

Fondamentalmente sono già state fatte, nel paragrafo precedente, parecchie considerazioni in merito all'abbigliamento femminile nelle varie epoche. Si vogliono sottolineare qui solo alcuni aspetti. Per esempio l'unicità della coppia Delmenico (vedi Foto 20). Si tratta di una famiglia che a cavallo tra '800 e '900 arriva a Guidizzolo dalla Svizzera, portando con sé il *savoir faire* della gestione delle fornaci (per maggiori approfondimenti vedi Capo 6).

Una coppia, diversa da quella appena descritta, che esprime gioia e felicità, pur nella sua nuda e cruda semplicità quotidiana è quella della Foto 23. Stiamo parlando di una donna, non certo agiata, che pare aver trovato insieme al marito uno smisurato senso di benessere (interiore).

Foto n. 20. La coppia Delmenico viene ritratta nel giorno del loro matrimonio. La sposa indossa un cappello a cloche con tesa medio-larga, avente una decorazione geometrica fatta di perline bianche, molto elegante e raffinata, che termina con una specie di grande cammeo al centro. L'ornamento del copricapo richiama la giaccia morbida e la maglia-sottogiacca entrambe bianche, poiché questo è il colore tipico indossato dalle spose. Bello il gioco di colori: il cappello di lei richiama la giacca e la cravatta di lui, mentre la camicia di lui riprende l'abito di lei. In questo intreccio di colori, durante questa giornata importante, si tesse per sempre il loro amore.
Come è facile immaginare la coppia per il loro giorno, così importante, ha ricercato il miglior professionista della zona rivolgendosi, come si vede impresso nella foto in basso a destra, al fotografo Bragadina di Brescia. Si noti che nel 1869 i fotografi erano presenti a Brescia città nel numero di 3 (quindi totalmente assenti nei comuni bresciani); nel 1903 erano saliti a 10 in città e 12 in provincia. Fra questi ultimi vi era anche lo studio fotografico Bragadina che, come i colleghi, si occupava solo di ritrattistica. Era sito in Via S. Martino al numero civico 12, e lo Studio era stato acquistato da Antonio Bragadina all'inizio del Novecento. Prima vi operava un altro fotografo, Giuseppe Quarella. Una curiosità: il figlio di Antonio, Stanislao, è rimasto sulla scena, sempre in qualità di fotografo, fino al 1980. Cfr. www.enciclopediabresciana.it/enciclopedia/index.php?title=FOTOGRAFIA_e_Fotografi consultato il 12/08/2020.
1922. Collez. A. Delmenico

Foto n. 21. Coppia, famiglia borghese, in viaggio di nozze a Venezia. Dietro di loro si vede la basilica di San Marco e sulla piazza una moltitudine di piccioni che, senza paura dell'uomo, si avvicinano in cerca di cibo. Lei indossa un lungo vestito abbinato ad un cappello del medesimo colore, 1924. Fondo Caritas-Mondadori

Foto n. 22. Coppia di Guidizzolo che si fa fotografare con questo muro rustico scrostato alle spalle. Lei sembra attendere che lui le si avvicini, separati solo da un paio di scalini. La signora porta questo abito scuro fino ai piedi e un grande cappello in testa, del medesimo colore, tutto in linea con le regole della moda del periodo, anni '20-'30. Collez. G. Valbusa

Foto n. 23. Coppia di Rebecco modestamente seduta su un cavalletto dai diversi utilizzi (fra cui stendere i panni appena lavati e risciacquati, per sgocciolarli) che sta sopra all'aia, davanti a casa. Lei viene colta in un normale giorno lavorativo, dato che indossa ancora il grembiule sopra al vestito. Nemmeno il tempo, o la voglia, di toglierlo per scattare questa foto che immortala una spensieratezza quasi palpabile, fine anni '40. Collez. Fam. B. Giubelli

Foto n. 24. Coppia di Rebecco, il giorno del loro matrimonio. Del classico abito bianco da sposa non c'è traccia, perché il costo era troppo elevato. E così, in alternativa, si sceglie un bel vestito che possa compierne la funzione. Un abito spezzato, gonna e giacca, sempre elegante. La coppia è fotografata, dopo il rito del matrimonio rigorosamente eseguito in chiesa, nella loro futura camera da letto, dove sono stati accomodati tutti i regali ricevuti. Sulla destra si intravedono, sopra al tavolo, stoviglie, servizio da te, ... perché tutti gli invitati possano vedere quali regali sono stati ricevuti. Così era usanza fare. Per questo, sulla sinistra, si notano parecchie persone riflesse nello specchio, 1952. Collez. Fam. B. Giubelli

L'ultima donna sulla quale ci si sofferma è quella della Foto 24. Si tratta del giorno del suo matrimonio, ma non indossa un abito bianco bensì un abito elegante. Si noti che nella camera da letto dei novelli sposi sono entrati gli invitati a nozze per ammirare i doni ricevuti. Da ricordare: ogni donna si sposava con una *dote*. Questa veniva portata in casa dello sposo (dove solitamente la nuova coppia andava ad abitare) con l'arrivo della moglie ed era costituita da biancheria, talvolta mobilio, ... economicamente, quindi, a carico della famiglia della sposa.

L'unica alternativa possibile al matrimonio e, di conseguenza, l'altro ruolo possibile per una donna era quella di avere dentro di sé una vocazione. Rispondendo alla chiamata del Signore, decide di intraprendere la strada che porta all'entrata in convento. Proprio come accade ad una ragazza, nata nel 1926, alle Baite di Rebecco. Si era fatta suora prendendo il nome di Suor Cristina; ma tutti la chiamavano Suor Lidia (suo nome di battesimo), perché Cristina era "un nome da nobili" per l'epoca, e lei non lo era di certo.

Foto n. 25. Suor Lidia, dal convento a Milano, ritorna a Rebecco in occasione del cinquantesimo anno di matrimonio dei genitori che vediamo essere posizionati uno alla sua destra e uno alla sua sinistra. Per l'occasione molte famiglie si sono riunite per partecipare ai festeggiamenti, indossando i loro abiti più belli, 1955. Collez. Fam. B. Giubelli

A 24 anni si era trasferita a Milano perché proprio là aveva una sorella, sposata, che lavorava in una farmacia specializzata nella produzione del callifugo. Lidia ha lavorato per circa 3 anni poi nel 1953, avuta la vocazione, è entrata nell'ordine delle Suore di Maria Ausiliatrice Don Bosco in Milano, dove c'era una sede distaccata rispetto alla casa madre di Torino. Da allora non era più tornata a casa, nemmeno per fare una piccola visita ai genitori. Ma questo non deve stupire, poiché era la prassi. Fino a che, nel 1955 (quando viene scattata la Foto 25), ritorna a Guidizzolo e più precisamente alle Baite di Rebecco per un'occasione speciale: i suoi genitori festeggiano i 50 anni di matrimonio.

Anche le donne laiche partecipavano attivamente alla vita religiosa. Ad esempio attraverso pellegrinaggi nei santuari organizzati dal parroco di Guidizzolo o delle frazioni. In questa foto (vedi Foto 10 dell'*Introduzione*), vediamo don Sergio Malvardi (anni '40) che accompagna delle pellegrine presso un santuario mariano e vi è una commistione di generazioni: partecipavano sia le donne più mature, che quelle più giovani.

Foto n. 26. Scuola di lavoro a Birbesi, proprio come recita il cartello scritto a mano, con cura, dalle giovani partecipanti. Quasi tutte vestite di scuro hanno in grembo un pezzo di stoffa oppure un pezzo di tessuto tenuto fermo da un cerchio da ricamo, fine anni '30. Calendario Guidizzolo 2001

Per cui, fondamentalmente, si può affermare che le bambine e le ragazze dovevano essere preparate alla loro vita futura di mogli, di madri, ... sin da piccole erano indirizzate verso i doposcuola gestiti dalle suore che insegnavano loro a ricamare, cucire, ... (vedi Foto 26 e 27). Le suore le aiutavano anche a vendere i loro lavori, per poterne ricavare delle entrate monetarie. Ad esempio, nel 1926 viene organizzata una lotteria[11] indetta dalla scuola di lavoro e ricreatorio femminile, la cui estrazione sarà effettuata il 15 agosto presso il cortile della scuola lavoro. Il costo di ogni cartella è pari a L. 1,50. Fra i premi un taglio d'abito in seta per Signora (3° premio), mezzo quintale di granoturco (6° premio) e un arazzo in tela di San Luigi Gonzaga (7° premio).

Qui sono state volutamente scelte due foto che non mostrano mai le suore insieme alle allieve. Infatti questa tipologia di immagini è nota ed è stata più volte pubblicata. Piuttosto, qui si evidenzia la singolarità di come le laiche possano portare avanti l'idea nata grazie alle suore, al mondo religioso, sempre e comunque vicine alla gente.

Foto n. 27. La scuola di ricamo a Guidizzolo, presso la casa di öf, viene qui rappresentata solo da donne, ragazze e bambine appartenenti al mondo laico. Questa foto è abbastanza singolare poiché, sebbene la scuola fosse stata ideata, promossa e gestita dalle suore non ne rileviamo la presenza, solitamente immancabile, anni '30. Calendario Guidizzolo 2001

11. Collez. G. Valbusa, manifesto del 5 luglio 1926.

Foto n. 28. Questa ragazza, sarta di professione (insieme alla sorella) in Guidizzolo, è seduta sulla lambretta, nella parte posteriore, naturalmente sul fianco perché indossa una gonna a tubino. Si distingue per la sua eleganza e buon gusto nell'abbinamento dei colori. Alla guida del mezzo un ragazzo altrettanto elegante, con un completo chiaro. Le sue scarpe spiccano sulla pedana, sono prevalentemente bianche e paiono dialogare con quelle di lei.
La lambretta è uno scooter italiano che viene prodotto fra il 1947 e il 1972 nel quartiere di Lambrate, a Milano, dalla ditta Innocenti. Prende il nome dal fiume Lambro che scorre dove c'erano gli stabilimenti di produzione.
Anni '50. Collez. G. Cagioni

Ci sono poi ragazze che decidono di fare di questa abilità acquisita una professione. Per cui non solo taglio, cucito, ricamo per sé e la famiglia ma anche come lavoro vero e proprio. Nascono dunque le prime sarte (vedi

Foto 28) che non lavorano più solo a casa (magari anche per gli altri, ma senza avere una attività in maniera ufficiale) bensì aprono il loro negozio e confezionano abiti su misura. La realizzazione di abiti in serie non esiste ancora come noi oggi la conosciamo, per questo occorreva recarsi dalla sarta (o dal sarto) per avere un abito. Negli anni passati fu veramente la loro fortuna. Il lavoro non scarseggiava di certo. Chiunque, prima o dopo, avrebbe avuto bisogno di uno o più abiti da potere indossare, a seconda delle proprie disponibilità.

Le sarte, e non solo (vedi Foto 29), realizzavano vestiti con l'ausilio di un macchinario molto importante: la macchina per cucire. La prima macchina da cucire brevettata[12] fu la Singer (1851), ovvero quella che si diffuse più ampiamente anche nelle nostre zone.

Foto n. 29. Tre donne, nel bel mezzo di un'aia, hanno deciso di cucire. Forse perché qui possono godere della luce migliore, magari per infilare l'ago. Quella al centro adopera la macchina per cucire appoggiata sul mobiletto aperto, mentre quella in fianco a lei (a destra) sta cucendo a mano, forse sta imbastendo la cucitura che poi verrà definitivamente fissata grazie alla macchina da cucire, 1955 circa. Collez. Fam. Giubelli

12. La macchina per cucire fu ideata dal tedesco Weisenthal (1755) e, in seguito, perfezionata da altri. Tuttavia nessuno si preoccupò di brevettarla prima di Singer. Cfr. Dompé G. (1965), *op. cit.*, p. 61.

Faceva parte dell'economia domestica anche il fatto di tenere pulita e in ordine la casa. Un aspetto importante era quello di lavare le lenzuola. Questa operazione, abbastanza lunga e complessa, veniva fatta solo qualche volta all'anno (di solito un paio, in primavera e prima dell'inverno) e, spesso, ci si metteva d'accordo con un'altra famiglia per compiere il rito della *bügada* (ovvero fare il bucato) (vedi Foto 30). In questo modo si poteva essere più veloci, mettendosi insieme, e accelerare un poco i tempi.

Foto n. 30. Il rito della bügada *a Birbesi (presso Case di Sotto) vede qui impegnate due donne che, con le maniche arrotolate per non bagnarsi e compiere al meglio il loro lavoro, stanno eseguendo il lungo procedimento di pulitura delle lenzuola e dei vestiti. Sopra alla lunga asse posta sul tino stanno insaponando, mettendo tutta la loro forza e il loro impegno, per sanificare gli indumenti sporchi della loro famiglia, fine anni '50. Collez. Fam. L. Azzini*

Quando il processo della *bügada* partiva non poteva più essere fermato. Occorrevano tre-quattro giorni all'incirca ed era veramente impegnativo. Si faceva bollire dell'acqua dentro alla *furnela*, ovvero un grande paiolo di rame. Intanto si preparava il *soi*, un grande tino di legno con un buco sul fianco che veniva inizialmente tappato, con dentro le lenzuola da lavare. Sopra al *soi* si metteva un grande lenzuolo che cadeva anche ai lati del tino e sopra di esso si posizionava della cenere di legna (quella più bianca che era stata selezionata, nel tempo, dalla stufa di casa). Quando l'acqua del paiolo bolliva la si prendeva e si iniziava a vuotarla sopra alla cenere. Il lenzuolo sul quale essa era posizionata faceva da filtro, perché la cenere non andasse a diretto contatto con le lenzuola da lavare. La cenere aveva la capacità di pulire le lenzuola.

Quando l'acqua nel *soi* era diventata troppa, la si faceva uscire per mezzo del tappo posizionato sul fianco. Poi si procedeva nuovamente, per due o tre volte, a mettere l'acqua bollente sulla cenere come appena descritto. Si lasciavano riposare le lenzuola nel *soi* (con all'interno l'acqua passata sulla cenere) per una notte intera.

Il giorno dopo si ripeteva il procedimento. Poi veniva scaldata di nuovo l'acqua e si lavavano nel tino le lenzuola con l'ausilio del sapone[13]. Dopo di che si prendeva un'asse molto lunga (vedi Foto 30) e la si metteva sul tino. Una donna per parte, e si stendeva il lenzuolo sopra di essa. Si insaponava e si spazzolava molto energicamente con una *brüshcia* di crine. Si sbattevano per due o tre volte queste lenzuola insaponate sull'asse (una donna per parte teneva le estremità del lenzuolo) per fare uscire lo sporco. E poi le lenzuola venivano messe da parte per passare alla battitura e pulitura di quelle successive. Una volta che tutto era stato lavato e insaponato si prendevano tutte le lenzuola e le si andava a risciacquare al fosso o nell'albe della propria corte rurale.

Quando queste operazioni erano terminate si mettevano ad asciugare le lenzuola dove c'erano degli alberi ai quali attaccare le *sughe* (delle corte grosse). Ma bisognava stare molto attenti e fare dei turni per guardare che nessuno portasse via la biancheria. Infatti non era raro che qualcuno venisse a rubarla!

Normalmente, comunque, si andavano a lavare i panni alle fontane (vedi Foto 31 e 32) o comunque nei fossi dove l'acqua scorreva pulita. Infatti la lavatrice arriva nelle case solo negli anni '60.

13. Veniva fatto in casa con un preparato che si andava a comprare da "Lui" a Guidizzolo, al quale si univa il grasso animale. Bisognava far bollire il tutto, aggiungendo anche dell'acqua, secondo le istruzioni. Poi si versava quanto ottenuto dentro ad uno stampo (a volte si usava il cassetto del tavolo, foderandolo) e quando si era raffreddato si potevano fare diversi saponi, tagliandoli a pezzi quadrati o rettangolari.

Foto n. 31. Madre e figlia lavano i panni alle Fontane, il luogo preposto per lavare i vestiti nel paese, dove tutte le donne si trovavano riunite per svolgere questo compito. Poteva rivelarsi piacevole incontrare altre amiche o conoscenti per scambiare, nel frattempo, quattro chiacchiere. Le vasche erano ampie e c'era posto per tutte, il luogo era coperto al fine di riparare dalle intemperie (in questo caso specifico dal sole), fine anni '50. Collez. P. Roverselli

Foto n. 32. Questa signora che porta un cognome tipicamente guidizzolese viene ritratta nei pressi delle Fontane. Tira, a mano, un modesto carretto con fondo in legno sul quale sono posati due secchi che le servivano per lavare i panni. Infatti questa donna, lavandaia, si occupava di raccogliere gli indumenti sporchi nelle case delle famiglie più abbienti e li lavava, riportandoli successivamente ai vari proprietari che le avevano commissionato il lavoro, anni '30. Collez. M. Rodighiero

Foto n. 33. Due operaie della fabbrica (astuccificio) di Perani sono in gita sulla neve, insieme alle colleghe, e scattano una fotografia con il loro datore di lavoro, Perani Giuseppe appunto, al centro. Era consuetudine infatti che venisse offerto alle dipendenti un piccolo viaggio (svolto in giornata), ogni tanto, come premio per il buon lavoro svolto nello stabilimento, 1959. Collez. B. Guidetti

Dopo la Seconda guerra mondiale le donne cominciano ad avere la possibilità di andare a lavorare fuori dalle mura domestiche. Ad esempio nelle fabbriche che iniziano a nascere in maniera copiosa a Guidizzolo. Come quella di Perani Giuseppe, fondata in Via IV Novembre (vedi Foto 33). Crescono dunque numericamente gli scatolifici e gli astuccifici; occorreva infatti produrre delle confezioni per la posateria e, talvolta, per le armi prodotte soprattutto nella vicina area bresciana. E chi meglio delle donne poteva realizzare, con rapidità, questi involucri adatti per il confezionamento?

C'è, inoltre, chi ha la possibilità di approfondire i propri studi e diventare Professoressa, insegnando presso la Scuola d'Arte, ad esempio (vedi Foto 34). Le donne dunque dimostrano la loro intelligenza e la possono finalmente ostentare. Tanti sogni, prima rimasti nel cassetto, ora sembrano, poco alla volta, potersi realizzare. La donna non è dunque sempre e solo moglie, madre, … ma può essere anche altro. Realizzarsi nel lavoro è la più grande novità che incontra dopo secoli e secoli di imposizioni, senza nessuna alternativa e con poche concessioni, se non quella di sfoggiare un nuovo vestito secondo le mode del momento (sempre che il suo tenore di vita l'avesse consentito), di tanto in tanto.

Vogliamo qui soffermarci su una figura importante per il paese, per il suo ruolo fondamentale al fine di migliorare le comunicazioni: la centralinista. Ma andiamo con ordine e facciamo qualche passo indietro per capire le origini del telefono nel paese di Guidizzolo.

Foto n. 34. Professoressa presso la Scuola d'Arte scrive con la macchina da scrivere elettronica. Il passaggio dalla scrittura a mano a quella standardizzata, tramite questo strumento, porta a dare un carattere più comprensibile, più ufficiale e con meno margine d'errore rispetto a chi legge. L'attenzione e la meticolosità di una donna porta sicuramente ad apprezzarne l'utilizzo, tant'è che, successivamente, molte signore diverranno segretarie, impiegate, ..., 1959. Collez. I. D'Isola

Nel 1929[14] il comune di Guidizzolo, dopo essersi riunito insieme ai rappresentanti degli Enti interessati alla costruzione di una linea telefonica interurbana Ponti-Cavriana-Monzambano-Solferino più la frazione di Castellaro mediante Guidizzolo, considera le proposte fatte dalla Stipel[15] (Società Telefonica interregionale Piemonte-Lombardia) al fine di concretizzare la suddetta linea telefonica. Ritiene che l'impianto telefonico rappresenti «un bisogno veramente sentito da questo Comune [...] in quanto pur avendo già un posto telefonico, questo Comune si allaccerebbe con gli altri viciniori interessati, per l'incremento del proprio commercio, e l'importanza del proprio mercato-settimanale[16]». Il Comune di Guidizzolo si impegna, dunque, a versare a Stipel la somma di L. 8.000 (a fondo perduto) per realizzare il progetto, suddivise in cinque uguali annualità a partire dall'anno 1930. Inoltre, il Comune dovrà versare L. 500 come contributo annuo di esercizio (per 10 anni) affinché Stipel possa provvedere alle spese di impianto, manutenzione e gestione del centralino.

Capiamo dunque che le origini delle linee telefoniche interurbane risalgono agli anni '30; ma, quando il telefono inizia ad essere adoperato anche dalla gente comune? Per rispondere a questa domanda dobbiamo capire chi è la prima centralinista di Guidizzolo.

Foto n. 35. Centralinista al lavoro, dotata di cuffie e microfono per parlare con gli utenti al telefono, indossa una divisa scura dotata di colletto bianco, 1960. Collez. Fam. N. Mussa

Foto n. 36. Centralinista al lavoro; si noti che, grazie alla cuffia che ha in testa, le sue mani sono libere per collegare i vari spinotti che ha davanti a sé e mettere in comunicazione la gente via telefono, 1960. Collez. Fam. N. Mussa

14. Archivio Storico Comunale di Guidizzolo, b. 29, f. 25. Il verbale di deliberazione del commissario pref.o sig. Pedrotti Luigi avente per oggetto *Impianto telefonico*.

15. Nasce nel 1925 e sarà attiva sino al 1964, quando verrà incorporata nella SIP (Società italiana per l'esercizio telefonico).

16. Archivio Storico Comunale di Guidizzolo, b. 29, f. 25.

La centralinista che vediamo nella Foto 35 ha lavorato a Guidizzolo, iniziando il suo percorso nel 1959. Diretta dalla sua titolare, operava nei locali dove oggi giorno vi è il negozio di "Faini Paolo elettrodomestici". All'inizio c'erano due tavoli con i vari spinotti (vedi Foto 36) per mettere in comunicazione telefonica gli utenti; quindi le operatrici erano due, lei ed una collega. Le persone che desideravano telefonare e possedevano un apparecchio telefonico in casa dovevano chiamare il centralino che poi le avrebbe messe in comunicazione con la persona, del paese, desiderata. All'inizio era possibile solo questo. Per cui se si necessitava di fare una telefonata fuori paese bisognava recarsi fisicamente al centralino ed utilizzare la cabina telefonica. Questa era utilizzata anche da coloro che non possedevano il telefono. Potevano venire al centralino ed usufruirne dietro pagamento. Chi non possedeva invece il telefono e doveva ricevere una telefonata veniva avvertito da un fattorino, alle dipendenze del centralino. Questi riceveva dunque un avviso telefonico e all'orario prestabilito si doveva recare al centralino dove riceveva la chiamata. Il centralino era spesso utilizzato anche dalle aziende, che mandavano anche fisicamente un dipendente che doveva fare la telefonata. Oppure era utilizzato dai rappresentanti delle aziende, di passaggio per Guidizzolo, che si fermavano, all'occorrenza.

La titolare lavorava in appalto per la Stipel, ma nel 1961 decide di fare assumere direttamente le due dipendenti dall'azienda. Per cui dal 1961 al 1966 le due centraliniste lavorano per Stipel. Quando la postazione di Guidizzolo viene chiusa, la centralinista della Foto 35, continuando il suo lavoro, si trasferirà a Castel Goffredo (1966-1967) e successivamente a Mantova (1967-1976), dove operava con un centinaio di colleghi. Poi, dal 1976 è ritornata a Guidizzolo a lavorare presso l'Ufficio Tecnico di SIP.

Un modo assai diverso rispetto a quello odierno di utilizzare il telefono. Per chiamare occorreva passare per un centralino che doveva essere gestito manualmente e, questa volta, avvertiamo che la presenza femminile prevale in questo ambiente lavorativo.

Donne e vacanze

Nell'800 e sino alla prima metà del '900, la famiglia media non andava mai in vacanza perché non aveva né il tempo né le possibilità economiche. Con il periodo fascista si iniziano ad organizzare le colonie elioterapiche, come avviene anche a Guidizzolo (cfr. il Capo 10), e sono i bambini che partecipano. Anche e, forse, soprattutto quelli provenienti da famiglie in difficoltà.

Foto n. 37. Madre e figlia al mare. La bimba ha pensato, date le temperature elevate, di slacciare la parte alta del costume intero (dotato di pantaloncini) lasciandolo cadere morbidamente sulle cosce. La madre indossa un vestito scuro, per cui attrae i raggi del sole, ravvivato da inserti chiari alla fine delle maniche, per fortuna corte, e alla fine della gonna. Questi inserti vengono ripresi dal cappello, con le sembianze di una cuffia, che pare proprio completare l'abito, sotto al quale sono stati raccolti tutti i capelli, 1922. Collez. privata

Il grande cambiamento sarà dettato alla fine del secondo conflitto mondiale, con il *boom* industriale. In un periodo di pace, dove la gente inizia ad avere uno stipendio sicuro e più tempo libero rispetto a prima (poiché la maggior parte era, precedentemente, impiegata nel settore agricolo) si inizia a pensare alle vacanze. Tutti, o quasi, riescono a spostarsi con la propria auto e a raggiungere la destinazione desiderata. Dunque chi poteva permettersi di andare in vacanza prima che questo turismo di massa si imponesse prepotentemente, soprattutto sulla costa Adriatica?

Esistevano delle famiglie, anche a Guidizzolo, che potevano concedersi un periodo di villeggiatura fuori dal paese perché appartenevano alla nobiltà o alla borghesia medio-alta. Come ad esempio la Foto 37 che raffigura madre e figlia in vacanza, al mare, nell'agosto 1922.

Entrambe sono sulla spiaggia, sedute in prossimità di alcuni piccoli scogli, per cercare refrigerio in una giornata d'agosto sicuramente molto calda. La bimba ha la parte alta del costume intero slacciato. Lei può farlo, è solo una bambina e le è permesso. Cosa inimmaginabile per le donne adulte. Se notiamo l'abbigliamento da spiaggia della madre capiamo immediatamente che non si tratta di un costume da bagno ma, piuttosto, di un "vestito da mare". L'abito pare essere ampio, per far circolare l'aria ed evitare che si possa appiccicare alla pelle, con il caldo; fermato in vita da una piccola corda in tessuto che si può legare, lasciandolo comunque morbido. Il corpo viene dunque celato dietro questo vestito che non lascia trasparire le forme femminili. Solo il viso ed il collo, gli avambracci e i polpacci con i piedi sono scoperti. Il pudore, in quegli anni, era importante e trovare la giusta soluzione nell'abbigliamento da mare per una donna non era certo semplice.

Foto n. 38. Una famiglia guidizzolese al mare. La signora in piedi sulla sinistra indossa un costume a righe ampie. La parte superiore è costituita da una canotta a spalle larghe con girocollo, morbida, che arriva all'inizio del femore da dove scendono poi i pantaloncini corti, fatti dello stesso tessuto. Una specie di completino. Come si nota, più passano gli anni e più i modelli di costume tendono ad accorciarsi, anni '20. Collez. G. Valbusa

Nella quotidianità i vestiti che portano sono accollati, lunghi sino ai piedi, coprono persino le scarpe! Svestire dunque una donna sulla spiaggia, nonostante la calura, facendole indossare un costume da bagno (come noi oggi lo intendiamo) era dunque impensabile. Occorreva confezionare costumi con determinate caratteristiche per preservare la pudicizia femminile.

Nei primissimi anni del '900 le donne, in spiaggia, portano calzoni sotto il ginocchio e tuniche con maniche al gomito. Appena dopo il primo decennio del secolo si intravede una svolta nel costume: le maniche si accorciano un poco, come pure le tuniche e i calzoni arrivano appena al ginocchio. Quest'epoca, chiamata *belle époque*, termina bruscamente con l'inizio del primo conflitto mondiale.

Solo dopo la fine della Prima guerra mondiale riprendono le consuetudini passate. È nuovamente possibile andare in vacanza, naturalmente chi può permetterselo. Si vedono allora donne che, sulla battigia, indossano dei vestiti (per la maggior parte scuri, al fine di non creare trasparenze) che arrivano alle ginocchia, con le spalline grandi e la finitura a girocollo (ovviamente niente scolli vertiginosi a "V", si può osare ma senza esagerare) che prendono il nome di «pigiami da spiaggia». Qualcuna, invece, opta per un costume a righe (vedi Foto 38).

Foto n. 39. Gente di Guidizzolo presso il bagno Barone Genova – Liguria. Fra questa moltitudine di persone si vedono delle signore che indossano vestiti molto sofisticati, chiari, che non possono certo competere, in quanto a comodità, con i costumi dei bimbi, ad esempio. Spiccano i grandi cappelli elaborati delle donne, per potersi difendere dal sole cocente, 1919. Collez. G. Valbusa

In questo periodo chi più si diverte al mare, in vacanza, sono bambini e uomini. Le donne, costrette a coprirsi in modo ingombrante, trovano la loro modalità di svago sfoggiando toilette da spiaggia, usate soprattutto per passeggiare sul bagnasciuga. Indossano vesti da passeggio ma realizzate con stoffe più chiare, leggere e vaporose (vedi Foto 39).

Spesso queste *mise* erano completate con guanti, cappello e talvolta ombrellino. Diversamente da quanto accade oggi, per cui molte donne al fine di apparire sane e attraenti prendono il sole per ore, alla fine dell'800 e nei decenni seguenti la donna faceva di tutto per conservare il candore della sua pelle. Ecco perché non poteva mai uscire senza l'ombrellino (dal mattino sino al tardo pomeriggio), e i guanti, ...

Si pensi solo alla maniera di truccarsi. Era possibile farlo ma mantenendo sempre delle tinte chiare, utilizzando ciprie che non stravolgessero il naturale colore della pelle che, come già si è detto, tendeva quasi al pallore. Lc donne, sin dalla fine dell'800, non solo iniziano a truccarsi, ma anche ad utilizzare degli "impiastri" per creare qualcosa di similare a delle tinte per capelli, al fine di migliorare il loro aspetto.

Foto n. 40. Donna di Guidizzolo in vacanza a Salò. La gonna dell'abito che indossa arriva appena sotto il ginocchio. Le scarpe sono dunque visibili e studiate appositamente per essere mostrate. Realizzate in pelle morbida, si adattano al piede senza grinze. Qui abbiamo un esempio di modello usuale per l'epoca, a décolleté con un cinturino fermato lateralmente da un bottone. L'elemento che esprime grande finezza in questo scatto è l'ombrellino da passeggio, fine anni '20. Collez. G. Valbusa

Le vacanze potevano essere fatte anche sul Lago di Garda, non necessariamente al mare. Quale occasione migliore per trovare un po' di tranquillità passeggiando, ad esempio, sul lungolago. Proprio come capita di fare ad una distinta signora (vedi Foto 40) di Guidizzolo sul lungolago di Salò. Siamo negli anni '20 e, sebbene tanti accessori e fronzoli siano stati eliminati nel corso della guerra, tutte le abitudini non vengono abbandonate di colpo. Un esempio è vedere questa signora con un ombrellino che ha la funzione decorativa e, allo stesso tempo, permette di riparla dal sole. Questo ombrellino è coperto da un motivo floreale ed imita, quando è aperto, una grande corolla floreale garantendo un risultato molto raffinato[17]. Gli ombrelli erano confezionati in tela, panno, seta, pizzo e taffettas; ricamati o dipinti, rifiniti con frange, fiocchi e ruches. Le impugnature si intonavano, di solito, con il colore del tessuto. La scomparsa del parasole è molto graduale, ma diventa definitiva quando la cultura dell'abbronzatura diventa di moda (1930)[18].

Una ribelle dal cuore d'oro

Può la donna più mascolina di Guidizzolo (d'aspetto) essere dolce, amorevole e attenta agli altri? Il famoso proverbio «l'abito non fa il monaco» potrebbe calzare a pennello se si parla di Adele Ghisolfi, per tutti "la 'Dèle". Classe 1909 ha, non appena raggiunta l'età per poterlo fare, aiutato il padre che possedeva un caseificio a corte Ridello (vedi il Capo 5). Non si negava mai a nessuna mansione, difficile o pesante che fosse, apprendeva bene dal padre e "lavorava proprio come un uomo". Questo era un grande elogio.

Cosa aspettarsi dunque da lei? Forse un carattere chiuso e un po' solitario. No, lei era tutt'altro. Molto attenta agli altri, tanto da impiegare volontariamente il suo tempo in una situazione difficile, di guerra, che si trova suo malgrado a dover vivere. Aveva deciso di essere investita del ruolo di *madrina di guerra*[19]. Questa figura nata in Francia durante la Prima guerra mondiale continua ad essere presente anche durante il secondo conflitto e si estende ad altre nazioni, come l'Italia. Consiste nel cercare fra la

17. Cfr. Levi Pisetzky R. (1978), *Il costume e la moda nella società italiana*, Einaudi, Torino, p. 346.

18. Cfr. Gozzi G. (2003), *Come vestivamo un tempo. Costume storia arte*, Sometti, Mantova, p. 86.

19. Cfr. www.memorieincammino.it/parole/madrine-di-guerra/, consultato il giorno 08/11/2019.

Foto n. 41. Giuramento 114a Fanteria div. Mantova. Fra le varie donne al centro dello scatto, e quindi attorniate dai militari, si riconosce Adele Ghisolfi, 29 giugno 1942 – XX. Collez. M. Rodighiero

Foto n. 42. Viene qui immortalata la famiglia del maresciallo di Guidizzolo. Il maresciallo stesso è presente nello scatto (il terzo partendo da destra) ed è amichevolmente a braccetto con Adele Ghisolfi. La presenza di quest'ultima è molto imponente (data la sua altezza); i suoi capelli sono raccolti ed è vestita di scuro. Il suo essere, quasi marziale, pare in contrasto con la dolcezza espressa, in primo piano, dai bambini e dalle donne che li tengono in braccio, 1943. Collez. G. Valbusa

sensibilità delle donne chi potesse soddisfare un bisogno di affetto e conforto che i soldati, al fronte, non potevano di certo trovare. Poiché si era notato che l'umore (solitamente pessimo) dei combattenti influiva molto sulla loro rendita militare, occorreva risollevarlo. Per esempio, tramite una corrispondenza epistolare intrattenuta con queste donne, che si erano rese disponibili, proprio per questo scopo. Talvolta i soldati non osavano scrivere ai famigliari determinate situazioni o emozioni, perché spaventose e terribili. Tuttavia non potevano tenersi tutto dentro, occorreva sfogarsi e, alle volte, era più facile farlo per iscritto e con chi, realmente, non si conosceva.

La madrina si offriva, dunque, per confortare il soldato o i soldati[20]. I loro nominativi venivano forniti dagli ufficiali, dai cappellani militari, o da chiunque vedesse un soldato in difficoltà morale. Da questo scambio epistolare poteva nascere anche il desiderio di incontrarsi, una volta finiti gli scontri militari; ma alcuni, per esempio, non si videro nemmeno mai di persona. Il *madrinaggio* è dunque visto come una forma di patriottismo e, sicuramente, è incoraggiato dal regime fascista. Quest'ultimo favorisce il fatto che le donne debbano avere delle mansioni lavorative ma solo fino al concepimento dei figli; dal momento del parto in avanti, infatti, dovranno fare solo ed esclusivamente le mamme.

Si sceglievano, solitamente, donne giovani più o meno dell'età dei soldati, ma non necessariamente legate al mondo delle organizzazioni femminili fasciste. Per le donne era sicuramente una grande possibilità per evadere da quella quotidianità troppo opprimente da sopportare, durante quelle interminabili giornate dove non si faceva altro che parlare di guerra. Allo stesso tempo si vedevano dare una possibilità: non erano più parte passiva dei combattimenti, ma parte attiva e quindi consce di essere importanti.

Proprio questo aveva scelto di essere Adele Ghisolfi, che non sapeva starsene con le mani in mano.

Sin da giovane il suo carattere forte è ben delineato. Non ha paura di giudizi che possano riguardare né la sua moralità né la sua fisicità. Per questo, da subito, decide di vivere la propria vita apertamente, come meglio ritiene. Lei si sente sicura e non ama fare le cose che fanno, usualmente, le donne. È naturalmente dotata, ad esempio, per il tiro al bersaglio. Alle volte, venivano organizzate delle manifestazioni o delle fiere, anche appena fuori paese, alle quali si amava partecipare per rappresentare il proprio Comune. Ecco allora che Adele non poteva mancare (vedi Foto 43).

20. Questa forma di aiuto verso i soldati, vittime della follia, era stata giudicata importantissima per cercare di ridurre la loro entrata nei manicomi durante e dopo la guerra. Cfr. Sorcinelli P. (2016), *La follia della guerra. Storie dal manicomio 1940-1950*, Odoya ed., Bologna.

Foto n. 43. Adele Ghisolfi tiro al bersaglio a Castiglione delle Stiviere. Tutti e tutte la attorniavano per guadare, attoniti, il risultato solitamente sorprendete dei suoi tiri perfetti. Osservare il suo lato virile emergere fra la grazia, il fascino e l'armonia delle altre donne che la circondano quasi ci colpisce. Eppure, sono proprio queste ultime ad essere affascinate da lei, quasi incantate, 1942. Collez. privata

Foto n. 44. Finanzieri con Adele Ghisolfi, che vediamo seduta in prima fila. Come d'abitudine ha i capelli raccolti ed un completo scuro (sicuramente una divisa) che prevede una gonna, ovvero un capo d'abbigliamento che solitamente preferiva non indossare, privilegiando sempre i pantaloni, anni '40. Collez. privata

Il contrasto con le altre donne presenti nelle foto (come il caso della Foto 43) alle volte è più marcato, altre meno. Adele ama portare, per evidente comodità, delle scarpe basse e senza tacco, anche se durante il periodo bellico vanno di moda le scarpe con la zeppa. Proprio come indossa la ragazza in primo piano (vedi Foto 41) accosciata e circondata dai militari. Infatti, come già si è detto, durante la guerra si fa uso dei materiali disponibili, anche per confezionare abiti e calzature. Ecco dunque emergere le scarpe e i sandali cosiddetti "ortopedici", con le alte suole in sughero in sostituzione del cuoio che si faticava a reperire.

Lei sempre in stretto contatto con Marescialli e Finanzieri (vedi Foto 42 e 44), che, in più occasioni durante la guerra (vedi Foto 41, dove la ritroviamo al centro, molto sorridente, durante il giuramento della 114ª Fanteria div. Mantova) avevano già testato la sua onestà e correttezza, non si vanta di certo per questo. Rimane sempre con i piedi per terra, ligia al lavoro, precisa e disponibile ma sempre fedele e coerente al suo essere *singolare*. Un esempio per tutti.

Solo in tempo di guerra, quando la divisa giacca-gonna era d'obbligo, vediamo che indossa una sottana (Foto 44). Per il resto tutti la ricordano portare sempre e comunque un paio di pantaloni[21]. Slegandoci dalle abitudini odierne e tornando indietro di un secolo, in un'epoca dove *tutte* le donne portavano solo ed esclusivamente le gonne, avremmo sgranato gli occhi nel vederla camminare per Piazza con un paio di pantaloni. Capelli sempre raccolti: nel periodo giovanile in una lunga treccia puntata a *chignon*[22] e successivamente in un *cuccagnino* vero e proprio. Non ha, però, mai pensato di tagliare i capelli corti, alla *garçonne* come era di moda proprio durante il periodo bellico.

Aveva optato per una scelta di vita molto "chiacchierata" per l'epoca, che a noi pare del tutto normale, visto che è contemplata fra le possibilità odierne di una donna. Infatti, non si era mai sposata e aveva deciso di vivere insieme ad un'altra ragazza. Ma lei era diversa, fuori dagli schemi, sapeva osare anche in un paese piccolo dove, qualche volta, la gente mormora. E lei aveva deciso di lasciarla mormorare e, talvolta, fantasticare.

21. I pantaloni vengono indossati dalle donne, in tempo di guerra, solo se sono costrette a sostituirsi agli uomini (ad esempio nel lavoro in fabbrica o nei campi). Ma la maggior parte delle donne non si adegua e continua ad indossare la gonna (sebbene scomoda, per certi versi). Si pensi, inoltre, che nel 1911 alcune donne, in centro a Milano, che avevano tentato di sfoggiare per la prima volta i pantaloni vengono fischiate per strada. La vera rivoluzione nel mondo femminile, verso i pantaloni, viene dettata dalla moda molto più tardi, negli anni '60.

22. Molto di moda negli anni '40 del secolo scorso.

Addendum: una anticipazione del futuro

di Paola Sposetti

Il presente *addendum* è il risultato di una serie di singolari immagini che sono arrivate, dal punto di vista temporale, a ridosso rispetto alla chiusura del presente volume. Essendo stato un lavoro di *ricerca* di fotografie, non ci è mai stato possibile stabilire con ragionevole certezza né dove saremo potuti arrivare, a livello di materiali, né *quando* ci sarebbero (eventualmente) arrivati.

Le foto proposte qui di seguito ci sono parse di notevole interesse, poiché rilevano l'innovazione sociale dei costumi nell'ambito femminile, andando dunque a creare un'idea straordinaria, quella che potrebbe essere definita una anticipazione del futuro, precorrendo i tempi.

Foto n. 1. Un gruppo di belle ragazze si mette in posa per una fotografia, in un ambiente molto scarno (si veda la terra battuta e i sassi per terra, ed un fondale improvvisato, mascherando il povero ambiente circostante). Le loro pose sono abbastanza usuali se non fosse per le due giovani in prima fila sedute direttamente per terra. L'una con le braccia conserte (posizione che si consigliava di assumere ai bambini maschi in occasione della foto di classe) in atteggiamento di sfida, e l'altra seduta di traverso, in questa posizione molto sensuale. Tutte vestite secondo la moda dell'epoca, con abiti che non segnano la vita (vedi anche Foto 7, capo 9), hanno in questa foto una gestualità e delle pose futuriste.
Si vuole rimarcare che la ragazza di cui già si è rilevata la posa provocante, seduta in prima fila sulla sinistra, pare proprio essere colei che emerge rispetto al gruppo. Sorriso sereno, mentre tutte le altre sono serie o abbozzano solo un timido sorrisetto. Bellezza naturale che spicca rispetto alle altre amiche, notevolmente più sotto tono rispetto a lei. Ed infine, un vestito di gran lunga più elegante e curato, se confrontato con quello delle altre giovani ragazze, fanno di lei il diamante che brilla di luce propria in mezzo agli altri gioielli.
1925 circa. Collez. R. Faini

Foto n. 2. Questa ragazza ha un vestito chiaro con colletto e polsini a pois, coordinato con uno scialle a fantasia floreale. Pare essere molto elegante nel suo insieme, confermandoci che per lei la moda non era solo un piacere ma anche un lavoro (di professione faceva la sarta). A dare un valore aggiunto ulteriore il fatto che stia sfogliando o leggendo un libro, sinonimo di grande cultura e intelligenza che, per l'epoca, non era sicuramente alla portata di tutte, 1925 circa. Collez. R. Faini

Foto n. 3. Questa ragazza pare davvero sorridere alla vita. Con questo vestito così fresco ed elegante allo stesso tempo pare essere proiettata decenni avanti rispetto alla sua epoca. La gonna a pieghe supera (di poco) il ginocchio, la cintura in tessuto chiaro stringe la vita, facendola sembrare una donna moderna. Pare impossibile che questa foto la eterni poco tempo prima rispetto alla sua prematura scomparsa. Infatti morirà nel 1931 (a soli 19 anni), nello stesso anno della sorella (28 anni), lasciando un vuoto incolmabile in famiglia, fine anni '20. Collez. G. Fasoli

Foto n. 4. Il sorriso, le labbra truccate, la compostezza e l'ordine del suo abbigliamento ci farebbero pensare ad una donna oramai dei nostri tempi, o quasi. Invece, guardando la data di questa foto ci ritroviamo in un periodo in cui pochissime donne potevano rendersi così belle e attraenti d'aspetto, dal punto di vista dell'abbigliamento, del trucco, ... Un leggero gilet chiaro sta su una camicia bianca con decorazione, gli orecchini a forma di perla, tutto ciò pare rendere la giovane molto luminosa, confermandola come un'anticipatrice dei tempi, anni '30. Collez. R. Faini

Foto n. 5. Queste due ragazze guidizzolesi si trovano in villeggiatura a Recoaro Terme. Certamente avevano la disponibilità economica per poterlo fare, ce lo dimostra anche il loro abbigliamento. Gonne curate (presumibilmente appena sotto il ginocchio) che lasciano scoprire le gambe, poiché le due giovani sono sedute su di una panchina. Camicette leggere e sandali aperti confermano un clima gradevole, come pure la bella fioritura alle loro spalle. Le due borsette da passeggio e la loro spensieratezza fanno trasparire un ambiente rilassato, tipico di una vacanza che, sicuramente, in quell'epoca era un lusso per pochi, fine anni '30. Collez. E. Zaccagni

Foto n. 6. Questo scatto pare immortalare una ragazza serafica, con il suo mezzo sorriso, i suo capelli ondulati che vengono valorizzati da questo taglio corto, molto moderno rispetto al classico capello lungo, quasi sempre acconciato in un cuccagnino, 1939. Collez. E. Zaccagni

Foto n. 7. La campagna e un cancello ben lavorato fanno da fondale a questa graziosa signorina, molto sorridente, con un vestito chiaramente estivo e assai particolare. Quest'ultimo pare quasi rassomigliare a quello indossato nella Foto 3. Fra le due immagini sembra che il tempo si sia fermato, eppure sono passati dieci anni. Pare che questa foto riprenda lo stile della moda lasciato precedentemente. Sandali con zeppa chiari molto di tendenza, anni '40. Collez. R. Faini

Foto n. 8. Un grande ombrellone sopra la testa di questa deliziosa ragazza ci fa subito pensare ad una vacanza. Lei, sarta e ricamatrice di professione, amava molto il suo lavoro, aveva una clientela medio-alta in Guidizzolo ma non solo. Infatti i suoi affezionati compratori erano anche di fuori paese. Lei li incontrava ciclicamente in luoghi di villeggiatura (come questo), vicino ai laghi (di Garda, di Como, ...). Una ragazza molto elegante, camicetta bianca con pantalone scuro e un paio di sandali bianchi con tacco, si distingue certamente dalla donna comune dell'epoca. Se non conoscessimo la data dello scatto potremmo tranquillamente pensare ad un abbigliamento tipico dei giorni nostri, anni '40. Collez. R. Faini

Foto n. 9. Di questa ragazza non si hanno notizie precise, se non che fosse malata. I colori cupi della fotografia, chiaramente percepiti anche in presenza di una cromia basata sulle tonalità di bianco/nero/grigio, ci fanno percepire un alone di grave serietà, quasi opprimente. Cappello, sciarpa, cappotto, calzamaglia e scarpe sono scure e fanno da contrasto con il visto pallido di lei, forse migliorato dal trucco (si vedano gli occhi soprattutto). Tuttavia, la grande novità che sta dentro questo scatto è la seguente: indipendentemente dalla condizione di salute, le donne decidono comunque di farsi fotografare, forse per via della grande vanità che sta alla base dei loro pensieri, 1945 circa. Collez. R. Faini

Foto n. 10. Questa bellissima ragazza pare quasi essere una modella che posa per una copertina. Invece questo scatto era dedicato ad una sola persona: il suo fidanzato, una sorta di pegno d'amore. I capelli ondulati, ben sistemati, incorniciano un bel viso sapientemente truccato. La camicetta scura presenta due stampe simmetriche all'altezza del petto, realizzate dal soggetto stesso della fotografia, 1947. Collez. E.S. Musi

Foto n. 11. L'ambiente circostante è stato chiaramente migliorato, per quanto fosse possibile, al fine di renderlo idoneo per una fotografia alquanto singolare. Due donne sono sedute sopra ad una vespa 125 faro basso. Quella in primo piano è proprio a cavalcioni della sella (cosa proibitissima alle donne fino a pochi anni prima), porta i pantaloni (grande svolta dopo secoli e secoli di sole gonne) e un gilet (ricamato a mano) sotto al quale c'è una camicia bianca. Lo stile del vestiario è mascolino, corredato da un gesto molto provocatorio: fumare una sigaretta. È evidente che questa bellissima donna, truccata, non voglia perdere nulla della sua femminilità, ma solo emulare e forse sbeffeggiare bonariamente il tipico stile maschile. La donna seduta dietro di lei mantiene la compostezza che tipicamente le signore dovevano avere, forse per forza maggiore (porta la gonna, per cui si deve sedere di traverso sulla sella della vespa). Entrambe portano i capelli corti e lo mostrano senza alcun problema; il che non era da tutte. In realtà, nel dopoguerra, si vociferava che le donne coi capelli corti dovevano vergognarsi. Infatti, significava che quelle ragazze erano state con i tedeschi, e questi ultimi, dopo avene approfittato, tagliavano loro i lunghi capelli lasciando un segno distintivo su di loro, che tutti potessero vedere. Due donne notevoli per la loro bellezza vogliono essere qui ricordate in modo particolare per la forza di volontà che dimostrano con questo scatto al fine di rompere schemi presenti da secoli in ambito femminile. Qui si legge emancipazione, coraggio e voglia di mostrarsi senza paura di giudizi. Il mondo femminile era veramente pronto per la svolta decisiva verso il futuro, inizio anni '50. Collez. E.S. Musi

Capo 10. Nascere, crescere e formarsi. Tra famiglia e scuola

di Paola Sposetti

Nascere

L'arrivo di una piccola creatura in famiglia era ed è, per mamma e papà, una gioia incommensurabile. In passato, sia nelle famiglie agiate che in quelle più modeste, il padre di quel bimbo o quella bimba che stava per nascere era in uno stato di ansia indescrivibile. Durante il travaglio della sua sposa, la speranza era quella di sentire annunciare, al più presto: «è un maschio!». Nelle famiglie di un certo livello sociale era infatti sinonimo di continuità, poiché "portava avanti il cognome di famiglia". In quelle meno benestanti era visto come un concreto aiuto lavorativo, dato il fatto che la maggior parte di queste ultime erano impiegate nel mondo agricolo e le braccia forti e robuste di un uomo erano sempre beneaccette.

Quindi, data l'importanza che si desiderava esprimere tramite questi (piccoli) figli, anche chi non aveva molte possibilità economiche, non appena si presentava l'occasione[1] decideva di farsi scattare una fotografia (vedi Foto 1). Quest'ultima doveva ritrarre il migliore lato possibile del soggetto, alle volte oscurandone la povertà ed esaltandone, invece, quei pochi tratti positivi che si potevano mostrare, alle volte anche esagerandoli (coprendo l'ambiente misero con dei fondali, ad esempio).

1. Normalmente chi desiderava farsi scattare una fotografia doveva recarsi presso lo studio fotografico del fotografo stesso. Occorreva dunque spostarsi anche verso la città di Mantova per incontrare il primo fotografo esistente, e lo si faceva grazie alla bicicletta. Avere una fotografia non era solamente costoso, dunque, in termini di denaro! Solo verso gli anni '20-'30 i fotografi iniziano a spostarsi verso le case della gente, nei vari paesi, e a proporsi per scattare loro delle fotografie personali (quindi non solo più cartoline di panorami o strade da pubblicare e rivendere presso le tabaccherie).

Foto n. 1. Bimbo con una vestina bianco candido, di circa un anno, a cavalcioni di un puledro tenuto fermo dal padre. Da notare il fatto che la scelta cada su un puledro, piuttosto che un cavallo adulto da lavoro; ha qualche mese soltanto, proprio come il bimbo sopra di lui. Due neo-nati, due cuccioli, uno d'animale e l'altro d'uomo, quasi ad accentuare questo senso di tenerezza. Il fotografo, per cercare di mascherare l'ambiente circostante, che sicuramente doveva essere molto diverso da uno studio fotografico (lo sfondo era già stato scelto per dare l'effetto scenografico desiderato) doveva trovare una soluzione. Talvolta inventandola, come in questo caso, dove abbiamo una grande coperta ricamata che fa da fondale. Quasi a coprire ciò che sta dietro. Da notare che in tenera età i maschi vestivano come le femmine per una ragione di praticità. Dovendo essere cambiati spesso, e non esistendo i pannolini usa e getta, si preferivano le gonne (più pratiche) piuttosto che i pantaloni dai complicati sistemi di chiusura. Nel Medioevo venivano utilizzate delle strisce di lino (da qui il nome panno-lino), avvolte attorno al bacino del bambino e fissate con una spilla da balia. Si è passati poi al cotone, più robusto e resistente ai lavaggi, e più assorbente. Quest'ultimo fu utilizzato fino, almeno, agli anni '70 quando si passò ai pannolini in cellulosa.
1930. Collez. Fam. Giubelli

Si sottolinea che sono state reperite, durante questa ricerca, molte fotografie aventi come soggetto i bambini, i *püti*. Per ovvie ragioni pratiche non ci è stato possibile inserirle tutte quante nel volume, ma si tenga appunto presente la loro importante presenza numerica. Essa sottolinea, senza ombra di dubbio, l'importanza data dalle famiglie di Guidizzolo ai figli e, di riflesso, al futuro, alle donne e agli uomini di domani.

Nella Foto 1 l'oroglio del padre verso questo figlio, primogento e maschio, si percepisce chiaramente. L'abbigliamento del piccolo è in linea con i tempi. Nelle classi più agiate i maschi fino ai 5 anni erano costretti a seguire la moda delle madri, uniformando dunque l'abbigliamento bambino/bambina. Quando sono in fasce vengono coperti da un lungo gonnellone, poi le gonne si accorciano un poco o sotto il ginocchio o sul polpaccio[2]. Le famiglie meno abbienti seguono dunque, come possono[3], questo *trend* e quindi nella foto si vede la *vestina* bianca indossata dal bimbo.

Grazie alla struttura allargata delle famiglie (specialmente in campagna), che oggi non ci appartiene più, avere un parente che badasse ad un figlio era di gran lunga molto più facile e comune rispetto ai giorni nostri. Nella stessa corte abitavano più famiglie, talvolta non parenti fra di loro, e più generazioni convivevano nella stessa casa. Per questo il piccolo nato poteva stare, oltre che con la mamma, con la nonna, la zia o una sorella maggiore, o al massimo una vicina di casa. Così le distanze fra una casa e l'altra si accorciavano, gli spazi si condividevano molto più volentieri e tutti si sentivano in dovere di accudire i figli anche degli altri, quando il lavoro lo permetteva.

Infatti il problema maggiore era questo. Prima di tutto il lavoro, che occorreva per guadagnare e poter mantenere la famiglia. Gli uomini, certamente, erano i grandi lavoratori, ma anche le donne, oltre alle faccende domestiche davano una mano, come potevano, sia nei campi che, successivamente, in fabbrica come operaie. E i bambini? Soprattutto quelli piccoli che ancora non frequentavano la scuola elementare?

Si ricordi che nella prima metà dell'800 proprio un mantovano, originario di San Martino dell'Argine, don Ferrante Aporti, ha per primo l'idea di aprire una serie di scuole infantili nel cremonese, sia a pagamento che gratuite[4]. A Mantova gli asili arrivano qualche anno dopo, rispetto a Cremo-

2. Cfr. Mormorio D. (1999), *Vestiti. Lo stile degli italiani in un secolo di fotografie*, GLF, Bari, p. 12.

3. Le possibilità economiche erano senza dubbio più limitate. L'emulazione è presente ma certamente non può eguagliare dal punto di vista qualitativo (delle stoffe) e modellistico (complessità dell'abito) i vestiti dei bimbi di famiglie borghesi o nobili.

4. Cfr. Sideri C. (a cura di) (1999), *Ferrante Aporti: sacerdote, italiano, educatore: biografia del fondatore delle scuole infantili in Italia sulla base di una nuova documentazione inedita*, FrancoAngeli, Milano.

na e don Enrico Tazzoli ne è promotore in nome del suo grande amore per i bambini, spesso abbandonati a loro stessi. Il contesto toccato con mano da don Tazzoli nella città di Mantova è agghiacciante. In quegli anni, infatti, la grande povertà della gente mescolata alla misera condizione femminile dava luogo a fenomeni quali: rifiuto di una buona percentuale di bimbi nati durante il primo anno di vita (gettati alla ruota) per mancanza di mezzi per sostenerli; i nati dell'anno in una percentuale che talvolta sfiorava il 50% (e a volte lo oltrepassava) destinati a morire nel giro di poco tempo proprio per la grande povertà. Questo non accadeva solo in città ma, purtroppo, era una tendenza presente anche nei paesi del circondario.

Foto n. 2. La «mia cara Pierina» è una foto scattata nell'agosto del 1902 ed è una tra le immagini più vecchie che abbiamo reperito, rivolta ad un singolo bambino, nel nostro paese. La qualità dell'immagine garantisce, quasi, della sua vetustà. Orecchini, fiocchetto, abito candido e scarponcini per un viso colto nella sua sorpresa innocente, 1902. Collez. G. Valbusa (commento di C. Cipolla)

Nessuno, prima di allora, si era mai preoccupato di trovare una soluzione. Ma, era ormai chiaro, che urgesse un cambiamento, altrimenti la gioventù sarebbe stata ridotta di numero con pesanti ripercussioni sull'intera società. La grande sensibilità di don Tazzoli, per tanti aspetti precursore dei suoi tempi in merito a svariate tematiche, in questo infelice contesto avverte *il bisogno* di accudire gli infanti.

Si pensa dunque ad un asilo sullo stampo di Aporti che non è solo assistenza, ma anche costruzione della società futura attraverso l'educazione. In questo caso specifico troviamo che l'insegnamento evangelico convive con la formazione professionale. Se un bambino viene formato tramite l'asilo porterà con sé questo bagaglio culturale anche nella famiglia, alle scuole elementari e poi nei luoghi di lavoro. È un bene prezioso che nessuno potrà mai togliergli.

Foto n. 3. In questa foto fatta diventare cartolina postale si vede un bimbo (di nome Giovanni, dato che la foto riporta la scritta "Saluti tanti. Giovanni") con un completino pesante, forse di lana, che prevede le braghe alla zuava sotto alle quali porta una calzamaglia scura e molto spessa. Sul capo un baschetto e ai piedi stivaletti con i lacci. Messo in posa sopra alla sella della sua (?) bicicletta ha un'aria fiera e beata. Sullo sfondo finestre con ante in legno e un muro di mattoni e pietre molto rustico, 1912. Collez. M. Rodighiero

Foto n. 4. Un bimbo ben vestito è sul suo triciclo, nel bel mezzo della Via Maggiore a Birbesi (la via principale del centro). Viene guardato a vista da tre signore, una delle quali potrebbe proprio essere la sua mamma (quella con la bicicletta condotta a mano), tanto il suo sguardo inorgoglito pare posarsi su di lui. Il triciclo, fatto in ferro e legno, è senz'altro un gioco con cui non tutti i bambini potevano divertirsi. Certamente questo bimbo è molto fortunato a potere passeggiare, durante la stagione calda, con il suo piccolo mezzo all'ombra degli alberi, 1929. Pelati P. (1975), Birbesi, *Graf. Ceschi, Quistello (Mn), fig. 4*

La nozione del dovere e dunque di responsabilità, attraverso mansioni (soprattutto pratiche) e regole, vengono date dal maestro che a differenza di quanto avveniva prima di Aporti[5] usa metodi innovativi. Non si basa solo sulla paura, sulla cieca obbedienza per sottomettere i bambini ma crea una relazione con loro fondata su amorevoli principi. Dare il giusto esempio, attraverso la forza dell'amore reciproco, della condivisione, può portare l'attenzione ai più piccoli, talvolta emarginati, e coinvolgerli in questo processo di inversione del punto di vista, spesso, distorto della vita[6].

5. Cipolla C., Siliberti S. (a cura di) (2012), *Don Enrico Tazzoli e il cattolicesimo sociale lombardo I. Studi*, FrancoAngeli, Milano, p. 83, rif. ai metodi pedagogici dei gesuiti.

6. Ivi, p. 84. Si sottolinea che «I bambini dei poveri sono goffi, sudici, lividi in volto per patite percosse, senza pudore nel chiedere denaro e nello sprecarlo».

Foto n. 5. La balia con in braccio la primogenita di una coppia borghese di Guididizzolo. Questa bimba appartiene alla famiglia Grassi, una "storica" famiglia guidizzolese, che a fine '800 possedeva e gestiva un negozio di generi alimentari, strumenti per terreni agricoli, ... proprio in Piazza. Questa attività particolarmente redditizia permetteva alla famiglia di vivere in una maniera più che decorosa, concedendosi talvolta spese straordinarie. Cfr. Mondadori F. (2013), Quasi un romanzo, *Centro Culturale San Lorenzo ed., GVM, Volta Mantovana.*
La piccola, di un anno, ha la possibilità di essere accudita da una bambinaia che la sta amorevolmente tenendo fra le braccia. Questa situazione non era sicuramente cosa per tutti. Una tata aveva un costo che non tutte le famiglie si potevano permettere e occorreva trovare quella con più esperienza in assoluto per lasciare in buone mani la propria prole. In questo caso specifico sicuramente la balia, data la sua età, aveva tutti i requisiti necessari.
1891. Fondo Caritas-Mondadori

Visti gli effetti positivi ottenuti – il primo fra tutti il crollo, in linea generale, della mortalità infantile – gli asili iniziano a crescere rapidamente[7] di numero perché la richiesta è incalzante. Togliere dai pericoli, dalla strada, dall'abbandono queste piccole creature e dare loro la possibilità di formarsi diventa un'idea da abbracciare, curare e fare crescere al meglio. Per cui, sebbene gli asili non fossero (e non lo sono nemmeno ora) obbligatori vengono da subito altamente frequentati. Il loro successo dipende molto dai luoghi in cui sorgono, da chi li gestisce, dal carisma e dall'intelligenza di chi li sostiene e indirizza[8].

Dalla famiglia all'asilo

A fine '800-inizio '900, nascere nel paese di Guidizzolo (vedi Foto 5) o nascere in una corte nelle campagne di Guidizzolo non era assolutamente la stessa cosa. La vita aveva ritmi diversi, e anche i bambini erano gestiti in maniera differente.

Se quindi la sorte lo consentiva, nascere in una famiglia agiata in centro paese poteva essere un gran vantaggio. Proprio come era capitato a queste due sorelle che riescono così ad avere una foto ricordo e per di più inusuale (Foto 6). Si noti qui come nella Foto 6 il *formato visita*[9] inizia a prendere piede. Si stampano così più copie di una stessa fotografia, che doveva rispettare tutti i canoni per essere un'eccellente fotografia, riprodotta poi in una dimensione tascabile, detta "visita" appunto.

Il formato *carte de visite* venne poi sostituito dal *formato margherita*[10] (vedi Foto 2) perché permetteva di stampare fino a 12 copie dello stesso soggetto (un grande vantaggio, dato il costo della foto), di dimensioni di poco più grandi rispetto a quello precedentemente descritto.

7. Cipolla C., Siliberti S. (a cura di) (2012), *Don Enrico Tazzoli*, cit., pp. 86-88. Ad esempio a Brescia nel 1837 si fondano gli asili per l'infanzia, nel 1839 a Venezia ve ne sono già 4 aperti; tutto ciò in tempi non di facile gestione, data la presenza dell'Austria.

8. Per approfondimenti sulla nascita degli asili si veda Cipolla C., *Introduzione generale: don Enrico Tazzoli nel contesto del cattolicesimo sociale lombardo*, in Cipolla C., Siliberti S. (a cura di) (2012), *Don Enrico Tazzoli*, cit.

9. Con l'espressione *carte de visite* si indica una piccola fotografia incollata su un cartoncino di 10 centimetri per 6, realizzata secondo una tecnica brevettata nel 1854 dal fotografo francese Adolphe Disdéri. Inizialmente questo formato non incontra il favore del pubblico; solo dopo il passaggio di Napoleone III (1859) nel suo studio parigino, dopo essersi fatto fotografare, migliaia di soldati imitano l'imperatore portando Disdéri alle stelle e facendo decollare la fortuna di questo formato. Cfr. Mormorio D. (1999), *Vestiti…*, cit., p. 14.

10. Il formato margherita prende il nome dalla regina Margherita di Savoia, e si diffonde agli inizi del '900. La foto veniva stampata su un cartoncino rigido, per poi esser utilizzata come cartolina postale specializzata.

Foto n. 6. Due sorelle (di 8 e 12 anni) di buona famiglia borghese si abbracciano nel cortile della loro casa, in Piazza a Guidizzolo. Questa immagine è stata lavorata dal fotografo proprio come se le due ragazzine rompessero la carta stampata per fare capolino in questo affettuoso abbraccio fraterno, 1902. Fondo Caritas-Mondadori

Queste foto potevano così essere spedite o consegnate a parenti o amici che erano particolarmente legati alla famiglia in questione, ed il vantaggio era proprio che si potevano portare appresso data la loro particolare praticità.

Foto n. 7. Bambini di Rebecco fotografati presso lo studio Calzolari di Mantova (come scritto in basso a destra) messi in posa e forse abbigliati con l'ausilio di alcuni accessori non di loro proprietà. Per esempio si noti il ventaglio chiuso al collo della bambina a destra, 1923. Collez. Gino Giubelli

Foto n. 8. Il bimbo ha un grande collo candido traforato sopra al vestitino, pare quasi una mantellina; è nelle braccia della sua mamma e tiene ben stretto con la sua manina un rumoroso sonaglio, suo compagno di giochi, 1928-29. Collez. Fam. B. Giubelli

Non era comunque detto che chi abitasse nella campagna, cioè fuori paese, non avesse nessuna possibilità di farsi scattare qualche foto. Recandosi presso uno studio fotografico, ad esempio quello di Calzolari a Mantova (vedi Foto 7).

Già da metà '800 un ventaglio e un fazzoletto non potevano mancare ad una "vera signora". Qui la bimba (a destra, nella Foto 7) pare emulare appunto le grandi Signore, anche grazie al medaglione che porta al collo. La bimba più piccola, invece, impreziosisce il suo vestito, che come quello della sorella arriva rigorosamente sotto il ginocchio o alla caviglia, con il bel colletto bianco fatto a mano. Il bambino più grande, invece, indossa un completo dove pantaloni, giacca e gilet sono fatti della stessa stoffa. La cravatta piccola annodata vuole chiaramente emulare gli ambienti socialmente più elevati di quel momento, discostandosi temporalmente dalle cravatte a fiocco o farfalla grande usate nei ceti più modesti o nell'ambiente artistico e patriottico (esempio: i patrioti garibaldini)[11].

I giochi dei neonati, come il sonaglio[12] (vedi Foto 8), o dei bambini, come il cavallo a dondolo (vedi Foto 9) o il triciclo (vedi Foto 4), erano abbastanza rari nella maggior parte delle famiglie medie.

Foto n. 9. Sull'aia un bambino di Rebecco siede sopra al triciclo e si diverte giocando insieme al suo cavallino a dondolo fatto di legno, 1936-37. Collez. Gino Giubelli

Foto n. 10. Un bambino di Rebecco trova il posto per mettere i suoi piedini, ed essere così trasportato rimanendo diritto in piedi, sulla bicicletta della mamma, 1941. Collez. Gino Giubelli

11. Cfr. Mormorio D. (1999), *Vestiti...*, cit., p. 12.

12. Gioco molto utilizzato sin dai tempi più remoti per motivi, più che altro, scaramantico-religiosi (sembrava scacciasse le negatività dal neonato). Nella storia dell'uomo è da sempre presente come gioco per i più piccini grazie alla sua grande potenzialità verso la stimolazione sensoriale.

Spesso i giocattoli venivano portati da Santa Lucia (13 dicembre) e poi, la Santa stessa, li veniva a riprendere dopo qualche giorno. In questo modo i giochi potevano avere una durata materiale maggiore ed essere regalati a più bambini, per svariati anni. Quindi occorreva, senza dubbio, costruire altri passatempi o con materiale di recupero o ad un costo talmente basso da rasentare lo zero. Come poteva essere fatto, ad esempio, per bambine che tanto desideravano una bambola. Con un impasto a base di acqua e farina veniva creata una pasta malleabile, alla quale si poteva dare la forma desiderata; in questo caso della bambola. Poi si mettevano gli occhi, con i bottoni, o se mancavano li si "disegnava" con il nero del carbone della stufa. Le nonne spesso avevano qualche ritaglio di stoffa e con quello si realizzava il vestitino. I capelli, poi, potevano essere ricavati dalla "barba" delle pannocchie. I maschietti, invece, preferivano giochi come le biglie. Se, però, non c'era la possibilità di acquistarle dei sassi tondeggianti venivano utilizzati al loro posto. Facevano dei mucchietti di questi sassi-biglie e poi bisognava stabilire chi era il più bravo a buttarli giù, sempre con l'ausilio di un sassolino (o biglia). Poi si giocava a *sciancol*[13] o al *mondol*[14], o a tanti altri giochi per così dire "economici", e ancora si cantavano delle filastrocche o si faceva il girotondo.

Chi aveva le possibilità poteva giocare anche con il copertone delle biciclette. Facendo infatti girare questo cerchio[15] con l'aiuto di un bastone si creava un bel passatempo. Oppure si poteva liberare la propria fantasia utilizzandolo in altri modi: facendolo rotolare, facendolo roteare nelle braccia, ecc. (come nella Foto 11).

13. Gioco dalle origini molto antiche praticato con due pezzi di legno, uno lungo due spanne e l'altro corto ed appuntito sui due estremi. Vinceva chi riusciva a mandare più lontano il legnetto e andava per la maggiore fra i giochi maschili.

14. Praticato più dalle bambine, consiste nel tracciare per terra, con un legnetto, lo schema (contraddistinto da numeri). Si getta un legnetto o un ciottolo che il concorrente deve recuperare saltando su una gamba sola all'interno dello schema, seguendo determinate regole.

15. Solo verso la fine degli anni '50 arriva in maniera massiccia l'*hula hoop* dapprima in legno. Poi sarà fabbricato in plastica, creando un gioco più accessibile a tutti anche a livello di costi. Presente nel Regno Unito già nel XIV secolo, e chiamato semplicemente *hoop*, cioè cerchio, cambia il suo nome nell'800, quando dei marinai britannici arrivano sulle isole Hawaii e affascinati dalla tipica danza locale chiamata *hula* vedono che il movimento del bacino che caratterizza questa danza è proprio quello che occorre per far girare il cerchio in maniera corretta. Da quel momento il cerchio cambia nome. Nel 1958 una ditta americana creerà cerchi in plastica brevettandoli con il nome di *hula hoop*. Cfr. www.notizie.it/storia-dellhula-hoop/ (consultato il 22/08/2019).

Foto n. 11. Al centro di piazza Pezzati una bambina gioca con il cerchio e altri bambini incuriositi le si avvicinano per vedere meglio, inizio '900. ASMn, Archivio Giovetti, album n. 39, foto n. 1251-1 E

Foto n. 12. Una bimba di qualche anno appena (raro soggetto, poiché venivano fotografati più i maschi delle femmine), dall'abito candido e leggero, fa intravedere le gambette e i piedini (cosa che le ragazze e le donne adulte non avrebbero mai potuto fare in quell'epoca) e ci mostra uno dei suoi giochi, il cerchio. Posta in piedi su di una seduta "importante" di un tipico mobile brianzolo dei primi del '900, sulla quale normalmente venivano messi dei cuscini quasi a volere emulare un trono. Nella parte bassa, che non vediamo nella foto, ci saranno stati probabilmente dei cassetti; il mobile, probabilmente una panca, non doveva essere molto alto e la parte superiore aveva anche, come già detto, la funzione di seduta, primi anni '10. Collez. privata

Abbiamo la testimonianza scritta di quali potevano essere i giochi di "un bimbo di paese di dieci anni" all'inizio degli anni '40: «ogni angolo della sua casa parla di lui: della sua agilità sugli anelli, delle arrampicate sulla corda, dalle bocce agli omini di legno, il meccano, le costruzioni, i cavalli senza ruote, cavalli sventrati, aeroplani battuti, navi alla fonda, soldati prigionieri, soldati in marcia, feriti, morti, navi di carta e di legno in opera[16]».

Più il tempo passa, più i figli crescono e più diventano autonomi. La loro curiosità pare essere senza limiti e, talvolta, se non controllata e guidata verso le giuste direzioni può tramutarsi in pericolo. Soprattutto se gli adulti intorno a loro non sono sempre disponibili a seguirli, spesso a causa del lavoro.

Foto n. 13a. Bambini di Rebecco vengono fotografati nell'orto, vicino alla loro casa. Solo i più grandicelli riescono a seguire le indicazioni e guardare il fotografo, gli altri spaesati e, forse, impauriti guardano altrove o addirittura scoppiano in lacrime, 1944. Collez. Gino Giubelli

16. Cfr. Fontanesi E., *Memorie del mio piccolo Cesare*, Tipogr. Operaia Mantovana, 1941, collez. G. Valbusa. Storia di un bimbo strappato alla sua giovanissima vita all'età di 10 anni, scritta da suo padre. Muore in maniera totalmente accidentale mentre è presso uno zio di Rodigo, che abita in campagna. Mentre sta giocando incontra un carro con i buoi di un contadino. Ci sale, poi scende. Senza essere visto ci risale (per gioco) e i buoi, impauriti, iniziano a correre. Il bimbo cade dal carro; una levatrice, che abita lì vicino, intuita la gravità della situazione chiama immediatamente un'autolettiga dell'ospedale di Mantova. Ma, purtroppo, quel bimbo non ce la farà a sopravvivere.

Per cui, arrivava il momento in cui un bambino non più neonato, deve poter lasciare la famiglia, almeno per qualche ora, per conoscere altri bambini, per giocare a nuovi giochi e liberare la fantasia, stando bene attento, però, alle regole. Sempre che la famiglia lo desideri. E come si è già intuito quest'idea veniva abbracciata da parecchi genitori. Si procede così all'iscrizione presso l'asilo.

Foto n. 13b. Una sorridente bambina di circa due o tre anni è seduta fuori casa, un'abitazione modesta come si vede dal muro scrostato sullo sfondo. Ha in mano uno dei suoi giochi (un pupazzo in legno, pare), tra l'altro con una gamba mancante, che pare intrattenerla mentre è seduta sul suo vasino. Si tratta di una minuscola sedia in legno, apparentemente, che funge in realtà da vasino, avente probabilmente un buco al centro della seduta e nella parte sottostante un orinale o qualcosa di simile (non visibile), in un'epoca dove il bagno in casa non esisteva ancora e i propri bisogni corporali venivano espletati all'esterno (spesso sulle concimaie). In attesa di prendere dimestichezza con "il bagno dei grandi" lei sperimenta questo nuovo aspetto di acquisire la sua autonomia in tale maniera, 1947. Collez. R. Faini

L'asilo

A Guidizzolo, che già aveva potuto vedere da vicino la concezione di insegnamento negli asili di F. Aporti e don E. Tazzoli, nel 1892 viene costruito l'asilo comunale, vicino alla scuola elementare, con cui condivide il cortile[17].

Foto n. 14. Asilo comunale con bambini che giocano, tutti vestiti in maniera uniforme con il grembiulino. Quelli seduti davanti al tavolino hanno tra le gambe una specie di birilli in legno, primi anni del secondo dopoguerra. Collez. M. Rodighiero

17. Mondadori F., Perani E. (2003), *Le piccole suore della sacra famiglia di Guidizzolo*, Centro Culturale San Lorenzo ed., GVM, Volta Mantovana, pp. 45-57.

Anche nelle frazioni si sente la necessità di istituire dei luoghi per custodire i bambini in età pre-scolare. A Birbesi e Rebecco si ha notizia che, nel 1915, vengono nominate dal Comune le dirigenti degli *Asili-Custodia*. Per Birbesi presentano domanda due signore, e verrà scelta la sig.ra Gandini Maria. Per Rebecco c'è una sola domanda: quella della sig.rina Delmenico Lina Argentina, che ovviamente sarà accolta. Le concorrenti sono poche ma occorre procedere alla nomina, data l'impellente necessità del periodo. Ognuna percepirà uno stipendio annuo di Lire 350[18].

Ovviamente l'asilo principale rimane quello del centro paese. Durante gli ultimi anni della Seconda guerra mondiale, viene utilizzato dai tedeschi che lo rendono praticamente inagibile. All'indomani della fine degli scontri armati si presenta il problema della sua ricostruzione. Immediatamente, grazie allo slancio delle Piccole Suore della Sacra Famiglia di Guidizzolo, già presenti nel paese dal 1901 presso la Casa di Riposo, pare esserci una buona cooperazione fra la Parrocchia e il Comune. L'idea è quella dunque di riaprirlo insieme.

Tuttavia, il Comune pensa di agire in maniera autonoma e, lasciando ai margini la cooperazione con la Parrocchia, accelera i tempi – forse per imminenti necessità – aprendo il 1° ottobre 1945 il proprio asilo (vedi Foto 14).

La Parrocchia sin dai primi anni '20, ottiene una Suora della Sacra Famiglia affinché fosse disponibile per le bambine e le adolescenti che dopo la scuola elementare non potevano stare in famiglia. Tramite lei veniva favorita la conoscenza e si gettavano così le basi (pratiche) per il futuro delle ragazzine. Per questa ragione viene aperta la scuola lavoro di cucito, rammendo e ricamo nell'angolo del sagrato, opposto alla canonica.

Per poterla costruire, a causa del poco denaro che circolava, si pensa di richiedere alle famiglie la donazione di alcune uova, in particolare durante la primavera quando ve n'erano in abbondanza. Dalla loro vendita si ricavano i soldi per la costruzione della casa (che prenderà poi il nome di *sala delle uova o scöla di öf*[19]) e dell'arredo (sedie, sgabelli e tavoli di recupero). La Suora non insegna solo l'arte del cucito e ricamo alle più grandicelle, ma custodisce anche bimbi piccoli, proprio come si vede nella Foto 15. Una sorta di asilo non formalizzato, dunque, con grande sollievo per le famiglie che non dovevano pensare ai loro figli come soli e abbandonati.

18. Verbale di deliberazione del consiglio comunale; nomina delle dirigenti degli Asili-Custodia nelle frazioni di Birbesi e Rebecco, 24 novembre 1915. Rif. b. n. 20, 1916-1917, f. 7, Archivio Storico Comunale di Guidizzolo.

19. Denominata in questa maniera perché costruita grazie alle offerte ottenute vendendo uova, che le ragazze facenti parte di Azione Cattolica andavano a chiedere bussando di porta in porta, nelle vie del paese.

Foto n. 15. Scuola di lavoro cucito e ricamo. Si vedono delle bambine, ma anche delle ragazzine e qualche donna; queste ultime davano una mano nella gestione che era formalmente affidata alle Suore della Sacra Famiglia (presso la Parrocchia), di cui vediamo tre rappresentanti che sembrano sorvegliare tutte con la loro rassicurante presenza, 1935. Fondo Caritas-Mondadori

Dopo alcuni momenti di perplessità di fronte all'apertura dell'asilo comunale, di riflesso, anche la Parrocchia apre il proprio asilo gestito dalle suore[20] appositamente mandate dalla Casa Madre di Castelletto di Brenzone sul Garda (Vr), proprio all'interno della casa delle uova. D'altra parte, le esigenze dopo la guerra erano cambiate. Urgeva una scuola materna, un'istituzione vera e propria.

20. Suor Sarina Bombelli, superiora, Suor Serenilla Zardo, maestra e Suor Zitemma Gnesotto, cuoca.

Foto n. 16. Asilo parrocchiale nella nuova sede gestito dalle Suore Operaie della Santa Casa di Nazareth. I bambini sono cresciuti di numero, tutti portano il grembiulino e sono seguiti dalle loro maestre-suore, 1958. Collez. A. Delmenico

Qualche anno dopo, nel 1951 circa, verrà costruito un nuovo asilo parrocchiale poiché la mole di bambini era diventata assai rilevante da richiedere un suo ampliamento. Tutto ciò era stato possibile per mezzo di un Comitato di Patronesse che, sotto la guida del parroco e grazie al contributo della popolazione, riuscì a costruire un nuovo edificio. Nel frattempo, nel 1949 le Suore della Sacra Famiglia erano state richiamate a Castelletto e si era alla ricerca di una nuova congregazione di suore che potesse gestire l'asilo. La Parrocchia, dato ciò, concluse dunque un accordo con le suore di Botticino (Bs): le Suore Operaie della Santa Casa di Nazareth[21] (vedi Foto 16). Alcune di loro avrebbero potuto trovare lavoro in fabbrica e interessarsi delle famiglie degli operari, aiutando soprattutto le mamme che durante le ore di lavoro sarebbero state ben felici di affidare i loro bambini alle suore[22].

21. Cfr. www.suoreoperaie.it/, visitato il 15/07/2019. Ed inoltre il recentissimo vol. di Telò G. (a cura di) (2020), *Un'occhiata al cielo e avanti! Le Suore Operaie da 70 anni a Guidizzolo (1950-2020)*, Parrocchia di Guidizzolo, Stampa Nadir 2.0, Nuvolento (BS).

22. Cfr. il documento: *La scuola materna parrocchiale*, Fondo Caritas-Mondadori.

La scuola elementare

Dopo la legge Casati (1859) iniziano ad essere legiferate tutta una serie di nuove regole che portano, nel tempo, ad una *nuova* scuola elementare di base gratuita e obbligatoria, composta dai primi due anni ai quali poi se ne aggiungono altri tre. Se, di fatto, inizialmente il costo per costruirle è a carico di ogni singolo Comune, con tutte le problematiche legate a questo onere, dal 1911 passa allo Stato.

Questa diventa dunque la scuola elementare, che mira a combattere l'analfabetizzazione alla radice. Si noti infatti che l'analfabetismo è una piaga sociale presente anche fra gli adulti in maniera massiccia, e che cerca di essere colmata attraverso le scuole serali. Di quest'ultima problematica si parla, ad esempio, in una lettera del 1914 dove il sindaco di Guidizzolo informa la Provincia di Mantova dell'apertura di questa tipologia di scuole

Foto n. 17. Scuole comunali Birbesi, con gli alunni tutti posizionati davanti all'edificio, o sulle scale o in fila, in maniera composta. A seguito di un lascito al comune di Guidizzolo ad opera del Cav. Conte Italo Rizzini viene costruita questa nuova scuola comunale a Birbesi nel 1899. Infatti, grazie alla donazione del 20/05/1898, un fabbricato rustico preesistente, con terreno, viene trasformato nella scuola di Birbesi. Rif. b. n. 13, 1898-1899, f. 11, Archivio Storico Comunale di Guidizzolo.
1935. Espos. Fotografica, Comune di Guidizzolo, Galleria Mondadori

«nel centro e nella frazione di Rebecco fatto dalle insegnanti sig.a Gandolfi Maria e Bonoldi Adele[23]».

Concretamente a Guidizzolo, in paese, la prima scuola elementare viene costruita ed inaugurata nel 1892, dopo aver utilizzato locali in affitto per svariati anni[24]. Questo edificio pare, però, non essere sufficiente e qualche tempo dopo vengono costruite altre due scuole nelle frazioni: una a Birbesi (vedi Foto 17) e una a Rebecco. Nel 1912, proprio a Rebecco, il sig. Gandellini Giacomo vende al comune di Guidizzolo del terreno sul quale poi sarà progettata e costruita la scuola[25]. In entrambe le frazioni c'erano un bidello e un campanaro, ovvero colui che aveva il compito di suonare la campanella per scandire gli orari della scuola.

Invece, a Selvarizzo, non sarà mai costruita una scuola ma si usufruirà sempre e comunque di locali affittati, nonostante il caloroso invito dell'amministrazione scolastica provinciale di Mantova ad istituire una «scuola unica mista»[26], «considerato che nella frazione di Selvarizza di Guidizzolo non vi sono scuole e che gli obbligati debbono frequentare le scuole del capoluogo distanti 3 chilometri»[27]. Come sottolineato in una lettera[28] dell'immediato primo dopoguerra il Sindaco di Guidizzolo, sig. Bignotti Ulderico, scrive al Provveditore degli Studi di Mantova per far presente che «alla frazione Selvarizzo, per la sua posizione topografica, non vi potrebbero affluire ragazzi da altri cascinali senza percorrere distanze molto più grandi di quella di accedere alle scuole del centro o di altra frazione[29]». Per questa ragione non verrà mai costruita una scuola elementare a Selvarizzo.

Scattando una sorta di fotografia dell'anno scolastico 1916[30], per cui nel bel mezzo del primo conflitto mondiale, sappiamo che la frazione di Birbesi conta 700 abitanti e nell'anno appena trascorso aveva avuto 108 alun-

23. Archivio Storico Comunale di Guidizzolo, b. 19, f. 10. In particolare, sul cimitero di Guidizzolo, presso la tomba della famiglia Daeder, è ancora presente la lapide che recita «Bonoldi Adele Daeder – per 46 anni insegnante a Rebecco – N. 11-05-1865 M. 7-1-1940».

24. Rif. Ruffoni G. (1994), *Guidizzolo nella sua storia*, Litocolor R&S, Guidizzolo, pp. 142 e ss.

25. Rif. Archivio Storico Comunale di Guidizzolo, b. 24, f. 1.

26. Rif. b. 20, 1916-1917, f. 7. Lettera del 03/10/1915 dall'Amministrazione Scolastica Provinciale di Mantova al Municipio di Guidizzolo, Archivio Storico Comunale di Guidizzolo.

27. Ibidem.

28. Rif. b. 20, 1916-1917, f. 7. Lettera del 07/10/1916 dal Municipio di Guidizzolo al Provveditore degli Studi di Mantova, Archivio Storico Comunale di Guidizzolo.

29. Forse qui ci si riferisce a Castel Grimaldo. Vedi f. 7 *Introduzione*.

30. Rif. b. 20, 1916-1917, f. 7. Lettera del 07/10/1916 dal Municipio di Guidizzolo al Provveditore degli Studi di Mantova, Archivio Storico Comunale di Guidizzolo.

ni (anche se sarebbero potuti essere 120 se non si fossero staccate le cascine Dossodaione, Colombare e Rezzato ed altre), mentre nella frazione di Rebecco si contavano 94 alunni. Il totale degli abitanti in Guidizzolo è di 3500 unità e la «popolazione scolastica» ammonta a 550, per cui le scuole sono molto frequentate, tant'è che occorre aprirle con orario diviso per potere garantire a tutti la partecipazione alle lezioni.

Foto n. 18. I bambini di Birbesi con la maestra Emma Imperatori e la sig.ra Giuditta (maestra di lavoro) posano all'interno della corte Chitotti. I più piccoli sono stati messi seduti nelle prime file, mentre i più grandi stanno impettiti in piedi sullo sfondo; tutti con i loro vestiti modesti e le loro facce serie, 1918. Calendario Birbesi 2004

La scuola Elementare del comune di Guidizzolo, anno scolastico 1916-17, prevede una scuola *mista* (maschie e femmine insieme) posta in capoluogo. Non è poi da escludere che all'interno di ogni classe la divisione, anche dal punto di vista fisico (dove prendevano posto gli alunni nei banchi, ecc.) fosse comunque netta e ben presente (vedi Foto 21). Si noti poi che per le femmine esisteva una materia in più, denominata: «lavori donneschi»[31]. Sono chiari dunque, sin dalla scuola elementare, quali dovevano essere i compiti dei ragazzi e quelli delle ragazze.

31. Archivio Storico Comunale di Guidizzolo, b. 20, f. 7, Registro degli scrutini finali di maturità anno 1916-17, Scuola Elementare del comune di Guidizzolo, p. 3.

Durante quell'anno scolastico la classe IV, diretta dalla maestra De Lorenzi Maria, era composta da 16 maschi e 6 femmine[32]; poiché c'erano gli scrutini finali di maturità sappiamo che i promossi furono 4 (2 maschi e 2 femmine). Potere frequentare la scuola durante la guerra era talvolta difficile, e il percorso scolastico degli alunni non era certo lineare come in tempo di pace. Inoltre, forse, conseguire voti sufficienti era chiedere troppo a quei ragazzi, in quel particolare momento bellico.

Terminato il primo conflitto mondiale anche la scuola pare ritrovare il proprio equilibrio. Tuttavia, questa logica, fiorente e vantaggiosa per la cultura di *tutti* i bambini, subisce un brusco arresto. Prende una nuova strada con l'arrivo del fascismo, dove vengono create regole di gran lunga più ferree.

Foto n. 19. Bambino in età pre-scolare vestito con copricapo, cappottino e ghette o uose tipiche del periodo fascista, 1939-40. Collez. G. Terzi

32. Come si nota la percentuale di maschi supera di gran lunga quella delle femmine.

Foto n. 20. Saluto fascista di un bimbo vestito da balilla, anni '30. Collez. M. Rodighiero

Non tanto esaminando la Riforma Gentile (1923), quanto l'ONB[33] (Opera Nazionale Balilla) che aveva il compito di curare l'educazione fisica e morale della gioventù italiana si percepisce la rigidità del sistema. Nelle scuole era previsto un solo testo per ciascuna delle prime due classi e due testi (libro di lettura e sussidiario) per le successive tre classi. Tramite il testo unico lo Stato poteva così esercitare un controllo diretto sull'insegnamento e, nel contempo, entrare nelle famiglie creando così il consenso di massa[34].

Basta una rapida occhiata alle foto dei bambini in età pre-scolare (Foto 19 e 20) per comprendere la rigidità del sistema e l'importanza attribuita alle regole. Il bambino della Foto 19 fa trasparire una seria anima militaresca oscurando la sua innocenza di fanciullo. Quello della Foto 20 lascia attoniti per la grinta e l'impegno messo in quel saluto fascista. Si tratta di un figlio della Lupa, ovvero un'organizzazione infantile che prepara i fanciulli ad entrare nei ranghi dei Balilla o delle Piccole Italiane[35]. Per i bimbi così piccoli obbedire diventa quasi un gioco. Quelli più grandi, dalle elementari in avanti, iniziano invece ad avere la loro opinione o la ereditano dalla propria famiglia di origine.

Nel 1926 (vedi Foto 21) abbiamo l'esempio di una classe V, presso le scuole elementari di Guidizzolo, che sta guardando delle immagini con l'ausilio del proiettore. Nel 1933 viene fondato l'Ente radio-rurale, una istituzione fascista, voluto per diffondere apparecchi radio-riceventi nelle scuole, specialmente rurali, al fine di integrare con programmi radiofonici di carattere politico e culturale l'insegnamento scolastico, la propaganda fra i contadini e la preparazione spirituale dei militari sotto le armi[36]. Tutto era calcolato, tutto aveva un fine preciso.

33. L. 2247 del 3 aprile 1926; confluisce poi nel 1937 nella GIL (Gioventù Italiana del Littorio).

34. Cfr. Presidenza Centrare dell'Opera Balilla (a cura di) (1937), *Il capo centuria*, Pizzi&Pizio, Roma.

35. PNF (1938-XVI), *Il primo libro del fascista*, la GIL commissiona la stampa e ogni altra cura libraria a officine grafiche A. Mondadori, Verona, p. 76.

36. Ivi, p. 89.

Foto n. 21. Classe V presso le scuole elementari, durante una lezione con proiezioni guidata dal maestro Fattori Adelchi. I maschi sono tutti seduti da un lato e le femmine da quello opposto. Chi non riusciva a vedere bene si poteva alzare in piedi. I sotto-banchi sono pieni di libri e quaderni per lo studio e alle pareti, oltre alle cartine geografiche, ci sono immagini belliche. Nel periodo fascista, molto spesso, per cercare di facilitare l'apprendimento di nozioni mirate venivano utilizzati dei supporti, come appunto il proiettore, 1926. Fondo Caritas-Mondadori

Foto n. 22. Classe III presso le scuole elementari di Guidizzolo, il maestro al centro e gli alunni tutti intorno. Quasi tutti sono vestiti normalmente (niente divise), nonostante il periodo sia quello fascista, 1927-28. Collez. I. D'Isola

I giovani del Regime dai 6 ai 21 anni di ambo i sessi sono organizzati nella Gioventù Italiana del Littorio istituita presso il PNF; il loro motto è «credere, obbedire, combattere». Sono suddivisi in: Giovani Fascisti dai 17 ai 21 anni; Avanguardisti moschettieri dai 15 ai 17 anni; Avanguardisti dai 13 ai 15; Balilla moschettieri dagli 11 ai 13; Balilla dagli 8 agli 11; Giovani fasciste dai 17 anni fino al passaggio ai Fasci Femminili; Giovani Italiane dai 14 ai 17; Piccole Italiane dagli 8 ai 14; Figli della Lupa (maschi e femmine) dai 6 agli 8 anni[37].

Chi aveva dunque seguito tutto il percorso previsto dal regime fascista, ed aveva un'età di circa 21 anni, andava a ricoprire compiti di responsabilità e comando verso i più giovani. Li doveva preparare spiritualmente, sportivamente e premilitarmente. Anche i maestri, nelle scuole elementari e medie, dovevano provvedere in modo particolare all'insegnamento dell'educazione fisica secondo i programmi predisposti di concerto col Ministero dell'Educazione nazionale. Occorreva creare l'assistenza (anche extra scolastica) svolta attraverso i campi, le colonie climatiche, il Patronato scolastico o con altri mezzi disposti dal Segretario del Partito Nazionale Fascista; vigilanza e controllo su tutte le colonie climatiche e istituzioni affini, da chiunque fondate o gestite[38].

Foto n. 23. Balilla con la divisa brandiscono bastoni e sassi. Avranno all'incirca 8-9 anni e, fra di loro, i più grandi sono anche i più audaci, mentre i più piccoli sembrano spaesati e quasi impauriti da questo scatto nel quale devono apparire per forza forti e aggressivi, 1935. Fondo Caritas-Mondadori

37. Ivi, p. 67.
38. Ivi, pp. 66-67.

Tutti avevano dunque la loro precisa classificazione, con i propri doveri a seconda delle loro capacità, che variavano in base all'età. Ma come si concretizzava tutto ciò? Ce lo può chiarire il quadernetto[39] di uno scolaro di Guidizzolo, che in data 5 dicembre 1938 scrive, sotto dettatura, questa poesia dal titolo:

Il buon Balilla

Sono un Balilla // All'erta stò,
ma sassi all'aria // non lancio, no.
Balilla verrò // Sassi lancio
Ma per la Patria // Questo ormai so.
Io pur la Patria // Servire vò
Per farle onore // Lavorerò.
Se io educato // Pel mondo andrò
Buon italiano // Cosi sarò
Sono un Balilla // Ma i sassi... hoibò
Sol per la Patria // Li lancierò

Questo ero lo stile che ai maestri si imponeva di tenere a scuola. Rigorosamente utilizzando, nei dettati così come nei problemi matematici, parole che potessero ricondurre all'ambito fascista. Una specie di continuo e pressante ricordo di ciò che questi bimbi sarebbero dovuti diventare. Questa poesia pare fare da perfetta cornice alla Foto 23, dove i bambini (rigorosamente maschi) oltre a mostrare i loro bastoni con aria di sfida e superiorità (tranne forse i più piccini, che sembrano quasi spauriti) hanno in mano persino dei grossi sassi, che non esiterebbero di certo ad utilizzare, come dice la poesia, per difendere la Patria.

La posa dei soggetti nella foto è stata sicuramente ben studiata, secondo i dettami di una sottile propaganda, indubbiamente molto efficace fra la gente comune dell'epoca. Il fine ultimo di questa immagine ad alto effetto contenutistico è di convincere e quasi elettrizzare i giovani e le rispettive famiglie ad entrare a far parte delle schiere fasciste.

Si pensi che Mussolini, per non avere troppi problemi con Papa Pio XI, che nega con forza ai giovani di entrare a far parte di queste squadre fasciste, decide di riconoscere e permettere l'opera dell'Azione cattolica (a patto che si limitasse alla diffusione dei principi cristiani) e delle associazioni parrocchiali, mentre ne scioglie altre giudicate più rischiose da gestire, come ad esempio, i boy-scout[40].

39. Quaderno di Maffioli Vittorio, fondo Caritas-Mondadori.
40. Cfr. Aa.Vv. (2011), *Come eravamo*, Mondadori, Milano.

Foto n. 24. Balilla (circa 10 anni) con la divisa e i fucili comandati da un avanguardista (circa 13-14 anni). Tutti sull'attenti e composti seguono le regole della disciplina, 1941. Fondo Caritas-Mondandori

Foto n. 25. Classe di bimbi (circa 7 anni), tutti maschi, vestiti da figli della lupa, con la camicia nera attraversata da un cinturone e una fascia bianca incrociata sul petto chiusa dalla spilla a forma di "M" come Mussolini, pantaloncini (solitamente grigio-verdi) e calzettoni. In testa portano il fez, dal fiocco pendente, che ha un fregio al di sopra. Il loro maestro è presente insieme a loro, fine anni '20-inizio anni '30. Collez. V. Galvani

Nonostante tutte le imposizioni che vengono dall'alto non si può cambiare l'essenza della gente. Ne è testimonianza quanto scrive il padre di un ragazzo di Guidizzolo. Quest'ultimo è un orgoglioso balilla moschettiere capo squadra (geloso della propria divisa; vedi Foto 26) di soli 10 anni. A proposito dei suoi comportamenti il papà annota: «alla nostra casa si presentavano accattoni abituali il sabato. Ma poiché tante volte noi genitori non ci badavamo [...] egli veniva ad avvertici con questa sua tipica espressione "c'è il povero venuto per la carità" e ci sollecitava ad allungargli qualcosa e quando ritardavamo, si frugava nelle sue taschine dando 10 centesimi dei suoi, preoccupato di vederlo aspettare[41]».

Foto n. 26. Balilla moschettiere capo squadra (10 anni). Questo ragazzo è orgoglioso di avere raggiunto tale traguardo e il suo sorriso compiaciuto lo dimostra pienamente. Ragazzo dalle grandi aspirazioni e potenzialità purtroppo non realizzerà mai i suoi sogni, data la sua prematura scomparsa, 1940. Collez. G. Valbusa

41. Cfr. Fontanesi E. (1941), *op. cit.*, collez. G. Valbusa.

La generosità anche nei periodi più ardui, come quello di una guerra in corso, scarni e privi dei valori autentici, non viene mai meno. Probabilmente perché quei valori, cristiani di base, da troppi anni sono parte della quotidianità della gente di Guidizzolo e vengono impressi nel DNA dei bambini, dei giovani.

Foto n. 27. Primi anni delle scuole elementari bambini e bambine con divise fasciste e non ostentano i loro strumenti musicali, anni '30 circa. Fondo Caritas-Mondandori

Come si è già visto, i bambini dai 6 agli 8 anni portavano la *divisa*[42] da figli della lupa (vedi Foto 25), quelli dagli 8 ai 12 portavano la divisa da Balilla escursionisti, poi dai 12 ai 14 erano Moschettieri, e così via... ognuno di loro aveva diritto ad assistenza scolastica, igienica e sanitaria, previdenziale e assicurativa. A scuola era pressoché fondamentale la pratica degli sport e dell'esercizio fisico. Pensando ai maschi, il tutto era sempre e comunque finalizzato ad avere uomini preparati fisicamente per essere i soldati forti e scattanti di domani.

42. In maniera figurata la divisa «dell'autentico Fascista è questa: non adagiarsi mai nel fatto compiuto, non sostare, se non per il breve, necessario riposo e quindi riprendere immediatamente la marcia in avanti», in PNF (1938-XVI), *op. cit.*, p. 52.

Foto n. 28. Bambini di prima elementare con le loro maestre scattano una fotografia. L'insegnante a sinistra è Quiri Antonietta. Alcuni hanno divise fasciste (si notino le bambine con la gonnellina nera di seta, le calze bianche e le scarpe di vernice nera, una camicia o maglioncino bianco e la "M" di Mussolini puntata sul petto, il berrettino di seta nera e i guanti bianchi. Divisa di gran lunga più elegante rispetto a quella dei loro compagni maschi), ma la maggior parte ha optato per i classici grembiulini, 1935. Collez. Fam. Nicolai

Infatti, Quiri Antonietta[43] (che vediamo raffigurata nella Foto 28), maestra alla scuola elementare di Guidizzolo, annota che per l'insegnamento della lingua italiana ha trovato parecchie difficoltà, ha dovuto perdere tanto tempo per correggere gli alunni che facevano gravissimi errori di ortografia e grammatica. Mentre in educazione fisica pare che tutti siano stati molto bravi, allenandosi molto secondo le «esercitazioni obbligatorie dell'ONB per l'anno XI. Il saggio finale del 24 maggio riuscì molto bene[44]» (vedi Foto 29).

43. B. 25, anno 1937, Archivio Storico Comunale di Guidizzolo. Quiri Antonietta, insegnante alle scuole elementari in paese per l'anno 1932-33, scrive nella relazione annuale del 30/06/1933.

44. Ibidem.

Foto n. 29. Saggio ginnico di fine anno scolastico, eseguito sulla pubblica piazza (l'attuale piazzale Marconi), perché tutti possano vedere l'eccellente risultato di un anno di lavoro nella più completa disciplina. Prima si esibiscono le ragazze ed i ragazzi, insieme ad altri spettatori, stanno a guardare; poi viceversa. Tutte le allieve vestite nella medesima maniera (così come tutti gli allievi) poiché la divisa è indispensabile, soprattutto durante le pubbliche manifestazioni, 1934. Cartolina

Inoltre la maestra Antonietta afferma: «ho lavorato molto nella mia scuola ed ho anche sofferto perché non sempre ho avuto dai bambini soddisfazioni. Ma sono sempre andata avanti con fiducia e con amore. Posso dire davvero d'averli amati tutti, dal più bravo al meno intelligente, dal più buono al più birichino... e spero anche di averli migliorati[45]». Da queste parole traspare la fatica nel cercare di entrare in contatto con questi bimbi che non sempre erano predisposti per imparare, per svariati motivi.

Inoltre, in appendice alla relazione della maestra, c'è un sunto che ci permette di capire che i tesserati ONB sono: 17 Balilla e 13 Piccole Italiane; Balilla con divisa 12, Piccole Italiane con divisa 13[46]. Da qui si desume che non tutti gli iscritti alla ONB avevano deciso di acquistare *anche* la divisa. Ecco dunque come mai alcuni bambini, nelle fotografie, la indossano palesando dunque il loro orientamento (e quello della famiglia). Alcuni, nono-

45. Ibidem.
46. Ibidem.

stante le forti richieste fasciste, potevano non essere iscritti nella ONB, per cui vestivano normalmente, o con il grembiulino. Fra coloro che invece erano tesserati alcuni potevano avere acquistato la divisa, e quindi la indossavano, altri no. O per motivi economici o, molto più verosimilmente, perché avevano ricevuto talmente tante pressioni ad iscrivere il proprio figlio che avevano finito per farlo, ma senza credere veramente in ciò che stavano facendo. Per questa ragione mandavano il bimbo a scuola senza la divisa, che appositamente avevano scelto di non acquistare. Si noti come nella Foto 22, del 1927-28, la percentuale di bambini vestiti con divisa fascista sia molto ridotta rispetto al periodo successivo (vedi ad es. Foto 28, del 1935). Molto probabilmente l'invito in merito all'acquisto della divisa, nel tempo, si è fatto quasi un ordine al quale obbedire. Il fine ultimo del regime fascista, infatti, era quello di nazionalizzare le masse, anche attraverso questa modalità.

Foto n. 30. A conclusione del saggio ginnico di fine anno i ragazzi si schierano suddivisi fra maschi, da un lato, e femmine dall'altro colorando la piazza con due colori contrastanti. Spiccano infatti le divise scure dei bambini e le divise, ravvivate dal bianco della camicia, delle loro compagne, 1934. Cartolina

Come si è visto, i Balilla sono addestrati a scuola, attraverso l'educazione fisica, e con esercitazioni periodiche, oltre i campi e le colonie estive[47].

47. PNF (1938-XVI), *op. cit.*, p. 73.

Anche le Piccole (dalla nascita sino ai 14 anni) e le Giovani Italiane (14-18 anni) vengono preparate ai doveri propri della donna attraverso attività artistiche, ricreative e con l'assistenza igienico-sanitaria e spirituale, particolarmente indirizzata al culto delle virtù familiari e al compimento della missione domestica[48]. Anch'esse, comunque, devono compiere esercitazioni ginnico-sportive, ovviamente da svolgersi in maniera totalmente separata rispetto ai maschi (vedi Foto 29).

Si vuole qui aprire una breve parentesi in merito all'anno 1934 (riportato, ad esempio sulle cartoline n. 29 e 30). Questo anno ricorre impresso su molte altre immagini di Guidizzolo che abbiamo reperito nel corso di questo nostro lavoro. Non bisogna certo dimenticare che proprio in quell'anno fosse presente un fotografo (Nardelli, attivo in via Chiassi) che scattò diverse fotografie, immortalando alcuni momenti della storia iconica del paese. Tuttavia, forse, possiamo andare oltre questo dato di fatto. Cioè, probabilmente, si cercò di produrre quante più immagini positive possibili del regime fascista perché la gente potesse vederle. Con una cartolina che ritraeva momenti di vita quotidiana e dove erano presenti persone del paese, tutti quanti avrebbero potuto apprendere la solidità e la forza che la dittatura poteva garantire. Questo era il messaggio che occorreva diffondere alle masse proprio in un anno dove Hitler, neo-dittatore tedesco, avrebbe voluto conquistare l'Austria, provocando un terremoto politico. Tuttavia, Mussolini lo contrastò fortemente creando inevitabili tensioni. Sino all'omicidio di Dulfuss, cancelliere austriaco. In questo clima molto teso, dove gli equilibri politici potevano rompersi scatenando dei conflitti, la gente doveva solo credere nel Duce e nelle sue decisioni, avvertendo solo sicurezza senza mai dubitarne. E come, se non attraverso questo espediente?

Ritornando ora al mondo femminile fascista, non bisogna dimenticare che i Fasci femminili concorrono all'assistenza della maternità e dell'infanzia[49]. Infatti, nel 1925 viene fondato un ente assistenziale italiano che ha come scopo la protezione e la tutela di madri e bambini in difficoltà: l'ONMI (Opera nazionale maternità e infanzia), battuta sul tempo come già si è visto, dal punto di vista assistenziale, dal cattolicesimo sociale lombardo. Infatti, essa trova molta difficoltà ad entrare in una rete di organismi già costituiti e presenti in ambito privato o religioso (congregazioni di carità, opere pie, ...) che sostengono, danno cibo e alloggio a madri e bambini in gravi difficoltà.

48. PNF (1938-XVI), *op. cit.*, p. 75.
49. Ivi, p. 60.

Foto n. 31. In questa foto vediamo alunni della scuola elementare di Birbesi – da notare, tutti maschi, ad eccezione della maestra (vestita con un cappotto sino sotto il ginocchio) e un'altra donna che toglie l'erba che si intravede sullo sfondo a destra – mentre stanno lavorando nell'orto. Tutti chini verso terra, chi con una zappa, chi con un innaffiatoio, tutti contribuiscono alla buona riuscita di questo progetto scolastico prediletto durante il periodo fascista al fine di formare, anche dal punto di vista fisico, sociale e lavorativo, gli uomini del domani, anni '30. Collez. M. Rodighiero

Il vero fine di questa associazione è combattere l'alto tasso di mortalità infantile e portare dunque in Italia un'alta crescita demografica. Il fascismo è dunque chiaramente pro-natalista: nel 1926 viene messo fuori legge l'aborto ed è vietata qualsiasi propaganda a favore dei metodi anticoncezionali. Attraverso una serie di specializzazioni professionali, che nascono in questa epoca, si vuole dare un maggiore servizio qualitativo: nel 1932 viene ufficializzata la figura del pediatra, nel 1937 le levatrici lasciano spazio alle ostetriche, … la protezione igienica della maternità con la medicalizzazione del parto che si afferma negli anni '30, l'educazione alla maternità, la difesa materiale e morale dei bambini e ragazzi sino alla maggiore età sono alcune delle regole rivoluzionare che arrivano, lentamente, a penetrare il tessuto della quotidianità.

Chi può rivolgersi all'ONMI? Solo chi ha determinati requisiti di reddito e una particolare situazione famigliare. Il problema di questo ente rimane la scarsa disponibilità di fondi e, durante la guerra, si trasforma addirittura in un luogo dove poter dare un aiuto concreto alla gente stremata dalla fame e dalla miseria. Sarà presente sino al 1975 quando una legge la sopprimerà definitivamente perché sul territorio erano già presenti molte altre realtà come consultori (pediatrici, materni, ...), il SSN (Servizio sanitario nazionale), ... e perché viene considerato come un sorpassato strascico dell'epoca fascista.

Foto n. 32. Alunni delle scuole elementari di Birbesi di Guidizzolo posano vicino alle arnie delle api, di cui il maestro Antonio Visini era un appassionato e per questo ne traeva spunto per la didattica, 1939. Calendario Birbesi 2004

Non solo associazioni specifiche come quella appena descritta erano preposte all'aiuto concreto verso i più bisognosi. Anche fra le maestre, qualcuna, pare farsi portavoce delle difficoltà economiche nelle quali vivono le famiglie dei loro alunni. Come, ad esempio, la maestra Quiri Anita che nella relazione finale per l'anno scolastico 1934-35[50], nella parte dedicata a «rilievi, iniziative e desideri dell'insegnante», annota di avere trovato ostacoli nell'entrare in sintonia con i propri alunni e di essersi tenuta in contatto con le famiglie per farsi interprete dei «loro biso-

50. B. 25, anno 1937, Archivio Storico Comunale di Guidizzolo.

gni presso le opere assistenziali affinché i veri poveri fossero aiutati su larga scala[51]».

Nelle frazioni, come Rebecco, il materiale scolastico, come i banchi, arrivava dalla scuola di Guidizzolo e, spesso, era quello scartato. Quiri Anita così descrive l'arredo scolastico: «i banchi sono vecchi e sciupati[52]».

Inoltre la Quiri auspica che possa essere istituita una piccola biblioteca che, a differenza della scuola del paese, non esiste ancora. E, se fosse possibile, chiede un stufa da mettere in corridoio, così che i bambini possano fare la «refezione scolastica» in corridoio, senza dovere rimanere in classe. Pare dunque esserci tanto da fare per queste scuole decentrate rispetto a quelle del paese.

Durante la Seconda guerra mondiale, tuttavia, si cerca come si può di dare un senso di normalità alla vita quotidiana, e quindi anche alla scuola. Per esempio, il maestro delle scuole elementari di Birbesi ha trasformato la sua passione per le api in un potenziale spunto per la didattica (vedi Foto 32). Certamente non si potevano organizzare grandi uscite, grandi gite, ma questa idea era concessa e sicuramente poteva avvicinare i bambini, attraverso la pratica e la curiosità, a nuove forme di studio verso questi preziosi insetti.

Una volta terminato il secondo conflitto mondiale e concluso dunque il periodo fascista, rimane nelle aule l'uso del grembiulino sia per i bambini che per le bambine, in maniera uniforme, segno di ordine e appartenenza ad una stessa classe scolastica. Non si è più costretti a fare delle scelte in ambito di divise, l'ambiente scolastico diventa sicuramente più rilassato e lascia spazio ad un riconoscimento estetico e formale senza secondi fini di natura politica.

La colonia elioterapica

Le origini delle colonie elioterapiche affondano le proprie radici già nel '700, quando l'aristocrazia inglese offriva denaro per fare in modo che i bambini delle classi meno abbienti potessero recarsi presso queste strutture, per lo più create al mare o in montagna, al fine di combattere il *rachitismo* infantile.

In Italia, con l'arrivo del Fascismo, questi centri prendono sempre più importanza ed iniziano a svilupparsi in maniera copiosa. Infatti, il movimento si occupa direttamente di fondare nuove colonie con il fine ultimo di formare futuri uomini di sana e robusta costituzione, pensando che diventeranno soldati in un prossimo futuro.

51. Ibidem.
52. Ibidem.

Foto n. 33. Foto di gruppo colonia elioterapica. Bambini, da una parte, e bambine, dall'altra, dopo il saluto alle fotografie del Duce e del Re, come da rituale appese nel cortile, si apprestano a svolgere le consuete attività giornaliere. La foto, ben bilanciata dal punto di vista degli spazi, prevede sulla destra la presenza di 8 bimbi più grandi con fucile e, a specchio, altrettante figure femminili sulla sinistra. In ogni comune la Segretaria del Fascio Femminile è Ispettrice della GIL; ai suoi ordini ci sono una viceispettrice e quattro capi gruppo, rispettivamente per le Giovani Fasciste, le Giovani Italiane, le Piccole Italiane e i Figli della Lupa. Cfr. PNF (1938-XVI), op. cit., *p. 69.*
I due schieramenti di maschi e femmine al centro, che fuoriescono dal cancello, sono guidati rispettivamente da un bimbo e una bimba più grandi ai lati esterni, 1939. Aa.Vv. (1986), Guidizzolo ieri e oggi: 1863-1985, *Bonazzi litogr. Ed., Guidizzolo, foto n. 140*

Ed ecco che anche a Guidizzolo viene fondata la colonia elioterapica. È dedicata al Maresciallo Pilota Luigi Vaschi[53] (vedi Foto 33), nato in provincia di Mantova e morto come un eroe a Selaclacà, Beles (Etiopia) nel 1935. Verosimilmente fondata a Guidizzolo nel 1936, abbiamo traccia di un primo contributo pro-colonia elioterapica pari a Lire 1.000 (a seguito della richiesta del Comando del Fascio di Guidizzolo) già nel

53. Per maggiori riferimenti biografici e onorificenze ricevute vedi www.quirinale.it/onorificenze/insigniti/13681 e www.arma-aeronautica.org/index.php/m-llo-pil-m-o-v-m-luigi-vaschi, visitati il 15/07/2019.

1937[54]. A seguire, ogni anno[55], viene così erogato un contributo, sino al 1942.

Foto n. 34. Bambini che partecipano alla colonia elioterapica, nel cortile delle scuole elementari, con sabbia per ricreare il paesaggio marino. Hanno lasciato a terra le scarpe, sono dunque scalzi, portano un cappello per ripararsi dal sole; indossano pantaloncini e canottiera. Più sole prenderanno e più vigore avrà la loro crescita, combattendo così il tanto temuto rachitismo, 1940. Collez. G. Cagioni

Sebbene collocata nel cuore della Pianura Padana, lontano dunque dal mare e dai monti, viene ricreata una sorta di spiaggia (vedi Foto 34) nel cortile di quella che era la sede della scuola elementare e dell'asilo.

La GIL (gioventù italiana del littorio) di Guidizzolo, oltre che appoggiare il Comune nell'organizzazione della colonia elioterapica, si occupa in modo specifico di colonie marine, per i giovani guidizzolesi, dal 1939 al 1942[56].

Durante il periodo del secondo conflitto mondiale solo chi è giudicato realmente bisognoso di frequentare queste colonie viene ammesso. Per lo più, dunque, si tratta davvero di bambini poveri e senza possibilità eco-

54. Registro deliberazioni del Podestà, anni 1931-37, n. 147, Archivio Storico Comunale di Guidizzolo.

55. Registro deliberazioni del Podestà, anni 1937-41, n. 103, Archivio Storico Comunale di Guidizzolo. Dal 1938 si aumenta il valore a Lire 3.000, mantenendolo poi costante negli anni, sino alla chiusura della colonia elioterapica.

56. Registro deliberazioni del Podestà, anni 1946-47, Archivio Storico Comunale di Guidizzolo.

nomiche famigliari alle spalle. Dopo la guerra tutto cambia. La situazione si capovolge: solo chi ha le possibilità economiche e molto spesso, nessun problema fisico o di salute, frequenta le colonie (mare o montagna); gli altri rimangono nelle loro abitazioni anche durante il periodo estivo.

Foto n. 35. L'UNNRA come si vede affisso sulla porta, contribuisce a mantenere vive le colonie elioterapiche anche nel secondo dopoguerra. L'abbigliamento dei bimbi, molto leggero ed estivo, contrasta con i pesanti e scuri vestiti delle suore che vigilano su di loro, sui due lati del gruppo, 1940. Collez. G. Cagioni

Tuttavia, per una breve fase dopo la guerra, grazie all'UNNRA (United Nations Relief and Rehabilitation Administration, vedi Foto 35) le colonie elioterapiche continuano ad esistere e ad essere rifornite grazie a questo speciale progetto americano tale per cui i generi alimentari, e non solo, utilizzati all'interno della colonia sono concessi a titolo gratuito[57]. Il prefetto di Mantova autorizza a far funzionare la colonia elioterapica di Guidizzolo negli anni dal 1949-51 compresi, per 40 giorni partendo dal mese di luglio di ogni anno, accogliendo dai 120 ai 130 bambini. Dopo di che, non essendoci più traccia di queste colonie negli archivi guidizzolesi, si può ipotizzare che scompaiano dal paese e, comunque, non siano più gestite solo dal comune.

57. B. 2 UNNRA, Archivio Storico Comunale di Guidizzolo. Da un registro contabile di carico e scarico si vede, ad esempio, che per la refezione colonia elioterapica dal 22/07/1946 al 31/07/1946 viene dato un buono (n. 397 del 06/07/1946) di 46 kg per il latte in polvere. Molti dei generi alimentari erano forniti sotto questa forma: in polvere. In questa maniera erano infatti trasportabili e conservabili per lunghi periodi. Questa istituzione si estinguerà poi nel 1947.

Ad esempio, l'ECA (Ente comunale di assistenza) dal 1937, anno della sua costituzione, si occupa di accompagnare e seguire i bambini nelle colonie montane o marine, ma non organizza mai colonie di tipo elioterapico.

I piccoli frequentatori della colonia sono contraddistinti, sebbene non si parli strettamente di scuola, da divise rigorosamente corredate da cappellini per riparare dal sole, e vengono caldamente invitati dai loro educatori[58] a mantenere una ferma e rigida disciplina, poiché questo avrebbe portato i suoi frutti nel tempo. A titolo esemplificativo si veda la Foto 15 Capo 14 dove i bimbi sono messi a riposare, al pomeriggio, su queste brandine in una semiombra sotto agli alberi del cortile. La vivacità dei bambini è normale, ma qui pare essere congelata dalla disciplina imposta.

Quindi nemmeno durante il periodo estivo, solitamente legato alle vacanze, i bambini vengono lasciati nell'ozio o comunque per la strada e, sebbene sembrino mancare da parte delle loro famiglie le capacità economiche per portarli in villeggiatura, ecco apparire una sana e proficua alternativa al *dolce-far-niente*, giusto sull'uscio di casa.

Oltre alla colonia elioterapica, nelle frazioni si creano, d'estate, delle valide alternative. Nel mese di luglio 1936 don Sergio Malvardi, dalla parrocchia San Giorgio in Birbesi, scrive al Podestà per chiedere di potere utilizzare un'aula «nei giorni non festivi, dalle 8 alle 12[59]» al fine di «fare un po' di scuola» perché «parecchi [suoi] parrocchiani [glielo] hanno chiesto» ciò per i «loro figliuoli frequentanti le elementari[60]».

Il parroco andrebbe incontro alla richiesta ben volentieri anche per «togliere i ragazzi dalla strada[61]». Si tratta infatti del periodo estivo, le scuole sono chiuse, e i bambini sono abbandonati a loro stessi (non tutti infatti frequentano la colonia elioterapica). Il Podestà Francesco Mutti risponde e acconsente volentieri alla proposta di don Malvardi. Ancora una volta la testimonianza tangibile di un cattolicesimo sociale lombardo[62] rivolto ai più piccoli, i più bisognosi, ben radicato negli animi dei sacerdoti, che si manifesta apertamente e concretamente, di cui rimane traccia indelebile, non solo a livello di documentazione.

58. A differenza di quanto avveniva durante il canonico anno scolastico si noti nelle Foto 33 e Foto 15 Capo 14 una netta presenza di educatrici, forse ritenute più adatte al ruolo e, quasi sicuramente, meno remunerate rispetto agli uomini.

59. Rif. b. 25, f. 11, anno 1936, Archivio Storico Comunale di Guidizzolo.

60. Ibidem.

61. Ibidem.

62. Per maggiori approfondimenti si veda Cipolla C., *Introduzione*, in Cipolla C., Siliberti S. (a cura di) (2007), *Don Lorenzo Barziza. Cattolicesimo Sociale e radici della Croce Rossa*, FrancoAngeli, Milano.

Capo 11. Dalla storia locale al modello nazionale. Dal Prato e la Scuola d'Arte

di Francesco Gandellini

Nella presentazione del volume dedicato alla Scuola d'Arte di Guidizzolo nella sua origine ed evoluzione storica attraverso i tempi[1], Aldo Agazzi, uno dei più autorevoli pedagogisti italiani del '900, descrive l'Istituto come "una scuola d'arte applicata, riconosciuta universalmente come «esemplare», ossia come tale da potersi porre come un esempio di impostazione e di ispirazione, da assumersi, cioè, a possibile «esemplarità» pedagogica e didattica: in forme di volta in volta rivissute, certo [...] ma tuttavia in fedeltà, appunto, ai principi della dell'inventività e della novità intrinseci all'«inventività creativa»" (p. III). In queste poche righe è racchiusa una coraggiosa ma incisiva descrizione della Scuola o Istituto d'arte di Guidizzolo, istituita già alla fine dell'800 e capace di divenire un punto di riferimento didattico, sociale ed istituzionale del territorio mantovano grazie al fondamentale contributo di Alessandro Dal Prato fin dagli anni '30.

Un'origine radicata nel contesto storico, tra mille difficoltà

Come avremo modo di vedere in questo capo, i valori che Agazzi ascrive alla Scuola, ossia quelli della applicabilità, della esemplarità e dell'inventività creativa, ne segnano in modo indelebile l'identità e ne decretano la felice sopravvivenza alla prova del tempo. Già nell'adunanza consiliare del 21 dicembre 1892[2], il Sindaco di Guidizzolo, vale a dire il conte Italo Rizzini, esordì leggendo una lettera del Prof. Ugo Ruggenini, pervenutagli qualche mese

1. A. Dal Prato, *Una Scuola. Vicende della Scuola d'Arte di Guidizzolo*, R&S, Guidizzolo 2009 (I ed. 1985). D'ora in poi il volume sarà citato come "*Una Scuola*".

2. Verbale della seduta consiliare n. 74/1565 del 21/12/1892. Archivio di Stato di Mantova. Si tratta del primo documento ufficiale in cui viene menzionata la Scuola di Disegno di Guidizzolo.

prima, "in cui veniva proposta l'istituzione di una scuola di disegno applicato all'industria, rivolta alla formazione di operai e di artigiani, con una sola lezione settimanale in giorno festivo o feriale"[3]. Con il verbale di deliberazione del Consiglio Comunale di Guidizzolo datato 29 novembre 1893[4] si ha finalmente notizia di una "delibera per prendere in considerazione la proposta del Professor Ruggenini per l'impianto di una Scuola di disegno applicata alle arti". Se all'adunanza del dicembre 1892 la proposta dell'ammirevole Prof. Ruggenini venne di fatto accantonata, con la delibera del 1893 la sua insistenza fu parzialmente premiata, con la promessa di un impegno successivo al 1894 e nella speranza di una situazione più florida per le finanze comunali.

Foto n. 1. Qui il Prof. Ugo Ruggenini passa tra i banchi, offrendo indicazioni e aiuto agli studenti. La presenza dell'insegnante e l'angustia del locale consentono di datare la fotografia nel periodo summenzionato, quindi intorno alla fine dell'800 (o, al massimo, ai primi anni del '900). Tratta da A. Dal Prato, Passeggiando nel tempo, *Ed. La Notizia, Guidizzolo 2002, p. 116*

3. *Una Scuola*, p. 55.
4. Deliberazione n. 36 del 29/11/1893. Archivio Storico Comunale di Guidizzolo.

Soltanto nel gennaio 1896[5], con un nuovo Consiglio comunale guidato dal Sindaco Carlo Mutti, si garantì formalmente la disposizione dei locali necessari per la Scuola e l'approvvigionamento di riscaldamento e illuminazione. Tali locali erano presi in affitto dal Comune di anno in anno, ma la precarietà indotta dai frequenti traslochi si riverberava nella difficile conduzione delle lezioni, tenuta sia in giorni feriali che festivi, come si può vedere nella Foto 1.

La Scuola è costituita da un solo locale adibito ad aula, i banchi sono disposti sia parallelamente (a sinistra) che perpendicolarmente (a destra) rispetto al piano da cui viene scattata la fotografia, in modo da sfruttare completamente lo spazio a disposizione. Spazio che è tuttavia insufficiente, dato che si vedono due studenti in piedi pronti a guadagnare il posto di chi conclude l'esercizio e un terzo che, a sinistra, sembra occupare provvisoriamente il leggio lasciato vacante dall'insegnante. Infine, i tre ragazzi nei banchi in prima fila lavorano gomito contro gomito, ostacolandosi nell'esecuzione del compito.

Malgrado le ristrettezze economiche e le complicazioni logistiche, la Scuola cominciava però a farsi strada, garantendo un'istruzione minima a futuri artigiani e impiegati nell'industria. Come appare dalla Foto 2, essa era riconosciuta con il nome di "Scuola Sociale di Disegno".

L'idea di una Scuola con sede propria venne presentata in Comune nel 1909, con la "proposta del Consigliere Barrai per la costruzione di un fabbricato per la Scuola di Disegno applicata all'industria", per assecondare la richiesta del Prof. Ruggenini a fronte dell'elevato numero di studenti[6].

5. Deliberazione podestarile n. 3 del 6/2/1936, in cui viene citata la lettera del Sindaco del mese precedente. Archivio di Stato di Mantova.

6. Deliberazione consiliare n. 665/47 del 26/5/1909. Archivio di Stato di Mantova.

*Foto n. 2. Come si può evincere dalle didascalie sopra e sotto la fotografia, si tratta di un omaggio dell'insegnante e degli allievi dell'anno scolastico 1904-1905 alla "benevolentissima Presidentessa Contessa Maria Rizzini". Gli allievi, sia maschi che femmine, sono disposti su quattro file, con i più piccoli accovacciati davanti a tutti, mentre l'insegnante è seduto al centro del gruppo. L'attributo "Sociale" che accompagna il nome della Scuola si deve, con ogni probabilità, al fatto che l'insegnante veniva pagato mediante l'autotassazione di alcuni generosi e degli stessi alunni (*Una scuola*, p. 9). Collez. Marchini*

Dopo varie vicissitudini e scontri tra i consiglieri, il 22 giugno 1910 fu stabilito di "acquistare l'area occorrente per la Scuola di Disegno nell'orto di proprietà del sig. Ruggeri Girolamo", per un totale di trecento metri quadri di terreno prospicienti l'attuale Via Roma[7]. Nello stesso anno fu costruito il piccolo edificio della Scuola[8], che è immortalato nella Foto 3.

La Scuola di Disegno ha vissuto periodi di prosperità e decadenza fino alla metà degli anni '30, quando venne istituita la Scuola d'Arte, con l'impronta didattica destinata a segnare la sua storia successiva.

7. Deliberazione consiliare n. 31 del 22/6/1910. Archivio Storico Comunale di Guidizzolo.

8. Per dettagli relativi al progetto della scuola, alle spese e ai contributori, si veda *Una scuola*, p. 57.

Foto n. 3. Si vede qui la facciata del primo edificio "indipendente" della Scuola di Disegno, dove le lezioni si tenevano ogni domenica, per garantire la partecipazione degli studenti lavoratori. Fino agli anni '30 la scuola è infatti nota anche con il nome di "Scuola domenicale di Disegno". La foto è sicuramente successiva al 1914: nell'edificio originale, del 1910, la porta d'ingresso era collocata al di sotto dell'altorilievo e al posto della terza finestra di destra; una Delibera del Comune del 30 ottobre 1914 segnala una "formale proposta per dar maggior vita e sviluppo alla Scuola Sociale di Disegno" (questa è preceduta da tutta una serie di altre deliberazioni, che fanno capo alla n. 7 del 26/05/1914, consultabile presso l'Archivio Storico Comunale di Guidizzolo.) Balza all'occhio la presenza di addirittura sette finestre lungo una sola parete, poste senza alcun dubbio al fine di garantire una cospicua luminosità sui banchi degli scolari. Va infine segnalato che l'altorilievo è opera dell'alunno Aligi Garini, quasi a volere sottolineare la centralità della formazione e della creatività degli studenti nei progetti della Scuola. Tratta da A. Dal Prato, Una Scuola, *p. 9*

La lenta trasformazione in Scuola d'Arte comunale

Alessandro Dal Prato fu assunto come insegnante della Scuola di Disegno nel novembre del 1931[9]. Quando questo accadde, la Scuola era ancora un'istituzione privata, senza alcun regolamento e amministrata da un piccolo Consiglio Direttivo. In quegli anni, però, i dirigenti del Comune di Guidizzolo stavano prendendo in considerazione di instaurare una collaborazione con i dirigenti provinciali dell'Opera Nazionale Balilla, allo scopo di rendere l'amministrazione della Scuola totalmente dipendente dall'ente fascista per l'educazione della gioventù. La segreta speranza dei membri del Consiglio Direttivo della Scuola era invece quella di convincere il Comune a rendere la Scuola un'istituzione comunale, ipotesi che tuttavia trovava resistenza anche per le esigue risorse economiche del tempo.

L'ago della bilancia, piuttosto sorprendentemente, fu il parroco, don Gino Sarti (vedi *Addendum. Don Gino Sarti* nel Capo 3). Stando a quanto scrive proprio A. dal Prato nel suo *Una Scuola* (p. 59), il parroco avrebbe infatti furbamente messo in giro la voce di voler acquisire la Scuola per conto della Parrocchia, suscitando nel podestà del tempo, Francesco Quiri, la reazione voluta: piuttosto di vedere accrescersi l'influenza del parroco nel paese, il podestà decise di rendere la Scuola comunale e di addossarsi gli oneri relativi.

Tra il maggio e l'ottobre del 1934, Dal Prato si occupò della trasformazione della Scuola domenicale di Disegno in una Scuola d'Arte a tutti gli effetti, sempre con la vocazione all'arte applicata e la partecipazione serale e festiva, ma con programmi didattici simili a quelle delle omonime scuole "regie", benché adattati alle condizioni lavorative degli alunni. Si rese tuttavia necessaria, nei piani di Dal Prato, la costruzione di un laboratorio, la cui spesa, insieme con l'adozione di un sostanzioso monte ore serale, avrebbe gravato eccessivamente sulle finanze del Comune. Un'inaspettata disponibilità economica e le prestazioni gratuitamente offerte da alcuni studenti resero tuttavia possibile la realizzazione delle strutture murarie del laboratorio. Tra questi studenti vi fu anche Francesco Bonani, secondo in piedi da sinistra nella Foto 4[10].

9. Vedi atto deliberativo del Consiglio Direttivo della Scuola d'Arte di Guidizzolo del 30/3/1935. Archivio di Stato di Mantova.

10. Francesco Bonani divenne poi uno dei migliori costruttori edili dell'Alto Mantovano. Tra gli altri studenti che si offrirono per la costruzione delle mura vi furono Angelo Ferri, falegname e intagliatore, Aligi Garini, marmista-scultore già menzionato sotto la foto n. 3, Dario Gitti, muratore e disegnatore civile, e Alfonso Taraschi, decoratore e pittore. Sulla tragica morte di alcuni di questi, si veda *Una Scuola*, p. 64n.

Foto n. 4. Scattata nel 1935, primo anno dell'istituzione della nuova Scuola d'Arte di Guidizzolo, l'immagine mostra un gruppo di allievi della sezione muratori con l'insegnante Dal Prato (terzo in piedi da sinistra). Alle loro spalle è possibile vedere uno dei primi manufatti prodotti dal gruppo, realizzato in accordo con i principi della nuova didattica, quali quelli del rilievo dal vero e del disegno geometrico e scientifico. Essi presero il posto della sterile copia da modelli, sia a livello pittorico che architettonico, e ed erano adattati alla realtà artigianale, artistica e industriale locale. Tratta da La Notizia, *n. 23 dell'aprile 1999 (inserto speciale)*

Il cambiamento di metodo didattico prospettato da Dal Prato, allora incaricato di organizzare l'istruzione tecnico-artistica della provincia, avvenne gradualmente e non senza resistenze e grossi rallentamenti. Esso richiedeva la presenza di insegnanti specificatamente preparati, la disponibilità di locali e attrezzature adeguate e l'aumento delle ore settimanali di lezione – tutti fattori che, gravando sulle gracili casse del Comune, erano osteggiati da chi, per giunta, riteneva che la decisione di programmi e ordinamenti scolastici fosse ad appannaggio degli amministratori locali. I primi passi della nuova didattica ebbero pertanto la forma della sperimentazione, condotta tra gli allievi più disposti a seguire le idee del giovane Dal Prato. Questi promuoveva, come già accennato, il disegno geometrico come mezzo grafico per lo studio scientifico della spazialità e la composizione intuitiva nella libera e diretta osservazione della natura, all'insegna dei criteri di essenzialità, razionalità ed eleganza[11]. A raccordare questi ideali vi era poi un senso di concretezza ed adattamento, per cui l'educazione non doveva essere impartita astrattamente ma calata nella realtà di provenienza degli allievi, sintonizzata sulle istanze ambientali delle loro professioni ed esigenze lavorative[12].

Proseguiamo con il nostro resoconto evenemenziale. L'aria di rinnovamento didattico e strutturale ventilata da Dal Prato incontrò provvidenzialmente l'elezione di un nuovo Sindaco per Guidizzolo, l'avvocato Francesco Mutti, che il giovane artista descrive come una "persona benvoluta da tutti" (*Una Scuola*, p. 18), molto ben disposto verso la scuola e, grazie alla sua esperienza legale a Milano e alla conoscenza di alcuni dirigenti della Umanitaria[13],

11. Aspetti che si possono rinvenire nella stessa produzione di Dal Prato artista. Si vedano, ad esempio, le seguenti pubblicazioni: P. Dalcore (a cura di), *Dal Prato. Opere 1922-1999*, Publi Paolini, Mantova 1999; R. Casarin (a cura di), *Alessandro Dal Prato. Disegni 1922-2001*, Publi Paolini, Mantova 2004, e *Alessandro Dal Prato. Opere inedite 1920-2002*, Publi Paolini, Mantova 2004; A. Dal Prato (a cura di), *Gli affreschi di Alessandro Dal Prato*, Centro Culturale San Lorenzo ed., Volta Mantovana 2004, *Dal Prato incisore*, Centro Culturale San Lorenzo ed., Volta Mantovana 2005, e Aa.Vv., *Alessandro Dal Prato. Artista e uomo di scuola. Dipinti, sculture, grafica e medaglie*, Centro Culturale San Lorenzo ed., Volta Mantovana 2006; R. Signorini (a cura di), *Dal Prato artista e uomo di scuola*, Atti del Convegno, Mantova 4 luglio 2009, testi di Ugo Bazzotti, Renata Casarin, Daniela Ferrari, Luciano Pazzaglia, Arti Grafiche, Lavagno, Verona 2009. Si consulti il Capo successivo per un approfondimento sulla figura di Dal Prato come intellettuale e artista.

12. Dal Prato racconta che tra il 1933 e il 1934 visitava i laboratori e le case dei suoi scolari, girando in bicicletta da un paese all'altro nei pomeriggi domenicali. Si veda *Una Scuola*, p. 14 e ss. Per ulteriori informazioni sulla nuova didattica, si vedano le pp. 24-30; 64.

13. La Società Umanitaria è un'istituzione milanese di beneficienza e di cultura, fondata nel 1893 grazie al lascito testamentario di Prospero Moisè Loria (1814-1892), mecenate di origine mantovana, "che dava all'aggettivo «umanitaria» non il senso di semplice beneficenza elemosiniera, ma il valore di un'assistenza concreta, mediante lo studio, l'istruzione, il lavoro" (tratto da www.umanitaria.it/milano). Si veda anche C.A. Colombo, *Educazione e Lavoro: sapere, fare e saper fare. Breve storia della Società Umanitaria*, Archivio Storico Umanitaria.

aperto a nuove idee nell'ambito dell'istruzione professionale dei giovani meno abbienti.

La nuova Scuola cominciò a funzionare il 21 ottobre 1935[14]. Gli anni successivi videro una crescita notevole del numero dei frequentanti, che costrinse il Consiglio a creare una seconda aula all'interno dell'edificio e ad adattare un paio di locali inutilizzati della Casa del Fascio. Dal canto suo, Dal Prato cominciò ad avvalersi degli ex allievi o degli allievi più bravi dell'ultimo anno per l'insegnamento delle lezioni, creando un piccolo corpo di alunni-docenti, tra cui figuravano i già menzionati Francesco Bonani, Aligi Garini e Angelo Ferri, e a cui si aggiunse, tra gli altri, Anita D'Isola, presente tra i componenti della Foto 5 e ritratta da sola nella Foto 6, qui intercalate.

Foto n. 5. Insieme con i membri del Consiglio Direttivo e Alessandro Dal Prato, seduti al centro, sono qui immortalati gli studenti del corso preparatorio dell'anno 1933-1934 (come è riportato sul retro della fotografia). Tra i soggetti si può intravedere Anita D'Isola, prima da destra nella seconda fila dal basso, allora quattordicenne o quindicenne (era nata nel 1919). Già qui possiamo vedere l'elevato numero di allievi della Scuola, ancora prima della "riforma" di Dal Prato. Si possono contare 29 ragazzi e 16 ragazze (più una bambina), e di loro stupisce l'ampio assortimento anagrafico. I primi indossano l'abito o un vestito nero e la camicia bianca, aperta o chiusa al collo da una cravatta. Le seconde vestono abiti interi lunghi, bianchi o colorati. Collez. I. D'Isola

14. Deliberazione podestarile n. 3 del 6/2/1936. Archivio Storico Comunale di Guidizzolo.

Foto n. 6. Anita D'Isola, poco più che ventenne, è ritratta in posa con uno sfondo predisposto alle spalle. L'età della ragazza ci consente di datare la foto intorno ai primi anni '40. Ella indossa un classico abito lungo bianco, leggermente stretto in vita, ma morbido sul corpo. I capelli sono sciolti e pettinati simmetricamente. Le labbra paiono impreziosite da un leggero passaggio di rossetto. Lo scatto reca tutti i tratti di una fotografia preparata nei dettagli: la posa della D'Isola, intenta a sfogliare quello che sembrerebbe un foglio di preghiera; l'acconciatura e il vestito ben sistemati; lo sfondo, con bianchi cirri su un cielo chiaro. Si tratta di una raffigurazione della ragazza del tutto idealizzata, tale per cui ella ne emerge come una figura angelicata. Collez. I. D'Isola

Imparare viaggiando

Gli scopi della nuova didattica delineata da Dal Prato erano chiari, eppure rischiavano di perdersi nell'obsolescenza. La creatività artistica e funzionale degli allievi, insieme con la pratica del rilievo dal vero, andavano via via scemando, rimpiazzati per forza di cose dai vecchi sistemi di copiatura del modello. Questo spinse l'intraprendente insegnante a organizzare, in realtà fin dal 1932, un'attività di "turismo scolastico", al fine di accrescere l'esperienza didattica attraverso l'ampliamento del bagaglio di cultura artistica, di informazione industriale e tecnologica, di conoscenza della natura. Va infatti ricordato che, nella vita di paese degli anni '30 e primi Quaranta, non era raro trovare giovani che non erano mai andati in città o soltanto una volta, per la visita di leva. I televisori non erano diffusi e così neppure i rotocalchi e gli album di illustrazioni. L'orizzonte conoscitivo del paesano medio era molto limitato, e questo andava a detrimento dello stesso tipo di educazione inaugurato dalla nuova Scuola d'Arte. Da qui si comprende l'esigenza del viaggio d'istruzione come dispositivo di crescita formativa e personale.

Fino agli inizi degli anni '50 le mete prescelte erano raggiungibili in bicicletta: Mantova, Brescia, Verona, Cremona, ma anche Venezia o località del Garda, con percorsi da oltre cento-centocinquanta chilometri che richiedevano però almeno un pernottamento[15]. Le foto di seguito proposte richiamano alcuni di questi viaggi d'istruzione.

15. Si veda il quotidiano *La Voce di Mantova* dell'11/6/1938, che riporta notizia del periplo del lago di Garda fatto dagli allievi della Scuola d'Arte di Guidizzolo.

Foto n. 7. La foto, scattata negli anni '30 o Quaranta, mostra Dal Prato a capo del gruppo di studenti che in bicicletta si dirige verso il luogo scelto per una gita. Si noti la fila indiana con cui i componenti della classe seguono il maestro, rotta da qualche occasionale zig-zag. Attorno alla strada percorsa da insegnante e scolari si apre una flora lussureggiante: alberi in fiore, filari e piante da frutto colorano il percorso. Tratta da Aa. Vv., Alessandro Dal Prato, 1909-2009. Celebrazioni nel centenario della nascita, *Centro Culturale San Lorenzo ed., Guidizzolo 2009, p. 37*

Foto n. 8. Alcuni allievi della Scuola d'Arte di Guidizzolo sono fotografati davanti alla Rotonda di San Lorenzo a Mantova. Siamo nei primi anni '40, come si può capire dal fatto che Anita D'Isola, la prima da destra, ha più o meno l'età della Foto 6. Sulla sinistra si vede un giovane Alessandro Dal Prato che guarda la scolaresca in posa. Gli allievi qui immortalati sono piuttosto giovani. Sia le ragazzine che i ragazzini indossano rispettivamente gonne e calzoni sopra il ginocchio. I visi sono allegri e sorridenti, ebbri della felicità del viaggio. Collez. I. D'Isola

Foto n. 9. Qui si può vedere l'intera comitiva della Scuola d'Arte di Guidizzolo a Mantova, intorno al 1945 (la cartina è stata viaggiata nel 1947, come è scritto sul retro). Al centro si staglia la figura di Dal Prato. Si possono contare più di un centinaio di partecipanti: lo stesso Dal Prato scrive che la fase realizzativa dei viaggi d'istruzione era molto impegnativa e laboriosa, tale che il viaggio di un giorno poteva richiedere anche un paio di settimane di preparazione. Si veda, per ulteriori dettagli, Una Scuola, *pp. 32-36. Collez. Marchini*

Foto n. 10. Tra le città più lontane visitate in questo periodo figura sicuramente Pavia. La foto rappresenta il gruppo di studenti e docenti della Scuola in posa davanti alla Certosa di Pavia. Come viene riportato in un appunto legato alla fotografia, si tratta della gita d'istruzione svoltasi il 18 aprile 1949. Trasferte così lunghe e impegnative sollecitavano il coinvolgimento di tutti. Nelle settimane precedenti la gita si procedeva alla ricerca di tutti i testi e le illustrazioni possibili di ciò che si sarebbe andato a visitare, sia da parte degli insegnanti che degli allievi. Era normale abitudine, poi, assegnare ad alcuni ragazzi lo studio individuale delle singole opere, da illustrare ai compagni durante le visite con il supporto del professore. Collez. A. Delmenico

Negli anni successivi alla Liberazione la Scuola si andò attrezzando via via di tutto il materiale e l'arredo necessario, ricavando per giunta alcuni banchi da vecchi sbarramenti anticarro usati durante la guerra[16]. Ritornata la pace, il numero di alunni dei corsi serali e festivi crebbe come non mai, anche per l'affluenza dei reduci di guerra, desiderosi di apprendere un nuovo mestiere. Verso la fine degli anni '40, dunque, la situazione era quella che ben viene descritta dalla Foto 11.

Foto n. 11. L'intero collettivo della Scuola d'Arte fotografato davanti al Teatro di Guidizzolo nel 1949 (data riportata sul retro della fotografia). Come si può facilmente intuire ad un primo sguardo, la quantità di allievi era drammaticamente ingestibile per un edificio come quello di Foto 3, pur con aule e stanze annesse da altri spazi comunali. Questi spazi aggiuntivi erano stati ottenuti, per altro, per iniziativa del neonato "Patronato della Scuola d'Arte di Guidizzolo", istituito formalmente l'8 dicembre 1946 e inizialmente composto dai genitori degli studenti della Scuola. Collez. Marchini

Il progetto di ampliamento della Scuola del 1940[17] era naufragato, e i tempi postbellici non garantivo una soluzione tempestiva.

In queste condizioni di esubero, Dal Prato escogitò una soluzione di tampone efficace, nell'attesa dell'ampliamento edilizio. Visto che gli scolari provenivano da una decina di comuni dell'Alto Mantovano, egli propose ad alcuni di questi di istituire dei corsi biennali o triennali per i loro ragazzi, con programmi didattici coordinati a quelli della Scuola di Guidizzo-

16. Si veda *La Scuola*, pp. 67-69.
17. Deliberazione n. 355 del 20/5/1940. Archivio di Stato di Mantova.

lo, dove poi gli studenti meritevoli avrebbero sostenuto le prove finali per il conseguimento del diploma. Quello che Dal Prato prospettava era un sistema di scuole coordinate, avente come fulcro e terminale quella di Guidizzolo. A partire dal 1946, il progetto si rivelò positivo: accettarono Volta Mantova, Castel Goffredo, Canneto sull'Oglio, Medole e Goito, anche se quest'ultimo senza l'impegno a coordinare i suoi programmi con quelli di Guidizzolo. Per quanto con alcuni disagi – mancando i collegamenti dei mezzi pubblici, gli studenti dovevano raggiungere le diverse località con la bicicletta – la soluzione provvisoria funzionò[18].

Dalla Scuola di ieri alla Scuola di oggi

Avvalendosi di una disposizione relativa all'edilizia scolastica[19], che dava precedenza alle opere di ampliamento e di completamento di edifici scolastici preesistenti su quelli da costruire ex novo, ai primi di giugno del 1949 si diede avvio alle operazioni preliminari per i lavori alla Scuola[20].

La procedura non era però in discesa. Bisognava acquisire il terreno per l'ampliamento edilizio e convincere gli oppositori del progetto, che potevano giocare efficacemente la carta dell'interesse economico, minacciando un massiccio aumento delle imposte comunali. La faccenda si tirò per le lunghe e fu parere diffuso che la Scuola fosse destinata a non rinnovarsi o, peggio, a chiudere i battenti[21].

A metà dell'aprile del 1950 arrivò però la notizia ufficiale della concessione del contributo statale alla spesa prevista per l'ampliamento della Scuola[22]. Ciononostante si andò nuovamente incontro a dilazioni burocratiche, più o meno intenzionali. Fu decisivo l'intervento di Dal Prato stesso (e dell'amico parlamentare mantovano, Ottorino Momoli) presso il dirigente romano del settore dell'edilizia scolastica del ministero dei Lavori Pubblici. In pochi giorni il decreto venne firmato dal ministro[23].

18. Alessandro Dal Prato ricorda poi con affetto e commozione la fiducia conferitagli dal noto parroco di Bozzolo, don Primo Mazzolari, in una sua lettera del 12 giugno 1949, in cui si diceva "ammirato, non per la quantità delle cognizioni, ma per il modo con cui l'insegnamento professionale è coordinato alla elevazione del lavoratore" (*Una Scuola*, p. 74).

19. Legge 589 del 3/8/1949.

20. Deliberazione consiliare n. 28 del 4/6/1949. Archivio di Stato di Mantova.

21. Si veda *Una Scuola*, pp. 80-91.

22. Deliberazione consiliare n. 7 del 12/4/1950. Archivio di Stato di Mantova.

23. Decreto ministeriale n. 10360 del 16/10/1950. Si veda anche la lettera del Presidente del Senato, il voltese Ivanoe Bonomi, dell'8/12/1950 (prot. n. 3100/633).

L'appalto dei lavori fu aggiudicato il 30 dicembre 1950. Il giorno successivo un lungo corteo di alunni, familiari e gente del paese, preceduto dalla banda cittadina, accompagnò il viaggio della prima pietra della nuova Scuola, dall'ex Casa del Fascio al terreno dove erano già state scavate parte delle fondamenta, all'incrocio tra via Roma e via Bruno Rodella. Le immagini di quel giorno sono indelebili nella memoria di molti, nella veste del ricordo o in quella della rievocazione. Qui ne vengono riprese tre (Foto 12, 13, 14).

Foto n. 12. Allievi ed ex allievi, familiari, cittadini guidizzolesi e non partecipano al corteo che, nel mattino del 31/12/1950, si snoda dalla ex Casa del Fascio all'area della nuova Scuola d'Arte. Si attende qui l'arrivo della prima pietra, che sarà poi solennemente posta negli scavi per i muri perimetrali già effettuati. Davanti a tutti, le insegne del comune di Guidizzolo guidano la folla ordinata. In prima fila si trovano il parroco, don Gino Sarti, con i chierichetti e le autorità civili, tra cui è possibile vedere il Sindaco in carica, Silvio Marchini, con vestito nero e soprabito beige. Collez. Marchini

Foto n. 13. Scattata qualche momento dopo l'immagine appena vista, la foto qui apposta registra la moltitudine di partecipanti al corteo della prima pietra della nuova Scuola d'Arte. Le file procedono diligentemente su Piazzale Marconi e poi lungo via Bruno Rodella. In primo piano vediamo gli allievi della Scuola, con l'insegnate a condurli. Sulla sinistra, la banda cittadina intona motivi di accompagnamento. Dalle descrizioni fornite da Dal Prato e da altri presenti, per tutto il tempo della cerimonia il campanone della torre civica e le campane della chiesa suonarono all'unisono. Collez. Marchini

Foto n. 14. Il momento centrale della cerimonia del 31/12/1950, ricordato sulla Gazzetta di Mantova *del 4/1/1951, p. 5. Il Sindaco Silvio Marchini, di orientamento comunista, legge l'appassionato discorso prima della posa della pietra, che viene subito dopo benedetta dal parroco don Gino Sarti, a fianco del Sindaco. A questi fa seguito il discorso del direttore della Scuola, Alessandro Dal Prato, il quale ripercorre in sintesi il lungo iter che ha preceduto quell'importante evento nella vita di ogni Guidizzolese. In quell'edificio, infatti, la gente di Guidizzolo avrebbe trovato non soltanto una scuola, ma la sua scuola. Collez. Marchini*

Nel mese di maggio del 1953 la Scuola ottenne il riconoscimento legale, grazie al quale poteva garantire un titolo di studio a tutti gli effetti valido e riconosciuto per i suoi studenti. In virtù della costituzione di un Consorzio intercomunale da parte dei paesi dell'Alto Mantovano, i cui ragazzi affluivano alla scuola, e dell'Amministrazione Provinciale, il 24 giugno 1959 la Scuola d'Arte di Guidizzolo si vide riconosciuta la statizzazione, indispensabile per accogliere un bacino d'utenza in rapida crescita senza gravare ulteriormente sul bilancio comunale. La scuola era ufficialmente divenuta un simbolo del Comune di Guidizzolo, avendo plasmato la storia e la geografia del paese (Foto 15), nonché la sua centralità in un contesto territoriale più ampio (Foto 16)[24].

24. Vedi anche Foto 8a del Capo 12. In tale occasione (siamo nel 1955), alcune figure pubbliche di spicco in ambito educativo fecero visita alla Scuola d'Arte di Gui-

Foto n. 15. L'edificio della Scuola d'Arte, ritratto in una cartolina viaggiata nell'agosto del 1959, si staglia nella geografia architettonica del paese, affacciandosi su via Bruno Rodella (oggi strada Statale Goitese) e su via Roma. Come si può intuire, si tratta di una posizione nevralgica all'interno del paese, a significare la centralità non soltanto geografica ma anche simbolica della Scuola nella comunità. Cartolina

dizzolo. Tra queste, il prof. Amelio Tognetti, direttore del Centro didattico nazionale del Ministero della Pubblica Istruzione, il prof. Giorgio Gabrielli, vicepresidente dello stesso, e il prof. Luigi Valpolicelli, diretto dell'Istituto di Pedagogia dell'Università statale di Roma. Ad Alessandro Dal Prato era stata affidato in via del tutto speciale il programma di sperimentazione sulla didattica del disegno dal Centro didattico nazionale.

Foto n. 16. Si tiene il discorso dell'Assessore alla Pubblica Istruzione della provincia, il cav. Carlo Camerlenghi, all'inaugurazione dell'anno scolastico 1960-1961. Al suo fianco, seduti, si trovano il senatore e Presidente della Provincia Teodosio Aimoni, il Sindaco di Guidizzolo cav. Giuseppe Perani e il direttore della Scuola d'Arte di Guidizzolo, Alessandro Dal Prato. ASMn, Scuola d'arte di Guidizzolo, busta unica, sezione VI, fasc. 95

Nel suo intervento, l'Assessore Camerlenghi sottolinea come "oggi la Scuola, aprendo i suoi battenti, offre al visitatore una sede degna del suo nome in locali nuovi, ampi, razionalmente costruiti e organizzati per cui migliorando la ricettività migliora la sua capacità di svolgimento dei programmi e rende possibile l'adozione di tecniche moderne a tutto vantaggio degli alunni e della loro formazione tecnica e culturale. Per questa via abbiamo la certezza che la scuola spalanca le porte ai nostri giovani, e che il sapere così generosamente distribuito darà frutti fecondi".

Capo 12. Alessandro Dal Prato: una grande ecletticità governata dall'imperativo dell'arte

di Costantino Cipolla

Credo che ci possano essere pochi dubbi sul fatto che, almeno per il periodo storico che in questa sede ci compete, Alessandro Dal Prato (1909-2002) sia stato la personalità più ragguardevole del nostro piccolo comune, ben oltre e ben di più del comune stesso. Gli scritti sulla sua opera poliedrica ed indefessa sono ormai numerosi, per quanto manchi una biografia di carattere generale e per quanto molti siano stati editi da stamperie locali e, quindi, poco noti e di assai difficile reperibilità. Inoltre, essi appaiono piuttosto frammentati vista anche l'eccezionale eclletticità del nostro artista, capace di essere nel contempo o nel corso della sua vita un pittore, un incisore, un "medaglista", un affrescatore, un pedagogo, un manager scolastico e artistico, un pubblicista, un autore di saggi e manuali, un uomo, dunque, di rimandi rinascimentali e, per quanto necessariamente figlio del suo tempo, non riconducile, a mio modesto parere (parlo di competenza), a nessun tipo di narrazione artistica in modo peculiare o distintivo.

Dal Prato nacque a Roncoferraro nel 1909 e dimostrò fin da fanciullo, all'asilo, la sua vocazione al disegno, tra "la meraviglia delle maestre"[1], laddove le sue figure "si succedevano sulla sua tavolina segnate col gesso con rapidità e sicurezza stupefacenti".

1. Vedi E. Schena, che fu maestra d'asilo di Dal Prato a Mantova, anche per la citazione seguente. Il tutto in P. Dalcore, *L'ideazione di una Scuola*, in P. Dalcore (a cura di), *Dal Prato. Opere 1922-1999*, Publi Paolini, Mantova 1999, p. 107.

Foto n. 1. Siamo a cavallo degli anni '30. Dal Prato è con giovani artisti mantovani suoi amici. Le pose sono creative, ironiche, poco consone o in linea con i modelli di gioventù e di arte propugnati dal Fascismo. Collez. privata

Sin da subito, Dal Prato fa tutto molto in fretta e in anticipo. Frequenta molte scuole di vario ordine e grado. Partecipa a mostre[2] ed a 18 anni già si sposa con Angela Tosoni, da cui avrà 7 figli e che lo accompagnerà per tutta la vita in modo sommesso, taciturno e partecipe.

2. Segnalo quella personale del 1925 al circolo *Cittadino* di Mantova e quella collettiva del 1929 a Brera, *Palazzo della Permanente*, dove un suo quadro fu comperato del Re. Sottolineo che Dal Prato aveva rispettivamente 16 e 20 anni.

Foto n. 2. Nel 1927, Alessandro, giovanissimo e precoce in tutto si sposa. In questa foto inedita del matrimonio si coglie la delicatezza e il pudore della coppia in quelle mani e in quei vestiti che parlano da soli. Collez. privata

Moro, alto, magro, di bell'aspetto, il successo è piuttosto immediato e la sua vocazione o la sua curiosità per il nuovo si manifesta in più direzioni.

Foto n. 3a. Questo affresco, staccato dal muro, esprime un Alessandro devoto, caritatevole, dolce e delicato verso il nuovo venuto. Una Madonna solare e viva che la mancanza del colore (voluta) nella nostra riproduzione penalizza non poco. Anni '40. Collez. privata

Foto n. 3b. Ho deciso di pubblicare questa vecchia foto di oltre 20 anni addietro di Andrea Dal Prato che contempla uno splendido affresco di Alessandro degli anni '40 nella Chiesa di Castelgrimaldo. Oggi, esso non si vede più. La vita si porta via anche i dipinti con il suo inesorabile fluire. Collez. A. Dal Prato

In tal senso, nel 1931 il prof. Camosci, responsabile del settore scuola e cultura dell'Opera Nazionale Balilla, chiamò un suo scolaro, che evidentemente stimava molto, e cioè il nostro Alessandro, affinché esprimesse un suo parere su una vecchia scuola locale di disegno, nata all'inizio degli anni '90 dell'800 e domenicale, attiva a Guidizzolo. Dal Prato fu molto critico sul metodo didattico ivi seguito e propose in parallelo un suo radicale rinnovamento. Tale giudizio avrebbe mutato ed arricchito la sua vita, svelandone una vocazione sociale e pedagogica fino ad allora celata. Ma su ciò torneremo[3].

Alessandro fu, a suo modo e sempre con una sua insita autonomia, un cattolico, il che anche durante il periodo fascista fu una sua arma di difesa e in un certo senso di separazione. E ciò non solo per la sua appartenenza ad associazioni artistiche cattoliche, ma anche per lo "spazio" preminente[4] assegnato al sacro nella sua produzione artistica, che può essere anche interpretata nel senso di un "realismo sensibilissimo ai valori della sacralità trascendente" oppure nell'ottica di un significato religioso che ci trasporta fin dentro "atmosfere magiche, in cui si esprime una religiosità laica"[5], ipotesi a cui più accedo. In ogni caso, una connotazione "ammirevole" del "Dal Prato frescante" nei dipinti su parete delle chiese mantovane è la loro "umiltà"[6], rispettosa e consona in riferimento al contesto in cui essi si vanno a inserire. Sempre sull'onda della variazione, ma mai troppo lontana dalla tradizione, il nostro Alessandro dal 1942 al 1945 diresse i lavori "di restauro e abbellimento" della chiesa di Birbesi[7], affrescandone la volta. Da questi, riprendo l'*Interpretazione della pace* ed in essa il particolare degli angeli in festa, tracciati con levità, con accenni colorici tenui, portatori di ramoscelli e fiori di pace e di gioia. In fondo, anche in guerra, l'etica artistica di Dal Prato non poteva che sognare a modo suo la pace all'ombra della fede e della ma-donna[8].

Ma come e dove si formò il nostro poliedrico artista? Quali furono le sue propensioni più autentiche a partire dalla pittura per andare nel tempo ben al di là dei suoi confini? Leggendo la letteratura in merito, redatta da storici dell'arte ben più competenti del sottoscritto, le posizioni paiono diverge-

3. Su questa unica e basilare esperienza, si veda il suo analitico volume A. Dal Prato, *Una scuola*, R&S, Guidizzolo 2009, ristampa dell'edizione originale del 1995.

4. Mons. C. Ferrari, *Il sacro nell'arte di Alessandro Dal Prato* in P. Dalcore (a cura di), *op. cit.*, p. 23, anche per la citazione seguente.

5. F. Solmi, *Un pittore del '900*, in P. Dalcore (a cura di), *op. cit.*, p. 29.

6. R. Brunelli, *Dal Prato frescante*, in A. Dal Prato (a cura di), *Gli affreschi di Alessandro Dal Prato, Centro Culturale San Lorenzo ed.,* Volta Mantovana 2004, pp. 7-8.

7. A. Dal Prato (a cura di), *op. cit.*, p. 66 (Birbesi).

8. Dal Prato dipinse nel 1939 (ivi, pp. 35 ss.) una crocifissione e un presepio (oggi in rovina) nella chiesa di Castelgrimaldo, in comune di Volta Mantovana, ma molto più vicina a Guidizzolo. Alessandro si disperdeva anche nelle sue stesse campagne per una crocifissione dotata di un suo sicuro fascino.

re piuttosto nettamente fra di loro, forse con una sola componente di fondo e cioè quella che riconduce il nostro Alessandro all'innovazione stilistica. Di volta in volta, la sua opera è stata accostata (moderatamente) a Cézanne[9], ad un "postimpressionismo" che privilegia il tono espressivo e la luce invadente rispetto al peso delle strutture oppure è stata inserita "nell'arcadia dell'Alto Mantovano"[10] quale strumento di penetrazione "della realtà e del proprio tempo", raggiungendo i suoi "picchi qualitativi" più elevati nell'interpretazione a ritmi cromatici nuovi e difformi del fluire delle stagioni. Egli è stato anche inserito, non di rado, nella corrente, piuttosto aperta, dei Chiaristi per il suo intimismo, la sua delicatezza espressiva, la sua compostezza immersa in luci spesso aurorali[11], sempre con il timbro sensibile del chiaroscuro, di una costante trasparenza leggiadra. Alcuni pongono in evidenza come la partecipazione di Dal Prato al movimento provenga da un precedente impatto con la "Secessione monacense"[12], disponibile e vocata al moderno, anche se la sua "serie memorabile di paesaggi dell'Alto Mantovano" è solamente e del tutto sua[13]. Insomma, il nostro artista resta a suo modo sempre "spiccatamente indipendente"[14] e non è facile rinchiuderlo "entro rigidi schemi o formule astratte"[15], da cui sempre rifuggì[16] a favore piuttosto di un'"originale, libera,

9. F. Solmi, *Un pittore del '900*, in Aa. Vv., *Alessandro Dal Prato. Artista e uomo di scuola*, Centro Culturale San Lorenzo ed., Volta Mantovana 2006, p. 20.

10. Cfr. G. Ferlisi (a cura di), *Il paesaggio dell'Alto Mantovano: arte, identità, territorio*, Publi Paolini, Mantova 2012, dove a p. 24 Ferlisi scrive che Dal Prato, "come Cavicchini, è inserito nelle locali gerarchie fasciste". Alla pagina precedente, Ferlisi definisce Dal Prato quale "personaggio straordinario della cultura mantovana". In effetti, dal 1938 fu anche presidente del "Sindacato provinciale belle arti" in E. Pontiggia (a cura di), *I Chiaristi*, Mazzotta, Milano 2006, p. 203. Ricordo che, in parallelo, Dal Prato aderiva anche ad associazioni cattoliche di artisti, ma su ciò torneremo.

11. Vedi G. Ferlisi (a cura di), *op. cit.*, p. 130. Viene anche sottolineato come Dal Prato recuperi "la libertà delle cromie".

12. G. Giovannoni, *Il Chiarismo nell'Alto Mantovano*, in E. Pontiggia (a cura di), *op. cit.*, p. 58, anche per la citazione seguente.

13. Dal Prato non fu presente a molte delle mostre chiariste sindacali lombarde (ad es., a quelle del '39, '40, '41, '42), né le "Antologie critiche" sul tema si interessano della sua opera in modo significativo. Cfr. E. Pontiggia (a cura di), *op. cit.*, pp 127 ss. e pp. 181 ss.

14. Così A. Righelli, *Il limpido '900 di Alessandro Dal Prato*, in P. Dalcore (a cura di), *op. cit.*, p. 15. Vedi anche M. Monteverdi, *La realtà come componente essenziale dell'Umanesimo attivo di Alessandro Dal Prato*, in P. Dalcore (a cura di), *op. cit.*, pp. 31 ss. Oltre alla sua "rigorosa indipendenza", Monteverdi considera Dal Prato "proteiforme", "esuberante", democratico-popolare, aderente in modo "totale e incondizionato al fatto figurativo" per una "validità estetica connessa con quella etica". In questa "esuberanza" e in questa variabilità, non possono che essere inserite delle discontinuità e qualche raro "cedimento".

15. A. Righetti, *op. cit.*, p. 17.

16. F. Bartoli, *Pittura a Mantova nei primi cinquant'anni del '900*, Arcari, Mantova 1998, dove si sottolinea anche la presa di distanza degli artisti cattolici mantovani dal fascismo nel 1938.

autentica, buona pittura, *chiara*, perché assetata di luce"[17]. Il suo "vedutismo", accoppiato ad una "strabiliante tecnica"[18], o la sua "adesione totale e incondizionata al fatto figurativo inteso come rivincita della realtà" o gli "umori padani, così amorosi e succosi pur nelle stesure leggere"[19] dei suoi paesaggi ci mostrano coerentemente la profonda valenza sociale del suo "umanesimo attivo", pieno di sorprese, di varietà, di inatteso, di rilanci peculiari e creativi che non possono che essere propri di ogni grande pensatore e produttore eclettico, quale egli sicuramente fu, quasi spontaneamente, oso dire[20].

Tra i suoi tanti quadri, dispersi in molti luoghi e conservati in costrittive mani private, mi limito a segnalarne e ad accennare solamente ad alcuni in ordine di data.

Foto n. 4. Mio padre, *olio su tela, 1933. Tratto da P. Dalcore (a cura di),* Dal Prato. Opere 1922-1999, *op. cit., p. 48*

17. A. Righetti, ivi.
18. A. Zaina, *Le vedute di Alessandro Dal Prato*, in P. Dalcore (a cura di), *op. cit.*, p. 19.
19. E. Schiavi, *Dalla "memoria" di Elena Schiavi* in, ivi, p. 37.
20. In G.M. Erbesato, *La vocazione figurativa di Alessandro Dal Prato* in, ivi, a p. 36, viene espressa una posizione diametralmente opposta a questa secondo la quale in Dal Prato venne "bandita" la sorpresa, il non previsto, il sospeso. Anche in lui, sarebbe presente un'"idea fissa" cui ha dato "respiro" per tutta la vita.

Foto n. 5. Mia madre, *olio su tela, 1934. Tratto da P. Dalcore (a cura di),* Dal Prato. Opere 1922-1999, *op. cit., p. 49*

Nel 1934, Alessandro ritrae sua mamma secondo una ri-proposizione dolente, dimessa, quasi sofferta e sofferente in un contesto ambientale (abiti, stufa, seggiola) di specifica modestia sociale[21]. Per quel che ne capisco, non reputo l'arte di Dal Prato tutta dello stesso livello con alti e bassi, quasi inevitabili in un autore prolifico e multiverso come lui, ma in questo caso l'autenticità intrinseca nel ritratto mi appare struggente. Nel 1936, Alessandro ritrae una giovane donna[22] dal volto aggraziato e dolce in posa composta e pudica attraverso tonalità chiare giocate sul rosa e sul verde pastello.

21. P. Dalcore (a cura di), *op. cit.*, p. 49. Subito prima vi è anche il ritratto del padre fra una pipa e una bottiglia ed un atteggiamento un po' perso. Comunque, entrambi segnali di dimessa umiltà.

22. Ivi, p. 51.

Foto n. 6. Ritratto in posa, *olio su compensato, 1936. Tratta da P. Dalcore (a cura di),* Dal Prato. Opere 1922-1999, *cit., p. 51*

L'espressione del volto, come tutto il viso, è delicata, sorridente senza sorriso, composta nella sua naturale bellezza esorbitante da se stessa. Nel 1947, Dal Prato si autorappresenta[23], ma, con mia sorpresa, il tratto del dipinto è più strutturato e ben più squadrato dei precedenti. Il viso è tendenzialmente serio e scrutativo. I colori sono sfumati fra il marrone sullo sfondo, il tono rosato del volto, e il giallo, venato di verde, della camicia. Siamo in presenza di un uomo virile e segnato che è entrato nella pienezza matura della vita? Non posso comunque sottrarmi dall'indicare il Dal Prato paesaggista, che è quello che sul piano pittorico preferisco (questione solo soggettiva?), ed in particolare due quadri e cioè

23. Ivi, p. 58. Questo dipinto è stato ripreso in molti altri luoghi.

Campagna guidizzolese del 1946 e *Primavera*[24] nella stessa campagna del 1947, nei quali l'intonazione chiarista mi sembra proporsi da sola, attraverso un'eleganza naturale ed una grazia spontanea che connotano la peculiare e contenuta bellezza.

Non vado oltre lungo un percorso ondulato e pieno di deviazioni di difficile, se non quasi impossibile, ri-composizione unitaria, per altro proprie di ogni eccellenza eclettica[25]. Ma Dal Prato non può essere riportato solo alla pittura. Sarebbe un grave errore, un riduzionismo che non può essere accettato. Egli, infatti, si dedicò in vari modi al disegno in un'ottica che potremmo definire di "linguaggio universale"[26] e che meriterebbe un'analisi grafica e stilistica che noi in questa sede non possiamo e non siamo in grado di compiere[27]. Mi limito a segnalare il lavoro storico-grafico condotto sotto la direzione di Alessandro Dal Prato e dedicato al mobile mantovano[28], avente fini meramente didattici, ma in grado di stimolare il "piacere della scoperta" fra i giovani e il loro ragionare comparativamente. Dal Prato non sostiene la tesi dell'"esistenza di uno stile mantovano del mobile", bensì la permanenza visibile e modesta di un modo di produrre da parte dei nostri "*marengù*" dei mobili di fruizione quotidiana dotati di alcune loro caratteristiche peculiari. L'album propone precisi e articolati disegni di questo artigianato agreste. Dal Prato, per altro, si auto-inserisce nell'ambito "di noi insegnanti e ragazzi di una scuola di campagna".

Dal Prato fu anche e ancora un grande e solido incisore con tutte le forme espressive che questo comporta e con tutta la "stupefatta ammirazione" che ne consegue[29]. Non narrerò alcunché dei suoi graffiti, delle sue acque-

24. Aa.Vv., *Alessandro Dal Prato. Artista e uomo di scuola*, Centro Culturale San Lorenzo ed., Volta Mantovana 2006, p. 21. Ma su ciò abbiamo commentato in altra sede. Vedi la copertina del presente volume.

25. Cito, per pura passione, i suoi splendidi vasi di fiori, visibili, ad esempio, in R. Casarin (a cura di), *Alessandro Dal Prato. Opere inedite 1920-2002*, Publi Paolini, Mantova 2004. Sul senso dell'eclettività rimando al mio *Per una scienza sociale eclettica*, FrancoAngeli, Milano 2019.

26. P. Dalcore, *Alessandro Dal Prato: il disegno come linguaggio universale* in R. Casarin (a cura di), *Alessandro Dal Prato. Disegni 1922-2001*, Publi Paolini, Mantova 2004, p. 11.

27. Nel volume curato da R. Casarin, citato, appaiono due ritratti a disegno di Anita D'Isola del 1938 (p. 95) e del 1949 (p. 127), definita "modella dell'artista". La D'Isola, ritratta diverse altre volte, fu per molti anni forse la più valida e vicina collaboratrice di Dal Prato, che, con ogni probabilità, con la sua personalità prorompente la ricondusse in una sorta di cono d'ombra.

28. Aa.Vv., tra cui A. Minuti, N. Cappa, F. Bassignani e due figli di Dal Prato, *Il mobile nel mantovano*, GVMAM, Guidizzolo 1966. Per le citazioni che seguono, cfr. le pp. 9 e 10. Nel testo, non è compreso l'armadio con mia sorpresa (o ignoranza).

29. Così G.M. Erbesato, *Introduzione*, in A. Dal Prato (a cura di), *Dal Prato incisore*, Centro Culturale San Lorenzo ed., Volta Mantovana 2005, p. 17.

forti, delle sue "punte secche", delle sue xilografie, rinviando alla loro visione diretta. Da esse, emerge comunque un uomo dotato di "superlativa perizia di mestiere"[30] per un "graffio sicuro", breve con componenti oniriche, cariche di silenzio, di solitudine, di robusta fermezza estetica. In queste manifestazioni artistiche, si palesa la pacata "interiorità" e l'anelito più che "lirico" del loro Autore. In esse, però, mi pare anche di poter cogliere un'aderenza al vero della costruzione architettonica rappresentata (quasi sempre chiese) che attraverso i suoi fili sottili tra il bianco e il nero, tra l'orizzontale e il verticale, tra il geometrico e l'intrecciato, tra il marcato e l'evanescente ci trasmettono un afflato poetico che fa vivere a questi manufatti delle emozioni che in effetti non gli appartengono, in quanto esclusivamente umane. Mi limito con voluta parsimonia a citare per immagine il graffito dell'umile santuario della Madonna della Possenta in comune di Ceresara, ma a qualche chilometro dal confine con Guidizzolo[31]; la più rilevante facciata della Chiesa parrocchiale di questo "mio" paese (del 1979) e, infine, la maestosa e analitica vista monumentale di Mantova colta dal lago inferiore del 1989. Tre suggerimenti poetici, difformi tematicamente fra loro e di complessa e ardita espressione tecnica, che però sono tenuti insieme da una forma meno aulica che li isola dal mondo della vita, pur riproponendoceli nella loro più seducente liricità e nella loro valenza elegiaca ed abbandonata, nel suo valore, a se stessa.

Alessandro fu anche "medaglista", pure in questo campo, tecnicamente minuto, dettagliato, puntuale, profuse il suo "estro" e la sua "inesausta" creatività[32]. In tale ambito, ho direttamente vissuto la presentazione del conio dedicato nel 1999 alla Cassa Rurale ed Artigiana di Castel Goffredo (ero socio della Cassa); ho incrociato per caso la diffusione dell'"altorilievo" dedicato ad Anita D'Isola "riconducibile alle sculture del primo Rinascimento"[33]; sono intervenuto nel convegno in cui la "Fondazione del-

30. A. Morucci, *I graffiti* in, ivi, p. 134, anche dopo.

31. Si veda A. Dal Prato, *Vedute di Mantova e del mantovano. Incisioni e didascalie*, Italia Nostra, Mantova 1981, Tav. XXVI. A pag. 112, nel commento a questo suo lavoro del 1977, Alessandro nota l'assenza di ogni documento scritto sulla storia della chiesetta, anche se la fa risalire alla fine del '400. Sulla Chiesa parrocchiale di Guidizzolo (tav. XXXIX), a p. 122, Dal Prato osserva come essa sia l'esito di "infinite manomissioni". Infine, sulla veduta di Mantova (tav. I), Dal Prato scrive (p. 91) che nel profilo "sono rappresentati il Medioevo, il Rinascimento e il Barocco" per cui Mantova appare come "una città in cui il sogno s'è fatto realtà" e in cui contemporaneamente "la realtà vince il sogno". Si tratta, comunque, di associazioni espressive difformi, ma nel contempo convergenti ed a reciproco arricchimento.

32. Collez. C. Corneliani, *L'opera medaglistica di Alessandro Dal Prato*, Centro Culturale San Lorenzo ed., Guidizzolo 2003. Cfr. la Presentazione di M. Johnson.

33. Collez. C. Corneliani, *op. cit.*, p. 27.

la Comunità della Provincia di Mantova" nel Duemila scelse il logo (ero membro del Consiglio di Amministrazione). Forse è questa la medaglia più originale, intellettualmente impegnata e colta del nostro artista[34]. Anche in questa circostanza non proseguo. Mi limito a questi cenni, né amplio le prospettive che pur sarebbero ben più numerose[35] e, tanto meno, proseguo secondo una logica puramente testimoniale che in qualche modo tende ad esaurirsi in se stessa[36]. Affronto, invece, a pieno titolo l'altro grande incredibile aspetto della vita di Alessandro Dal Prato e cioè quello della sua vocazione pedagogico-artistica, tradotta dalla teoria alla pratica e di rilevante impatto sociale[37]. Faremo questo, ovviamente, al netto di quanto scritto in merito nei paragrafi precedenti.

Come visto, Dal Prato trasforma, tra fascismo, guerra e democrazia (di sinistra e non), una dimessa e semplice scuola locale (privata) di disegno (domenicale) in una Scuola d'arte statale. Siamo tra il 1931 e il 1959[38]. Alessandro è andato nelle case e sui tavoli dei Podestà, quale Francesco Mutti[39], e sacerdoti, come don Gino Sarti[40], di "comunisti" quali Silvio

34. Ivi, p. 32.

35. Segnalo solo, come esempio, A. Dal Prato, M.G. Savoia (a cura di), *Incontro con artisti virgiliani*, Citem, Mantova 1980. Ma Dal Prato scrisse anche di storia dell'arte. Basti vedere i colti e precipui cenni sul manierismo di derivazione da Giulio Romano contenuti in C. Cipolla, *Il modello Castel Goffredo*, CRA di Castel Goffredo, 1989, III ed., pp.93 ss.

36. Cfr. Aa.Vv., *Alessandro Dal Prato, 1909-2009. Celebrazioni nel centenario della nascita*, Centro Culturale San Lorenzo ed., Guidizzolo 2009. Tante testimonianze non fanno di per sé storia, anche se mostrano la carica umana che Alessandro immetteva nel rapporto con i suoi allievi e collaboratori.

37. L'eclletticità di Dal Prato si trova più che nella riflessione astratta nel concreto farsi delle cose. Cfr. A. Sartori, *Artisti a Mantova nei secoli XIX e XX*. Dizionario biografico, vol. II, Arch. Sartori Editore, Mantova 2000. Del resto, in C. Cerritelli (a cura di), *Arte a Mantova 1950-1999*, Casa del Mantegna, Mantova 1999, si può leggere che Dal Prato "riporta al presente polarità impressioniste e cézanniane, mezze tinte lombarde, luci terse venete, generi come la veduta e il ritratto estranei alla cultura accademica" (p. 483). In G. Ferlisi (a cura di), *La collezione d'arte moderna e contemporanea della Provincia di Mantova tra mecenatismo e politiche culturali*, Casa del Mantegna, Mantova 2011, a p. 50, si sottolinea il fatto che Dal Prato si mosse nel tempo "indifferentemente" in molti settori artistici, oltre che didattici. La sua produzione viene definita come intima, delicata, composta, serena con componenti "antiaccademiche" e di "sospensione metafisica".

38. A. Dal Prato, *Una scuola*, cit., p. 101, per la fine gloriosa.

39. L'avv. Mutti fu Podestà dal 1935 al 1944. Formatosi a Milano e vicino all'Umanitaria, avviò l'industria dell'astucceria a Guidizzolo. Tutto ciò non potè non incidere sul suo avallo al progetto di Dal Prato.

40. Su Don Gino torneremo in altra sede. Egli fu parroco di Guidizzolo dal 1925 al 1971, quando morì. Era nato nel 1893. La sua astuzia era nota, come dimostra l'aneddoto raccontato da Alessandro, allo stesso modo della sua distanza dal fascismo. Cfr. A. Dal Prato, *op. cit.*, p. 59.

Marchini[41] e di democristiani, come il cav. Giuseppe Perani[42], sempre con la stessa tenacia e con le stesse idee allo scopo di costruire, tra tante difficoltà, la scuola artistica da lui, e solo da lui, progettata e agognata. Evidentemente pur nel contesto di un piccolo paese rurale sperduto nella pianura padana, i suoi intenti e le sue proposte pratiche[43] trapassavano le ideologie ed i governi con i loro multiformi colori e furono apprezzate ben oltre i confini, molto circoscritti, di Guidizzolo. Ma quale credo pedagogico può essere associato ad Alessandro? Mi pare scontato che egli non può essere identificato con il pensiero neo-idealista di Giovanni Gentile, se non altro perché questi "rappresenta il più radicale monismo del '900'"[44], che con la polivalenza eclettica della didattica di Dal Prato ha ben poco a che vedere. Ovvio che il pensiero di Alessandro e la sua prassi possono essere inserite nel filone delle "scuole nuove" e dell'"attivismo" di orientamento cattolico[45]. La sua vocazione per la vita (anche artistica) all'aperto, la sua attenzione agli aspetti organizzativi della didattica, la sua tendenza alla sperimentazione, la sua vicinanza alla corporeità del fanciullo, il prevalere in lui della spontaneità del disegno[46] rispetto alla copiatura di modelli pre-defini-

41. Silvio Marchini fu sindaco "comunista" di Guidizzolo, con morigeratezza, dal 1946 al 1951 e sostenne con vigore e convinzione il progetto di Dal Prato. Sua la posa della prima pietra del nuovo edificio scolastico il 31 dicembre del 1950. Avevo poco meno di 4 anni e andavo all'asilo dalle suore, ma certo non capivo questo, che pur accadeva intorno a me.

42. Sindaco di area democristiana di Guidizzolo dal 1951 al 1961, anche lui piccolo imprenditore a capo di uno scatolificio.

43. Dal Prato ha scritto molti manuali scolastici quasi tutti ristampati in più edizioni, tra i quali cfr. A. Dal Prato, *Compendio di educazione artistica*, La Scuola, Brescia 1981 (II ed.). Il testo è molto figurativo ed elementare, ma associa i grandi della pittura a disegni fatti da ragazzi. Sempre combinatorio e poliedrico il nostro Alessandro! Sulle modalità didattiche di Alessandro si possono leggere in A. Dal Prato, *Didattica dell'educazione artistica*, La Scuola, Brescia 1987 (III ed.), i giudizi di C. Scurati il quale, dopo aver ricondotto il Nostro al principio dell'esperienza di contro a quello del verbalismo, sostiene che per Dal Prato "l'artistico e l'estetico...sono pur sempre modi della relazione fra il soggetto e la realtà, e non devono diventare modi per evaderne o alterarla" (p. 7). A. Agazzi (ivi, p. 9), riferendosi al "testo attentamente letto", scrive di aver "avuto la distinta consapevolezza di incontrarci una trattazione di valore, nel suo genere, eccezionale". Varie pubblicazioni manualistiche di Dal Prato sono state tradotte in diverse lingue. Mi limito a *Les activités créativess de l'enfant,* H. Dessain et Tolra Éditeurs, Parigi ed a *Artes Plasticas*, Edit. Magisterio S.A., Caracas, durante gli anni '60 e '70 del secolo scorso.

44. Così H.A. Cavallera, *Storia della pedagogia*, La Scuola, Brescia 2009, p. 173. Ricordo che la cultura italiana, accademica e non, di fronte al fascismo "accettò, subì, si uniformò, si rannicchiò in uno spazio in cui poteva continuare, più o meno indisturbata, il proprio lavoro". Così N. Bobbio in G. Quazza (a cura di), *Fascismo e società italiana*, Einaudi, Torino 1973, p. 214. In questa posizione, non anti ma diversa da quella fascista e comunque non tale, mi pare si collochi anche il Dal Prato di questo periodo.

45. Ivi, p. 163 ss.

46. Ivi, p. 171.

ti sono tutti elementi (con i rischi pedagogici connessi) che mi paiono ricondurlo, pur con tutte le riserve del caso, nell'ambito dell'approccio detto.

Sulla scuola di Dal Prato a Guidizzolo si sono concentrate nel tempo le premure, le considerazioni, nonché l'interesse di alcuni dei più grandi pedagogisti italiani. Aldo Agazzi, ad esempio, definì la nostra scuola d'arte applicata "esemplare" per riconoscimento "universale"[47]. A suo parere (con qualche mia perplessità), Alessandro, sulle tracce di Giuseppe Lombardo Radice[48], si negava al "verbalismo" a favore di "ideazione, inventività, costruttività: fatte come nascere sotto gli occhi medesimi di chi legge e intuisce"[49].

Foto n. 7a. Si veda questo quadro del 1929 di A. Dal Prato esposto a Milano "alla seconda mostra sindacale lombarda" a Brera e acquistato dal RE: aulico e chiaramente familiare. Collez. privata

47. A. Agazzi, *Presentazione*, in A. Dal Prato, *Una scuola*, cit., p. III.

48. Questi fu pedagogista e filosofo siciliano (1879-1938) che, senza opporvisi formalmente, non aderì al fascismo, optando per "un'educazione nuova" ancorata a logiche regionali ed a base "attivistica", nonché concrete e non pre-costituite.

49. A. Agazzi, *op. cit.*, p. IV.

Foto n. 7b. Dopo vent'anni, la famiglia Dal Prato-Tosoni contava 7 figli, come dimostra questa foto della fine degli anni '40 scattata nelle campagne primaverili di Guidizzolo. Collez. privata

Agazzi vede Dal Prato sul ponte che congiunge bellezza e razionalità e che rappresenta a suo modo il naturale approdo dell'artigianato artistico o "a meglio dire dell'«arte applicata»"[50]. Agazzi difende anche Dal Prato contro una lettura disordinata e assurda della spontaneità, contrapponendo la sua "educazione estetica" al dilagante "sensismo cognitivista" in campo artistico. La sua chiusura potrebbe essere la nostra: "le storie locali e particolari formano il tessuto della grande storia generale e degli orizzonti più ampi"[51]. L'apprezzamento verso questa scuola, senza alcun trionfalismo, non è che il riconoscimento di un evento o di una scuola "che s'è posta ed anche imposta all'attenzione del mondo pedagogico italiano". La scuola fu visitata nel tempo da molti pedagogisti di fama e di spessore e da diversi funzionari ministeriali.

50. Ivi, p. VI. Il rapporto fra Dal Prato e Agazzi fu strettissimo, così come quello con l'editrice cattolica bresciana *La Scuola*.

51. Ivi, p. IX.

Foto n. 8a. È arrivato il Dopoguerra. La nostra scuola è diventata statale. Don Gino e Marchini (sindaco comunista) l'hanno già benedetta (si veda la Foto n. 9). Il grande pedagogista Valpolicelli la va a visitate. Collez. privata

Foto n. 8b. Dal Prato fu anche però e sempre (fin da giovane) un teorico-pratico, come dimostra questa foto dei primi anni '50, quando portava i suoi ragazzi a fare visite culturali di spessore. Qui sono sullo Scalone dei Giganti di Palazzo Ducale, a Venezia, Collez. A. Dal Prato

Foto n. 9. È la posa della "prima pietra" del nuovo edificio della Scuola alla fine del 1950, alla presenza delle autorità, non solo locali. Collez. privata

Qui mi limito a segnalare le "impressioni", scritte nel 1957, dal professor Luigi Volpicelli[52], di orientamento didattico che definirei lontano da quello di Alessandro, il quale scrisse: "Ho visitato una delle più importanti e intelligenti iniziative scolastiche nate nella scuola stessa. Mi auguro che essa fruttifichi oltre la provincia di Mantova che ha avuto il privilegio di promuoverla"[53]. Chiudo questa sommaria carrellata con Luciano Pazzaglia[54] il quale, quasi un quarto di secolo dopo il suo lontano maestro, scrive che in Dal Prato i "valori di umanità e cultura di cui la sua arte è intrisa" si fondono con l'uomo di scuola. Infatti, egli si servì della sua vocazione artistica per immettere nel suo processo pedagogico "quella levità che ha costituito uno dei tratti essenziali della capacità che egli aveva di porsi in rapporto diretto e profondo con le persone ed in particolare con i suoi alunni".

52. Luigi Volpicelli (1900-1983) è stato un importante pedagogista e accademico italiano, contrario ad ogni approccio sistematico e lontano da ogni formalismo pedagogico, si occupò a fondo della scuola sovietica.

53. Ibidem.

54. L. Pazzaglia, *Alessandro Dal Prato e la Scuola d'Arte di Guidizzolo*, in R. Signorini (a cura di), *Dal Prato artista e uomo di scuola*, Arti Grafiche, Lavagno, Verona 2009, p. 30, anche per la citazione seguente.

Dietro o prima di queste interpretazioni resta però, a mio parere, un'altra profonda dimensione della vita di Dal Prato. Egli, infatti, orientò sempre la sua logica artistico-applicativa o il suo investimento pedagogico a favore della popolazione meno favorita e bisognosa di emanciparsi attraverso un lavoro qualificato. In tal senso, il suo afflato sociale fu intrinseco alla sua costruzione scolastica. Non a caso, il Provveditore agli studi di Mantova poteva scrivere che la scuola di Guidizzolo, "serale e artigiana", era un esempio di "giustizia sociale"[55], tendendo essa "la mano ai più umili e dimenticati" e con ciò effettuando un'"opera di bonifica sociale volta a riscattare da una sorte immeritata molti giovani volenterosi e intelligenti che sarebbero ineluttabilmente condannati ai più umili mestieri, se non alla cronica disoccupazione". Per questo processo di "elevazione e redenzione sociale", il Provveditore esprimeva al "Caro Direttore" la sua più "ammirata simpatia", anche contro gli scettici e gli avversari del progetto che, nel tempo, furono veramente tanti ed a volte del tutto insospettabili[56].

Foto n. 10. Nel 1951, oltre agli uomini lavoravano i cavalli con i loro carretti: la Scuola comincia da terra la sua lunga vita. Collez. privata

55. La lettera del prof. E. Barana del 1949 si trova in A. Dal Prato, *op. cit.*, pp. 84-85.
56. Ivi, p. 91.

A rinforzo o a prova ulteriore di tutto questo, vi fu anche una lettera inviata il 12 giugno 1949 al "Caro Dal Prato" da quello che sarebbe diventato "don Primo Mazzolari" in risposta ad una nella quale Alessandro gli sottoponeva la bozza dei programmi della sua Scuola d'Arte. Anch'egli si dichiarava molto "ammirato", soprattutto "per il modo con cui l'insegnamento professionale è coordinato all'elevazione del lavoratore"[57]. Don Mazzolari vedeva in queste "umili, ma intelligenti e tenaci iniziative" una "introduzione" alla risoluzione dei più "grossi e spinosi problemi sociali". Non le scuole di partito, né la violenza sapranno affermare i diritti del lavoratore manuale, né la "dignità consolidata nei valori dell'uomo", ma sono questi "modesti e provvidenziali istituti" (secondo don Primo), ignorati da tutti, che conservano "il segreto di elevare l'uomo e di trasfigurare la fatica, dando all'uno e all'altro nobiltà e gioia".

Questo don Primo, questo Alessandro.

Non so quanti capirono allora questa fondativa valenza sociale della Scuola e quanti si resero conto che essa nasceva in mezzo ai campi, lontano da ogni ipotesi di progettazione razionale e centralizzata. Essa, in altri termini, sorgeva alla rovescia, dal basso, in campagna, per merito di un uomo praticamente solo che da artista si era trasformato in "provveditore", da pittore in pedagogo, da amante del "bello" in emancipatore del "brutto". In questo senso, Alessandro è stato se stesso e il suo inverso per un'ecletticità dentro e fuori dall'arte, pur sempre sotto o al comando del suo imperativo categorico. In fondo, sostenere la popolazione più umile attraverso l'arte applicata o il disegno artigianale è mettere questi al servizio dell'emancipazione di quella, senza però mai tradirne i principi.

In questa prospettiva, Dal Prato può essere definito un *artista sociale* ben inserito nel suo ambiente, ma pur sempre oltre questo e, di converso, un *affrancatore artistico*, volto a migliorare le condizioni lavorative di tutti i giovani che avessero deciso, praticamente senza soglie, di accedere al suo insegnamento.

Nel tirare le fila di questo breve cammeo dedicato all'uomo più illustre del nostro paese, non possiamo ignorare il fatto che nel 2003 sono pervenute all'Archivio di Stato di Mantova circa 23000 pagine del diario tenuto da Dal Prato dal 1932 al 2001, pur con un vuoto più o meno accidentale concernente il periodo dal 1935 al 1938[58], anni non propriamente di secondario interesse. Di questi anni abbiamo due brevi testi

57. Ivi, p. 74, anche per la citazione seguente.

58. D. Ferrari, *Le carte di Alessandro Dal Prato presso l'Archivio di Stato di Mantova*, in R. Signorini (a cura di), *op. cit.*, p. 35.

di Alessandro[59] nei quali egli manifesta il suo "anelito per il nuovo senza dimenticare la tradizione che deve incanalarsi nello spirito del proprio tempo"[60]. Insomma, le glorie del passato italico non vanno rinnegate, secondo la moda futurista, ma innestate sul sentimento etico e nell'ottica della fratellanza umana di ascendenza cristiana[61].

Tornando ai *Diari*, "brulicanti"[62] di vita, di rapporti sociali, di arte e di mestiere, è ovvio che essi dovrebbero essere letti di prima mano e integralmente (cosa per noi in questa sede impossibile), mentre nel nostro caso ci accontenteremo di stralci estratti attraverso letture altrui. In ogni caso, un diario è un'altra maniera di vedere le cose in modo soggettivo di contro a quanto materialmente accaduto e possono essere più o meno veri. Essi, resi pubblici e non distrutti, forniscono semplicemente un'ulteriore prospettiva nel concreto farsi della storia. In tal senso, essi vanno trattati con accortezza e sensibilità, ma senza accentuare una componente metodologica di pudore e di riserbo che alla fine tende a renderli inutili[63]. Dato ciò, quello che in sintesi mi sembra si possa ricavare dal materiale per ora analizzato è riconducibile al conflitto che Dal Prato vive in se stesso fra guadagno (e successo), da un lato, ed esigenze artistiche ed educative, dall'altro, soprattutto verso la sua scuola, la cui "alta missione" è a favore degli operai[64]. Nei *Diari*, Alessandro svela i contrasti con i suoi colleghi, che per altro dureranno più o meno tutta la vita[65], e che forse lo porteranno a maturare una forma di "risentimento"[66] piuttosto generalizzato verso di loro.

Mi pare, però, che il punto cruciale di queste confessioni intime sia un altro e possa essere colto nel fatto che Alessandro avrebbe voluto fare nella sua vita sempre e solo l'artista e sempre e solo il pittore di paesaggi. Il resto sono stati solo dei compromessi: "Così ho fatto l'insegnante senza mai avere desiderato di farlo; ho fato il decoratore di chiese senza aver-

59. Li deduco da R. Casarin, *Una vita per l'arte, l'arte per la vita*, in R. Signorini (a cura di), *op. cit.*, pp. 95-97. Essi furono pubblicati nel 1934 e nel 1937 su *Mantus* che era la Rivista bimensile dell'unione dei professionisti e degli artisti di Mantova.

60. Ivi, p. 97.

61. Cfr. R. Casarin, *op. cit.*, p. 103.

62. Ivi, p. 99.

63. Su posizioni difformi e molto più pudibonde mi pare essere D. Ferrari, *op. cit.*, pp. 35-36.

64. Ivi, p. 33. Siamo nel 1939.

65. Non così con M. Lomini (1887-1949), che egli stimò sempre (ivi, p. 48. Siamo nel 1947), al punto che molti lo reputano un suo, seppur distante, maestro.

66. Ivi, p. 50. Nel 1961 (ivi, p. 45) scriverà che l'"intellighenzia" mantovana lo ignora, ricambiata. E forse questo è meglio per tutti, così che la scuola ha "meno nemici". Ancora nel 1961?

vi mai aspirato... anche quello di «ritrattista», che pure un tempo praticai, non à mai rappresentato la mia vocazione"[67]. Egli prosegue, quasi urlando, che la sua propensione più autentica "sarebbe stata quella di dipingere grandi quadri di figura del paesaggio. Rappresentare soprattutto l'umanità del lavoro".

Egli si impone, in questa prospettiva, di non "tradire" più se stesso ("ho già 37 anni"), di tornare a meditare sull'arte, affinché essa sia "profonda" e "penetrata" spiritualmente, per quanto la scuola gli assicuri il pane per i suoi figli[68]. Ma Dal Prato ne ha un po' per tutti, a partire dalla sua presunta superiorità artistica[69] e "dal suo modo personalissimo di esprimersi"[70] e, in particolare, egli se la prende con i preti[71] che, nella sua vita "frastornata in mille guise"[72], hanno rappresentato quasi sempre, se non esclusivamente, i suoi clienti: "gente che con il pretesto della liturgia, dei superiori, dei fedeli offerenti, ecc. è fatta apposta per toglierti ogni libertà di movimento, di interpretazione". Ma Alessandro è molto duro anche verso se stesso quando subito dopo scrive: "Oh, con questo non me ne voglio scagionare del tutto, perché ha avuto in questo una buona parte la mia viltà, che mi faceva accettare il compromesso nel timore di vedermi sfuggire il lavoro e, di conseguenza, mancare il pane ai figli".

Questo mi pare anche il senso della Foto qui sotto, che ritrae Alessandro intorno al 1940 davanti al Teatro comunale di Guidizzolo in mezzo a un gruppo di "Giovani Fascisti" (verso i cento) con la presenza di un sottufficiale della milizia. Forse, si tratta di un sabato fascista, comunque non di un evento ufficiale. Ciò si deduce dalla divisa da ufficiale del genio, ma da marcia, indossata da Dal Prato. Egli, infatti, fece il militare in questo corpo a Verona. Dunque, in mezzo ai fascisti, ma non fascista. D'altra parte, a capo della scuola comunale, come poteva evadere e comportarsi? Un compromesso al minimo?

67. Ivi, p. 42. Siamo nel 1947, anche per le citazioni che seguono. Un quadro del 1943 (da E. Pontiggia, *I chiaristi*, cit., p. 167) ci rende l'idea, forse più di ogni altra foto, dell'autunno dimesso e cadente nel giallo della mia terra. I platani si spengono e si trasformano nel colore del loro riposo, lungo i fossi, accompagnando il lento e piano sfumare nell'orizzonte delle nostre cavedagne.

68. Ivi, p. 47 (1961).

69. Ivi, pp. 47-48 (1945).

70. Ivi, p. 46 (1961).

71. Ivi, p. 49 ed anche con Emilio Faccioli che, nel 1947, lo aveva criticato sulla *Gazzetta* ed a cui invia una lettera di replica, minacciando "anche una lettera aperta sul giornale" (ivi, p. 51).

72. Ivi, p. 49 (1960), anche dopo, p. 50 (1960).

Foto n. 11. Dal Prato in divisa militare: la data ipotizzata (1940 circa) si deduce dalle divise indossate dai giovani e meno giovani che appaiono nella foto. Tutta questa cultura ci è stata in ogni caso trasmessa da Stefano Spazzini di Medole, che non possiamo non ringraziare di cuore per questa sua generosità unita ad una indubbia competenza. Collez. privata

Dal Prato, però, non può neppure essere circoscritto nei suoi diari sia perché alcune sue espressioni socio-artistiche sono presenti altrove, come in parte già visto, sia perché egli decise in età avanzata di raccontare alcuni aneddoti o episodi della sua vita personale, che, pur non vedendolo al centro della scena[73], ci rendono un'ulteriore immagine di quella che è stata la sua visione delle cose, a tutto tondo. Prendiamo le mosse da alcune rare, se non introvabili, testimonianze scritte o iconiche del periodo in cui un Dal Prato ancor molto giovane vive nel contesto culturale e artistico del fascismo mantovano. Ovviamente, ci accontentiamo di ciò che siamo riusciti a reperire[74] senza alcuna pretesa di esaustività.

73. Così A. Orlandi Pincella, *Presentazione*, in A. Dal Prato, *Storie vere*, Centro Culturale San Lorenzo ed., Guidizzolo 2004 (II ed.), p. 5. La Orlandi reputa Dal Prato un uomo "certamente fuori dal comune per sensibilità, acutezza di ingegno e intensità di vita".

74. Questo materiale rarissimo e soprattutto introvabile mi è stato messo a disposizione da Giuseppe Valbusa, che per noi ha rappresentato una fonte quasi inesauribile di documenti e fotografie. Ringraziarlo di cuore non credo che sia sufficiente, dato il ruolo da lui avuto in quest'opera.

Sappiamo che Dal Prato, come già detto, partecipò nel periodo in oggetto a molte mostre mantovane di pittura, organizzandone più d'una in prima persona, per conto dell'Opera Nazionale Balilla o del Sindacato mantovano degli artisti e professionisti. Da un catalogo del 1928[75], si evince che Dal Prato è presente con due quadri (mai visti) dedicati a "Inverno" e "Tramonto" non di quotazione elevata (ne ignoriamo, però, le dimensioni) che sono comunque venduti rapidamente ad una certa Sig.na Luisa Valentini e ad un non meglio specificato signore di Bozzolo. Nel *Catalogo* appaiono anche cognomi di artisti di chiara matrice ebrea. Molto pochi sono i soggetti a sfondo fascista.

Saltiamo al 1934, con un Fascismo ben più robusto e che tende a nazionalizzare le masse. Dal Prato scrive un pezzo interessante su *Mantus*, relativo a "*La terza mostra d'arte sindacale mantovana*"[76]. Dopo aver elogiato "la vigile presenza degli artisti alla vita nazionale", Dal Prato osserva subito e francamente che la presenza del pubblico all'esposizione è stata "poco sopra zero". "Non così per gli artisti invece che hanno dimostrato quasi tutti una volontà decisa di adeguarsi al tono elevato della vita creata dal Fascismo". Dal Prato, però, non va molto oltre a questo e svolge le sue critiche alla Mostra, in particolare verso quegli espositori che si attaccano ai "sistemi artistici", i quali "danno la possibilità di aggrapparsi ma non di procedere". Secondo lui, i veri artisti "ricchi di un'anima e di un contenuto proprio, ignorano tutti i «Sistemi» neanche quelli della pittura pura". Allo stesso modo ed all'opposto, egli condanna l'improvvisazione e il "dilettantismo", sostenendo che "la profondità in arte non si raggiunge che attraverso una vigile ed oculata scelta di valori dalla realtà". Di sé, scrive che con le sue opere "ha cercato di mostrare come si possa essere moderni pur mantenendo saldamente attaccate le radici alla tradizione italiana". La conclusione è progettuale e cioè la costituzione di una «Permanente» degli artisti mantovani perché più diffusa è la coscienza artistica, più elevata è la vita sociale. In questa mostra, l'Amministratore Provinciale di Mantova acquista un quadro (dipinto ad olio) avente come tema "I primi Martiri del Fascismo mantovano"[77], che non siamo riusciti a ritrovare ed a vedere personalmente. Come intendere questa documentazione? A me pare

75. Cfr. Opera Nazionale Balilla, *Fiera d'arte di Mantova*, 29 aprile-24 maggio 1928, A beneficio delle colonie marine e dei campeggi alpini per balilla ed avanguardisti bisognosi. *Catalogo*.

76. Cfr. *Mantus*, Professionisti ed artisti della provincia di Mantova, II, 5, settembre-ottobre 1934, XII, pp. 8-9. Sotto il titolo dell'articolo si trova, scritto in corsivo, quale *incipit*: "Una ragione di giustizia politica consiglia di porre in valore l'arte e gli artisti" (A. Mussolini).

77. Ivi, p. 21.

di potere dire che Dal Prato è già lui nel senso che a 25 anni sostiene tesi sue proprie che non tradirà più (come visto). Nel contempo, però, qualcosa concede al Fascismo imperante, almeno formalmente, e pur rispetto al solo campo artistico che, per altro, il Duce valorizzò sempre molto sull'onda della grandiosa storia italiana in merito. Quanto al quadro citato non possiamo ovviamente che astenerci da ogni ulteriore passo per ovvie ragioni di serietà interpretativa.

Passiamo ora al 1936, quando Dal Prato espone a Modena alla "Mostra dei Prelittoriali dell'Arte del Guf" locale[78]. In un commento alla stessa, il quadro di A. Dal Prato, ivi esposto, viene premiato, ma il nostro sconosciuto recensore non ne è del tutto convinto, infatti ritiene che nel dipinto vi sia "un senso accorto del colore e una modernità ariosa del disegno", ma aggiunge che l'"intersezione" fra i due piani del dipinto non è chiara e quello di fondo "non può invadere il campo… a discapito della semplicità della percezione prospettica e ideologica". Ma di che si tratta? In questo caso, ci soccorre un'immagine fotografica, ovviamente in bianco e nero, del dipinto dal titolo "Il pittore in clima fascista" con a fianco una massima di Mussolini che suona così: "Fu nell'arte che gli italiani si sentirono e si ritrovarono fratelli". Il soggetto mostra, in primo piano, la famiglia del pittore che ha in mano i suoi strumenti, la moglie sempre contenuta ed umile con lo sguardo rivolto verso i suoi tre figli e cioè verso il basso e con dietro un pannello con sopra un dipinto di stampo militaresco ed un fucile appeso alla parete.

Conoscevo un quadro della famiglia di Alessandro (più o meno coevo) molto simile a questo, ma senza alcun rinvio alle spalle al periodo fascista. Concordo con la critica precedente. Il quadro mi pare forzato, scomposto, con pace (famiglia) e guerra (armi). Non mi sembra che qui Dal Prato sia lui, ma piuttosto che egli sia quasi costretto ad un compromesso che ne svilisce l'identità sia artistica che ideologica. In ogni caso, faccio notare come il senso del quadro dovrebbe protendere verso la fratellanza secondo quanto ripreso nella massima a fianco. Sempre a cavallo tra vocazione cattolica e contesto mussoliniano!

Nell'ambito del sacro-cattolico e per sua scelta personale e spontanea, oltre che naturalmente ambiziosa, Dal Prato partecipa nel 1931 alla Mostra Internazionale di Arte Sacra Cristiana Moderna a Padova. La mostra, che durò ben due anni e sulla quale si ha una documentazione molto modesta, aveva lo scopo, in occasione del settimo centenario della morte di

78. Cfr. *Mutina*. Organo dell'Istituto di cultura fascista e del gruppo universitario fascista, febbraio 1936-XIV. Il fascicolo è privo della numerazione delle pagine.

Foto n. 12. La versione di famiglia che qui proponiamo non è quella commentata nel testo ed è ad essa precedente. Qui non appaiono le componenti guerresche (e criticate) del quadro e la famiglia si palesa nella sua tranquillità. Collez. privata

S. Antonio, di far incontrare la Chiesa con le avanguardie artistiche dell'epoca secondo una prospettiva comunque altamente spirituale e cristiana. La selezione onde accedere alla mostra fu severissima, per non dire "impressionante" per la sua drasticità con molte opere respinte fra le oltre 1000 presentate. Il quadro proposto da Alessandro, "Un miracolo di S. Antonio" (in foto) fu accettato ed esposto a dimostrazione della stoffa del ragazzo e della sua vocazione più autentica.

Foto n. 13. Cartolina di Un miracolo di S. Antonio, *quadro del 1931 di A. Dal Prato. La trovo un'opera deferente, sofferta, essenziale, umile con le donne chine e vocate ad un Antonio benedicente. Le vesti sono disadorne come lo sfondo agreste e lontano. Sulla destra, sbuca un volto giovane e sorpreso, quasi attonito sotto le vesti e la figura sovrastante del Santo. Collez. G. Valbusa*

Nella rarissima documentazione dell'epoca, abbiamo anche reperito un quadro di Alessandro dal titolo "Madonna col bambino" pubblicato su *Casalinga* n. 5 (a. X) del maggio 1942 – XX, mese della Madonna. Nel testo a commento si può leggere: "La sobrietà delle tinte e la morbidezza dei toni fanno rivivere la celestiale maternità di Maria in una luce che illumina di divino il volto della Vergine oltre che tutto il Bambino, attraverso ad una pittura robusta e concettosa è mostrata la premurosa dolcezza dell'umile Madre, estatica davanti a Gesù. Un quadro contenuto, dimesso, schivo, timido..., ma nel contempo vigoroso ed univoco"[79].

Passiamo ora ad una selezione delle storie vere che Alessandro stesso redasse in riferimento alla sua vita. Cominciamo col riprendere un suo racconto relativo alla sua infanzia precoce (1914 circa), da cui estraggo che egli fu inserito, lui povero, in un asilo di ricchi che lo emarginavano, se non addirittura lo "respingevano"[80], provocando la sua ribellione, finché non approdò fra le braccia di una maestra (Schena, già incontrata) con cui passò "gli anni più belli della mia infanzia"[81]. Nel 1916, Alessandro tracciava, così piccolo, grandi disegni evanescenti sui marciapiedi, mentre a 15 anni era già in qualche bottega artigiana a fare il "piccolo", in un ambiente di giovani artisti piuttosto litigiosi (e invidiosi reciprocamente, aggiungo io) al suo interno. Il suo rapporto col Fascismo appare negli anni '30 in bilico fra burocrati freddi e formali e funzionari attenti e sensibili alle sue esigenze sociali[82], mentre la sua attenzione e la sua vicinanza sostanziale al cattolicesimo non venne mai meno[83]. Dal Prato entrò anche a suo modo, schivo e di servizio, nella resistenza[84]. In un documento fornitomi da Andrea Dal Prato, appare e si sostanzia una relazione di Gilberto Urangia Tazzoli del 30/6/1945 sulla Brigata Mantova (Fiamme verdi) attiva dal 1944 nel guidizzolese, dove vi era un distaccamento delle Brigate Nere e una presenza tedesca (Comando Truppa). In un capo apposito[85] ci siamo occupati di queste importanti vicende

79. Chissà, anche questo come il precedente, dove sarà finito? A noi, è stato proposto da G. Valbusa fotografato nella rivista citata. In un articolo pubblicato nell'Organo citato, M. Mannini (*La pittura italiana d'oggi*) sostiene, tra l'altro, che "oggi l'arte italiana rappresenta idee, passioni, aspetti della vita attuale, la quale con ritmo incessante procede eclettica e sicura nella dinamica conquista di un avvenire luminoso". La "sana arte italiana" non può essere corrotta da "infiltrazioni importate da qualsiasi luogo". L'ancoraggio è nella "pittura maschia" del Sironi e nel "sentimento intimo dell'animo latino" per un "ideale italiano" capace "d'imporsi e di trionfare attraverso il suo interrotto svolgimento nell'Italia di Mussolini". Dura ritrovare Dal Prato in queste tesi, quasi antitetiche alle sue.

80. A. Dal Prato, *Storie vere*, cit., p. 13. Ringrazio vivamente Andrea Dal Prato che mi ha aiutato a reperire buona parte del materiale documentario, quasi introvabile, qui utilizzato.

81. Ivi, p. 15.

82. Vedi ivi, pp. 47 ss., 61 ss., 67 ss., 129 ss, e 137 ss.

83. Ivi, p. 37 e p. 51.

84. Ivi, p. 95.

85. Il Capo 4.

politiche e ad esso rinviamo. Per quanto attiene al nostro Tenente Alessandro, da detto documento emerge che egli era collegato (siamo al 24 aprile) con il CLN di Mantova "per il Partito Demo-Cristiano" ed in questo suo ruolo il giorno e la sera del 25 aprile 1945 ed il giorno dopo ebbe modo di vivere le vicende tragiche che portarono all'uccisione da parte dei Tedeschi di tre nostri compaesani (vedi al capo apposito). Dal Prato, mandato in ispezione, era accompagnato dal figlio Francesco quattordicenne. Le attività del suo Distaccamento cessarono il 30 aprile con un bilancio di ben 300 prigionieri.

Non vado oltre in questa sede perché lo scopo era solo quello di dimostrare come il mite e devoto Alessandro avesse a sua maniera impugnato le armi, da partigiano, contro l'occupante tedesco e le alleate Brigate Nere. Subito dopo la guerra[86], il prof. Dal Prato cominciò quella scalata nell'ambito della pedagogia cattolica che non l'avrebbe più abbandonato. Il tutto partì da un incontro a Medole ad un corso di formazione con il prof. Chizzolini de *La Scuola*, con cui Alessandro aveva avuto rapporti durante il periodo fascista. I due si presero. "Io andai a Brescia. Vittorino venne a Guidizzolo. Da allora ebbe inizio un'intensa collaborazione con l'Editrice *La Scuola* e nacque un'amicizia. Amicizia che non è ancora tramontata, nonostante che Vittorino non ci sia più"[87].

Credo che quanto abbiamo accennato si proponga argomentativamente da solo. Anche in questo caso, emerge la sua vita molteplice, giocata su più registri, vissuta sempre a partire dal basso, dal periferico, da di sotto. Egli pur con qualche accomodamento, non si scostò mai da questo suo stile di vita, non lo tradì per nessuna ragione, restò sempre a Guidizzolo, pur lanciando il suo magistero in giro per il mondo, come abbiamo visto per bene e come affermiamo con forza ed onore dal nostro dimesso e remoto paese che lo lanciò verso il mondo, pur essendone da questi lanciato. E sempre in nome dell'arte, della vicinanza ai suoi allievi figli del popolo, e sopra ogni cosa della pittura e, per essa, del paesaggio che fu, senza ombra di dubbio, la vocazione più intima e autentica della sua produzione creativa, se non della sua intera vita.

86. Ivi, p. 67.

87. Ivi, p. 71. Ricordo che il "Pittore Prof. A. Dal Prato" restò "Fiduciario Provinciale" del Sindacato interprovinciale fascista belle arti, Sezione di Mantova, almeno fino all'11 luglio 1940, quando fu costretto, a causa della guerra, a prorogare "a data da destinarsi" un "Concorso per incisioni inedite illustranti le bellezze monumentali del mantovano" (Collezione Valbusa).

Foto n. 14. Alessandro nel suo studio, poliedrico, in età piuttosto avanzata fra libri, quadri, disegni, sculture e quant'altro: tutte sue attuazioni palpabili. Anni '60. Collez. privata

Tirando, per così dire, le fila e a mo' di conclusione[88], per Alessandro il suo "diritto alla pittura" è "come un secondo diritto alla vita"[89], anche se questa non fu mai propriamente la sua vita fin oltre la sua stessa scomparsa.

Conosciamo bene cosa fece Alessandro dopo i 50 anni, cioè raggiunta l'indipendenza economica e "sistemati" diversi dei figli, e non seguì i percorsi tanto agognati ed univoci. Dunque, il suo *Diario* ed i suoi scritti autobiografici possono essere reputati alla stregua di uno "sfogatoio" e di un libro dei sogni, sulle cui vette far risplendere il suo ideale, costret-

88. Dal Prato si dedicò a se stesso fino alla fine della sua vita in modo intenso e pre-veggente. Fu anche costituita una "Associazione Amici di Dal Prato", per pubblicizzarne e sostenerne l'opera. In essa, fu molto attiva Anita D'Isola che è inoltre piuttosto presente nei *Diari*.

89. Traggo dal saggio citato di D. Ferrari a p. 50.

to dalle condizioni e "convenzioni" della vita a disperdersi in mille rivoli ed in tante iniziative fra loro diverse. Mi sembra comunque che sia possibile sostenere che la bellezza, a cui egli si pose al servizio, la pittura del paesaggio, che lo travolse sempre, l'attenzione al mondo del lavoro meno favorito, che lo portò a costruire la sua cosa più grande, lo spirito costante di innovazione, che lo accompagnò durante tutta la sua vita sono alcune componenti basiche che connettono tra loro i volti dell'Alessandro privato e del Dal Prato pubblico. E questo, si osservi, ognora e in un senso di ecletticità che forse fu sempre dentro ed oltre i suoi stessi pensieri.

Foto n. 15 (a, b). Nel 1955, sul prospetto della Torre al posto della scritta che inneggiava al Duce, il Sindaco democristiano Cav. Perani (Foto 15a) inaugurò un mosaico dedicato alla Madonna e fatto dagli allievi della Scuola d'Arte e, sopra essi, da Alessandro Dal Prato (Foto 15b), con l'apporto benedicente del Vescovo. Collez. privata

Sappiamo bene che l'eclletticità non paga molto a livello di fama ed abbisogna di tempo onde poter venire alla luce ed essere colta nel suo insieme. Sotto l'imperativo dell'arte, credo che questo sia stato, sia e sarà il destino non solo pittorico di quel grande uomo di scuola, di mestiere, di destrezza, di stile, di valori che fu Alessandro Dal Prato. Personalmente, l'ho conosciuto poco, di sfuggita e di seconda mano, pur ospitando un suo raffinato intervento in un mio volume (come visto), essendosi le nostre vite temporalmente incrociate, ma resto fermamente convinto che egli sia stato lo studioso-artista che più ha onorato, per quasi 70 anni, il nostro piccolo ed appartato paese. Per questo, gli ho voluto dedicare di persona questo breve ed onesto riconoscimento senza alcuna adulazione e, nel contempo, senza alcuno sconto. E, sia chiaro, questo ben al di là della nostra celata e laboriosa comunità verso il mondo sconfinato e ciò sia per lui come per me.

Capo 13. Prima il dovere, poi il piacere. Guidizzolo in festa

di Francesco Gandellini

«È opinione comune che la felicità consista nel tempo libero da impegni: è per potere avere del tempo libero che ci dedichiamo alle nostre occupazioni»[1]. Con queste parole il filosofo greco Aristotele annodava la fatica del lavoro con la ricompensa offerta dal tempo libero e dai momenti di festa. L'occasione della festività nasce, nella riflessione come nella pratica di un paese, in quanto fine dell'attività lavorativa, come segno di riconoscimento e premio meritato per il sudore versato nei campi, per la fatica affrontata in fabbrica o per le numerose incombenze di ogni giorno. Non si spiega il tempo libero e non si gioisce nella festa senza aver fatto tesoro della durezza e dell'asperità del lavoro. In questo senso, la descrizione dei festeggiamenti che hanno animato Guidizzolo e il tempo libero dei Guidizzolesi negli anni risulterebbe vaporoso e impalpabile se questi fossero sfibrati dal tessuto sociale, lavorativo e culturale del paese, che li innerva e fa ad essi da premessa.

Allo stesso modo, non si deve pensare di comprendere fenomeni persistenti, ciclici ma mutevoli come sono le fiere di paese, le feste religiose o gli svaghi del tempo libero soltanto alla luce del mondo del lavoro e come sostanziali parentesi o interruzioni di questo, se non correndo il rischio di privarli di un'importante autonomia concettuale, soprattutto ai fini di questa ricerca. Si può infatti sostenere, seguendo lo storico e filosofo della scienza Alexandre Koyré, che «non è dal lavoro che nasce la civiltà: essa nasce dal tempo libero e dal giuoco»[2], nella misura in cui gli spazi della

1. Aristotele, *Etica Nicomachea*, 1177b4-6.

2. A. Koyré, *Dal mondo del pressappoco all'universo della precisione*, Einaudi, Torino 2000, p. 56. Koyré afferma inoltre che sono proprio la limitazione della durata del lavoro e il generale miglioramento delle condizioni lavorative, resi possibili dalla "seconda rivoluzione industriale", che hanno dotato gli uomini di tempo libero, essendo questo qualcosa che, fatta eccezione per una piccola minoranza, non avevano mai posseduto.

festa e le attività del tempo libero consentono di dare forma e notizia, nella loro cifra peculiare, al tracciato storico e ai cambiamenti sociali del nostro paese. In questo capo verranno portati all'attenzione del lettore gli aspetti che contraddistinguono le feste, le fiere e il tempo libero di Guidizzolo e dei suoi abitanti.

Nella prima parte ci si soffermerà sulle feste e sulle sagre del paese, secondo la loro cadenza nel calendario. La seconda parte sarà dedicata agli svaghi del tempo libero, tra cui lo sport, i momenti conviviali in osteria, i balli, le vacanze o gite fuori dal paese.

Il Carnevale

Senza avventurarsi nelle origini più antiche del rito pagano, nei paesi tradizionalmente cattolici il Carnevale rappresenta quel gruppo di festeggiamenti compresi tra il Giovedì Grasso e il Martedì Grasso, prima del Mercoledì delle Ceneri che dà inizio al digiuno quaresimale. Se nell'antichità i riti carnascialeschi fornivano l'occasione di un temporaneo sovvertimento dei paradigmi sociali e giuridici a favore del caos, del libertinaggio e della dissolutezza imperanti[3], ciò che viene preservato nel modello religioso, e squisitamente cattolico, è l'idea del periodo di festa che svolge una funzione di rinnovamento simbolico, in cui il rovesciamento carnevalesco prepara la ricomposizione di un ordine nuovo e purificato, come nel caso della Quaresima. Oggi il Carnevale ha perduto larghi tratti della sua fisionomia religiosa, e viene considerato più volgarmente una festa laica e di carattere popolare.

A Guidizzolo il Carnevale è tradizionalmente associato alla sfilata dei carri mascherati per le vie del paese, accompagnati musicalmente dalla banda di paese. Questa sembra una abitudine invalsa nella storia del comune, come suggeriscono le Foto 1 e 2, che mostrano rispettivamente il momento della premiazione di cinque carri mascherati e la banda nel suo completo, durante il Carnevale dell'anno 1934.

3. Cfr. Erasmo da Rotterdam, *Elogio della follia*, Mondadori, Milano 1992. La letteratura sul tema del carnevale è di fatto sconfinata, per un eventuale approfondimento si rimanda a T. Gulevich, *Encyclopedia of Easter, Carnival and Lent*, Omnigraphics, Detroit 2002, e alla bibliografia lì fornita.

Foto n. 1. Come si evince dalla dicitura, siamo nel 1934 (XII dell'era fascista). Tenutasi nell'attuale piazzale Marconi – così battezzato nel 1937, a seguito della morte dello scienziato Guglielmo Marconi –, la premiazione del Carnevale del 1934 attira l'attenzione della folla, che prende posto e si prepara a conoscere il vincitore. I cinque carri, come d'abitudine, si identificano come un ben preciso tema, che testimonia la cura nella preparazione e del carro, e dei costumi dei partecipanti. Ogni carro è trainato da due cavalli. Guardando da sinistra a destra, i costumi sembrano essere quelli di nobili ottocenteschi, di menestrelli e arlecchini in abito bianco, di ambasciatori rinascimentali, di tipi fiamminghi e di personaggi biblici. L'abbondanza di fotografie che ritraggono i menestrelli e di cui disponiamo lascia intendere che questi siano i vincitori dell'edizione in questione. Archivio Storico Comunale di Guidizzolo

Foto n. 2. Scattata ancora nel 1934 (XII dell'era fascista), l'immagine ritrae i musicisti della banda comunale con i loro strumenti in posa davanti ai carri mascherati. Come vedremo anche nel prosieguo di questo capo, l'ente filarmonico o corpo bandistico di Guidizzolo è sempre stato parte integrante e attiva nei diversi eventi, siano stati di festa, di lutto o in generale di celebrazione civica o religiosa, che hanno caratterizzato la storia del nostro comune. Si può, inoltre, notare un elemento curioso in questa fotografia: si tratta di una specie di mulino, proprio al centro dell'immagine, con ogni probabilità inserito in qualche carro mascherato. Sullo sfondo svetta la Torre Civica. Archivio Storico Comunale di Guidizzolo

Un aspetto significativo delle foto appena proposte concerne il periodo storico in cui sono state scattate. Siamo infatti in piena età fascista, ma l'atmosfera seria, rigida e austera del periodo non traspare completamente nelle immagini. Al contrario, l'aria di festa pare garantire una certa libertà nei costumi che sfugge alle maglie istituzionali del regime (fatta eccezione per un paio di guardie impegnate a preservare l'ordine al centro della Foto 1). Questa non sconfina, però, nella confusione e nel disordine, dal momento che, per quanto partecipe alla festa, chiunque sembra occupare il posto assegnato. Nella Foto 1, i mascheranti prendono posto contro la parete dell'edificio, i bambini in prima fila, per quanto ad una certa distanza, gli adulti dietro di loro, vicini. Nella Foto 2, nonostante il generale tono festoso dell'intero gruppo, si prova tuttavia a stabilire un certo ordine, con i musicisti della banda in prima fila e i mascheranti disposti dietro a semicerchio.

Ciò che stupisce, dunque, è l'immagine di un Carnevale sì festoso, ma non movimentato e caotico.

Al mondo delle maschere, dei carri allegorici e delle fanfare va aggiunta, in questa sede, l'attenzione per i costumi e i modi con cui i Guidizzolesi hanno interpretato il Carnevale, nello spirito richiamato nell'introduzione di questo capo. Le foto di cui siamo venuti in possesso ci consentono di seguire con una certa semplicità i cambiamenti storici e sociali che caratterizzano la presenza del Carnevale e delle feste in maschera nel nostro comune. Le fotografie di seguito proposte, intervallate da commenti e spiegazioni, restituiscono l'idea di una partecipazione pressoché indiscriminata al Carnevale di paese, che è frequentato da chiunque, senza distinzione di età o sesso: bambini, donne e uomini partecipano festosamente alla sfilata mascherata, indossando costumi di carattere storico o giullaresco, maschere sobrie (anche se non mancano travestimenti più trasgressivi), ma anche capi carnevaleschi eleganti e di buona fattura.

Foto n. 3. Siamo molto probabilmente negli anni '30. Due bambini, probabilmente tra i sei e gli otto anni, indossano costumi da Arlecchino e hanno il viso truccato in occasione di un Carnevale. Essi provengono con ogni probabilità da una famiglia benestante, data la posa studiata per la fotografia, in un ambiente che pare domestico. Ciò è rimarcato dai graziosi costumi da Arlecchino che indossano: bavero bianco a frange larghe, berretto, giacchino e pantaloni variopinti e abbinati, scarponi di pelle. Non va trascurato poi il trucco, semplice ma accurato, fatto con un pennellino in modo da segnare sul viso dei bambini un ricciolo ribelle, dei baffetti spiritosi e un pizzetto. La foto è di non facile lettura: se da un lato essa veicola l'idea di una cura minuziosa e attenta anche per i costumi di Carnevale dei bambini, dall'altro sarebbe infatti poco ragionevole estendere in senso generale questa idea, proprio per l'apparente provenienza borghese dei soggetti. La cautela ci deve venire in aiuto. Osservando le prime file del carro di menestrelli in abito bianco della Foto n. 1, è possibile intravedere una bambina, molto piccola, vestita di tutto punto. Ci pare sensato ipotizzare che la cura per i costumi dei bambini, i primi a godere del Carnevale, rientri nelle abitudini dei Guidizzolesi già dagli anni '30, se non da prima. Collez. G. Panigalli

Foto n. 4. I soggetti dell'immagine sembrano indossare alcuni costumi visibili nella Foto n. 1, per cui non ci pare azzardato credere che si tratti di mascheranti del Carnevale del 1934. L'associazione è parecchio evidente nel caso della donna sulla destra, che sembra vestita come le figure del primo carro sulla sinistra nella Foto 1. Lo stesso vale per le quattro in giacca (e gilet), camicia e cravatta: si veda il quarto carro da destra. Nell'immagine si possono vedere sette donne: in modo piuttosto eccezionale, queste hanno partecipato al Carnevale vestite da uomini, con tube, cilindri, cappelli classici, barbe improvvisate, baffi finti, sigarette e bastone (salvo la prima sulla sinistra, in abiti femminili). L'immagine suggerisce l'idea che la partecipazione femminile al Carnevale fosse generalmente massiccia, con travestimenti accurati e impersonificazioni studiate. In questo caso, tuttavia, i travestimenti non mettono in mostra la femminilità delle figure ma anzi essa viene sostanzialmente annullata dal tipo di costume. Contrariamente, va rimarcato un certo gusto per la trasgressione, visto l'abbigliamento delle signore e il fatto che alcune di esse fumano una sigaretta – per quanto sia probabile che anche questa sia finta e parte del travestimento. Collez. privata

Foto n. 5. La foto è sicuramente successiva alla metà degli anni '40, risulta però complicato fornire coordinate temporali precise. Si tratta di una rappresentazione abbastanza insolita e particolare di due donne, in abiti da ballo spagnoleggianti con ventagli e drappi, ferme davanti ad un gruppo di persone per essere fotografate. Da un confronto con la foto precedente saltano subito all'occhio le vesti succinte delle donne: esse lasciano intravedere gambe, braccia e, nel caso di quella a sinistra, la zona immediatamente sotto il collo. Anche un'occasione festiva e fuori dall'ordinario come il Carnevale sembra qui tenere traccia del processo di emancipazione dei costumi successivo alla guerra. Archivio Storico Comunale di Guidizzolo

Foto n. 6. L'immagine ritrae una danza di coppia durante una festa in teatro, forse appunto per Carnevale (come si potrebbe intuire dai coriandoli sparsi tra i capelli sia della donna che dell'uomo), nel febbraio 1950. La donna indossa un abito nero con corpino di pizzo a quadretti, mentre l'uomo porta un vestito scuro elegante, con fazzoletto nel taschino, camicia bianca e papillon. Dal viso dei due traspare tutta l'ilarità e la gioia del ballo. Bisogna, inoltre, soffermarsi sulla gestione dello spazio interpersonale: la donna appoggia la guancia su quella dell'uomo, mentre lui la cinge da dietro con una mano che si appoggia sulla schiena di lei – e, plausibilmente, lo stesso avviene nei suoi confronti. Le mani libere si uniscono in una stretta sinuosa che orienta la direzione della danza. Il tutto comunica un atteggiamento disinibito e senza restrizioni dovute alla morale o all'etichetta. In questa come in altre foto del presente Capo si ha modo di vedere con chiarezza e immediatezza il portato degli anni '50 in termini di emancipazione e liberazione dei costumi. Collez. E.S. Musi

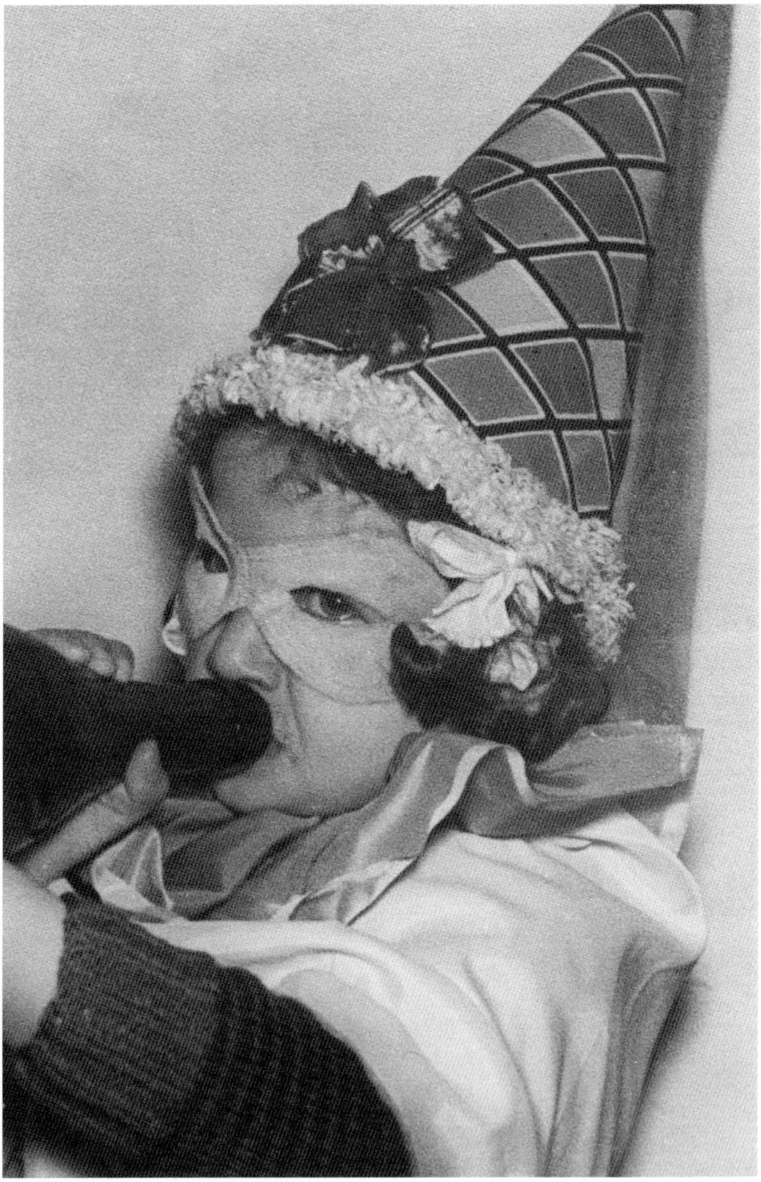

Foto n. 7. Si tratta di uno scatto degli anni '50. Una bambina, con un costume colorato che le cade morbido sul corpo, un cono a losanghe per cappello e una mascherina a nasconderne l'identità, sembra approfittare di un momento di disattenzione volontaria (o di estrema benevolenza) dei genitori per sottrarre un goccio di vino. Lo sguardo complice della fanciulla, celato, suggerisce che ci sia della reciprocità tra i genitori e la figlia, e quindi una certa libertà concessa alla piccola, che può spingersi a bere dalla bottiglia degli adulti. Collez. I. D'Isola

Mettendo a confronto le foto qui sopra si può evincere come il Carnevale funzioni da cassa di risonanza di mutamenti sociali e culturali profondi, che coinvolgono in modo specifico quelle fasce della società storicamente più esposte e soggette a trasformazione ed evoluzione, come il mondo infantile e quello femminile. Configurandosi come parentesi dalla normalità e dalla quotidianità, il Carnevale consente infatti a certe tendenze sotterranee e implicite nel gruppo sociale di emergere prepotentemente e di manifestarsi quasi senza filtri, senza suscitare al contempo quel senso di sospetto e diffidenza con le quali sarebbero accolte nella vita quotidiana. È il caso della liberalizzazione dei costumi, della permissività genitoriale, del divertimento meno soggetto al controllo dei costumi e della morale.

La Pasquetta

Un'antica usanza che contraddistingue la Pasquetta, festeggiata il Lunedì dell'Angelo immediatamente successivo alla Pasqua, è quella della scampagnata, della gita fuori dal paese (solitamente sul "*Mont de le tre galíne*", – "Monte delle tre galline", in dialetto mantovano –, nei pressi di Cavriana) e del pic-nic all'aria aperta. I Guidizzolesi non sono da meno e nella loro storia hanno avuto modo di documentare questa giornata di ilarità e spensieratezza. Si veda, come esempio, la Foto 8, di seguito proposta. Anche un'occasione semplice e abitudinaria come la scampagnata per Pasquetta può diventare l'esempio concreto di un cambiamento sociale in atto, il segno minimo ma appariscente di modifiche più profonde nel tessuto sociale di un paese che si va via via modificando.

Foto n. 8. In questa immagine, databile plausibilmente negli anni '40, sei giovani donne guidizzolesi si apprestano a festeggiare la Pasquetta, come di consueto, tra le campagne, a cavallo delle loro biciclette. L'immagine le raffigura in un momento di pausa, che diventa anche l'occasione utile per mettersi in posa davanti alla macchina fotografica. Mentre le quattro ragazze sulla destra guardano verso l'obiettivo (la coppia centrale anche ridendo), le due a sinistra stanno discutendo animatamente. Tutte indossano o un vestito lungo o la gonna, calze nere coprenti o velanti e scarpe con un leggero tacco. Le due agli estremi del gruppo portano un cappellino. Il dettaglio prezioso di questa foto consiste nel fatto, banale ma per niente scontato, di vedere delle donne che cavalcano la loro bicicletta. Stare sedute con entrambe le gambe dallo stesso lato e mai divaricate era infatti considerato buon costume, nonché usanza corretta per le donne che conducevano il cavallo. Vista l'impossibilità di guidare la bici allo stesso modo, la donna che si muoveva in bicicletta – e, per giunta, indossando una gonna – ha simboleggiato dunque un cambiamento culturale significativo, poiché segnalava con evidenza l'accelerazione del processo di emancipazione femminile. Inoltre, è utile notare che nella fotografia si vede un gruppo di sole donne, e questo sembra rimarcare l'aspetto di autonomia e indipendenza che tale emancipazione ha portato con sé. Collez. M. Rodighiero

La fiera di luglio

Una delle due fiere di paese si tiene a Guidizzolo nel mese di luglio, durante la terza domenica del mese. Anche in questo caso e come in molte altre fiere del territorio[4], la fiera nasce da una celebrazione religiosa, quella della Madonna del Carmine (16 luglio), che ha acquistato nel tempo una tinta civile. La fiera di luglio ha sempre rappresentato un momento di convivialità e di festeggiamenti per i Guidizzolesi, con pasti all'aperto, canti, danze ed eventi. La calura estiva fa d'accompagnamento a questo momento di festa per tutto il paese, come si può avvertire anche nella Foto 9.

Foto n. 9. Siamo verso la fine degli anni '40. In questa immagine possiamo vedere alcuni venditori di bibite e di gelati che offrono conforto alla comunità che partecipa alla fiera di luglio. Tenendosi a metà della torrida estate guidizzolese le possibilità di refrigerio per i partecipanti abbondano. Qui ci vengono mostrati i carretti dei gelati (della ditta Ruffoni), pronti a dare sollievo agli accaldati. In primo piano è possibile notare un sarto, con una macchina da cucire all'estremità del tavolo da lavoro. Vista l'occasione, può darsi il caso che il sarto realizzasse piccoli ricami e merletti per i passanti. Alle spalle dei carretti, un'area coperta lascia intendere una pista di ballo o uno spazio per manifestazioni di ogni tipo. Alla balconata si affacciano giovani donne, ragazzi e bambini. Tratta dal Calendario Guidizzolo 2001

4. Si prenda, come esempio, la *Fiera della Possenta* di Ceresara. Inizialmente caratterizzata da un aspetto per lo più religioso (essendo tenuta nel giorno dell'Annunciazione, il 25 marzo), negli anni si è affermata la vena popolare della festa. Oggi conosciamo infatti la Fiera della Possenta come una fiera di merci e bestiame del tutto a-religiosa e laica.

Ciò che di certo spicca nella Foto 9 è il grande assembramento di persone, soprattutto di giovane età, vestite a festa (camicia bianca a maniche corte o lunghe, pantaloncini o gonna). Se si eccettuano i tre venditori (il sarto, la coppia di gelataia e gelataio), nella foto compaiono esclusivamente bambini e ragazze. È infatti degno di interesse che si decida di ritrarre la componente più giovane del paese in festa. Crediamo che sia utile a questo proposito ricordare il periodo storico in cui è scattata questa foto. Siamo infatti nell'immediato dopoguerra, e la pace raggiunta trova immediata risonanza nell'incremento delle nascite, nel ringiovanimento della popolazione e nell'entusiasmo della festa senza pensieri. Questi aspetti sono di fatto riassunti nella foto proposta, che rimanda a quegli anni di ricostruzione e di ripresa, anche festiva.

La sagra di ottobre

La seconda fiera o sagra di paese di Guidizzolo si tiene la prima domenica di ottobre, in occasione della festività del Patrono del paese, la Madonna del Rosario. Per quanto in questa circostanza l'origine religiosa della sagra sia preservata nel contesto della Messa in onore del Patrono, la dimensione più laica e civile della sagra emerge prepotentemente nei festeggiamenti del paese, con rinfreschi, giostre, concerti e balli[5].

Inoltre, la straordinarietà dell'evento, il quale invita spontaneamente ad un abbigliamento da festa, decreta per molti l'occasione buona di farsi ritrarre prima di recarsi alla festa. Di seguito sono intercalate alcune fotografie che testimoniano questa usanza.

5. In F. Mondadori, *Feste, balli e spettacoli* (consultabile presso il Fondo Caritas-Mondadori) si può leggere che "la sagra era animata da giochi" quali "corsa a piedi", "corsa in bicicletta (...) tenendo in mano un cucchiaio con dentro un uovo", corsa in bicicletta a slalom tra i gusci delle uova, "un'altra corsa (in cui) il premio sarebbe toccato a chi andava più adagio".

Foto n. 10. Con questo scatto siamo intorno al 1935. L'immagine ritrae un gruppetto di nove donne vestite a festa, mentre si preparano per recarsi alla fiera di ottobre. Il carretto normalmente impiegato per il trasporto dei bidoni del latte viene qui usato per portare le ragazze alla sagra. Si badi come alcune di loro hanno già preso posto e si alzano per scattare la fotografia (da notare che quella in posizione centrale sembra improvvisare una posa), le altre sono ancora a terra, vicino al somaro che traina il carretto. Non tutte sorridono: si è già visto nelle foto precedenti che questa non era un'abitudine consolidata e diffusa. L'abbigliamento preferito consiste di cappellino (opzionale), abito con gonna fino al ginocchio, calze e ballerine ai piedi, ma c'è una certa libertà nel vestire. Tratta dal Calendario Guidizzolo 2001

Foto n. 11. Databile probabilmente negli stessi anni della Foto n. 10, quindi intorno alla metà degli anni '30, questa immagine raffigura un altro gruppo di ragazzi diretti alla sagra di ottobre. A differenza della foto precedente, il carretto per il trasporto del latte trainato dal solito asino conduce alla fiera non soltanto ragazze (le quattro in prima fila), ma anche due ragazzi, in piedi alle loro spalle. A fianco dell'animale da soma, un contadino con il cappello di paglia, forse addetto a nutrire e sistemare la bestia, si è fermato per prendere parte allo scatto. Il ragazzo a destra, in abito, plaude al fotografo. La foto, che offre per altro un bello scorcio naturalistico con tre grossi alberi e la vegetazione alle spalle dei presenti, trasmette l'aria di festa dei ragazzi, pronti a partire. Collez. privata

Foto n. 12. La nostra ipotesi è che la foto sia databile nei primi anni '40, ma non vi è certezza a proposito. Vediamo qui tre ragazze a bordo dell'auto che le condurrà alla sagra di paese. A differenza delle fotografie precedenti, una certa libertà nel vestirsi sembra qui venuta meno. Le tre donne sono del tutto identiche nello stile: capello corto che cade leggermente ondulato ai lati del viso, lunga veste nera, con colletto bianco e sottana che arriva sotto il ginocchio. È naturale imputare il cambiamento alla normalizzazione dei costumi in epoca fascista. Inoltre, a condurle alla sagra di paese è stavolta un mezzo a motore, un'auto sul retro della quale le donne salgono per essere fotografate. L'auto, di un tradizionale nero lucido e con ruotino di scorta, è forse una Balilla Berlina *a 4 posti, venduta in quegli anni a circa 11.000 lire. Come nella foto precedente, anche qui si è privilegiato un contesto naturalistico, anche se l'inquadramento della fotografia, di certo più amatoriale, non lo mette in risalto. Collez. privata*

Tra la Foto 11 e la Foto 12 vi è un'evidente discrepanza, relativa al modo di porsi delle ragazze fotografate: nella prima si percepisce un certo, sano esibizionismo che sfocia nella ricerca della postura, nel contatto o nell'abbraccio della vicina; nella seconda si nota subito la disciplina e l'ordine della composizione, con la donna più a destra che pare far scendere la gonna prima di tornare in gruppo con le altre due.

Foto n. 13. Scattata intorno al 1954, questa fotografia ritrae tre ragazze con un sorriso smagliante vestite a festa, forse proprio in occasione della sagra di ottobre (anche se non ci è dato di saperlo con esattezza). Si noti la somiglianza del loro vestire, seppur con qualche distinzione. Tutte e tre le donne portano ai piedi delle calzature stile ballerina, indossano una gonna (a scacchi, nera o grigio classico) e sono ammantate da giubbottini leggeri, lasciati con disinvoltura aperti sulle spalle. La parte superiore del vestiario presenta invece differenze: la ragazza a sinistra porta una semplice camicia bianca con colletto alla francese (ha però dei guanti bianchi che spuntano dalla tasca del cappottino, forse per timore del freddo), quella al centro indossa un maglione dolcevita bianco (e sfoggia braccialetto e orologio ai polsi), mentre quella a destra opta per una giacca doppiopetto abbinata alla gonna, sopra una camicetta bianca con collo alla coreana. I capelli sono un po' cotonati e fissati con la lacca. C'è dunque ricercatezza ed eleganza nello stile delle tre donne, ma ciò che colpisce è lo sfondo della fotografia. Dietro di loro, una recinzione di ferro e filo spinato le separa dall'edificio che intravediamo. Non sembra esserci una scelta attenta e studiata del luogo dove scattare la foto, come a voler sottolineare l'importanza attribuita al soggetto più che al panorama, di fatto poco interessante. La decisione di immortalare tre ragazze senza badare alla cornice esterna sembra avere il preciso intento di fissare il momento nella memoria, più che di catturare l'estetica di un paesaggio o di un evento. Qui la fotografia acquista pienamente il ruolo di depositaria della memoria individuale, ancor prima che di mezzo artistico. Collez. U. Delmenico

Foto n. 14. In questa immagine, databile nella seconda metà degli anni '50, una famiglia si concede una foto col trattore prima di andare alla sagra. I vari membri della famiglia sono disposti attorno ad un trattore Schlüter, i maschi seduti o in piedi nella parte posteriore, le femmine in piedi a fianco del mezzo o sedute sulle ruote anteriori. Nonostante l'atmosfera di festa, l'abbigliamento è molto più confortevole e senza pretese, rispetto a quelli visti in precedenza. A differenza di quanto detto per la foto precedente, qui l'aspetto memoriale e quello estetico vanno di pari passo: c'è di certo l'intenzione di ricordare una giornata di festa, ma la struttura armoniosa della fotografia motiva l'idea di produrre un'immagine che sia anche piacevole alla vista, con il trattore al centro, le persone distribuite a raggiera e il cielo limpido nella parte superiore. È infine utile considerare che disponiamo in questo caso di una foto con uomini, donne, bambini, bambine e anziani, che offre dunque un quadro d'insieme sulla partecipazione collettiva alla sagra. Collez. G. Artioli

Foto n. 15. Siamo intorno alla fine degli anni '40, come ci è dato sapere dai ragazzi in primo piano, di cui sappiamo anno di nascita ed età. La sagra di paese si tiene sul piazzale Marconi. La scelta di porre questa immagine dopo alcune che la seguirebbero da un punto di vista strettamente cronologico dipende dal fatto che questa non raffigura gli attimi precedenti alla sagra, bensì un instante della sagra stessa, e si è pertanto ritenuto opportuno staccarla dal gruppo ed inserirla a conclusione della sezione dedicata. Lo scatto mostra il piazzale Marconi durante i festeggiamenti della sagra di ottobre. Si possono notare sulla sinistra la giostra a seggiolini, o calcinculo, e in lontananza due grossi tendoni riservati, secondo l'insegna, al circo. Le attrazioni occupano approssimativamente tutta l'estensione del piazzale, essendo quindi ben visibili per chiunque passi per Guidizzolo nei giorni della fiera. Sulla sinistra i due uomini portano un abito elegante, con il fazzoletto nel taschino. Uno di questi fuma una sigaretta. Se si sposta lo sguardo verso il centro della fotografia ci si accorge di un'accozzaglia di gente di ogni età sparpagliata nel marasma della sagra e in attesa del proprio turno per l'attrazione selezionata. Un bambino con un cappello a punta in primo piano passeggia alla ricerca della prossima bighellonata. Sulla destra, infine, si vedono una coppia conversare con un uomo in bicicletta e una donna con un lungo vestito bianco, a fiori. La foto sembra suscitare in chi la guarda un effetto sinestetico: alla vista della fotografia si accompagna, quasi di necessità e in modo illusorio, l'"ascolto" della stessa. I suoni squillanti della sagra, il vociare della gente, le urla del mangiafuoco, gli ordini dei domatori, lo scarrozzare del calcinculo vengono evocati e uditi nell'istante in cui si passa in rassegna con lo sguardo la fotografia e se ne indagano i dettagli. In questo senso l'immagine rende degnamente l'idea del caos controllato della fiera di ottobre, comune alla storia antica di Guidizzolo come alla presente. Collez. P. Ramazzotti

La colonna sonora della comunità di Guidizzolo. La Banda del paese

A conclusione di questa sezione dedicata alle principali ricorrenze festive del calendario guidizzolese non possiamo esimerci dal trattare quello che, come si è già visto, è un elemento ricorrente e sempre centrale nei momenti di festa, ma anche in quelli di cordoglio e di onoranza civile del nostro paese. Si tratta della *Banda* o *Corpo Bandistico di Guidizzolo*. Nella sua lunga e memorabile storia, la Banda ha infatti scandito e scandisce i ritmi di ogni evento pubblico guidizzolese, intessendo con la sua musica la trama della vita di un'intera comunità.

L'*ensemble* musicale del paese ha un'origine remotissima nel tempo. Stando a quanto scritto nel volume *Guidizzolo ieri e oggi 1863-1985*[6] e sulla pagina web ufficiale dell'Ente Filarmonico Guidizzolo[7], l'allora denominata "Società Filarmonica Guidizzolese" fu fondata nel 1839[8], secondo la data che si trova impressa su uno dei timbri presenti nell'Archivio della Banda[9]. È possibile consultare i documenti ufficiali relativi alla "Banda Cittadina" nell'Archivio Comunale di Guidizzolo[10]. Qui abbiamo trovato notizia di un'importante occasione che vide impegnata la Banda nel 1884. Un avviso stampato per il genetliaco di Sua Maestà Re Umberto I comunica che il 16 marzo dell'anno suddetto la cittadinanza avrebbe festeggiato la ricorrenza davanti al Palazzo Municipale, allietata dal programma eseguito dal corpo musicale del paese. Nell'avviso leggiamo così: "Nel giorno 14 di marzo ricorre l'anniversario della nascita di Sua Maestà Umberto I. A festeggiare più solennemente e con maggior concorso tale fausto avvenimento, venne stabilito di mutuo accordo coll'autorità Ecclesiastica locale, che il giorno 16 corrente, alle ore 10 ½ ante verrà cantato in questa Chiesa Par-

6. Si veda G. Ruffoni, "Storia del Corpo Bandistico di Guidizzolo", in *Guidizzolo ieri e oggi 1863-1985* Bonazzi Litografica-Tip. Bignotti, Guidizzolo 1986.

7. Consultabile al seguente indirizzo: www.entefilarmonicoguidizzolo.com.

8. Precisamente nel dicembre 1839. La data è comunicata nel documento "Ai buoni e generosi Guidizzolesi" firmato dall'avvocato Francesco Mutti (si veda nel testo il suo ruolo nella storia della Banda di Guidizzolo). Esso faceva appello ai cittadini per finanziare la Banda del paese, con queste parole: "Alimentate, o cittadini, questa sacra fiamma, date con generoso slancio, finanziate largamente la Società Filarmonica e noi siamo certi che essa di nuovo sarà l'orgoglio di Guidizzolo nostra, chiaro e luminoso esempio ai paesi vicini. È perciò necessario che ciascuno dia il più possibile, perché le spese sono enormi".

9. Una conferma indiretta di questa data è fornita da alcuni dei componenti più anziani dell'attuale orchestra fiati, i quali ricordano che nel 1939 è stato celebrato il centenario della fondazione della Banda.

10. Ringraziamo per la loro disponibilità Raffaele Agostini e Antonio Malagutti. Si confronti anche F. Mondadori, *La Banda cittadina*, consultabile presso il Fondo Caritas-Mondadori.

rocchiale il Te Deum e nelle ore pomeridiane la Banda Cittadina eseguirà apposito programma davanti al Palazzo Municipale. Cittadini! Festeggiare il genetliaco del Nostro Sovrano è serbare inconnessa la fede alle nostre libere istituzioni". Firmato "Il Sindaco", Vincenzo Danieli.

La prima foto della Banda musicale di Guidizzolo di cui disponiamo è la Foto 16 scattata nel 1904 e di seguito proposta.

Foto n. 16. Datata 1904, si tratta della prima immagine che ritrae la "Banda Musicale di Guidizzolo". Qui il corpo bandistico è distribuito su tre file. Seduti in prima fila potrebbero esserci i dirigenti o capi del movimento bandistico, ma è molto improbabile che uno di questi corrisponda al direttore d'orchestra. Un valido candidato è invece l'individuo col cappello all'estremità sinistra della foto. Per come la conosciamo, infatti, la figura del direttore sembra sì nascere a metà '800, ma la sua diffusione nei circoli non altolocati o non aristocratici è lenta e difficoltosa. La prudenza è pertanto d'obbligo. In piedi in seconda e terza fila troviamo i fiati, con due soli legni a fronte di una quasi totalità di ottoni. Ai lati del gruppo troviamo poi tre o quattro percussioni. Alle due finestre dell'edificio dietro la banda spuntano alcuni curiosi, interessati per altro a prendere parte allo scatto. Tratta da Guidizzolo ieri e oggi 1863-1985, *n. 119*

L'inizio della Prima guerra mondiale decreta lo scioglimento della Banda, che viene riaggregata al termine del conflitto, sotto la direzione del maestro Adrasto Gasapini e la presidenza del signor Alessandro Delmenico. Nel 1926 i due vengono sosituiti, rispettivamente, dal maestro Franco Verri e dall'avvocato Francesco Mutti, che proseguirono l'opera di ricostruzione[11].

11. Si veda la nota 10.

La Banda entra così nel ventennio fascista[12], durante il quale le molteplici manifestazioni civili, politiche e militari la vedranno assidua protagonsita nello scandire musicalmente i ritmi del regime. Si confrontino, a questo proposito, le Foto xxx nel Capo n. xxx. In una locandina rinvenuta nell'Archivio Comunale di Guidizzolo è indicato il programma che "la Banda della Società Filarmonica" eseguì il 6 aprile 1931 (IX anno dell'era fascista) alle ore 15,45, per conto del "Dopolavoro Comunale di Guidizzolo": esso annovera "L'entrata dei gladiatori" di Urbach, "Il barbiere di Siviglia" di Rossini, il "Rigoletto" e "La forza del destino" di Verdi, la "Turandot" di Puccini e la "Madama di Tebe" di Lombardo. I titoli altisonanti e gloriosi racchiudono sinteticamente l'epicità con cui il fascismo guardava a se stesso.

La composizione dell'Ente Filarmonico negli anni '30 è catturata dalla Foto 17, proposta di seguito.

Foto n. 17. La foto raffigura la Banda Musicale di Guidizzolo in piena epoca fascista, durante gli anni '30. I componenti della Banda indossano le giacchette nere stile Opera Nazionale Balilla, simbolo del regime fascista, a dimostrazione della forza di penetrazione del partito nei vari aspetti del vivere civile, tra cui quello di intrattenimento musicale. Qui l'ensemble è costituito per quasi la sua interezza da ottoni, tranne che per un solo tamburino sulla destra. Salta subito all'occhio l'età anagrafica della Banda degli anni '30 rispetto a quella della foto precedente: i componenti sono tutti molto giovani, indicativamente sotto i 30 anni. È ragionevole credere che anche l'educazione musicale e l'allestimento della Banda musicale facessero parte delle attività previste nei programmi dell'Opera Nazionale del Dopolavoro fascista, che aveva appunto il compito ti occuparsi del tempo libero dei lavoratori. Sullo sfondo possiamo vedere la volta dell'attuale Municipio. Collez. G. Valbusa

12. Si confronti il Capo n. 4 del presente volume.

Durante gli anni '30 e poi con l'avvento della Seconda guerra mondiale la Banda si sfalda nuovamente[13], per essere ricomposta dopo la Liberazione grazie alla volontà di alcuni cittadini guidizzolesi, quali i signori Ernesto Lui, Riccardo Gloder, Alessandro Delmenico e Giovanni Ramazzotti. Il nuovo direttore d'orchestra è il maestro Rodolfo Spaniciati e sotto la sua supervisione le attività della Banda riprendono. Dal 1947 torna alla direzione il maestro Verri, che rimane per diversi anni, prima di essere sostituito da Don Virgilio Gorgatti durante la presidenza di Don Gino Sarti, parroco di Guidizzolo[14].

Foto n. 18. Siamo molto probabilmente nella prima metà degli anni '50. La Banda Musicale di Guidizzolo è qui ritratta durante un'uscita sul piazzale Marconi, in occasione di un qualche evento festoso. Rispetto alla composizione dell'ensemble durante il periodo fascista, si nota subito una differente distribuzione degli strumenti: ai molti ottoni si accompagnano anche alcuni legni (sulla destra) e un tamburo al centro. Da un punto di vista concreto, che però tradisce anche il senso metaforico del cambiamento storico e politico dagli anni '30-'40 agli anni '50, agli squilli di tromba si sostituisce l'aggregazione armoniosa di una pluralità di strumenti diversi, che contribuiscono collettivamente a intonare le marce di accompagnamento delle più svariate celebrazioni. Sotto un profilo anagrafico, poi, la composizione è mista, con uomini di diverse età. Collez. Fam. Giubelli

13. Si veda il documento del 12 maggio 1934 (XII anno dell'era fascista), sottoscritto dai molti membri del "Corpo Musicale".

14. A proposito di Don Gino, si veda la sezione dedicata nell'*Addendum* alla fine del Capo 3.

Alla soglia degli anni '60 la Banda passa sotto alla presidenza prima di Luciano Rosa, poi di Picchi Pietro, mentre vengono scelti come direttori d'orchestra prima il maestro Luigi Antonioli di Desenzano, poi il figlio Luciano. Tra una difficoltà e l'altra, la Banda prosegue nel suo cammino che, iniziato a metà del XIX secolo, si snoda in tutto il secolo successivo, per restituircela oggi ancora e come sempre nel ruolo di protagonista delle vite dei Guidizzolesi.

Otium vivendi. I Guidizzolesi nel loro tempo libero, tra osterie, caccia, sport e svaghi culturali

Ci siamo per ora limitati alla descrizione di alcune delle più significative festività e sagre di Guidizzolo. Per quanto auspicabilmente fedele, tale descrizione rimarrebbe tuttavia scarna e incompiuta se non venisse inserita in una cornice più generale, che informi su come i Guidizzolesi hanno inteso il tempo libero, nelle sue varie forme. Di seguito, dunque, si tenterà di restituire al lettore uno sguardo d'insieme sulle attività che hanno caratterizzato l'*otium vivendi* del nostro comune.

A questo proposito, una rassegna che si rispetti non può che iniziare dal luogo principe del tempo libero: l'osteria. Che questa rappresenti la meta preferita dai Guidizzolesi per trascorrere dei momenti di serenità e allegria dopo il lavoro o nel fine-settimana è evidente dai resoconti documentati come dai racconti tramandati di generazione in generazione. Essi consentono di avere un'impressione molto chiara di come i Guidizzolesi impegnassero il loro tempo libero in paese, e cioè all'insegna della giovialità, della convivialità e del ristoro. Nelle immagini che seguono, inserite secondo uno scrupoloso criterio di ordinamento cronologico, queste tracce della memoria pubblica e privata sono tradotte in una raffigurazione visuale, capace di restituire al lettore l'atmosfera di festa, spensieratezza e divertimento che accompagnava i momenti di ristoro in osteria, o comunque davanti a un buon bicchiere di vino.

Foto n. 19. Da un raffronto tra l'anno di nascita di uno dei presenti e la presunta età di costui nell'immagine qui proposta, siamo in grado di datare la fotografia attorno ai primi anni del '900. Questo la renderebbe la prima immagine raffigurante un momento di festosa convivialità di cui siamo entrati in possesso. Attorno al lavoro sono disposte otto persone, sette delle quali sedute. Tra queste, cinque sono uomini e tre sono donne. Sul tavolo, imbandito con un'elegante tovaglia bianca, campeggiano i bicchieri di vino rosso dei commensali. Alle loro spalle possiamo vedere un grosso albero che fa ombra nella corte e una vigna che si arrampica sull'abitazione che sta sullo sfondo. Una donna in piedi con le braccia sui fianchi osserva da lontano lo scatto della fotografia. Dall'abbigliamento dei soggetti coinvolti possiamo dedurre che si tratti di individui del ceto medio-alto, uomini e donne benestanti che si radunano per un'occasione di convivialità o di festa. L'uomo più a destra ha addirittura appuntato un fiore all'occhiello sulla giacca, mentre tutti indossano cravatta, panciotto e giacca elegante. Le donne portano una lunga gonna che stringe in vita la vestaglia nella parte superiore. Una di queste – una domestica? – si accinge a portare un fiasco di vino in tavola. Dall'immagine traspare la tipicità pre-collinare che caratterizza la nostra area – il vino rosso, la vigna in lontananza, la legna ammassata attorno al grosso albero al centro dell'aia, le case in muratura con le inferriate – oltre al fatto che i soggetti siano messi in posa per creare un quadretto studiato, voluto e molto tradizionale. In un certo senso, quindi, potremmo dire che la fotografia sia ispirata da un neutrale conservatorismo, che passa dallo status sociale dei presenti (si noti, a riprova di ciò, la superiorità numerica maschile) alla forma iconica dello scatto. Collez. E.S. Musi

Foto n. 20. Tra le prime foto di Guidizzolo del '900 (siamo intorno al 1910), l'immagine ritrae l'allora denominata Via Municipio, oggi Via Vittorio Veneto, all'altezza di Via IV Novembre (allora non ancora aperta, si veda Capo n. 2) e verso il Portale della Barriera. Lungo la strada si affastellano una imponente serie di osterie e locali dove ci si raduna per bere qualcosa e scambiare due chiacchiere. Chi guarda questo scorcio non può che essere colpito dall'affollamento nei pressi delle numerose locande e osterie, disposte prevalentemente sul lato destro della strada, anche se si può intravedere una trattoria nell'angolo in basso a sinistra dotata, con estrema probabilità, di una luce esterna, che illuminava l'ingresso in condizioni di scarsa visibilità. Qualora questa ipotesi fosse confermata, si tratterebbe di uno dei primi casi registrati di illuminazione artificiale (probabilmente privata) a Guidizzolo. Giunti a piedi, con l'aiuto di un bastone, in bici o con il carretto, gli avventori prendono posto nei tavoli sistemati all'aperto, davanti ai locali, occupando quasi per intero la larghezza della strada. A livello cronologico, si tratta di una delle prime bici avvistate nelle fotografie di cui siamo entrati a disposizione, pertanto la foto qui presentata ci fornisce una vaga idea del periodo in cui le biciclette cominciarono a diffondersi nel paese. Si possono vedere sia uomini che donne chiacchierare, probabilmente davanti ad un bicchiere di vino rosso. Alcuni si fermano a guardare in attesa di sedersi, altri passeggiano liberamente, altri ancora scambiano due parole appoggiati alle colonne del Municipio. Cartolina

Foto n. 21. L'immagine, risalente agli anni '30, mostra l'osteria di Birbesi che era situata in via Sajore, qui ripresa provenendo da Ceresara. L'insegna si legge a fatica, ma si tratta dell'osteria Scaglioni. I numerosi avventori (oltre a chi è stato attirato sul luogo dalla possibilità di comparire in fotografia) sono disposti lungo la parete dell'edificio, sul lato sinistro della strada. Sul lato destro, invece, vediamo alcune persone che passeggiano tranquillamente all'ombra dei grossi alberi al di là del fossato. In primo piano troviamo alcuni bambini che giocano a fianco di un signore con abito e cappelli neri. Alcune donne con gonna e grembiule si trovano subito dopo l'ingresso dell'osteria. Vi è quindi, come nella foto precedente, una certa eterogeneità sia anagrafica che di sesso che giustifica l'idea dell'osteria come di un luogo di ritrovo, dove gli adulti possono scolare qualche bicchiere di vino, parlare con i propri amici o le proprie amiche, mentre i bambini bighellonano in giro. Un'atmosfera di pace e di serenità regna sovrana sotto le verdi fronde che ombreggiano il selciato. Collez. G. Gandini

Foto n. 22. L'Osteria Scaglioni (si veda la foto precedente) è il luogo scelto per la festa di classe dei coscritti del 1934, qui circa ventenni. Al centro dell'immagine vediamo don Sergio Malvardi, parroco di Birbesi già incontrato nel Capo n. 3 (a cui rimandiamo per maggiori informazioni), che onora della sua presenza il gruppo di ragazzi in festa. Questi portano al collo o a mo' di fusciacca civica una fascia "di promozione", che recita lo spiritoso messaggio "abile". Alcuni di loro (sulla destra) indossano una buffa bandana a strisce. Il ragazzo alla sinistra del parroco tiene una sigaretta a mezza bocca. Il quadretto trabocca di ilarità e giovialità. Collez Famiglia B. Guidetti

Foto n. 23. L'immagine ritrae sette ragazzi che giocano a carte e trascorrono un momento di tranquillità ed allegria all'Osteria delle Baite. La foto è databile intorno al 1940. Tutti indossano una camicia bianca leggera, a mezze maniche, tranne il ragazzo seduto in fondo, che porta pure il gilet e la cravatta. I ragazzi sono impegnati a giocare a carte (parrebbero le tradizionali "Piacentine"), dal numero di giocatori (5) potrebbe trattarsi di una "briscola chiamata". Le carte erano (e rimangono) uno dei passatempi preferiti dei Guidizzolesi nel tempo libero, insieme alle bocce, di cui vedremo più avanti un paio di immagini. Sul tavolo vediamo anche due fiaschi di vino rosso e alcuni bicchieri a disponibilità dei giocatori. Alle loro spalle si intravede la famosa pista da bocce dell'Osteria delle Baite. Nel suo complesso la fotografia veicola l'idea di un divertimento spensierato e senza eccessi: come se non bastassero altro che pochi amici, le carte e qualche bicchiere di vino per essere felici. Collez. Fam. Nicolai

Foto n. 24. Siamo nel 1952 e si festeggia il matrimonio di una giovane coppia di Rebecco. A differenza della foto precedente, questa è dominata dalla frenesia della festa e dall'allegria contagiosa dei partecipanti. Seduto al centro si vede quello che potrebbe essere lo sposo, con un grembiule indossato per qualche scherzo o marachella, mentre dietro di lui troviamo la sposa in abito bianco. Ai loro fianchi cinque rebecchesi improvvisate cameriere ridono e scherzano con i festeggiati. Anche due bambine si sono unite alla festa. Due grosse bottiglie di vino vengono passate di mano in mano. La gioia dei partecipanti è dilagante. Come si può notare, il consumo di alcolici non sembra essere soggetto a restrizioni, ma anzi liberalizzato in un modo molto simile a quello di oggi. Collez. Fam. B. Giubelli

Tutti a teatro: tra spettacoli, danze e recite

Guidizzolo non è di certo nuova a spettacoli di ogni tipo: eventi mondani, serate di ballo, recite teatrali, corse ciclistiche, tornei di calcio e di tamburello. In un documento[15] di Franco Mondadori rivenuto presso il Fondo Mondadori-Caritas leggiamo di una festa di ballo che vide coinvolta la famiglia Rizzini, in cui "la dama [la contessa Virginia, *N.d.A.*] si impegnava a fare un giro di danza alla festa in Teatro il 19 maggio 1885". Tra i balli in programma "il valzer, (...) la quadriglia venuta di Francia eseguita da quattro coppie, la gaia e vivace polka, il carrè dei lancieri (...) e infine la mazurka".

Non solo i personaggi altolocati del paese partecipano a questi eventi. In una lettera del 3 ottobre 1910, una ragazza sedicenne scrive alla sorella così: "Sai che ieri sera sono andata alla festa da ballo? Mi sono divertita un mondo; non ho voluto trascorrere la serata senza pigliarvi parte un po' attivamente, perciò ho fatto tre balli. Lo ripeto, mi sono divertita molto, ma si sa, non essendo tanto avvezza, mi sono stancata!"[16].

Il teatro di paese rappresentava dunque (e rappresenta tutt'ora) il luogo principe per questo tipo di occasioni[17]. La sede del teatro è tuttavia mutata nel corso del tempo. Andando a ritroso fino al 1840, scopriamo che l'11 aprile di quell'anno la Delegazione municipale acconsentì alla richiesta di impiegare la Sala al primo piano del Palazzo comunale ad uso di teatro, più precisamente di "Teatro Sociale"[18]. L'iniziativa, nata da un gruppo di notabili guidizzolesi, era atta ad offrire al paese[19] un ambiente di cultura e di svago. La prima rappresentazione musicale drammatica si svolse il 25 settembre di quell'anno.

Intorno al 1914 il Teatro Sociale fu smantellato per questioni di riorganizzazione degli spazi del Comune. Non solo, ma il problema di una struttura importante per l'intrattenimento del paese si ripropose dopo la

15. F. Mondadori, *Feste, balli e spettacoli*, consultabile presso il Fondo Caritas-Mondadori.

16. Quasi a scusarsi di aver passato la serata tra mille divertimenti, la ragazza conclude scrivendo: "Bada però che ho ascoltato due Messe, la predica e sono andata anche alla processione".

17. Anche se, sempre in F. Mondadori, *op. cit.*, leggiamo di una festa di ballo tenutasi il 14 aprile 1914 "nei locali dell'Asilo", allora situato nel cortile dell'attuale edificio municipale.

18. Così in F. Mondadori, *Il teatro*, consultabile presso il Fondo Caritas-Mondadori. Si vedano qui le caratteristiche di questo prima teatro di paese di cui riportiamo notizia.

19. Questo non è del tutto corretto, almeno nella misura in cui la capienza del teatro era di circa 80 posti, a fronte di una popolazione stimata sui 2200 abitanti. Si trattava, dunque, di una forma di divertimento ancora piuttosto elitaria.

Prima guerra mondiale. Nei primi anni '20 si decise pertanto di costruire l'attuale Teatro Comunale in via F. Filzi, che prese il nome di "Teatro Ideal". Si veda, a tal proposito, la Foto 25, qui di seguito. Da quel momento il teatro cominciò a essere concepito come luogo eminentemente pubblico, capace di accogliere il bisogno di divertimento e cultura di un'intera comunità.

Foto n. 25. Il Teatro Ideal comunale negli anni '40. L'edificio, prospiciente via Fabio Filzi, riprende elementi in stile neoclassico, secondo le usanze dell'epoca. Sette gradini conducono alla loggetta, composta di tre archi, a loro volta ripresi nelle tre finestre del piano superiore, dove si trova un balconcino. Cartolina

Foto n. 26 (a, b). I due scatti risalgono ai primi anni '50 e trasmettono con grande potenza iconica tutta la spensieratezza del secondo dopoguerra. In un angolo del Teatro di Guidizzolo quattro coppie abbracciate si concedono un bicchiere di vino prima di tornare a ballare (Foto 26a). Era infatti usanza di quegli anni spostare i seggiolini della loggia per creare una pista da ballo dove potersi dare alle danze. Le quattro coppie, elegantemente vestite, si lasciano ritrarre in un momento di intimità senza alcun imbarazzo, in un abbraccio amoroso in cui le guance di ragazzi e ragazze si toccano. Gli uomini seguono il medesimo stile: vestito elegante, camicia bianca, cravatta, capelli tirati indietro. Le donne interpretano la moda in modo molto più personale: andando in senso orario e partendo da sinistra, vediamo che la prima indossa un abito leggero, leggermente scollato, che mette in mostra le spalle; la seconda un abito di raso liscio, che arriva al gomito, e un ciondolo; la terza un cappotto leggero, che risalta la collana di perle; l'ultima, infine, un vestito scuro accollato e orecchini. Sul tavolo, quattro bottiglie di vino sono stappate e consumate avidamente. In questi pochi ma significativi dettagli si manifesta tutta l'essenza di un nuovo atteggiamento nei confronti della realtà che il dopoguerra porta con sé, caratterizzato da un'incondizionata fiducia nell'avvenire, per cui quattro coppie non esitano ad abbandonarsi ad effusioni e a sorridere al fotografo. In modo sorprendente, persino il momento di un bacio finisce per essere catturato dalla fotografia (Foto 26b). L'entusiasmo per una rinnovata serenità giustifica i festeggiamenti e le danze, la progressiva libertà e liberalizzazione sono esibiti dagli abiti, dal contatto dei visi, dai baci, dai gesti e dalle bottiglie consumate. Anche un momento di festa come quello ritratto in queste immagini può registrare lo Zeitgeist *degli anni '50 del '900. Collez. S. Fezzardi*

Prima di passare alle attività all'aperto e agli sport, va certamente fatta una menzione al Teatrino che sorgeva in Via di Mezzo (l'attuale via Chiassi). La sede di questo era l'Oratorio della Trinità o dei Disciplini, che era stato trasformato in teatro dopo la Seconda guerra mondiale e successivamente alienato, prima di essere demolito nel 1976. Qui si svolgevano piccoli spettacoli teatrali e recite di bambini, come quella visibile nella Foto 27, che chiude questa sezione.

Foto n. 27. Una recita nel Teatrino della Via di Mezzo intorno al 1960. Si tratta probabilmente di uno spettacolino realizzato dai bambini di 7-8 anni: sul lato sinistro vediamo le femmine, sei bambine vestite con un abito bianco e gonnellina abbinata; sul lato destro ci sono i maschi, sei bambini con un buffo costume, composto da una salopette larga e scura e un cappellino a punta. Si notino le decorazioni delle pareti alle spalle dei piccoli, tra cui quello che sembrerebbe un affresco. In primo piano, sulla destra, possiamo notare un gobbo da palcoscenico, dove forse le maestre potevano stare per ricordare le battute dimenticate. Dalla foto non si riesce tuttavia a comprendere la grandezza del palco. Collez. Fam. Giubelli

"En plein air". L'arte bocciofila, venatoria e sportiva di Guidizzolo

Una parte cospicua del tempo libero dei Guidizzolesi è da sempre vissuta all'aperto, grazie anche alle felici condizioni atmosferiche presenti per larghi tratti dell'anno. Giochi, sport, gimkane e passeggiate hanno segnato e segnano di continuo i pomeriggi liberi degli abitanti di Guidizzolo, oltre che i giorni di festa, e rappresentano un inderogabile "carburante esistenziale" di fronte alle numerose difficoltà del lavoro e della vita in generale. In questo senso, dunque, le attività svolte all'aperto rivestono un ruolo non trascurabile nella vita di un comune, poiché creano spazi di divertimento, dal forte impatto in termine di aggregazione e di condivisione, e rappresentano una valvola di sfogo per le frustrazioni e i momenti amari dei singoli, nonché della comunità intera.

Abbiamo già avuto modo di dire qualcosa a proposito dei giochi con le carte. Questi erano praticabili tanto nei bar o nei locali chiusi quanto all'aperto, dopo un picnic o distesi in un parco, e erano senza dubbio uno dei passatempi più gettonati durante il tempo libero. Insieme a questi bisogna certamente considerare le bocce e, sebbene in misura minore, la caccia. A livello sportivo, l'amore dei Guidizzolesi per il calcio, il tamburello e il ciclismo è testimoniato dai molti eventi sia amatoriali che agonistici di cui la storia è testimone. Nelle fotografie di seguito inserite ci si propone di restituire al lettore un piccolo scorcio su tutte queste attività, che hanno animato la vita del nostro paese nel tempo[20].

20. Ci permettiamo di segnalare questo ulteriore aspetto, assente nella ricerca. Non esiste infatti nulla di documentabile in riferimento alla presenza della prostituzione organizzata in bordelli gestiti dallo Stato e incentrata in alcuni luoghi specifici. Servizi di questo tipo, a cui si rivolgevano anche i Guidizzolesi, si trovavano a Mantova e, nello specifico, a Bozzolo, dove esisteva una casa di tolleranza (da qui il detto "*en casì a Bòsul*"). A Guidizzolo, al contrario, non è mai esistita una casa di tolleranza. Per quanto riguarda l'area della sessualità in generale, non ci è pervenuta documentazione di alcun tipo. Finita nel 1958 l'epoca dei bordelli, a Guidizzolo si vociferava di un vicolo sito nella zona centrale del paese, che fu ironicamente chiamato per alcuni anni il "vicolo delle vergini", perché ivi dimoravano donne che per ragioni diverse avevano mostrato comportamenti sessuali non convenzionali.

Foto n. 28. Lo scatto, probabilmente databile intorno ai primi anni '30, ci mostra tre ragazzi che giocano a bocce nella pista adiacente all'Osteria delle Baite. Come accennato, le bocce rappresentavano uno degli svaghi più diffusi nella nostra comunità, data la semplicità e la possibilità di praticarlo con pochi mezzi ovunque vi fosse un'area sabbiosa, come quella visibile nell'immagine. Non a caso, era facile trovare piste da bocce in prossimità di bar e osterie, dove quindi si poteva prendere da bere mentre si praticava qualche tiro (o si partecipava ad un torneo). Nell'immagine i tre ragazzi hanno forse giocato per qualche ora (quello più a destra ha i capelli molto sudati) e si sono fermati per prendere fiato, appoggiati alla recinzione del campo. I tre sono a torso nudo e in pantaloncini corti: sembra estate inoltrata e l'afa non dà tregua. Collez. Fam. Caratelli

Foto n. 29. Scattata intorno al 1938 (circa), questa fotografia ci presenta quella che ha tutta l'aria di essere un'importante gara di bocce, tenutasi sul campo vicino all'Osteria "Fior di Maggio". Possiamo vedere una folla imponente che segue la competizione, addossata sulla linea di delimitazione della pista. Sulla destra, si intravede persino un uomo che, per seguire meglio la gara, si arrampica come Zaccheo su un albero. All'interno del campo, alcuni giocatori sembrano tornare alle posizioni di lancio dopo aver esaminato l'esito del loro tiro precedente, mentre un giudice di gara (?) misura con un'asta la distanza tra bocce e boccino. Tratta da Guidizzolo ieri e oggi 1863-1985, *n. 125*

Foto n. 30. Siamo intorno al 1940, alcuni ragazzi giocano a bocce nel campo del Bar delle Baite. Il giocatore più a sinistra è intento a lanciare – come appare evidente dal dinamismo catturato dalla sfocatura della fotografia –, mentre i due immediatamente dietro lo osservano con attenzione, in attesa di procedere al tiro. Dietro di loro, il giocatore che ha appena scagliato la boccia si allontana, forse un po' mesto. Uno solo dei tiratori indossa dei pantaloni corti, mentre tutti hanno optato per una camicia bianca leggera. Attorno a loro la vegetazione li ripara dalla calura. Anche in questo caso si tratta di un gioco del tutto amatoriale, praticato nel tempo libero per divertirsi scherzando con gli amici. Collez. Fam. Nicolai

Foto n. 31. Siamo negli anni '50 e la foto mostra l'entusiasmo e la contentezza dei cacciatori per la ricca ricompensa della battuta di caccia alla lepre a cui hanno preso parte. Il bottino, più di una ventina di animali, è posto ai piedi dei cacciatori, che sono disposti attorno con sorrisi trionfanti. Al centro della fotografia si può vedere anche un cane da caccia, prezioso alleato nella pratica venatoria. L'abbigliamento di alcuni uomini sembra qui evidenziare una certa nobiltà attribuita alla caccia: fatta eccezione per gli ingombranti stivali per il fango, molti indossano un abito, con cravatta annessa. Gli altri hanno un giubbetto sportivo. Non può poi mancare il tipico berretto da caccia in tweed, indossato da quasi tutti gli uomini fotografati. Il folto gruppo e la presenza di uomini senza fucile suggerisce la natura sportiva della battuta di caccia, per cui è plausibile pensare che nell'immagine si stia celebrando un trofeo. Collez. G. Cagioni

Foto n. 32. In questa immagine, datata intorno al 1960, tre uomini esibiscono con orgoglio il bottino della loro battuta di caccia: sette lepri, non deposte sul suolo, ma appese per le zampe posteriori ad un palo sorretto dai due uomini in piedi. Sulla sinistra, vicino al cacciatore accovacciato, vediamo un cane da caccia. La foto, mossa, ha il dono dell'estemporaneità: non c'è attenzione ai dettagli (tra tutti i posti dove poteva essere scattata, ci si trova proprio davanti ad un'auto, che rimane però nascosta), si vuole solo celebrare e ricordare il trionfo nell'arte venatoria. Collez. G. Artioli

Sport di antichissima origine (forse già giocato dagli antichi Romani), il tamburello è uno sport oggi diffuso prevalentemente nelle regioni del Nord Italia (e in alcune zone della Francia). A Guidizzolo il tamburello era praticato già nel 1920 come diversivo domenicale[21]. Nel 1935 si decise di formare la prima squadra del paese, dato l'enorme entusiasmo riscosso tra la gente da questo sport. Essa prese il nome di "OND Guidizzolo"[22] e quello stesso anno

21. Si veda G. Ruffoni, "Cronistoria del tamburello", in *Guidizzolo ieri e oggi 1863-1985*, Bonazzi Litografica-Tip. Bignotti, Guidizzolo 1986.

22. La sigla OND sta per "Opera Nazionale del Dopolavoro", nominativo che identifica l'associazione istituita nel 1925 dal regime fascista, allo scopo di gestire il tempo libero dei lavoratori. Per un utile approfondimento sugli albori del tamburello, si veda F. Piana, *Storia del gioco del tamburello*, Accademia Urbense, Ovada 1995.

disputò il primo torneo, organizzato per l'occasione sul piazzale Marconi, come mostra la Foto 33, qui sotto. La squadra fu sciolta in occasione dello scoppio della Seconda guerra mondiale per il richiamo al servizio militare. Nel dopoguerra l'incentivo alla ripresa del tamburello venne dato dal signor Emilio Covallero, il quale nel 1946 organizzò la sua prima squadra. La società fu denominata "ENAL Guidizzolo" e disputò alcuni incontri sul piazzale Marconi, per poi trasferirsi successivamente sul campo sportivo di Via Tomasina.

Foto n. 33. Siamo nel 1935 e la OND Guidizzolo, prima squadra di tamburello del paese, fondata durante il regime fascista e secondo le disposizioni in materia del suddetto, disputa il suo primo torneo, tenuto per l'occasione sul Piazzale Marconi. Le altre squadre qui ritratte e partecipanti alla competizione furono Medole, Solferino, Goito, Malavicina e Gazoldo, anche se è difficile identificare il paese della squadra dalla divisa dei tamburellisti. Come si può vedere, le squadre di tamburello erano composte da 5 giocatori, con età compresa approssimativamente tra i 25 e i 40 anni. L'abbigliamento sportivo è costituito da pantaloni bianchi (lunghi e larghi) e da una polo che esibisce i colori sociali del paese di appartenenza. A sinistra e destra del gruppo, in abiti scuri, gli organizzatori del torneo (?). Tratta da Guidizzolo ieri e oggi 1863-1985, *n. 167*

A Guidizzolo, il club ciclistico di inizio '900 e la prima squadra di calcio attiva in piccole competizioni condividevano lo stesso nome, roboante e coraggioso: "Sempre Avanti". Grazie ad un libretto[23] diffuso tra i collezioni-

23. A questo proposito, desideriamo ringraziare Marisa Rodighiero per avercelo messo gentilmente a disposizione.

sti sappiamo che il Club Ciclistico di Guidizzolo prese parte ad un "Grande Convegno Ciclistico Internazionale" il 28 marzo 1910, ma l'esistenza del club potrebbe essere di molto precedente. Rimandiamo alle Foto n. 23 e 24 nel Capo n. 8 per un esempio dell'abbigliamento tipico del ciclista di quei tempi.

Rispetto al calcio, bisogna ammettere la quasi totale assenza di fotografie antecedente gli anni '60 e al centro del periodo di nostro interesse. Fatta eccezione per un'immagine, la n. 35 qui di seguito proposta in via del tutto originale, tutte le altre sono pubblicate sul volume *Guidizzolo ieri e oggi 1863-1985* senza l'aggiunta di alcun commento o precisazione[24], e non consentono di seguire le origini antiche di questo sport e il suo sviluppo sul suolo guidizzolese. Ci limitiamo pertanto a segnalarne una (la n. 34) dal volume citato, a segno di ricordo e per doveri di esaustività[25].

Foto n. 34. La "Sempre Avanti" di Guidizzolo è qui ritratta prima di scendere in campo. Siamo intorno al 1948 circa. Ad indossare una divisa sono sei ragazzi, più il portiere, sulla sinistra (lo si riconosce dai guanti). Non è chiaro se gli altri ragazzi presenti nell'immagine facciano o meno parte della squadra. Un bambino, al centro in primo fila, tiene il pallone e si aggiunge simpaticamente al gruppo. Tratta da Guidizzolo ieri e oggi 1863-1985, *n. 172*

24. Si vedano le fotografie del volume n. 171, 172 e 176.

25. Ci risulta particolarmente difficile, inoltre, formulare ipotesi plausibili circa l'assoluta scarsità di fotografie sul calcio o raffiguranti persone che lo giocano, nonostante si tratti di uno degli sport più diffusi non solo a Guidizzolo, ma in tutta la zona (e chiaramente non solo).

Foto n. 35. Siamo nel 1957 e, dunque, a quasi dieci anni di distanza dalla foto precedente. In questo arco di tempo l'abbigliamento del calciatore ha subito delle trasformazioni in direzione di una maggiore professionalità: si noti lo scudetto affisso sulle maglie e l'utilizzo di parastinchi, calzettoni e scarpini coi tacchetti. Se la squadra ritratta nella Foto n. 34 sembrava ancora un gruppo improvvisato alla bell'e meglio, la squadra qui in posa trasmette già l'idea di una sportività competitiva e organizzata. Fondo Caritas-Mondadori

Guidizzolo and beyond. Le gite fuori dal paese

Un ultimo aspetto saliente del tempo libero dei Guidizzolesi riguarda i passatempi e le gite fuori dal paese. Che si tratti di una scampagnata per Pasquetta (vedi la Foto n. 8, sopra), di una gita sul Lago di Garda o di una vacanza al mare[26], i cittadini di Guidizzolo hanno spesso e volentieri optato per trascorrere i fine-settimana o le ferie lontano dal paese. Come è possibile intuire dalle foto di seguito proposte, l'usanza delle gite fuori Guidizzolo si afferma già nel primo dopoguerra, anche se guadagna una certa continuità e diffusione negli anni '50 del '900. In entrambi i casi, si può plausibilmente pensare che questa incipiente attitudine turistica sia da

26. Per una foto che ritrae alcuni abitanti di Guidizzolo al mare si vedano le Foto n. 37, 38, 39 nel Capo n. 9.

attribuire alla tranquillità e al benessere che si respiravano nel primo dopoguerra e che andavano via via a consolidarsi nelle vite degli abitanti di Guidizzolo nel secondo.

Una delle principali mete scelte dai Guidizzolesi per una giornata di divertimento e di spensieratezza era ed è senza dubbio il Lago di Garda, come si vede nella Foto 36. Volendosi spingere più lontano, la scelta di chi partiva per una gita ricadeva spesso sulle città d'arte, raggiungibili in bici, in macchina o al più col treno. Tra queste, Venezia era sicuramente una delle preferite, come emerge dalle Foto 37 e 38, con cui concludiamo questo capo.

Foto n. 36. Alcuni giovani Guidizzolesi si fanno fotografare su un molo del Lago di Garda, plausibilmente negli anni '50. Tre giovani coppie si rilassano sulla banchina, probabilmente a Desenzano. Città come queste erano infatti facilmente raggiungibili in bicicletta e rappresentavano la destinazione ideale per una scampagnata giornaliera. Nella foto, gli uomini indossano un vestito con camicia e, ad eccezione di uno, cravatta. Le donne vestono degli abiti chiari e leggeri. Tutti sorridono allegramente al fotografo. Collez. P. Ramazzotti

Foto n. 37. Databile probabilmente negli anni '30, la foto ritrae alcune ragazze di Guidizzolo in posa per una fotografia tra i piccioni di Piazza San Marco a Venezia. Le sette ragazze, tutte con abito e gonna lunga, si lasciano distrarre dai piccioni che sono stati attirati dalle briciole di pane lanciate. Le quattro sulla destra non guardano nemmeno in direzione del fotografo. Alle spalle delle ragazze vediamo uno dei monumentali palazzi della Piazza e il Campanile. Si noti che almeno due di loro portano una borsetta (la prima da sinistra, a terra, e la quarta, in mano). La gioia di tutte è palpabile. Collez. M. Rodighiero

Foto n. 38. Scattata intorno al 1934 circa, l'immagine raffigura 7 giovani uomini in posa su un molo di Venezia. L'abbigliamento dei ragazzi è eterogeneo: chi indossa una semplice maglietta, chi una camicetta a maniche corte, chi, più elegante, opta per una camicia a maniche lunghe con cravatta e, in alcuni casi, gilet. Il primo da sinistra tra gli accovacciati davanti porta degli eleganti occhiali da sole, il terzo una coppola classica. Dietro di loro vediamo alcune barche pronte a salpare e un traghetto in lontananza. Nonostante i loro visi siano abbagliati dal sole, è impossibile non notare la loro gioia per essere a Venezia. Collez. Fam. Nicolai

Capo 14. Il celarsi della malattia

di Paola Sposetti

Le malattie di un secolo fa: elevato contagio e alta mortalità

Indubbiamente la medicina, in linea generale, ha fatto passi da gigante rispetto a, circa, un secolo fa. Le scoperte in campo medico hanno notevolmente migliorato la qualità del modo di vivere, anche quello dei guidizzolesi.

Si pensi solo ad alcune malattie, oggi per noi oramai classificate come debellate, che mietevano centinaia di vittime se contratte dalla popolazione (spesso, soprattutto, dai bambini). Il legame fra le malattie e lo stile di vita era fortemente collegato. Si noti che nel 1879 la vita media, nel mantovano, era di 35 anni, 5 mesi e 6 giorni[1].

Percorrendo gli anni della storia Risorgimentale, ad esempio, si incontra la crisi agraria che colpisce tutto il Lombardo-Veneto (1848-49, prima guerra per l'Indipendenza) determinando delle gravi mancanze alimentari di base, e scaturendo poi nello sviluppo del banditismo contadino. Nell'Alto mantovano c'erano delle bande che sconfinavano, addirittura, nelle province vicine[2].

1. Camerlenghi E., Mazzali E. (1997) (catalogo della mostra), *L'agricoltura mantovana dalla preistoria a oggi*, Omnia ed., Reggiolo (Re), p. 29.

2. Cfr. Vaini M., *La genesi della questione contadina nel mantovano e l'azione politica mazziniana dopo il 1848-1849*, estratto da «Atti e memorie del museo del Risorgimento di Mantova XI, 1972/73», pp. 83-85. Guidizzolo, come tanti altri paesi mantovani, gravitava attorno al mondo agricolo. Questi anni (1848-49) di grande disagio per la maggior parte della popolazione, soprattutto agreste, saranno una sorta di preparazione ai fatti del 1852 (rivolta contro l'Austria e congiura dei Martiri di Belfiore). Cfr. Cipolla C. (a cura di) (2006), *Belfiore. Vol. 2: Costituti, documenti tradotti dal tedesco ed altri materiali inediti del processo ai Comitati insurrezionali del Lombardo Veneto (1852-1853)*, FrancoAngeli, Milano. Ed inoltre Cipolla C. (a cura di) (2006), *Belfiore. Vol. 1: I comitati insurrezionali del Lombardo Veneto ed il loro processo a Mantova del 1853-1853*, FrancoAngeli, Milano.

Nell'800 le epidemie di colera erano molto frequenti, specialmente durante la stagione estiva. Lo furono in maniera particolare nel 1836 e nel 1855[3]. Inoltre, fra le classi più povere, era molto diffusa la *pellagra*[4] a causa della scarsa o cattiva alimentazione (monoalimentazione). Ad esempio, agli inizi del '900 il dott. Brazzabeni Giuseppe, medico condotto di Guidizzolo, sottolinea che il mangiare quotidiano della povera gente era costituito semplicemente da polenta e vin cotto, e nei cortili vedeva – ad ogni ora – bambini accucciati a fare i loro bisogni[5]. Si pensi che le condizioni di vita erano così misere da identificare la pellagra come "la malattia dei contadini", per molti decenni. Quest'ultima era il sigillo della fame e, come è facile immaginare, causa di un'alta mortalità degli infanti.

Nell'epoca fascista, poi, c'era una grande attenzione verso le colonie elioterapiche, frequentate dai bambini durante il periodo estivo per combattere il *rachitismo* (vedi Foto 15 e 16. Per maggiori approfondimenti vedere inoltre il Capo 10 in «La colonia elioterapica»).

I progressi della medicina, la maggiore pulizia, l'osservanza delle regole igieniche e le migliori condizioni di vita hanno sconfitto, dopo parecchi decenni, le gravi malattie sino a qui menzionate[6].

3. L'epidemia di colera del '55 fu particolarmente grave. Nella città di Mantova si ebbero 300 morti, ma nel contado essi furono 4.264 e i contagiati 7.014. Cfr. Ferrario G., *Cenni storico-artistici del pestilenziale cholera-morbus asiatico in Lombardia e in altre regioni nell'anno 1855*. «Estratto dalla Gazzetta Ufficiale di Milano, 16 aprile-11 giugno 1856», p. 8.

4. Ghirardi R. (a cura di) (2017), *Edocere Medicos. La sapienza dei medici mantovani attraverso i testi antichi dei fondi bibliotecari cittadini*, Publi Paolini ed., Mantova, pp. 157-158. Qui viene ben spiegato che la pellagra non è solamente un morbo fisico, ma nello stadio finale la malattia si manifesta anche come un disturbo psichico. Cfr. anche Fornari L. (a cura di) (2013), *La vita degli esclusi. Pellagra e alcoolismo nel Mantovano (1808-1930)*, fotolito Viadanese, Viadana (Mn).

5. Cfr. documento dattiloscritto reperito presso fondo Caritas-Mondadori in merito all'argomento sanitario.

6. Camerlenghi E., Mazzali E. (1997), *op. cit.*

Foto n. 1. Anna Bonfiglio Pezzati (1841-1899) illustre benefattrice della Casa di Riposo. Non avendo più discendenti, la famiglia Pezzati-Bonfiglio (importante e ricca) si estingue. La loro tomba non poteva più essere curata da nessun famigliare e il comune di Guidizzolo decide di venderla alla famiglia Zanini. Quindi, gli attuali proprietari, nella parte sottostante, hanno lasciato lo spazio per i resti mortali di "Bonfiglio Pezzati Annetta", senza però nessuna fotografia sul loculo. Questa, dunque, risulta essere una rara immagine dell'ultima esponente della famiglia Pezzati.
Si ricordi che la famiglia Bonfiglio ospitò nella sua casa il colonnello Karl Principe Windisch-Graetz, mortalmente ferito il 24 giugno 1859 nei pressi di Ca' Nova a Rebecco, durante gli scontri della battaglia di Solferino e San Martino. Nonostante le cure praticate, quella stessa sera spirò. Cfr. Mondadori F. (2006), Guidizzolo: epigrafi e iscrizioni, *Centro Culturale San Lorenzo ed., GVM Tipo litrogr., Volta Mantovana (Mn), p. 99. Ed inoltre Cipolla C. (2009),* Il Crinale dei Crinali, *FrancoAngeli, Milano, p. 309.*
Anna, vedova di Giacomo Bonfiglio, ebbe la sfortuna di perdere l'unico figlio, Pietro, morto a soli 14 anni (nel 1892). Con Pietro si estingue definitivamente la famiglia Bonfiglio, benemerita per l'industria della seta. Anna dispone un lascito generoso alla Casa di Riposo, in memoria di questo suo ragazzo morto giovanissimo a favore dei poveri del suo paese legando all'Ospedale Civile il fondo denominato Colombara di 80 biolche. A lei viene dedicata nel 1910 la piazza prima denominata "piazza Mercato Buoi". Cfr. Quaderni guidizzolesi n. III, Andar per vie, strade e piazze, *GVM Volta Mantovana 2004, Centro Culturale San Lorenzo ed., pp. 13, 22.*
In questa foto Anna porta un accollato vestito chiaro con ricamo particolare sul petto; il suo dolce viso è incorniciato da lunghi capelli raccolti in una acconciatura all'altezza della nuca ed è presente una riga in mezzo alla testa, come era consuetudine per l'epoca (solo una decina d'anni dopo arriverà lo stile "Pompadour", che consisteva nell'aumentare il volume dei capelli sulla parte davanti della testa), anni 1880 circa. Cartolina

Il livello di gravità della malattia

Naturalmente le malattie possono essere definite come gravi, se si rischia di perdere la vita, oppure "sopportabili" se si è destinati a conviverci, ad esempio, con una disfunzione corporea.

Fra quelle meno gravi può essere annoverata questa problematica: lo strabismo (Foto 2). Si tratta della deviazione di uno o entrambi gli occhi dalla normale direzione dello sguardo[7].

Il mancato allineamento dei due occhi porta un'immagine diversa rispetto a quella usuale. In particolar modo l'occhio deviato fa arrivare la "sua" immagine al cervello, diversa da quella dell'altro occhio, determinando così una fastidiosa visione doppia. Il cervello tende dunque a sopprimere le informazioni che arrivano dall'occhio strabico, perché creano confusione. Se la soppressione è costante, l'occhio deviato non viene utilizzato, non sviluppa o perde l'acuità visiva sino a generare un'ambliopia (debolezza visiva per cui un occhio, sebbene anatomicamente normale, non è in grado di vedere bene)[8].

In questo caso specifico (Foto 2) abbiamo un'insegnante (con tutta probabilità privata) di una casa borghese di Guidizzolo[9], che viene qui fotografata in maniera poco usuale. Non è ripresa, come conveniva fare, frontalmente. Il che avrebbe sicuramente evidenziato il suo difetto visivo. Per questo viene fotografata con il busto, e soprattutto con il viso, girato a tre quarti. Seppure venga adottata questa posizione strategica lo strabismo è comunque percepibile. Si noti la qualità del vestito, di pregio e di livello superiore rispetto alla media, con il gioiello al collo e gli orecchini pendenti, la pettinatura particolare. Segni che la contraddistinguono come di un ceto elevato.

7. www.treccani.it/enciclopedia/strabismo_%28Dizionario-di-Medicina%29/, consultato il 27/11/2019.

8. www.oftal.it/strabismo.htm, consultato il 27/11/2019.

9. Mondadori F. (2013), *Quasi un romanzo*, Centro Culturale San Lorenzo ed., GVM tipolitografia, Volta Mantovana (Mn), pp. 11-14.

Foto n. 2. Questa era la maestra (privata) di una bambina appartenente ad una famiglia borghese di Guidizzolo. Aveva origini cremonesi e visse a cavallo fra '800 e '900. La famiglia era agiata e di conseguenza poteva permettersi che i figli studiassero, 1880-1890 circa. Fondo Caritas-Mondadori

Sembra quasi che alla corda, molto fine, che porta al collo possano essere appesi degli occhiali (che naturalmente non sono visibili perché nascosti sotto ai vestiti o dalla mano destra) che potrebbero aiutarla quotidianamente contro questa problematica. Essa sarebbe amplificata dal fatto che il suo lavoro, di maestra, richiede esplicitamente attenzione alla scrittura e alla lettura, sforzando di continuo la vista.

Foto n. 3. Bambina poliomielitica al centro stringe le mani di altri due bambini presso una corte di Rebecco. Dietro di lei un carretto pieno di covoni di grano. Siamo in estate (dato l'abbigliamento fresco e succinto) e lei, da Torino, soleva venire tutte le estati presso i suo parenti per qualche mese di villeggiatura, 1956. Collez. Fam. B. Giubelli

In contrapposizione con quanto visto sino ad ora, la poliomelite è invece una grave malattia infettiva a carico del sistema nervoso centrale, che colpisce soprattutto i neuroni motori del midollo spinale. Si trasmette per via oro fecale e non causa sintomi particolari, ma solo simili a quelli influenzali. Il virus penetra nel sistema nervoso centrale nel giro di poche ore, distruggendo le cellule neurali colpite e causando una paralisi che può diventare, nei casi più gravi, totale. Le gambe perdono tono muscolare diventando flaccide. In caso di infezione estesa a tutti gli arti il malato può diventare tetraplegico. Nei casi più gravi il virus paralizza i muscoli innervati dai nervi cranici riducendo la capacità respiratoria, di ingestione e di parola. I bambini al di sotto dei cinque anni sono i più colpiti in assoluto, anche se non mancano i casi di diffusione fra adulti.

La poliomelite è una malattia per la quale, ancora oggi, non esiste una cura. Fortunatamente negli anni '50 del secolo scorso viene trovato un vaccino che può essere somministrato anche ai bambini italiani. Si pensi che tra il 1951 e il 1955 la poliomelite paralizza circa 28.500 bambini all'anno nella sola Regione Europea. La provincia di Mantova, nel 1953 e nel 1957, è la più colpita di tutta la Lombardia, seguita a distanza da Brescia. Le percentuali, in questi due anni di picco del morbo, portano Mantova ad essere in testa alle province lombarde e terza in Italia nell'anno 1953[10]. Tuttavia è proprio in questi anni che si riesce, attraverso il vaccino, ad iniziare la lotta contro la malattia che ai giorni nostri può dirsi debellata[11]. Il vaccino viene somministrato in maniera massiva, in Italia, appena dopo gli anni '60.

Da uno studio fatto dall'ufficiale sanitario, dott. Buffa Francesco, nella provincia di Mantova nel decennio 1948-1957 solo 4 comuni non risultano colpiti dalla malattia. Fra di essi vi è Guidizzolo (all'epoca 4.030 abitanti)[12].

A Guidizzolo, la prima vaccinazione antipolio viene fatta nel 1958 in maniera gratuita. La precedenza è data ai bambini dai 3 mesi ai 3 anni di età. Il sindaco invita gli interessati a prenotarsi presso l'Ufficio Sanitario o l'Ufficio Comunale[13].

10. Cfr. Buffa F. (1961), *L'epidemiologia della poliomelite A.A. nella provincia di Mantova nel decennio 1948-57*, estratto da "Annali della sanità pubblica, vol. XXII, n. 4, luglio-agosto 1961", Tipogr. Regionale, Roma, pp. 568-659.

11. In Italia la poliomelite, dal 2002, è stata ufficialmente dichiarata debellata. www.salute.gov.it/imgs/C_17_pagineAree_820_listaFile_itemName_2_file.pdf, consultato il 27/11/2019. La sua ricomparsa, tuttavia, è sempre possibile, fintanto che ci saranno zone del mondo in cui la malattia è presente e diffusa. Resta pertanto attiva la sorveglianza dei casi di paralisi flaccida acuta, una delle complicanze più gravi della poliomielite.

12. Buffa F. (1961), *op. cit.*, p. 660.

13. Archivio Storico Comunale di Guidizzolo, b. 19, f. 2, anno 1958.

Foto n. 4. Due ragazze, forse sorelle o cugine (data la somiglianza fisionomica), indossano vestiti molto semplici e dimessi. Non portano gioielli o fronzoli, facendoci così pensare che possano appartenere all'area popolare (né borghese e tanto meno nobiliare). Ciò che colpisce è la posa alquanto inusuale della giovane con il vestito chiaro. Ad una prima occhiata pare essere priva di una gamba, ma osservando meglio si scopre essere stata nascosta dietro a quella che vediamo. Forse per coprire una problematica o una disfunzione? Inoltre pare avere la necessità di appoggiarsi (con l'intero braccio, partendo dalla spalla fino giù, alla mano), di sorreggersi quasi richiedendo un aiuto implicito alla ragazza che ha di fianco, al fine di acquisire maggiore stabilità durante lo scatto. Una prerogativa che avrebbe potuto raggiungere da sola (se avesse potuto) bilanciando il peso del corpo equamente su entrambe le gambe. Questa foto alquanto emblematica ci porta dunque a dedurre che, nonostante la giovane avesse delle problematiche fisiche, accetta di farsi fotografare a patto di celarle. Rara foto che ci fa intuire la presenza di un problema fisico (velato), anni '20. Collez. R. Faini

Pertanto, purtroppo, prima dell'arrivo del vaccino tanti sono stati i casi in cui molti bambini venivano colpiti da questa malattia. Come si vede in questa foto (Foto 3) che ci mostra la bambina al centro dell'immagine che tiene per mano altri due bimbi più piccoli di lei. È venuta a trascorrere le sue vacanze, come ogni anno, da Torino a Rebecco. Infatti i suoi familiari avevano origini guidizzolesi e la mandavano dai parenti, in villeggiatura. Di più non si poteva fare, date le scarse risorse economiche. Tuttavia, questa soluzione era gradita sia a chi veniva in vacanza, per cambiare un po' dal solito ambiente casalingo e vedere dunque i parenti (soprattutto i cuginetti, con cui giocare), sia per chi accoglieva per qualche mese nella propria casa un simpatico e allegro ospite, che sicuramente avrebbe movimentato l'estate.

Lei ha un problema. Come si vede dalla foto una gamba è visibilmente più piccola di quella vicina. È stata sfortunatamente colpita da poliomelite. La sua giovane vita è segnata per sempre. Non sarà in grado di svolgere le consuete attività, come i coetanei. Oppure lo farà, ma sempre con fatica. Ciò nonostante, in quel frangente, in quella foto, questo problema non pare essere proprio così rilevante. I bambini, diversamente dagli adulti, non badano troppo alle problematiche fisiche. Anzi, per loro non ci sono. Esiste solo il gioco, soprattutto in una corte di campagna (si veda il carretto dietro alle spalle dei bambini strabordante di fieno), che si può trasformare in una modalità molto efficace per spronare questa bimba. Mentre a casa, inizialmente, si rifiutava di camminare dopo il manifestarsi della malattia, qui ha trovato la forza, nei visi degli altri bambini, nelle incitazioni dei parenti, per provare ad alzarsi. Sicuramente non un percorso facile, pieno di cadute e di lacrime, ma alla fine il grande successo: stare in piedi e camminare!

Foto n. 5. Brazzabeni dr. Giuseppe nella foto del suo necrologio, morto a Guidizzolo il 3 luglio 1927, dove si legge che fu medico condotto del paese per 45 anni, solerte presidente della Congregazione di Carità e Cassiere industrie delle Cucine Economiche locali, anni 1920 circa. Fondo Caritas-Mondadori

Questa malattia endemica, presente fra l'umanità dalla notte dei tempi, ha posto limiti, difficoltà, esclusioni per bambini, bambine, uomini e donne. Tuttavia il sapersi accettare, alle volte, è la chiave per conviverci e re-imparare a fare ogni cosa. Occorre caparbietà e sacrificio, che porteranno sicuramente i propri frutti. Un esempio per tutti: questa bambina, una volta diventata donna, ha desiderato diventare madre, seppure tutti glielo sconsigliassero. Il peso della pancia, non equamente distribuito su ogni lato del suo corpo, ha portato a diversi problemi dovuti all'equilibrio. Tuttavia niente è impossibile, basta volerlo. Lei è riuscita a perseguire il proprio obiettivo portando a termine la gravidanza e diventando mamma.

Bisogna dunque riflettere sul passato e tirare un sospiro di sollievo sul fatto che, oggi giorno, queste problematiche legate alla malattia appena descritta non affliggano più i guidizzolesi.

Il medico

La figura del medico condotto viene ad occupare un importante ruolo sociale fra la popolazione. Guidizzolo, come ogni paese, ricerca in questa carica un riferimento non solo dal punto di vista sanitario.

Il dottor Brazzabeni Giuseppe (1859-1927; vedi Foto 5), medico chirurgo (e ostetrico), presta servizio presso l'Ospedale Civile di Mantova, sua città natale, e poi diviene medico condotto di Guidizzolo (dal 1884). A Guidizzolo la sua figura va a sovrapporsi anche a quella di ufficiale sanitario. Si sposa nel 1885 con Muti Marianna che morirà nel 1916. È medico per 45 anni ed utilizza per i suoi spostamenti, soprattutto verso la campagna, un cavallo di nome Cicco.

Tuttavia il dott. Brazzabeni, da quando prende servizio (1884) a seguito di una grave epidemia di colera, non rimane ininterrottamente a Guidizzolo. Infatti sarà medico condotto del paese sino al 1886. Poi verrà riassunto dal 1887 al 1889 e, nuovamente, dal 1901 al 1910. Infine dal 1911 al 1919, per un totale complessivo di servizio a Guidizzolo di 36 anni[14].

14. Così si evince dalla deliberazione comunale di Guidizzolo anno 1919, Archivio Storico Comunale di Guidizzolo.

Foto n. 6. Amadio Coen in questa foto formato tessera si presenta molto serio e formale, come da consuetudine, data la professione svolta. Un completo con giacca scura, camicia bianca e cravatta seguono i classici canoni formali dell'eleganza, e il suo sguardo attento pare mostrare una delle sue caratteristiche ovvero la ricerca dei particolari, anche nei casi sanitari che nella sua carriera di medico ha dovuto seguire, fine anni '40. Collez. Fam. del Dott. A. Coen

Arriverà poi il dott. Coen (vedi Capo 3 per maggiori approfondimenti; vedi Foto 6 all'interono di questo capo) dal 1920 al 1930.

Bisogna premettere che, a Guidizzolo, esistessero già alla fine dell'800 dei regolamenti in materia igienico-sanitaria che, periodicamente, venivano aggiornati; erano rigorosamente *scritti a mano*. Ad esempio nel Regolamento di igiene del 1902 titolo II, art. 6 si legge che il servizio medico-chirurgico è fatto da un medico, che ci sono 2 levatrici (o una sola) che ottemperano al servizio ostetrico (vedi Foto 7). Queste ultime devono attenersi al regolamento approvato con Decreto Reale nel 1890. Su richiesta dell'Ufficiale Sanitario o del sindaco devono presentare la cesta contenente gli oggetti che normalmente utilizzano in perfetto stato di manutenzione.

Foto n. 7. Dopo avere aiutato a far nascere, in casa, una bimba di Rebecco l'ostetrica, che abitava a Guidizzolo (detta "La Bionda"), dopo circa 8 giorni era stata invitata dalla famiglia al battesimo della piccola. La festa consisteva in un pranzo ed era usanza invitare proprio l'ostetrica che aveva fatto nascere il bimbo o bimba, per ringraziarla del suo prezioso supporto. Far nascere i figli in casa era la prassi per l'epoca e per farlo in maniera corretta, senza correre rischi, la figura esperta dell'ostetrica era fondamentale. Si noti che lei, con un moderno ed elegante abito bianco, senza maniche, e con delle scarpe bianche a décolleté con tacco in perfetta sintonia con la borsa partecipi volentieri, sorridendo, facendosi abbracciare e quindi coinvolgere dall'allegria della famiglia, 1954. Collez. Fam. B. Giubelli

Sempre qui si dice al titolo VI, art. 36 che le malattie da considerarsi infettive per l'uomo, e per le quali è obbligatoria la denuncia all'Autorità Comunale, sono: il morbillo, la scarlattina, il vaiuolo, il tifo petecchiale, la difterite, [...], la rabbia, il colera ed altre eventuali malattie di origine esotica.

Foto n. 8. In occasione della festa dell'arma dei Carabinieri viene scattata una foto davanti alla caserma (era sita in un luogo diverso da quello attuale, ovvero lungo la strada statale, oggi di proprietà della fam. Residori orefice) e fra i vari uomini fotografati, che rappresentano l'élite popolare (ad esempio Scaglioni di Birbesi, proprietario dell'osteria, nell'ultima fila in alto spicca perché fotografato all'interno del perimetro scuro della porta d'entrata) e quella religiosa del paese (come don Sergio Malvardi, parroco di Birbesi,ben riconoscibile dalla tonaca, in prima fila. Dietro di lui, una fila più in alto, riconosciamo don Gino Sarti) accanto all'Arma, troviamo anche il dottor Aggogeri (medico condotto, Si trova nell'ultima fila immediatamente sotto a quella di Scaglioni, ed è posizionato proprio sotto a quest'ultimo).
1939. Collez. G. Cagioni

Nell'art. 41 si sottolinea che non appena si manifesterà un caso di vaiolo, come da Regolamento del 1882, si procederà immediatamente alla rivaccinazione di tutte le persone abitanti nella stessa casa ove è il malato, e di tutte coloro con cui il malato abbia avuto dei rapporti[15].

Come abbiamo appena visto le condizioni igieniche sono la base per potere curare adeguatamente i malati. Tuttavia, si riscontra che il dottor Amadio Coen non le osserva scrupolosamente. Ad esempio entra nella stanza del malato fumando e mentre fa l'iniezione tiene nella medesima mano la sigaretta e la siringa, senza disinfettarsi né prima né dopo la puntura[16]. Dob-

15. Regolamenti in materia igienico-sanitaria di Guidizzolo, collez. G. Valbusa.
16. "Rapporto signor Arciprete" del 1929 (firmato da don Gino Sarti), Fondo Caritas-Mondadori.

biamo renderci conto che siamo verso la fine degli anni '20 e la situazione politico-sociale non era sicuramente facile da affrontare. Per questo, probabilmente, comportamenti sui quali si poteva soprassedere vengono ingigantiti con lo scopo ultimo di potere allontanare questo medico con origini ebree. Se gli stessi comportamenti fossero stati tenuti da un qualsiasi altro medico di diverso credo religioso, sarebbero passati in secondo piano, seppure non molto ortodossi. Oggi giorno, questo suo comportamento pare testimoniare il fatto che fosse molto alla mano, pratico e senza troppi impedimenti. Tuttavia, filtrato con gli occhi di un periodo storico in attrito con le origini di questo medico condotto, aveva reso possibile l'ipotesi che si potesse scrivere di questo suo comportamento, denunciandolo[17].

Foto n. 9. Mario D'Arconte, ufficiale sanitario a Guidizzolo dal 1941, sta tenendo un incontro presso la scuola di Volta Mantovana. Diritto in piedi sta sicuramente esplicitando nozioni in ambito sanitario, di interesse per tutti i paesi interessati rispetto al comprensorio di sua competenza rappresentati dal pubblico davanti a lui, 1957. Collez. M. D'Arconte

Quando il dottor Coen lascia Guidizzolo, nell'anno 1931 abbiamo il passaggio di ben 3 medici nell'arco dello stesso anno: il dott. Moruzzi Tito (nominato a marzo), il dott. Franceschelli Giuseppe (nominato a maggio) e il dott. Moretti Foggio Aldo (luglio). Nuovamente (dall'aprile all'agosto 1933) c'è il dott. Franceschelli.

17. Ibidem.

Dal 1934 arriva poi un lungo periodo di continuità. Il medico condotto è Aggogeri (vedi Foto 8) e rimarrà sino a dopo gli anni '60.

Come già anticipato il medico condotto era anche ufficiale sanitario. Tuttavia, ad un certo punto della storia si decide di scindere queste due figure. Nel 1937, a seguito di una riunione fra i rappresentanti dei comuni di Castiglione delle Stiviere, Solferino, Ponti sul Mincio, Monzambano, Cavriana, Medole, Guidizzolo (per esso Avv. Cav. Francesco Mutti), Volta Mantovana e Ceresara, si delibera che è necessario costituire un consorzio per il servizio di vigilanza igienica e di profilassi per tutelare la salute pubblica. La sede del consorzio in questione viene identificata in Guidizzolo.

Quando nel 1941 è designato in qualità di ufficiale sanitario Mario D'Arconte (vedi Foto 9), attraverso un concorso, la sede continua ad essere a Guidizzolo. Per cui il paese rimane il punto di riferimento per una vasta zona limitrofa della quale D'Arconte si doveva occupare e dettare le regole di condotta sanitaria per il comprensorio appunto.

Foto n. 10. Piccole suore della Sacra Famiglia presso l'Ospitale-ricovero Comunale di Guidizzolo. Insieme a loro c'è la presenza di un anziano signore, sicuramente ospite della struttura, e alcuni bambini. Entrambi, giovani e vecchi, sono seguiti ed aiutati da queste suore sia attraverso l'ospedale che attraverso dei dopo scuola gestiti da loro stesse, inizio '900. Mondadori F. (2003), Le piccole suore della Sacra Famiglia a Guidizzolo, *Centro Culturale San Lorenzo ed., GVM, Volta Mantovana (Mn), p. 23*

L'ospedale di Guidizzolo e le cure fuori paese

Nella via Valborghetto (oggi via C. Battisti), l'Ospedale o patrio nosocomio accoglieva i malati privi di assistenza famigliare o i forestieri o i soldati di passaggio. In caso di emergenza, come dopo la battaglia di Solferino e San Martino (24 giugno 1859), anche la Chiesa si trasforma in un ospedale militare e i funerali erano celebrati nella piccola chiesetta confinante. Sempre nel 1859 ci fu un'epidemia di tifo che provocò la morte di molti giovani, entro i 30 anni, e si protrasse sino a novembre di quello stesso anno.

Nel 1891, grazie ad un lascito di L. 12.000 da parte della contessa Virginia Rizzini, si fonda un ospedale-ricovero, pei poveri vecchi cronici[18]. Viene acquistato l'immobile di via del Voltone che diventerà poi l'attuale ricovero. Praticamente da subito le Piccole Suore della Sacra Famiglia, arrivate a Guidizzolo nel 1901, si stabiliscono all'interno della struttura prendendosi amorevolmente cura ad ogni ora della notte e del giorno degli anziani presenti (vedi Foto 10). Si tratta di cure primarie sulla persona, ovvero igiene del corpo, cura del vestiario, come pure di quelle legate all'assistenza infermieristica.

Foto n. 11. Apparecchiatura di fisioterapia. Si trattava di una apparecchiatura elettrica per terapie antidolorifiche che potessero anche stimolare la muscolatura (una sorta di fisioterapia di oggi), anni 1950 circa. Mondadori F. (2003), Le piccole suore della Sacra Famiglia a Guidizzolo, *Centro Culturale San Lorenzo ed., GVM, Volta Mantovana (Mn), p. 24*

18. Archivio Storico Comunale di Guidizzolo, delibera n. 34 del 8 ottobre 1891.

Al piano terra dell'edificio c'era l'ambulatorio comunale dove si trovava il medico condotto con la propria infermiera, ovvero una suora preposta alla mansione. Qui si praticavano visite di diverso genere, medicazioni, c'era il consultorio ostetrico e pediatrico, ... si potevano anche praticare interventi chirurgici, in caso di necessità, come asportazioni di appendiciti. Si eseguivano esami di laboratorio e, in maniera un po' inaspettata (dato che queste apparecchiature erano proprie di grandi ospedali, nelle città) vi era anche uno strumento per praticare una sorta di fisioterapia[19] (vedi Foto 11).

Taluni, avendone le possibilità, valutavano l'opportunità di andarsi a curare nelle stazioni termali, quindi fuori da Guidizzolo, come quella di Montecatini Terme. È il caso di questo signore borghese guidizzolese il quale, dopo qualche anno dal suo matrimonio accusa forti dolori al fegato. Il dottore gli consiglia di trascorrere un periodo a Montecatini, per curarsi con le acque (vedi Foto 12). Beve dunque le acque Regina, Oliva e Tettuccio e fa delle docce calde con l'acqua termale. Egli avverte dei miglioramenti, il dolore al fianco si è attenuato e sicuramente un regime più mirato, su consiglio dei medici lo sta aiutando. Ha eliminato anche gli alcolici, di cui faceva uso abituale a Guidizzolo. Poiché è in corso una pleurite gli sono state prescritte queste docce. Tuttavia, dal carteggio con la moglie, si ha notizia che alcune volte gli uscisse il sangue dalla bocca.

In effetti queste cure furono dei palliativi, il soggiorno a Montecatini si interrompe e aggravatosi il male, morirà nel 1901[20]. Si può dedurre che, in sostanza, pur cercando di curarsi al meglio alle volte non si ottenevano comunque i risultati sperati.

Un'ulteriore casistica da considerare è quella delle cure fuori paese non per scelta ma per necessità. Infatti, per esempio, durante i conflitti mondali alcuni giovani uomini guidizzolesi coinvolti nei pericolosi scontri al fronte potevano rimanere feriti. Essi venivano curati negli appositi ospedali militari (vedi Foto 14) che, già all'epoca della Prima guerra mondiale, prevedevano l'insostituibile presenza della Croce Rossa Italiana quale supporto al personale medico-infermieristico (vedi Foto 13).

19. Cfr. Perani E., Mondadori F. (2003), *Le Piccole Suore della Sacra Famiglia a Guidizzolo*, Centro Culturale San Lorenzo ed., GVM, Volta Mantovana (Mn), pp. 23-25.
20. Cfr. Mondadori F. (2013), *Quasi un romanzo*, cit., pp. 23-26.

Foto n. 12. Il primo signore sulla sinistra, seduto, fa parte della borghesia guidizzolese. Si reca presso Montecatini terme con altre persone (sicuramente di un buon ceto sociale, dato il vestiario molto curato) che avevano deciso di trascorrere un periodo di tempo in questo luogo al fine di godere delle cure termali delle acque.
La percentuale di uomini in questo scatto è notevole se equiparata a quella di donne (solo qualcuna, e tutte raggruppate sulla parte destra) e bambini (un paio appena).
Forse in tanti speravano di trovare beneficio attraverso le acque termali di Montecatini, già note al tempo dei Romani. Studiate all'inizio del 1400 per fini terapeutici, vengono giudicate come estremamente benefiche poiché sono ricche di sali minerali (vengono catalogate, nello specifico, come acque salso-solfate-alcaline) e, dunque, consigliate a coloro che soffrono di problemi legati all'intestino o al fegato.
Anni fra 1895 e 1901. Fondo Caritas-Mondadori

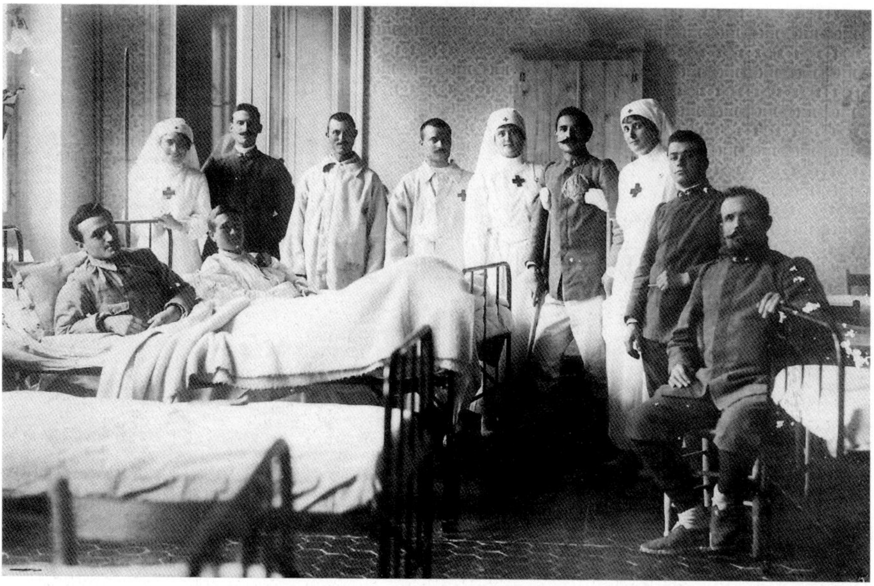

Foto n. 13. Il soldato con le stampelle, circondato dalle infermiere di Croce Rossa, invia questa fotografia come cartolina postale a sua sorella, che abita a Milano, per rassicurarla. Lo scatto è senza ombra di dubbio molto singolare, per non dire raro.
Le ferite (di guerra) del militare stanno guarendo e spera di essere rimandato a casa, a Guidizzolo, in una decina di giorni. Al momento si trova presso l'ospedale di San Remo (come si deduce dal timbro postale sul retro, affiancato da quello di Croce Rossa Italiana – Ospedale territoriale West-End – Sanremo).
In questa foto i feriti, chi allettato, chi seduto o in piedi sono stati messi in posa per questo scatto così rassicurante, da inviare ai famigliari. Il personale medico pare essere gioviale e numeroso in questo critico momento.
Si ricordi che l'idea della Croce Rossa nasce da una funesta e terribile battaglia del nostro Risorgimento, che coinvolse anche Guidizzolo. Si tratta della battaglia di Solferino e San Martino (24 giugno 1859) dove molti giovani soldati perirono senza le adeguate cure mediche. L'idea di preparare personale medico e metterlo a servizio di tutti indistintamente (quindi senza badare all'esercito di appartenenza) venne ad Henry Dunant che fondò, qualche anno dopo quella orrenda battaglia, la Croce Rossa che noi tutti ancora conosciamo perché fortemente presente nel nostro quotidiano e conosciuta ormai in tutto il mondo. Per ulteriori approfondimenti in merito alla storia di Croce Rossa si vedano: Cipolla C. (2003), Un ricordo di Solferino oggi. Genesi e significato sociale della Croce Rossa*; Cipolla C., Vanni P. (2013),* Storia della Croce Rossa italiana dalla nascita al 1914. Vol. I. Saggi*; Cipolla C., Fabbri A., Lombardi F. (2014),* Storia della Croce Rossa in Lombardia (1859-1914). I Studi*; Cipolla C., Corsini P. (2017),* La genesi della Croce Rossa sul modello del cattolicesimo sociale bresciano*; Cipolla C. (2020),* I prigionieri di guerra italiani negli imperi centrali e la funzione di tutela della Croce Rossa italiana, *tutti editi da FrancoAngeli, Milano.*
1916. Collez. E. Zaccagni

Foto n. 14. Lo stesso soldato che ha già inviato una cartolina (vedi Foto 13) ritiene necessario inviarne un'altra, qualche tempo dopo, alla moglie, che a casa è evidentemente molto preoccupata per lui e la sua salute. Scrive che le sue condizioni sono migliorate, di «non pensare male», il che si vede dal fatto che non usa più le stampelle. Se volesse potrebbe anche tentare di fare qualche passo. La rassicura dunque.
Aggiunge che non è riuscito a venire a casa in tempo per «sfrondare» ma sicuramente ci sarà per «disgallettare» e così, dice alla moglie, «tu lavori ed io raccolgo». Qui c'è un chiaro riferimento (dialettale) alla coltivazione del baco da seta, nella fase in cui il bozzolo (oramai formatosi) viene tolto dal ramo per poi essere portato al mercato ed essere dunque venduto. Per maggiori informazioni si veda il Capo 5, dove nella sezione dedicata alla bachicoltura si troveranno molti più dettagli in merito all'allevamento, alla lavorazione e alla vendita di questa preziosa e, all'epoca, diffusa modalità di rendita.
Dunque, la preoccupazione per la sua casa, i lavori da svolgere, ... sono evidenti. Pare così che la sua ferita passi in secondo piano e l'amore per la sua terra, il suo lavoro, la sua famiglia emergano prepotentemente.
Conclude affettuosamente così: «si avvicina il giorno di vederci. Ciao Tesoro».
1916. Collez. E. Zaccagni

Il manicomio di Castiglione delle Stiviere

Anche a Guidizzolo sono esistite delle persone classificate come "folli". Tuttavia, per comprendere al meglio il significato che poteva avere la follia, anche per chi li giudicava in questo modo, occorre fare degli esempi.

In una tabella nosologica del manicomio di Castiglione delle Stiviere[21] troviamo Leali Maria Giovanna, nata nel 1871, sposata, casalinga, nata a Guidizzolo e abitante in via Solferino. Ha due figli maschi di 18 e 19 anni; dopo il secondo parto ha una grave infezione tifica. Lei è nullatenente, sa leggere e scrivere solamente. Il dottor Brazzabeni scrive, e dunque ammette, di non trovare note sintomatiche vere, a parte l'atteggiamento e la mania del melanconico e talora dell'ipermaniaco. Dopo aver tentato di ripristinare il suo stato mentale con delle cure ricostituenti e averle messo accanto una donna che potesse farle compagnia, il marito, insieme al medico condotto, produce tutti i certificati necessari e presenta richiesta formale al sindaco di Guidizzolo per farla entrare nel manicomio. Quindi, per ordinanza del sindaco di Guidizzolo, Ulderico Bignotti, viene ammessa nell'ospedale psichiatrico di Castiglione il giorno 10 settembre 1918 con la seguente diagnosi: psicosi confusionale-ansiosa dell'età presenile. Il giorno 6 novembre dello stesso anno muore per broncopolmonite di influenza[22], di cui si era ammalata qualche giorno prima.

La diagnosi ci pare essere lontana rispetto a quella di una donna folle. Probabilmente aveva semplicemente qualche problema legato all'età, magari un po' amplificato, ma niente di così eccessivamente grave da chiedere un ricovero presso il manicomio.

21. Il manicomio a Castiglione delle Stiviere era già attivo nel 1870, in spazi separati rispetto all'Ospedale Civile; accoglieva pazienti di Mantova e di Brescia. Inizialmente i pazienti venivano ricoverati per diagnosi pellagrosa, epilettica, alcoolica e frenastenia (insufficienza mentale). Castiglione viene così a costituire il polo principale dell'assistenza psichiatrica nel territorio del mantovano. Quando la legge Giolitti del 1904, riguardante i manicomi, entra in vigore a Castiglione c'è una struttura già consolidata. Nel 1933 entrano i malati di tubercolosi. Nel 1939 il Ministero di Grazia a Giustizia crea un'apposita sezione per gli alienati "prosciolti folli". Nel 1946 ci sono 700 pazienti in totale, comprendenti sia la sezione civile che quella giudiziaria. La storia dell'ospedale prosegue poi verso una nuova sede, la Ghisiola, spostandosi dal centro del paese (Via Ordanino). Per maggiori approfondimenti si veda Città di Castiglione delle Stiviere e Regione Lombardia (promossa da) (2004), *Castiglione attraverso i secoli*, catalogo della mostra, Studio Iride, Verona.

22. La cartella clinica riporta morte da "broncopolmonite da influenza" che possiamo qui ipotizzare essere influenza Spagnola, poiché la sua morte avviene nell'autunno 1918, durante il picco dei contagi. Per maggiori approfondimenti si veda il Capo 15.

Foto n. 15. Colonia elioterapica nel cortile delle scuole elementari. Il momento è quello del riposino pomeridiano e i bambini, all'ombra delle piante cercano di dormire, mentre sono sorvegliati dalle loro educatrici, 1940. Fondo Caritas-Mondadori

Un altro malato è Bolzoni Cesare, nato a Roma (ma domiciliato a Guidizzolo) nel 1930, celibe. Per lui è il terzo ricovero al manicomio di Castiglione delle Stiviere. Ha una condizione economica agiata, sa leggere e scrivere. Un parente è deceduto in questo stesso manicomio per frenesia epilettica, motivo per il quale anche lui è ricoverato. I genitori sono nevropatici. Gli è stata riscontrata una deficienza intellettuale, ed è molto impulsivo e caparbio. Ha frequenti litigi e disordini con la madre.

Durante il ricovero, sul suo diario clinico, viene scritto che ha ingerito dei pezzi di vetro ricavati da un quadretto appartenente al suo compagno di stanza. In seguito ad un interrogatorio confessa di avere ingerito anche del filo di ferro tolto da un attaccapanni ed una chiave lunga 6-8 cm presa dal cassettone. Dopo avergli chiesto il perché di queste azioni risponde: «voglio assolutamente che la mamma venga a trovarmi». Il tutto è stato confermato dall'esame x-copico e, quindi, vengono praticati dei clisteri.

Il paziente viene poi dimesso, ma nello stesso anno ritorna nell'Istituto accompagnato dalla madre poiché era diventato nuovamente «irascibile e privo di giudizio». Dopo qualche giorno di ricovero sono i genitori stessi a richiederne le dimissioni.

Foto n. 16. Colonia elioterapica nel cortile delle scuole elementari. I bimbi sono disposti in file, in maniera ordinata, con i loro educatori. Tutti quanti portano abiti chiari per contrastare la calura della giornata, 1940 circa. Collez. G. Cagioni

Sicuramente abbiamo il caso di una persona con ritardi mentali che andrebbe seguita costantemente da personale competente, evitando di farlo ricoverare per più volte in un manicomio. Questo meccanismo provoca in lui reazioni pesanti pur di attirare l'attenzione su di sé e ottenere dunque l'affetto della propria famiglia. Seppure adulto pare avere i pensieri di un bambino, manifestando un forte attaccamento alla madre.

Concludendo, non si sa con sicurezza se tutti questi ricoverati fossero veramente dei pazzi o delle persone con problematiche diverse dalla follia (depressione, ritardo mentale, ...).

La percentuale di donne ricoverate superava quella degli uomini. Come si può dedurre prima di infliggere la pazzia ad un uomo occorrevano molteplici prove e ripetuti casi di negligenza psichica, mentre per una donna al primo segno di squilibrio o fragilità il verdetto era presto fatto.

Le fotografie dei pazienti vengono apposte sulla loro cartella clinica all'incirca dagli anni '60 in avanti, non prima. È per questa ragione che abbiamo potuto fornire degli esempi di cartelle cliniche ma senza averne testimonianza fotografica[23]. Infatti, sino ad allora, si preferiva evitare di fo-

23. Per queste informazioni, tratte dall'Archivio dell'Ospedale psichiatrico di Castiglione delle Stiviere si ringrazia l'archivista dell'Alto Mantovano Raffaele Agostini.

tografare persone sofferenti, o malate o con disfunzioni fisiche. Non si voleva assolutamente mostrare la malattia, né dal vivo né attraverso delle immagini. Anzi, più queste persone venivano messe in secondo piano, quasi nascoste, e più ci si sentiva al sicuro. Filosofia e modalità di percepire la malattia sicuramente molto differenti rispetto ad oggi.

Ecco allora un esempio: come si deduce dalla Foto 17, solo dal Sessanta in avanti si inizia ad accettare e accogliere la malattia, anche fotografandola, senza vergognarsene e senza occultarla. Addirittura alcune forme di aiuto (come le donazioni) sembrano alleviare il dolore e lo sconforto che può provare il malato (o la sua famiglia). Ecco allora che l'attenzione verso gli altri diventa un momento gioioso che si immortala volentieri, grazie ad uno scatto.

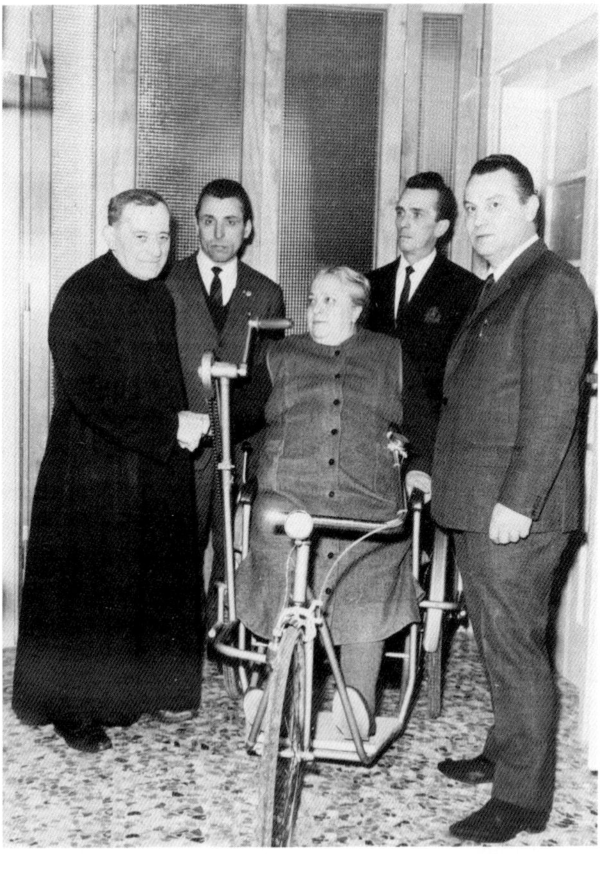

Foto n. 17. Don Gino Sarti, che vediamo compiaciuto sulla sinistra, con aria bonaria e distesa, scrive sul retro di questa foto "a Teresa Reggiani a mezzo Assoc. Naz. Invalidi Civili abbiamo offerto la carrozzella", 1967. Archivio Parrocchiale di Guidizzolo

La farmacia[24] di diritto Napoleonico

Alla fine del '700 il sale inizia ad essere utilizzato in cucina rendendo i cibi appetitosi ed aumentandone l'assimilazione nel corpo umano. Viene utilizzato anche per conservare carne e pesce. Durante l'amministrazione austriaca la rivendita di sale veniva fatta a Guidizzolo in via di Mezzo al numero 54 (ora via Chiassi) dal ministro della Regia Apoteca Salinaria. Il sale, come lo zucchero, acquista sempre più importanza e viene classificato fra i medicinali.

A Guidizzolo, proprio in questo periodo nasce la prima farmacia moderna, si passa cioè dalla *spezieria*[25] a questa nuova modalità di proporre i medicinali. Ma questo non deve trarre in inganno. Infatti per molto tempo l'industria chimica dei farmaci, in continuo progresso, affiancherà la tradizionale spezieria, desunta da antiche e sapienti ricette.

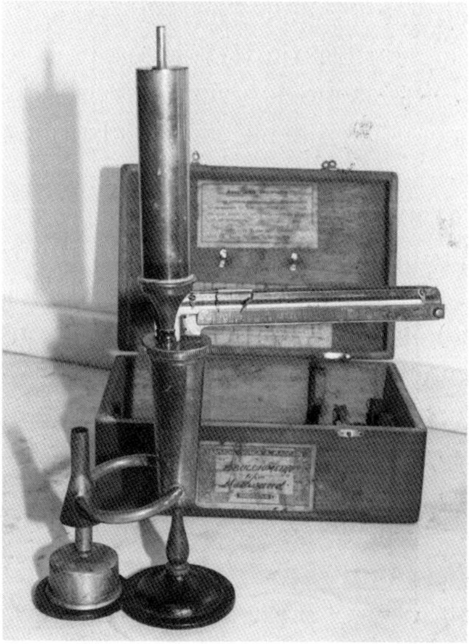

Foto n. 18. Ebulliometro anno 1933. Questo strumento serviva (e serve tutt'ora) a misurare il grado alcolico dei prodotti della vite (mosto, vino) o di qualsiasi soluzione alcolica. Dotazione, attrezzatura storica della Farmacia Maccari. Foto A. Dal Prato

24. È stato possibile reperire tutte le informazioni necessarie grazie ad uno scritto del Prof. Franco Mondadori (depositato presso il Fondo Caritas-Mondandori) in merito all'ambito sanitario e, inoltre, grazie ad un'intervista fatta al Dott. Carlo Maccari, che rappresenta la quarta generazione di farmacisti della medesima famiglia a Guidizzolo.

25. Per avere un'idea più precisa in merito al concetto di spezieria si veda Galassi A., Sarzi R. (2000), *Alla Syrena spezieria del '600 in Mantova con introduzione alla terapia media e all'arte dello speziale*, Sometti, Mantova.

Si ha notizia che Alessandro Todeschini, uno speziale/farmacista, esercitava a Guidizzolo in vico Burgii Medii (oggi al civico 46-48) alla fine del '700, sino a che – sfortunatamente – fu colto da malore proprio mentre parlava con il parroco don Ilario Fortunati (1798). Dalla sua morte in avanti, sino a metà '800, esercitano la professione di farmacisti i fratelli Giambattista e Domenico Franzoni. Essi spostano la farmacia, sempre nel Borgo di Mezzo ma al numero 12.

La figlia di Giambattista, Marianna, sposerà il dott. Giustacchini Carlo, al quale passerà poi la proprietà della farmacia. Tuttavia, Giambattista aveva anche un figlio, che non si sposò mai, ma che amò talmente tanto la signorina Armida Conti, titolare dell'ufficio postale e telegrafico di Guidizzolo, da lasciarle tutti i suoi beni alla sua morte. Per cui, ad un certo momento, Marianna ed Armida, loro malgrado, devono condividere la proprietà della farmacia. Tuttavia, non trovando mai un accordo civile decidono di vendere. L'acquirente è il dott. Emilio Caprara di Mantova che trasferisce la farmacia all'angolo fra via v. Veneto e v. Rodella. Alla morte del farmacista Caprara (1901), la moglie Anna Pastori affida la gestione dell'attività ad Alfredo Maccari, possidente e farmacista, nato a Mantova ma domiciliato a Guidizzolo.

La farmacia è di diritto Napoleonico. Infatti proprio a Napoleone Bonaparte[26] si deve la creazione del *Code Civil des Français* o *Code Napoléon* (che vede la luce nel 1804), uno dei più celebri codici civili al mondo che riesce a trovare un compromesso fra il diritto di consuetudine (di derivazione germanica) e quello romano (di derivazione latina). In seguito vennero approvati altri codici specifici, ad esso collegati, come ad esempio il *Codice sanitario* (1806). Essi vennero poi applicati anche in Italia, proprio durante l'occupazione francese (1805-1814). Dal codice sanitario napoleonico emergono diversi aspetti che, in seguito, troveranno allocazione nelle norme giuridiche dei futuri sistemi sanitari, nei quali diverrà indispensabile la presenza degli Stati nel presiedere al controllo della salute pubblica mediante adeguate norme per un ambiente igienicamente tutelato e per la prevenzione delle malattie infettive. Tutto ciò sarà il fondamento per l'assistenza pubblica, le misure di profilassi, le strutture centrali e periferiche dell'amministrazione sanitaria.

Grazie a Napoleone e ai suoi codici, dunque, si creerà l'impianto sanitario del Nord Italia; per questa ragione è molto importante darne rilievo. La farmacia di Guidizzolo vanta dunque di avere questa qualifica molto

26. Egli diede il compito a quattro illustri giuristi francesi di compilare il codice; essi portarono a termine il lavoro in pochi mesi, che fu poi verificato capillarmente e approvato dai vari organi statali francesi.

Foto n. 19. Stufa a secco di fine '800 per la sterilizzazione di strumenti e della vetreria utilizzata a livello farmaceutico. Dotazione, attrezzatura storica della Farmacia Maccari. Foto A. Dal Prato

antica, che nella pratica le ha permesso di avere tante licenze, senza doverle richiedere nello specifico come invece è accaduto per altre realtà farmaceutiche sorte successivamente.

Il diritto Napoleonico aveva come scopo primario quello di facilitare e agevolare l'attività in ambito sanitario, consentendo alle zone più disagiate di potersi riprendere (Guidizzolo, all'epoca, era compreso). In quei tempi, dunque, si poteva davvero vendere di tutto, e la farmacia di Guidizzolo ha continuato a farlo appunto perché in possesso di questo privilegio Ottocentesco. Circa una ventina d'anni fa è stato reso obbligatorio richiedere licenze differenti a seconda delle categorie merceologiche che si volevano proporre alla clientela; ma questo, ovviamente, non ha interessato la farmacia di Guidizzolo, già in possesso di tutti i requisiti senza fare specifiche richieste.

Foto n. 20. Bilancia di precisione (al centesimo di grammo) ad uso farmaceutico di inizio '900. Dotazione, attrezzatura storica della Farmacia Maccari. Foto A. Dal Prato

Si noti che prima della Seconda guerra mondiale era consentito anche ad un non-farmacista di potere gestire una farmacia. Non era certo questo il caso di Alfredo Maccari, figlio di Lorenzo[27], che si laureò presso la fa-

27. Il conte D'Arco (appartenente ad una nota famiglia nobiliare di Mantova) aveva deciso di affidare a Lorenzo Maccari, padre di Alfredo, l'amministrazione dei suoi beni, tanto il loro rapporto di fiducia era solido e duraturo.

coltà di farmacia a Padova, dove si recava normalmente per i suoi studi in bicicletta (partendo da Mantova).

L'acquisizione della farmacia di Guidizzolo da parte della famiglia Maccari è dunque stata graduale. Infatti, in un primo momento venne gestita, poi affittata ed infine acquistata (dagli eredi del dott. Caprara).

Nella farmacia di circa un secolo fa si tenevano diverse tipologie di registri, rigorosamente scritti a mano, molto utili per contabilizzare l'entrata e l'uscita di alcuni medicinali giudicati "pericolosi", o contenenti ricette specifiche per produrre i medicinali.

Nel 1905 si teneva, per esempio, il «Registro dei veleni». All'interno di questo libro è stata conservata una lettera spedita alla farmacia al fine di richiedere uno specifico veleno. Queste sostanze così pericolose, solitamente, erano utilizzate per pulire o disinfettare (in casa), oppure per svolgere qualche attività particolare in ambito agricolo (ad esempio la creolina, per disinfettare nelle stalle), o servivano a chi svolgeva particolari lavori come fabbri o falegnami. Veniva accuratamente annotato a chi veniva venduto il prodotto, la tipologia di veleno e in quale quantità.

Foto n. 21. Pentola per far sciogliere a bagnomaria, quindi molto delicatamente, determinati prodotti che da solidi dovevano diventare liquidi o tendere alla liquidità (per poter poi essere mescolati ad altre sostanze). Dotazione, attrezzatura storica della Farmacia Maccari. Foto A. Dal Prato

La farmacia era un punto di riferimento per quanto riguarda anche altri ambiti, come la cucina. Infatti qui si poteva acquistare persino la polvere per ciambella (lievito). Quindi, molteplici potevano essere i prodotti acquistati, con usi ben diversi, ma con un comune denominatore: avevano tutti a che fare con la chimica e potevano essere realizzati solo da una mente e da mani sapienti. Infatti i prodotti venivano proprio fabbricati dal farmacista, al quale occorreva da qualche ora a qualche giorno per crearli. Naturalmente con l'ausilio di strumenti specifici (utilizzati normalmente sino agli anni '60-'70; vedi Foto 18, 19, 20 e 21) e di ricette custodite gelosamente in un altro libro.

All'interno di un altro di questi formulari, degli anni '20 (dello scorso secolo), si trovano delle lettere che altro non sono se non prescrizioni mediche. Queste venivano spedite alla farmacia per posta; la maggior parte proveniva dalla città Mantova, della quale la famiglia Maccari era originaria. I clienti, dunque, avevano un legame di fiducia talmente buono con Alfredo Maccari da continuare a servirsi da lui, nonostante si fosse trasferito a Guidizzolo. Una volta prodotto il medicamento richiesto si procedeva con la consegna, tramite un fattorino, dal paese alla città. Questo formulario specifico permetteva così di tracciare le prescrizioni, al fine di non perderne la memoria.

Alfredo Maccari era, inoltre, un punto di riferimento per quanto riguarda le manifestazioni sportive. Ad esempio, in una lettera[28] scritta qualche giorno prima rispetto al cinquantenario della battaglia di Solferino e San Martino la Società Ciclisti «Forza e Concordia – Mantova» gli chiede di presenziare durante la «maratona» in qualità di medico, insieme al sig. Sindaco, ai Carabinieri, ecc.

A cavallo fra le due guerre mondiali veniva poi tenuto il «libro dei poveri». Chi necessitava di medicinali ma, disgraziatamente, non aveva i soldi necessari per acquistarli si recava comunque in farmacia, otteneva i medicinali e veniva segnato su questo libro. A fine anno il Comune si preoccupava di saldare, estinguendo il loro debito. Questa categoria di persone era il simbolo della povertà assoluta del paese[29].

Mentre Alfredo era laureato "solo" in medicina, suo figlio Lorenzo aveva ben due lauree: una in farmacia e un'altra in chimica (conseguita a Genova, tramite un esame di Stato, come era consuetudine per l'epoca).

28. Lettera datata 21/06/1909, collez. famiglia Maccari.

29. Questa usanza è rimasta anche oggigiorno. Esiste un libro nel quale vengono segnati i medicinali ritirati ma non pagati dalle famiglie più bisognose del paese. Se la loro condizione è misera, a fine anno, il debito viene cancellato. Altrimenti viene riportato nell'anno successivo.

Foto n. 22. La parte superiore di questo mobile è databile fine '800. Si tratta di una vetrina dentro alla quale sono esposti contenitori farmaceutici e vasi. Essa poggia su di un mobile in legno dai singolari piedi a "zampa di cavallo" settecenteschi. Dotazione, attrezzatura storica della Farmacia Maccari. Foto A. Dal Prato

Infatti, proprio in uno dei registri che riporta le ricette per produrre determinati medicinali[30] ci sono fitte e complesse scritture di chimica, a lui così cara.

30. Non ci sono solo ricette per produrre medicine o medicamenti, ma anche altro. Ad esempio l'Elixir di china. A inizio '800 era noto come antimalarico, ma, poi, questo utilizzo venne abbandonato per essere bevuto invece come digestivo. Era consuetudine che Lorenzo lo preparasse dopo la chiusura della farmacia, ma prima della cena (e non dopo!), e lo bevesse insieme al medico e al veterinario proprio per migliorare la digestione.

Tuttavia Lorenzo non era solo un grande studioso, aveva anche la propensione verso l'avventura. Lo dimostra il fatto che, verso la fine degli anni '30, insieme all'Avv. Mutti, volò in aereo da Crocevia (dove c'era un campo volo) a Castiglione delle Stiviere facendo volantinaggio, al fine di promuovere i viaggi aerei. Addirittura egli scrive di questo episodio alla fidanzata, nonché sua futura moglie, dicendole che sarebbe bello poter volare insieme, proprio come ha fatto lui, magari in occasione del loro viaggio di nozze. Lei risponde con una lettera dove concorda ma, in sostanza, smorza l'entusiasmo del suo fidanzato dicendogli che sarebbe meglio di no. In fondo, probabilmente, era timorosa verso quella grande novità.

Foto n. 23. Particolare della vetrina Ottocentesca con piedi a "zampa di cavallo" Settecenteschi. Si tratta di vasi molto antichi, Seicenteschi, realizzati in ceramica o maiolica in cui speziali e farmacisti conservavano i semplici (semi, radici e foglie di piante medicinali, ...) o i composti (preparazioni galeniche, miscele di oli essenziali, ...). Dotazione, attrezzatura storica della Farmacia Maccari. Foto A. Dal Prato

Nel 1927 la farmacia viene spostata al n. 66 di via V. Veneto, dove rimane a lungo. Nel 1930 circa, Alfredo cede la farmacia al figlio Lorenzo, liquidando i fratelli.

Poi, negli anni '50, alla famiglia Maccari viene fatta la proposta di acquisto dello stabile. Tuttavia, dopo le valutazioni appropriate, fatte anche tramite esperti, si decide di non comperare. Siccome quell'edificio, al quale comunque la famiglia Maccari si era affezionata lungo il corso degli anni, non ha le fondamenta era fortemente consigliabile costruirne uno nuovo. Così viene fabbricata la farmacia *ex novo* (dove ancora oggi la vediamo) in un'area che, all'epoca, si trovava al limite del paese, dove la strada addirittura terminava poco dopo (in direzione Cavriana) e al di là della quale c'era solo campagna. Si ricordi che la strada in questione verrà asfaltata solo alla fine degli anni '60.

Foto n. 24. Un antenato della famiglia Maccari vestito con il suo camice bianco, sotto al quale si scorge un vestito elegante con cravatta, stringe fra le mani una prescrizione medica, portatagli da un cliente. Si suppone che i due siano uno di fronte all'altro, separati dal bancone, e stiano dialogando. L'ascolto dei malati è fondamentale. Poiché questo farmacista predilige la medicina galenica non si limita a leggere quanto scritto dal dottore, ma vuole approfondire colloquiando col paziente. Sullo sfondo gli antichi scaffali contenenti recipienti più o meno grandi, utili per la preparazione di medicinali, e sul bancone delle carte e forse un registro, fine anni '50. Collez. Fam. Maccari

Tuttavia, probabilmente, la famiglia Maccari era stata lungimirante nella scelta del luogo, dato che, quell'area diventerà in seguito una delle più popolose del paese.

Sino agli anni '70 era consuetudine che la farmacia fosse aperta tutti i giorni, tranne la domenica pomeriggio. Successivamente, grazie ad un accordo corale fra le farmacie dei paesi limitrofi, si effettueranno dei turni per garantire comunque l'apertura di un punto farmaceutico nella zona.

Il numero di telefono della farmacia era, in origine, 005[31] poiché fu uno dei primissimi numeri di telefono del paese di Guidizzolo. Ad altri punti nevralgici, e che per primi ebbero il telefono installato, toccò una sorte analoga. Un esempio per tutti: i carabinieri avevano lo 006.

L'arredo, che ancora oggi si trova all'interno della farmacia, è costituito principalmente da due categorie: l'armadio in legno di fine '800 (Foto 22), realizzato da Bottigelli (ancora oggi questa tipologia di mobilio è presente sul loro catalogo) e la vetreria (Foto 23). Quest'ultima è dedicata in maniera specifica alla *farmacia galenica*, in realtà più legata al mondo veterinario che a quello medico. Essa è notevole, nel senso della grandezza, poiché doveva contenere quantitativi importanti di prodotti farmaceutici necessari alla cura degli animali (spesso di taglia grande, come le mucche ad esempio). Si percepisce chiaramente, ancora una volta e anche in questo ambito, uno stretto collegamento con il mondo agricolo, fonte principale di lavoro e sostentamento per un'alta percentuale di guidizzolesi.

Lorenzo non riesce assolutamente a concepire una medicina diversa da quella galenica, fatta su misura. Percepisce l'arrivo dei prodotti della chimica come troppo standardizzati, già pronti all'uso, ma davvero efficaci su ogni caso specifico? Li interpreta come una negatività e su questo metterà in guarda il figlio, Franco, che gli succederà nella gestione della farmacia[32].

Dall'inizio dello scorso secolo inizia così la gestione da parte della famiglia Maccari, che dura da quasi un secolo e passa attraverso quattro generazioni (Alfredo, Lorenzo, Franco e Carlo). Questi longevi farmacisti con professionalità e competenza uniscono alla vendita del prodotto la loro disponibilità a dare un consiglio o un suggerimento, rinnovando così l'intento dell'antica *spezieria*.

31. Oggi il numero è 0376 819005. Ma, come si vede, la parte finale è rimasta identica, identificandolo come il quinto numero di telefono assegnato in paese.

32. I tempi stavano cambiando e dopo gli anni '60-'70 si abbraccia la chimica, non avendo molte altre alternative. Tuttavia si noti come le tendenze, ciclicamente, scompaiano per poi ricomparire. Ad esempio, oggi giorno c'è un'inversione di marcia: i clienti ricercano prodotti fatti su misura, che nelle grandi catene commerciali non si trovano nemmeno più, ritornando così alla galenica.

Capo 15. Una "peste" di inizio secolo: la Spagnola a Guidizzolo

di Paola Sposetti

L'influenza Spagnola rientra negli eventi epidemiologici gravi che, negli ultimi 500 anni, stanno colpendo l'umanità con intervalli di circa 40 anni[1], con una violenza più o meno incisiva. Infatti, per esempio, dopo la Spagnola, nel 1957 ci fu l'"Asiatica" (fece 1/10 dei morti fatti dalla Spagnola), poco dopo, nel 1968 ci fu la "Hong Kong" (morti sotto il milione – a livello mondiale). A seguire, nel 2003 la "Sars-Coronavirus", nel 2009 l'"influenza suina", nel 2019-20 il Covid-19.

Molto probabilmente la Spagnola ha origine, come la maggior parte delle pandemie influenzali planetarie più violente, nella sterminata campagna cinese, dove le condizioni igieniche erano precarie. Qui è avvenuto lo scambio di segmenti genici fra virus diversi. I protagonisti di questa combinazione sono i polli (affiancati dagli uccelli migratori), i suini e gli uomini[2]. Il risultato è un virus che fatto "il salto di specie" (cosa abbastanza rara e improbabile, ma accaduta nella realtà) riesce così ad infettare uomo-uomo.

I primi casi europei vengono registrati fra aprile e maggio del 1918, in concomitanza con i primi sbarchi di soldati americani nei porti francesi, e sono segnalati dalle agenzie di stampa spagnole[3]. Ecco la ragione per la quale oggi la malattia viene conosciuta e ricordata come "*la Spagnola*". Quindi non perché in Spagna ci fossero stati i primi casi in assoluto, ma perché venne riportata notizia della sua esistenza proprio in questo Stato. Si ricordi infatti che nel resto dell'Europa vigeva la censura[4]. In modo par-

1. Ghirardi R. (2013), *La febbre cattiva. Storia di una epidemia e del suo passaggio per Mantova*, Bruno Mondadori, Lavis (Tn), p. 44.

2. Ivi, p. 57.

3. Ivi, p. 64.

4. Ivi, p. 65. Ed inoltre www.google.com/url?sa=t&source=web&rct=j&url=http://www.biblioato.it/assets/files/il_MorboCrudele.pdf&ved=2ahUKEwjbwaz-l6LqAhWnwsQ

ticolare, in Italia, dall'entrata in guerra (1915) le Prefetture controllavano (e censuravano) la stampa[5].

Per potere capire come e se il paese di Guidizzolo sia stato interessato dall'influenza Spagnola sono state percorse diverse strade di ricerca. È stato considerato il cimitero, la parte più antica, come fonte primaria di notizie. Inoltre sono stati consultati i registri parrocchiali (sia quello di Guidizzolo che di Birbesi) ed, infine, l'Archivio Storico Comunale[6]. Da quest'ultimo sono emersi i risultati più stupefacenti di tutta la ricerca e, da qui, si è potuti ritornare verso le altre fonti menzionate, incrociando i dati e completando le informazioni.

Presso l'Archivio Storico Comunale di Guidizzolo è stato reperito il materiale seguente: si tratta di fogli formato A5 che riportano un foro nella parte alta poiché furono appesi, verosimilmente, ad una bacheca comunale per potere essere visti dalla cittadinanza. In realtà non erano documenti ufficiali, che quindi dovevano essere obbligatoriamente conservati, per cui molto spesso venivano cestinati. È dunque raro ritrovarli; lo testimonia il fatto che, nel circondario, pare non esistano altri comuni limitrofi rispetto a Guidizzolo che, oggigiorno, li posseggano.

D'altra parte, come ho già sottolineato, questo è il risultato di una precisa operazione di pulitura, che andava nel senso di annullare tutti gli effetti, le conseguenze e il senso stesso di quell'autentica epidemia che fu la Spagnola[7].

BHXrBCD8QFjABegQIBRAB&usg=AOvVaw2jt9r-fosBCFiUWNFgLEX5, consultato il 20/07/2020.

5. Ghirardi R., *op. cit.*, p. 141.

6. Per questo ritrovamento si ringrazia qui in maniera esplicita l'archivista dell'Alto Mantovano dott. Raffaele Agostini.

7. Cfr. Moli M. (2020), *Sei secoli di epidemie a Bologna 1348-1919*, ed. Minerva, Bologna. Questo libro conferma, ancora una volta, che la Spagnola sia stata una peste nascosta, per la quale oggi giorno non si dispongono di molte informazioni e dati precisi in merito proprio perché, volutamente, occultati. La Spagnola è stata lasciata fortemente ai margini, non considerata come si sarebbe dovuto fare e, dunque, presto dimenticata.

Foto n. 1. Mafalda Venturelli era una ragazza privilegiata per l'epoca nella quale viveva. Pochissime erano infatti le donne alle quali era concesso di avere un titolo di studio superiore a quello elementare. Come si desume dalla scritta sulla sua lapide (Foto 2) lei era studentessa (si può supporre presso la città di Mantova, unico luogo dove esistessero scuole per potere proseguire gli studi e dove, probabilmente, contrasse la malattia) e a soli 15 anni morì di "crudo morbo", definizione inconfondibile per descrivere l'influenza Spagnola.
Infatti dalle statistiche effettuate pare che di Spagnola si muoia più in città che in campagna, dove è più frequente la presenza di persone in luoghi piccoli o chiusi e dove, dunque, il contagio viene favorito. Foto A. Dal Prato

Foto n. 2. La tomba di Venturelli Mafalda è stata traslata presso l'attuale (Bombana-Venturelli), ubicata nella parte più antica del cimitero, in maniera successiva. Infatti, grazie ad una ricerca effettuata è stata trovata la richiesta di costruzione della tomba suddetta che porta la data del 03-07-1925, firmata da Bombana Cornelio (per questo ritrovamento si ringrazia la sig.ra Eugenia Gamba, che si occupa del servizio cimiteriale e ambientale del Comune di Guidizzolo, la quale ci fa notare essere una rarità trovare l'atto di costruzione riferito a quegli anni specifici). La madre di Mafalda portava il cognome "Bombana". Probabilmente per questa ragione c'è stato poi un ricongiungimento delle tombe.
Quindi è da notare la lapide, corredata di una breve ma intensa spiegazione in merito alla defunta, così piena di sentimento e attaccamento verso una figlia che oramai manca da 7 anni (rispetto alla costruzione della tomba). Infatti il punto di vista dello scrivente è quello dei genitori e sulla tomba (nella parte bassa, della cripta) si legge così: «Fiori preci lacrime sulla tomba della nostra cara Venturelli Mafalda strappataci da crudo morbo il 25 novembre 1918. Fu tolta agli studi cui diede prova d'intelligenza non comune ed ai genitori che non trovarono pace. Requiem». Nella parte superiore della tomba si legge invece: "Venturelli Mafalda N. 13-01-1903 M. 25-11-1918".
La posizione scelta per tumulare i corpi della famiglia testimonia, ancora una volta, l'amore di una mamma e di un papà verso la loro figliola, come se volessero proteggerla, in una specie di abbraccio: Mafalda nel mezzo, sopra di lei il padre Oreste (Venturelli) M. 1942, e sotto di lei la madre Angelica (Bombana) M. 1940, intervallata da una parente Giuseppa (Bombana). Foto A. Dal Prato

Per inciso, in linea generale, nell'Alto mantovano non ci sono documenti così specifici sulla Spagnola che ci possano dare un'idea sul peso che ebbe la malattia rispetto agli abitanti[8]. Quindi oggigiorno, anche alla luce degli ultimi avvenimenti mondiali in ambito sanitario (Covid-19) esaminare il caso di Guidizzolo risulta essere interessante.

Per trovare invece tante conferme, in linea generale, rispetto alla Spagnola è stato considerato un testo[9] molto preciso dal punto di vista scientifico, che parla di questa tremenda peste non tanto ad un livello locale come il nostro, ma prendendo in esame le diverse casistiche (per quanto possibile, data la scarsità di dati) in tutta la penisola, isole comprese. L'autrice E. Tognotti, professore ordinario di Storia della Medicina e Scienze Umane, sottolinea la diversità di quell'influenza rispetto ad altre malattie sperimentate dalla popolazione sino ad allora (tubercolosi, malaria, ...). Presto la gravità di questa malattia, antica e banale allo stesso tempo, si manifesta e assume le caratteristiche di un flagello. Forse sottovalutata inizialmente, poi nascosta in ogni modo possibile (anche censurandola, a livello di stampa) al fine di non creare allarmismi già presenti visto il periodo bellico in corso, ed infine dimenticata nel più breve tempo possibile anche dal mondo medico-scientifico che non aveva saputo affrontarla nonostante i recentissimi passi da gigante compiuti a livello microbiologico.

I necrologi ridotti numericamente sui giornali (appositamente), le cifre riguardanti i deceduti per influenza notevolmente diminuite rispetto a quelle reali, ... tutti accorgimenti adottati dall'alto affinché non si creasse il panico nel popolo. Tuttavia, quest'ultimo sperimentava quotidianamente la paura e lo sconforto poiché famiglie intere morivano in poco tempo di questa influenza, nessuno pareva potere dare una qualche cura, nei paesi decine e decine di morti al giorno (nel picco dell'epidemia)... non era quasi possibile seppellire giornalmente i morti, seppure fosse fortemente raccomandato, poiché ad un certo momento non ci sono nemmeno più bare o legno per poterle costruire, il personale preposto scarseggia o è malato e si vengono a creare situazioni surreali. Di grande effetto, a tal proposito, è il paragrafo (scritto dalla Tognotti) intitolato "Non preti, non croci, non campane" che sottolinea la sofferenza di chi rimane in vita nel vedere i morti portati

8. L'unico studio sulla Spagnola eseguito nel mantovano è riassunto in un libro di Ghirardi R., *op. cit.*, dove si va ad investigare in merito a quanto accaduto nella città di Mantova e in alcuni comuni del Basso mantovano (Ostiglia, Poggio Rusco, Quistello e Quingentole). In questo testo si evidenzia la difficoltà nel reperire informazioni e, soprattutto, dati certi in merito alle morti per Spagnola nel mantovano, come anche noi abbiamo sperimentato all'inizio di questa ricerca.

9. Cfr. Tognotti E. (2015), *La "Spagnola" in Italia. Storia dell'influenza che fece temere la fine del mondo (1918-19)*, seconda edizione riveduta e ampliata, FrancoAngeli, Milano.

Foto n. 3. Il piccolo Cesare indossa una candida vestina bianca elegante con morbide scarpe dello stesso colore. Infatti, come era usanza per l'epoca, bambini e bambine venivano vestiti in maniera uniforme (non c'era distinzione fra gonne e pantaloni) nei primi anni d'età.
Ha imparato da poco a camminare e, dunque, la sua tenera insicurezza è palpabile. Sulla sua tomba un angelo tristemente seduto si asciuga le lacrime. Sulla lapide viene riportata una dedica struggente: «Adorato Cesare Cappa d'anni 2 ½ quale fuggente meteora nel breve sentiero di tua vita tutto irradiasti di vivida luce. La felicità con te al lato non fu solo un sogno ora tutto è buio e triste senza di te Amore. Dio ci conforti. 10 maggio 1916-25 ottobre 1918». I genitori che si vedono strappare il loro piccolo non possono fare altro che trovare conforto e fortezza nella fede. Foto A. Dal Prato

al camposanto, quando era buio, senza nemmeno un segno legato alla Fede, quasi occorresse offuscare tutto agli occhi, al cuore e alla mente.

Ma che cosa c'era scritto su quei fogli A5? Ciascuno di essi corrisponde ad una «Relazione dell'Ufficiale Sanitario», che nel nostro caso era rappresentato dal dott. Brazzabeni Giuseppe (medico condotto che fungeva, da quanto emerge, anche da medico necroscopo[10]), scritta all'«Ufficiale dello Stato Civile di Guidizzolo», per «visita di cadavere». Egli annotava, su questi fogli prestampati, i dati del defunto, la data e la causa di morte, ecc. È stato dunque possibile desumere diverse informazioni importanti consultando proprio questi documenti. Esse sono state riassunte in una tabella (Tab. 1).

Appare subito evidente che la concentrazione di casi di influenza Spagnola in Guidizzolo sia circoscritta nell'autunno dell'anno 1918, dove si trova il picco assoluto (22 casi). Addirittura, a livello nazionale, il giorno più funesto viene identificato con il 23 ottobre (3.500 morti al giorno)[11]; anche a Guidizzolo, in questa data, si individuano due casi di morte per influenza (si tratta di bambini).

Si noti che come causa di morte non verrà mai scritto dal medico "Spagnola" o "influenza Spagnola" o, comunque, qualche cosa che possa ricordarci la denominazione che noi utilizziamo normalmente per designarla. Si troverà "bronco polmonite influenzale,", "influenza", "pneumonite doppia da influenza", "paralisi cardiaca da pneumonite influenzale con stenosi mitralica" ecc. quindi pare che tutte queste influenze si siano aggravate, e a seguito delle complicazioni il malato abbia contratto la pneumonite, portandolo alla morte.

Il dott. Brazzabeni aggiunge in quasi tutti i casi che "occorrono le disinfezioni", che il cadavere debba essere seppellito "senza pompa funebre", sottolineando con queste annotazioni la gravità della situazione. Pare dunque che disinfettare il luogo dove si trovava il malato fosse fondamentale per prevenire ed evitare il contagio. Inoltre si percepisce chiaramente che le tumulazioni dovevano essere fatte il più velocemente possibile e senza la celebrazione del funerale[12], rito fondamentale per tutti i guidizzolesi cattolici (la quasi totalità).

Se si fosse trattato di una "comune" influenza certo non ci si sarebbe premurati di prendere tutte le suddette misure precauzionali e preventive. Per questo si desume che le cause di morte, anche se criptate, altro non possano essere se non la funesta «peste» che stiamo ricercando.

10. Oggi giorno le due figure sono totalmente scisse.

11. Ghirardi R., *op. cit.*, p. 151.

12. Al massimo solo pochi parenti potevano presenziare al funerale, o a una breve benedizione. Addirittura dal 31/10/18 al 3/11/18 i cimiteri rimangono chiusi (non si poté andare nemmeno il giorno dei morti, 2 novembre. Questo era stato fatto di proposito, per non creare ammassi di gente nello stesso luogo e favorire così il contagio). Cfr. Ghirardi R., *op. cit.*, p. 171.

Se non si avesse avuta la linea guida di questi documenti ritrovati nell'Archivio Comunale, molte sarebbero state mere supposizioni. Infatti, analizzando le tombe più antiche del cimitero di Guidizzolo, e concentrandosi solo su giovani morti nel 1918 (in particolar modo in autunno) tante congetture si sarebbero poi rivelate inesatte. Praticamente in nessun caso le lapidi esplicitano la motivazione della morte, questo rende la ricerca ancora più difficoltosa. Tranne per un caso specifico, al quale qui si vuole dare rilievo.

Una giovane ragazza (vedi Foto 1), che probabilmente non abitava a Guidizzolo (infatti sui registri parrocchiali del paese non ve n'è traccia) ma nella frazione di San Giacomo (Cavriana), morì per certo di Spagnola[13] e sulla sua tomba abbiamo un'interessante iscrizione (vedi Foto 2). Era prassi (e lo è tutt'oggi) che molti abitanti di zone limitrofe rispetto a Guidizzolo, sebbene fossero domiciliati fuori Comune, si facessero qui seppellire. Nel nostro caso specifico, se si pensa all'ubicazione del cimitero di Cavriana (dall'altra parte del paese e, quindi, molto distante da San Giacomo) e a quello di Guidizzolo certamente si predilige la comodità e la vicinanza, non solo per la tumulazione ma anche per recarsi ciclicamente in visita presso il cimitero stesso.

Tab. 1 - Defunti nell'autunno-inverno 1918 a Guidizzolo per influenza Spagnola, suddivisi fra maschi e femmine

			Maschi			
Cognome e nome	**Indirizzo**	**Professione**	**Età**	**Data di morte**	**Causa di morte**	**Altro**
Madella Enrico	Corte Dossodajione – contrada Birbesi	Soldato qui in licenza	32	29/09/1918	Pleuro pneumonite doppia	
Gandellini Giovanni	Chitotta – contrada Birbesi	Agricoltore	49	18/10/1918	Pneumonite influenzale	Senza cerimonia funebre. Occorrono le disinfezioni
Battaglioli Amedeo	Contrada Anna Bonfiglio	Bambino	2	23/10/1918	Bronco pneumonite influenzale	Senza pompa funebre. Occorrono le disinfezioni
Cappa Cesare	Contrada Municipio	Bambino	2	25/10/1918	Pneumonite doppia da influenza	Occorrono le disinfezioni
De Giacomi Castore	Via Municipio	Studente	26	01/11/1918	Entrocardite con pneumonite influenza	

13. Ve n'è certezza grazie a fonti orali.

Tab. 1 - segue

Cognome e nome	Indirizzo	Professione	Età	Data di morte	Causa di morte	Altro
Simoncelli Filippo	Corte Trenta – contrada Birbesi	Contadino agricoltore	44	02/11/1918	Bronco pneumonite influenzale	Occorrono le disinfezioni
Crotti Giuseppe	Baite – Rebecco	Contadino	39	24/11/1918	Tubercolosi polmonare	Occorrono le disinfezioni
			Femmine			
Bottoli Florinda	Casa Nuova – Contrada Rebecco	Contadina	24	05/10/1918	Bronco-pneumonite influenzale	Occorrono le disinfezioni
Crotti Maria	Corte Speranza – Contrada Birbesi	Donna di casa	50	15/10/1918	Paralisi cardiaca da pneumonite influenzale	Senza pompa funebre. Occorrono le disinfezioni
Ferrari Angiolina	Contrada Virginia Rizzini	Donna di casa	19	22/10/1918	Paralisi cardiaca da pneumonite influenzale con stenosi mitralica	Senza cerimonia funebre. Occorrono le disinfezioni
Anversa Giuseppina		Bambina	5	23/10/1918	Influenza	Senza pompa funebre
Ferrari Irene[14]	Contrada Goito	Albergartrice	14	27/10/1918	Pneumonite influenzale	Occorrono le disinfezioni
Malavasi Ebe Ada	Chitotti – Contrada Birbesi	Bambina	0	28/10/1918	Bronco-pneumonite influenzale	Occorrono le disinfezioni
Spina Virginia	Villanuova – Contrada Birbesi	Donna di casa	46	29/10/1918	Pleuro pneumonite adinamica con endocardite	Occorrono le disinfezioni
Bonfiglio[15] Dina	Casa Officina Elettr. – Via per Rebecco	Neonata	1	30/10/1918	Bronco-pneumonite influenzale	Occorrono le disinfezioni

14. Un esempio per tutti: Ferrari Irene. Viene riportata anche sul registro delle anime presso l'Archivio Parrocchiale di Guidizzolo, ma il parroco scrive che "improvvisamente" è morta. Sono stati incrociati questi dati con quelli dell'Archivio Parrocchiale di Guidizzolo. Il Parroco Tramonte Giuseppe non menziona mai (adottando la stessa metodologia del Parroco di Birbesi) la causa di morte, né annota particolari che potrebbero farci dedurre la morte per influenza Spagnola. Si può dunque affermare che senza il ritrovamento delle relazioni a seguito della "visita del cadavere" sarebbero state fatte mere supposizioni senza avere certezze.

15. Il domicilio della bambina è indicato sul documento presso Brescia, sebbene il corpo esanime della piccola sia stato controllato dal medico nell'"Officina Elettr. – Via per Rebecco".

Tab. 1 - segue

Cognome e nome	**Indirizzo**	**Professione**	**Età**	**Data di morte**	**Causa di morte**	**Altro**
Ferri Margherita	Pioppo – Contrada Birbesi	Contadina o casalinga	30	30/10/1918	Pleuro pneumonite adinamica da influenza	
Mafizzoni Santa		Esercente o commerciante	52	03/11/1918	Bronco pneumonite da influenza	
Bordanzi Giuseppa	Borgo Superiore	Donna di casa	21	06/11/1918	Bronco-pneumonite influenzale	
Lanfredi Carmelina	Contrada Solferino	Casalinga	24	15/11/1918	Pneumonite doppia influenzale	
Provaglio Margherita	Contrada Solferino	Possidente	61	20/11/1918	Paralisi cardiaca da pneumonite influenzale con aneurismi venosi alle gambe	Occorrono le disinfezioni
Orlandi Lucia	Contrada Agricoltori	Contadina	30	22/11/1918	Pneumonite doppia influenzale	Occorrono le disinfezioni
Ferrari Bruna	Contrada Solferino	Bambina	5	04/12/1918	Pneumonite influenzale	Occorrono le disinfezioni

Analizzando nel dettaglio la Tab. 1 si trova la conferma che l'influenza Spagnola abbia colpito più le donne (15) che gli uomini (7)[16]. Occorre considerare, però, che molti ragazzi si trovavano a combattere come soldati poiché erano stati chiamati alle armi in occasione della guerra in corso. Quindi, questo dato viene ad essere quasi "normale" se considerato in quest'ottica.

La fascia d'età maggiormente colpita è quella 20-40, anche se non manca qualche caso sui 50 anni. Ciò che veramente blocca l'attenzione sono le morti dei bambini. Addirittura 6 su 22. Tuttavia, i bimbi più piccoli (0-1 anno) sono meno colpiti rispetto agli altri (2-5 anni). Questo perché i neonati, per loro esigenze naturali, non si staccano praticamente mai (fisicamente) dalla madre; mentre, appena imparano a camminare tendono ad esplorare e andare verso gli altri, recependo dunque anche eventuali virus con molta più facilità[17].

16. La tendenza che muoiano più le giovani donne viene confermata anche in Ghirardi R., *op. cit.*, p. 192.
17. Ivi, p. 190.

Dal punto di vista temporale pare che nel mantovano la Spagnola abbia raggiunto il picco a novembre (più tardi di un mese rispetto all'andamento nazionale)[18]; dalla Tab. 1 vediamo che a Guidizzolo il picco si ha già a ottobre, continuando poi a novembre, rompendo così l'andamento circostante.

Dal punto di vista geografico, in generale, i contagi paiono essere più elevati nelle città e nei grandi centri abitati, poiché la densità demografica è maggiore rispetto alla campagna. Per quanto riguarda Guidizzolo si evidenzia il fatto che 10 casi sono stati individuati nelle frazioni (7 a Birbesi e 3 a Rebecco). Per cui, in questo caso specifico, rimane vera la regola generale ma occorre tenere presente la forte incidenza laddove ci si sarebbe aspettato il contrario.

Si vuole qui aprire una breve parentesi su Birbesi. Infatti il primo caso in assoluto che si rileva a Guidizzolo proviene proprio da questa frazione. Si tratta di Enrico Madella, soldato in licenza, che muore a fine settembre. I soldati sono purtroppo una categoria che tendeva ad ammalarsi di influenza con estrema facilità, condividendo oggetti comuni e spazi ristretti. Come già dimostrato in diversi casi[19], un'ipotesi potrebbe essere questa: che il soldato in questione, in congedo, abbia portato con se, inconsciamente, il terribile morbo. Negli ambienti militari era estremamente facile infettarsi e, di conseguenza, portare con sé una patologia[20].

18. Ivi, p. 198.

19. Si veda Ghirardi R., *op. cit.*, p. 199, dove si parla del caso di Quingentole. In un campo di prigionia austro-ungarico i soldati erano ammassati in tende e baracche, in condizioni igieniche precarie e con carenze alimentari. Erano all'incirca 15 mila i soldati prigionieri che transitarono (di solito veniva applicata la quarantena e poi potevano essere trasferiti verso luoghi di detenzione definitivi) in quel campo e durante l'inverno 1918 circa una sessantina morì per «peste polmonare» e fu seppellita nel cimitero locale. Si può supporre che la stessa sorte toccò ad alcuni dei 30.000 prigionieri austro-ungarici, cfr. Brigoni F. (1978), *Medole attraverso i tempi*, Medole, che transitarono nel campo di concentramento di Crocevia (cfr. *Museo storico italiano della guerra, annali n. 9/10/11, anni 2001-2003*, Osiride ed., Rovereto 2004, p. 65). Questo fu allestito nei grandi capannoni utilizzati precedentemente dagli aerei (campo volo per l'area di rinforzo relativa al settore orientale del lago di Garda; cfr. www.ilfrontedelcielo.it/ consultato il 17/08/2020). Nell'inverno 1918 (fra fine novembre e fine dicembre) morirono 9 prigionieri (dato ritrovato presso Archivio Storico Comunale di Medole) e tutti furono sepolti nel cimitero di Medole. Qui si può solo supporre che la causa di morte fosse l'influenza Spagnola, poiché non si ha un riscontro a livello documentaristico (non se ne trova traccia né presso l'Archivio Comunale di Medole, né presso l'Archivio Storico Parrocchiale di Medole – Registro delle anime), ma è altamente probabile. Per inciso i campi di concentramento nella provincia di Mantova erano dislocati a: Borgoforte, Mantova (città), Roverbella, Quingentole e Medole.

20. www.museodellaguerra.it/wp-content/uploads/2020/04/Francesco-Cutolo_L%E2%80%99influenza-spagnola-nel-Regio-Esercito-1918-1919_MSIG.pdf consultato il 03/08/2020.

Quando si viene colpiti dalla Spagnola si muore o entro poche ore o entro una settimana. Si ricordi che, all'epoca, non esisteva ancora l'applicazione degli antibiotici sugli uomini, e la conoscenza della malattia non era così elevata da potere mettere a punto una cura. Il quadro clinico è sorprendente per la rapidità del contagio, l'elevata mortalità, la morte rapida e la morte per soffocamento. Viene definita per questo: una "polmonite pestosa".

La velocità con la quale la malattia stronca una vita è impressionante. E questa caratteristica viene, talvolta, impressa anche nella memoria. Se, per esempio, si guarda alle lapidi del cimitero relative a De Giacomi Castore (Foto 4) o Cappa Cesare (Foto 3) si legge su di esse: «fugace meteora sparve nel cielo infinito d'eternità», «fuggente meteora nel breve sentiero di tua vita». Queste metafore sottolineano come delle giovani vite siano rimaste troppo poco sul suolo terreste, e siano state fuggenti come una meteora.

In paese alcuni casi vengono concentrati in via Municipio (2) e contrada Solferino (3). In generale, comunque, a livello territoriale (non tanto temporale) la malattia pare colpire la frazione di Birbesi, risalire per contrada Agricoltori (oggi v. Slonghine) e arrivare in centro paese (contrada Bonfiglio, contrada Rizzini, contrada Goito, ...) per poi proseguire verso Rebecco. Nessun caso viene evidenziato al di là della strada statale, in posizione opposta rispetto a Birbesi (molto probabilmente perché, come già visto, quella zona era scarsamente popolata).

Sebbene nell'autunno 1918 i focolai fossero parecchi, si decide di non chiudere i cinema, di non fermare le agglomerazioni di persone, ... poiché i civili non dovevano deprimersi più per l'epidemia che per la guerra. Per contrastare la malattia non viene adottata la quarantena perché percepita come una limitazione della libertà degli individui e, inoltre, avrebbe scatenato il panico. Viene prediletta l'igienizzazione e la ricerca scientifica. Fortunatamente, al tempo della Spagnola non ci sono praticamente più alcune gravi malattie che ciclicamente affliggevano la popolazione, come il colera o il vajolo (tipiche fino a fine '800).

Tuttavia giovani vite venivano falciate sotto gli occhi di tutti, e la struttura sanitaria statale si dimostrava fragile[21]. Si sanificava con acido fenico, calce viva, profluvio di sublimato corrosivo. Alcool denaturato e creolina per disinfettare. Le autorità invitavano a lavarsi le mani spesso, ma la maggior parte della gente non aveva i soldi per comperare il sapone.

Il Prefetto di Mantova, dal 1° ottobre 1918, per impedire il diffondersi di forme epidemiche ordina la sospensione degli esami scolastici e proibisce l'inizio delle lezioni.

21. Ghirardi R., *op. cit.*, p. 133.

Addirittura, per sminuire la gravità della situazione già il 2 dicembre 1918 vengono riaperte le scuole, quando ancora si stava attraversando una fase pericolosa della pandemia. Non tutti i comuni seguono le linee guida dettate; ad esempio Medole e Solferino aspettano sino a metà dicembre[22].

Vengono stilate delle regole per contenere il contagio anche negli ambienti militari, soprattutto per paura di diffusione fra le truppe (in questo caso la guerra sarebbe stata compromessa). Anche a livello civile le regole vengono dettate. Ad esempio il 27/09/1918 il Direttore della Direzione Generale della Sanità pubblica, Lutrario, manda dispacci telegrafici a tutti i prefetti del Regno (e da questi ai sindaci) perché raccolgano giornalmente i dati relativi ai decessi per epidemia[23]. I sindaci, inoltre, hanno l'obbligo di far portare i corpi al cimitero il prima possibile, di isolare i famigliari dei malati, ecc. Sulla Gazzetta di Mantova del periodo considerato, vengono riportati periodicamente i dati dei malati per influenza. Tuttavia, anche se la situazione era critica, si tendono a smorzare i toni, a rimarcare il fatto che il numero dei malati sta decrescendo, ecc. tutto per non creare allarmismi. In sostanza, la pandemia viene negata, la malattia viene svalorizzata a livello sociale.

Considerando la Tab. 1, siamo nel picco assoluto dell'epidemia. Si tratta della seconda ondata, quella che va da settembre (nel nostro caso specifico verso la fine) sino alla prima metà di dicembre 1918. La terza ondata coincide con la primavera 1919, ma è sicuramente meno letale della precedente.

Oggi giorno si può ripensare ai numeri dei decessi, e affermare che da agosto 1918 a marzo 1919 i morti per Spagnola in Italia furono 600.000 all'incirca, su un totale di poco più di 36.000.000 di abitanti. Secondo uno studio, dunque, l'Italia è al primo posto d'Europa come numero dei decessi e tra i primi posti a livello mondiale[24]. A livello nazionale la mortalità è dunque dell'1,5%, e pare si muoia di più al Sud che al Nord. A Guidizzolo muore di Spagnola circa l'1% della popolazione (per cui abbiamo un dato percentuale poco al di sotto della media nazionale).

Confrontando brevemente i numeri delle persone decedute a Guidizzolo a causa di Spagnola con quelli attuali, dei morti per Covid-19, si nota una cosa interessante. Le persone che sono venute a mancare sia per la pandemia di inizio '900 che per quella attuale sono, più o meno, le stesse

22. Ivi, p. 178.

23. Ivi, p. 185. Alle volte questa richiesta non poteva essere esaudita per carenza di personale medico. Tutto ciò contribuisce a sottostimare i morti per Spagnola.

24. Ivi, p. 187.

Foto n. 4. La tomba di De Giacomi Castore è stata probabilmente spostata quando è stato rifatto il cimitero. Si trova ora nella parte sottostante rispetto ad un'altra tomba di famiglia (sempre nella parte più antica del cimitero). La foto rivela un giovane uomo, grande promessa per il futuro, al quale i parenti hanno voluto fare incidere una toccante dedica: «miseramente stroncati gli amorosi rami che te procrearono o Castore De Giacomi, crescesti orfano fiorellino dall'esile stelo. Non gareggiar d'eroismo coi mille e mille rigogliosi fiori dell'Itala gioventù, non l'alloro matematico giunger a te fu dato. Vana degli afflitti parenti ogni pietosa cura tua vita venticinquenne pallida fugace meteora sparve nel cielo infinito d'eternità. N. 10/06/1895, M. 1/11/1918».
Infatti dall'atto di morte, reperito presso l'ufficio anagrafe del Comune di Guidizzolo, si scopre che Castore, al momento della sua morte, aveva già perduto entrambi i genitori. Il padre, Antonio, era domiciliato in vita a Castiglione delle Stiviere e la madre, Picchi Elisabetta, a Guidizzolo. Ecco perché viene descritto come un fiorellino che, da solo, dovette crescere con le proprie forze poiché ebbe miseramente stroncati gli amorosi rami che lo crearono, i genitori appunto.
Foto A. Dal Prato

(circa 25[25]). L'unico dato che si differenzia è il numero degli abitanti nel nostro paese. Mentre nel 1918 erano circa 3.000, attualmente sono circa 6.000. Quindi si sta parlando di un numero di morti pressoché identico, ma da rapportare ad un totale di abitanti che oggi è il doppio di allora. Inoltre, andando più nel dettaglio, verificando la fascia di età colpita da Covid-19 si identifica quella compresa fra 80-95 anni. Senza dubbio completamente diversa rispetto alle giovani, anzi giovanissime vite stroncate dalla Spagnola.

Facendo una ricognizione nel cimitero di Guidizzolo ci si rende conto che i più poveri e i più popolari (morti a causa della Spagnola) sono finiti nelle fosse comuni poiché non c'è più traccia né della tomba né, tantomeno, della loro fotografia. Per cui le foto che qui vengono riportate sono le uniche esistenti, relative ai morti per questa influenza.

Fra i ragazzi che scomparvero a causa della Spagnola ritroviamo Castore De Giacomi (vedi Foto 4). La sua giovane vita (morì a soli 25 anni) viene paragonata a quella di una meteora che molto, forse troppo, velocemente attraversa il cielo della vita per poi scomparire nell'eternità. Dall'atto di morte conservato presso il Comune di Guidizzolo si sa che fosse nato, domiciliato e residente a Castiglione delle Stiviere. Tuttavia, per qualche ragione a noi non nota, venne ad abitare a Guidizzolo (forse nella casa della madre, che era originaria del paese). Egli era uno studente universitario presso la facoltà di matematica (come scritto sulla sua lapide), ma stroncato dalla malattia non riuscì a terminare i suoi studi. Si può supporre che frequentasse l'università di Milano (prendendo il tram da Guidizzolo sino a Desenzano del Garda, per poi proseguire con il treno sino a Milano) oppure frequentasse una delle università fuori regione, come quelle del Veneto (Padova?) o dell'Emilia (Bologna?). Queste, al momento, rimangono solamente delle supposizioni. Per tale ragione, probabilmente, non poté «gareggiar d'eroismo coi mille e mille rigogliosi fiori dell'itala gioventù», cioè non prestò mai il suo servizio militare e non partecipò mai alla guerra.

25. Questo dato viene stimato in entrambi i casi. Per la Spagnola, come già si dice in questo capo, per le varie ragioni qui esplicitate. Per il Covid-19 si tratta di dati tratti dall'inizio della pandemia, che ha colpito anche Guidizzolo, sino a inizio settembre 2020.

Tab. 2 - Defunti a Guidizzolo negli anni 1913-1923

Anno	Totale defunti a Birbesi	M	F	Totale defunti a Guidizzolo	M	F	Totale complessivo defunti
1913	6			44			50
1914	3			44			47
1915	9			41			50
1916	10			30			40
1917	11			31			42
1918	18	8	10	59	36	23	77
1919	13	7	6	41	20	21	54
1920	10	7	3	43	15	28	53
1921	7			49			56
1922	10			36			46
1923	9			25			34

Presso l'Archivio Parrocchiale di Birbesi e quello di Guidizzolo[26] sono stati tratti i dati dei defunti dai libri delle anime. È dunque stato possibile stimare i numeri dei decessi negli anni 1913-1923 (vedi Tab. 2), tendendo alla precisione ma senza avere la pretesa di raggiungerla. Questo studio permette di avere una visione globale in merito all'andamento dei defunti durante un arco temporale di una decina d'anni, suddiviso fra maschi e femmine. Come prevedibile il picco, nel decennio considerato, si ha nell'anno 1918.

Bisogna tenere presente, esaminando la Tab. 2, che dal censimento già citato nel Capo 1 del presente vol. nel 1911 gli abitanti di Guidizzolo erano 3.155, mentre nel 1921 erano 3.559. I dati totali dei decessi presenti nella tab. 2 sono stati incrociati con le «Relazioni dell'Ufficiale Sanitario per Visita di Cadavere» indirizzate all'«Ufficiale dello Stato Civile di Guidizzolo» firmate dal Medico Chirurgo condotto dott. Brazzabeni. Essi corrispondono rispetto a quelli desunti dagli Archivi Parrocchiali, differendo di qualche unità, forse perché alcuni deceduti morirono in Guidizzolo pur non essendo del paese o viceversa (perché magari erano famedi al servizio di alcuni fondi agricoli, o per altre ragioni ancora[27]).

26. Negrologium ab anno 1899 ad 1925 (libro 7°), Archivio Parrocchiale di Guidizzolo.

27. Un esempio per tutti, questa volta con il punto di vista inverso: la sig.ra Leali Maria Giovanna, di cui si è già parlato nel Capo 14, nella parte dedicata al manicomio

Questi dati sono utili per capire l'andamento generale e percepire le anomalie. Tuttavia, da soli, non sarebbero bastati per capire a fondo cosa è stata la Spagnola per Guidizzolo. Infatti nel registro dei morti degli anni 1918-20 (Archivio Parrocchiale di Guidizzolo) viene annotata dal parroco come causa di morte, accanto al nome del defunto, al massimo: "a morte improvvisa" o "per pericolo imminente". Nulla, in realtà, che possa farci presagire se quella persona morì o meno di Spagnola.

La stessa cosa avviene nel registro che si trova a Birbesi. Non è possibile trarre dei dati utili per la ricerca poiché don Buganza Federico compilava con alcuni dati essenziali un registro già prestampato, non aggiungendo mai la motivazione della morte. Questa tradizione, di scrivere in maniera oggettiva, è stata conservata nel tempo dal successore di don Buganza, cioè don Sergio Malvardi. A titolo esemplificativo, si pensi che, quest'ultimo, non annotò nemmeno la causa di morte di Vittorio Buganza (padre di don Buganza Federico, morto negli anni '30) che venne a mancare il giorno 13/07/1945 all'età di 69 anni mentre era su un'impalcatura, all'interno della chiesa di Birbesi, e bagnava con un erogatore apposito gli affreschi sui muri perché non si seccassero. Quindi stava prestando un servizio alla comunità parrocchiale, dove suo figlio era rimasto per anni e questo incredibile incidente non viene nemmeno accennato in fianco al suo nome, sul registro delle anime[28], perdendone così traccia.

di Castiglione delle Stiviere. La sua cartella clinica riporta morte da "broncopolmonite da influenza" che possiamo qui ipotizzare essere influenza Spagnola poiché la sua morte avviene proprio nell'autunno 1918, durante il picco dei contagi. Questa signora non è stata conteggiata, ovviamente, fra i morti di Spagnola a Guidizzolo poiché, essendo deceduta presso una struttura ospedaliera fuori paese, il medico Brazzabeni non poté evidentemente scrivere la sua "Relazioni dell'Ufficiale Sanitario per Visita di Cadavere", che veniva normalmente redatta per chi moriva invece in Guidizzolo. Per cui questo caso è un possibile esempio di guidizzolesi morti di Spagnola, ma che non si trovavano fisicamente a Guidizzolo al momento della morte e, quindi, potrebbero sfuggire al conteggio che abbiamo tentato di fare. Per questa ragione è fondamentale parlare qui di stime, e non di darti certi.

28. La notizia ci è stata gentilmente fornita da Giovanni Zangobbi che ne porta con sé la memoria.

Foto n. 5. Angela Ferrari, 19 anni, pare essere una dolce ragazza, mora; pronta per trovare marito. Viene qualificata come "donna di casa" (Tab. 1), per cui viveva con i genitori e aiutava nelle faccende domestiche. Sua madre la diede alla luce a 35 anni (un'età abbastanza tarda per l'epoca, dove si tendeva a fare figli molto prima) e lei, figlia unica e sicuramente molto amata, proprio nel fiore dei suoi anni lasciò i genitori in una valle di lacrime a causa della "pneumonite influenzale e complicazioni a livello cardiaco". Foto A. Dal Prato

Nel 1919 si riscontrano rari casi di influenza. Ad esempio uno a gennaio, avente come causa di morte "bronco-polmonite influenzale" per cui "occorrono le disinfezioni"; si tratta di una bambina di 10 anni, che abitava a Birbesi, e di professione era "scolara"[29]. E, ancora, nel corso dell'anno un bimbo di 8 anni in cui si riscontra doppia influenza e serve disinfezione, ed infine, ad ottobre, un caso di tubercolosi laringeo-bronchiale diffusa, di un giovane venticinquenne, per cui occorre una disinfezione. La situazione pare dunque essere rientrata nella norma e viene prescritta un'accurata pulizia e igienizzazione, forse, più a livello precauzionale che altro (date le esperienze dei mesi passati).

29. Archivio Comunale di Guidizzolo, b. 22, anno 1919.

L'ospedale della città di Mantova rifiutava di ricoverare i malati per influenza, a meno che il comune di provenienza del malato non garantisse le spese per lui[30].

Bisogna tenere presente che a Guidizzolo, in quel periodo, esisteva già l'Ospedale. Tuttavia dei relativi registri oggi non c'è più alcuna traccia.

Per capire quale poteva essere il *trend* della malattia a livello ospedaliero si possono considerare i dati del registro[31] dell'Ospedale Civile del vicino paese di Castiglione delle Stiviere. Nell'ottobre del 1918 si evidenziano, fra le tante altre cause di ricovero, 33 casi di influenza per lo più per giovani uomini e donne (dai 20 ai 30 anni circa) che abitano prevalentemente a Castiglione, ma anche nel circondario come Medole. Solamente 5 persone muoiono, dopo una media di 6-7 giorni di ricovero, mentre tutte le altre risultano essere guarite e quindi dimesse. Le professioni più colpite sono le lavandaie e le domestiche, probabilmente poiché per il loro lavoro erano portate ad essere a contatto quotidianamente con molte persone, ma anche le infermiere e gli infermieri (9 su un totale di 33). Ovviamente chi curava questi malati correva un rischio elevato di contrarre il morbo.

A novembre non è riportato nessun ricovero per influenza, a dicembre un paio di casi entrambi guariti e dimessi. Nessun nuovo caso di influenza nel 1919.

In sostanza già nella primavera del 1919 l'epidemia, con tutta la sua prepotenza, pare essersi dissolta nel nulla. O, almeno, pare non mietere più così tante vittime.

Occorre sottolineare che le aggressioni microbiologiche avranno sempre la meglio sull'uomo, poiché mentre le prime possono crescere, moltiplicarsi e mutare in pochi minuti, all'uomo servono anni.

In realtà il virus dell'influenza Spagnola è rimasto nel ciclo umano (e suino, dato che questo animale ha recettori ai virus comuni agli uomini) fino, almeno, al 1957[32]. Bisogna tenere presente che il fine ultimo di ogni virus non è quello di uccidere l'ospite, che nel nostro caso specifico è l'uomo.

30. Ghirardi R., *op. cit.*, pp. 165 e seg.

31. Registro Generale Ospedale 1891-1919, Archivio Comunale di Castiglione delle Stiviere. Bisogna tenere presente che negli anni da noi considerati a Castiglione esistevano due reparti fondamentalmente, che si rispecchiano nei due registri che ancora oggi sono consultabili: quello psichiatrico e quello civile (da noi qui considerato, visto che nell'altro non è mai annotato un decesso per influenza Spagnola, sebbene non sia da escludere che questa sia stata presente anche nel reparto psichiatrico, come nel caso da noi precedentemente considerato di Leali Maria Giovanna).

32. Addirittura si ha notizia che nel 1977 riemerse (forse da un laboratorio, dove erano in corso studi su di esso).

Infatti dopo il "picco" influenzale, dove anche il virus deve trovare la giusta misura per potere coabitare con il genere umano, c'è una convivenza dolce, di compresenza. Per cui dopo una fase molto violenta, rimane una diffusione in maniera "pacata"[33]. In sostanza l'influenza Spagnola muta e si trasforma sotto una forma "più sopportabile", non più così letale. Solo nel 1942 la mortalità assumerà un carattere stazionario.

Concludendo, a Guidizzolo la Spagnola è arrivata, ha mietuto vittime in misura leggermente minore rispetto ai dati nazionali. Ha portato via tante giovani vite comprese quelle dei bambini, risparmiando i più anziani. Un evento inaspettato, violento e crudele che ha lasciato sicuramente il segno fra la gente del paese, la quale ha dovuto sommare a questo dolore quello della perdita di parecchi ragazzi al fronte.

33. Ghirardi R., *op. cit.*, p. 36.

Capo 16. Essere-per-la-morte, o "mörer, te ghè de mörer"

di Francesco Gandellini

"E il punto d'arrivo, se siamo onesti, ci è noto da tutta la vita, è la morte, solo che per la maggior parte del tempo ci guardiamo bene dall'ammetterlo. E poiché abbiamo la certezza di non fare altro che avvicinarci alla morte e poiché sappiamo ciò che questo significa, cerchiamo di metterci a disposizione tutti i possibili mezzi per evitare questa consapevolezza e così, se guardiamo bene, in questo mondo non vediamo altro che gente occupata perennemente e per tutta la vita con questa diversione"[1]. Così lo scrittore austriaco Thomas Bernhard scriveva in un suo libro del 1978. Tredici anni prima Bernhard si era trasferito da Salisburgo a Ohlsdorf, un piccolo comune nel Nord dell'Austria, per dimensioni e numero di abitanti comparabile alla nostra Guidizzolo. Lo scrittore aveva perciò vissuto lontano dall'ambiente cittadino salisburghese e a contatto con la gente di provincia per un tempo abbastanza lungo al momento della stesura delle righe citate, in cui si dà voce al senso della morte diffuso tra i suoi compaesani. Che questo sia il senso della morte in cui anche i Guidizzolesi, innanzitutto e per lo più, si riconoscono, vi sono pochi dubbi a nostro avviso. Quale indicazione possiamo trarre, quindi, dalle parole di Bernhard?

Siamo invitati a non deflettere – o a non farlo continuamente – davanti a quello che la morte autenticamente è e significa per noi. Nella sua tragica ineluttabilità, essa costituisce il confine ultimo della vita, l'atto estremo e conclusivo che segna la nostra esistenza. Raccontando e descrivendo la vita del nostro paese, nel periodo che ci compete, non possiamo esimerci da ciò che con la vita ha un legame naturale e indissolubile. In questo ultimo capo si vuole seguire il monito appena lanciato, per lasciare spazio a come i Guidizzolesi hanno affrontato, sofferto e reagito al-

1. T. Bernhard, *Sì*, trad. di C. Groff, Ugo Guanda Editore, Parma 2011, p. 37.

la morte, nel tentativo di restituite un'immagine il più possibile fedele di quanto questa sia stata, nella sua inerente paradossalità, un aspetto centrale nella viva storia della nostra comunità.

La geografia della morte: il cimitero e le processioni funebri

Ci sembra opportuno prendere le mosse dai luoghi che da sempre sono destinati a custodire le spoglie mortali della nostra gente, luoghi dove si costituisce un senso ben determinato della morte. Al di là del significato fisico e biologico di cessazione di tutte le funzioni vitali che sostentano un organismo, la morte è stata infatti pensata e compresa in modi diversi, in riferimento alle varie sfere dell'umano che ad essa si rivolgono, attribuendole funzioni differenti. Basti pensare, a titolo esemplificativo, al senso che essa assume in una prospettiva religiosa e propriamente cristiana, oppure, in ambito laico, alle diverse riflessioni dell'antropologia, della storia, dell'arte e della filosofia, le quali ci hanno restituito molteplici interpretazioni del suo senso[2]. In questa sede, essa verrà considerata in primo luogo per la sua rilevanza sociale e civile. Il senso della morte che ci interessa far emergere è infatti quello che si configura in prima istanza tra le mura del cimitero, dove la morte diventa sinonimo di memoria personale e storica, di identificazione sociale e culturale, oltre che di rispetto religioso e di pietà umana.

Fino alla fine del XVIII secolo, anche la comunità di Guidizzolo aderisce all'usanza in voga di seppellire i propri morti presso la Chiesa o al suo interno. Grazie a Franco Mondadori, abbiamo notizia di una "bambina, figlia di Leopoldo Zappettini, [che] nel 1722 fu sepolta presso l'altare di S. Giovanni Battista"[3]. A volte erano i familiari a decidere il luogo della sepoltura per il caro defunto[4]. Il cimitero era dunque adiacente alla Chiesa Parrocchiale, nel centro del paese, e al suo interno venivano distinti dei settori, come nel caso delle fosse dei putti, dei poveri e delle varie compagnie religiose. In ogni caso, i morti venivano inumati, il cadavere avvolto in un telo e calato nella fossa. Si trova notizia di una novità che "si eb-

2. Come si intuisce, la bibliografia a riguardo è sterminata. Ci accontentiamo pertanto di segnalare solo un paio di riferimenti, quali i classici P. Ariès, *Storia della morte in Occidente: dal medioevo ai giorni nostri*, Biblioteca Universale Rizzoli, Milano 1998, e E. Morin, *L'uomo e la morte*, Erickson, Trento 2014.

3. F. Mondadori, *Usanze funebri*, p. 1. Consultabile presso il Fondo Caritas-Mondadori.

4. Sempre F. Mondadori, in *op. cit.*, riporta il caso di "Carlo Grassi nel 1792 che ottenne di seppellire suo padre, Michele, il geniale artigiano tessile, in un angolo del cimitero confinante con la casa parrocchiale, allora a un dipresso da dove oggi sorge l'Oratorio".

be nel 1719 con Antonio Guarnieri sepolto 'urna ligneus inclusus', chiuso cioè in una cassa di legno, non con il solo lenzuolo o sudario. L'uso poi si generalizzò"[5]. A interrompere la secolare tradizione di seppellire in prossimità o all'interno dei luoghi di culto furono le leggi austriache di Giuseppe II: nel 1786 cimiteri e sepolture furono trasferiti fuori dalla città di Mantova. Con l'editto di Saint-Cloud del 1804 Napoleone confermò il provvedimento e lo estese alle altre province italiane allora sotto il dominio francese, per evidenti ragioni igieniche e sanitarie[6].

A Guidizzolo la nuova legge fu applicata soltanto nel 1837: dopo aver individuato un'area fuori paese, ad Ovest – il punto cardinale del tramonto – e averla fatta recintare per le sepolture, il 2 novembre di quell'anno l'Arciprete don Benedini procedette alla benedizione del "nuovo Cimitero"[7]. Si trattava in realtà di un campo recintato in qualche maniera, tra vigneti e filari di gelso. Stando a quanto scrive il nostro sempre precisissimo Franco Mondadori, "era protetto da siepi e stecconati che a fatica escludevano i cani randagi e chiuso da cancelli di legno"[8]. Con la nascita del Regno d'Italia, tra il 1861 e il 1866 la competenza del Cimitero passò all'autorità civile. Con il 1870, si portò finalmente a termine il progetto di predisporre un viale che dalla statale (strada Goitese) immettesse direttamente al nuovo Cimitero[9], a cui fino a quel momento si accedeva da una strada laterale. Venne quindi creato il Viale delle Rimembranze. Nel 1903, infine, si completarono i lavori per la costruzione della cappella cimiteriale, progettata nel 1892 dall'ingegner Giuseppe Bonaccorsi[10]. Oltre a quella, furono realizzate 9 tombe di famiglia, le prime disposte lungo la parete dove oggi troviamo il raffinato cancello in ferro battuto[11], e le altre lungo la parete diametralmente opposta, separate appunto dalla Cappella[12]. Già a inizio secolo, dunque, il Cimitero ha una struttura ben definita, visibile nella Foto 1.

5. Ibidem.

6. La nostra fonte è ancora F. Mondadori. In *All'ombra dei cipressi...* (Fondo Caritas-Mondadori), si legge che l'editto napoleonico fu motivato anche da "principi di eguaglianza, se è vero che i cadaveri di qualsiasi classe sociale dovevano essere portati fuori dalla città e seppelliti sotto lapidi della stessa grandezza" (p. 1) Torneremo su questo punto più avanti.

7. Questo è l'appellativo che si trova nell'autorizzazione della Curia e che riporta F. Mondadori, in *op. cit.*, p. 1.

8. Ibidem.

9. Secondo il progetto dell'ingegner Giovanni Fattori e grazie all'impegno del signor Vincenzo Danielli, che cedette porzione del suo fondo e trattò la vendita del terreno necessario, anche sotto le pressioni dell'amministrazione austriaca.

10. Delibera comunale 17 del 28/8/1903.

11. Che, dai nostri dati, ci risulta risalente al 1934 (si veda il "Progetto di riforma dell'ingresso del Cimitero di Guidizzolo e di relativa nuova cancellata", datato 10 marzo 1934 – XII dell'era fascista – consultabile presso l'Archivio comunale).

12. Furono anche realizzate le scale per dare accesso ai corridoi sotterranei.

Foto n. 1. Il Viale delle Rimembranze, fotografato dall'ingresso posto lungo la strada statale Goitese, conduce al Cimitero, ben visibile sullo sfondo. Con assoluta certezza possiamo datare questa foto al 1931: in quell'anno, infatti, risultano essere stati acquistati e piantati ai lati del viale i cipressi (qui ancora giovani), che solennemente scandiscono il tragitto verso il camposanto (si veda la Deliberazione comunale 859 del 1931, consultabile presso l'Archivio Storico Comunale di Guidizzolo). Non solo, nello stesso anno furono acquistate le targhe commemorative per i caduti della I Guerra Mondiale, in primo piano alle estremità del Viale. Inoltre, si nota come non sia stata ancora posta la cancellata oggi presente all'ingresso del Cimitero, che, come già detto nel corpo del testo, fu posta nel 1934. La struttura del camposanto è quella stabilita coi lavori del 1903. Al centro sorge la Cappella cimiteriale, con una cupola a copertura e la croce che svetta sulla sua sommità. Lo stile della chiesetta è neoclassico, semplice e freddo. Il disegno della facciata si deve al capomastro Rodolfo Porta. Collez. G. Valbusa

Già col regolamento del 1894, il regolamento comunale aveva stabilito una divisione tra fosse ordinarie e tombe distinte, queste ultime a loro volta suddivise tra tombe di famiglia, celle individuali e aree monumentali o "depositi", realizzati lungo la corsia centrale del camposanto.

La prima fotografia che compare sul cimitero è quella di Michele Grassi, morto il 9 aprile 1901 e collocata nella tomba di famiglia. Si veda la Foto 2.

Foto n. 2. Foto mortuaria di Michele Grassi, deceduto il 9 aprile 1901. Si tratta dunque di una foto molto antica, forse precedente al 1900, di certo la più antica sita nel Cimitero di Guidizzolo. Essa fece da spartiacque nella pratica funeraria, segnando l'inizio, anche per ovvie ragioni storiche e tecniche, della tradizione di porre l'immagine del defunto sulla lapide o sulla tomba. L'annotazione può sembrare banale, ma si deve pensare che alcuni paesi, come gli Stati Uniti, non adottano questo costume. Ricavata dalla tomba di famiglia Grassi. Foto A. Dal Prato

Negli anni successivi il Cimitero va allargandosi, grazie all'acquisto di nuove terre edificabili. Nel 1919, a guerra conclusa, il Comitato per le Onoranze dei Caduti[13] richiede la costruzione di una Cripta Cimiteriale destinata alle spoglie dei soldati morti durante il conflitto.[14] Nel settembre di quell'anno, viene posta la Lapide cimiteriale dei Caduti, in un vano centrale nella zona sotterranea, e benedetta da don Tramonte, che nel 1921 celebrò poi le solenni onoranze al Milite Ignoto. Qui riposano i giovani e meno giovani che la guerra ha sottratto all'affetto delle famiglie del nostro paese. Nel 1922 anche Birbesi ottiene il permesso di edificare un monumento ai Caduti in battaglia, rappresentato nella Foto 3.

13. Composto da Bonoldi Giacomo, Ferrari Fausto, Gandini Angelo, Gitti Clelia, Grassi Carmela, Medella Nella, Montalto Maria Rizzini, Mutti Francesco e Quiri Francesco.

14. Si veda la Deliberazione comunale 25 dell'agosto 1919. Archivio Storico Comunale di Guidizzolo.

Foto n. 3. Il piccolo ma solenne monumento ai Caduti edificato a Birbesi, in Via Sajore. L'immagine (forse un opuscolo commemorativo) porta la data 19 agosto 1923, che plausibilmente fu il giorno scelto per l'inaugurazione del monumento. Il portichetto neoclassico che contiene la lapide commemorativa è circondato da un recinto murario, con colonnine bianche che ne accrescono la gravità. Un cancellino in ferro nero, anticipato da tre gradini, consente l'accesso a chi porta ossequi ai defunti. Nella foto il monumento si erge solitario in uno spiazzo circondato da qualche albero, sullo sfondo. L'osservatore particolarmente attento – o dotato di buona memoria geografica – si renderà subito conto che questa disposizione è inusuale: oggi il momento è circondato da edifici, tra cui quello della scuola di Birbesi. Che la frazione abbia voluto svilupparsi urbanisticamente, oltre che attorno alla chiesa di paese, anche attorno al tempietto dell'onore civile? L'ipotesi ci sembra tutt'altro che azzardata. Tratta da A. Dal Prato, Passeggiando nel tempo, *Ed. La Notizia, Guidizzolo 2002, p. 92*

Sappiamo dai registri comunali che gli abitanti di Birbesi avevano ripetutamente chiesto di costruire un cimitero nella frazione. Come per Guidizzolo, il cimitero (di probabile origine seicentesca) si estendeva a destra della chiesa locale, in uno stato di abbandono. Tra gli anni '20 e '30 del ’900 si decise infine di demolire anche gli ultimi ruderi del cimitero di Birbesi, e “le ossa, pietosamente raccolte in un piccolo ossario, vennero definitivamente traslate nel Cimitero di Guidizzolo (1932)”[15]. Salvo qualche ampiamento, il camposanto rimase come finora l’abbiamo visto, e un’estensione simbolica ancor prima che fisica avvenne solamente dopo la Seconda guerra mondiale, come avremo modo di vedere in seguito.

Ci vogliamo però prima soffermare sulle usanze funebri che sono state documentate nel periodo di nostro interesse. Prendiamo in considerazione, a tale proposito, le foto di seguito proposte e intervallate da commenti.

Foto n. 4. Si tratta con ogni probabilità di uno dei primi ricordini a lutto di una donna e di sicuro del più vecchio di cui siamo entrati in possesso, visto che risale all’agosto 1920. Il ricordo del “marito e [de]i figli costernati” si esprime con questo opuscolino per la moglie e madre, raffigurata nell’immagine posta in alto. Per l’occasione i familiari hanno scelto una foto che ritrae la donna intorno ai 45-50 anni, in abito nero e con un monile al colletto, all’insegna della sobrietà e del cordoglio. Collez. R. Faini

15. Così P. Pelati, *Birbesi*, Graf. Ceschi, Quistello 1975, p. 42.

Foto n. 5. Siamo nel 1942 circa (la data è stata desunta dalla signora in primo piano sulla sinistra, ben nota al proprietario della fotografia). Il carro funebre trasporta il defunto dall'abitazione alla Chiesa, dove verrà celebrato il funerale, prima di raggiungere il cimitero. Davanti al carro funebre i chierichetti e il sacerdote guidano la processione: i più piccoli, in prima fila, sollevano la croce che apre il corteo; dietro di loro il sacerdote in abiti scuri, di penitenza. Ai fianchi del carro, i conoscenti del morto e il paese tutto accompagnano la salma, scandendo litanie funebri e recitando il rosario (da notare, la corona del rosario in mano alla donna sulla sinistra). Si avverte un'atmosfera di grande cordoglio e contegno. Le serrande sono abbassate sulle vetrine dei negozi, le ante delle finestre chiuse o appoggiate. Gli uomini (se ne vedono un paio a sinistra del carro) indossano abiti scuri, cravatta, camicia bianca e cappotto lungo, sotto il ginocchio. Le donne copiano l'abito scuro, e sembrano tutte indossare un velo nero sul capo, in segno di lutto. Collez. privata

L'autorità in materia di storia delle abitudini funebri guidizzolesi è, come sempre, il nostro Franco Mondadori, da cui otteniamo preziose informazioni, sia per quanto riguarda la cronaca e i cambiamenti dei costumi, sia per ciò che concerne l'aspetto più discreto e spicciolo del vissuto dei paesani, sorpresi dal rintocco a morte[16]. "Il suono grave della campana sorprendeva chi era per strada (...) uomo o donna? Contavamo i lugubri rintocchi dal numero distinto secondo il sesso, mentre ai bambini si faceva recitare l'Eterno Riposo"[17]. Come visto con la fotografia appena descritta, in occasione di un lutto, l'intero paese sembrava fermarsi, per unirsi al lamento funebre. A dare la notizia, come succede tutt'oggi, una sequenza di rintocchi della campana parrocchiale[18].

Fino al 1894 per il tragitto della salma dalla casa alla Chiesa non si faceva uso del carro funebre: il feretro era infatti portato a spalle da parenti o amici, come regolamentato anche dal regolamento municipale di polizia mortuaria[19]. Soltanto nel 1923 il Consiglio comunale ritenne necessario l'uso del carro funebre, per quanto senza creare un servizio municipalizzato a tale scopo, ma servendosi di appalti privati[20].

Una volta giunti alla Chiesa parrocchiale, si celebrava il rito funebre. Su questo, diremo qualcosa nel prosieguo, sulla scorta di alcuni funerali celebri che hanno segnato la storia nel periodo a cui dedichiamo la nostra attenzione. Conclusasi la cerimonia, la bara veniva nuovamente caricata sul carrozzone, in direzione del cimitero. Il corteo funebre seguiva il defunto per il suo ultimo viaggio terreno.

16. In questo senso, ci sembra doveroso inserire Franco Mondadori tra i sostenitori di un certo tipo di ricerca storiografica, che va sotto il nome di *microstoria*, nata in Italia negli anni '70 grazie soprattutto a Giovanni Levi e Carlo Ginzburg. Questa corrente della storiografia e della storia sociale si propone di restituire alla dignità della documentazione storica tutto ciò che sfugge alle grandi narrazioni della Storia su vasta scala o macrostoria, quali la storia locale di piccole comunità, gli avvenimenti più minuti, le contingenze sottili e perse nel dimenticatoio. Si veda, a questo proposito, C. Ginzburg, "Sulla Microstoria", in "Quaderni Storici", 29 (1994), pp. 511-539. A testimonianza del felice accostamento di F. Mondadori a questa corrente, si prendano i numerosi esempi distribuiti in questo libro.

17. F. Mondadori, *Usanze funebri*, cit., p. 1.

18. Mondadori aggiunge: "Frequente allora la morte di un fanciullo, la annunciavano le «allegrezze», un suono dolce, ora vivo ora lento come una nenia, un suono di campana, la più piccola, dal battaglio manovrato a mano dall'abile sagrista" (ivi, pp. 1-2).

19. Cogliamo qui l'occasione per segnalare il primo funerale celebrato nel periodo su cui ci concentriamo. Si tratta del funerale di Rapetti Marianna, celebrato il 5 gennaio 1890, come è possibile leggere nei registri che raccolgono e tengono traccia dei necrologi, presso l'Archivio parrocchiale.

20. I costi dei funerali non erano alla portata di tutti, soprattutto in tempi di difficoltà economica e povertà. Si veda F. Mondadori, *Le spese per il funerale*, consultabile presso il Fondo Caritas-Mondadori.

Foto n. 6. Si tratta dello stesso funerale della foto precendente, ma in un momento successivo. Il carro sta infatti approcciando il Viale delle Rimembranze, che unisce la strada corriera (statale Goitese) al cimitero di paese. Contrariamente a quanto accade oggi, infatti, una volta uscito dal piazzale della Chiesa il carro funebre imboccava l'attuale statale, per poi curvare sulla sinistra e attraversare solennemente il Viale, all'ombra dei cipressi. Qui vediamo le due ali del corteo che disegnano il tragitto che verrà percorso dalla salma. Come sempre, in prima fila, i chierichetti portano la croce. Si può notare, inoltre, la presenza di un paio di uomini che sorreggono una bandiera italiana, quasi a voler unire il lato civile e quello religioso nell'ultimo pellegrinaggio mondano del defunto. Collez. privata

Foto n. 7. Si tratta di un funerale degli anni '50, qui il feretro del defunto viene condotto al luogo della sepoltura. Davanti al corteo, due uomini sorreggono una voluminosa corona di fiori, Dietro di loro i sacerdoti, i chierichetti, le donne e il popolo tutto. Questa foto ci consente di effettuare alcune considerazioni a margine. Da come appare qui e in altre foto su cui ci soffermeremo più tardi, il Cimitero di Guidizzolo non si segnala come un luogo lugubre, del tutto votato al dolore e al compianto. Al contrario, i riflessi delle lapidi e delle tombe, la cura delle siepi, l'ordine e la pulizia dei sentieri di ciottoli e dei campi cimiteriali, i colori e i profumi dei fiori posti a decoro rendono più sereno e caldo l'ingresso nel camposanto, specialmente durante un pomeriggio di sole primaverile. Con questo non si vuole affermare che il luogo non preservi un'atmosfera di contegno e silenzio, bensì si intende rimarcare il fatto che, grazie al suo aspetto, anche il luogo per definizione associato alla morte offre a chi lo visita la speranza della vita, della pace eterna. Non solo, ma un luogo come il cimitero tende ad annullare le differenze sociali e di rango presenti tra vivi: ogni lapide è ben tenuta, sia che si tratti di una monumentale tomba di una famiglia ricca o nobile, sia nel caso di lastre di paesani più umili. Davanti alla morte e davanti al cippo funerario, le distinzioni di censo o di prestigio sono assottigliate e scompaiono nella cura dei cari. Collez. privata

Foto n. 8. Un funerale della fine degli anni '50, come si può capire dalla presenza di don Giulio Incontri (arrivato a Guidizzolo nel 1958), che compone con don Gino e un altro vicario parrocchiale il gruppo di sacerdoti davanti all'autofunebre. Con loro si vede anche il custode del cimitero, con le mani nel cappotto. Si tratta di Ugo Verzegni. Confrontando questa foto con la Foto n. 6, non si notano grandi differenze nel modo di concepire il transito del defunto dalla Chiesa (presente sullo sfondo, a sinistra) al cimitero. Come già visto, il carro passa per la statale Goitese prima di virare nel Viale delle Rimembranze. I chierichetti aprono il corteo, con i primi a portare il crocifisso ben in vista. Anche gli abiti non paiono cambiati, se non per un cappellino nero con decorazione bianca, prima assente. Il popolo segue il carro, in una fila composta, capeggiata dai familiari del defunto. Archivio Parrocchiale di Guidizzolo

Foto n. 9. Un momento del funerale di Riccardo D'Isola, celebrato il 4 maggio 1959. A differenza delle foto precedenti, qui il carro funebre ha appena lasciato l'abitazione del defunto e si dirige verso la Chiesa. In primo piano vediamo il crocchio con i sacerdoti e i chierichetti, sulla destra il custode cimiteriale, dietro il carro i partecipanti alle esequie. L'immagine veicola un'atmosfera di grande ritualità e riserbo, con il percorso del carro funebre scandito dai passi e dalle preghiere della gente in lutto. Ringraziamo la famiglia Azzini per averci aiutato a reperire questa collezione. Collez. I. D'Isola

Foto n. 10. Si tratta sempre del funerale di Riccardo D'Isola, qui mentre il feretro viene ricaricato sul carro dopo la celebrazione della messa funebre. La foto è particolarmente interessante per due aspetti. In primo luogo, essa ci consente di esaminare attentamente il carro funerario impiegato in queste circostanze. Si tratta di un veicolo nero, sul quale è allestito come un grande baldacchino, il cui legno è raffinatamente tornito. Tramite vetri posti su tutti i lati della costruzione, i parenti e la gente tutta possono vedere la bara del defunto, circondata da fiori e pizzi. Ai quattro angoli, infine, notiamo delle lampade a forma di turiboli per l'incenso, a mo' di lumi accesi in venerazione. In secondo luogo, la foto ci mostra il comportamento dei parenti del defunto. Essi accorrono a portare le ultime ghirlande al proprio caro e circondano insistentemente gli uomini preposti a caricare la bara. La partecipazione è quindi molto attiva, disperata, senza esitazione. Collez. I. D'Isola

Foto n. 11. Gli attimi conclusivi del funerale di Riccardo D'Isola. Siamo al Cimitero del paese e la gente osserva il custode e un manovale mentre questi sistemano il feretro all'interno del loculo di destinazione. L'atto della sepoltura (o dell'inumazione, non in questo caso) non è tra i più rappresentati nelle foto di funerali che sono entrate in nostro possesso, motivo per cui questa immagine risulta del tutto singolare. La bara è posta nei loculi parietali, al terzo livello, con l'ausilio di un ponteggio. I partecipanti assistono in silenzio al lavoro dei due uomini, il loro sguardo si perde nella ripetizione delle manovre necessarie per la procedura. Attorno alla scena risaltano i marmi lucidi delle altre lapidi, adornate di fiori. In basso a destra si nota una tomba a terreno, con un vaso e una grossa ghirlanda floreale. Si confronti, a tal proposito, quanto si dice a proposito della Foto n. 7, proposta sopra. Collez. I. D'Isola

Prima di passare ad alcuni eventi centrali nella storia del paese, legati all'elaborazione di lutti molto significativi, lasciamo spazio ad un paragrafo molto particolare. Ancora una volta ci mettiamo nelle sapienti mani di Franco Mondadori, il quale è sorprendentemente riuscito a mettere insieme alcune storie che riguardano di fatto la morte, ma non quando essa è subita, bensì quando è portata[21]. Si tratta cioè di notizie di delitti e omicidi, che ci permettono di ricostruire un lato fortunatamente quasi sconosciuto del lutto nel nostro paese, ossia quello del lutto arrecato, della morte (premeditata e) portata a un proprio simile.

21. In F. Mondadori, *Amori colpevoli e vendette private*, consultabile presso il Fondo Caritas-Mondadori.

Nel 1872 a Guidizzolo si consumò un delitto d'onore nell'Albergo della Torre. Un abituale avventore del posto si era invaghito della bella e avvenente albergatrice, la quale era coniugata. Lei, stando alle parole di Mondadori, "pia e religiosa non accettava le avances dell'uomo (...) e tenne un contegno irreprensibile"[22]. Il marito di lei, dopo aver più volte richiamato l'avventore, passò alle minacce, fino al 9 luglio di quell'anno, quando "lo colpì più volte nel ventre con un coltello da cucina, che aveva cosparso di aglio per rendere più dolorose le ferite"[23]. Il poveretto ricevette l'estrema unzione prima di spirare, mentre il marito omicida, scontata la pena, se ne andò da Guidizzolo.

Nel gennaio 1911 si verificò una tragedia coniugale. Il marito, ubriacone e violento, in seguito alle ripetute liti domestiche era stato allontanato dalla moglie, una donna energica e volitiva che gestiva una drogheria nel paese. Ottenuta la separazione, lei proseguì la sua vita mentre l'uomo partì per Milano. Tornato per riunirsi alla donna e ricevuto un diniego sdegnoso da parte di questa, l'uomo decise di "levare la rivoltella dalla tasca della giacca e spararle a bruciapelo due colpi alla nuca"[24]. L'uomo fuggì di corsa a Castiglione e solo l'intervento dei carabinieri lo salvò dal linciaggio pubblico. Tra i testimoni del processo che lo vide reo confesso vi fu anche la contessa Maria Rizzini, che difese l'onorabilità della vittima.

Infine, il 7 ottobre 1941, la notizia di un omicidio tra fratelli in una cascina di Selvarizzo si sparse per tutto il paese. A scatenare la lite fu una questione di diritti sulle rendite di un fondo lavorato da uno dei due. Il protagonista dell'efferato delitto, commesso con il calcio del fucile, fu condannato poi e messo in prigione. Il morto, invece, lasciava così la moglie francese, che in seguito si sposò con un ufficiale tedesco e ottenne la sua vendetta, facendo deportare il fratello omicida a Mauthausen, dove morì il 22 marzo 1945. Davanti a queste raccapriccianti storie di delitti e violenze, voltiamo pagina e lasciamo spazio agli eventi che, connessi alla tragicità della morte nel nostro paese, ne hanno segnato la storia in modo indelebile[25].

22. Ivi, p. 1.
23. Ibidem.
24. Ivi, p. 2.
25. Consultando gli archivi parrocchiali, ci siamo imbattuti in altre morti insolite, o comunque di cui è stato segnato il motivo a margine. Il 13 settembre 1930 perse la vita Leandro Cimarosti, il quale "per un nubifragio scatenatosi, rimaneva schiacciato sotto il peso d'un muro maestro abbattuto in soffitta precipitando sotto le macerie fino al pianterreno". Il 20 agosto 1932 morì il guidizzolese Zosimo Bassignani, per la seguente ragione: "in pellegrinaggio al Santuario delle Grazie con altri compagni, il carretto sul quale viaggiavano veniva investito da un camion nei pressi di Rodigo. Dopo poche ore decedeva all'ospedale di Mantova".

L'Angelo della Storia davanti ai grandi funerali del paese: uno sguardo documentaristico e commemorativo

Nel 1921 il filosofo e critico letterario tedesco Walter Benjamin acquista dal pittore Paul Klee il quadro *Angelus Novus*, un dipinto che unisce pittura ad olio e acquerello, raffigurante una figura angelica con le ali spiegate e gli occhi sbarrati con tono grave. Gerschom Scholem, amico intimo del filosofo, racconta così l'episodio: "Benjamin l'acquistò a Monaco, in occasione di una visita fatta a me tra la fine di maggio e i primi di giugno del 1921. Egli mi portò il quadro pregandomi di custodirlo finché non avesse una nuova abitazione stabile a Berlino", ma già a novembre Benjamin riceverà il dipinto, portandolo poi con sé nei vari traslochi e "considerandolo «come il più importante oggetto di sua proprietà»"[26]. Perché introduciamo di passaggio questo aneddoto, che parrebbe del tutto irrelato rispetto a quanto si stava esaminando? Il motivo è da ricercarsi nelle parole che proprio Benjamin scrive guardando all'opera, parole che hanno segnato la storia culturale e ideologica delle generazioni a seguire. Le riportiamo qui, di seguito:

> C'è un quadro di Klee che s'intitola *Angelus Novus*. Vi si trova un angelo che sembra in atto di allontanarsi da qualcosa su cui fissa lo sguardo. Ha gli occhi spalancati, la bocca aperta, le ali distese. L'angelo della storia deve avere questo aspetto. Ha il viso rivolto al passato. Dove ci appare una catena di eventi, egli vede una sola catastrofe, che accumula senza tregua rovine su rovine e le rovescia ai suoi piedi. Egli vorrebbe ben trattenersi, destare i morti e ricomporre l'infranto. Ma una tempesta spira dal paradiso, che si è impigliata nelle sue ali, ed è così forte che gli non può chiuderle. Questa tempesta lo spinge irresistibilmente nel futuro, a cui volge le spalle, mentre il cumulo delle rovine sale davanti a lui al cielo. Ciò che chiamiamo il progresso, è questa tempesta[27].

L'*Angelus* di Klee ha per Benjamin le sembianze dell'Angelo della Storia, che guarda alle rovine del passato, le "rovescia ai suoi piedi" e desta chi è morto nella "sola catastrofe" degli eventi trascorsi. Davanti al progresso, al normale avanzamento della Storia, che lo spinge irrefrenabilmente a lasciar andare quelle rovine, a sacrificarle sull'altare dell'oblio forzato e della novità da accogliere, l'Angelo resiste, per non abbandonare chi rischia di essere dimenticato.

Con lo stesso atteggiamento, noi vogliamo porci nei confronti di chi, col proprio corpo o col proprio spirito, è intrappolato nel "cumulo delle rovine" della storia di Guidizzolo passata. Si tratta di chi ha perso la vita in

26. G. Scholem, *Walter Benjamin e il suo angelo*, Adelphi, Milano 1978, p. 28.
27. W. Benjamin, *Angelus Novus. Saggi e frammenti*, Einaudi, Torino 2014, p. 80.

nome di un ideale, di un cambiamento radicale e di un paese diverso. Per forza di cose, noi ci limiteremo a segnalare i nomi che, incisi su lapide, sono rimasti nella memoria collettiva, nella speranza che il nostro scritto possa però serbare il ricordo dei numerosi dimenticati della Storia.

La nostra trattazione prende le mosse dal periodo della Resistenza, negli anni '40 del '900[28]. Il 24 marzo 1944 morì nelle cave della via Ardeatina a Roma il guidizzolese Bruno Rodella, ucciso a colpi di rivoltella nella nuca[29].

Nato a Guidizzolo il 17 ottobre 1917, Bruno Rodella si trasferì coi genitori a Roma nel 1933, dove si iscrisse alla facoltà di giurisprudenza. Dopo aver assistito da ufficiale alla distruzione della sua Divisione bersaglieri "Piave", "egli riuscì, con un abile e rischioso tranello, a salvare una decina di colleghi, rifugiati in una scuola di piazza Crati. Si travestì da bidello e ingannò i molti tedeschi che con le armi avrebbero voluto impedire la fuga degli ufficiali italiani"[30]. Successivamente si dedicò a opere di piccolo sabotaggio e di stampa clandestina, sotto lo pseudonimo di Romano Corradi. A seguito di una retata nazista delle SS, egli fu arrestato il 1° gennaio 1944, con addosso alcuni documenti compromettenti. Condannato a 15 anni di reclusione dal Tribunale di guerra militare, egli rassicurava la madre dicendogli che si trattava solo di "pazientare un poco"[31]. Un attentato partigiano il 23 marzo, che portò alla morte di 32 soldati tedeschi, suscitò la vendetta nazista: circa 335 detenuti, tra cui Bruno, estranei all'incidente perché già prigionieri o come ebrei o come antifascisti, furono prelevati il giorno successivo, portati nella fossa della via Ardeatina lì vicina e fucilati.

Riconosciuta la sua salma fra i massacrati delle Fosse Ardeatine, il paese gli dedicò una targa commemorativa, affissa sull'edificio davanti alla Scuola d'Arte e rivolta verso la strada statale, come testimoniano le Foto 12 e 13.

28. Il prezioso e, come sempre, documentatissimo lavoro svolto da F. Mondadori in *Guidizzolo: epigrafi ed iscrizioni*, Centro Culturale San Lorenzo ed., Guidizzolo 2006, rivela che abbiamo notizie di altri decessi nel periodo di nostro interesse (o alle sue soglie), che sono stati ricordati per mezzo di targhe o monumenti commemorativi. Si veda, ad esempio, a pp. 47-48, 57, 63-67, 78-7, 108-111 (quest'ultimo riferimento compare in realtà nell'*Appendice. L'impianto metodologico dell'indagine*, in fondo al volume). L'esclusione di questi nel testo si deve al criterio dell'assenza di materiale fotografico a riguardo.

29. Si veda il prezioso *In ricordo di Bruno Rodella caduto nella strage delle Cave Ardeatine*, opuscolo stampato dal Centro Culturale San Lorenzo ed. in occasione della Giornata della Memoria, sabato 23 marzo 2013 (supplemento al n. 106 – febbraio 2013 de "la Notizia").

30. F. Mondadori, *op. cit.*, p. 116.

31. Lettera di Bruno Rodella alla madre Bignotti Gemma, citata in F. Mondadori, ivi, p. 117.

Foto n. 12. Siamo plausibilmente nella seconda metà del 1944 e si celebra l'intitolazione di una lapide commemorativa a Bruno Rodella, morto il 24 marzo di quell'anno. Nella foto si può vedere un momento della scopritura della lapide. Va sottolineata la presenza sia dell'autorità civile, nelle vesti del sindaco Pezzucchi (?), sia di quella religiosa, con il parroco. A fianco del sindaco, che sorregge la bandiera italiana, troviamo alcuni militari in uniforme. Tutto attorno la folla assiste all'inaugurazione, stando sull'attenti. Due bambini, sebbene non con la solita tunica, fanno da chierichetti ai fianchi del sacerdote. Un altro gagliardetto civile spunta sul lato destro della fotografia. Seppur nel lutto, è una grande festa civile: la morte del giovane Bruno Rodella, nella sua ingiustificata tragicità, è un prodromo dell'agognata Liberazione. Per questo si avverte la necessità di riprendere e ricordare l'evento. Non a caso, nell'angolo in basso a sinistra vediamo un uomo con la macchina fotografica, pronto a scattare una foto alla lapide dell'eroe partigiano. Collez. G. Cagioni

Foto n. 13. La targa dedicata a Bruno Rodella, al termine della cerimonia di intitolazione. Si vede bene qui la sua ubicazione: sulla destra si nota, infatti, la Scuola d'Arte nel 1944, ancora ad un piano. Una corona funebre con una fascia tricolore a drappo decora il luogo. La foto del partigiano è collocata al centro della bandiera che era posta immediatamente sotto la lapide, sulla quale si può leggere: "Bruno Rodella / Martire del II Risorgimento / sugli altari profanati di Roma / tenne desta la fiamma di Belfiore / al popolo d'Italia vittorioso nella sconfitta / annuncia nuova gloria / in luce di pace / in fratellanza di umano e lavoro / Mantova Guidizzolo 17.X.1917 / Roma Fosse Ardeatine 24.III.1944". Collez. G. Cagioni

Rodella non fu l'unico partigiano guidizzolese. Insieme a lui va sicuramente menzionato il giovane Renato Farinati. Nato a Guidizzolo nel 1924, a sedici anni si iscrisse volontario alla Scuola Navale di Pola, mentre l'Italia entrava in guerra. Tornato al paese natio, tra il 1943 e il 1944 aderì al gruppo di partigiani delle "Fiamme Verdi", costituitosi a Desenzano del Garda sotto il comando del dott. Gino Majer[32]. Il 10 settembre 1944 Gilberto Urangia-Tazzoli, della nobile famiglia guidizzolese, convocò Farinati e il compagno Giovanni Pireddu, affidando loro l'incarico di formare due "Squadre di Azione Patriottica" (SAP), per contrastare con azioni strategiche e attività clandestine le operazioni nazi-fasciste nella zona[33].

Il 4 dicembre di quell'anno, Farinati fu sorpreso e arrestato mentre, in compagnia dell'amico Franco Fezzardi, osservava un camion tedesco incendiato da un attacco aereo alleato. Dopo essere stato trattenuto e percosso, Farinati riuscì a rientrare nelle file dei partigiani e, nello specifico, della SAP da lui formata. Quest'ultima decise di compiere un'azione sovversiva contro il Capitano delle Brigate Nere Giovanni Gemmato, che alloggiava a San Giacomo di Cavriana. La sera del 10 aprile, approfittando dell'assenza del Capitano, la SAP di Farinati tentò il colpo, ma fu sorpresa dal ritorno dell'ufficiale con due militi. Ne seguì una sparatoria confusa tra i partigiani e la Brigata Nera, che ottenne rinforzi dal paese. Sia Farinati che Gemmato caddero vittime. Solo molto più tardi il corpo del giovane partigiano fu consegnato al padre Angelo, segnato da lividi e percosse, ma le Brigate Nere fasciste proibirono la celebrazione delle esequie[34].

Il ricordo di Farinati non scomparve però dalla memoria collettiva, e un fatto di poco successivo rese possibile un ultimo saluto del paese al partigiano. Il fatto cui si fa riferimento, con il quale chiudiamo questa sezione, è la morte di tre giovani guidizzolesi, uccisi da un comando tedesco in prossimità dell'incrocio per Cavriana sulla strada statale la sera del 25 aprile 1945, giornata della Liberazione italiana dal dominio nazi-fascista. Si tratta di Mario Covallero, Almerico Grandelli e Lucio Sarti.

32. Le formazioni partigiane delle Brigate Fiamme Verdi nacquero nelle valli bresciane nel novembre 1943, sul modello dei già diffusi alpini, ma si diffusero fino in Emilia, a stretto contatto con i fautori del cattolicesimo sociale e le organizzazioni ecclesiastiche. A fondarle fu il trentino Gastone Franchetti, detto "Fieramosca", che da tenente alpino partì con una brigata di giovani volenterosi da Riva del Garda. Le Fiamme Verdi, di orientamento cattolico, erano organizzate per Divisioni e Brigate. Farinati apparteneva alla Brigata Mantova.

33. Così in F. Mondadori, ivi, p. 119. A Mondadori si deve la ricostruzione storica cui facciamo riferimento.

34. Si veda, a tale proposito, quanto scritto nell'ultima sezione del Capo n. 4, anche per quanto segue nel corpo del testo.

Il primo era nato a Guidizzolo nel 1922 e, dopo un periodo come militare a Mantova, Bolzano e in Tunisia, era rientrato in Italia e aveva evitato l'internamento in Germania facendo il cuoco per una mensa della Repubblica Sociale a Moniga. Qui era militare Almerico Grandelli, di un anno più giovane. Lucio Sarti era invece nato a Milano nel 1926 ma emigrato nel 1942 a Guidizzolo, dove seguiva i corsi domenicali della Scuola d'Arte e lavorava col padre in officina. I tre erano ragazzi semplici, costretti a fare i conti con i tempi duri della guerra, che furono per loro fatali. Infatti, nel pomeriggio del 25 aprile 1945 tre ufficiali tedeschi furono fermati da una formazione partigiana e rimasero uccisi nello scontro[35]. In tutta risposta, il giorno successivo un contingente tedesco sistemò un posto di blocco presso l'incrocio che, provenendo da paese, si trova sulla statale in direzione Goito. Qui Mario e Almerico, che da San Giacomo si stavano spostando verso Guidizzolo, incapparono nei soldati. I due giovani non ebbero il tempo dimostrare che prestavano servizio a Moniga che i tedeschi aprirono il fuoco. Lucio, che si trovava lì vicino, udì gli spari e accorse in bicicletta, andando tuttavia incontro alla stessa sorte di Mario e Almerico. A memoria dei tre giovani fu eretto un piccolo monumento sul luogo dell'accaduto e la loro morte venne ricordata in una cerimonia solenne affollatissima, in cui si rese omaggio anche al sacrificio di Renato Farinati, finalmente "vendicato". Le foto qui di seguito intercalate restituiscono la testimonianza fedele del clima di riverenza e cordoglio per questi quattro ragazzi, periti mentre si liberava l'Italia.

35. Grazie ai documenti presenti nell'archivio parrocchiale, siamo risaliti a chi fossero: si chiamavano Wilhelm Berchr, di 45 anni, Georg Blieberger, di 38, e Erich Bertran, di 44. Dopo la benedizione del sacerdote, essi furono inumati nel Cimitero.

Foto n. 14. Siamo con molta probabilità tra aprile e maggio 1945. I funerali dei tre giovani guidizzolesi, con il ricordo di Renato Farinati, costituirono un grande momento di raccoglimento per tutto il paese, celebrato all'unisono dall'autorità civile, militare e religiosa. Per questa ragione le salme erano custodite nel Comune del paese, dove furono prelevate per essere trasportate in Chiesa. Dalla fotografia si può notare l'enorme afflusso di gente che partecipò all'evento, ancora più evidente nelle immagini a seguire. In primo piano si può vedere quello che sembrerebbe un compagno partigiano di Farinati: la stella con i colori nazionali era infatti l'emblema delle Brigate Fiamme Garibaldi, organizzate dal Partito Comunista Italiano (a questo proposito, si ringrazia Stefano Spazzini per la preziosa collaborazione e la grande competenza in materia di costumi militari, già per altro dimostrata in altri punti del volume). Sul cartello al centro dell'immagine si può leggere: "Renato Farinati / Patriota / delle Fiamme Verdi / Sei vendicato!". Un messaggio di rivincita ancor prima che di cordoglio. Collez. G. Cagioni

Foto n. 15. Dopo la messa funebre, il corteo si avvia alla volta del Cimitero. Dietro alle corone floreali, i compagni partigiani di Farinati guidano la linea, con il fucile alzato in segno di riverenza (si veda la foto precedente per i dettagli relativi alla divisa). Dietro si vede ancora il cartello per il giovane partigiano, con le cariche civili che precedono sacerdoti e chierici. Ai due lati, la folla si unisce al lutto collettivo. Anche la comunità religiosa piange i quattro ragazzi strappati alla vita in tenera età dalla piaga del nazi-fascismo. Collez. M. Rodighiero

Foto n. 16. Subito dopo la Brigata delle Fiamme Garibaldi e le autorità civili troviamo le bare di Covallero, Grandelli e Sarti. I tre sono trattati quasi come se fossero dei partigiani, benché non avessero alcun rapporto con la causa (anzi, Covallero e Grandelli lavoravano in una mensa della Repubblica Sociale, probabilmente senza condividere l'ideale fascista). Le casse, avvolte nella bandiera italiana e con una ghirlanda floreale sulla sommità, sono adagiate su un grosso carro, coperto da un telo nero e copiosamente innaffiato di fiori. Il carro è trainato da due cavalli grazie a robuste catene in ferro. Ai fianchi del carro la gente accompagna i tre ragazzi verso il Cimitero. Possiamo notare un bambino e due ragazzi in basso sulla sinistra, e altri sparsi tra gli adulti e gli anziani: c'è quindi una grande diversità anagrafica tra i partecipanti alle esequie, ennesima testimonianza della massiccia presenza popolare in questa occasione. Collez. Marchini

Foto n. 17. Il Cimitero accoglie i feretri di Covallero, Grandelli e Sarti per l'ultimo saluto. Dopo la S. Messa celebrata da Don Gino, si tenne un discorso commemorativo dell'avvocato Libero Dordoni delle "Fiamme Verdi", gruppo di militanza di Farinati. Quattro bandiere italiane, con gagliardetti vari, si innalzano sopra le bare e portano l'ossequio di una patria intera ai giovani. Si possono notare piccoli segni di cordoglio, manifestati nell'abbigliamento dei presenti: gli uomini tolgono il cappello (si veda il primo sulla sinistra), le donne coprono il capo con un velo. Ci troviamo davanti alla piccola cappellina del Cimitero, in corrispondenza della quale, nel corridoio sotterraneo, sorge l'ala cimiteriale riservata a chi è morto difendendo la propria patria o subendo le angherie dei nemici. Qui furono poi sepolti i tre ragazzi, la cui lapide è illuminata dalla fiaccola del Milite Ignoto.Un particolare di questa fotografia suscita la nostra attenzione e curiosità: una donna, in basso, guarda verso chi scatta la fotografia, mentre tutti sono di spalle e in ascolto del sacerdote. Si potrebbe ipotizzare che il fotografo sia salito su una tomba laterale per catturare meglio il momento, attirando così l'attenzione della signora. Collez. M. Rodighiero

Foto n. 18. Il monumento commemorativo a Renato Farinati, situato a San Giacomo di Cavriana, dove il giovane fu ucciso. Al momento dell'intitolazione, una bandiera con la foto del partigiano e una grossa corona floreale addobbavano il luogo. Sulla targa, di forma circolare e abbellita con un motivo floreale che corre lungo il perimetro marmoreo, si può leggere: "Al patriota / delle Fiamme Verdi / Renato Farinati / caduto combattendo in questa casa / per la resurrezione / della patria / 10 – 4 – 1945". Il monumento è ancora ben visibile oggi, sempre nella stessa posizione. Si ringrazia, a questo proposito, la famiglia Sandri, per averci consentito di visitare il luogo. La fotografia qui proposta ha il pregio di catturare un momento qualunque della dedicazione ed è pertanto interessante per la sua estemporaneità. I visi degli astanti (vediamo molti bambini) sono infatti assorti nei pensieri o nei ricordi, una ragazza guarda fissa in direzione del fotografo. Sullo sfondo gli uomini sembrano discutere sul da farsi. L'immagine sottolinea in modo evidente la partecipazione popolare al ricordo di Farinati, eroe del paese. Collez. G. Cagioni

Foto n. 19. È qui raffigurata l'inaugurazione del cippo marmoreo dedicato a Mario Covallero, Almerico Grandelli e Lucio Sarti, periti nella sfuriata vendicativa di un contingente tedesco all'alba della Liberazione italiana dal nazi-fascismo. Da un documento fornitoci gentilmente da Giuseppe Valbusa, la data dell'inaugurazione è domenica 7 ottobre 1945. Stando al documento, fu indetto un "Comitato per le Onoranze ai Caduti della Cospirazione e dell'Insurrezione". Tra questi erano inseriti Bruno Rodella, Renato Farinati, Almerico Grandelli, Lucio Riccardo Sarti, Mario Covallero e Giuseppe Treccani (originario di Rebecco e morto a Medole), nonostante, come si è visto, non tutti morirono nel perseguimento dell'ideale della Liberazione. Il monumento è collocato sul luogo dell'uccisione, sul lato destro della strada statale in direzione Goito, prima della svolta verso Ceresara (sebbene il luogo sia qui irriconoscibile, con la folta vegetazione e il canale scomparsi nel tempo e rimpiazzati da abitazioni e negozi). Le cariche militari affiancano il cippo: a sinistra, un soldato in vesti militari con la baionetta sollevata, a destra un carabiniere con l'arma ugualmente alzata. Le foto dei ragazzi sono qui poste ai piedi della costruzione e saranno poi situate sulla stessa. Sul cippo possiamo leggere: "Qui / immolarono la loro giovinezza / per la libertà della patria / Mario Covallero / Almerico Grandelli / Lucio Sarti / la sera del 25 aprile 1945 / – / il loro sacrificio / sia monito alle generazioni / presenti e future". Come già detto, i tre ragazzi non erano tecnicamente partigiani, ma la loro morte venne trattata come l'ennesimo sacrificio di giovani animati dalla volontà di liberare l'Italia dal nemico. Collez. G. Cagioni

Foto n. 20. Don Gino procede a rivolgere l'ultima preghiera per le anime dei tre ragazzi. Ai fianchi del sacerdote tre bambini fanno da chierichetti, sebbene senza abiti talari, ma con pantaloncini corti, camicia e giacca (per i due a sinistra). Dietro di loro si raduna la gente del paese, in prima fila le cariche politiche e civili con quello che parrebbe un segno di lutto al braccio sinistro. L'immagine è ben rappresentativa della concomitanza delle tre sfere (politico-civile, religiosa e militare) nell'estremo omaggio alle ultime vittime guidizzolesi della dominazione tedesca. Collez. G. Cagioni

Il tragico incidente: la Mille Miglia, De Portago e gli occhi dell'Italia intera su Guidizzolo

L'ultimo atto della nostra ricostruzione è simbolicamente costituito dalla tragedia della Mille Miglia, avvenuta il 12 maggio 1957 lungo il rettilineo tra Cerlongo e Guidizzolo. Questa, nella sua spettacolare drammaticità, ha attirato l'attenzione di una nazione intera sul nostro piccolo paese, alle prese con l'elaborazione di un lutto di grande impatto emotivo e storico.

Ricostruiamo brevemente l'accaduto[36]. Il pilota e nobile spagnolo Alfonso de Portago[37], in coppia con l'americano Edmund "Eddy Gurner" Nelson, sfrecciava con la sua Ferrari 335 S numero 351 sul tragitto della tappa Mantova-Brescia, in occasione della XXIV edizione della Mille Miglia, competizione automobilistica stradale di granfondo corsa da Brescia a Roma e ritorno (con varianti negli anni). Eravamo nelle fasi finali della gara, con le vetture lanciate a velocità superiori ai 250 km/h per approfittare del lungo rettilineo tra i comuni padani e guadagnare secondi preziosi. Il romano Piero Taruffi, a bordo della sua Ferrari 315 S spyder Scaglietti, conduceva la classifica della competizione e intorno alle 15,30 del 12 maggio 1957 fece segnare il suo passaggio a Guidizzolo, come si può vedere nella Foto 21.

36. Si veda, in particolare, L. Montagner, *De Portago. Il pianto del drake*, Sometti, Mantova 2007.

37. "Don Alfonso Antonio Cabeza de Vaca Y Leighton Carvayal y Ayre" era infatti "XVII marchese de Portago, XII conte de la Mejorada" (così in M. Messori, *Quando al Cavallino fu negato un sogno. Biografia non troppo romanzata di Alfonso de Portago nobile ferrarista*, BCC Castenaso, Bologna 2006). Nato l'11 ottobre 1928, dopo un'infanzia trascorsa in Francia, era entrato nel mondo dei motori. A parte una breve parentesi in Maserati, De Portago giurò assoluta fedeltà alla scuderia della Ferrari. Dopo aver distrutto la sua auto da Formula 1 in un incidente all'*International Trophy* di Silverstone nel 1955, in cui si ruppe per altro una gamba, ottenne un secondo posto nel 1956 come pilota ufficiale della Ferrari al Gran Premio di Gran Bretagna. Era anche un talentuoso bobbista. Partecipò infatti alle Olimpiadi Invernali del 1956 a Cortina D'Ampezzo e l'anno successivo vinse il bronzo nel bob a due ai Campionati mondiali di bob a St. Moritz.

Foto n. 21. La Ferrari 315 S spyder Scaglietti di Ugo Taruffi passa sotto la Torre di Guidizzolo, accolta da una folla festante, in cui sono presenti bambini, uomini e donne. Come si può vedere, non ci sono recinzioni a separare la strada, riadattata a pista automobilistica, dal pubblico, che è disposto lungo il ciglio della strada. Collez. G. Bottoli

Mezz'ora più tardi, all'altezza della Corte Colomba, cioè circa al chilometro 21 della tappa, accadde il disastroso incidente. Lo pneumatico della ruota anteriore sinistra scoppiò violentemente[38] e la vettura di De Portago sbandò all'improvviso, uscendo di strada sul lato sinistro rispetto alla direzione di marcia. Dopo aver troncato di netto un paracarro, il bolide impazzito piombò su un gruppo di spettatori seminando la morte. A perdere la vita furono in nove, tra cui 5 bambini, di cui l'*Espresso* riportò le fotografie con i nomi.

38. Si ipotizza che un occhio di gatto abbia fatto tecnicamente *dechappare* lo pneumatico, cioè che questo abbia perso il battistrada a causa del materiale difettoso e dell'urto.

Foto n. 22. Le foto dei cinque bambini falciati dal roboante veicolo di De Portago. Da sinistra: Giovanni Conzato, 8 anni, di Cavriana; Anita Boscaini, 10 anni, di Guidizzolo (4 anni nella foto); Carmen Tarchini, 10 anni, di Guidizzolo; Valentino Rigon, 2 anni, di Guidizzolo; Virginia Rigon, 9 anni, sorella di Valentino. Con loro furono trucidati anche Silvestro Franzini, 30 anni, di Volta Mantovana; Angelo Dobelli, 48 anni, di Guidizzolo; Romeo Stancari, 52 anni, di Guidizzolo; Pietro Grandelli, 52 anni, di Cavriana. L'incidente si portò con sé anche sei feriti, non gravi: Lorenzo Rigon, 2 anni, e Giovanni Rigon, 47 anni, di Volta Mantovana; Adamo Contarini, 36 anni, di Volta Mantovana; Mario Pilon, 32 anni, di Volta Mantovana; Ettore Cauzzi, 55 anni, di Vasto; Mario Renelli, 30 anni, di Volta Mantovana. La fonte, in questo caso, è La Gazzetta di Mantova *del 13/05/1957, p. 1. ASMn, Tribunale di Mantova, Giudice istruttore, fasc. 116/1958 vol. II, b. 240*

La corsa incontrollata del mezzo non si arrestò a quel punto. Dopo un volo di 40 metri, l'auto abbatté un palo telegrafico prima di rimbalzare sul ciglio della strada, schivando altri astanti, immobili e increduli. A quel punto i corpi dei due piloti furono sbalzati fuori dalla vettura, esanimi e dilaniati, mentre il bolide attraversava diagonalmente la strada, per terminare nel fossato a destra rispetto dalla direzione di marcia originale. I rimasugli meccanici dello scheletro dell'auto sono immortalati nella Foto 23.

Foto n. 23. La Ferrari di De Portago e Nelson sfasciata si immerge nel fossato colmo d'acqua. L'immagine si commenta da sé: questo l'esito ultimo di un volo turbinante di oltre 50 metri (e di un immenso carosello di 200), conclusosi in tragedia. A parte l'antro del motore ben visibile, è difficile risalire alla forma originale dell'auto a partire da questo assembramento di parti metalliche scomposte. Sul fianco del fossato, alcuni uomini si avvicinano alla vettura distrutta e ne parlano, indicandola. La gente si era accovacciata nei fossati per seguire la corsa da vicino. Frammenti e componenti di tutti i tipi furono trovati in ogni dove, lì attorno. Collez. Fam. Rigon

Il paese fu profondamente scosso. In molti raggiunsero il teatro del misfatto. La notizia si sparse rapidamente, suscitando l'attenzione generale. Subito arrivò il telegramma di cordoglio del Presidente della Repubblica Giovanni Gronchi, che si disse "profondamente rattristato [per la] grave sciagura" e manifestò il suo "vivissimo cordoglio a[lle] famiglie [delle] Vittime"[39]. La disgrazia cominciò a essere discussa a livello nazionale e internazionale[40]. L'on. Malvestini propose a gran voce l'abolizione della Mille Miglia, e altri con lui. La corsa venne definitivamente soppressa[41].

I funerali delle undici vittime (i nove massacrati dal veicolo più De Portago e Nelson[42]) furono celebrati dal Vescovo mons. Poma due giorni dopo la sciagura, martedì 14 maggio 1957, alle ore 16, nella Chiesa Parrocchiale. A questo punto, lasciamo parlare le fotografie[43].

39. Ibidem.

40. *La Gazzetta di Mantova* del 14/05/1957, pp. 1-2. La notizia trovò spazio sui giornali di Francia (dove si arrivò a definire la Mille Miglia non "uno sport, ma un omicidio collettivo organizzato"), Inghilterra, Germania, Spagna, e anche oltreoceano, sui quotidiani statunitensi.

41. Dal 1977 la Mille Miglia è tornata a rivivere come gara di regolarità per auto d'epoca, con partecipazione limitata alle vetture prodotte non oltre il 1957, precedentemente iscritte alla corsa originale.

42. Le salme dei due piloti erano state ricomposte in una piccola cappella del Cimitero di Cavriana, in attesa delle esequie.

43. Che, come si può immaginare, sono numerose e tutte interessanti. Qui ne abbiamo selezionato solo alcune, particolarmente significative.

Foto n. 24. De Linares, Olga Martin Montins De Portago e Carol McDaniels, rispettivamente zio, madre e vedova del pilota Alfonso De Portago, varcano il cortile interno della Chiesa Parrocchiale, attorniati da una moltitudie di persone, tra autorità civili, militari e religiose. Le donne indossano un abito nero a lutto, la madre copre il volto con dei grossi occhiali da sole, mentre la vedova si rifugia dietro un velo. Nella folla anche l'attrice Linda Christian, molto amica del pilota. Chi non riesce a prendere parte alle onoranze partecipa come può, ad esempio affacciandosi alla finestra. La foto è emblematica della risonanza che la tragedia appena descritta ebbe sul paese e sulla nazione intera: un fotografo – si dovrebbe trattare di Quinto Sbarberi, fotografo ufficiale della Gazzetta di Mantova *all'epoca –, addetto alla stampa, precede il corteo e si affretta a preparare la macchina (una "Rollei" con batteria del flash a spalla) per riprendere il momento luttuoso e drammatico, Sullo sfondo si intravede l'addobbo floreale, posto sulle bare dei due piloti. Collez. G. Cagioni*

Foto n. 25. Conclusasi la funzione funebre, le bare lasciano la Chiesa per essere caricate sul carro funerario che le porterà al Cimitero. Qui si può vedere la piccola bara bianca di una delle giovani vittime della sciagura. A sorreggerla quattro ragazze, vestite pure loro con scarpette e abiti bianchi. Bianco è anche il carro funebre che custodirà le salme dei bambini: in ogni modo si cerca di far emergere la purezza dei cinque infanti innocenti in mezzo al lugubre contesto della circostanza. Osservando in alto a destra si nota, infatti, che per l'occasione un grosso drappeggio nero con ricami d'oro è stato sistemato sul pronao della Chiesa. La grandiosa partecipazione dell'intera comunità guidizzolese è visibilmente chiara in questo scatto. Sullo sfondo il corteo ecclesiale si incammina dietro le bare dei defunti, in attesa di rivolgere loro l'ultimo saluto. Collez. Fam. Rigon

Foto n. 26. L'estremo abbraccio del popolo tutto alle vittime della Mille Miglia si compie al Cimitero. Vediamo qui sette (o otto) casse delle undici presenti. Le tre ben visibili, sommerse di fiori e di nastri, appartengono a tre degli adulti periti nell'incidente, mentre subito sotto si possono intravedere le piccole bare bianche dei bambini, anch'esse innaffiate di infiorescenze varie. Sulla sinistra, alcuni funzionari religiosi partecipano con cordoglio al dolore dell'intera comunità, mentre bandiere, gagliardetti e croci sono alzati al cielo, ad onorare i caduti. Da questa immagine è lampante la quantità di gente che partecipò alle onoranze funebri, che La Gazzetta di Mantova *descrisse nell'ordine delle migliaia. Tra di loro, uomini col cappello levato, donne (alcune qui hanno persino deciso di issarsi su alcune tombe lì attorno), ragazzi e bambini. Collez. Fam. Rigon*

Foto n. 27. Qualche tempo dopo la disgrazia, alla presenza delle autorità civili e militari, venne eretto un monumento commemorativo per le vittime di quel tragico 12 maggio 1957. La costruzione, pietosamente posta sul tratto di strada dove la Ferrari di De Portago sbandò, è qui raffigurata durante la cerimonia di intitolazione, con tanto di stendardo italiano e comunale. Sulla torre centrale, sotto una croce e una corona in ferro, leggiamo le seguenti parole: "Innocenti / Uomini d'altri tempi / Astratta potenza / Fuggono la vita e la storia / Lasciando dietro a sé / La strage / Di uomini d'oggi / Presenti e felici / Della calda umile vita / Innocenti eroi". Sul muretto collocato alle sue spalle, alcune targhe riportano i nomi delle vittime, distinti in "i bambini", "gli uomini", "i piloti". Infine, una dedica, concisa e lapidaria, custodisce nell'eternità della pietra il ricordo dei morti tra i vivi: "La Provincia di Mantova / Alla memoria delle vittime / Del giorno 12 maggio 1957 / Funesto epilogo della / Competizione automobilistica / Delle Mille Miglia". Collez. M. Rodighiero

Appendice. L'impianto metodologico dell'indagine

di Costantino Cipolla

Mi sembra piuttosto evidente che non si arriva ad un libro come questo in modo accidentale o spinti dal puro caso. Contrariamente ad un volume letterario, oltretutto, che pure richiede idee precise in merito[1], il presente è un testo che deriva da una ricerca messa in atto a più voci e, per di più, costruita sulla propensione, a vario titolo, della popolazione locale a mettere a disposizione del nostro lavoro le fotografie in suo personale possesso e di nostro interesse. In questo pre-orientamento collettivo, in questo scavo di gruppo, è ovvio che è entrata in campo la mia intenzionalità originaria, ma questa è stata via via corretta dall'influsso dell'ambiente e delle circostanze proprie di ogni ricerca, oltre che dal dibattito interno al nostro gruppo di indagine. Scrivere è un modo per sopravvivere da parte dell'autore[2], ma è anche e forse soprattutto un modo per far restare nel tempo l'oggetto del suo rendiconto euristico.

Nel caso che ci compete, la nostra è una ricerca storico-sociale o socio-storica limitata al nostro piccolo paese (come detto), che però è stata condotta secondo una prospettiva universale e di rigoroso metodo scientifico, come ora andremo in più punti ad evidenziare quale nostro onere della prova.

1. P. Roth, *Perché scrivere?*, RCS, Milano 2019.

2. Ivi, p. 413. Le idee per uno scrittore, come per uno scienziato, possono essere tante e condizionate dal contesto. L'avvio è fondamentale e noi, condividendo questa tesi, l'abbiamo addirittura in questa sede pluralizzato.

Il ciclo metodologico della ricerca

Ogni ricerca socio-storica, come ho evidenziato altrove[3], segue necessariamente ed in maniera conseguente un suo ciclo che muove dalla co-istituzione dell'informazione di base per essere successivamente elaborata e ordinata prima di essere interpretata ed, alla fine, diffusa o resa pubblica e spendibile per chiunque possa essere interessato alla questione.

Nel caso che ci riguarda, a parte la ricognizione sulla scarsa e modesta (salvo qualche eccezione che vedremo) bibliografia esistente, la co-istituzione è consistita nella raccolta il più possibile ampia e inclusiva (per il periodo considerato) di tutte le cartoline fotografiche e di tutte le fotografie private relative rigorosamente (salvo qualche rara eccezione che motiveremo) alla nostra comunità di riferimento[4]. Accanto a ciò, abbiamo cercato dei documenti di vita quotidiana in grado di meglio farci intendere quanto ripreso iconicamente. Le fotografie, purtroppo, assai raramente riescono a parlare ed adeguatamente per loro conto. Fatto ciò e dato per scontato che qualche foto ci è sfuggita o non ci è stata portata (purtroppo), siamo passati al faticosissimo lavoro di comprensione e di interpretazione del materiale iconico in nostro possesso, a partire dalle date e dal senso delle fotografie reperite. Siamo ovviamente partiti dai due soli testi esplicitamente visuali dedicati nel tempo al nostro paese.

Il primo è del 1986 e si intitola un po' vagamente *Guidizzolo ieri e oggi 1863-1985* per un volume che pare essere promosso dall'AVIS locale, che è fotografico, che vede i nomi di quattro collaboratori[5] e che contiene almeno un centinaio di immagini, con molte cartoline, di nostro interesse storico e ciò per riferimento alle loro date di effettuazione. Le foto non sono commentate, né viene suggerita la fonte o la loro

3. C. Cipolla, *Il ciclo metodologico della ricerca sociale*. FrancoAngeli, Milano 1998, con varie edizioni e ristampe successive.

4. Alla fine del presente testo abbiamo messo insieme una serie di brevi biografie di tutti quelli che hanno reso possibile questo volume. Ogni foto, poi, è corredata dall'indicazione della raccolta a cui appartiene, salvo ovviamente le cartoline che, per ovvie ragioni, erano e sono di dominio pubblico. I pochissimi rifiuti a collaborare con la nostra indagine sono stati motivati con ragioni che ben poco avevano e hanno a che vedere con la stessa. Un grazie, di cuore, comunque a tutti.

5. I collaboratori risultano essere Valerio Galvani, che ha dato il suo piacevole contributo anche al nostro lavoro; P. Roverselli, ex-sindaco e mio carissimo amico, oggi defunto, che, tramite i suoi eredi, è presente nel nostro testo; F. Mondadori, fondamentale per la nostra ricerca, e G. Ruffoni, che è l'unico che ha interposto qualche breve testo scritto nel libro in oggetto e che citeremo come tale.

provenienza. L'anno della loro realizzazione è sempre asserito ma non giustificato. Non di rado è approssimato (giustamente). A volte, sembra essere non corretto e impreciso[6] come nelle Foto 1 e 2 che qui intercaliamo.

Foto n. 1. Tratta da Guidizzolo ieri e oggi 1863-1985, *n. 49, Cartolina d'epoca, 1917. In realtà, la cartolina riproduce l'inaugurazione della lapide dedicata a G. Garibaldi che i documenti ufficiali del Consiglio Comunale fanno risalire esattamente al 24/09/1911. D'altra parte, mi domando: con morti, sfollati e feriti in tante (quasi tutte) famiglie guidizzolesi, dove e come poteva esprimersi una tale gioia collettiva nel 1917? La storia però...*

6. In storia, tutti possono commettere qualche mancanza, a cominciare da noi stessi, pronti a mutare posizione di fronte a prove diverse e non conosciute.

Foto n. 2. Tratta da Guidizzolo ieri e oggi 1863-1985*, n. 63, Casa rurale, cartolina 1932, mentre dall'anno XIII riportato in epigrafe si evince che siamo nel 1935, per uno stile architettonico del tutto peculiare nel contesto delle costruzioni rurali dei nostri campi (vedi capo apposito)*

In ogni caso, in quest'opera risiede il merito dell'inizio che poi si trasformerà durante il nostro percorso da una co-istituzione editoriale in una co-istituzione sociale (foto sparse private ed inedite). Prima, però, di arrivare a questa svolta dobbiamo occuparci di un altro testo esplicitamente costruito sulle immagini storiche della vita guidizzolese. Si tratta del lavoro editoriale di Andrea Dal Prato, *Passeggiando nel tempo* del 2002[7], il quale aspira a ricostruire 100 anni di storia del nostro comune. Le foto sono diverse centinaia dal '900 al Duemila. Quelle successive al periodo di nostro interesse (molte del tutto inedite) sono oltre la metà del totale. Le date sono quasi sempre orientative e di aggregazione. I commenti, molto brevi, sono spesso piuttosto generici e di senso comune. Le fonti delle foto (cartoline) più vecchie non sono citate. Soffermiamoci su due commenti.

Una prima riportata nel testo, tutto in bianco e nero[8], presenta la via del Municipio. C'è l'illuminazione in strada ben presente. Si vede la scrit-

7. La stampa è locale. Vengono ringraziati, per l'apporto fornito, anche rispetto alle referenze fotografiche, 16 contributori. Tra le fonti documentarie non viene mai citato il volume precedente.

8. La cartolina si trova nel testo a p. 15, la prima in alto, con altre foto di soggetto analogo. Da queste si capisce bene come dopo il '28 la via si chiamasse già col nuovo nome di Vittorio Veneto. Nel '700, questa era considerata "la piazza", ma tutte le denominazioni erano di senso comune popolare (ed orale).

ta sulla cartolina che qualifica il luogo come "Via Municipio". Non esiste ancora lo sventramento nella sinistra che condurrà alla "rotonda" e alle ville Mutti. È data una presenza di "popolo" tranquilla e numerosa. Vi sono fogge piuttosto tradizionali e diverse biciclette, oltre alla maestosa torre sullo sfondo. Siamo dunque intorno al 1920, comunque nel dopoguerra, e prima che nel 1923 il consiglio comunale desse alla via principale il nome di "Vittorio Veneto". Così collocata, la cartolina può essere usata a fini storiografici.

Un secondo (raro) nucleo fotografico cui voglio accennare[9], riguarda quella che è possibile intuire essere una festa di caccia. Vi colgo (ma posso errare) molti cacciatori col fucile ben vestiti (notabili), dei battitori, degli aiutanti addetti al richiamo degli uccelli, delle dame vestite in bianco ma in modo tradizionale. L'atmosfera appare un po' nebbiosa in una pianura appena mossa sfumata verso un orizzonte collinare. Siamo poco a Nord di Guidizzolo, all'inizio degli anni '20?

Foto n. 3. Tratta da A. Dal Prato, op. cit., p. 42, l'ultima in basso. I cacciatori veri sparano verso l'alto e sono ben vestiti. Gli altri paiono a supporto della caccia. Allodole? Non mi pare proprio una caccia alla quaglia tipica della brughiera. La storia, senza fonti ed informazioni mirate, è oltremodo difficile da intendere, al punto che ci potremmo porre il problema: qui ci troviamo in territorio di Guidizzolo o ai limiti con Cavriana? Comunque, siamo prima della Grande Guerra. Collez. M. Segna

9. Le foto sono a p. 42 e non risultano in sé commentate.

Reso questo dovuto omaggio ed evidenziati alcuni problemi metodologici che la pratica storiografica ci pone, passiamo ora ad accennare, lungo questa scia, su quanto abbiamo investito tecnicamente nell'ambito del materiale grezzo reperito. A livello di elaborazione, abbiamo scannerizzato le foto lasciandole nel loro stile o nella loro conformazione estetica originaria. Ogni foto è stata verificata per quanto attiene alla sua provenienza (citata la fonte), alla sua data, certa o stimata (con relativa motivazione), alla sua tipologia (cartolina più o meno viaggiata, fotografia istituzionale o familiare e così via). Tutte le immagini, tranne qualche eccezione rara e giustificata, sono relative al nostro comune o ai suoi abitanti.

Dato ciò, il passaggio successivo è stato quello di attribuire un senso a ognuna di queste immagini, di classificarle, di interpretarle nel loro significato probatorio e nella loro rilevanza sociale, sociologica e storica. A questo scopo, ci siamo avvalsi di documenti scritti mirati, di storie segmentali locali e ovviamente di volumi (scientifici) concernenti la storia generale della nostra nazione... La concatenazione delle icone per temi e per anni ha portato alla conclusione del nostro lavoro per quanto ci è stato possibile fare, reperire e connettere.

L'ultima tappa del ciclo metodologico seguito consiste nel presente libro che garantisce *erga omnes* ed anche *online* la diffusione e la spendibilità dal passato verso il futuro del compito investigativo portato onerosamente a termine.

Accanto allo scritto il visuale ri-produttivo: l'arrivo della tecnica fotografica

In questa sede, non possiamo ovviamente ripercorrere la storia della tecnica fotografica che si afferma nella prima metà dell'800 in Francia e si espande, tramite molteplici e continue innovazioni pratiche, con una sua specifica plasmabilità nel mondo occidentale[10]. Attraverso i primi paesaggi[11] e i primi ritratti sotto la forma di dagherrotipi, la fotografia si dif-

10. Rimando a G. Freund, *Fotografia e società*, Einaudi, Torino 2007.

11. Nel volume curato da L. Artioli, *Una cultura alimentare di collina*, FrancoAngeli, Milano, 2018, sono riportate (pp. 90 ss.) varie foto del paesaggio collinare e di prima pianura visto dai dintorni della rocca di Solferino. Siamo nel 1862. La tecnica francese di J.C. Langlois è militare ed a ricordo glorioso della battaglia di Solferino (e San Martino). Nella foto di p. 91, quella sopra, scattata a Monte Alto verso Sud-Est, si coglie bene la pianura sottostante spoglia di alberi e di case. È la brughiera a monte anche di Guidizzolo (cfr. cap. 1, fig. 4).

fonde a livello sociale, fissa il movimento (siamo nel 1878), diventa e si mostra sempre più democratica, soprattutto rispetto alla pittura, finché nel 1888 in America la Kodak non inventa la macchina fotografica, premessa per una fruizione di quella nuova forma di riproduzione del reale in una prospettiva personale e senza limitazioni particolari a livello sociale. Solo la Chiesa Cattolica avanzò qualche riserva morale (per le immagini pornografiche) e vi fu chi sostenne che la foto rubava l'anima ai soggetti, sminuendone in questo modo la personalità spirituale. In ogni caso, attraverso percorsi a volte tortuosi ed a volte lineari la fotografia accrebbe inesorabilmente la sua presenza sociale muovendo dai notabili per giungere al popolo, passando attraverso le istituzioni pubbliche (foto come riconoscimento individuale ben oltre le analitiche ricostruzioni scritte del volto e del corpo contenute nelle carte d'identità ottocentesche). Di questo processo, qui del tutto approssimato, cosa possiamo cogliere dal basso e dal circoscritto? Come si presentano le prime fotografie a Guidizzolo o della "gente" di Guidizzolo? Le strade di questo arrivo paiono essere soprattutto di tre tipi e cioè quello della ricchezza (i più ricchi sono quelli fotografati per primi), quello dell'innovazione tecnologica (il tram, per esempio) e quello dei punti paesaggistici più rilevanti, per quanto modesti, del paese (la piazza della torre, del mercato e del municipio, con la chiesa). I primi dagherrotipi sono degli anni '60 dell'800 e qui ne proponiamo qualche esempio iconico con i relativi commenti analitici (Foto 4, 5 e 6 a. e b.). Le prime cartoline con immagini del paese, più o meno "viaggiate", sono della fine dell'800. La prima fotografia di un defunto sul loculo del Cimitero di Guidizzolo è del 1901 (Michele Grassi), mentre a Castel Goffredo è del 1898 dei coniugi (pare) Collini, mentre nel 1904 si rinviene l'immagine di Stanghellini Margherita, salvo errori ed omissioni. Ma è solo dopo la "Grande Guerra" che la fotografia risulta diffondersi in modo consistente e piuttosto egualitario (o democratico) nei nostri territori.

Foto n. 4. Foto a dagherrotipo di don Giuseppe Mutti (1809-1869), figlio del notaio Vittore di Guidizzolo, del o antecedente al 1861, da F. Mondadori, Guidizzolo: epigrafi e iscrizioni, *Centro Culturale San Lorenzo ed., Guidizzolo 2006, p. 61. Il Mutti fu del giro dei preti liberali ruotanti intorno a don Enrico Tazzoli, anche se non fu coinvolto nelle vicende di Belfiore e restò monarchico-costituzionale, non repubblicano. Fu professore, colto, di teologia, latino e italiano. Cfr. C. Cipolla,* Belfiore I, *FrancoAngeli, Milano 2006, pp. 968*

Foto n. 5. Italo Rizzini, ufficiale a Caserta, il primo a sinistra in piedi, da F. Mondadori, La famiglia Rizzini dal XVII al XX secolo, *ed. Centro Culturale San Lorenzo ed., Guidizzolo 2003, p. 131. La data riportata, non giustificata, è 1863. In effetti, dall'analisi delle divise effettuata da Stefano Spazzini, che ringrazio sentitamente, risulta che esse furono in uso dal 1860 fino al 1869, mentre Italo si congedò dall'esercito nel 1865. Dunque l'informazione storica tiene. Ricordo che nel 1843 a Livorno Francesco Rizzini (1796-1867), padre di Italo (1838-1895), si fece ritrarre con i figli "al dagherrotipo", "novissima cosa!" in F. Mondadori,* op. cit. *p. 105*

Foto n. 6a. Questa foto si può porre a cavallo del 1890 e segna una sorta di passaggio fra il dagherrotipo e la fotografia. Essa rappresenta una ricca borghese (commerciante) di Guidizzolo, tirata a lucido, fotografata da un famoso studio mantovano, premiato dal Re qualche anno prima con una medaglia d'argento. L'abito è raffinato, ma del tutto ottocentesco. La sciarpa e gli addobbi del collo sono signorili. La seggiola popolare. L'italiano scritto zoppicante. Collez. R. Faini

Foto n. 6b. In questa fotografia di fine '800 (Collez. E. Zaccagni), dovuta allo stesso fotografo della precedente, si conferma, anche in questo caso più ristretto, lo stile estetico delle donne borghesi del tempo. In particolare, si noti l'addobbo della zona intorno al collo, con scialle, collana e qualche pietra (preziosa). Dal lobo (come nella foto precedente), paiono pendere degli orecchini

Foto n. 6c. L'ultimo esempio che proponiamo, da F. Mondadori, Guidizzolo: epigrafi e iscrizioni, *op. cit., p. 111, concerne Vincenzo Mutti, laureando ingegnere a Pavia, garibaldino, morto a Bezzecca nel 1866 a vent'anni. La foto (dov'è l'originale?) non può che essere coeva o di poco antecedente a tale data. Sua madre era una Danielli: i ricchi, anche e soprattutto allora, si sposavano nel loro ambiente*

Dunque, abbiamo strutturato le nostre interpretazioni storico-sociali a partire dalla fotografia, ovviamente affiancandole ad analisi letterarie ed inserendole nel contesto dell'evoluzione storica nazionale. Noi, quindi, non abbiamo scattato alcuna foto (salvo qualche eccezione), ma ci siamo limitati a reperire quelle che la storia tecnico-iconica del nostro territorio ci metteva a disposizione nel suo svilupparsi concreto ed autonomo[12] per poi interpretarle nel senso ritenuto da noi più congruo. Ma una tale procedura metodologica quali vantaggi e svantaggi euristici presenta rispetto a quella reputata normale o comunque di pratica corrente e sedimentata nel tempo?

Partiamo da R. Barthes[13], il quale distingue la fruizione dell'icona fotografica lungo due percorsi conoscitivi. Il primo viene definito *studium* e concerne le informazioni che la foto ci fornisce razionalmente sugli usi, i costumi, i paesaggi che rappresenta. Ma, accanto a questo, vi è una seconda resa dell'immagine, che Barthes appella come *punctum*, e che concerne la componente emotiva che la foto trasmette spontaneamente al suo osservatore. Il primo aspetto ci fa comprendere e ci consolida, il secondo ci punge e ci fa riflettere.

È ovvio e, direi, scontato che abbiamo vissuto entrambe queste sensazioni durante la nostra indagine, dove forse la dirimenza dell'irrazionale ha quasi prevalso su quella più attesa e nota del conosciuto e, in sé, più razionale. Quello che è acquisito, comunque, ai nostri fini è che la foto ci ha spesso costretto a rivedere le nostre ipotesi interpretative, sorprendendoci e coinvolgendoci lungo più direzioni emotive.

In fondo, contrariamente a quello che si tende a supporre, le emozioni presentano, al di là degli aspetti individuali e soggettivi, un forte radicamento sociale[14].

La foto in sé non può essere considerata obiettiva[15], se non altro perché uno stesso oggetto può essere ripreso in molteplici modi, ma essa assume non di rado i connotati della incontrovertibilità. Vedere un uomo con una gamba amputata o leggerlo in un testo scritto non possiede la medesima

12. Lavoro di recupero tutt'altro che semplice sia in sé, sia per piccole gelosie, contrasti locali fra collezionisti, invidie di vario genere. La nostra disponibilità *erga omnes* è stata comunque senza eccezione alcuna.

13. *La camera chiara*, Einaudi, Torino 2003 (1990).

14. B. Rimè, *La dimensione sociale delle emozioni*, Fabbri, Milano 2014. In sé, la parola emozione arriva tardi sulla scena del sapere umano. Ma mi chiedo: dopo oltre 50 anni posso riandare nella storia della mia storia senza essere toccato nello spirito? Solo nostalgia o anche gioia?

15. G. Freund, *op. cit.*, p. 4.

Foto n. 7. La "strada noa" si vede qui, anni '30, nella configurazione molto ampia, nitida, razionale con due ville a sinistra (eclettiche), due a destra (geometriche) ed una pre-esistente sullo sfondo. La rotonda di fronte a noi le accoglie tutte. Anni '30. Cartolina

capacità probatoria. E visto che il sapere scientifico implica necessariamente l'onere della prova va da sé che in ambito storico-sociale il peso metodologico della fotografia non può essere ignorato. Scontato il lontano dibattito tra la foto quale creazione artistica (*aura*) e la foto in quanto produzione seriale (*meccanica*)[16], il problema che ci dobbiamo porre consiste nel comprendere il perché si fotografa[17]. Durante il nostro percorso storico probabilmente questi "perché" (come già accennato) sono mutati nel tempo, per quanto la stratificazione sociale abbia molto spesso inciso sul fotografare (oggi, nell'era digitale, non lo sosterrei più). Inoltre, la foto, che non è una necessità o un bisogno personale, ha assolto e si è diffusa nel tempo anche per questioni societarie. Si pensi solo al suo ruolo nell'identificazione degli individui ed al ricordo comunitario (da noi, non nella luterana Norvegia,

16. W. Benjamin, *L'opera d'arte nell'epoca della sua riproducibilità tecnica*, Einaudi, Torino 1966 (1937). Anche i classici sono erosi dal tempo.
17. Cfr. A. Bassi, *Questioni di metodo 2.0*, FrancoAngeli, Milano 2019, pp. 141 ss.

a)

b)

Foto n. 8 (a, b). Nella foto 8a è rappresentato un uomo che raggiunse i 100 anni, che per l'epoca era un evento eccezionale. Nella seconda, datata 1946, i bambini rendono omaggio, come spesso veniva fatto nelle nostre terre, ad un altro uomo giunto in tardissima età. Collez. G. Valbusa e G. Sposetti

ad es.) manifestato sui loculi al ritratto del defunto. Ma le funzioni sociali della foto sono innumerevoli e possono andare[18] dalla ricerca della bellezza a quella del prestigio, dal favorire la comunicazione-relazione al bloccare quel frangente di vita che il tempo, altrimenti, porta implacabilmente via con sé, dal fissare un dato ruolo sociale (matrimonio) a documentare uno specifico fenomeno o territorio nel suo complesso. Tutti questi percorsi noi li troveremo a monte delle fotografie reperite[19] che restano comunque la base del nostro scavo analitico.

Questa centralità delle immagini[20] non è stata però abbandonata a se stessa, ma è stata incrociata con analisi concettuali e con numeri statisti-

18. Ivi, p. 142, Resta comunque precursore e fondamentale in merito P. Bourdieu (sotto la direzione di), *La fotografia: usi e funzioni sociali di un'arte media*, Guaraldi, Firenze 1972.

19. Questa inversione della formula del normale e corrente modo di fruire del materiale visuale caratterizza questa nostra indagine rispetto a quelle comuni di impianto sociologico.

20. Vedi G. Cersosimo, *Alle origini della sociologia visuale: Jacob Ruis, il giornalismo fotografico, le immagini nella ricerca sociale* in *Sociologia e ricerca sociale*, XL, 118, 2019, pp. 5 ss.

ci (non troppi per il vero). Infatti, a nostro parere, la fotografia non mente, ma nello stesso tempo essa non esaurisce e non è in sé autosufficiente e abbisogna di commenti interpretativi[21] onde essere ben compresa. Del resto l'analisi scritta corre sempre il rischio di non saper "ri-tradurre"[22] il reale nella sua realtà piegandolo in qualche direzione euristica. Sulla forza e sulla semplificazione astraente delle statistiche non importa andare oltre tanto ciò è evidente.

Il nostro lavoro metodologico di impianto storico-sociale ha seguito questa sorta di *triangulation analisys*[23]con la testa rivolta, però, prioritariamente alla sua componente iconica. Nell'ambito di tale logica, siamo partiti da alcune ipotesi per poi, però, integrarle, sostituirle o confermarle secondo i suggerimenti (induttivi) della *Grounded Theory*. La storia sociale è sempre un luogo di grandi e poliedriche sorprese.

Chiudo queste annotazioni metodologiche con una sintetica deviazione storiografica che non può essere trascurata. Mi riferisco all'avvento della cartolina postale che diventò, all'inizio del '900, una vera e propria industria, anche per il suo prezzo "alla portata di tutti"[24] che la rese molto popolare, secondo una sorta di infatuazione sociale che la fece rapidamente salire sul carro degli oggetti da collezione[25], passione che permane ancora oggi e che ri-troveremo nelle nostre immagini proprio a partire dal periodo in esame. Nella storia, i supporti euristici possono provenire dalle fonti più diverse[26].

21. D. Hall, *Introduction* a J. Evans, S. Hall (eds), *Visual Culture: The Reader*, Sage, Thousand Oaks 1999.

22. Per riflessioni generali, ma convergenti, in merito, consulta A. Güntert, M. Poivert (a cura di), *Storia della fotografia dalle origini ai giorni nostri*, Electa, Milano 2005.

23. G. Cersosimo, art. cit., p. 21.

24. Vedi G. Freund, *op. cit.*, p. 57.

25. Rimando a A. Kyron, *L'Age d'or de la carte postale*, A. Balland, Parigi 1966.

26. In questo ambito, v'è da osservare di sfuggita che l'uso delle immagini non è in storia sociale o in sociologia storica particolarmente sviluppato. Eppure, la fotografia varrebbe più di molte e svariate parole. Eppure, essa possiederebbe una sua referenzialità diretta non sostituibile. Eppure, essa segnerebbe una continuità fisica col suo oggetto priva di confronti. Eppure, essa sarebbe la migliore autocertificazione della realtà possibile. Eppure, essa presenterebbe un codice di rassomiglianza con le cose privo di paragoni. Non vado oltre, per quanto non possa che rimandare a C. Cipolla, *Icone rurali*, Cassa Rur. ed Art. di Castel Goffredo, Castel Goffredo 1990, volume fotografico che parla per conto suo. Cantare da soli non è però come cantare in coro.

Universale concreto o visibile astratto?

Quando ho deciso di tornare sulle tracce della mia infanzia e di interessarmi del mio paese non mi è mai neppure passato per la mente di occuparmi di un tema locale che avesse un valore ed un senso localistici. Il mio scopo è sempre stato quello di trasferire una conoscenza storico-sociologica da un livello mirato, circoscritto, fotografico, quotidiano ad un livello ben più generale, allargato, poliespressivo ed anche istituzionale. Ricercare per restare dentro se stessi ritengo che non possa possedere alcun senso. In realtà, il dibattito o il confronto fra storia locale e storia generale o fra micro e macro-sociologia possiede già una ricca tradizione che per la prima disciplina risale agli anni '30, più o meno, con la tradizione degli *Annales* francesi e per la sociologia coincide quasi con la sua nascita a cavallo fra '800 e '900 o poco dopo. È evidente che questo nostro lavoro non poteva scansare tali discussioni cui ora accenneremo sul piano metodologico e per ambiti tematici definiti.

Il titolo che abbiamo scelto per questo paragrafo rende bene l'idea di una logica che, a prima vista, appare ossimorica, ma che in realtà è piuttosto ambivalente. Così l'universale presuppone in sé, filosoficamente, il concreto e il visibile sconta dentro di sé l'astratto. In ambito storiografico ciò comporta almeno che la storia locale, per quanto trattata con diffidenza, renda bene l'idea di fenomeni nazionali (ed oltre) che si sedimentano su di un determinato territorio[27] e, viceversa, spinge verso gli stessi al fine di meglio intendere le loro conseguenze sulla vita corrente delle popolazioni. E ciò, si badi, senza accedere a nessun riduzionismo di sorta[28] o a qualche forma di neo-eruditismo localistico o, ancor peggio, mono-identitario. In altre parole, in questa sede non abbiamo seguito né i presupposti (ideologici?) del "piccolo è bello", per quanto difformi tra loro[29], né quelli della egemonia unilaterale della globalizzazione assunta come vincente, a prescindere da ogni altra dimensione propria della società moderna digitale[30].

In campo sociologico, le riflessioni in merito sono andate dai poli della casa o della famiglia, da un lato, a quelli della Patria (ed oltre), dall'altro, senza però che questi estremi esaurissero o assorbissero in sé i livelli

27. Fra le tante, mi limito a segnalare R. Romeo, *Il Risorgimento in Sicilia*, Laterza, Bari 2001, per altro ricerca dedicata a un territorio non così limitato, per quanto non autosufficiente.

28. Emblematico mi sembra S. Cavazza, *Piccole patrie*, Il Mulino, Bologna 1997.

29. R. Putnam, *La tradizione civica nelle regioni italiane*, Mondadori, Milano 1993.

30. Vedi C. Geertz, *Mondo globale, mondi locali*, Il Mulino, Bologna 1999.

intermedi di ogni organizzazione di natura socio-spaziale[31]. In tal senso, la sociologia non ha mai abbandonato a loro stessi i rapporti fra il mondo della vita[32] e quello delle istituzioni, negandosi dunque ad ogni rottura o ad ogni salto sostanziale fra l'uno e l'altro, optando nel suo complesso per una sorta di interazione ricorsiva di queste dimensioni apparentemente distanti fra di loro[33]. In ogni caso, dentro o sopra questi ponti e mondi, le appartenenze possono essere nei loro rimandi incrociati assai difformi[34] e più o meno vincolanti e identitarie secondo una prospettiva eclettica[35] che non può che tracciare o essere suggerita da vie multiple, a mosaico[36], o comunque raccolte in un *puzzle* più contenuto e coeso[37]. Si pensi solo alla "lingua materna"[38] ed ai tantissimi dialetti che in Italia le fanno assumere i colori più diversi per comprendere, almeno in parte, quanto appena sostenuto.

Ma il visibile-concreto cos'è? Quale valore ha? Come entra nell'ineguaglianza fra gli uomini? Insomma, studiando il locale cosa si studia della vita degli uomini? Siamo di fronte o dentro il più autentico o nel contesto del più falso? Dalla nostra ottica *eco-sociale*[39] cosa possiamo dire su tutto questo? Se muoviamo, necessariamente per noi, da un approccio autoetnografico[40] e lasciamo sullo sfondo letture di ascendenza sistemica, per quanto esse possano avere una loro utilità[41], quale consuntivo o quale valutazione possiamo trarre dalle nostre ipotesi metodologiche, tradotte, senza vocazioni letterali e senza, nel contempo, alterazioni di fondo[42], in una concreta prassi di ricerca?

31. Rimando a R. Strassoldo, N. Tessarin, *Le radici del localismo*, Reverdito, Trento 1992, p. 13.

32. Il micro in sociologia può aver assunto molteplici aspetti, ma non è mai uscito dai suoi orizzonti. Basta ricordarsi Schutz, Goffmann, Berger e Luckmann, Cooley, Simmel e tanti altri che, forse, hanno avuto in Husserl il loro ispiratore, in senso lato non temporale, più efficace.

33. Forse, Giddens, è stato in questo senso il più conseguente con la sua teoria della strutturazione. Per dei confronti vedi comunque G. Ritzer, *Toward an integrated sociological paradigm*, Allyn and Bacon, Boston 1981.

34. R.K. Merton svetta in questo campo, anche se la territorialità non pare appartenergli.

35. Vedi D. Fassin, *Le vite ineguali. Quanto vale un essere umano*, Feltrinelli, Milano 2019, p. 28.

36. G. Perec, *La vita: istruzioni per l'uso*, Rizzoli, Milano 1984.

37. In questo senso, l'insieme definisce le sue parti e non viceversa. Mah…

38. Vedi H. Arendt, *La lingua materna*, Mimesis, Milano 2005.

39. R. Gubert (a cura di), *L'appartenenza territoriale tra ecologia e cultura*, Reverdito, Trento 1992, pp. 51 ss.

40. G.R. Grimaldi, *Comunità di collina: un sistema di sistemi*, FrancoAngeli, Milano 2017, p. 12.

41. Ivi, pp. 29 ss. e pp. 177 ss.

42. D. Famin, *op. cit.*, pp. 23/32.

Sia nelle nostre intenzioni originarie, sia dopo aver compiuto il nostro lavoro investigativo, mi pare di poter sostenere che la co-esistenza degli opposti, già ripresa più volte, alla fine non viene né fugata, né negata, né ancor meno risolta. Detto altrimenti, analizzare la storia locale di un piccolo borgo padano nel nostro periodo e con i nostri metodi significa ignorare o mandare sullo sfondo ciò che si trova oltre, per quanto sia dentro, il mondo della vita di ogni giorno? Appartenere a una piccola comunità comporta l'ignoranza dell'altro, di colui o di quello che si muove al suo esterno? L'altro in che modo ineluttabilmente entra nel noi circoscritto e comunque a base territoriale definita? L'autenticità del vivere si manifesta meglio nell'immediatezza di una foto personale o nella sua interpretazione scritta che la rinvia a fenomeni più complessi e di portata ben più vasta? Ancora, si può sostenere o ipotizzare che nella storia minuta risieda l'intimità più vissuta, la verità della vita, la sua normalità senza pretese, la sua essenza pagata sulla propria pelle? L'orizzonte della vita usuale, con le sue eccezioni (ovviamente), è quello più attendibile, più degno di fede, più intimo e personale, più genuino e di spessore? La vicinanza o la prossimità valgono ben di più, nella prima modernità, della lontananza e dell'apertura al mondo?

Foto n. 9. Siamo a Sud di Guidizzolo, verso S. Lorenzo negli anni '50. In un bel giorno tardo autunnale, una classica passeggiata verso la campagna. Il paese è sullo sfondo con le sue case ed i suoi palazzi. In primo piano, un fosso di risorgiva con erbe d'acqua e margherite. Siamo al concreto-visibile, ma tutto ciò non assume anche un significato più generale e astratto? Quanti, nel mondo, passeggiano per rilassarsi e godersi il contesto? Collez. I. D'Isola

Dopo tanto scavo strettamente cognitivo, tenendo conto di posizioni e condizioni sociali, di "senza" e "con" societari[43], non mi sento di poter acconsentire ad una tale chiave di lettura. Il valore della vita, la sua pregnanza euristica è fuori dagli archivi locali o più semplicemente oltre gli archivi di qualsiasi genere essi siano, soprattutto per le classi subalterne[44]. La stessa biografia corre il rischio di implodere in se stessa e nelle sue mancanze informative[45]. Ma allora, dato e non concesso ciò, la vita vera, per quanto ci è possibile, dove possiamo raggiungerla o, per lo meno, approssimarla? La teoria dell'"altrove"[46] credo che possa diventare in questo caso un utile e sano strumento metodologico per una bussola che indirizza quasi fisiologicamente sia verso il verticale che verso l'orizzontale. In altri termini, fare ricerca sul micro comporta un orientamento dell'altrove, dell'alterità ignota, di ciò che immediatamente non è percepibile o rinvenibile. Chi sa e chi può dire dov'è la vita vera? Certamente essa, però, non si trova solamente alle polarità estreme della nostra esistenza, tra focolare domestico ed orizzonte indeterminato della nostra terra. Essa non può essere semplicemente assente, ma sul piano ricognitivo si trova a cavallo, in quel mix investigativo compreso fra il mondo della vita quotidiana, irriflessa e scontata, e un'alterità quasi ignota, che non ci appartiene se non per riflessione e competenza, anche di stampo emotivo. Essere diseguali è essere sospesi ricorsivamente[47] lungo queste dimensioni. La "vita vera" si può cercare di indagare solo in questo modo, sia che si parta dal micro che dal macro, sia che ci si muova dal locale che dal generale.

Questo è stato almeno il faro teorico-pratico che ci ha condotto lungo il nostro lungo percorso metodologico.

43. Si veda così P. Bourdieu, *L'illusion biographique*, in *"Actes de la recherche en sciences sociales"*, 62, 1, 1986, alle pp. 69/72. Ma in merito vedi anche G. Agamben, *Signature rerum. Sul metodo*, Bollati Boringhieri, Torino 2008.

44. D. Karanjian, *Two paths through slavery's archives* in *"History of the Present"*, 6, 2, 2016, pp. 133/145.

45. P. Bourdieu, *La miseria del mondo*, Mimesis, Milano 2015.

46. E. Levinas, *Totalità e infinito. Saggio sull'esteriorità*, Jaca Book, Milano 1980. Sempre di grande spessore.

47. Dove qui intendo il "ricorsivo" come una modalità, un movimento, una co-evoluzione che nella maggior parte dei casi non si cristallizza, non si identifica in una sola parte costitutiva.

Foto n. 10 (a, b). Nelle nostre campagne ci si faceva fotografare (soprattutto le donne?) sotto i portici in mezzo al guazzabuglio degli strumenti di lavoro agricoli e/o vicino a una nuova pompa elettrica che rendeva autonoma ogni cascina rurale per l'approvvigionamento dell'acqua. A cavallo degli anni '40. Collez. rispettivamente D. Sposetti, R. Guidetti e P. Baroni

I sentieri tortuosi del lavoro compiuto

All'origine di questo volume iconico stanno più aspetti o moventi in parte consapevoli ed in parte che si perdono nella mia biografia personale, a me nota solo in piccola parte. Andando o guardando all'indietro posso prendere le mosse dal mio interesse per la sociologia visuale, da un lato, e quello per la storia dall'altro che, tra loro mescolati, mi hanno portato lungo questa direzione. In maniera più immediata e voluta, invece, posso individuare la mia andata in quiescenza, in senso istituzionale, politico e didattico, dall'Università di Bologna che mi ha portato ad occuparmi intellettualmente solo di ciò di cui avevo interesse e vocazione, nonché il tremendo impatto col pensiero heideggeriano[48] e, in questo contesto, con la sua ossessione per la "terra natia" posta quasi al di sopra di ogni altra dimensione della vita, pure essendo il suo stesso pensiero ben al di sopra di ogni catena montuosa sia essa rocciosa, dolomitica o nera.

Appena mi sono fisicamente liberato dall'"enorme" volume su Heidegger e licenziato qualche piccolo altro lavoretto in corso[49], ho deciso, dunque, di riandare o di tornare per la prima volta sul mio paese, sulla terra dei miei genitori, sul luogo e sulla cultura che mi hanno socializzato. Se sono quello che sono, nel bene come nel male, ciò è dovuto a questo micro-mondo che per me è stato all'origine "il mondo". E tornare sul proprio mondo dell'origine non è mai facile o indolore. In fondo, è affidarsi alle memorie collettive e culturali del proprio territorio di riferimento e/o, viceversa, assumere questo quale luogo fisico e pre-supposto delle memorie sedimentate da analizzare[50]. Ma l'insidia maggiore è un'altra, almeno a mio parere, e cioè quella della nostalgia, dell'impossibilità del ritorno di ciò che hai vissuto, delle immagini del passato che ti ri-vengono alla mente e che convivono col tuo vivere[51]. Non pos-

48. Mi riferisco al mio *Heidegger. Un'interpretazione sociologica*, FrancoAngeli, Milano, 2018, la cui stesura mi ha tenuto impegnato da ottobre 2016 a ottobre 2017 tutti i giorni, Natale e Ferragosto compresi, per 10 ore al giorno di scrittura. A cosa altro potevo pensare? Alla fine, non poche di quelle oltre 800 pp. riflettevano sulla "terra natia" come categoria filosofica universale.

49. Mi riferisco a C. Cipolla, *Per una scienza sociale eclettica*, FrancoAngeli, Milano 2019. Il testo, di poco più di 100 pagine, segue una logica espositiva di stampo aforistico e algoritmico.

50. Cfr. L. Zola (a cura di), *Memorie del territorio, territori della memoria*, FrancoAngeli, Milano 2009.

51. Vedi R. Serra, *Ritorni immaginari: i significati della nostalgia*, in R. Serra, M. Pascoli (a cura di), *Nuovi sentieri sociologici. Riflessioni sugli studi di un ricercatore sociale*, FrancoAngeli, Milano 2018, pp. 170 ss.

so qui andare oltre, ma non voglio neppure collocare la nostalgia oltre il sentimento[52], per quanto essa provenga storicamente dal dolore e/o rimandi a qualche forma di patologia[53]. In ogni caso, sulla genesi e sul riconoscimento sociale delle emozioni[54], come già scritto, non possono esistere molti dubbi, anche se non è facile capire come esse coincidano o, nel mio caso personale, abbiano inciso sul mio, o meglio, sulla nostra indagine[55].

Premesso o a parte tutto ciò, un'altra chiave di volta del progetto è stato l'incontro con il Sindaco del mio paese che, di fronte alla mia proposta di ricerca storico-sociologica in due volumi, piuttosto ambiziosa ed onerosa, si è reso con convinzione ed aderenza molto disponibile ad assumere la responsabilità istituzionale del progetto. Questa infatti è un'indagine del Comune di Guidizzolo e della sua attuale amministrazione, con cui e sotto la cui egida noi abbiamo lavorato, pur nella nostra totale libertà di ricercatori di taglio scientifico-sociale.

Avuta questa legittimazione basilare e tutt'altro che scontata, ho pensato alla costituzione del gruppo di supporto metodologico dell'indagine che, alla fine, è risultato composto da tre giovani studiosi autoctoni che con me valorosamente e con merito hanno condotto in porto la ricerca in tutti i suoi aspetti e cioè Francesco Gandellini, Paola Sposetti e Alberto Vignali che ringrazio di cuore ed a tutto tondo per il lavoro diligente condotto con intelligenza e proficuamente a termine. In parallelo, ho avviato un giro di ricognizioni visitando tutte (forse con qualche mancanza non voluta) le imprese più rilevanti del comune sia di tipo manifatturiero, che agricolo (specializzato), che del settore terziario allo scopo di illustrare l'indagine e di reperire delle congrue risorse per la sua realizzazione. Questo lavoro è poi proseguito anche al di fuori della realtà locale, presso istituzioni pubbliche provinciali e regionali e, di fatto, è ancora in corso a partire e sulla base del progetto in due volumi, questo più quello dedicato al presente (che seguirà), a suo tempo messo in cantiere. Ovviamente, una ricerca fotografica rivolta al passato, dalla comparsa (fine '800) della fotografia nella nostra terra fino agli anni '50 del '900, non poteva che cercare il consenso e avvalersi dell'appor-

52. Ivi, p. 179.

53. Cfr. B. Cattarinussi, *Sentimenti, passioni, emozioni. Le radici del comportamento sociale*, FrancoAngeli, Milano 2005. Altro che economia, interesse, aspetti materiali della nostra vita..., ma le emozioni al fondo del nostro modo di essere socialmente!

54. Vedi M. D'Amato (a cura di), *Ragioni e sentimenti*, Tre-Press, Roma 2016.

55. In un lavoro collettivo, con tre giovani molto più "infanti" di me, comunque del nostro stesso paese, come possono avere, nella loro diversità, influito i vari sentimenti dei partecipanti al gruppo?

to della popolazione tutta e, in particolare, degli appassionati e dei collezionisti di cartoline e di fotografie dei tempi passati. Ciò, naturalmente, a prescindere da quanto già pubblicato nel corso degli anni da vari enti o singoli raccoglitori. Inutile dire che il reperimento di tutto il materiale fotografico, scritto e visuale, esistente, più o meno di valore, è stato alla base o la premessa della nostra indagine. Il rapporto con altre istituzioni, a parte il Comune, è stato di grande importanza a cominciare dalla Parrocchia di Guidizzolo e Birbesi, nonché della Caritas locale[56] e delle varie associazioni di volontariato del posto che ci hanno aiutato e che abbiamo ringraziato in più luoghi e modi, ad es. indicando sempre la provenienza privata o associativa di ogni singola foto o cartolina, per quanto queste possano essere risultate presenti, per loro statuto costitutivo, in molteplici luoghi o raccolte. Comunque, alla fine di questo nostro lavoro complessivo e, cioè, in fondo a questo volume abbiamo pubblicato delle brevi note biografiche di tutti coloro che, a loro modo, hanno contribuito alla ricerca, quasi a dimostrare la coralità pressoché totale degli apporti avuti, a parte, forse, il mondo dei giovani che, rispetto a questi argomenti, appare essere, comprensibilmente, piuttosto distaccato e disattento. Il nostro scavo, comunque, è destinato, forse, prima di ogni cosa a loro perché si rendano conto chi sono e da dove vengono. Essere aperti al mondo è oggi un imperativo categorico, ma senza una radice, di qualsiasi genere essa sia, non nasce e non cresce alcun tipo di albero, tanto meno umano.

56. Il prezioso fondo Mondadori ci è stato reso accessibile dalla Caritas di Guidizzolo in nome del nostro rigore professionale e della nostra legittimazione istituzionale (comunale). Lo scrivo come esempio e come ringraziamento. Il prof. Franco Mondadori è stato un mio maestro in tenera età. Con lui (come guida) ho visitato Firenze, Roma ed altre città d'arte. I miei, non avendo disponibilità economiche, mi mandavano in questi viaggi di istruzione (con una persona fidatissima) per farmi crescere culturalmente e per risparmiare su loro stessi.

Foto n. 11a. Queste foto rappresentano tre pompe pubbliche che servivano per l'approvvigionamento dell'acqua (potabile) per le famiglie del nostro paese. Esse erano azionate a mano e portavano in superficie, da 10/20 metri, un'acqua fresca d'estate e quasi tiepida durante l'inverno. Questa, ora in disuso, era posta a Rebecco di fronte alle scuole (anni '20/'30 del '900?). Collez. A. Dal Prato, come le seguenti.

Foto n. 11b. Questa pompa (ottocentesca?) è posta vicino alla Chiesa del paese.

Foto n. 11c. Questa pompa, originale, nella sua conformazione, era collocata (dall'800?) all'inizio del Viale della Barriera. A mio ricordo, queste "pompe" popolari erano nel capoluogo 5 o 6. Esse erano autentici "alberi dell'uomo" che consentivano e facilitavano la sua vita in rapporto al suo ambiente naturale.

Questi, dunque, i sentieri più o meno tracciati e più o meno contorti o pianeggianti che abbiamo percorso, al di là di quelli più strettamente teorico-metodologici, durante il nostro approfondimento. Alcuni sono rimasti sulle o nelle loro tracce; altri sono scomparsi quasi subito senza lasciare alcun segno; altri ancora ci hanno suggerito percorsi che non siamo riusciti a compiere o a proseguire, sperando in qualche recupero futuro o lasciando in eredità questa esigenza (con vari cartelli indicatori) o questa ipotesi euristica a qualche studioso futuro di questi nostri stessi temi.

Prima di chiudere questo capo-appendice vorrei tornare però su un tema cui abbiamo già accennato. Mi riferisco al dialetto parlato correntemente nel mio paese. Senza il suo dialetto, che io parlo in modo fluente e normale, non credo che potrei riandare alla sua vita[57]. La lingua è l'anima e il cuore di una piccola comunità e il dialetto, più che la lingua nazionale, ne è la madre. Noi qui abbiamo ridotto al minimo le espressioni dialettali e, comunque, le abbiamo sempre tradotte perché altrimenti incomprensibili al di fuori del nostro piccolo mondo[58]. D'altra parte, la parlata del mio borgo è un misto, diciamo così, fra mantovano di città e bresciano di provincia, tendendo forse più al secondo che al primo idioma o vernacolo o volgare o gergo locale. Faccio qualche esempio in ordine sparso e puramente orientativo (senza pretesa alcuna), partendo da una frase dialettale di Guidizzolo (da me redatta), confrontandola con una analoga del dialetto della città di Mantova, tradotte poi similmente in italiano:

Me vo a spass,
Mi vaghi a spas[59]
Io vado a spasso;

Te te ghe mangiat trop,
Ti t'è magnà trop,
Tu hai mangiato troppo;

L'era mei che me fös mia stat che,
L'era mei che mi füdes mia chì[60],
Era meglio che io non fossi stato qui;

57. Per una manifestazione diversa, vedi P. Pacetti, *Vita di paese*, Ed. Univ. Rom., Roma 2007. Può esistere una vita paesana senza il suo dialetto, almeno in Italia?

58. Mia moglie Maria, accanita divoratrice di romanzi, ha smesso di leggere il pur attraente Camilleri perché i suoi racconti sono infarciti di personaggi che parlano solo un siciliano del tutto incomprensibile. Tradurre è sempre un dovere di tolleranza, seppure a piè di pagina.

59. R. Marradi, *L'arte del dire nel dialetto mantovano*, Sometti, Mantova 2001, p. 106.

60. Ivi, p. 109.

Nuater (Nuatre) garesem mangiat,
Noaltar (Noaltre) avresam magnà[61],
Noi (altri) avremmo mangiato;

Vo a fons en dei bosch,
Vaghi a fons in di bosch[62]
Vado a funghi nei boschi;

Foto n. 12. Questa foto, della fine degli anni '20, ci propone uno dei luoghi principali di aggregazione della frazione di Birbesi. A destra, appare lo stabile con la pesa pubblica (importantissima al tempo in campagna), la vendita di giornali, tabacchi e tanto altro, nonché il caseggiato delle scuole. Sulla sinistra, si vede la canonica che copre la chiesa settecentesca. Le donne sono tutte vestite in modo ottocentesco. L'asino trascina un classico carro locale dalle ruote debordanti. La strada è bagnata e solcata. La gente è in posa. Collez. G. Gandini

61. Ivi, p. 121.
62. Ivi, p. 160.

Se ved che te ghe laurat per quater,
As ved ch'a t'è laora per quatar[63],
Si vede che hai lavorato per quattro;

Ste persegh i è mars de denter,
Sti persagh i è mars ad dentar[64],
Queste pesche sono marce di dentro;

So cuntent che te gabet vinsit,
Son content che ti t'abi vint[65],
Sono contento che tu abbia vinto;

El ga biit tant che l'era embriach,
L'ha bevì infinamai da esar cioch[66],
Ha bevuto tanto da essere sbronzo;

Go de fa i agnulì per duma,
Gh'ho da far i agnolin per adman[67],
Devo fare gli agnoli per domani;

Se som diertic en gran tant,
As sema godì pram tant[68],
Ci siamo divertiti moltissimo;

Chel risot che el me piass prope,
Sto risot am pias propria[69],
Questo risotto mi piace proprio.

Il senso di questo raffronto è quello di accennare molto semplicemente ad alcune delle tante differenze esistenti fra il nostro dialetto locale e quello più compiutamente mantovano. Gli esempi proposti, che sono piuttosto casuali, rendono anche l'idea, per quanto vaga ed accidentale, di un dialetto che non mi pare affatto studiato e ancor meno praticato significativa-

63. Ivi, p. 170.
64. Ivi, p. 185.
65. Ivi, p. 193.
66. Ivi, p. 202.
67. Ivi, p. 208.
68. Ivi, p. 212.
69. Ivi, p. 213.

mente per iscritto nella sua propria espressività, almeno per quanto abbiamo reperito ed a parte, forse, qualche passaggio occasionale.

Eppure, questa è stata la mia prima lingua, quella che mi ha fatto pensare ed esprimere il mondo.

Foto n. 13. Questa rarissima foto poteva essere messa anche nel capo dedicato ai bambini. Abbiamo deciso di proporla in questo luogo metodologico per evidenziare il senso del nostro lavoro. Essa, infatti, rappresenta nel 1938 una pluriclasse mista nelle scuole elementari. Il grembiule è quello d'ordinanza per gli scolari dell'epoca. Il saluto fascista fornisce bene l'idea del tipo di educazione che veniva impartita. Questo genere di foto sono state spesso nascoste o distrutte con la caduta del regime fascista. Collez. A. Dal Prato

Voglio portare a conclusione questo capo, di impianto metodologico e razionale, con una annotazione più profonda e intima e, quindi, necessariamente più riservata ed emotiva: non è che questo volume dedicato alla mia "terra natia", con quello che seguirà, è semplicemente il frutto del mio amore per essa? Un amore che non ha e non può avere competitori e/o concorrenti, se non altro perché la prima aria che respiri, il primo sole che vedi, la prima nebbia che ti avvolge nella sua indecifrabilità, la prima pioggia che ti bagna il viso non possono essere sostituite da null'altro se non da loro stesse. E, in più, tutto ciò non dipende affatto da qualche scelta personale, ma dal fluire inesorabile della vita che si appropria di sé sin dal tuo concepimento e, come si usa dire, ti porta alla luce del sole e ben oltre.

In tal senso, il mio amore per la mia terra è un amore che non ammette alcun tipo di giustificazione. Esso è e non so neppure dire veramente perché sia.

Ma la genesi della vita ha un'altra fonte ineludibile e primigenia che sono i nostri genitori, quelli di tutti noi, indifferentemente, pur nelle loro necessarie e imprescindibili difformità.

I miei, Giovanni e Adalgisa, originari della Madonna della Scoperta (Lonato), ma in realtà rispettivamente di Solferino, e di Birbesi, di modeste condizioni familiari, hanno dedicato la loro vita alla fede religiosa ed al lavoro, praticando, da cattolici a tutto tondo, un'etica sacrificale della prestazione lavorativa che non trova molti confronti in altri contesti sociali[70], per altro unita ad una quasi naturale sensibilità verso i poveri e gli svantaggiati in generale tipica del cattolicesimo sociale delle mie zone. Con questi presupposti e pur fra mille dubbi e incertezze per ovvie situazioni economico-familiare, i miei decisero, pur andando io molto bene a scuola, di non iscrivermi al liceo classico (pubblico) di Castiglione delle Stiviere, ma alla Ragioneria (privata) della stessa cittadina. Poi, la vincita ripetuta da parte mia di borse di studio li convinse a iscrivermi all'Università che, dati i vincoli allora esistenti, molto ristretti, mi portò a scegliere la Facoltà di Scienze Demografiche e Attuariali alla Sapienza di Roma. Al mio arrivo nelle aule universitarie da improvvista matricola padana capii di essere finito fra figli di nobilotti romani e di dirigenti dei vari Ministeri della Capitale. Io che al fondo ero un "contadino" lombardo che si era lasciato i pianti di sua mamma alle spalle per la mia dipartita.

Non vado oltre. Quello che voglio evidenziare è che i miei genitori hanno dato tutta la loro vita per me, sacrificandosi oltre ogni dire secondo un amore che io non riesco neppure ad aggettivare per la sua infinità senza confini e per la sua temporalità che non ammette alcuna liquidazione.

Quando mi reco sul "mio" cimitero di Guidizzolo, di fronte ai loro loculi accostati[71], questo amore esce ancora dai loro volti e dai loro corpi, nonché dalla loro anima, avvolgendomi in un tenero e impalpabile abbraccio che non si esaurirà mai. E tutto ciò senza avermi mai chiesto nulla in cambio.

70. È questa una considerazione che non può ovviamente riguardare solo i miei genitori, ma gran parte dell'etica lavorativa presente nel mio paese e non solo. Io, però, nella mia famiglia sono stato abbeverato e ho bevuto più che in ogni altro luogo.

71. Ricordo ancora, come fosse ora, quando mia madre mi disse che aveva comperato per sé un loculo di sua autonoma iniziativa vicino a quello di mio padre, morto da poco. Fui sorpreso. Non me l'aspettavo. Oggi lo comprendo ben più compiutamente.

E allora, come posso io ricambiare (molto modestamente) se non attraverso un libro che, per me, rappresenta il mio amore per loro. Un amore che non ha limiti e circoscrizioni e che mi porterò nella tomba, avendolo però gridato al mondo intero per quanto possibile e per quanto dicibile.

Bibliografia generale

AVIS (1986), *Guidizzolo ieri e oggi 1863-1985*, Bonazzi Litografica, Guidizzolo (Mn).

Aa.Vv. (1966), *Il mobile nel mantovano*, GVMAM, Guidizzolo.

Aa.Vv. (2004), *Andar per vie, strade, piazze, Quaderni guidizzolesi III*, Centro Culturale San Lorenzo ed., Guidizzolo (Mn).

Aa.Vv. (2004), *Il portale neoclassico della barriera, Quaderni guidizzolesi I*, Centro Culturale San Lorenzo ed., Guidizzolo (Mn).

Aa.Vv. (2004), *Tracce di storia, Quaderni guidizzolesi II*, Centro Culturale San Lorenzo ed., Guidizzolo (Mn).

Aa.Vv. (2005), *Oratorio di San Lorenzo, Quaderni guidizzolesi V*, Centro Culturale San Lorenzo ed., Guidizzolo (Mn).

Aa.Vv. (2006), *Alessandro Dal Prato. Artista e uomo di scuola. Dipinti, sculture, grafica e medaglie*, Centro Culturale San Lorenzo ed., Volta Mantovana.

Aa.Vv. (2009), *Alessandro Dal Prato, 1909-2009. Celebrazioni nel centenario della nascita*, Centro Culturale San Lorenzo ed., Guidizzolo.

Agamben G. (2011), *Altissima povertà. Regole monastiche e forma di vita*, Neri Pozza, Vicenza.

Agamben G., *Signature rerum. Sul metodo*, Bollati Boringhieri, Torino 2008.

Agazzi A. (2009), *Presentazione*, in Dal Prato A. (2009), *Una Scuola. Vicende della Scuola d'Arte di Guidizzolo*, R&S, Guidizzolo.

Agostini R. (2003), *Vita amministrativa di Ceresara*, Il Cartiglio Mantovano, Mantova.

Alberti M. (2016), *Senza lavoro. La disoccupazione in Italia dall'Unità a oggi*, Laterza, Bari-Roma.

Amatori F. e Colli A. (1999), *Impresa e industria in Italia: dall'Unità a oggi*, Marsilio, Venezia.

Amministrazione Provinciale di Mantova (a cura di) (1985), *Dal territorio all'azienda agricola: guida per uno studio dei suoli, l'esempio del mantovano*, Mantova.

Amministrazione Provinciale di Mantova, Camerlenghi E. (a cura di) (1960), *La elettrificazione nelle campagne*, tip. Industriale, Mantova.

Antonielli C., Chittolini G. (a cura di) (2003), *Storia della Lombardia. 2. Dal '600 ad oggi*, Laterza, Roma-Bari.
Arendt H., *La lingua materna*, Mimesis, Milano 2005.
Ariès P. (1998), *Storia della morte in Occidente: dal medioevo ai giorni nostri*, Biblioteca Universale Rizzoli, Milano.
Aristotele, *Etica Nicomachea.*
Artioli L. (a cura di) (2018), *Una cultura alimentare di collina. Solferino: oltre...*, FrancoAngeli, Milano.
Atti della visita pastorale del vescovo Paolo Carlo Origo (1901), Archivio Storico Diocesano di Mantova, Fondo Curia Vescovile.
Baldini M. (2003), *Capelli. Moda seduzione simbologia*, Tipar Poligr. Ed., Roma.
Bartoli F. (1998), *Pittura a Mantova nei primi cinquant'anni del '900*, Arcari, Mantova.
Bassi A., *Questioni di metodo 2.0*, FrancoAngeli, Milano.
Bellezza. Mensile dell'alta moda e di vita italiana, anno IV, n. 37, gennaio 1944.
Benjamin W. (2014), *Angelus Novus. Saggi e frammenti*, Einaudi, Torino.
Benjamin W., *L'opera d'arte nell'epoca della sua riproducibilità tecnica*, Einaudi, Torino 1966 (1937).
Bernhard, T. (2011), *Sì*, Ugo Guanda Editore, Parma.
Bertani S., *Il packaging*, Università di Parma. Visitato il 09/01/2020. Link http://www2.unipr.it/~arte/Docenti/bianccibo/Stefania%20Bertani/Bertani.htm.
Bertuzzi A. (2004), *Orchestre e musicisti Asolani*, Associazione Culturale Asolana Bei tempi.
Betri M.L. (1996), *Dalla beneficenza all'assistenza: la risposta al bisogno a Milano dall'Unità al secondo dopoguerra*, in «Storia di Milano», XVIII, *Il '900*, Enciclopedia Treccani, Roma.
Bigazzi D., Meriggi M. (a cura di) (2009), *Storia d'Italia dall'Unità a oggi. Le Regioni. La Lombardia*, Einaudi, Torino.
Bigazzi I. (2004), *Tessendo la storia*, Pacini Ed., Ospedaletto (Pi).
Blackman C. (2009), *Questione di stile. 100 anni di abbigliamento maschile*, Mondadori, Milano.
Bourdieu P. (sotto la direzione di) (1972), *La fotografia: usi e funzioni sociali di un'arte media*, Guaraldi, Firenze.
Bourdieu P. (1986), *L'illusion biographique*, in «Actes de la recherche en sciences sociales», 62, 1.
Bourdieu P. (2015), *La miseria del mondo*, Mimesis, Milano.
Bovone L., Ruggerone L. (a cura di) (2013), *Che genere di moda?*, FrancoAngeli, Milano.
Bressan E. (1998), *Carità e riforme sociali nella Lombardia moderna e contemporanea. Storia e problemi*, NED, Milano.
Bressan E. (2012), *Le vie cristiane della sicurezza sociale. I cattolici italiani e il welfare state*, in *Sociologia e politiche sociali*, FrancoAngeli, Milano.
Bressan E. (2017), Le *ragioni della solidarietà: la società milanese nel primo '800* in *Storia in Lombardia*, FrancoAngeli, Milano.
Brigoni F. (1978), *Medole attraverso i tempi*, Medole.
Brunelli R. (1986), *Diocesi di Mantova*, La Scuola, Brescia.

Buchignani P. (2006), *La rivoluzione in Camicia Nera. Dalle origini al 25 luglio 1943*, Mondadori, Milano.
Buffa F. (1961), *L'epidemiologia della poliomelite A.A. nella provincia di Mantova nel decennio 1948-57*, estratto da "Annali della sanità pubblica. Vol. XXII, n. 4, luglio-agosto 1961", Tipogr. Regionale, Roma.
Calanca D. (2014), *Storia sociale della moda contemporanea*, Editografica, Rastignano (Bo).
Camerlenghi E., Mazzali E. (1997) (catalogo della mostra), *L'agricoltura mantovana dalla preistoria a oggi*, Omnia ed., Reggiolo (Re).
Canova F. (a cura di) (2010), *Mantovani al fronte nella Grande Guerra 1915-1918*, E. Lui Editore, Reggiolo (Re).
Canovi R. (2019), *D'Annunzio e il fascismo. Eutanasia di un'icona*, Bibliotheka Edizioni, Roma.
Cantù C. (1862), *Storia universale*, Unione tipografico-editrice, Torino.
Caprioli A., Rimoldi A., Vaccaro L. (a cura di) (1986), *Diocesi di Mantova*, La Scuola, Brescia.
Carlo L. (2009), *Le giornate rosse. 1919 a Mantova. Storia di una sollevazione popolare e storie di rivoluzionari senza rivoluzione*, Sometti, Mantova.
Casalinga, maggio 1942 – XX, 5.
Casarin R. (a cura di) (2004), *Alessandro Dal Prato. Disegni 1922-2001*, Publi Paolini, Mantova.
Casarin R. (a cura di) (2004), *Alessandro Dal Prato. Opere inedite 1920-2002*, Publi Paolini, Mantova.
Castagnoli C (1992), *Caduti e dispersi mantovani in Russia*, Istituto Mantovano di Storia contemporanea, Mantova.
Castagnoli C. (a cura di) (1995), *Caduti e dispersi mantovani nella Seconda guerra mondiale*, Istituto Mantovano di Storia contemporanea, Mantova.
Cattafesta M. (1984), *Mantova storia*, Coriolano Danesi, Mantova.
Cattarinussi B., *Sentimenti, passioni, emozioni. Le radici del comportamento sociale*, FrancoAngeli, Milano 2005.
Cavallera A. (2009), *Storia della pedagogia*, La Scuola, Brescia.
Cavazza S., *Piccole patrie*, Il Mulino, Bologna 1997.
Cavazzoli L. (1984), *Agricoltura e fascismo nelle campagne del mantovano*, Publi-Paolini, Mantova.
Cavazzoli L., Salvadori R. (1993), *Civiltà contadina e lotte operaie. Sessant'anni di sindacalismo nel Mantovano (1900-1960)*, FrancoAngeli, Milano.
Cavicchioli G. (2011), *Nera è la morte. I mantovani e la violenza fascista 1919-1945*, Istituto Mantovano di Storia Contemporanea, Mantova.
Cerritelli C. (a cura di) (1999), *Arte a Mantova 1950-1999*, Casa del Mantegna, Mantova.
Cersosimo G., *Alle origini della sociologia visuale: Jacob Ruis, il giornalismo fotografico, le immagini nella ricerca sociale* in «Sociologia e ricerca sociale», XL, 118, 2019.
Chenaux P. (2012), *Il Concilio Vaticano II*, Carocci, Roma.
Ciacci G. (2017), *Barba e baffi*, Stamp. Artistica Nazionale, Trofarello (To).

Cino O. (tesi di) Milani M. (relatore) (2013), *La fisarmonica di Gorni Kramer*, Conservatorio di musica Lucio Campiani, Mantova.
Cipolla C. (1989), *Il modello Castel Goffredo*, CRA di Castel Goffredo.
Cipolla C. (1997), *Epistemologia della tolleranza*, FrancoAngeli, Milano.
Cipolla C. (1998), *Il ciclo metodologico della ricerca sociale*, FrancoAngeli, Milano.
Cipolla C. (2009), *Belfiore I. I comitati insurrezionali del Lombardo-Veneto ed il loro processo a Mantova del 1852-1853*, FrancoAngeli, Milano.
Cipolla C. (2013), *Perché non possiamo non essere eclettici*, FrancoAngeli, Milano.
Cipolla C. (2015), *Dalla relazione alla connessione nella web-society*, FrancoAngeli, Milano.
Cipolla C. (2016), *Lo stile della cultura gastronomica italiana declinato attraverso le sue regioni* in *Guida 2016* de *Le Soste*, Mediavalue, Milano.
Cipolla C. (2018), *Heidegger. Un'interpretazione sociologica*, FrancoAngeli, Milano.
Cipolla C. (2019), *Per una scienza sociale eclettica*, FrancoAngeli, Milano.
Cipolla C. (a cura di) (1996), *Sul letto di Procuste. Introduzione alla sociologia della sessualità*, FrancoAngeli, Milano.
Cipolla C. (a cura di) (2005), *La sessualità come obbligo all'alterità*, FrancoAngeli, Milano.
Cipolla C. (a cura di) (2006), *Belfiore. Vol. 1: I comitati insurrezionali del Lombardo Veneto ed il loro processo a Mantova del 1853-1853*, FrancoAngeli, Milano.
Cipolla C. (a cura di) (2006), *Belfiore. Vol. 2: Costituti, documenti tradotti dal tedesco ed altri materiali inediti del processo ai Comitati insurrezionali del Lombardo Veneto (1852-1853)*, FrancoAngeli, Milano.
Cipolla C. (a cura di) (2009), *Il crinale dei crinali: la battaglia di Solferino e San Martino*, FrancoAngeli, Milano.
Cipolla C. (a cura di) (2010), *Dopo Belfiore. Le memorie di Attilio Mori e di Monsignor Luigi Martini (edizione di Albany Rezzaghi) ed altri documenti inediti,* FrancoAngeli, Milano.
Cipolla C. (a cura di) (2014), *Giuseppe Sarto, Vescovo di Mantova*, FrancoAngeli, Milano.
Cipolla C. e Siliberti S. (a cura di) (2007), *Don Lorenzo Barziza. Cattolicesimo Sociale e radici della Croce Ros*sa, FrancoAngeli, Milano.
Cipolla C., Benedusi R., Fabbri A. (a cura di) (2012), *Don Enrico Tazzoli e il cattolicesimo sociale lombardo. II. Documenti*, FrancoAngeli, Milano.
Cipolla C., Corsini P. (a cura di) (2017), *La genesi della Croce Rossa sul modello del cattolicesimo sociale bresciano*, FrancoAngeli, Milano.
Cipolla C., Faccioli P. (a cura di) (1993), *Introduzione alla sociologia visuale*, FrancoAngeli, Milano.
Cipolla C., Fappani A. (a cura di) (2012), *Don Pietro Boifava. Un patriota nel cattolicesimo sociale bresciano*, FrancoAngeli, Milano.
Cipolla C. (1990), *Icone rurali*, Cassa Rur. ed Art. di Castel Goffredo, Castel Goffredo.
Cipolla C. (1998), *Il ciclo metodologico della ricerca sociale*. FrancoAngeli, Milano.
Cipolla C. (2019), *Per una scienza sociale eclettica*, FrancoAngeli, Milano.
Cipolla C., Segalini P. (a cura di) (2018), *L'alta cucina popolare*, FrancoAngeli, Milano.

Cipolla C., Siliberti S. (a cura di) (2007), *Don Lorenzo Barziza. Cattolicesimo sociale e radici della Croce Rossa*, FrancoAngeli, Milano.
Cipolla C., Siliberti S. (a cura di) (2012), *Don Enrico Tazzoli e il cattolicesimo sociale lombardo I. Studi*, FrancoAngeli, Milano.
Città di Castiglione delle Stiviere e Regione Lombardia (promossa da) (2004), *Castiglione attraverso i secoli*, catalogo della mostra, Studio Iride, Verona.
Colombo C.A., *Educazione e Lavoro: sapere, fare e saper fare. Breve storia della Società Umanitaria*, Archivio Storico Umanitaria.
Colombo E. (2005), *Come si governava Milano. Politiche pubbliche nel secondo '800*, FrancoAngeli, Milano.
Comune di Aquafredda, Biblioteca comunale e Fotoclub il 17 (a cura di) (1993), *Quant gh'era i caaler: immagini, documenti ed utensili per l'allevamento del baco da seta.*
Comune di Guidizzolo (2015), *Disciplinare della pancetta steccata De.Co. tipica di Guidizzolo*, Centro Culturale San Lorenzo ed., Guidizzolo.
Contini M. (a cura di) (1984), *Storia della moda*, IGDA Officine Grafiche, Novara.
Corneliani C. (collez.) (2003), *L'opera medaglistica di Alessandro Dal Prato*, Centro Culturale San Lorenzo ed., Guidizzolo.
D'Amato M. (a cura di) (2016), *Ragioni e sentimenti*, Tre-Press, Roma.
Dal Prato A. (1981), *Compendio di educazione artistica*, La Scuola, Brescia.
Dal Prato A. (1981), *Vedute di Mantova e del mantovano. Incisioni e didascalie*, Italia Nostra, Mantova.
Dal Prato A. (1987), *Didattica dell'educazione artistica*, La Scuola, Brescia.
Dal Prato A. (2002), *Passeggiando nel tempo*, Ed. La Notizia, Guidizzolo.
Dal Prato A. (2004), *Storie vere*, Centro Culturale San Lorenzo ed., Guidizzolo.
Dal Prato A. (2009), *Una Scuola. Vicende della Scuola d'Arte di Guidizzolo*, R&S, Guidizzolo.
Dal Prato A. (a cura di) (2004), *Gli affreschi di Alessandro Dal Prato*, Centro Culturale San Lorenzo ed., Guidizzolo.
Dal Prato A. (a cura di) (2005), *Dal Prato incisore*, Centro Culturale San Lorenzo ed., Guidizzolo.
Dal Prato A., Savoia M.G. (a cura di) (1980), *Incontro con artisti virgiliani*, Citem, Mantova.
Dalcore P. (a cura di) (1999), *Dal Prato. Opere 1922-1999*, Publi Paolini, Mantova.
De Felice R. (2002), *Breve storia del Fascismo*, Mondadori, Milano.
De Maddalena A. (1980), *Centocinquant'anni di vita economica mantovana (1815-1965)*, promosso da Camera di Commercio e Industria Artigianato Agricoltura, Litogr. Cannetese, Canneto s/Oglio (Mn).
De Mause L. (a cura di) (1974), *The history of childhood*, Psychohistory Press, New York.
De Rosa L. (1980), *La rivoluzione industriale in Italia*, Laterza, Roma-Bari.
Della Valentina G. (a cura di), *Fonti per la storia dell'agricoltura lombarda postunitaria*, Bibliografica ed., Milano.
Desiderati S. (2017), *La Resistenza oltre le montagne*, GAM Editrice, Rudiano (Bs).
Di Benedetto T. (2013), *A proposito di eleganza. Una guida allo stile maschile*, Mondadori pressi Elcograf, Verona.

Dusi A. (2007), *Le parole sulle pietre chiare*, Grafo, Brescia.
Erasmo da Rotterdam (1992), *Elogio della follia*, Mondadori, Milano.
Evans J., Hall S. (eds) (1999), *Visual Culture: The Reader*, Sage, Thousand Oaks.
Fasoli S. (a cura di) (2007), *Milano benefica. Memoria e tradizione storica*, Nexo, Milano.
Fassin D. (2019), *Le vite ineguali. Quanto vale un essere umano*, Feltrinelli, Milano.
Felledore G. (1988), *Il cappello da uomo*, Zanfi ed., Brugherio (Mi).
Ferlisi (a cura di) (2011), *La collezione d'arte moderna e contemporanea della Provincia di Mantova tra mecenatismo e politiche culturali*, Casa del Mantegna, Mantova.
Ferlisi (a cura di) (2012), *Il paesaggio dell'Alto Mantovano: arte, identità, territorio*, Publi Paolini, Mantova.
Ferrario G., *Cenni storico-artistici del pestilenziale cholera-morbus asiatico in Lombardia e in altre regioni nell'anno 1855*. «Estratto dalla Gazzetta Ufficiale di Milano, 16 aprile-11 giugno 1856».
Ffoulkies F. (2011), *Leggere la moda*, Logos, Modena.
Fincardi M. (1991), *Fonti per lo studio dell'evangelizzazione valdese nella Bassa Padana tra Otto e '900*, in «Bollettino della Società di Studi Valdesi – Bulletin de la Société d'Histoire Vaudoise».
Fontanesi E. (1941), *Memorie del mio piccolo Cesare*, Tipogr. Operaia Mantovana.
Fornari L. (a cura di) (2013), *La vita degli esclusi. Pellagra e alcoolismo nel Mantovano (1808-1930)*, fotolito Viadanese, Viadana (Mn).
Frascani P. (2019), *Storia dell'economia mondiale. Dall'800 ad oggi*, Laterza, Roma-Bari.
Freund G. (2007), *Fotografia e società*, Einaudi, Torino.
Galassi A., Sarzi R. (2000), *Alla Syrena spezieria del '600 in Mantova con introduzione alla terapia media e all'arte dello speziale*, Sometti, Mantova.
Gazzetta di Mantova, 1° giugno, 1971.
Gazzetta di Mantova, 13 maggio, 1957.
Gazzetta di Mantova, 14 maggio, 1957.
Gazzetta di Mantova, 26 ottobre, 1966.
Gazzetta di Mantova, 29 novembre, 1952.
Gazzetta di Mantova, 4 gennaio, 1951.
Geertz C. (1999), *Mondo globale, mondi locali*, Il Mulino, Bologna.
Ghirardi R. (2013), *La febbre cattiva. Storia di una epidemia e del suo passaggio per Mantova*, Bruno Mondadori, Lavis (Tn).
Ghirardi R. (a cura di) (2017), *Edocere Medicos. La sapienza dei medici mantovani attraverso i testi antichi dei fondi bibliotecari cittadini*, Publi Paolini ed., Mantova.
Giardiello M. (2006), *Cultura e sviluppo locale nelle piccole comunità*, Rubbettino, Soveria Mannelli (Cz).
Ginzburg C. (1994), *Sulla Microstoria*, in «Quaderni Storici».
Gozzi G. (2000), *Le stagioni della donna contadina*, Sometti ed., Mantova.
Gozzi G. (2003), *Come vestivamo un tempo. Costume storia arte*, Sometti, Mantova.

Grimaldi G.R. (2017), *Comunità di collina: un sistema di sistemi*, FrancoAngeli, Milano.
Grossi P. (1984), *Il Malcantone*, Fontana Edizioni, Pregassona.
Gualandris A. (1786), *Dialoghi Agrarj tenuti a Cavriana nell'anno 1786*, riproduzione anastatica Comune di Cavriana (a cura di) (1995), Valdonega Stamp., Verona.
Gualtierotti P. (2017), *Castel Goffredo dalla civiltà contadina all'era industriale (1848-1900)*, Acc. Naz. Virgiliana, Mantova.
Gubert R. (a cura di) (1992), *L'appartenenza territoriale tra ecologia e cultura*, Reverdito, Trento.
Guida commerciale ed industriale della Lombardia (1901), Ortelli, Milano.
Guida sanitaria italiana. Anno 1924 (1924), Società Editrice "Unitas", Milano.
Gulevich T. (2002), *Encyclopedia of Easter, Carnival and Lent*, Omnigraphics, Detroit.
Güntert A., Poivert M. (a cura di) (2005), *Storia della fotografia dalle origini ai giorni nostri*, Electa, Milano.
I comuni della Lombardia 2018 (2018), IFEL – Fondazione ANCI.
Il Giornale Quotidiano del Partito Popolare, 23 settembre, 1921.
In ricordo di Bruno Rodella caduto nella strage delle Cave Ardeatine, Centro Culturale San Lorenzo ed., 23 marzo, 2013.
Istituto Statale d'Arte di Gudizzolo (2004), *Guidizzolo: rilievo, disegno, colore. Un'esperienza didattica dell'Istituto Statale d'Arte*, Comune di Guidizzolo (Mn).
Karanjian D. (2016), *Two paths through slavery's archives*, in «History of the Present», 6, 2.
Kertzer D.I., Hogan D.P., Marcolin M. (1991), *Famiglia, economia e società. Cambiamenti demografici e trasformazioni della vita a Casalecchio di Reno (1961-1921)*, Il Mulino, Bologna.
Koyré A. (2000), *Dal mondo del pressappoco all'universo della precisione*, Einaudi, Torino.
Kyron A. (1966), *L'Age d'or de la carte postale*, A. Balland, Parigi.
L'Espresso, 19 maggio, 1957.
La camera chiara, Einaudi, Torino 2003 (1990).
La Notizia, aprile 1999, 23 (inserto speciale).
La Notizia, giugno 1999.
La Voce di Mantova, 11 giugno, 1938.
Lamantia G. (1987), *Barba e baffi*, Vallardi industrie grafiche, Lainate (Mi).
Levi Coen C. (2004), *Ebrei nell'occhio del ciclone: una testimonianza*, in «Bollettino Storico Mantovano», 3.
Levi F. (2000), *I giorni dell'erba amara*, Marietti, Torino.
Levi Pisetzky R. (1978), *Il costume e la moda nella società italiana*, Einaudi, Torino.
Levinas E. (1980), *Totalità e infinito. Saggio sull'esteriorità*, Jaca Book, Milano.
Lonardo L. (2005), *Duecento grammi di pane al giorno*, FrancoAngeli, Milano.
Löwith K. (1971), *Da Hegel a Nietzsche. La frattura rivoluzionaria nel pensiero del secolo XIX*, Einaudi, Torino.
Mafrici C. (1997), *I binari promiscui,* Quaderni di Sintesi, A.S.M. Brescia, p. XV.

Maifreda G., Scarpellini E. (a cura di) (2017), *Storia in Lombardia*, FrancoAngeli, Milano.

Mantus, Professionisti ed artisti della provincia di Mantova, II, 5, settembre-ottobre 1934, XII.

Marocchi M. (1993), *Storia di Solferino*, Litograph, Castiglione delle Stiviere.

Marradi R. (2001), *L'arte del dire nel dialetto mantovano*, Sometti, Mantova.

Mendicini G. (1996), *L'eleganza maschile. Guida pratica al guardaroba perfetto*, Arnoldo Mondadori, Milano.

Messori M. (2006), *Quando al Cavallino fu negato un sogno. Biografia non troppo romanzata di Alfonso de Portago nobile ferrarista*, BCC Castenaso, Bologna.

Miglio G. (2018), *Vocazione e destino dei Lombardi*, Regione Lombardia, Milano.

Militari caduti nella Guerra mondiale, 1915-1918 (1932), vol. IX, Ministero della Guerra, Roma.

Moli M. (2020), *Sei secoli di epidemie a Bologna 1348-1919*, ed. Minerva, Bologna.

Mondadori F. (1996), *Storia e fede nei secoli*, Centro Culturale San Lorenzo ed., Guidizzolo.

Mondadori F. (2003), *La famiglia Rizzini dal XVII al XX secolo*, Centro Culturale San Lorenzo ed., GVM Tip., Volta Mantovana (Mn).

Mondadori F. (2006), *Guidizzolo: epigrafi e iscrizioni*, Centro Culturale San Lorenzo ed., GVM Tipo litrogr., Volta Mantovana (Mn).

Mondadori F. (2010), *La lunga vita di Don Antonio Ilario Fortunati (1738-1830)*, Centro Culturale San Lorenzo ed., Guidizzolo.

Mondadori F. (2013), *Quasi un romanzo*, Centro Culturale San Lorenzo ed., GVM, Volta Mantovana.

Mondadori F., Perani E. (2003), *Le piccole suore della sacra famiglia di Guidizzolo*, Centro Culturale San Lorenzo ed., GVM, Volta Mantovana.

Mondadori F., *All'ombra dei cipressi...*, consultabile presso il Fondo Caritas-Mondadori.

Mondadori F., *Amori colpevoli e vendette private*, consultabile presso il Fondo Caritas-Mondadori.

Mondadori F., *Dottor Coen*, consultabile presso il Fondo Caritas-Mondadori.

Mondadori F., *Feste, balli e spettacoli*, consultabile presso il Fondo Caritas-Mondadori.

Mondadori F., *I protestanti a Guidizzolo*, consultabile presso il Fondo Caritas-Mondadori.

Mondadori F., *Il teatro*, consultabile presso il Fondo Caritas-Mondadori.

Mondadori F., *La Banda cittadina*, consultabile presso il Fondo Caritas-Mondadori.

Mondadori F., *La Chiesa di Rebecco*, consultabile presso il Fondo Caritas-Mondadori.

Mondadori F., *La società operaia*, consultabile presso il Fondo Caritas-Mondadori.

Mondadori F., *Le spese per il funerale*, consultabile presso il Fondo Caritas-Mondadori.

Mondadori F., *Usanze funebri*, consultabile presso il Fondo Caritas-Mondadori.

Montagner L. (2007), *De Portago. Il pianto del drake*, Sometti, Mantova.

Morin E. (2014), *L'uomo e la morte*, Erickson, Trento.

Mormorio D. (1999), *Lo stile degli italiani in un secolo di fotografie*, Laterza, Roma-Bari.
Museo storico italiano della guerra, annali n. 9/10/11, anni 2001-2003, Osiride ed., Rovereto, 2004.
Musso S. (a cura di) (2015), *Storia del lavoro in Italia: Il '900, 1896-1945 Il lavoro nell'età industriale*, Castelvecchi, Roma.
Mutina. Organo dell'Istituto di cultura fascista e del gruppo universitario fascista, febbraio 1936-XIV.
Muzzi G.B., Porta G. (1995), *Un lembo estremo della bassa. Condizioni di vita e rapporti sociali a Fiesse dall'Unità al fascismo*, Grafo, Brescia.
Nagel T. (2015), *Mente e cosmo. Perché la concezione neo-darwiniana della natura è quasi sicuramente falsa*, Raffaello Cortina, Milano.
Nagel T. (2018), *Lo sguardo da nessun luogo*, Mimesis, Udine-Milano.
Nobilini G. (1980), *Chiesa e Fascismo nella Diocesi di Mantova in un manoscritto inedito (di mons. Antonio Boni)*, Tesi di Laurea in Materie Letterarie presso l'Università del Sacro Cuore di Brescia, 1979-1980.
Ocone C. (2019), *La chiave del secolo*, Rubbettino, Soveria Mannelli.
Opera Nazionale Balilla, *Fiera d'arte di Mantova*, 29 aprile-24 maggio 1928.
PNF (1938-XVI), *Il primo libro del fascista*, la GIL commissiona la stampa e ogni altra cura libraria a officine grafiche A. Mondadori, Verona.
Pacetti P. (2007), *Vita di paese*, Ed. Univ. Rom., Roma.
Pagano U. (2013), *Il posto del nulla. Religione e morfodinamica sociale in Giappone*, FrancoAngeli, Milano.
Pecorari P. (1979), *Chiesa, Azione Cattolica e fascismo nell'Italia settentrionale durante il pontificato di Pio XI (1922-1939)*, Vita e Pensiero, Milano.
Pelati P. (1975), *Birbesi*, Graf. Ceschi, Quistello.
Pelizzaro G. (2003), *Ruggeri: salumi... da favola*, in «La Notizia», n. 46.
Pellacini A. (1925), *Manuale pratico della industria laterizia*, Editore Ulrico Hoepli, Milano.
Perani M. (1998), *Gli ebrei a Castel Goffredo*, La Giuntina, Firenze.
Perec G. (1984), *La vita: istruzioni per l'uso*, Rizzoli, Milano.
Piana F. (1995), *Storia del gioco del tamburello*, Accademia Urbense, Ovada.
Pontiggia E. (a cura di) (2006), *I Chiaristi*, Mazzotta, Milano.
Presidenza Centrare dell'Opera Balilla (a cura di) (1937), *Il capo centuria*, Pizzi&Pizio, Roma.
Pro Familia, 12 settembre, 1909.
Putnam R. (1993), *La tradizione civica nelle regioni italiane*, Mondadori, Milano.
Quaderni guidizzolesi n. III, *Andar per vie, strade e piazze*, Centro Culturale San Lorenzo ed., GVM Volta Mantovana 2004.
Quazza G. (a cura di) (1973), *Fascismo e società italiana*, Einaudi, Torino.
Rama G. (1984), *Allevare il baco da seta*, Casa Verde ed., Verona.
Rati A. (2009), *Le grandi manovre del 1909 tra Mincio e Chiese. Un ritorno sul teatro delle Campagne Risorgimentali*, Editoriale Sometti, Mantova.
Rebecchi R. (2004), *La persecuzione fascista degli ebrei mantovani 1938-1945*, Mantova Ebraica, Mantova.

Rebora S., Sideri C. (a cura di) (2007), *Milano benefica. I ritratti dei benefattori e delle carte della carità*, Milano.
Riello G. (2012), *La moda. Una storia dal Medioevo a oggi*, Laterza, Roma-Bari.
Rimè B. (2014), *La dimensione sociale delle emozioni*, Fabbri, Milano.
Ritzer G. (1981), *Toward an integrated sociological paradigm*, Allyn and Bacon, Boston.
Roetzel B. (1999), *Il gentleman. Il manuale dell'eleganza maschile*, Konemman, Koln.
Romeo R. (2001), *Il Risorgimento in Sicilia*, Laterza, Bari.
Roth P. (2019), *Perché scrivere?*, RCS, Milano.
Ruffoni G. (1994), *Guidizzolo nella sua storia*, Litocolor R&S, Guidizzolo (Mn).
Ruffoni G. (1998), *Levantio da Guidiciolo. Storia e vita del baco da seta*, Litocolor R&S, Guidizzolo (Mn).
Ruffoni G. (2010), *Ricerca storica sul canale Arnò*, Guidizzolo.
Rumi G. (1988), *Lombardia Guelfa 1780-1980*, Morcelliana, Brescia.
Sabatucci G., Vidotto V. (2005), *Il mondo contemporaneo: dal 1848 a oggi*, Roma-Bari, Laterza.
Sacerdoti A. (2003), *Guida all'Italia ebraica*, Marsilio, Venezia.
Sacerdoti A., Tedeschi Falco A. (a cura di) (1994), *Lombardia. Itinerari ebraici. I luoghi, la storia, l'arte*, Marsilio, Venezia.
Salvadori R. (1962), *La boje! Processo ai Contadini Mantovani alla Corte d'Assise di Venezia*, Avanti ed., Milano.
Sarti Don G. (1936), *Brevi parole pronunciate in Chiesa, alla Messa, con l'intervento di tutte le organizzazioni del Regime*, Guidizzolo, 28 ottobre 1936 – XV.
Sartori A. (2000), *Artisti a Mantova nei secoli XIX e XX*. Dizionario biografico, vol. II, Arch. Sartori Editore, Mantova.
Sarzi R. (1999), *Le acque nelle terre del Consorzio di Bonifica Alta e Media Pianura Mantovana*, Sometti, Mantova.
Schiavi E. (1999), *Dalla "memoria" di Elena Schiavi*, in Dalcore P. (a cura di) (1999), *Dal Prato. Opere 1922-1999*, Publi Paolini, Mantova.
Scholem G. (1978), *Walter Benjamin e il suo angelo*, Adelphi, Milano.
Scholem G. (1993), *Le grandi correnti della mistica ebraica*, Einaudi, Torino.
Schopenhauer A. (1986), *Supplementi al «Mondo come volontà e rappresentazione»*, Laterza, Roma-Bari.
Serra R., Pascoli M. (a cura di) (2018), *Nuovi sentieri sociologici. Riflessioni sugli studi di un ricercatore sociale*, FrancoAngeli, Milano.
Sideri C. (a cura di) (1999), *Ferrante Aporti: sacerdote, italiano, educatore: biografia del fondatore delle scuole infantili in Italia sulla base di una nuova documentazione inedita*, FrancoAngeli, Milano.
Signorini R. (a cura di) (2009), *Dal Prato artista e uomo di scuola*, Atti del Convegno, Mantova 4 luglio 2009, Arti Grafiche, Lavagno, Verona.
Simonsohn S. (1977), *History of the Jews in the Duchy of Mantua*, Kiryath Sepher, Tel Aviv University, Gerusalemme.
Sloterdijk P. (2004), *Non siamo ancora stati salvati. Saggi dopo Heidegger*, Bompiani, Milano.
Sloterdijk P. (2017), *Che cosa è successo nel XX secolo?*, Bollati Boringhieri, Torino.

Società anonima editrice (1935) *Annuario generale d'Italia. Volume primo. Amministrazioni centrali del regno. Comuni del regno dal n. 1 al n. 3439 (Piemonte, Liguria, Lombardia, Venezia euganea)*, G.B. Marsano S.A.E., Genova.

Sorcinelli P. (2016), *La follia della guerra. Storie dal manicomio 1940-1950*, Odoya ed., Bologna.

Spinoza B. (2009), *Etica*, Laterza, Roma-Bari.

Stentella D. (1995), *Dalla ferriera pontificia alla Zecca di Terni alla SIRI*, Università degli studi di Perugia, Terni.

Strassoldo R., Tessarin N. (1992), *Le radici del localismo*, Reverdito, Trento.

Tamagno E. (1987), *Fornaci. Terre e pietre per l'ars aedificandi*, Umberto Allemandi, Torino.

Telò G. (1987), *Chiesa e fascismo in una provincia rossa. Mantova 1919-1928*, Istituto Provinciale per la Storia del Movimento di Liberazione nel Mantovano, Publi Paolini, Mantova.

Telò G. (1997), *Chiesa e Fascismo in una provincia rossa*, Publi-Paolini, Mantova.

Telò G. (a cura di) (2020), *Un'occhiata al cielo e avanti! Le Suore Operaie da 70 anni a Guidizzolo (1950-2020)*, Parrocchia di Guidizzolo, Stampa Nadir 2.0, Nuvolento (BS).

Tognotti E. (2015), *La "Spagnola" in Italia. Storia dell'influenza che fece temere la fine del mondo (1918-19)*, seconda edizione riveduta e ampliata, FrancoAngeli, Milano.

Tourn G. (2000), *I valdesi: identità e storia*, Claudiana Editrice, Torino.

Tourn G. (2008), *I Valdesi. La singolare vicenda di un popolo-chiesa (1170-2008)*, Claudiana Editrice, Torino.

Vaini M., *La genesi della questione contadina nel mantovano e l'azione politica mazziniana dopo il 1848-1849*, estratto da «Atti e memorie del museo del Risorgimento di Mantova XI, 1972/73».

Vetta A. (1955), *La nostra evangelizzazione nel Mantovano dalle origini ai nostri tempi: Un esame storico-teologico*, Tesi presentata alla Facoltà valdese di Teologia [di Roma] per il conseguimento della Licenza Teologica.

von Clausewitz C. (1970), *Della guerra*, Mondadori, Milano.

Watt Smith T. (2018), *Atlante delle emozioni umane*, la Repubblica, Roma.

Wilson H. (1996), *Enciclopedia della motocicletta*, Mondadori, Verona.

Zanardi L. (2000), *Cent'anni di conquiste civili 1861-1948*, Sometti, Mantova.

Zanchi G. (2003), *Lo spirito e le cose: luoghi della liturgia*, Vita e Pensiero, Milano.

Zerbi S. (2005), *I fornaciai Malcantonesi nel Nord Italia tra XVIII e XX secolo*, Mémoire STS, Sezione Architettura, Losanna, Facoltà ENAC.

Zola L. (a cura di) (2009), *Memorie del territorio, territori della memoria*, FrancoAngeli, Milano.

Sitografia generale

books.google.it/books?id=9_Wr9Ci_8N0C&pg=PA1575&lpg=PA1575&dq=barilani+guidizzol+distilleria&source=bl&ots=1HlWq30HPO&sig=ACfU3U2iAPMTfrdzbFjv22uEw7gCZac-3g&hl=it&sa=X&ved=-2ahUKEwiahIK5gIPnAhWwyqYKHWwAC3IQ6AEwDXoECAcQAQ#v=onepage&q=barilani%20guidizzol%20distilleria&f=false
books.google.it/books?id=q7HmTcH85aYC&printsec=frontcover&hl=it&source=gbs_ge_summary_r&cad=0#v=onepage&q=guidizzolo&f=false
georgianagarden.blogspot.com/2010/01/cavalcare-allamazzone.html
https://www.cucireonline.com/blog/post/perche-la-trama-pied-de-poule-si-chiama-cosi
trattoridepocapiacentini.it/orsi%20la%20storia%20le%20macchine.pdf
www.arma-aeronautica.org/index.php/m-llo-pil-m-o-v-m-luigi-vaschi
www.enciclopediabresciana.it/enciclopedia/index.php?title=CLUB_3P
www.enciclopediabresciana.it/enciclopedia/index.php?title=FOTOGRAFIA_e_Fotografi
www.entefilarmonicoguidizzolo.com
www.fondazionesanguanini.it/images/lanterna/lanterna_80.pdf
www.google.com/url?sa=t&source=web&rct=j&url=http://www.biblioato.it/assets/files/il_MorboCrudele.pdf&ved=2ahUKEwjbwaz-l6LqAhWnwsQBHXrBCD8QFjABegQIBRAB&usg=AOvVaw2jt9r-fosBCFiUWNFgLEX5
www.granapadano.it/it-it/la-storia.aspx
www.ilfrontedelcielo.it/
www.macchineagricoledomani.it › include › fileviewer
www.memorieincammino.it/parole/madrine-di-guerra/
www.museodellaguerra.it/wp-content/uploads/2020/04/Francesco-Cutolo_L%E2%80%99influenza-spagnola-nel-Regio-Esercito-1918-1919_MSIG.pdf
www.museonicolis.com
www.notizie.it/storia-dellhula-hoop/
www.officinadellastoria.eu/it/2013/03/30/limmagine-della-donna-italiana-nelle-riviste-femminili-durante-gli-anni-del-fascismo/
www.oftal.it/strabismo.htm
www.quirinale.it/onorificenze/insigniti/13681
www.rpw.it/Moto%20d%27epoca/MAS350VL.htm
www.salute.gov.it/imgs/C_17_pagineAree_820_listaFile_itemName_2_file.pdf
www.sulletraccedellepodoliche.it/razze/pugliese_del_veneto.htm
www.suoreoperaie.it/
www.treccani.it/enciclopedia/strabismo_%28Dizionario-di-Medicina%29/
www.treccani.it/vocabolario/stramaglia/
www.tuttocastello.it/museo-internazionale-della-fisarmonica/
www.tuttogreen.it/baco-da-seta/
www.umanitaria.it/milano

Riconoscimenti e ringraziamenti per gli apporti dati alla stesura complessiva del volume

Artioli Giuseppe (nato a Guidizzolo, nel 1935) è stato agricoltore con la passione per la caccia, la pesca e i motori. Ha avuto il ruolo di Presidente della Latteria Sociale San Pietro di Cerlongo. È sposato con Garrini Daria.

Azzini Luigi (nato a Guidizzolo, nel 1950) è legato al suo paese da sempre, come dimostra la sua disponibilità fra i volontari di Protezione Civile, Associazione Gruppo Volontari Guidizzolo e Soccorso Azzurro.

Baroni Pierina (Tullia) (nata a Cavriana, nel 1931) si è sposata con Basilio Giubelli nel 1952 e da allora vive a Rebecco, Corte Rovere.

Bottoli Gabriele (nato a Casalromano, nel 1936) fa foto dal 1950 e vanta più di ventimila scatti, di qualunque soggetto, per quanto consideri i primi piani come i suoi preferiti. Il suo ricordo va all'amico Paolo Dal Prato.

Cagioni Germano (nato a Guidizzolo, nel 1939) è appassionato di storia postale e, nello specifico, di quella del nostro paese. È stato dipendente della Telecom. Lo ringraziamo sentitamente per l'apporto fotografico ripetutamente fornito nel tempo durante il nostro lavoro.

Capoferri Pietro (Piero) (nato a Borgo San Giacomo – BS, 1919-2007) trasferitosi nel 1954 dal bresciano alle Baite ha lavorato alla fornace Delmenico, poi in un albergo di Brescia (anche come cuoco). Appassionato di giardinaggio e orto ha avuto due figli.

Caratelli Aldo (Armando) (nato a Guidizzolo, nel 1944) lavorò a Medole (operaio presso Imas) dove si sposò e, quindi, si trasferì a Medole. Appassionato di ciclismo, ora è in pensione.

Coen Salvatore (nato a Mendrisio, nel 1944) è il nipote del dottor Amadio Coen. È stato Professore di prima fascia di Geometria presso l'Università di Bologna dal 1976, indi professore a contratto di Storia della Matematica. I suoi interessi scientifici si concentrano principalmente su questioni di Geometria Complessa e di Storia della Matematica.

Dalzero Rina (nata a Castiglione d/S, nel 1929), moglie di Arnoldo Delmenico, appassionata di giardinaggio e ricca di ricordi dei tanti viaggi che fece col marito e alcuni amici. Vive tutt'oggi a Guidizzolo.

Dell'Aglio Domenico (nato a Montichiari, nel 1954) dagli anni '90, colleziona cartoline delle province di Brescia e Mantova e, attualmente, il suo archivio ne conta 10.000 pezzi; inoltre colleziona fotografie al fine di "ricordare come si era da bambini".

Delmenico Alessandra (nata a Guidizzolo, nel 1956), figlia primogenita di Arnoldo, si è diplomata all'Istituto d'Arte di Guidizzolo. Ha sempre coltivato la sua passione per l'arte, nonostante abbia lavorato nella ditta edile del marito. Vive a Guidizzolo, nella vecchia casa di famiglia.

Delmenico Umberta (nata a Guidizzolo, nel 1937), sorella minore di Arnoldo e di Arnaldo, ha seguito il marito farmacista di Guidizzolo a Travagliato. Ora vive a Brescia.

D'Arconte Maria Caterina (nata a Guidizzolo nel 1947), laureata in Lettere, ex-docente di Italiano e Storia. Presidente dell'Associazione Culturale "Faro Tricolore" di Desenzano del Garda, dove vive dal 1975, si occupa di Storia, in particolare del Risorgimento, passione ereditata dal padre Mario, calabrese, uomo di profonda cultura ed umanità, Ufficiale Sanitario a Guidizzolo dal 1941.

D'Isola Isabella (nata a Milano nel 1952), ex-insegnante di Filosofia e Storia, è vissuta a Guidizzolo fino a nove anni. Scrive di danza, filosofia e storie di vita. Amante della lettura, grazie alla zia Anita, donna gentile, severa, determinata, infaticabile insegnante e prodiga custode dei nipoti.

Faini Renata (nata a Guidizzolo, nel 1945) è riuscita, pur partendo dal nulla, a conseguire una brillante carriera nell'ambito dell'insegnamento scolastico (specializzandosi nel sostegno), decidendo poi di lasciarla per occuparsi della sua famiglia. Molto soddisfatta della sua vita, segue da anni associazioni (in Brasile prima e in Romania ora) che aiutano i più piccoli.

Fasoli Giancarlo (nato a Guidizzolo, nel 1942), sposato e con due figli, lavora da sempre come marmista portando avanti "il mestiere di famiglia", arrivato con lui alla terza generazione. Suo nonno iniziò a Valeggio s/M, poi il padre si trasferì a Guidizzolo continuando a esercitare nel settore.

Fezzardi Silva (nata a Medole, nel 1933) è l'ultima della famiglia Fezzardi Pietro. Il suo ricordo va verso tutti i familiari e, nello specifico, ai suoi genitori.

Galvani Valerio Orfeo (nato a Guidizzolo, nel 1950) è appassionato da sempre di storia e, in particolare, della storia delle persone comuni.

Gandini Guido (nato a Castiglione delle Stiviere, nel 1960) abita a Birbesi di Guidizzolo dove porta avanti il negozio di tabaccheria di famiglia.

Gennari (famiglia), produttori agricoli, risiedono attualmente nella Casa Rurale. Ringraziano Sergio Carradori e la scomparsa e compianta Chiara dal Furia per aver preservato negli anni questo edificio storico e aver consentito la loro permanenza.

Ghisolfi Elisa (nata a Verona, nel 1942) rimpiange di non avere proseguito con gli studi, avendo conseguito solo il titolo elementare. Grande appassionata di francobolli, fotografie e cartoline di Guidizzolo.

Giubelli Giancarlo (nato a Volta Mantovana, nel 1964) è appassionato di pesca, fotografia e Vespa, di cui è cinque volte Campione Italiano nella categoria Regolarità Storica.

Giubelli Gino (nato a Rebecco di Guidizzolo, nel 1938) ha svolto gli studi alle scuole alte di Rebecco e Guidizzolo. Ha lavorato poi come agricoltore, fino all'arruolamento militare. Alla conclusione del periodo di leva e dopo aver seguito un breve apprendistato, dal 1960 inizia a lavorare come elettricista. Questa professione, con la quale è conosciuto a Guidizzolo e nei paesi limitrofi, l'ha tenuto impegnato per oltre 50 anni. È sposato con Tomasi Alice e ha tre figli. È inoltre molto appassionato di restauro di oggetti e documenti significativi del passato, ai quali dona nuova vita. Collabora con grande partecipazione alle iniziative culturali e di svago del paese.

Giubelli Giuliano (nato a Guidizzolo, nel 1956) dopo il pensionamento è diventato volontario della Protezione Civile. Nel tempo libero collabora con il figlio ad una attività di noleggio auto; è appassionato di moto e auto d'epoca.

Giubelli Rita (nata a Guidizzolo, nel 1928) abita a Guidizzolo ed è stata sposata con Nicolai Aldo. Ha sempre lavorato nell'azienda agricola di famiglia, fino alla pensione. Continua a prendersi cura di figli e nipoti con grande disponibilità e premura.

Grassi Gino (nato a Guidizzolo, 1918-2011) è stato commerciante di scarpe per una vita intera a Guidizzolo e grande appassionato di cartoline riguardanti la storia del paese. Ha sposato De Giuli Giannina e ha avuto due figli.

Guidetti Bruno (nato a Brescia, nel 1934) da sempre ha abitato a Birbesi, Case di Sotto. Muratore di professione, oggi pensionato, ha una grande passione per il suo orto.

Maccari Carlo (dott. farmacista) per la disponibilità dimostrata nella ricostruzione iconica di alcuni aspetti storici della Farmacia della famiglia Maccari.

Madella Marta (nata a San Lorenzo di Guidizzolo, nel 1929) abita a Guidizzolo e come la cognata Giubelli Rita ha svolto con dedizione il lavoro nell'azienda di famiglia.

Madella Valerio (nato a San Lorenzo di Guidizzolo, nel 1956) abita a Guidizzolo e lavora presso la Litografia Bonazzi. Il suo principale interesse è la collezione di documenti di ogni tipo riguardanti il paese.

Marchesini Franco (nato a Castiglione delle Stiviere, nel 1947), il cui pensiero va all'intera famiglia Marchesini, che ricorda con ammirazione e gratitudine. Ammirazione nel vedere il grande legame famigliare, mischiato ed intriso di terra, che avevano i suoi avi. Gratitudine per aver cresciuto una famiglia e un paese in un periodo storico a cavallo interessato da due guerre mondiali.

Marchini Giuseppe (nato a Guidizzolo, nel 1932), fratello di Silvio Marchini, storico sindaco a Guidizzolo dal 1946 al 1951. Le foto da lui fornite sono state custodite a ricordo della Scuola d'Arte di Guidizzolo e di chi ha consentito la sua ideazione.

Musi Emanuela Soraja (nata a Mantova, nel 1960) ha sempre vissuto a Guidizzolo. È radicata nel suo paese e ama collezionare fotografie.

Mussa Nelda (nata a Guidizzolo, nel 1943) abita a Guidizzolo, dove ha lavorato al centralino del telefono con gli spinotti, che sorgeva accanto all'attuale Teatro Comunale. La sua memoria è legata a quei giorni e spera che le immagini di questa istituzione del passato possano risvegliare numerosi ricordi nella gente.

Mutti Francesco (nato a Guidizzolo, nel 1949) è imprenditore, titolare della Xilocarto, scatolificio storico guidizzolese. Ha viaggiato nel mondo per lavoro e diletto, entusiasta di gente e culture. Ha una grande passione per le piante e la lettura.

Nicoletti Nicoletta (nata a Castiglione d/S, nel 1976) ha lavorato come fashion designer e modellista nel settore tessile e gestisce una piccola attività artigianale che realizza accessori unici. Porta avanti il gusto per l'artigianato che, dal bisnonno fondatore della storica carrozzeria, la famiglia Alnaider ha tramandato di generazione in generazione.

Nicolini Guido (nato a Desenzano d/G, nel 1953) è agricoltore e vive presso la Corte Speranza. Erroneamente a lungo chiamato "fondo Fosco", viene comprato dal nonno Manfredi negli anni '20. Guido vi lavora la terra circostante dal 1978, mentre vi si è trasferito definitivamente nel 1983.

Paganini Vinicio (nato a Guidizzolo, 1928-2014) ha svolto la professione di agricoltore e mediatore; grande appassionato di storia del suo paese, anche attraverso alcune fotografie di famiglia che aveva conservato.

Panigalli Galeazzo (nato a Guidizzolo, nel 1944) ha sempre lavorato in banca. La sua passione è il collezionismo fotografico.

Pedrotti Massimo (nato a Guidizzolo, nel 1945) è stato professore universitario e primario chirurgo oculista a Vicenza.

Pelizzaro Francesco (nato a Cadoneghe – Padova, nel 1934) grande appassionato di calcio e tamburello (di cui era giocatore), dal 1957 sarto di professione (lo è tutt'oggi, rimanendo l'unico presente in tutto l'Alto Mantovano).

Ramazzotti Paolo (nato a Guidizzolo, nel 1947) ha sempre abitato a Guidizzolo. Sposato con Mariarosa, ha una figlia, Anna. È stato un grande appassionato di motori, fotografia e viaggi con qualunque mezzo. Ha sempre voluto bene al suo paese e si è detto entusiasta di fornire le immagini custodite nel tempo per questa ricerca, a cui avrebbe volentieri partecipato più attivamente. Paolo ci ha lasciati in questo triste 2020, e a lui va il nostro pensiero.

Rigon Rita (nata a Volta Mantovana, nel 1938) ha sempre lavorato come casalinga e aiutato il marito nell'ambito meccanico-costruttore.

Rodella Grazia (nata a Castel Goffredo, nel 1945) abita a Desenzano del Garda e svolge la professione di psicoterapeuta. È nipote di Bruno Rodella, la cui storia è indelebilmente legata a quella del nostro paese. Pur non avendolo conosciuto di persona, serba nella memoria lo shock delle Fosse Ardeatine, dove lo zio andò incontro al suo tragico destino.

Rodighiero Marisa (nata a Cavriana, nel 1938) esprime tutto il suo apprezzamento per la condivisione di fonti visive private per conservare e valorizzare la memoria storica e culturale collettiva.

Roverselli Pietro (nato a Guidizzolo, 1937-2017) originario di Birbesi ma cresciuto a Guidizzolo, dove è stato uno dei primi operai della Telecom. Ha molto amato il suo paese, di cui è stato Sindaco dal 1975 al 1980. Lo ricorda la moglie Anna Tomasi.

Segna Mauro (nato a Volta Mantovana, nel 1947) è stato per circa 40 anni membro attivo e poi Presidente della Pro Loco di Volta Mantovana. Appassionato di storia locale, raccoglie e studia documenti e fotografie rintracciate grazie ad antiche famiglie locali.

Spazzini Stefano (nato a Castiglione d/S, nel 1972) riesce a trasformare la sua immensa passione per la storia nel suo lavoro. Dal 1999 revocatore storico fonda la sua associazione "Cannoni e Moschetti", a Medole. Inoltre, la sua curiosità lo porta a studiare e ricercare i particolari, differenti per ciascun periodo storico, permettendogli di realizzare le divise indossate dai rievocatori di tutt'Europa. Ineguagliabile dal punto di vista della preparazione ha saputo dare qui un prezioso contributo in merito all'identificazione delle divise militari.

Sposetti Doriana (nata a Mantova, nel 1956) è vissuta fra Birbesi (Corte Finilaccio, acquistata da suo nonno Giuseppe dalla contessa Rizzini) e Guidizzolo, crescendo fra i profumi dei fiori di campagna e quello del chisöl cotto sotto la cenere (preparato solo di domenica). Sottolinea che un ricordo particolare va alla sua mamma, Rita Guidetti, che quest'anno (2020) ci ha lasciati, per lei simbolo di fortezza e grande fede.

Sposetti Giovanni (nato a Guidizzolo, nel 1936) è originario di Birbesi. Agricoltore dall'età di 14 anni, da sempre appassionato di canto (corista tenore).

Stanghellini Remo (nato a Guidizzolo, nel 1937) è un imprenditore guidizzolese che in 60 anni di attività ha creato una delle realtà più importanti a livello internazionale nel campo delle macchine per la lavorazione del legno. Appassionato collezionista, soprattutto di francobolli.

Terzi Giancarlo (nato a Milano, nel 1935), geometra, vive la sua infanzia fra Birbesi e Ca' Danielli (dallo zio), di cui ancora oggi conserva un ricordo affettuoso e indelebile. Nel 1947 il trasferimento a Milano. Appena può ritorna nella sua Guidizzolo (se non fisicamente, spiritualmente).

Trivini Bellini Elena (nata a Cavriana, nel 1926) ha da sempre lavorato col marito, di professione mugnaio, continuando poi con una rivendita di farine e mangimi in via C. Battisti.

Valbusa Giuseppe (nato a Guidizzolo, nel 1943), diplomato alla scuola d'arte di Guidizzolo, ha lavorato come tipografo e come litografo. È un collezionista e appassionato, soprattutto di pubblicità, ed in particolare di Gino Boccasile, grande pubblicitario italiano della prima metà del '900. Grande collezionista di tutto ciò che riguarda il suo paese natio, ricerca e raccoglie non solo cartoline, ma anche manifesti teatrali, di cinema e inerenti a operette minori. Nella fase iniziale del lavoro di ricerca ha avuto per noi un ruolo fondamentale.

Vinciguerra Pietro (nato a Asola, nel 1938), a Birbesi dal 1942, ha lavorato come muratore costruendo gran parte delle case che tutt'oggi ci sono a Birbesi e Guidizzolo. Sposato con Ottavia Gandellini, è un grande appassionato di musica e ha suonato il flicorno nella banda cittadina.

Zaccagni Elena (nata a Guidizzolo, nel 1947) ha lavorato come ragioniera, è stata consigliera comunale per circa 16 anni ed ha prestato servizio di volontariato in maniera continuativa. Da sempre grande appassionata di storia e, soprattutto, di lettura.

Apporti mirati

Azzini Barbara
Ballista Mauro
Baroni Isa
Bassignani Franco
Bassoli Edoardo
Bottoli Marzio
Bucelleni Amedeo
Buoli Don Alberto
Cariola Elisa
Castagna Aldo
Coffani Giovanni
Cortellazzi Anna
Dal Prato Paolo
Desiderati Sergio
Franzoni Maria Teresa
Gandellini Remo
Gandini Elia
Gandini Ercolano
Garzotti Adelino Antonio
Giallonardo Anna
Grandelli Gianluigi
Grandelli Norina
Grassi Paolo
Lanfranchi Silvia
Leali Sergio
Malagutti Enrico
Manzati Sergio
Mari Licia
Milani Rosanna
Nicolai Davide
Nicolai Luciano
Pedrotti Cesare
Pedrotti Paolo

Piadena Emilia
Quiri (famiglia)
Scalari Nives
Schenato Marta
Sposetti Giuseppe
Tedoldi Bruno
Vignali Ernesto
Zangobbi Giovanni

Associazioni

Anspi Birbesi
Anspi Guidizzolo
Associazione Amici di Rebecco
Associazione Carabinieri in congedo
Associazione Culturale l'Infinito di Guidizzolo nella persona del Presidente Rosalba Bombana
Associazione Sportiva Dilettantistica "Ciclo Club 77" nella persona del Presidente Adriano Roverselli
Avis nella persona del Presidente Pelizzola Franco
Centro Culturale San Lorenzo ed. nella persona di Graziano Pelizzaro
Centro Sociale Auser "La Mimosa" Guidizzolo nelle persone del Presidente Daniele Guerra e della Vice-Presidente Magda Bodrito
Ente Filarmonico Guidizzolo nelle persone del Presidente Silvia Lugana, del Vice-presidente Alessia Ghizzi e del Direttore artistico Nicola Ferraresi
Gruppo Alpini Guidizzolo
Gruppo comunale AIDO 'Luigina Corradi' Guidizzolo nella persona del Presidente Giovanni Milani
Gruppo micologico-naturalistico Colli Morenici nella persona del Presidente Franco Boccazzi
Gruppo Volontari Guidizzolo (GVG) nella persona del Presidente Paola Quadrani e del Vice-presidente Norberto Badini
Guidizzolo Eventi e Manifestazioni (GEM)
Pro Loco di Guidizzolo nella persona del presidente Tarchini Silvio (il nostro pensiero va alla moglie Celestina Santi, che ci ha lasciato in questo triste 2020)
Protezione Civile nella persona del Responsabile Antonio Malagutti

Istituzioni

Archivio della Comunità Ebraica Mantovana, nella figura di Emanuele Colorni
Archivio di Stato di Brescia, nella figura del direttore dott. Leonardo Leo
Archivio di Stato di Mantova, nella figura della direttrice dott.ssa Luisa Onesta Tamassia*

Archivio Diocesano di Mantova, nelle figure del direttore don Massimiliano Cenzato, della dott.ssa Licia Mari e dott.ssa Roberta Benedusi*
Biblioteca Gino Baratta (fototeca), nella figura della dott.ssa Elena Montanari*
Archivio RSA Fondazione Rizzini Onlus (presidente Delmenico Claudio)
Archivio Storico Comunale di Mantova, nella figura della dott.ssa Paola Somenzi
Archivio storico della psicologia italiana, nella figura del direttore Mauro Antonelli
Archivio storico delle Suore Operaie della Santa Casa di Nazareth presso Botticino Sera (Bs), nella figura di suor Paola Stagliano̊ (1945-2020) e di suor Sabrina Pianta
Archivio Storico Diocesano di Brescia, nella figura della dott.ssa Lucia Signori
Archivio Tavola Valdese – Società di Studi Valdesi, nelle figure del presidente dott. Secondo Carpanetto e dott.ssa Gabriella Ballesio*
Associazione Storica Medolese, nelle figure del presidente Mario Pesci e Gianfranco Anzeloni
Biblioteca di Guidizzolo e Sistema Bibliotecario Mantovano e Bresciano, nella figura di Paola Pasquali. Ringraziamo in particolare Paola e le sue collaboratrici per l'aiuto bibliografico insostituibile che ci hanno fornito
Biblioteca Teresiana di Mantova, nella figura della dott.ssa Cinzia Palù
Caritas Guidizzolo, nella figura di Adelina Artioli
Comune di Guidizzolo, nelle figure di Marianna Conchieri (responsabile segreteria affari generali), Annalisa Boni (referente ufficio archivio e protocollo), Eugenia Gamba (responsabile ufficio cimiteriale e ambiente), Nicola Torazzi (istruttore tecnico servizio urbanistica ed edilizia privata), Cinzia Quagliotto (responsabile ufficio demografico ed elettorale), Laura Trevini (responsabile ufficio demografico ed elettorale)
Fondazione Pelati-Bololdi, nella figura del presidente dott. Mariano Vignoli
Istituto Mantovano di Storia contemporanea, nella figura del presidente dott.ssa Daniela Ferrari
Parrocchia di Birbesi, nella figura di don Dino Mezzani
Parrocchia di Guidizzolo, nelle figure di don Luigi Milani e don Nicola Sogliani

* La pubblicazione delle immagini presenti nel volume e forniteci dai rispettivi Archivi è avvenuta previa autorizzazione, come di seguito: Archivio di Stato di Mantova aut. mail del 23/10/2020, Archivio Diocesano di Mantova aut. prot. 1347/20 del 22/09/2020, Archivio Fotografico Biblioteca Baratta di Mantova aut. 25/2020 del 11/12/2020, Archivio Tavola Valdese aut. mail del 11/04/2019.

Elenco contributori

Azienda Agricola Franzini Giordano
e Sandro
Via Marchionale, 19
46040 Birbesi di Guidizzolo (MN)

BBF Gambetti S.r.l.
Via H. Dunant, 26
46040 Guidizzolo (MN)

Carron S.p.A.
Via Bosco, 14/1
31020 S. Zenone degli Ezzelini (TV)

Società Agricola Cibo Sano Italiano S.r.l.
Via W. Giacomo, 9
20143 Milano

Duelegs S.r.l.
Via Tomasina, 46
46040 Guidizzolo (MN)

Elettronica FM S.r.l.
Via L. Da Vinci, 14
46040 Guidizzolo (MN)

Fioravazzi Porte
Via Zanina, 18
46040 Birbesi di Guidizzolo (MN)

Orticoltura Gandini Antonio S.S.
Società Agricola
Via S. Andrea, 23
46040 Guidizzolo (MN)

Idromeccanica Lucchini S.p.A.
Via Cavriana, 4/b
46040 Guidizzolo (MN)

Latteria La Speranza
Società Agricola Cooperativa
Via Marchionale, 29
46040 Guidizzolo (MN)

Società Agricola Cimarosti Fabrizio e Massimo S.s.
Strada degli Squadri 1/b
46040 Rebecco di Guidizzolo (MN)

Società Agricola Porrini Flavio e Stelio S.s.
Via Bottega 41
46040 Rebecco di Guidizzolo (MN)

Stanghellini Bruno, Orazio e Nicola S.r.l.
Via G. Galilei 12
46040 Guidizzolo (MN)

Universo Centro Moda di Meneghelli Roberto e Luciano S.r.l.
Via Goito, 34
46040 Guidizzolo (MN)

Notizie sugli autori

Costantino Cipolla (Alma Mater Studiorum, Università di Bologna), sociologo, è autore di oltre 600 pubblicazioni a carattere scientifico, tra cui più di 170 volumi redatti e/o curati. Fra i testi sociologici (tutti editi da FrancoAngeli) si veda *Epistemologia della tolleranza* (1997) in cinque volumi per oltre 3200 pp; *Heidegger. Un'interpretazione sociologica* (2018), per oltre 800 pp., *Un rilancio al di là dei miei interpreti* in R. Cipriani, R. Memoli (a cura di), *La sociologia eclettica di Costantino Cipolla* (2020) per oltre 900 pp. Ha scritto molti libri di storia dedicati alla battaglia di Solferino e San Martino, ai Martiri di Belfiore, a Don Enrico Tazzoli, più in generale al grande cattolicesimo sociale lombardo, e da ultimo *I martiri di Geraci* (2020). Vedi il sito: www.costantinocipolla.it

Francesco Gandellini ha conseguito la laurea triennale in Filosofia presso l'Università degli Studi di Trento e la laurea magistrale in Scienze Filosofiche con indirizzo teoretico presso l'Università degli Studi di Torino. È attualmente *postgraduate researcher* presso la University of Southampton in Inghilterra, dove conduce un progetto di dottorato sulle possibilità e i limiti dell'idealismo trascendentale nella filosofia di Martin Heidegger e di Ludwig Wittgenstein. Si occupa prevalentemente di storia della filosofia, logica e metafisica, con un interesse particolare per il tentativo di superare la netta divisione tra tradizione analitica e tradizione continentale nel mondo della filosofia accademica. A questo proposito, ha presentato la sua ricerca in importanti convegni internazionali (Milano, Kyoto, Liverpool, Colonia) e pubblicato un articolo dal titolo "The 'Ontological Difference' Again. A Dialetheic Perspective on Heidegger's Mainstay" (2018) sulla rivista internazionale *Open Philosophy*. Ha scritto e scrive per blog che riguardano le sue passioni: il cinema e la letteratura post-moderna.

Paola Sposetti ha conseguito la laurea in Scienze Linguistiche, presso l'Università Cattolica di Brescia, lavorando poi in diversi uffici commerciali tenendo rapporti con l'estero. Dal 2007 è anche guida turistica per Mantova e provincia e si occupa di accogliere e di accompagnare turisti, anche stranieri. Nel 2009 ha contribuito all'opera in 4 voll. di Cipolla C. (a cura di), *Il crinale dei crinali*, puntualizzando alcuni aspetti della battaglia di Solferino e San Martino (che ha riguardato anche il paese di Guidizzolo). Inoltre ha collaborato a voll. di carattere storico-sociale, attraverso dei saggi, talvolta curandoli anche redazionalmente. Ad esempio in Cipolla C., Siliberti S. (2012), *Don Enrico Tazzoli e il cattolicesimo sociale lombardo*, in Cipolla C. (2014), *Giuseppe Sarto, Vescovo di Mantova*, in Cipolla C., Corsini P. (2017), *La genesi della Croce Rossa sul modello del cattolicesimo sociale bresciano*, e in Artioli L. (2018), *Una cultura alimentare di collina. Solferino: oltre...*

Alberto Vignali, laureato in Sociologia e Ricerca Sociale presso l'Università degli Studi di Trento e l'Universitet van Tilburg (NL), lavora per un'azienda speciale consortile operante nel campo dei servizi sociali in provincia di Mantova. È autore di *Solidarietà Senza Frontiere. Un viaggio nel Nordest del Brasile* (2016). Ha collaborato attraverso dei saggi a diversi volumi, talvolta curandoli redazionalmente, a cura di Cipolla C. e altri come *Il Giubileo della misericordia in Lombardia* (2017), *L'alta cucina popolare* (2018), *La grappa: il "grande" distillato italiano* (2019), *Una cultura alimentare di collin*a (2019) e *Per una scienza sociale eclettica* (2019).

Altri apporti

Raffaele Agostini è laureato in storia antica e lettere classiche e specializzato in archivistica. Attualmente svolge le funzioni di coordinatore del Sistema Archivistico Alto Mantovano e collabora con diversi enti nella gestione dei fondi d'archivio, anche organizzando corsi di aggiornamento del personale. Membro dell'Associazione Archivistica Ecclesiastica, dell'Associazione Nazionale Archivisti Italiani, del Gruppo Italiano Archivisti d'Impresa, perito esperto della Camera di Commercio e del Tribunale di Mantova nel settore scritture antiche e araldiche, è autore e collaboratore di viversi testi a carattere storico locale e non.

Andrea Dal Prato nasce a Guidizzolo (Mn) il 12 agosto 1941. Si diploma presso la Scuola Statale d'Arte di Guidizzolo, proseguendo gli studi all'Istituto d'Arte di Modena e a Milano, corsi per fotografi organizzati da Kodak.
Nel 1964 diventa fotografo professionista e continua a "raccontare" attraverso le immagini la storia del suo paese e la vita della sua gente.
Come giornalista è stato direttore responsabile di "Goito oggi" (Goito), Voltapagina (Volta Matovana, Mn), "InCavriana" (Cavriana, Mn), Raccontiamoci (Fondazione Rizzini Guidizzolo, Mn), Quattordici sedici diciotto, informatore dell'elettromeccanica (Consorzio elettromeccanici italiani Bs).
Dal 1995 al 2015 è stato direttore responsabile del periodico "La Notizia" (Guidizzolo) con la quale ha vinto, nel 2013, il primo premio al concorso nazionale "Premio Cento alla Stampa Locale" (su oltre 300 partecipanti).

Giancarlo Ganzerla, pur abitando da anni a Desenzano, si considera Mantovano extra-muros in quanto nativo di Ostiglia. La vita lavorativa trascorsa in qualità di capotecnico nelle Ferrovie dello Stato, prima a Milano e poi a Verona, gli ha permesso di coltivare continuamente le sue grandi passioni: le ferrovie, i treni e la fotografia. Ha pubblicato articoli su riviste specializzate e ha collaborato a varie opere del prof. C. Cipolla, curandone la parte iconografica. Nel 2004 è uscito il suo libro Binari sul Garda e nel 2009 il volume storico-fotografico Rosso sulle colline relativo al territorio della battaglia di Solferino e San Martino.

Cesare Paltrinieri, architetto laureato all'Università di Firenze, ha svolto la sua professione in Italia, Sud America ed Europa, rispondendo alla sua filosofia definibile come "Architettura in natura". Esperto in arte antica e contemporanea (arti principali ex applicate dal Sud America all'Estremo Oriente) ha realizzato abitazioni, industrie, spazi sociali, restauri scientifici, arredi nei vari luoghi in cui ha prestato la sua opera, rispondendo sempre alla sua filosofia.

Laboratorio sociologico
diretta da C. Cipolla

Ultimi volumi pubblicati:

Sociologia e storia

COSTANTINO CIPOLLA (a cura di), *Curtatone e Montanara nel contesto delle battaglie risorgimentali* (disponibile anche in e-book).

ALBANY REZZAGHI, *Sulla zattera.* Diario di vita quotidiana nella Repubblica di Salò tra il 1943 e il 1945 (disponibile anche in e-book).

ANTONELLA POCECCO (a cura di), *Memorie del presente.* Luoghi, oggetti e culture della società globale (disponibile anche in e-book).

HENRY J. DUNANT, *Un Souvenir de Solferino* (disponibile anche in e-book).

MANUELA MARCHI, GIAN CARLO DI RENZO, GIANCARLO MALACARNE (a cura di), *L'altra fisiognomica.* Dialoghi tra volto e anima nel cosmopolitismo contemporaneo (disponibile anche in e-book).

COSTANTINO CIPOLLA, PAOLO CORSINI (a cura di), *La genesi della Croce Rossa sul modello del cattolicesimo sociale bresciano* (disponibile anche in e-book).

COSTANTINO CIPOLLA (a cura di), *Achille Ardigò nelle sue attività istituzionali* (disponibile anche in e-book).

EMANUELE CERUTTI, *Bresciani alla Grande Guerra.* Una storia nazionale (disponibile anche in e-book).

ALDO MORRONE, *La speranza ferita.* Storia delle mutilazioni genitali femminili.

COSTANTINO CIPOLLA, ALBERTO ARDISSONE (a cura di), *La grande sociologia di fronte alla grande guerra.*

COSTANTINO CIPOLLA, MAURO MORUZZI (a cura di), *Achille Ardigò nei suoi scritti inediti* (disponibile anche in e-book).

GENNARO ROCCO, COSTANTINO CIPOLLA, ALESSANDRO STIEVANO (a cura di), *La storia del nursing in Italia e nel contesto internazionale* (disponibile anche in e-book).

LUISA ONESTA TAMASSIA, *Le scritture di Belfiore.* Profili grafologici secondo il metodo morettiano (disponibile anche in e-book).

DOMENICO SECONDULFO, *Sociologia del consumo e della cultura materiale.*

COSTANTINO CIPOLLA (a cura di), *Giuseppe Sarto, Vescovo di Mantova* (disponibile anche in e-book).

LORENZO MIGLIORATI, *L'esperienza del ricordo.* Dalle pratiche alla performance della memoria collettiva.

FRANCESCA SETIFFI, *Il consumo come spazio di riconoscimento sociale* (E-book).

COSTANTINO CIPOLLA (a cura di), *Il sogno di Garibaldi.* Oltre Terracina, contro i Borboni (disponibile anche in e-book).

COSTANTINO CIPOLLA (a cura di), *Don Pietro Boifava.* Un patriota nel cattolicesimo sociale bresciano (disponibile anche in e-book).

COSTANTINO CIPOLLA, ROBERTA BENEDUSI, ALESSANDRO FABBRI (a cura di), *Don Enrico Tazzoli e il cattolicesimo sociale lombardo.* Vol. II. Documenti.

COSTANTINO CIPOLLA, STEFANO SILIBERTI (a cura di), *Don Enrico Tazzoli e il cattolicesimo sociale lombardo.* Vol. I. Studi (disponibile anche in e-book).

COSTANTINO CIPOLLA, *Dal Mincio al Volturno.* I due anni che fecero l'Italia (disponibile anche in e-book).

DOMENICO SECONDULFO (a cura di), *Sociologia del benessere.* La religione laica della borghesia (disponibile anche in e-book).

DINO FELISATI, *I dannati dello Spielberg.* Un'analisi storico-sanitaria (disponibile anche in e-book).

EIDE SPEDICATO IENGO, LIA GIANCRISTOFARO (a cura di), *Abruzzo regione del mondo.* Letture interdisciplinari sull'emigrazione abruzzese fra Ottocento e Novecento.

GABRIELLA ANNALORO, ANNALISA BALESTRERI, COSTANTINO CIPOLLA, EZIO GATTI (a cura di), *I colori della memoria.* Curtatone: ieri e oggi.

COSTANTINO CIPOLLA (a cura di), *Dopo Belfiore.* Le memorie di Attilio Mori e di Monsignor Luigi Martini (edizione di Albany Rezzaghi) ed altri documenti inediti (disponibile anche in e-book).

COSTANTINO CIPOLLA, *Darwin e Dunant.* Dalla vittoria del più forte alla sopravvivenza del più debole? (disponibile anche in e-book).

COSTANTINO CIPOLLA (a cura di), *Il crinale dei crinali.* La battaglia di Solferino e San Martino (disponibile anche in e-book).

MONICA SIMEONI, *Un medico condotto in Italia, il passato presente.* Un'analisi qualitativa (disponibile anche in e-book).

COSTANTINO CIPOLLA, MATTEO BERTAIOLA (a cura di), *Sul crinale.* La battaglia di Solferino e San Martino vissuta dagli italiani (disponibile anche in e-book).

COSTANTINO CIPOLLA, ANGIOLINO BIGNOTTI (a cura di), *Il crinale della vittoria.* La battaglia di Solferino e San Martino vista dal versante francese (disponibile anche in e-book).

COSTANTINO CIPOLLA, PIA DUSI (a cura di), *L'altro crinale.* La battaglia di Solferino e San Martino letta dal versante austriaco (disponibile anche in e-book).

Diritto, Sicurezza e Processi di Vittimizzazione

GIACOMO DI GENNARO (a cura di), *La messa alla prova per i minori: la rassegnazione "entusiasta" di una normativa incompleta.* Una ricerca nel distretto giudiziario di Napoli.

FABRIZIO COSTANTINO, *Prevenire la corruzione in Italia.* Modelli di risk management (disponibile anche in e-book).

ANDREA ANTONILLI, ANTONIO ASSIRELLI (a cura di), *L'Unione dei Comuni delle Terre d'Argine.* La prima esperienza unionale di un osservatorio per il contrasto alla criminalità organizzata (disponibile anche in e-book).

EMANUELA MICELI, *Minori in Calabria.* Volti e voci del processo di deistituzionalizzazione (E-book).

ANDREA ANTONILLI, *Insicurezza e paura oggi.*

SUSANNA VEZZADINI, *Per una sociologia della vittima.*

ROSE MARIE CALLÀ, *Conflitto e violenza nella coppia* (disponibile anche in e-book).

SANDRA VATRELLA, *Penitenti educati.* Migranti in una etnografia carceraria (E-book).

MARIANO ANGIONI, FABRIZIO FRATONI, *Scena del crimine e indagini difensive.* Metodologia degli accertamenti tecnici (disponibile anche in e-book).

FRANCESCO DONATO, *Criminalistica forense.* Protocolli e tecniche delle indagini scientifiche.

ANNAMARIA RUFINO, *Mediare il conflitto.* La funzione del diritto nella prospettiva della mediazione e della conciliazione (disponibile anche in e-book).

COSTANTINO CIPOLLA (a cura di), *Le implicazioni sociali del gioco d'azzardo.* Il caso dell'Emilia Romagna.

UGO TERRACCIANO, *La metodologia dell'investigazione.*

EUGENIA PORRO, *Paradisi crudeli: donne e violenza domestica.* Una riceca sociologica in Italia e Polonia.

BEATRICE LOMAGLIO, FRANCESCO SCANDALE (a cura di), *La mediazione civile e commerciale: teoria e pratica* (disponibile anche in e-book).

MARIA GRAZIA GALANTINO, GIUSEPPE RICOTTA, *Domanda di sicurezza e politiche locali.* Il caso del Lazio (disponibile anche in e-book).

COSTANTINO CIPOLLA, ANDREA ANTONILLI (a cura di), *La sicurezza come politica.*

BRUNO BERTELLI, LUCA MARIOTTI, *Comportamento deviante e corso di vita.* Interpretazione teorica e ricerca longitudinale.

MARIA CATERINA FEDERICI (a cura di), *La sicurezza umana: un paradigma sociologico.*

MARIANO ANGIONI (a cura di), *Il falso in Sanità.* Problematiche giuridiche e aspetti sociologici.

DORIANA TOGNI, *Ragazze trasgressive in cerca d'identità.* Teoria e ricerca sulla devianza giovanile femminile.

COSTANTINO CIPOLLA (a cura di), *La devianza come sociologia.*

MASSIMO M. GRECO (a cura di), *Lettere dal silenzio.* Storie di accoglienza e assistenza sanitaria di donne che hanno subito violenza (disponibile anche in e-book).

MAURIZIO ESPOSITO, SUSANNA VEZZADINI (a cura di), *La mediazione interculturale come intervento sociale.*

PIERLUCA MASSARO, *Dalla punizione alla riparazione.* La promessa della restorative justice.

ANNAMARIA RUFINO, CIRO PIZZO (a cura di), *Intelligenza territoriale come propulsore di sviluppo sostenibile.* Studio di un laboratorio di ricerca per la storia del futuro (disponibile anche in e-book).

MARCO ETTORE GRASSO, *Il mutamento climatico e il diritto alla salute* (disponibile anche in e-book).

MAURIZIO ESPOSITO, ANTONIO TURCO (a cura di), *Oltre l'Istituzione totale.* Teatro e integrazione nella Casa di Reclusione di Rebibbia.

ANNA CIVITA, PIERLUCA MASSARO (a cura di), *Devianza e disuguaglianza di genere* (disponibile anche in e-book).

Sociologia e storia della Croce Rossa

PAOLO VANNI, FABIO BERTINI (a cura di), *La Croce Rossa dalla Grande Guerra al fascismo.* Informazione, propaganda, arti e società civile (1915-1926) (disponibile anche in e-book).

COSTANTINO CIPOLLA (a cura di), *I prigionieri di guerra italiani negli Imperi centrali e la funzione di tutela della Croce Rossa Italiana* (disponibile anche in e-book).

PAOLO VANNI, MARIA ENRICA MONACO GORNI (a cura di), *Le infermiere volontarie e la Grande Guerra* (disponibile anche in e-book).

FRANCO A. FAVA, NICOLA STRIZZOLO (a cura di), *Comunicazioni istituzionali e propaganda nella Croce Rossa Italiana (1914-27).* Dall'umanitarismo alle moderne strategie di relazioni pubbliche (disponibile anche in e-book).

COSTANTINO CIPOLLA, SUSANNA VEZZADINI (a cura di), *Le vittime della Grande Guerra e il ruolo della Croce Rossa Italiana* (disponibile anche in e-book).

FABIO BERTINI, COSTANTINO CIPOLLA, ALESSANDRO FABBRI, PAOLO VANNI (a cura di), *Storia della Croce Rossa in Toscana dalla nascita al 1914.* II. Documenti (disponibile anche in e-book).

FABIO BERTINI, COSTANTINO CIPOLLA, PAOLO VANNI (a cura di), *Storia della Croce Rossa in Toscana dalla nascita al 1914.* Vol. I Studi (disponibile anche in e-book).

COSTANTINO CIPOLLA, ALBERTO ARDISSONE, FRANCO A. FAVA (a cura di), *Storia della Croce Rossa in Piemonte dalla nascita al 1914* (disponibile anche in e-book).

COSTANTINO CIPOLLA, ALESSANDRO FABBRI (a cura di), *Storia della Croce Rossa in Lombardia (1859-1914).* II. Documenti (disponibile anche in e-book).

COSTANTINO CIPOLLA, ALESSANDRO FABBRI, FILIPPO LOMBARDI (a cura di), *Storia della Croce Rossa in Lombardia (1859-1914).* I. Studi (disponibile anche in e-book).

COSTANTINO CIPOLLA, NICO BORTOLETTO, ALBERTO ARDISSONE (a cura di), *Storia della Croce Rossa in Emilia Romagna dalla nascita al 1914* (disponibile anche in e-book).

COSTANTINO CIPOLLA, PAOLO VANNI (a cura di), *Storia della Croce Rossa Italiana dalla nascita al 1914.* II. Documenti (disponibile anche in e-book).

COSTANTINO CIPOLLA, PAOLO VANNI (a cura di), *Storia della Croce Rossa Italiana dalla nascita al 1914.* Vol. I. Saggi (disponibile anche in e-book).